Johannes Mario Simmel, geboren 1924 in Wien, wurde 1948 durch seinen ersten Roman »Mich wundert, daß ich so fröhlich bin« bekannt. Mit seinen brillant erzählten zeit- und gesellschaftskritisch engagierten Romanen und Erzählungen hat sich Simmel international einen Namen gemacht. Seine Bücher sind in 26 Sprachen übersetzt und erreichten eine Auflage von mehr als 50 Millionen. Fast alle seine Romane wurden verfilmt.

D1617293

Von Johannes Mario Simmel sind als Knaur-Taschenbücher
erschienen:

»Es muß nicht immer Kaviar sein« (Band 29)
»Bis zur bitteren Neige« (Band 118)
»Liebe ist nur ein Wort« (Band 145)
»Ich gestehe alles« (Band 193)
»Lieb Vaterland, magst ruhig sein« (Band 209)
»Gott schützt die Liebenden« (Band 234)
»Alle Menschen werden Brüder« (Band 262)
»Und Jimmy ging zum Regenbogen« (Band 397)
»Der Stoff, aus dem die Träume sind« (Band 437)
»Die Antwort kennt nur der Wind« (Band 481)
»Niemand ist eine Insel« (Band 553)
»Hurra – wir leben noch!« (Band 728)
»Zweiundzwanzig Zentimeter Zärtlichkeit« (Band 819)

In der Reihe Knaur Jugendbuch sind von Johannes Mario Simmel
erscheinen:

»Ein Autobus, groß wie die Welt« (Band 643)
»Meine Mutter darf es nie erfahren« (Band 649)
»Weinen streng verboten« (Band 652)

Vollständige Taschenbuchausgabe
© 1967 Droemersche Verlagsanstalt Th. Knaur Nachf., München
Umschlaggestaltung Renate Schwarz
Gesamtherstellung Ebner Ulm
Printed in Germany · 24 · 9 · 1083
ISBN 3-426-00262-0

Gesamtauflage dieser Ausgabe: 696 000

Johannes Mario Simmel:
Alle Menschen werden Brüder

Roman

*Dieses Buch ist ein Roman, aber der Roman beruht auf
tatsächlichen Ereignissen. Es handelt sich um sehr viele
Ereignisse, in die sehr viele Personen verwickelt waren und
verwickelt sind. Wer einen Roman schreibt, der darf sehr
viele Ereignisse zu einigen typischen verdichten, und das
gleiche gilt für die Personen. Infolgedessen sind alle
Ereignisse, Personen, Namen, Orte, Daten und Institutionen,
die in diesem Buch Erwähnung finden – ausgenommen
zeitgeschichtliche oder historisch bekannte –, von mir erfunden.*

J. M. S.

ISBN 3-426-00262-0   980

*Das Wesen des Menschen will, daß es keinen menschlichen
Konflikt gibt, der sich nur in einem Individuum abspielt
und auf ein Individuum beschränkt bleiben könnte. Wir
hängen offenbar so allgemeinschaftlich zusammen, daß,
was Einem geschieht, auf irgendeine Art auch im Andern
geschieht . . . Das Wort Kains: »Soll ich meines Bruders Hüter
sein?« ist nicht nur die Vorbereitung auf das Gebot der
Nächstenliebe – es ist die Feststellung der Tatsache, ich
bin der Bruder meines Bruders und ich bin also auf Gedeih
und Verderb mit ihm verbunden.*

Viktor Freiherr von Weizsäcker, 1886–1957

ERSTER SATZ

Allegro ma non troppo, un poco maestoso

Mein Bruder fragte seinen Mörder, wie dieser den Mord zu begehen gedenke.

»Auf die ehrwürdige Weise«, antwortete der Inder. »Mit einem malaiischen Kris. Das ist am sichersten und geht am schnellsten. Ein einziger Schnitt genügt. Genügte noch jedesmal.«

»Gut«, sagte mein Bruder. Sie sprachen Englisch miteinander.

»Ich hatte es natürlich stets mit Menschen zu tun, die im Bett lagen oder schliefen.«

»Natürlich«, sagte mein Bruder Werner.

»Das ist die Voraussetzung«, sagte sein Mörder. »Tiefer Schlaf. So tief wie möglich. Betrunkene machen es mir leicht. Sich auch.«

»Ich werde Whisky nehmen«, versprach mein Bruder.

»Whisky ist gut«, sagte sein Mörder. Er sah viel älter aus, als er tatsächlich war: hohlwangig und ausgezehrt. Die schwarzen Augen trugen einen verzückten Ausdruck, die Zähne hatten beinahe ihre Farbe, und wenn der Inder ausspuckte, war sein Speichel rot. Er spuckte häufig aus, denn er kaute Betel. Betel macht die Zähne schwarz und den Speichel rot. Der körperliche Verfall und die beständige Glückseligkeit des Mörders waren zum kleineren Teil Folgen dieser Betelkauerei, zum größeren die eines gewiß langjährigen und gewiß enormen Konsums von Haschisch. Ein Rauschgifthändler in Kairos Altstadt hatte meinen Bruder Werner mit seinem Mörder zusammengebracht. Das war gestern gewesen, und die beiden hatten sich grundsätzlich geeinigt. Heute trafen sie einander noch einmal bei dem alten Nilometer an der äußersten Südspitze der Flußinsel Roda – um dreiundzwanzig Uhr am Mittwoch, dem 14. Dezember 1966. Es war geradezu unglaublich warm für Dezember und für eine Gegend mit im allgemeinen extremen Temperaturunterschieden zwischen Tag und Nacht. Die beiden Männer trugen nur leichte Mäntel.

Heiter und verträumt – er sprach stets verträumt und heiter – sagte der Inder: »Ideal wären natürlich Whisky *und* Schlafpulver. Es gibt sehr starke.«

»Wo bekomme ich die?« fragte Werner. Er war achtundvierzig, ich fünf Jahre jünger, aber trotz dieses Altersunterschiedes sahen wir einander außerordentlich ähnlich. Wir waren beide groß und recht kräftig, wir hatten beide braunes Haar und braune Augen, hohe Stirnen, schmale Nasen, volle Lippen, breite Unterkiefer.

»Ich gebe Ihnen gern die Schachtel hier«, sagte meines Bruders Mörder. »Das Pulver liegt in kleinen Umschlägen darin. Es löst sich rasch und ist vollkommen geschmacklos. Und es beginnt schon nach zehn Minuten zu wirken ... mächtig.«

»Fein.«

»Es sind zehn Kuverts in der Schachtel. Nehmen Sie den Inhalt von drei Umschlägen für eine Flasche Whisky. Wir wollen ganz sichergehen.«

»Ganz sicher«, bestätigte mein Bruder ernst.

Schwarzblau war der Himmel in dieser Nacht. Die Sterne leuchteten, als sei es noch August. Das Licht des Mondes war gespenstisch grün. Grün sah der Strom, grün sah ganz Kairo aus. Grün waren die hohen Segel der Falluka-Boote im Alten Hafen links vor der Inselspitze, grün die Sphinx und die Pyramiden von Giza zur Rechten, drüben in der Wüste. Das alte Nilometer, vor dem mein Bruder und sein Mörder standen, war umgeben von einem großen Garten. Rosen, Nelken und Oleander dufteten hier. Tagsüber kamen viele Touristen her, nachts war der Garten gewöhnlich verlassen. Kleine Scheinwerfer, unter den Büschen installiert, beleuchteten ihn romantisch goldgelb für Betrachter aus der Ferne. Heute hatten sich indessen leichte Bodennebel gebildet, und so war der grüne Mond stärker. Die Farbe des Lichtes entsprach etwa jener, die entsteht, wenn man Wasser in Pernod gießt.

Der Garten, in dem Fächerpalmen und Akazien am Rand der Kieswege wuchsen, war flach angelegt und sehr übersichtlich. Stand man vorn bei dem Nilometer, erblickte man jedes Liebespaar, jede Polizeistreife, jeden einsamen Spaziergänger schon von weitem — auch nachts. Dafür sorgten dann die vielen kleinen Scheinwerfer, heute dazu noch das Mondlicht. Wollte man selbst nicht gesehen werden, hatte man ausgiebig Zeit, die Stufen zur Kaimauer hinunterzueilen, die fünf Schritte vom Nilometer entfernt lag und sehr viele Nischen und Einlässe zu unterirdischen Kanälen besaß. Diese dienten dazu, die Insel, insbesondere ihre Spitze, zu schützen, wenn der Nil Hochwasser führte. Dann verhinderten die Gänge und Kanäle eine Überschwemmung oder gar Vernichtung von Roda: Heranbrausende Fluten wurden abgelenkt, geschwächt und verließen zuletzt friedlich und kraftlos die mannshohen Röhren, die unter einem weiten Teil von Roda verlegt waren und erst bei stillen, geschützten Buchten wieder ins Freie mündeten. Führte der Nil kein Hochwasser, gab es hier viele Möglichkeiten, sich zu verstecken oder zu flüchten. Das war der Grund, warum der Inder den schmalen Streifen zwischen Nilometer und Kaimauer für geschäftliche Besprechungen bevorzugte. Ein guter Platz, um über Mord zu reden, dachte ich. Ich stand in einer Nische der Kaimauer, fünf Meter tiefer als mein

Bruder und sein Mörder. Es war wirklich eine unwahrscheinlich warme Nacht. Ich trug auch nur einen leichten Regenmantel.

Natürlich hatte der Inder, als er kam, zunächst nachgesehen, ob sich hier unten jemand verberge. Mein Bruder hatte ihm dabei geholfen. Der Mörder besaß eine starke Taschenlampe. Ich war schon eine halbe Stunde vor den beiden dagewesen. Sie hörten mich nicht, als ich aus der Nische, in der ich gewartet hatte, in das Innere des Kanalisationsnetzes hinein verschwand und mich in einer Druckkammer verbarg. Ich trug Slipper mit Gummisohlen. Sie stiegen beruhigt wieder nach oben, und ich kehrte lautlos in meine Nische zurück. Leise klatschten die Wellen gegen den Beton der Mauer. Kein Windhauch regte sich. Ich verstand jedes Wort, das über mir gesprochen wurde.

Mein Bruder fragte seinen Mörder hastig: »Also wann?«

Der Inder lachte. Er lachte häufig. Auch das hing mit dem Haschisch und dem Betelkauen zusammen.

»Sie haben es ja mächtig eilig«, sagte der Inder.

Mein Bruder hatte es in der Tat mächtig eilig, ich wußte es. Ich allerdings hatte es noch eiliger als er. Aber das wußte er nicht.

Dieses Nilometer war mehr als elfhundert Jahre alt. Irgendwann zu Beginn des achten Jahrhunderts hatte es Kalif Soliman erbauen lassen, damit der Wasserstand des Stromes jederzeit abgelesen werden konnte. Ich bin nicht etwa so außerordentlich gebildet, ich war nur schon zweimal in Kairo gewesen und kannte mich deshalb einigermaßen aus, das ist alles. Zudem gab es Reiseführer. Ich hatte bereits vor Jahren die Kanäle und Schutzgänge unter der Insel Roda besichtigt und wußte noch, welche die besten waren. Was dieses Nilometer anging: Nach der Höhe des Wasserstandes wurden lange Zeit die Steuern errechnet, die ein jeder, der Land besaß oder bebaute, zu entrichten hatte, denn dieser Strom war (und ist) die Lebensader Ägyptens. Sein Wasser bestimmte (und bestimmt) die Erträge der Landwirtschaft und das Ausmaß der Überschwemmungen, fette Jahre und magere. Ein Tiefstand von sieben Ellen gab Anlaß zu Panik, bei einem Stand von fünfzehn Ellen wurden die Bewässerungskanäle durchstochen, und man feierte das große Glück mit großen Festen, meist gegen die Mitte des August.

Das Nilometer — längst nicht mehr in Betrieb, längst benützte man moderne Pegel — bestand aus einem sehr großen rechteckigen Brunnen, in dessen Mitte sich eine achteckige Säule mit altarabischen Maßen befand. An den Brunnenwänden standen kufische Schriftzeichen. Die Wand zum Strom hin hatte man höher gebaut als die drei anderen Wände. An ihrer Innenseite waren mehr Schriftzeichen. An ihrer Außenseite lehnten mein Bruder und sein Mörder. Von Zeit zu Zeit spie der Inder roten Betelsaft aus, entweder in den Brunnen hinab oder über die Kaimauer. Dann klatschte mir Speichel vor die Füße.

»Also wann?« fragte mein Bruder, bebend vor Ungeduld.

»Heute nicht mehr«, sagte sein Mörder. »Ich muß noch Vorbereitungen treffen.«

»Morgen?« Werners Stimme drängte.

»Morgen nacht, ja.«

»Um wieviel Uhr?« Werner stotterte leicht vor Aufregung. »Ich muß ... muß ... auch noch ein paar Vorbereitungen treffen, muß ich ja dann ...«

Der Mörder sagte: »Pünktlich um ein Uhr nachts werde ich dasein. Das ist spät genug und doch nicht zu spät. Um zehn Uhr werden Sie mit dem Abendessen fertig sein. Um elf Uhr fangen Sie mit dem Whisky an. Dann kann ich Sie zwei Stunden später auf das beste bedienen.«

»Wie kommen Sie ins Hotel? Und wieder hinaus?«

»Das ist für Sie doch wirklich uninteressant«, meinte der glückliche Inder und lachte wieder einmal.

»Ich möchte es trotzdem wissen«, sagte mein Bruder, seltsam aggressiv.

Ich möchte es auch wissen, dachte ich in meiner Nische.

»*Wollen* Sie es mir nicht sagen?«

»Aber ja doch.« Der Inder spie über die Kaimauer. Direkt vor meine Schuhe. »Ich komme durch die Tiefgarage Ihres Hotels.«

Er meinte das Hotel ›Imperial‹.

Das Hotel ›Imperial‹ steht an der Nile Corniche, auf der rechten Flußseite, etwa zweihundert Meter oberhalb der Semiramis-Brücke, die zu der nördlichsten und größten Nilinsel im Stadtbereich hinüberführt, nach Gezireh. Das ist die vornehmste und eleganteste Gegend Kairos. Vor dem ›Imperial‹ wachsen an den Rändern der Prachtstraße, die sehr an die Croisette in Cannes erinnert, viele große Palmen, Jacarandas, Flamboyants, Johannisbrot-, Lebbach- und Lotosbäume. Hatte man sein Zimmer an der Vorderseite des ›Imperial‹, dann erblickte man diese Bäume und die Corniche und die Anlegestelle für die großen, glasgedeckten Ausflugsmotorboote vor dem nahen ›Shepheard's‹ und auch ganz Gezireh: oben im Norden die Luxusvillen und Parks der Reichen, in der Mitte den Gezireh-Sporting-Club mit seinem Schwimmbad, den Golf-, Tennis-, Polo-, Kricket- und Hockeyplätzen, die Pferderennbahn, und im Süden, etwa in Höhe des ›Imperial‹, den phantastischen Andalusischen Garten, das Amerikanische Hospital und einen sehr schönen kleinen Palast. Dieser Palast hatte einmal dem fetten Faruk gehört, der hier seine in der Welt wohl einmalige Monstersammlung pornographischer Filme, Bücher, Fotos, Gegenstände und Kunstwerke aufbewahrt und seine komplizierten Partouzen veranstaltet hatte.

In einer Nische der Kaimauer der Insel Roda stehend, fünf Meter unter meinem Bruder und seinem Mörder, dachte ich in jener warmen Nacht des

14. Dezember: Wenn dieser Inder in der Nacht vom Donnerstag zum Freitag um ein Uhr wirklich kommt und alles glatt geht, kann ich um halb zwei bei Lillian sein, drüben auf Gezireh, neben Faruks Palast. *Sie* wird dasein, das ist gewiß.

War der Mörder pünktlich, bediente er meinen Bruder wirklich bestens, kam ich mit allem, was ich dann zu erledigen hatte, zeitlich sehr gut zurecht. Natürlich konnte es dabei noch unendlich viele Komplikationen geben; aber an die wollte ich nicht denken. Mein Plan war festgelegt: der letzte, der mir noch verblieb.

»Wieso durch die Tiefgarage?« fragte mein Bruder. Der Duft einer Zigarette kam zu mir. Werner rauchte stets, wenn er erregt war. Es hatte mich schon gewundert, bis jetzt nur den Geruch des Wassers und, flüchtig, ungewiß, den der Rosen, Nelken und Akazien wahrzunehmen.

»In der Tiefgarage kenne ich mich aus«, sagte der Inder. Er rauchte gewiß nicht. Nicht wenn er Betel kaute. Der war auch nicht aufgeregt.

»Die Einfahrt und die Ausfahrt der Garage sind auch nachts bewacht!« Mein Bruder redete jetzt schnell. »Und es arbeiten Mechaniker da unten und Leute, die Wagen waschen. Ich habe es gesehen!«

»Von der Garage führt eine Wendeltreppe hinauf zur ebenen Erde«, sagte der Inder verträumt. »Zu ebener Erde gibt es einen kleinen Lift.« Das stimmte. Der Lift war für Hotelgäste bestimmt, die ihre Wagen in die Garage gefahren hatten und nicht noch einmal auf die Straße hinausgehen wollten, um in das Innere des ›Imperial‹ zu gelangen. »Und neben dem kleinen Lift gibt es eine Tür, die ins Freie führt.«

»Ja«, sagte mein Bruder. »Eine Stahltür. Nachts ist sie verschlossen.«

»Morgen nacht wird sie nicht verschlossen sein«, sagte der Inder kichernd. »Ich kenne einen der Wagenwäscher.«

»Ich bin beruhigt«, sagte mein Bruder.

Ich auch, dachte ich.

»Die Appartementnummer . . .«, begann Werner, doch der Inder unterbrach ihn ungeduldig: »907. Und wie das Appartement aussieht, haben Sie mir aufgezeichnet. Noch etwas?«

»Nein. Das wäre dann wohl alles«, murmelte mein Bruder unsicher.

»Bis auf · dreitausend Pfund«, sagte sein Mörder, und nun lachte er, als würde er gekitzelt.

Werner lachte mit. Er hatte verschiedene Arten zu lachen, ich kannte sie alle. Jetzt lachte er aus Angst, nur kurz, danach wurde es still. Es duftete auf einmal nach Zigarettenrauch, und ich hatte plötzlich selber Angst. Mein Bruder, dachte ich, wird sich zuletzt doch nicht noch alles überlegen? Was, wenn er seinen Mörder nicht mehr will? Wenn er ihn nicht bezahlt? Dann bleibt Werner am Leben. Dann ist mein letzter Plan mißlungen. Dann . . .

»Verzeihen Sie«, sagte mein Bruder dort oben bei dem Nilometer. »Das habe ich total vergessen. Selbstverständlich muß man vorher zahlen bei einer solchen Sache.«

»Wo ist das Geld, lieber Freund?« Die Stimme des Inders klang herrisch.

»Hier«, sagte mein Bruder.

»Danke, lieber Freund«, sagte sein Mörder.

»Aber . . .«

»Was aber?«

»Aber Sie werden nun auch ganz bestimmt . . . ich meine, wenn Sie das Geld haben, könnten Sie ja auch einfach verschwinden. Ich hätte nichts in der Hand gegen Sie. Oder soll ich etwa zur Polizei gehen und sagen: Gentlemen, mein Mörder hat mich sitzenlassen?«

Das belustigte den Inder wieder enorm. Er lachte glucksend. Etwas Glühendes flog über mich hinweg, auf das Wasser hinaus – meines Bruders Zigarette. Er zündete sofort eine neue an.

»Ich werde kommen«, sagte der Mörder. »Ich gebe Ihnen mein Wort darauf. Mehr kann ich nicht tun. Ich erklärte Ihnen gestern, daß ich *immer* das *ganze* Honorar im voraus verlange, weil man nie weiß, was passiert, wenn man seine Arbeit geleistet hat. Sie waren einverstanden.«

»Ich . . . ich bin es noch immer«, stammelte mein Bruder.

»Geschäfte wie dieses«, erklärte sein Mörder, »müssen ganz einfach auf Vertrauen beruhen. Legen Sie den Koffer hierher. Öffnen Sie ihn. Das sind also dreitausend Pfund?«

»Ja.«

»In Noten, wie ich sie verlangt habe?«

»Ja.«

Der Inder hatte das Geld in lauter Scheinen zu einem ägyptischen Pfund verlangt. Die Scheine durften nicht neu sein, und nicht zwei von ihnen durften fortlaufende Seriennummern aufweisen. Es war für meinen Bruder und seine Freunde ein hübsches Stück Arbeit gewesen, so kurzfristig dreitausend derartiger Pfundnoten zu bekommen. Ohne die Hilfe eines Bankiers hätten sie es nicht geschafft. Im Dezember 1966 entsprach ein ägyptisches Pfund nach amtlichem Kurs 9,26 DM. Mein Bruder honorierte seinen Mörder also mit rund 28 000 DM.

»Ich habe die Noten nach den Serienbuchstaben geordnet«, sagte Werner.

»Das bemerke ich. Ich will davon absehen, jetzt und hier alle Nummern zu überprüfen.«

»Jetzt und hier? Das könnten Sie doch niemals!«

»Aber gewiß könnte ich es«, sagte der Inder. »Es würde eine oder eineinhalb Stunden dauern, länger nicht. Ich werde die Banknoten später untersuchen. Wenn falsche dabei sind . . .«

»Alle sind echt! Alle!« rief mein Bruder hastig.

Hoffentlich, dachte ich, hoffentlich.

». . . dann dürfen Sie natürlich *nicht* mit mir rechnen.«

»Ich habe genauestens aufgepaßt!« rief mein Bruder.

Verflucht, dachte ich, hoffentlich hast du das wirklich, du Hund.

Der Inder sagte: »Sie gehen jetzt. Ich bleibe noch zehn Minuten.«

»Auf Wiedersehen«, stammelte Werner. Seine Stimme zitterte. Er war sehr aufgeregt. Ich auch.

»Wir werden uns wohl niemals wiedersehen, mein Freund«, sagte der Inder und kicherte.

Mein Bruder ging wortlos über einen Kiesweg davon.

Sein Mörder folgte ihm genau zehn Minuten später mit dem Diplomatenkoffer, in dem dreitausend ägyptische Pfund lagen.

Nach weiteren zehn Minuten folgte ich dem Mörder. Die Nebel über den Rasenflächen und Blumenbeeten waren gestiegen, auch über dem Strom erhoben sie sich bereits. Es war, als ginge man bis zu den Knien in fluoreszierender grüner Watte. Niemand begegnete mir, nicht auf der Insel, nicht auf der El-Malik-es-Salih-Brücke.

Bis zum Festland waren es knapp zwei Kilometer, doch mir kam es vor, als seien es zwanzig, und ich fühlte mich auf einmal grauenhaft, einfach grauenhaft, bis ich dachte, daß mein Bruder in rund fünfundzwanzig Stunden tot sein würde, wenn nur alles gutging.

Du darfst nicht daran denken, daß noch etwas passiert und er am Leben bleibt, sagte ich zu mir, durch den Nebel hastend, du mußt ganz fest daran glauben, daß alles gut, gut, gutgehen und dein Bruder morgen nacht schon tot, tot, tot sein wird. Also dachte ich ganz fest daran, und nach einer Weile fühlte ich mich gar nicht mehr grauenhaft, sondern großartig, einfach großartig.

Als Jungen hatten mein Bruder und ich durch Jahre eine Kinderfrau. Unsere Eltern waren geschieden, Vater schuldig, also lebten wir bei Mutter, und Mutter, Redakteurin einer Morgenzeitung — damals noch ein ungewöhnlicher Frauenberuf —, kam stets spät nach Hause. Mein Bruder, älter und robuster als ich, hätte diese Kinderfrau wohl entbehren können. Ich aber brauchte und liebte sie sehr. Sie stammte aus Oberschlesien und hieß Sophie Kaczmarek. Wenn ich nachts aus einem schlimmen Traum erwachte und vor Furcht schrie, ja, immer wenn ich laut weinte vor Furcht, auch tags, sehr oft war das, kam die Sophie gelaufen, um mich zu trösten. Sie wiegte mich auf ihren spitzen Knien und strich mit harten Händen über mein Haar und sagte in ihrem harten Deutsch: »Denk an was Schönes. Denk an Engel.«

So dachte ich dann stets an Engel, und immer schwand meine Furcht nach kurzer Zeit.

Das fiel mir ein, als ich nun durch den Nebel eilte, und ich hörte die Stimme der Sophie: »Muß man nur an was Schönes denken, schon hat man kein' Angst mehr.«

Das Schönste, woran ich in jener Dezembernacht denken konnte, war, daß mein Bruder in fünfundzwanzig Stunden ermordet sein würde.

Eine Minute nach ein Uhr nachts am 16. Dezember 1966 öffneten sich ganz langsam und fast geräuschlos die beiden Eingangstüren zum Appartement 907 im neunten Stock des Hotels ›Imperial‹. Dieses Appartement lag an der Vorderseite des Hauses, an der Nile Corniche. Die schweren Leinenvorhänge waren zugezogen, im Salon und im Schlafzimmer. Hinter dem Schlafzimmer lag das Badezimmer. Hier stand ich, im toten Winkel der offenen Tür, gegenüber einem großen Spiegel, der sich oberhalb des Waschbeckens und neben der Wanne befand. Der Spiegel blieb zunächst noch dunkel.
Ich hörte, wie die äußere Tür des Appartements vorsichtig geschlossen wurde. Dann hörte ich ein hohes Kichern, und ich dachte: Mein guter Bruder Werner hat wirklich jede einzelne Banknote genau geprüft, und sein Mörder ist äußerst pünktlich. Daß die innere Appartementtür – die äußere besaß gar kein Schloß – unversperrt sein würde, hatte der Inder mit meinem Bruder verabredet. Nun kam er aus dem Vorraum in den Salon, geschmeidig und schnell. Die Tür vom Schlafzimmer zum Salon stand auch offen, also konnte ich im Badezimmerspiegel das Aufblitzen der starken Taschenlampe und gleich darauf den Mörder sehen. Er trug einen schwarzen, hochgeknöpften Mantel. Mit der Taschenlampe leuchtete er den Salon ab, und da es auch dort Spiegel gab, die Licht reflektierten, sah ich den Inder in dem Badezimmerspiegel sehr deutlich. Sein Gesicht war weiß, seine Kiefer mahlten, und seine Augen funkelten vor irrer Glückseligkeit. Offenbar arbeitet er am besten, wenn er sehr high ist, dachte ich, und als ich sah, daß er richtig herumtänzelte, drückte ich auf alle Fälle den Sicherungshebel der automatischen 38er Police Special herunter, die ich in der linken Hand hielt. (Ich bin Linkshänder.) Ein zwanzig Zentimeter langer Schalldämpfer war auf die Pistole gesteckt. Ich hatte von Anfang an erwartet, daß ich keine Waffe würde benützen müssen, aber ich war nie ganz sicher gewesen, darum hatte ich die 38er im Laufe des vergangenen Tages bei einem Hehler in einer schmutzigen Gasse, nahe der Ibn-Tulûn-Moschee, erworben, den Schalldämpfer dazu und außerdem sechs Rahmen Munition. Einer steckte in der Pistole, die anderen in meinen Jackentaschen. Ich hatte die Pistole und den Schalldämpfer im Keller des Hehlers ausprobiert. Eine ungeschickt geöffnete Champagnerflasche macht mehr Lärm. Als ich – im Badezimmerspiegel – nun das kleine Ballett des Inders sah, der im Salon mit seiner Taschenlampe alles ableuchtete, fühlte sich die 38er in meiner linken Hand ganz außerordentlich erfreulich an. Man konnte schließlich nie wissen, ob so ein Süchtiger nicht *plötzlich* durchdrehte, und was er tat, wenn er plötzlich durchdrehte, konnte man erst recht nicht wissen, und unmöglich war es auch nicht, daß mein Bruder, der nebenan im Bett lag, bis oben voll mit Whisky und darin

aufgelöstem Schlafpulver, nicht doch erwachte, und man konnte nicht wissen, ob der Mörder sich vielleicht zuerst noch im *ganzen* Appartement umsehen würde, also auch im Badezimmer und hier hinter der Tür. Man konnte immer noch sehr viele Dinge nicht wissen. Das einzige, was feststand, war, daß ich vor Tagesanbruch Ägypten verlassen haben mußte.

Im Spiegel erschien jetzt die moderne Sitzgarnitur des Salons, die der Mörder mit seiner Taschenlampe prüfte. Zwischen den bequemen Lehnstühlen wurde einer dieser praktischen runden Tische sichtbar, deren Platte sich drehen läßt. Der Tisch trug Aschenbecher, Zigarettenpackungen, Gläser, mehrere Whisky- und Sodawasserflaschen und einen großen silbernen Thermosbehälter, der Eiswürfel enthielt. Es sah ziemlich wüst aus auf diesem Tisch. Asche war verstreut, ein Glas und eine Flasche waren umgeworfen. Ich sah, wie der Mörder sich über all das neigte, und hörte, wie er all das kichernd betrachtete. Er war beneidenswert glücklich.

Nachdem er das Chaos genossen hatte, kam er tänzelnd auf die Schlafzimmertür zu. Da er das elektrische Licht nirgends angeknipst hatte, benötigte er dauernd die Taschenlampe, deren Schein mittanzte. Größer und größer wurde die Gestalt im Badezimmerspiegel. Der Inder mußte den Plan, den mein Bruder ihm von diesem Appartement aufgezeichnet hatte, gut im Kopf haben, denn er leuchtete sofort zum Bett. Dadurch konnte ich es, wenn ich mich auf die Zehenspitzen stellte, auch erkennen. Mein Bruder lag auf dem Rücken, sein Anzug über einem Stuhl, ebenso seine Wäsche. Er trug einen gelben Pyjama. Ich selbst hatte Werner entkleidet und ihm den Pyjama angezogen.

Dem Mörder schien zu gefallen, was er sah. Er kicherte wieder. Dann griff er in seinen Mantel, wobei ich zum erstenmal sah, daß er schwarze Zwirnhandschuhe trug. Im nächsten Augenblick hielt der Mörder die schlangenförmig gekrümmte Klinge eines Kris in der Hand. Er hängte die Taschenlampe an einen Mantelknopf, riß schnell, um sich vor Verunreinigung zu schützen, die Bettdecke hoch, dann zog er die Klinge durch den Hals meines Bruders, vom rechten Ohr bis zum linken. Seitlich und schräg schoß nach allen Seiten Blut aus der Wunde und befleckte die Wände, das Bett und die Bettdecke, die der Inder nun fallen ließ, während er herzlich lachte. Er wischte den Kris an der Decke ab, eilte beschwingt in den Salon, und sofort danach hörte ich, wie sich die beiden Eingangstüren hinter ihm leise schlossen. Ich sah auf meine Uhr. Es war 1 Uhr 09.

Nun trat ich aus dem Badezimmer. Da die Stores alle geschlossen waren, konnte ich ruhig das elektrische Licht im Schlafzimmer anknipsen. Ich knipste es an und rasch wieder aus. Meines Bruders Bett war mittlerweile ein roter Strumpf geworden, von den Wänden floß das Blut in Mengen herab, und von Bett und Wänden sickerte es bereits in den Teppich. Werners Gesicht war sehr weiß und sah sehr zufrieden aus. Es hatte wirklich ein einziger Schnitt genügt. Der Inder war 28 000 DM wert gewesen.

Ich ging durch das Schlafzimmer in den Salon und schaltete hier das Licht des großen Deckenlüsters ein. Aus dem Vorraum holte ich meinen dicken blauen Kamelhaarmantel und zog ihn an. Ich versuchte, die 38er einzustecken, aber mit dem Schalldämpfer daran war sie zu lang, also zog ich ihn ab und steckte ihn in die linke Hosentasche. Die Pistole kam in einen Schulterhalfter, den ich umgeschnallt über dem Hemd, unter der Jacke, trug. Nun ging ich zum Tisch. Hier standen zwei Flaschen Johnnie Walker Black Label. Die eine war noch voll, in der anderen fehlte etwas. Ich öffnete die angebrochene Whiskyflasche und holte aus der Brusttasche meines Anzugs die schmale Schachtel mit den Schlafpulvern, die der Inder in der Nacht zuvor Werner gegeben hatte. Zehn kleine Kuverts waren ursprünglich darin gewesen. Ich überlegte, wie viele Kuverts ich noch öffnen sollte, um ihren Inhalt in die Flasche zu schütten. Drei Portionen hatte mein Bruder bereits hineinrieseln lassen. Die Wirkung hatte ich mit ansehen können, nachdem er ein Glas von diesem Whisky getrunken hatte. So etwas mußte jetzt noch einmal passieren. Ich wollte mein Opfer keinesfalls vergiften, doch sollte die Sache beim zweitenmal schneller gehen. Die Zeit drängte. Mein Flugzeug, eine Boeing 720 B der Lufthansa, die aus Tokio kam, landete um 3 Uhr 45 auf dem Internationalen Flughafen von Kairo bei Neu-Heliopolis. Sie flog erst um 4 Uhr 40 weiter, aber bis nach Neu-Heliopolis, das nördlich von Kairo liegt, sind es fünfundzwanzig Kilometer, und ich hatte noch viel zu erledigen. Die Maschine mußte ich unbedingt erreichen. Ich hatte sie im Lufthansabüro in der Rue Talaat Harb 9 gewählt und einen Platz in ihr gebucht, nachdem ich genau wußte, wann der Mörder kommen wollte. Ab Rom war ich zum Weiterflug nach Zürich mit einer anderen Lufthansa-Maschine vorgemerkt, die um 6 Uhr 30 römischer Zeit startete. Ich besaß viel Geld auf dem Konto einer Schweizer Bank. Um dieses Geld nach Buenos Aires zu transferieren, war es notwendig, daß ich selbst in der Bank erschien, die mein Vermögen verwaltete, denn der größte Teil des Geldes war langfristig angelegt worden. Bei einer plötzlichen Kündigung hatte ich persönlich verschiedene Dokumente zu unterzeichnen. Eine Swiss-Air-Maschine nach Buenos Aires verließ Zürich um 12 Uhr 15 Ortszeit vom Flughafen Kloten aus. Diese Interkontinental-Maschinen waren höchst selten voll ausgebucht. Hier mußte ich ein Risiko eingehen. Ich konnte erst in Zürich einen Platz belegen. Ich besaß Visa für Ägypten und Argentinien und zwei internationale Seuchenpässe, und ich war gegen die verschiedensten Krankheiten geimpft worden. Bei politischen Delikten, wie sie in meinem Fall zur Debatte standen, lieferten weder Argentinien noch Ägypten aus.

Nur diese Lufthansa-Boeing 720 B verließ Kairo aber so früh, daß sie noch für mich in Frage kam, denn ich mußte damit rechnen, daß der Mord an meinem Bruder in den Morgenstunden, spätestens aber gegen halb zehn Uhr, entdeckt wurde. Um neun Uhr ließ sich mein Bruder täglich wecken. Meldete er sich nicht, würde man nachsehen, ob ihm etwas zugestoßen sei. Die erste Maschine, die nach jener Lufthansa-Boeing vom Flughafen Kairo aus Ägypten verließ, war eine Caravelle der Air France. Sie startete um 11 Uhr 30, viel zu spät.

Ich war schon dabei, ein weiteres Kuvert zu öffnen, da überlegte ich, daß ich ja keine Ahnung hatte, was für ein Pulver das war und ob jemand überhaupt noch einmal zu sich kommen würde, wenn er auch nur die ganze mit drei Pulvern versetzte Flasche austrank. Kam er nicht mehr zu sich, weil niemand in der Nähe war, der ihm helfen konnte, dann – nein!

Nein. Nein. Nein. – Das ging nicht.

Das durfte ich nicht riskieren. Ich *mußte* noch einen Menschen schnell und tief betäuben, daran war nichts zu ändern, doch ich durfte nicht seinen *Tod* verursachen. Mit Whisky *und* diesen mir unbekannten Pulvern konnte das aber ganz leicht geschehen. Also waren Pulver ausgeschlossen. Ich überlegte kurz, dann war mir eine andere Möglichkeit eingefallen. Ich stellte die Flasche, aus der mein Bruder getrunken hatte, wieder auf den Tisch, steckte die Schachtel mit den Pulvern ein und nahm die frische Johnnie-Walker-Flasche, von der ich den Stanniolverschluß abzog, damit ich den Korken später leicht herausbekam.

Die noch nicht angebrochene, schmale und viereckige Whiskyflasche verwahrte ich in der rechten Tasche des blauen Kamelhaarmantels. Dann verließ ich das Appartement. Der Schlüssel steckte im Schloß der inneren Eingangstür – schwer, mit einem großen Messinganhänger. Ich zog ihn heraus, sperrte von draußen ab, schloß auch die zweite Tür und steckte den Schlüssel in die linke Manteltasche. Der Lift zur Tiefgarage befand sich auf der Rückseite des Gebäudes. Es war ein weiter Weg. Ich fluchte leise vor mich hin. Die großen Aufzüge, die in die Haupthalle führten, wollte ich nicht benützen. Es hätte alles verderben können, wenn mich jetzt noch ein Portier oder ein Hausangestellter sah. Bei dem Garagenlift durfte ich ziemlich sicher sein, von niemandem gesehen zu werden, und auch wenn jener Wagenwäscher, der dem Mörder die Stahltür zur Straße gefälligerweise geöffnet hatte, den Schlüssel in der Zwischenzeit wieder zurückgedreht haben sollte – ich konnte ihn noch einmal drehen und die Tür noch einmal öffnen. Nur die hellerleuchteten Gänge, die ich nun entlanggehen mußte, waren so gottverflucht lang. Es war eben ein gottverflucht großes Hotel. Immerhin hatte bisher alles gut funktioniert, dachte ich, mich in Bewegung setzend, es würde auch weiterhin nichts passieren. Ich dachte das, weil ich mich nach dem Tod meines Bruders so sehr erlöst fühlte, doch ich hätte es nicht denken sollen, schon aus Aberglauben nicht. Kaum war ich losgewandert, da passierte natürlich prompt etwas.

Ich hörte auf einmal Lachen, Stimmen und Musik. In einem der Appartements, die vor mir lagen, fand anscheinend eine Party statt. Der Lärm war gedämpft, aber deutlich. Plötzlich war er laut. Fünf Meter vor mir hatte sich eine Tür geöffnet, und ein junges Mädchen in einem silbernen Cocktailkleid taumelte heraus. Die Tür fiel hinter ihr zu. Das Mädchen war groß, fast so groß wie ich, es hatte leuchtendrotes Haar, das über die Schultern herabfiel, und violette Augen. Es war ein sehr schönes Mädchen. Und es war, schien mir, ein sehr betrunkenes. Die Nacht des Whiskys, dachte ich. Whiskygefüllt mein toter Bruder. Whisky in meiner Manteltasche. Whiskygefüllt dieses sehr schöne Mädchen – sie mußte voll Whisky sein, denn ich roch kaum etwas, als sie mir nun in die Arme taumelte, nur ein wenig Whisky. Man kann Unmengen Scotch trinken und doch nur sehr wenig nach Alkohol riechen. Alle Säufer wissen das. Whisky ist der einzige Stoff, bei dem man nicht gleich zehn Meter gegen den Wind duftet. Dieses sehr schöne Mädchen duftete nach Parfüm, Jugend und heißer Haut. Und nur sehr wenig nach Whisky, so ungeheuer betrunken sie sich auch betrug.

Mein dicker blauer Kamelhaarmantel besaß keine Knöpfe, nur einen breiten Gürtel, den man binden konnte. Der Mantel war noch nicht geschlossen. Das sehr schöne Mädchen ließ sich gegen mich fallen und schlang die langen Arme heftig um meine Brust. Ihre Hände schlugen mit Wucht auf meinen Rücken. Synchron dazu steckte sie mir die Zunge in den Hals, daß ich beinahe erstickte, und preßte ihren Unterleib gegen meinen. Das sehr schöne Mädchen mit dem flammendroten Haar zog die Zunge zurück und sagte kräftig lallend folgendes in englischer Sprache: »Jetzt habe ich dich endlich wieder. Jetzt kommst du mir nicht mehr davon. Jetzt machst du's mir. Du hast's versprochen. Du hast gesagt, du machst es mir. Los, los, nun mach schon!«

Ich hatte dieses Mädchen noch nie im Leben getroffen und keine Ahnung, wer sie war. Eine Nutte nicht, das sah man. Reich, das sah man auch, wenn man ihren Schmuck betrachtete. Und betrunken. Allmächtiger, war dieses Mädchen betrunken!

»Also machst du's mir, oder machst du's mir nicht?« fragte sie laut und wild und rieb immer weiter ihren Unterleib gegen meinen. Aus dem Appartement, in dem gefeiert wurde, ertönte jetzt die Stimme Louis Armstrongs: ». . . oh, how I long to be in that number, when the saints go marching in . . .«

Das war absolut lebensgefährlich. Ich mußte hier weg. Das sehr schöne Mädchen nahm meine Hände und preßte sie sich gegen die Brüste. Die Warzen waren groß und hart wie Haselnüsse.

»Also?«

»Ja doch«, sagte ich schnell, »ja doch, Sweetie, klar mach ich es dir, na was denn!«

In ihre Augen trat sanfter Wahnsinn. Sie hielt mich für irgendwen, der versprochen hatte, es ihr zu besorgen, vielleicht war es auch gar niemand, und die junge Dame nur einfach sinnlos voll und hinüber; aber das alles war ohne Bedeutung. Ich mußte hier weg.

»Komm«, sagte ich.

»Wohin?« Sie rührte sich nicht. Wenn aus diesem Appartement noch jemand trat . . .

»In mein Zimmer.«

»Willst mich nur 'reinlegen und wieder verschwinden. Mich legst du nicht zweimal 'rein!« Damit packte sie die schmalen Revers meines Mantels, und mit der Kraft ihrer Trunkenheit zerrte sie so heftig an ihnen, daß der rechte Aufschlag knirschend riß. Das Revers hing nun herab. Ich hätte diesen Rotkopf gerne geschlagen, aber das ging nicht.

»Bist du verrückt?« zischte ich zornig.

»Tut mir leid. Tut mir wirklich leid. Ich kauf dir einen neuen Mantel, wenn du's mir gemacht hast.«

»Hier auf dem Gang, ja?«

»Hier auf dem Gang. Jawohl. Du willst nicht? Soll ich schreien?« Sie öffnete den Mund, aber diesmal steckte ich meine Zunge hinein und drückte sie an mich. Sie begann zu stöhnen, machte sich plötzlich etwas von mir los und griff an meine Hose.

»Oh«, sagte sie und wurde so weiß im Gesicht, wie mein Bruder jetzt war, »o Gott. Oh, Darling, Darling, Darling! Ist er das?«

»Ja«, sagte ich und hoffte inbrünstig, sie möge der Sache nicht genauer nachgehen und herausfinden, daß es der Schalldämpfer der 38er war, der sie so begeisterte.

»O barmherziger Vater im Himmel«, sagte der Rotkopf. »O Maria, Mutter Gottes, und ist das auch die Wahrheit? Das ist er wirklich?«

»Ja«, sagte ich und fühlte, wie mir der Schweiß ausbrach.

»Ich werde ohnmächtig«, sagte der Rotkopf. Wenn du das bloß würdest, dachte ich. »Ich werde ganz bestimmt und sofort ohnmächtig, sofern du es mir nicht so schnell wie möglich machst.«

Sie sagte wahrhaftig ›provided‹.

»Dann komm endlich«, sagte ich und riß sie brutal fort. Sie taumelte hinter mir her. 1 Uhr 24 zeigte eine Uhr im Gang. Ich rannte mit dem Rotkopf, dessen Hand ich eisern festhielt, los. Sie folgte mir taumelnd und schlingernd. Sie war groß und schwer, und ich mußte dauernd achtgeben, daß sie mich nicht umschmiß. Wenn uns jetzt jemand sah, konnte ich auch auf betrunken spielen, dachte ich. Es sah uns niemand. Wir erreichten den Gang auf der Rückseite des Hotels. Wir erreichten den Tiefgaragenlift. Der Aufzug war unten. Vermutlich hatte er zuletzt den Mörder befördert. Ich drückte auf eine Taste. Der Aufzug kam herauf.

»Wo bringst du mich hin?« fragte das sehr schöne Mädchen. Es lehnte an der Wand und rang nach Luft.

»Na, in mein Zimmer.«

Der Aufzug erschien. Ich öffnete die Lifttür, stieß den Rotkopf vor mir her, die Tür fiel hinter uns zu, und ich preßte einen Finger auf den Knopf für den vierten Stock. Sie sah es.

»Vierter Stock wohnst du?«

»Ja.« Der Aufzug glitt abwärts.

»Zeig ihn mir.«

»Gleich.«

»Ich will ihn sofort sehen!«

»Wir sind sofort bei mir.«

»Aber . . .« Der Lift hielt im vierten Stock. Ich öffnete die Tür, stieß das sehr schöne Mädchen auf den Gang hinaus, wo es still umfiel, riß die Tür zu und drückte auf den Knopf für die Tiefgarage. Der Aufzug sank weiter. Ich lauschte, aber ich hörte nichts mehr von dem sehr schönen Mädchen, nicht das geringste. Fein, dachte ich. Weh getan hat sie sich gewiß nicht. Vielleicht schläft sie da oben auf dem Gang, bis die Schuhputzer kommen, vielleicht findet sie früher jemand. Aber etwas Vernünftiges aus ihr herausbekommen wird keiner. Noch lange nicht. Dieses sehr schöne Mädchen war wirklich viel zu betrunken.

1 Uhr 27 zeigte meine Armbanduhr.

Der Aufzug hielt. Ich griff auf alle Fälle mit der linken Hand nach dem Kolben der 38er, bevor ich die Tür öffnete. Niemand war zu sehen. Unter mir hörte ich Männerstimmen, Gehämmer und das Geräusch von spritzendem Wasser. Mit einem Sprung war ich bei der Stahltür. Der Schlüssel steckte.

Diese Nacht war kühl in Kairo.

Tief und schnell segelten die schwarzen Wolken über den Himmel, es roch nach Regen, und es war unangenehm böig. Ich trat auf den Midan el-Tahrir hinaus, den Platz hinter dem Hotel, steckte zwei Finger in den Mund und hielt sie dann, aneinandergelegt, gegen Osten in die Luft. Wo Osten war, wußte ich. Die Innenseite der beiden Finger wurde eiskalt. Das beruhigte mich. Also hatte meine Maschine, die von Osten kam, Rückenwind und würde pünktlich sein. Hoffentlich.

1 Uhr 31.

Der Midan el-Tahrir ist ein Ungetüm von einem Platz. Zehn Avenuen münden in ihn, rundum stehen verschiedene Ministerien, die Amerikanische Universität und, an der Nordseite des ›Befreiungsplatzes‹, das berühmte Ägyptische Museum. Im Zentrum erhebt sich das Befreiungsmonument, der ›Tahrir‹.

Ich ging, an der Hotelmauer entlang, schnell auf das Museum zu. Hier standen sehr viele Neonlichtpeitschen, die ihr starkes, helles Licht auf die Gebäude und die gepflegten Anlagen des Midan el-Tahrir warfen. In Riesenbeeten wuchsen viele bunte Blumen, und edle Sykomoren, Tamarisken und Palmen bogen sich in dem kurzen, stoßenden Wind und ließen ihr Laub, ihre Fächer und ihre Wedel rauschen.

Es waren noch Menschen und Autos unterwegs, wenn auch nicht sehr viele. Unterwegs waren, in Rudeln, nur die kleinen Jungen, die man rund um jedes internationale Hotel in Kairo praktisch zu jeder Tages- und Nachtstunde antrifft. Sie wollen alle dasselbe, und sie müssen gute Geschäfte machen, sonst würden sie nicht so ausdauernd herumlungern.

Schon kam einer dieser Kerle auf mich zugerannt. Der kleine Araber war höchstens zwölf Jahre alt, hatte das Gesicht eines zynischen Vierzigers und böse taxierende Augen. Er feixte, als er in grausigem Englisch fragte, ob er mich zu seiner Schwester führen solle. Sie sei erst zehn Jahre alt und noch Jungfrau. Der Junge hatte mich aus dem Hotel kommen sehen. An der Rückseite gab es eine Bar, die ich eben passierte und vor der auch ein paar Jungen lauerten. Sie lauern überall, sie wissen genau, früher oder später werden sie ein Opfer abschleppen.

Ich stieß den kleinen Kerl weg, der versuchte, mich am Weitergehen zu hindern, und beschimpfte ihn mit den wenigen arabischen Worten, die ich kannte. Er ließ sich ruhig puffen und stoßen und blieb getreu an meiner Seite. Jetzt fragte er mich, in einem ganz grausigen Französisch, ob er mich zu seinen beiden Schwestern führen solle. Die seien Zwillinge und erst zehn Jahre alt und noch Jungfrauen. Ich schlug nach ihm, aber er wich geschickt aus und verfolgte mich weiter. Ich hatte nun das Ägyptische Museum erreicht, bog nach links und kam durch eine schmale Seitenstraße auf die Nile Corniche – direkt vor die Semiramis-Brücke, die zu der Insel Gezireh hinüberführt, wo ich jetzt hin mußte. Hier war es besonders hell. Die Fassade des ›Imperial‹ wurde angestrahlt, und alle Lichter der Corniche brannten. Ich überquerte den Damm und sah Damen in Nerzmänteln und Stolen und Herren in Abendkleidung beim Hoteleingang. Autos fuhren vor und ab, und Jungen lungerten natürlich in der Nähe. Nicht einmal die Polizei richtete etwas gegen sie aus.

Mein Freund begleitete mich immer noch brav. Ich war jetzt schon auf der Brücke mit ihren vielen Kandelabern, und der kleine Araber fragte mich, in beinahe einwandfreiem Deutsch, ob ich Interesse an seinem elfjährigen Bruder hätte. Ich trat nach ihm, und wieder wich er geschickt aus und versicherte in gutem Deutsch, wenn ich wollte, stünde auch er mir zur Verfügung. Mit Deutschen schien er am häufigsten ins Geschäft zu kommen, aber mich hielt er offenbar für keinen Deutschen.

Ich hatte jetzt genug. Ich sah, daß ich mit Stoßen und Fluchen nicht weiterkam, also zog ich den Jungen an einem Ohr zu mir empor, bis er jaulte, und als ich eben zu sprechen beginnen wollte, kam ein großer amerikanischer Wagen von der Insel herüber und bremste direkt neben mir.

Ein Mann steckte den Schädel aus dem Fenster an seiner Seite. Er hatte fröhliche Augen und sehr kurzgeschnittenes hellblondes Haar, eine typische amerikanische Igelfrisur.

»Got yourself into trouble with that little son-of-a-bitch, Mister?« fragte er freundlich. Ich stand unter einer Kandelaberlampe der Brücke, es war auch hier hell, und ich sah den jungen Amerikaner sehr genau. Er mich auch. Ich sagte zuerst englisch und danach deutsch, damit der Knabe mich auch verstand, daß ich belästigt worden sei und den Jungen nun zur Polizei bringen würde. Der Amerikaner am Steuer des Chevrolets griff hinter sich und öffnete grinsend den zweiten Wagenschlag.

»Okay, Mister. Get that little bastard in there. I'll glady help you bring him to the cops.«

Das genügte.

Der Junge riß sich los und rannte, so schnell er konnte, zur Corniche zurück.

»Thanks«, sagte ich zu dem Amerikaner.

Wir sahen uns lächelnd an. Dann bemerkte er etwas.

»He! Was ist mit Ihrem Mantel passiert?«

»Wieso?«

»Na, das Revers! Hat die kleine Kröte das getan?«

Ich sah meinen Kamelhaarmantel an. Der Aufschlag, den das sehr schöne, sehr betrunkene Mädchen im ›Imperial‹ ein wenig zu fest gepackt hatte, hing trist herab. Ich hatte das schon völlig vergessen gehabt.

»Die kleine Kröte, ja«, sagte ich eilig auf englisch.

»Na, so können Sie aber nicht herumlaufen, Mister!«

»Aber ja doch.«

»Aber nein doch!« Der Amerikaner hatte schon das Handschuhfach des Chevrolets geöffnet. Er suchte. »Da liegt immer ein Haufen Zeug . . . warten Sie mal, wir versuchen es damit.« Er öffnete den Schlag und trat vor mich hin.

»Wirklich . . .«, begann ich noch einmal, aber es hatte keinen Sinn.

»Moment, Moment, gleich haben wir das«, sagte der junge Amerikaner. Er hielt ein etwa fünf Zentimeter langes Drahtstück in der Hand, das er in dem Wagenfach gefunden hatte. Entwaffnend grinsend, bohrte er den Draht von der Innenseite durch den Reversstoff und befestigte ihn tatsächlich mit ein paar vorsichtigen Stichen. Wir standen uns sehr dicht gegenüber.

Amerikaner sind wahrhaftig die hilfsbereitesten Menschen von der Welt, dachte ich. Zur Hölle mit allen hilfsbereiten Menschen. Mach. Mach schon! Der Amerikaner, der so groß wie ich war, bog das Drahtstück am oberen und unteren Ende in den Stoff, damit ich mich nicht verletzen konnte, sah mich zufrieden an und sagte etwas Komisches, worüber er sehr lachen mußte. Ich lachte pflichtschuldig mit. Ich habe keine Ahnung mehr, was er sagte. Ich bedankte mich wieder.

»Don't mention it. Can I give you a lift?«

»You are driving in the other direction.«

»So what? I can turn around.« Das fehlte noch.

»I'd really rather walk. Thanks again.«

»That's all right«, sagte er, kletterte in seinen Chevy und fuhr weiter zur Corniche. Dort bog er nach rechts. Ich sah den Wagen am Portal des ›Imperial‹ vorübergleiten, dann verschwand er.

Ich ging nun schnell.

In der Mitte der Brücke – sie ist dreihundertfünfzig Meter lang, und der Ostwind fauchte dort kräftig – warf ich den Appartementschlüssel und die Schachtel mit den Schlafpulvern in den Nil. Auf der Insel angekommen, blieb ich beim Eingang des Andalusischen Gartens kurz stehen, um zu horchen. Niemand folgte mir. Der Garten lag rechts. Ich wandte mich nach links und hastete eine romantisch erleuchtete Palmenallee hinab, auf den Palast des Exmonarchen Faruk zu.

1 Uhr 52.

Jetzt lief ich, wobei ich darauf achtete, daß mir die Whiskyflasche nicht aus dem Mantel fiel. Von der Straße zweigten vor dem Lustschloß an der Inselspitze eine Menge Wege in Wäldchen und Buschwerk hinein ab. Auf der Allee brannten die romantischen Laternen. In den Seitenwegen war es finster. Ich wußte, in welchem Seitenweg Lillian wartete – er lag in unmittelbarer Nähe des Palastes. Ich wußte auch, daß ich nicht in diesen Weg laufen durfte, weil ich dann von vorn an den Wagen herangekommen wäre, der da parkte. Also bog ich einen Pfad früher nach rechts ab und machte einen kleinen Bogen durch Gebüsch und Unterholz zu dem anderen Weg hinüber. Dort sah ich, unbeleuchtet, einen schwarzen Mercedes stehen. Ich holte die 38er aus der Halfter, wickelte ein Taschentuch um ihren Griff und steckte den Schalldämpfer wieder auf. Dann schlich ich mich von hinten – ich trug wieder die Slipper mit den Gummisohlen – an den Mercedes heran. Der Wind machte hier in den Ästen und dem Laub und den Palmenwedeln eine Menge Lärm, und das war gut so.

Bevor ich den Wagen erreichte, ging ich in die Knie und bewegte mich nun so, auf allen vieren, weiter zu dem linken vorderen Wagenschlag. Dann hob ich sehr langsam und vorsichtig den Kopf, bis ich Lillian erblickte. Sie saß auf dem rechten Vordersitz und sah starr auf die Allee hinaus. Sie wartete – genau nach Verabredung. Lillian trug einen Leopardenmantel. Ihre langen Haare waren schwarz wie ihre Augen mit den langen Wimpern, die Backenknochen traten vor, der Mund war breit, die Lippen waren voll und sinnlich, und ich dachte, daß ich in meinem ganzen Leben nur eine einzige

Frau wirklich geliebt hatte und immer weiterlieben würde, und das war sie, war Lillian, die da saß und wartete. Ich glaube, ich habe sie nie so sehr geliebt wie in dem Augenblick, da ich hochfuhr und den Schlag aufriß. Mit einem unterdrückten Schrei wandte Lillian den Kopf. Sie konnte in der Dunkelheit nicht viel sehen, nur eben, daß ich hinter das Steuer glitt. Sie sagte atemlos: »Gott sei Dank, Liebster. Es ist also alles gutgegangen. Ich hatte schon . . .«

Weiter kam sie nicht, denn da schlug ich ihr bereits den umwickelten Kolben der 38er auf den Schädel. Nicht zu hart, aber doch ziemlich hart, denn ich konnte jetzt weder Geschrei noch einen Kampf, noch ihre Fingernägel in meinem Gesicht brauchen. Der erste Schlag warf sie nach vorn. Sie stöhnte laut. Ich riß sie an den Haaren hoch und schlug noch einmal zu, diesmal mit der Faust gegen ihr Kinn. Die 38er hatte ich auf das Armaturenbrett gelegt. Nun warf ich mich über Lillian und hielt ihr mit der linken Hand den Mund zu. Mit der rechten Hand holte ich die Johnnie-Walker-Flasche hervor und drückte den Kork heraus. Ich preßte Lillians Nasenflügel zwischen Daumen und Zeigefinger meiner linken Hand zusammen, so fest ich nur konnte. Ihr Körper bäumte sich auf, und sie öffnete den Mund. Sie brauchte Luft, um nicht zu ersticken.

Darauf hatte ich gewartet.

Ich stieß ihr den Hals der Whiskyflasche zwischen die Lippen und zog Lillians Kopf an den Haaren weit nach hinten. Nun kniete ich auf ihrem Sitz, zwischen ihren gespreizten Schenkeln, der Leopardenmantel hatte sich geöffnet, das grüne Wollkleid darunter war zerrissen. Sie wand sich, ihre Glieder fuhren hin und her, sie schüttelte wild den Kopf, Glas klirrte gegen ihre Zähne, aber ich hatte die Flasche schon gehoben, und der Whisky floß heraus, floß in Lillians Kehle. Natürlich floß er auch über ihr Kinn und ihre Kleider, sie würgte und spuckte, ich bekam einiges ab, aber dann trank, trank, trank sie verzweifelt in ihrem panischen Schrecken, ihrer wahnsinnigen Gier nach Luft. Als ich fühlte, daß sie plötzlich zusammensackte, zog ich die Flasche schnell zurück. Sie durfte nicht ersticken. Ich beobachtete Lillian scharf, wie sie röchelnd nach Atem rang, Luft, Luft gierig einsog mit aufgerissenem Mund, und dieses verzerrte Gesicht erinnerte mich an das erste Mal, da sie nackt in meinen Armen gelegen hatte, verzerrten Gesichts, nach Luft ringend, mit einem Ausdruck, als würde sie gefoltert, als der Höhepunkt kam. Vor einer Ewigkeit war das gewesen, vor so vielen, vielen Jahren, und dann immer wieder, immer wieder und immer wieder hatte sie ausgesehen, als ob sie entsetzlich litte, wenn sie selig, völlig selig gewesen war . . .

Nun richtete sie sich etwas auf. Sofort riß ich ihren Kopf wieder zurück und hob die Flasche. Ächzend und würgend begann sie zu husten. Ich preßte ihre Nase zu und steckte ihr den Flaschenhals noch einmal in den Mund, und

plötzlich vernahm ich geisterhaft Musik und die heimwehkranke Stimme
von Doris Day: »When I hear that serenade in Blue . . .«
Das war unser Lied gewesen, vom ersten Tag an, und es war unser Lied
geblieben bis heute, und ich dachte, daß ich jetzt nicht den Verstand verlieren durfte über allem, was geschah, doch die Stimme von Doris Day,
Geigen und Schlagzeug klangen weiter und weiter in meinen Ohren, ich
konnte nichts dagegen tun.
When I hear that serenade in Blue, I'm somewhere in another world alone
with you. Lillian wehrte sich, aber viel weniger als das erste Mal, und
wieder ließ ich sie Whisky trinken, trinken, trinken. Sharing all the joys we
used to know – many moons ago. Ich hatte Angst, daß die Flasche nicht
ausreichen würde. Sie reichte aus. Lillian sank plötzlich nach rechts gegen
das Wagenfenster. When I hear that serenade in Blue. Ich glitt auf den Sitz
hinter dem Steuer zurück, ließ die leere Flasche fallen und packte die 38er
wieder am Lauf. Lillians Augen waren offen, aber so verdreht, daß ich fast
nur das Weiße sah. Sie lallte. Ihr Make-up war verschmiert, ihr Haar stand
wirr vom Kopf, der Mantel war besudelt, das zerrissene Wollkleid darunter
feucht am Hals. Just like the theme of some forgotten melody, in the album
of my memory. Doris Days Stimme in meinen Ohren, die Geigen, das
Schlagzeug, eine Trompete voller Wehmut. Ich war nicht verrückt. Ich
war nicht verrückt. Ich hörte das Lied nur, weil ich Lillian liebte, sie, sie,
nur sie, sagte ich zu mir und schlug ihr den Pistolengriff gegen das Kinn,
und danach war sie weg. Sie sackte zusammen und rührte sich nicht mehr.
Ich hatte keine andere Wahl gehabt ohne die Schlafmittel. Aus dieser
Bewußtlosigkeit würde sie nach Stunden, wenn der große Whiskykonsum
mit seiner narkotisierenden Wirkung nachgelassen hatte, von selber wieder
erwachen, ohne fremde Hilfe. Sie war eine ordentliche Trinkerin. Es stand
nicht zu befürchten, daß sie einer Alkoholvergiftung erlag. Nein, keine
Schlafmittel. Diese Methode war die einzig sichere gewesen – für sie und
für mich. It seems like only yesterday, a small café, a crowded floor,
and as we danced the night away, I heard you say: Forever more . . .
Ich legte ein Ohr an Lillians linke Brust und fühlte ihren Puls. In Ordnung.
Ich überlegte, ob ich den Sitz zurückklappen und sie liegend transportieren
sollte, damit es noch ungefährlicher für sie blieb; aber dann sah ich, daß der
Fond voller Gepäck war. Das hatte ich vergessen. Es war sehr viel Gepäck
in dem Mercedes, auch im Kofferraum. Ich konnte den Sitz nicht zurückklappen. So legte ich einen Sicherheitsgurt um Lillian und schnallte sie fest,
damit sie nicht nach vorn fallen konnte, und dann wartete ich eine Viertelstunde, um zu sehen, ob sie nicht doch noch einmal zu sich kam. Und ich
hörte Gesang und Musik in dieser Viertelstunde, und ich dachte an Vergangenheit, so viel Vergangenheit.
And then song became a sigh, forever more became good-bye. Keine

Schlafmittel, Lillian. Du wirst erwachen. Ich habe dich nicht getötet. Es heißt, daß die Menschen stets töten, was sie lieben. Ich nicht, Lillian, ich nicht. So tell me darling, is there still a spark? Oh, only lonely ashes of the flame we knew. Verlorene Asche nur der Flamme, die wir kannten. Should I go on wishing in the dark? Serenade in Blue . . .

Lillian kam nicht mehr zu sich. Der Alkohol tat nun schon seine Wirkung. Es war 2 Uhr 17, als ich den Motor startete, die Scheinwerfer aufflammen ließ und losfuhr. Wenn Polizei uns anhielt, konnte jedermann sofort sehen, daß Lillian nur betrunken war. Ich würde sagen, ich brächte sie heim. Ihr Kopf schwankte hin und her, während ich die Palmenallee zurück zur Semiramis-Brücke fuhr. Nur betrunken. Betrunken nur, meine Lillian. Der Wagen stank nach Whisky. Es war ein Leihwagen. Sie hatte ihn gemietet. And as we danced the night away, I heard you say: Forever more . . .

»Meine Damen und Herren, im Namen unseres Kapitäns und seiner Besatzung heiße ich Sie an Bord unserer Boeing 720 B herzlich willkommen. Wir reisen in einer Höhe von dreißigtausend Fuß mit einer Geschwindigkeit von neunhundert Stundenkilometern. Um fünf Uhr fünfundvierzig Ortszeit werden wir auf dem Leonardo-da-Vinci-Flughafen von Rom landen. Wir wünschen Ihnen einen angenehmen Flug . . .«

Die Stimme der Stewardeß erklang noch einmal in italienischer und in englischer Sprache über die Bordlautsprecher, dann erschien sie selbst, ein braunhaariges, rehäugiges Mädchen. Sie kam aus dem Cockpit der Maschine. In Kairo hatte die gesamte Crew gewechselt. Die Stewardeß war noch sehr jung und sehr ausgeruht und sehr eifrig, und sie trug eine Passagierliste bei sich.

Ich flog erster Klasse. Diese befand sich vorn, die Touristenklasse, fast dreimal so groß, hinten; dazwischen war ein Trennvorhang. Erster Klasse reisten nur vier Passagiere: zwei ältere Japanerinnen in kostbaren Kimonos, ein weißhaariger Negerpriester und ich. Ich war in Kairo als einziger neuer Passagier der ersten Klasse an Bord gekommen. Die junge Stewardeß trat mit ihrer Liste zu mir, offenbar wollte sie alle neuen Passagiere begrüßen. In der Touristenklasse gab es eine Menge. Hier vorn war es sehr bequem, man hatte viel Platz. Die japanischen Damen sahen sehr müde aus, der weißhaarige Negerpriester las in seinem Brevier. Wir hatten die schwarzen Wolken steil durchstoßen und flogen nun über ihnen.

Die Stewardeß hatte mich erreicht, sie neigte sich lächelnd vor: »Herr Peter Horneck, nicht wahr?«

»Erraten!«

»Oh, das war nicht schwer. Sie sind der einzige Deutsche, der in Kairo an Bord kam, wissen Sie. Sie sind doch Deutscher?«

»Ja.«

»Kann ich etwas für Sie tun, Herr Horneck?« Die Stewardeß roch frisch nach Seife und Parfüm. »Kaffee? Tee? Milch?«

»Später vielleicht.«

»Darf ich Ihnen etwas zu lesen bringen?«

»Vielen Dank«, sagte ich und wies auf die Zeitung, die ich über eine dunkelblaue Reisetasche gelegt hatte. Die Tasche stand auf dem leeren Sitz neben mir. »Ich habe zu lesen.«

Sie nickte mir lächelnd zu und ging dann nach hinten in die Touristenklasse, wo eine Kollegin und ein Steward sich aufhielten, und ich nahm die Ausgabe der ›Stuttgarter Allgemeinen Zeitung‹ vom vergangenen Mittwoch und entfaltete sie, denn diese Zeitung war mein Erkennungszeichen, und ich mußte nur warten, bis der Mann von der internationalen Nachrichtenagentur ›American Press Service‹ kam und mich ansprach. So hatte ich das vor zwei Tagen mit den Leuten vom Kairoer Büro des ›American Press Service‹ verabredet – telefonisch aus einer öffentlichen Fernsprechzelle, denn es wäre lebensgefährlich gewesen, jemanden von APS zu treffen oder das Büro aufzusuchen oder von einem Hotel aus anzurufen. Von einer Zelle aus zu rufen war nicht gefährlich. In der Telefonzentrale des APS-Büros Kairo gab es einen kleinen Apparat, der Gespräche für jeden Dritten, der die Leitungen anzapfte, unverständlich zerhackte.

Ich hatte mit einer Dame gesprochen. Sie hatte mir gesagt, daß ich die ›Stuttgarter Allgemeine Zeitung‹ kaufen und als Erkennungszeichen aufheben solle. Es gab die großen deutschen Blätter am Zeitungsstand des ›Imperial‹, und so hatte ich also eine SAZ gekauft.

»Das Material darf uns natürlich nicht auf ägyptischem Hoheitsgebiet übergeben werden«, sagte die Frauenstimme bei meinem Telefonat mit dem Büro von APS.

»Natürlich nicht.«

»Das geht erst, wenn Sie aus Ägypten draußen sind.«

»Im Flugzeug?«

»Im Flugzeug. Unser Mann fliegt mit. Selbstverständlich müssen Sie uns rechtzeitig noch einmal anrufen und mitteilen, *welche* Maschine Sie nehmen. Unser Mann wird als *sein* Erkennungszeichen Ihre Partitur der Neunten Symphonie von Beethoven bei sich tragen.«

»*Meine* Partitur?«

»Die Sie von illustrer Seite zum Geschenk erhielten, ja.«

»Aber ... aber wie kommen *Sie* zu der?« frage ich verblüfft. »Ich habe sie doch ...«

». . . bei Ihrem Freund Boris Minski in Frankfurt gelassen, ja.«

»Und?«

»Und Ihr Freund Minski gab sie Homer Barlow, als er erfuhr, in welcher Lage Sie sich befinden, und Barlow schickte sie uns. Sie kennen Ihre Partitur doch gut. Barlow meinte, wenn unser Mann *sie* als Erkennungszeichen trägt, werden Sie ihm unbedingt vertrauen.«

Boris Minski und Homer Barlow . . .

Es hatte mich mit heißer Freude erfüllt, ihre Namen zu hören. Ich bin nicht allein – das war mein erster Gedanke gewesen. *Nicht allein.*

Seit diesem Anruf hatte ich wieder Mut gefaßt und beschlossen zu kämpfen. Ich hatte gekämpft. Erfolgreich. Ich war ganz sicher, daß ich meine Partitur sofort wiedererkennen würde: ein kostbares, seltenes Stück – ein Exemplar der Erstausgabe von 1824, in Leder gebunden, mit einem Titelblatt, auf dem das Werk Seiner Majestät König Friedrich Wilhelm III. von Preußen zugeeignet war. Ich würde leicht feststellen können, ob es sich auch ganz bestimmt um jenes Exemplar handelte, das ich bei Boris Minski zurückgelassen hatte, denn in diesem Exemplar war dem Drucker ein Unglück widerfahren. Das Chorfinale des Vierten Satzes, dessen Text der Schillerschen ›Ode an die Freude‹ entlehnt war, lautete im ersten Absatz, soweit von Beethoven benutzt:

> Freude, schöner Götterfunken,
> Tochter aus Elysium!
> Wir betreten feuertrunken
> Himmlische, dein Heiligtum!
> Deine Zauber binden wieder,
> Was die Mode streng geteilt.
> Alle Menschen werden Brüder,
> Wo dein sanfter Flügel weilt.

Nun, in *meinem* Exemplar, dessen Chortext unter den Noten natürlich noch in altertümlicher Rechtschreibung (Heiligthum, getheilt) stand, war beim Druck ein kleines Malheur passiert: In der zweiten Vokalvariation der Freudenmelodie fehlte die Verszeile ›Alle Menschen werden Brüder‹. Ich wußte, wo sich diese Stelle befand. Es würde alles ganz einfach werden, wenn der Mann von APS kam und sich zu mir setzte. Ganz einfach würde es werden, und wieder sollte ich ein großes Stück weiter sein, fast schon am Ziel, denn dann hatte der Mann von APS die blaue Reisetasche und ihren Inhalt, und was niemand erfahren hätte um ein Haar, würde dann die ganze Welt erfahren, und das bedeutete, daß *ich* einmal, *einmal!* Sieger war und nicht mein Bruder. Mit seinem Tod allein hatte ich noch nicht gesiegt. Erst wenn die Nachrichtenagentur APS melden und *beweisen* konnte, was geschehen war, stand fest, daß einmal mein gottverfluchter Bruder einen Bruderkampf verloren hatte – und nicht ich. Aber noch kam der Mann von APS nicht. Noch mußte ich warten. Die japanischen Damen schliefen, Köpfe aneinandergelehnt, der Negerpriester mit dem weißen Haar las lautlos die Lippen bewegend in seinem Brevier. Ich stützte die Ellbogen auf die Armlehnen meines Sitzes und begann in der SAZ zu lesen.

Die Regierungserklärung des neuen deutschen Kanzlers. Wir hatten eine neue Regierung, ein Koalitionskabinett gebildet, von CDU, CSU und SPD. Als die Geschichte, die ich hier niederschreibe, begann — wenn eine Geschichte überhaupt jemals beginnt, was ich bezweifle —, besser gesagt also, als diese Geschichte in ihr akutes Stadium getreten war, da hatten wir noch keine neue Regierung in der Bundesrepublik gehabt, aber eben Landtagswahlen in Bayern.

Die NPD, die ›Nationaldemokratische Partei Deutschlands‹, hatte bei jenen Wahlen spielend die Fünf-Prozent-Klausel übersprungen und war gleich mit fünfzehn Sitzen in den Landtag eingezogen. In Hessen saß sie schon darin. Ich dachte an jene Nacht, da ich mit Boris Minski über diese Wahlen gesprochen hatte. Im ›Strip‹ war das gewesen, jenem Frankfurter Nachtklub, der uns beiden gehörte. Während der ersten Morgenstunden des 22. November 1966, eines Dienstags, hatten wir da debattiert.

Am 22. November!

Erst vor so kurzer Zeit, so kurzer Zeit. Was über meinen Bruder, Lillian, Minski, mich, über uns alle hereingebrochen war, hatte sich also in vierundzwanzig Tagen abgespielt — und ich erinnerte mich genau daran, o ja, genau an alles und an jene Nacht ganz besonders klar, an den Moment, da der Anruf kam, an mein Entsetzen und den Schmerz, der mich durchzuckt hatte, in dem Büro unseres Klubs, den Telefonhörer am Ohr. Damals war in Sekunden meine ganze Vergangenheit auferstanden: meine und die anderer Menschen, geliebter, gehaßter, die Vergangenheit von Freunden und Feinden. Damals, in jenen ersten Morgenstunden des 22. November hatte der Schneeball zu rollen begonnen, aus dem in unfaßbarer Eile eine Lawine geworden war, die Unheil, so viel Unheil angerichtet hatte.

Drei Wochen und drei Tage: Und mir schien, als liege mein ganzes Leben zwischen diesem 22. November und heute, diesem 16. Dezember. In einem bestimmten Sinn war das auch so. Denn was nun folgen sollte, würde ein *neues* Leben sein, wenn ich Glück hatte, *völlig* verschieden von meinem bisherigen. Alles Bisherige war tot, nichts davon würde, sollte, durfte ich mit mir nehmen. Allzuviel und allzu Schreckliches war geschehen, in so kurzer Zeit, drei Wochen und drei Tagen.

KIESINGER SCHILDERT GEGENWÄRTIGE FINANZLAGE IN DÜSTEREN FARBEN — STEUERERHÖHUNGEN UNVERMEIDLICH — DAS DEUTSCHE VOLK WIRD OPFER BRINGEN MÜSSEN ...

Ich las ein Stück des Leitartikels.

Ein Milliardendefizit belastete den Bundeshaushalt. Massenkündigungen in vielen Industriezweigen wurden bereits angekündigt, dazu Feierschichten, Kurzarbeit, Stillegungen von Betrieben, Konkurse. Opel mußte dreitausend

Arbeiter entlassen, Siemens in Berlin zweitausend. Das Volkswagenwerk plante für die Zeit nach Weihnachten und den Beginn des Jahres 1967 Kurzarbeit. Autoindustrie in der Krise. Alle Zubringerfirmen in der Krise. Krise in der Holzindustrie. Krise in der chemischen Industrie. Ärgste Krise der Stahlindustrie seit Kriegsende. Es schien keine einzige Industrie zu geben, die sich nicht in einer verzweifelten Lage befand.

War das bewußte Panikmacherei – damit die unpopulären Maßnahmen, die die neue Regierung nun ergreifen mußte, dann nicht so *sehr* unpopulär empfunden werden konnten? Oder war es wirklich vorbei mit dem Wunder, ganz und gar vorbei?

Es sah danach aus.

Ich las und las.

Bergbau – Zeche um Zeche wurde stillgelegt. Begonnene Bauprogramme – U-Bahnen, Autobahnen, Sozialwohnungen, Kliniken und Universitäten – ab sofort gestoppt. Erhöhung der Kraftfahrzeugsteuer, der Benzinsteuer, der Tabaksteuer, der Branntweinsteuer. Sparprämienstop. Versicherungen mußten teurer werden, Lebensmittel, Mieten. Es gab kaum etwas, was nicht teurer werden mußte. Die Amerikaner drangen auf Devisenausgleich, sie wollten zwei Milliarden von uns, und wenn wir Waffen dafür kauften. Die Engländer forderten Geld für ihre Rheinarmee. Aktienkurse sanken ins Bodenlose. Zeitungen stellten ihr Erscheinen ein. Und Demoskopen rechneten für Januar 1967 mit einer Arbeitslosigkeit für eine Million Menschen. Eine Million Arbeitslose schon im nächsten Monat.

Die Düsenaggregate sangen ihr grelles Lied, und ich dachte: Falls das alles wirklich wahr ist und alles so weitergeht, dann wird unser Deutschland bald heilfroh sein, wenn der Genosse Ulbricht es den Arbeitslosen gestattet, in sein Deutschland, das es nicht gibt, weil wir es nicht anerkennen, zu flüchten und dort zu arbeiten und ihr Brot zu verdienen. Und wenn der Genosse Ulbricht dies nicht gestattete – wann würde wohl der Tag kommen, an dem unsere Brüder und Schwestern jenseits der Mauer ihren armen Verwandten im Westen Pakete schickten?

Ich dachte: Ich kann nicht nach Deutschland zurück, aber nach all dem, was da begonnen hat, wäre es Wahnsinn, zurück zu wollen.

Ich dachte: Ich will ja gar nicht nach Deutschland zurück. Ich will nach Argentinien. Mit meinem Geld aus der Schweiz. Ist das nicht der ideale Moment, sich und sein Geld in Sicherheit zu bringen? Habe ich nicht auch hier schon wieder Glück?

Ich dachte: Ich hätte dich so gerne mitgenommen, Lillian. Aber das ist unmöglich.

Ich dachte an Lillian . . .

Kein Polizist hatte uns angehalten, als ich mit ihr auf der Insel Gezireh nordwärts gefahren war, hinauf zu der großen Rennbahn. Ihr Kopf pendelte hin und her, und ich hörte plötzlich, wie sie leise zu schnarchen begann. Das rührte und beruhigte mich, und ich dachte voll Kummer, daß ich nun Abschied nehmen mußte von dieser Frau, die ich so sehr liebte, Abschied für immer.

Ich kannte die Rennbahn und die Stallungen in ihrer Nähe einigermaßen, ich fand meinen Weg. Abseits der Ställe und abseits des kleinen Hauses, in dem das Verwalterehepaar lebte, gab es eine große Futterscheune. Das Personal der Rennbahn lebte nicht auf der Insel, die Tiere wurden nicht vor sechs Uhr früh gefüttert. Alles war hier still. Ich fuhr den Mercedes vom Weg hinab in ein Gebüsch nahe der Scheune, drehte den Motor ab und löschte die Scheinwerfer. Licht von den großen Alleen drang bis hierher, man sah genug.

Ich stieg aus und holte eine schwere, warme Decke und ein langes Abschleppseil aus dem mit Koffern vollgeräumten Gepäckraum des Wagens. Über Gras ging ich lautlos zur Scheune. Ihr Tor war nur mit einem großen Holzriegel verschlossen, im Inneren duftete es nach Stroh und Futter. Hier war es warm. Ich warf Seil und Decke auf einen großen Strohhaufen, dann ging ich zum Wagen zurück und holte Lillian heraus. Das war ein hartes Stück Arbeit, und ein noch härteres war es, Lillian vom Mercedes bis zur Scheune zu tragen. Ich begann heftig zu schwitzen und mußte mich einen Augenblick setzen, nachdem ich Lillians weichen, schlaffen und schweren Körper endlich auf den Strohhaufen gelegt hatte. Sie schnarchte gleichmäßig und leise, immer weiter. Sie war sehr tief in ihren alkoholischen Schlaf verloren. Sie merkte und spürte nichts . . .

Als ich wieder richtig atmen konnte, erhob ich mich und band mit dem Abschleppseil zuerst Lillians Beine an den Fußknöcheln aneinander, danach drehte ich ihre Arme auf den Rücken und fesselte die Hände. So konnte sie nicht die Knoten lösen, wenn sie zu sich kam. Aber sie konnte um Hilfe rufen, und dann mußte der Verwalter sie bald finden. In der Scheune gab es genug Luft, und es war wirklich warm hier, ich brauchte mir keine Sorgen zu machen. Trotzdem breitete ich noch die Wagendecke über Lillian und wickelte sie richtig ein. Ich hob ihren Kopf, der dort, wo der Griff der 38er ihn getroffen hatte, nun eine Beule aufwies, doch kein Blut, und ich schlug den großen Kragen ihres Leopardenmantels hoch und legte ihren Kopf darauf, damit sie weicher und bequemer ruhte. In der Scheune war es dunkel, ich sah recht wenig, aber ich wollte das Tor nicht weiter öffnen. Als ich mit meiner Arbeit fertig war, lauschte ich noch ein paar Sekunden lang dem sanften Schnarchen, dann verließ ich die Scheune, verschloß das Tor wieder mit dem großen Holzriegel und eilte über das feuchte Gras des Rasens zu dem Mercedes. Ich startete, wendete und fuhr nun zur Semiramis-Brücke und über diese zurück zur Nile Corniche. Ich mußte zum Hauptbahnhof, und mittlerweile war es 2 Uhr 46 geworden.

KLAGE DER NPD GEGEN DEN SPIEGEL ABGEWIESEN.

Meine Augen waren starr auf diese Überschrift in der SAZ gerichtet, langsam begriff ich ihren Sinn, langsam schwand die Erinnerung an meinen Abschied von Lillian. Ich sah mich in der Kabine der Maschine um. Die japanischen Damen schliefen fest. Der weißhaarige Negerpriester, in sein Brevier vertieft, bewegte immer noch lautlos die wulstigen Lippen.

Warten.

Ich mußte warten, auf den Mann von APS, mußte meine SAZ hochhalten und weiterlesen.

KLAGE DER NPD GEGEN DEN SPIEGEL ABGEWIESEN.

Die NPD hatte geklagt, weil das Nachrichtenmagazin die ›Nationaldemokratische Partei Deutschlands‹ ein ›Sammelbecken früherer Nationalsozialisten‹ genannt hatte. Das aber durfte man nach einem Urteil der Dritten Zivilkammer des Landgerichts Konstanz tun.

Die SAZ vertrat in einem Kommentar die Ansicht, daß die NPD wenig Grund hatte, sich zu beklagten, denn immerhin: Der Stellvertretende NPD-Vorsitzende und Landesvorsitzende von Baden-Württemberg war ab 1932 NSDAP-Mitglied und nach 1945 Funktionär des ›Bundesverbandes ehemaliger Entnazifizierungsgeschädigter‹ gewesen; der Stellvertretende NPD-Vorsitzende und Landesvorsitzende von Hessen war NSDAP-Mitglied von 1931/ 1932 gewesen, von 1949 bis 1959 Mitglied des Deutschen Bundestags – erst in der FDP, dann in der Deutschen Partei; ein NPD-Präsidiumsmitglied war NSDAP-Mitglied ab 1931 sowie Gauamtsleiter in Ostpreußen gewesen, nach dem Krieg Funktionär der Deutschen Reichspartei; ein weiteres NPD-Präsidiumsmitglied in der NSDAP seit 1930, Gauredner, Kreisleiter, Referent im Gerichtsamt der Obersten SA-Führung und SA-Obersturmbannführer, nach dem Krieg Funktionär der Deutschen Reichspartei; ein drittes NPD-Präsidiumsmitglied in der NSDAP ab 1929, Goldenes Parteiabzeichen, Reichshauptstellenleiter der ›Deutschen Arbeitsfront‹, nach dem Krieg Mitglied der (verbotenen) Sozialistischen Reichspartei und BHE-Abgeordneter im Zweiten Deutschen Bundestag; der Verlagsleiter der NPD-Zeitung ›Deutsche Nachrichten‹ und NPD-Präsidiumsmitglied in der NSDAP seit 1936, Junker der NS-Ordensburg Vogelsang, Hauptsturmführer der Waffen-SS, nach dem Krieg Funktionär der Deutschen Reichspartei; ein Mitglied des erweiterten NPD-Vorstandes in der NSDAP ab 1930, Leiter der Gauschulungsburg Schwaben, Reichsschulungsleiter im Amt für Technik, nach dem Krieg Funktionär der Deutschen Reichspartei; der NPD-Landesvorsitzende von Hamburg in der NSDAP seit 1932, SS-Hauptsturmführer und Legationsrat im Reichsaußenministerium . . .

Das ging noch eine ganze Reihe von Zeilen so weiter.

Ich fing an zusammenzuzählen, wie viele ehemalige prominente Nationalsozialisten zur Zeit Adenauers, Erhards und nun auch im Zeichen der neuen
Koalitionsregierung hohe und höchste Posten bekleidet hatten und weiter
bekleideten, und es fielen mir viele berühmte Namen ein. Nach einer Weile
hörte ich auf zu zählen und dachte, wie falsch doch alles war, was Antifa-
schisten und Ausländer über den Nationalsozialismus gesagt und geschrieben hatten – auch die vielen, die glaubten, ihn erklären oder seine Entstehung gar entschuldigen zu müssen. Alle diese Menschen hatten einfach keine
Ahnung. Der Nationalsozialismus war eine *echte Volksbewegung* gewesen,
die *größte*, die deutsche Menschen je erlebt hatten – ich hatte das seinerzeit
auch nicht sofort begriffen. Doch nun wußte ich es. Und darum, weil es eine
so echte, uns ins Mark treffende, in Fleisch und Blut gegangene Bewegung
gewesen war, hatte sie auch den verlorenen Krieg, das Elend des geteilten
Landes, Chaos, Hunger und Not der Jahre nach 1945 überdauern können.
Und aus dieser momentanen Krise würde sie, wie aus jeder, unerhörte
neue Kräfte schöpfen.

Die Welt empfand das auch, und viele fürchteten uns zu Recht deshalb, aber
viele andere imitierten unseren Faschismus nach besten Kräften, und in so
vielen Ländern – nicht nur in Deutschland, bewahre! – lebten prominente
deutsche Nationalsozialisten, angesehen, bewundert, erfolgreich. Auch in
Buenos Aires, wohin ich nun flog.

Ein jüdischer Bankier, aus Holland gebürtig, der seinerzeit auf der Flucht
vor den Deutschen in Buenos Aires gelandet war und es nach schweren
Jahren zu großem Wohlstand gebracht hatte, besuchte einmal jährlich
Europa und dann immer auch Frankfurt, wo er seine Geschäfte erledigte.
Diesem Mann war ich auf einer Gesellschaft vorgestellt worden, und er
hatte mir von Argentinien und von Buenos Aires, insbesondere von der
deutschen Kolonie dort, vorgeschwärmt.

»Bezaubernde Leute«, hatte er gesagt. »Gehen bei mir aus und ein. Wir
geben Parties, wir machen Geschäfte miteinander. Meine Frau und ich
besitzen so viele gute und liebe Freunde unter den Angehörigen der deutschen Kolonie. Ich habe gehört, was Sie hier in Frankfurt tun. Junger Mann,
junger Mann – ist das ein Beruf für einen Menschen wie Sie? Ich habe
gehört, was Sie *früher* getan haben. Ich weiß Bescheid über Sie. Nun gut,
Sie können hier nichts anderes mehr tun. Aber dann kommen Sie doch zu
uns, kommen Sie nach Buenos Aires! Alle Wege stehen Ihnen offen dort –
alle!«

Nun, jetzt kam ich.

Und ich rechnete fest darauf, daß jener Bankier mich seinen vielen Freunden
aus der deutschen Kolonie vorstellen würde. Auf diese Weise erwartete mich
die Heimat bereits in der Fremde, und ich mußte keine Angst haben, jemals

unter Heimweh zu leiden. Dieser Gedanke erheiterte mich, und erheitert
dachte ich an den Hauptbahnhof von Kairo zurück. Um 3 Uhr 15 hatte ich
den schwarzen Mercedes dort geparkt.

Ich lief durch die große Halle des Bahnhofs zu dem stählernen, hohen und
langgezogenen Block mit den Fächern, in denen man Reisegepäck aufbe-
wahren konnte, wenn die allgemeine Gepäckaufbewahrungsstelle, wie zum
Beispiel jetzt, geschlossen war. An diese Fächer kam man immer heran. Ein
jedes war groß genug, einen Handkoffer aufzunehmen, und funktionierte
so: Im Schloß eines nichtbesetzten Faches steckte ein komplizierter Yale-
Schlüssel. Nach Einwurf einer Fünf-Piaster-Münze (etwa fünfzig Pfennig)
ließ sich die Stahltür des Safes öffnen. Man konnte darin unterbringen, was
man wollte, und danach die Tür wieder schließen. Hob man nun ihre Klinke
leicht an und preßte sich gegen sie, dann schnappte das Spezialschloß ein,
und jetzt ließ der Schlüssel sich abziehen. Gleichzeitig erschien über dem
Fach ein rotes Besetztzeichen. Nun hatte man vierundzwanzig Stunden Zeit.
Dann mußte man, wenn man das Fach behalten wollte, ein Zehn-Piaster-
Stück einwerfen, nach weiteren vierundzwanzig Stunden wiederum eins –
und so fort. Warf man länger als zweiundsiebzig Stunden kein Geld nach,
ließ die Leitung der Gepäckaufbewahrung das Fach öffnen, den Inhalt in
Gegenwart von Zeugen herausnehmen und verwahrte ihn. Der Besitzer
konnte seine Habe – an einem besonderen Schalter der Gepäckaufbewahrung – wiedererhalten.
Darauf hatte mein Bruder es natürlich nicht ankommen lassen. Sofort nach
seiner Ankunft in Neu-Heliopolis war er hierhergefahren und hatte die
blaue Reisetasche in einem der Fächer deponiert. Es war auch tatsächlich am
allerwichtigsten, daß er zuerst das Material in Sicherheit brachte. Die Tasche
in den Hoteltresor oder auf eine Bank bringen hätte zu lange gedauert und
wäre zu riskant gewesen. So viel hätte passieren können – auch schon
zwischen Landung und Bahnhof. Es war nichts passiert. Ich bin sicher, daß
meinem Bruder ein Stein vom Herzen fiel, als er das Schließfach ein-
schnappen gehört hatte. Das Fach trug die Nummer 138.
Hier wird diese Geschichte ein wenig grotesk, denn wo sich die Tasche
wirklich befand, vertraute mir mein Bruder an, triumphierend und von sich
selbst begeistert, während wir im Appartement 907 des Hotels ›Imperial‹ zusammen Whisky tranken, eine knappe Stunde vor seinem gewaltsamen Ende.
Bis dahin hatte ich keine Ahnung gehabt und ein wildes Hazardspiel getrieben
– mit meinem Leben und mit den Leuten vom ›American Press Service‹, denen ich das Material bereits versprochen, denen ich bereits mitgeteilt hatte,
in welchem Flugzeug ich es einem ihrer Leute übergeben würde.
Gewiß, ich provozierte meinen Bruder sehr geschickt knapp vor seiner
Ermordung. Gewiß, er war schon sehr betrunken, und ich spielte recht gut

den sehr Betrunkenen. Werner war sich seiner Sache so unendlich sicher gewesen. Das soll man nie sein, heute weiß ich es. Werner zeigte mir sogar den Schlüssel zu dem Fach, lachend und höhnisch, und er sagte, wie sehr es ihn unterhalten habe, meine vielen vergeblichen Versuche zu beobachten, herauszufinden, wo die Tasche geblieben war.

»Konntest du nicht herausbringen, Brüderchen«, grölte mein Bruder. »Unmöglich, ganz unmöglich! Ich bin nie wieder zum Bahnhof gegangen. Freunde ... hick ... Freunde von mir haben immer neue Münzen nachgeworfen. Köpfchen muß man haben, weißt du. Na, mach dir nichts draus. Nicht jeder kann eben eines haben.«

Eine Stunde später hatte er keines mehr – oder nur noch eines, das ihm sehr lose auf dem Hals saß. Eine Stunde später hatte ich den Schlüssel zu Fach 138 ...

Nun öffnete ich also Fach 138 und entnahm ihm die blaue Tasche. Ich lief zu dem Mercedes zurück und fuhr aus der Stadt und etwa fünf Kilometer weit auf der Straße nach Neu-Heliopolis. In einem Eukalyptushain hielt ich an. Der böige Wind war hier sehr stark. Er fauchte und knatterte. In der blauen Tasche befanden sich eines jener kleinen, leistungskräftigen Tonbandgeräte, wie Reporter sie benützen, und acht Tonbänder in roten Kassetten. Es waren BASF-Fabrikate der Type PES 18, ein jedes siebenhundertdreißig Meter lang, beidseitig und vierspurig besprechbar. Das Gerät konnte mit Batterie oder Strom betrieben werden. All das gehörte mir, die Bänder hatte ich besprochen. Auf ihnen hatte ich die ganze Geschichte und Vorgeschichte jenes Verbrechens erzählt, in das ich selbst verwickelt war. Ich öffnete schnell das Magnetophon und prüfte Band um Band. Ich mußte wissen, ob von meinem Bruder, dem ich, bevor wir nach Ägypten kamen, die blaue Tasche mit dem ganzen Inhalt anvertraut hatte, die Bänder etwa gelöscht worden waren. Er hatte nichts gelöscht. Von jedem Band erklang meine Stimme. Werner, dachte ich, hatte gewiß noch viel vorgehabt. Wer diese Bänder besaß, besaß den Schlüssel zu großer Macht.

Ich verstaute das Gerät und die Kassetten wieder in der Reisetasche. Das Schulterhalfter der Pistole warf ich in den Eukalyptushain. Dann fuhr ich wieder los. Sturmböen rüttelten an dem Wagen. Es war sehr einsam und dunkel hier. Den Schalldämpfer der 38er warf ich etwa drei Kilometer weiter in einen Fluß, die Pistole wiederum etwa drei Kilometer weiter in eine Zisterne am Straßenrand, und die Patronenmagazine schleuderte ich danach im Fahren von Zeit zu Zeit aus dem Fenster in die Felder hinein. Der Schlüssel zu dem Stahlfach im Bahnhof war im Schloß steckengeblieben. Ich wollte keine große Macht, ich wollte fort, nach Argentinien, in Sicherheit, in eine neue Welt, ein neues Leben – aber ich wollte auch einmal, *einmal* Sieger sein über meinen Bruder Werner. Darum hatte ich die Bänder den APS-Leuten angeboten.

Natürlich wollten sie das Material haben, es war eine Sensation. Nur auf ägyptischem Boden konnten und würden sie mir nicht helfen, erklärte die Dame aus dem APS-Büro in Kairo, mit der ich telefonierte.

»Erst im Flugzeug kann unser Mann erscheinen und sich zu erkennen geben, das müssen Sie begreifen.«

»Ich begreife es . . .«

»Wie Sie das Material in die Maschine bringen – unter Umgehung des Zolls meine ich –, ist auch Ihre Sache. Aber da kann ich Ihnen einen kleinen Tip geben.«

Sie hatte mir einen kleinen Tip gegeben, und alles hatte großartig funktioniert, hier saß ich nun, die blaue Tasche an meiner Seite, in einem bequemen Sessel dieser Lufthansa-Maschine, und wir hatten Kairo lange verlassen und näherten uns mehr und mehr Rom, und ich wartete auf den Mann, der mit meiner Partitur der Neunten Symphonie unter dem Arm erscheinen und das Material an sich nehmen würde, und dieser Mann kam nicht, und ich war reichlich nervös. Und reichlich nervös las ich noch immer in der SAZ, meinem Erkennungszeichen . . .

»Lachen Sie ruhig. Das Lachen wird Ihnen schon noch vergehen.« Das hatte, las ich, der Vorsitzende der NPD, der Bremer Zementfabrikant Fritz Thielen, in einem Interview gesagt. Und sein Stellvertreter, Adolf von Thadden, hatte gesagt: »Die NPD wurde gegründet, als es soweit war.«

Die NPD, dachte ich, war erst 1964 gegründet worden. Sie hatte in zwei Jahren einen beispiellosen Aufstieg erlebt; doch das alles sei erst der Anfang, sagten Thielen und von Thadden. Und ich war ganz ihrer Ansicht.

Die beiden japanischen Damen waren nun erwacht, dafür war der Negerpriester eingenickt. Die Japanerinnen gingen nach hinten zu den Waschräumen, die rehäugige freundliche Stewardeß eilte hin und her, zu den Piloten nach vorn und wieder zurück, und sie fragte mich: »Jetzt Kaffee?« und ich sagte »Bitte, ja«, und sie verschwand hinter dem Vorhang zur Touristenklasse, den sie offenließ. Ich drehte mich um. Auch die Menschen in der Touristenklasse wurden munter, einer nach dem andern. Sie erhoben und streckten sich, gingen herum, es waren sehr viele, ich konnte durch den Vorhang nicht alle sehen, und in der ganzen Maschine begann es nach Kaffee zu duften . . .

Ich hatte den Flughafen von Kairo um 4 Uhr 10 erreicht. Den Mercedes ließ ich auf dem großen Parkplatz stehen, die Autoschlüssel warf ich durch das Gitter eines Gullis. Ich meldete mich beim Lufthansa-Schalter. Die Boeing war pünktlich gelandet, sagte man mir, und sie würde pünktlich weiterfliegen. Nun ging ich zur Gepäckaufbewahrung. Hier hatte ich schon vor Tagen einen Koffer deponiert, in dem Wäsche, zwei Anzüge, Schuhe und Waschzeug lagen – nichts Verbotenes. Der Zollbeamte, der den Koffer inspizierte, nickte. Die blaue Tasche hatte ich dem Gepäckträger anvertraut, der im Freien stand, als ich eintraf. Er trug die Nummer 57. Das war der Tip, den die Dame von APS-Kairo mir gegeben hatte. Sie benützten diesen Träger oft für derlei und zahlten ihn gewiß gut.

Es ist klar, daß die Nummer 57 nicht stimmt und daß es überhaupt kein Gepäckträger, sondern jemand ganz anderer war, dem ich die Tasche anvertraute – er lebt schließlich, so hoffe ich wenigstens, und ich möchte ihm keineswegs Unannehmlichkeiten bereiten.

Mit Hilfe dieses Mannes, dessen Identität ich nicht preisgeben kann, kam die Tasche jedenfalls an Bord der Boeing, ohne daß der Zoll sie sah. Das war der Zweck der Übung. Das Material mußte illegal aus Ägypten herausgebracht werden. Darum konnte der Amerikaner es auch frühestens in Empfang nehmen, wenn Ägypten hinter uns lag. Der Zoll hätte diese Tasche und ihren Inhalt niemals passieren lassen, sondern sie beschlagnahmt und meine Verhaftung gefordert. Die VAR und die Bundesrepublik haben zwar offizielle diplomatische Beziehungen zueinander abgebrochen, doch gerade dieser Abbruch der offiziellen Beziehungen war von besonderem Wert – für gewisse Kreise.

»Bitte sehr, Herr Horneck!« Die freundliche Stewardeß neigte sich über mich. Sie brachte ein Tablett, voll beladen mit allem, was zu einem opulenten Frühstück gehört, und hakte es in die Sessellehnen. Ich drehte mich wieder nach der Touristenklasse um, die ich durch den offenen Vorhang sehen konnte. Zwei Stewards und zwei Stewardessen servierten dort. Sie hatten alle viel zu tun.

»Danke«, sagte ich. »Wann werden wir in Rom landen?«

»Pünktlich auf die Minute, Herr Horneck. In etwa vierzig Minuten.« Die Stewardeß goß heißen, starken Kaffee in meine Tasse. Sie nickte mir zu und ging zu den beiden japanischen Damen und dem Priester. Kairo hatte Ortszeit – Rom gegenüber eine Differenz von einer Stunde. Ich stellte meine Armbanduhr zurück, deren Zeiger schon auf fünf Uhr gestanden hatten. In vierzig Minuten landeten wir in Rom. Und der Mann von APS kam nicht.

Ich war nun schon sehr unruhig, und sehr unruhig trank ich heißen Kaffee, aß nur ein Brötchen mit Butter und Jam – dann hatte ich genug. Alles andere ließ ich unberührt. Ich schenkte eine zweite Tasse Kaffee ein und bemerkte, daß meine Hände zitterten. Wenn etwas geschehen war . . .

Noch dreißig Minuten bis Rom.

Etwas später kam die Stewardeß wieder vorbei.

»Schon fertig?«

»Ja«, sagte ich.

»Keinen Appetit?«

»Nein.«

»Wie schade.«

Sie hakte das Tablett aus. In diesem Moment hörte ich hinter mir ziemlich laute Stimmen. Ich drehte mich um.

Unter dem geöffneten Durchgang zur Touristenklasse standen zwei Männer, die englisch miteinander sprachen. Der eine war ein Steward. Der andere war der große Amerikaner mit der blonden Igelschnittfrisur und den fröhlichen Augen, der mir nachts auf der Semiramis-Brücke geholfen hatte, den Araberjungen zu verjagen – derselbe Amerikaner, der mit einem Stück Draht mein abgerissenes Mantelrevers befestigt hatte. In der Hand hielt dieser Amerikaner ein großes, flaches, in Leder gebundenes Buch. Ich erkannte es sofort, und mein Herz klopfte wild vor Erleichterung.

»Was ist los?« fragte ich laut den Steward.

»Dieser Herr will unbedingt in die erste Klasse. Er sagt, er habe Sie wiedererkannt und . . .«

»Natürlich hat er mich wiedererkannt. Wir sind alte Bekannte«, sagte ich, hob einen Arm und rief: »Hallo!«

»Hallo!« rief der fröhliche Amerikaner und winkte mit der Beethoven-Partitur. Der Steward wurde verlegen. Beide Männer kamen zu mir. Sie sprachen alle Englisch. *Sie* an Bord?« fragte ich den Amerikaner.

»Ja. Ich sah Sie von da hinten und wollte Ihnen guten Tag sagen, aber der Steward meint, ich dürfte die erste Klasse nicht betreten. Strenge deutsche Bräuche.«

Der Steward sagte höflich zu ihm: »*Internationale* Bräuche, mein Herr.« Er wandte sich zu mir. »Keine Schikane. Aber wir müssen wirklich . . . natürlich, wenn Sie sich kennen . . .«

»Außerdem landen wir gleich«, sagte die nette Stewardeß vermittelnd.

Der junge Amerikaner blinzelte sie an. »Also darf ich mich bis zur Landung mit meinem Freund unterhalten? Ich bitte um Entschuldigung für die Zumutung«, sagte er zu dem Steward. »Ich fliege nur bis Rom. Sie sind mich gleich los.«

»Nicht doch, Sir«, sagte der Steward. »*Ich* bitte um Entschuldigung. Aber die Vorschriften . . .«

»Gewiß«, sagte der Amerikaner. »Wo kämen wir ohne Vorschriften hin! Also danke, vielen Dank.«

Ich hob die SAZ und die blaue Reisetasche von meinem Sitz auf meine Knie. Der Amerikaner setzte sich neben mich. Steward und Stewardeß verschwanden. Jetzt schlossen sie den Vorhang zur Touristenklasse hinter sich.

»Endlich«, sagte ich. Der Negerpriester war nun nach hinten gegangen, die beiden japanischen Damen unterhielten sich eifrig.

Der Mann von APS reichte mir die Partitur. Er sagte: »Zu verdammt viele Ägypter da hinten. Man kann nie wissen. Ich mußte so lange warten. Und Touristenklasse mußte ich fliegen, weil die erste zu leer war.«

»Sie haben schon in Kairo auf mich achtgegeben . . .«

»Klar!« Er grinste. »Aber *zart*. Keine Verbrüderungen! Ich mußte wissen, ob Sie gut aus dem ›Imperial‹ rauskamen. Ging auch sonst alles glatt?«

»Ja«, sagte ich, während ich fühlte, wie eine wohlige Wärme in meinem Körper emporstieg. Glück, dachte ich, wieder, wieder Glück! Ich öffnete die alte Partitur und dachte dabei, daß ich das eigentlich gar nicht mehr mußte, so klar und eindeutig war alles. Ich suchte rein mechanisch, während der Amerikaner sich die SAZ ansah. Vierter Satz. Da war die Wendung nach A-Dur, die kadenzierend den Vokalteil vorbereitete. Ich blätterte weiter. Da kam das Donnern der Pauke, kam die ›Schreckensfanfare‹ vom Anfang des Finales noch einmal: das grelle Fortissimo. Und hier fing der vokale Teil an. Direkt nach dem Rezitativ begannen die fünf Variationen der Freudenmelodie. Ich überflog die zweite Variation. ›. . . Was die Mo - de streng ge - theilt . . .‹ Und dann hatte der Druck ausgesetzt, oder die Zeile war während des Druckens herausgefallen — das ›Alle Menschen werden Brüder‹ fehlte, und es ging weiter: ›. . . wo dein sanf-ter Flü-gel weilt . . .‹

Ja, das war meine Partitur!

»Okay?« fragte der Amerikaner.

»Okay«, sagte ich. Die Stimme des Kapitäns kam über die Bordlautsprecher und ersuchte, das Rauchen einzustellen und sich festzuschnallen, da wir gleich zur Landung ansetzen würden. Die Stewardessen eilten durch die Maschine und sahen nach, ob dieser Bitte überall Folge geleistet wurde. Der Mann von APS und ich waren schon angeschnallt, und wir lächelten beide der jungen Stewardeß mit den Rehaugen zu, als diese zu uns kam. Sie lächelte gleichfalls und verschwand im Cockpit. Ich schob die blaue Reisetasche zu dem jungen Mann von APS hinüber. »Das wäre auch erledigt«, sagte ich.

Er grinste.

»Jetzt sind Sie zufrieden, eh?«

»Und wie«, sagte ich und atmete tief, und da kippte die Maschine plötzlich, und die elektrische Beleuchtung der Kabine flackerte.

»Here we go«, sagte der Mann von APS.

Ich habe mich nie an die Art gewöhnen können, mit der moderne Düsenmaschinen vor der Landung plötzlich kippen und dann nach unten sausen. Das steile Hochgehen ist auch nicht gerade angenehm, aber bei der Landung weiß man wahrhaftig nie, ob man nicht bereits abstürzt. Wir rasten in die Finsternis einer schwarzen Wolkenschicht, die elektrische Beleuchtung der Kabine war immer noch unruhig, meine Ohren taten weh, obwohl ich eifrig an einem Kaugummi herumbiß, und ich sah schwere Tropfen gegen das Fenster an meiner Seite knallen.

Das Wetter in Rom war schauderhaft. Es regnete in Strömen, eiskalter Nordwind heulte über das Feld, und es war noch tiefe Nacht hier. Scheinwerfer kreisten auf dem Tower, rote, grüne, weiße und blaue Lichter brannten an den Pistenrändern, und die Bogenlampen vor dem Flughafengebäude schwangen im Wind. Ein Zubringerbus mit aufgeblendeten Scheinwerfern kam uns entgegen und hielt direkt neben der riesigen Boeing. Erste-Klasse-Passagiere stiegen durch die vordere Luke aus, alle anderen durch die Luke hinten. Der Mann von APS war, sobald die Maschine stand, zurück in die Touristenklasse geeilt. Die blaue Tasche unter dem Arm, hatte er mir noch einmal auf die Schulter geklopft und zugenickt.

Ich kletterte ins Freie. Trotz meines schweren Kamelhaarmantels fror ich so erbärmlich wie die anderen Passagiere. Die beiden Japanerinnen, die über ihren Kimonos nun Pelzmäntel trugen, zitterten richtig. Das Einsteigen in den Bus verlief trotz der vielen Menschen reibungslos und schnell. Die Passagiere der ersten Klasse ließ man zuerst einsteigen, aber ich blieb noch stehen. Ich leide unter einer milden Art von Platzangst, mein Leben lang. Ich fühle mich stets unsicher im Gedränge, und wo ich kann, vermeide ich es so lange wie möglich, in einer Menge zu stehen oder zu sitzen. Ich steige stets als letzter in ein Flugzeug ein, gleichgültig, welchen Sitz ich dann noch bekomme. Ich wollte, trotz des Regens und der Kälte, lieber auch als letzter in diesen Bus steigen, und so stand ich, die Partitur unter dem Mantel, mit hochgeschlagenem Kragen da und sah auf zwei Taxiways, die in der Nähe zu einer anderen Piste führten, Transportflugzeuge der italienischen, der amerikanischen und der deutschen Luftwaffe stehen, schwere Noratlasmaschinen vor allem. Sie wurden von Scheinwerfern angestrahlt. Große Laster standen bei den offenen Ladeklappen, und Männer in vor Nässe glänzenden Overalls arbeiteten hastig, entluden die Maschinen oder beluden sie – mit Lebensmitteln, Medikamentenkästen, Decken, Bettenteilen, aber auch mit Jeeps, Raupenschleppern und vielen Apparaten. Manche sahen aus, als würden sie für Krankenhäuser gebraucht. Ein paarmal erblickte ich auf Kisten das Zeichen des Roten Kreuzes. Mir fiel ein, daß sich in Florenz und in der gesamten Poebene die schwerste Unwetterkatastrophe seit vielen hundert Jahren ereignet hatte. Hunderttausende von Menschen kämpften dort mit Hunger, Wasser, Kälte, Seuchen und dem Tod. Unersetzliche Kunstschätze waren zerstört und Tausende von Quadratkilometern Land überschwemmt und auf Jahre hinaus von den Salzwasserfluten unfruchtbar gemacht worden.

Eine Maschine rollte, vollgeladen, zu der zweiten Piste. Sie wird gewiß auf einem NATO-Flughafen im Katastrophengebiet landen, dachte ich. Ein jäher Windstoß warf mich fast um. Der ältere grauhaarige Mann, der auf der Bustreppe stand, packte eben noch rechtzeitig meinen Arm und zog mich ins Trockene des großen Wagens, in dem sich – ich war der letzte! – die Passagiere der Boeing händereibend und niesend versammelt hatten. Langsam fuhr der Bus an – zu dem fernen Flughafengebäude. Tankwagen begegneten uns.

Der grauhaarige Mann, der mir in den Bus geholfen hatte, drängte mich in eine Ecke beim Ausstieg. Hier waren wir allein. Der Mann sah mich mit zusammengekniffenen Augen an, während er ein viereckiges Stück Zelluloid aus der Tasche holte. In das Zelluloid eingepreßt war ein Ausweis. Er besagte, daß der Grauhaarige William S. Carpenter hieß und Chef des römischen Büros von ›American Press Service‹ war. Ein Foto befand sich auf dem Ausweis. Es zeigte ein Bild des Grauhaarigen. Ich öffnete meinen Mantel und ließ Carpenter die Partitur sehen. Er nickte traurig, neigte sich vor und sagte: »Ich gehöre nicht in diesen Bus. Wenn er hält, muß ich sofort in einen anderen springen, weil ich mit Alitalia nach Mailand zu fliegen habe.«

Ich starrte ihn an.

»Sonst wäre ich überhaupt nicht aufs Flugfeld gekommen. Die lassen doch nur Passagiere raus, nicht wahr?« Er sprach New Yorker Englisch. »So kann ich behaupten, ich hätte mich im Bus geirrt und . . .«

»Warum sind Sie überhaupt hier?«

»Weil alles schiefgegangen ist«, sagte er verbissen. »Und weil ich Ihnen das sofort mitteilen mußte.«

»Was ist . . .«

»Nicht so laut!«

»Was ist schiefgegangen? Ich habe die Tasche Ihrem Mann gegeben, so wie es verabredet war!«

»Es war verabredet«, sagte Carpenter. »Aber es war nicht unser Mann.«

Ich fühlte, wie mir kalt wurde. Der Bus ruckelte heftig.

»*Unser* Mann wurde mit seinem Wagen angehalten, als er von Kairo nach Neu-Heliopolis fuhr. Der verfluchte Idiot blieb wahrhaftig stehen, er dachte wohl, jemand brauche Hilfe. Nun, sie schlugen ihn halb tot. Er liegt im American Hospital.«

Jetzt klapperten meine Zähne aufeinander. Ich versuchte das Klappern zu stoppen, aber es gelang mir nicht. Es war nicht die Kälte. Die schwankenden Bogenlampen auf dem Vorfeld des Flughafengebäudes kamen näher. Der Bus fuhr nun über eine Asphaltstraße. Wir mußten bald dasein. »Die Partitur haben sie unserem Mann natürlich weggenommen«, sagte Carpenter. Sein Gesicht hatte sich vor Zorn gerötet. »Daß sie sein Erkennungszeichen sein sollte, muß jedem Kretin klar gewesen sein. Es funktionierte ja auch alles großartig.« Ich drehte mich schnell um und starrte die Menschen im Bus an. Da waren die japanischen Damen. Der Negerpriester, der mir zuwinkte. Sonst nur Unbekannte. Der junge Amerikaner mit dem blonden Haar und der Igelfrisur befand sich nicht unter ihnen.

»Der, dem Sie die Tasche gegeben haben, ist sofort abgehauen«, sagte Carpenter bitter.

Ich sah ihn fragend an.

»Irgendwohin über das Feld. Rüber zu den Transportmaschinen, was weiß ich. Die Brüder kennen sich aus. Das einzige, was ich noch nicht kapiere, ist, woher er wußte, was *Ihr* Erkennungszeichen war.«

Ich sagte langsam: »Ich habe diesen Amerikaner schon in Kairo gesehen ...«

Carpenter fuhr zusammen.

»*Amerikaner? Wo?*«

Ich erzählte es ihm schnell.

Carpenter fluchte gräßlich.

»Dann ist mir alles klar«, sagte er. »Sie wurden beschattet. Von Anfang an. Wahrscheinlich schon im ›Imperial‹. Der Araberjunge war natürlich ein Spitzel. Er hatte den Auftrag, Sie aufzuhalten, wenn Sie auf die Brücke zugingen, damit dieser ... dieser Amerikaner Sie sich richtig ansehen konnte. Wenn er mal wußte, wie Sie aussahen, brauchte er nicht mehr zu wissen, was Ihr Erkennungszeichen war. Es gab doch Licht auf der Brücke?«

»Viel.«

»Na also.«

»Aber ... aber woher wußte der *Junge*, wer ich war?«

»Irgendein Zeichen ...«

»Was für ein Zeichen ... oh!«

»Was, oh?«

»Mein Mantelrevers!« Ich drehte es um, zeigte Carpenter das Drahtstück an der Innenseite, und dabei begann ich zu fluchen, aber schlimmer als er.

»*Schluß!*« sagte Carpenter scharf. »Wie kam das? Rasch! Erzählen Sie.«

Also erzählte ich ihm auch noch rasch von dem sehr schönen rothaarigen Mädchen mit den violetten Augen, das mich auf dem Gang im ›Imperial‹ angefallen und das ich für so exemplarisch betrunken gehalten hatte, und daß jener Amerikaner mir dann mit dem Drahtstück half und mich dabei ganz genau und von ganz nahe betrachten konnte, und während ich sprach, fühlte ich, wie Angst, klebrig, kalt und scheußlich, in mir wuchs und wuchs und wuchs.

»Perfekte Organisation«, sagte Carpenter. »Kein Wort gegen die Brüder. Sind immer noch die besten.«

»Was hat *Ihr* Büro in Kairo eigentlich unternommen?« fragte ich verzweifelt.

»Sie haben versucht, Ihre Maschine über Funk zu erreichen und Ihnen eine Nachricht zukommen zu lassen – rechtzeitig. Nichts zu machen. Die ägyptischen Behörden verboten es. Das Büro versuchte, den Funkspruch über italienische Stationen abzusetzen. Sie bekamen keine Verbindung. Unsere Freunde da unten waren sehr tüchtig. Die Ägypter haben sich auch sofort bei der Amerikanischen Botschaft beschwert.«

»Mitten in der Nacht?«

»Finden Sie, die Sache ist nicht wichtig genug?« knurrte er. »Na also! Offizieller Protest. Unser Mann, der, den sie zusammenschlugen, hätte einen ägyptischen diplomatischen Kurier überfallen, sagten sie. Sie sagten natürlich, ein *paar* von unseren Leuten hätten den diplomatischen Kurier überfallen. Inzwischen haben sie unser ganzes Büro verhaftet. Der Kurier schaffte *einen* der Angreifer, in Notwehr natürlich. Die anderen Verbrecher flohen. Das ist ihre Version. Die Botschaft in Kairo verständigte sofort die Botschaft in Rom. Und die mich. *Sie* können nichts dafür. *Unser* Fehler. Hätten Tommy nie *allein* fahren lassen dürfen. Jetzt können wir nur beten, daß unsere Leute bloß ausgewiesen werden und nicht . . .« Er brach ab.

Ich fragte, bebend vor Furcht: »Warum haben die *mich* nicht in Kairo so fertiggemacht wie Ihren Tommy und mir die Tonbänder abgenommen?«

»Wäre nicht sauber gewesen.«

»Was?«

»Entweder sie hätten *noch* einen Schwerverletzten oder noch einen Toten auf dem Hals gehabt, oder Sie wären ihnen *entkommen* . . . irgendwohin. Nein, nein, erst im Flugzeug, als Sie nicht mehr aussteigen konnten, *da* haben sie alles erledigt! Es ist Ihnen doch klar, was das für *Sie* bedeutet?«

Ich mußte mich an einem Griff der Buswand festhalten.

Ja, es war mir klar, was das für mich bedeutete. Wenn sie bereits die Amerikanische Botschaft verständigt hatten, dann hatten sie bestimmt auch viele andere Stellen verständigt. Sie kannten meinen Namen. Sie wußten, wie ich aussah. Vorbei. Leb wohl, Schweiz, leb wohl, Argentinien. Leb wohl, Sicherheit.

Ich sagte: »Aber *Sie* . . .«

Carpenter unterbrach schnell: »*Wir!* Wir könnten Ihnen nur helfen, wenn wir das Material hätten! Aber das ist weg. Also müssen wir die Finger von Ihnen lassen. Wir können Sie nicht mehr schützen. Niemand kann das mehr . . . *jetzt.*«

Plötzlich fing alles an, sich in widerlicher Weise um mich zu drehen, Menschen, Lichter, die Finsternis. Ich fiel auf einen leeren Sitz, als der Bus hielt.

»Tut mir wirklich leid«, sagte Carpenter. Mit einem Satz war er bei der Ausgangstür, die sich automatisch öffnete. Windstöße fegten herein, während Carpenter ins Freie sprang und schnell auf einen anderen Bus zurannte, in dem sich bereits Passagiere befanden.

Eine Maschine startete. Das Toben ihrer Motoren dröhnte durch Regen und Wind. Passagiere drängten an mir vorüber. Ich hätte als erster aussteigen können, aber mir war zu elend vor Furcht. Ich wandte den Kopf und sah den Bus, in den Carpenter gesprungen war, auf das Rollfeld hinausfahren. Aus. Alles aus. Alles umsonst.

Oder hatte dieser Carpenter mich belogen? Sein Ausweis konnte gefälscht sein. Wer wußte, ob das stimmte, was dieser Mann erzählt hatte? Vielleicht war überhaupt *er* einer von den anderen, und . . .

Hör auf, sagte ich zu mir. Hör auf. Sofort. Der Mann war echt, war Carpenter, war Chef des römischen Büros von APS. Beweis: Der blonde Junge mit der blauen Tasche ist verschwunden.

Ja, das war ein eindeutiger Beweis.

Ich fror entsetzlich.

Ich dachte an meine Kinderfrau, an die Sophie Kaczmarek aus Oberschlesien.

»Denk an was Schönes. Denk an Engel . . .«

Ich dachte: Wenn schon das Mädchen im ›Imperial‹ für sie arbeitete, dann wußten sie natürlich auch bereits alles, was im ›Imperial‹ geschehen war. Ganz gewiß wußten sie es.

Wie durch ein Wunder war ich noch aus Kairo entkommen.

Wunder?

Vielleicht *wollten* sie mich entkommen lassen – Carpenter hatte so etwas gesagt. Vielleicht wollten sie mich anderswo erledigen. *Wo* anders? Überall. Hier, im Regen, auf diesem stürmischen dunklen Riesenflughafen zum Beispiel. Wirklich ungefährlich waren nur tote Menschen. Menschen wie mein Bruder. Ich lebte noch. Die Tonbänder, die ich besprochen hatte, waren verschwunden, die besaßen sie nun. Aber ich konnte ja noch immer sprechen, noch einmal alles erzählen, anderen Menschen – der Besitz der Bänder war für sie wertlos, solange ich noch lebte und sprechen konnte, solange ich meine Geschichte erzählen konnte!

Also mußten sie mich töten.

Klar. Völlig klar.

Sie mußten es tun.

Und sie würden es tun. Natürlich. Gewiß. Unter allen Umständen.

Ich wußte nicht, wer dazu den Auftrag erhalten hatte. Jeder hier auf dem Flughafen konnte es sein, ja, jeder. Und ich mußte *schnell* getötet werden, bevor ich reden konnte, ganz schnell, *sofort!* Jetzt erst begriff ich völlig, warum Carpenter mir auf das Flugfeld hinaus entgegengekommen war. Er wollte mir noch eine Chance geben, eine lächerlich kleine Chance, beinahe keine. Denn wie sollte ich nun lebend auch nur noch diesen Flughafen, dieses Flugfeld, diesen Bus verlassen, wenn ich doch sterben mußte, augenblicklich, bevor ich etwas erzählte . . .

Eine Hand legte sich auf meine Schulter.

Mit einem unterdrückten Schrei fuhr ich empor.

Vor mir stand ein stämmiger Karabiniere. Ich bemerkte, daß der Bus sich geleert hatte. Der Karabiniere hatte ein breites, großes Bauerngesicht.

Er machte eine Kopfbewegung.

»Prego, signore . . .«

Vielleicht *er?* dachte ich in Panik.

Warum nicht? Vielleicht er!

Unsinn. Gar kein Unsinn. Natürlich Unsinn. Ich erhob mich schwankend.
Die Partitur der Neunten Symphonie fiel auf den Boden des Busses. Der
Karabiniere hob sie auf und reichte sie mir mit einem Lächeln.
Ich konnte nicht mehr weiter, ich hatte keine Kraft mehr, keinen Funken
Kraft. Es sollte Ende haben, schnell.
Aber nicht den Tod, nicht den Tod ...
Ich suchte mühsam meine italienischen Sprachbrocken zusammen und fragte
den Karabiniere atemlos: »Parla tedesco?«
Er schüttelte den Kopf.
»E ... e il padrone della polizia del aeroporto?«
»Si, signore.«
»Devo subito parlarlo«, sagte ich schnell.
Ich mußte ihn sprechen, den Chef der Flughafenpolizei, so rasch wie möglich
mußte ich ihn sprechen, wenn ich mein Leben behalten wollte, mein elendes,
verpfuschtes Leben.

Der diensthabende Chef der Flughafenpolizei war erstaunlich jung für seine
Position. Er hatte mandelförmige Augen, ebenholzfarbene Haut und ein
gepflegtes Schnurrbärtchen. An der Decke seines großen Büros, im zweiten
Stock des Turms der Flugsicherung, brannten lange Neonstablampen. Es war
ein modern eingerichtetes Büro mit Stahlrohrmöbeln und Aktenschränken
aus Metall. Zwischen zweien von ihnen befand sich eine Tür, dem großen
spiegelnden Fenster gegenüber, durch das man Ausblick auf das Flughafengebäude hatte. In dem Fenster spiegelten wir uns beide, der ganze Raum
spiegelte sich in den Scheiben, und draußen blitzten Lichter, bewegten sich
Schatten. Es war immer noch Nacht in Rom, der Wind heulte immer noch,
und immer noch schlug schwerer Regen gegen das Fenster.
Die Tür, durch die der Karabiniere mich hereingeführt hatte, befand sich
dem Schreibtisch des Polizeichefs gegenüber. Der Diensthabende in dieser
Nacht hieß Alfonso Geraldi, und er war Major. Das stand in Druckbuch-
staben auf einer Karte, die in einem schmalen Blechrahmen draußen an der
Gangtür steckte. Über dem Blechrahmen stand: DI SERVICIO.
Obwohl die Nacht schon zu Ende ging, war der Major frisch und munter,
höflich und elegant in seiner schicken Uniform. Er saß hinter einem Rie-
senschreibtisch, ich davor in meinem Stahlrohrsessel.
»Und was kann ich für Sie tun, Herr Horneck?« fragte der höfliche Major.
Er sprach ausgezeichnet Deutsch, mit Akzent natürlich. Meinen Paß hielt er
in der Hand. Er hatte um ihn gebeten, nachdem ich mit der Bitte nach Hilfe
hereingestürmt war.
Ich antwortete: »Ich heiße nicht Horneck. Das ist ein gefälschter Paß. Ich
heiße Richard Mark, und das Bundeskriminalamt in Wiesbaden hat eine
weltweite Fahndung nach mir veranlaßt mit dem Ersuchen an alle Staaten,

mich sofort nach Identifizierung zu verhaften. Bitte verhaften Sie mich sofort und verständigen Sie den Oberstaatsanwalt Paradin in Frankfurt von meiner Festnahme.«

Der Major Alfonso Geraldi strich über sein Bärtchen und betrachtete dann die große Schreibtischplatte. Vor mir lag die Partitur der Neunten Symphonie, vor ihm, aufgeschlagen und mit dem Einband nach oben, ein graues, dickes Buch, in dem er offenbar gelesen hatte, bevor ich hereinkam. Das Buch lag so, daß ich die Schrift auf dem Einband erkennen konnte. Es hatte mich sehr erstaunt zu sehen, daß der junge, elegante Major den ›Tractatus politicus‹ von Spinoza las – in lateinischer Sprache.

Nachdem er eine ganze Weile den Schreibtisch betrachtet hatte, hob Geraldi den Blick und fragte: »Sie kommen aus Kairo?«

»Ja.«

»Ist das eine Interpolfahndung?«

»Nein.«

»Also werden Sie wegen eines politischen Verbrechens gesucht?«

»Ja.«

Ich verstand nicht, was er sagte, denn eine Maschine flog so tief über das Gebäude hinweg, daß die Fensterscheiben klirrten. Er wiederholte seine Worte: »Zwischen der Bundesrepublik und Ägypten bestehen keine diplomatischen Beziehungen. Sie waren doch vor einer Auslieferung fast völlig sicher. Warum haben Sie Ägypten verlassen?«

»Ich mußte.«

»Aha.«

»Ich wollte nach Argentinien. Buenos Aires. Über Zürich. Eine Maschine nach Zürich . . .«

». . . startet in einer Viertelstunde«, sagte der Major. »Warum haben Sie die nicht genommen?«

»Ich habe Angst!«

»Wovor?« erkundigte er sich höflich.

»Umgebracht zu werden.«

»Tatsächlich?«

»Bitte, sperren Sie mich ein . . . sofort . . . bis deutsche Beamte kommen und mich holen!« Bis deutsche Beamte kommen und mich holen. Zurück nach Deutschland holen. Zurück in das Land, in das ich niemals mehr zurückkehren wollte. Zurück zu . . .

Ich bemerkte, daß der Major mich schweigend und mit einem seltsamen Lächeln ansah. Das erregte meinen Zorn. Ich rief: »Ich verlange, daß Sie mich in Schutzhaft nehmen!«

Der Major lächelte und schwieg noch immer.

»Wenn Sie mir nicht glauben . . . wenn Sie mich für einen Narren halten oder für einen Schwindler . . .«

»Aber das tue ich doch nicht, Herr Mark«, sagte Major Geraldi.

»Ich sage die *Wahrheit!*«

»Ich weiß, daß Sie die Wahrheit sagen, Herr Mark.«

Mir rann jetzt der Schweiß in den Hemdkragen, und meine Hände waren an den Innenseiten naß. »Sie . . . *wissen* es?«

»Ja, Herr Mark«, sagte der höfliche Major.

»Woher? Sie haben nicht einmal in Ihrer Fahndungskartei nachgesehen, als ich Ihnen sagte, daß mich die deutschen Behörden ausgeschrieben haben!«

»Doch.«

»Wann?«

»Gestern«, antwortete Major Geraldi.

»*Wann?*«

»Gestern gegen neunzehn Uhr, als ich mit dem Herrn Oberstaatsanwalt Paradin sprach.«

»Sie haben mit . . .«

Er nickte.

»Telefonisch?«

»Persönlich«, sagte Geraldi. »Hier, in diesem Zimmer. Er saß in dem Sessel, in dem Sie jetzt sitzen, Herr Mark.«

»Paradin war in Rom . . .«, stammelte ich.

»Er ist noch immer in Rom.«

»Wo?«

»Hier«, sagte der Oberstaatsanwalt Dr. Walter Paradin. Die Tür zwischen den beiden Aktenschränken hatte sich geöffnet. Paradin kam in den Raum. Er war dunkel gekleidet. Er war immer dunkel gekleidet. Zwei Männer in grauen Flanellanzügen folgten. Ich erhob mich torkelnd und hielt mich an der Schreibtischkante fest.

»Guten Morgen, Ritchie«, sagte Walter Paradin. »Wo ist Ihr Bruder Werner?«

Ich weiß nicht, ob er absichtlich so fragte, aber ich nehme es an, denn er kannte die Beziehung zwischen meinem Bruder und mir gut, und er traf mich mit seiner Frage, als ob er mich mit einem Acht-Unzen-Handschuh unter der Gürtellinie erwischt habe. Ich konnte nicht gleich antworten. Mein Mund war trocken, mein Herz schlug im Hals, und ich mußte, ich wollte gar nicht, ich *mußte* an jene Bibelstelle denken, die ich auswendig konnte, auswendig seit meiner ersten Schulzeit . . .

›. . . Da sprach der HErr zu Kain: Wo ist dein Bruder Abel? Er sprach: Ich weiß nicht; soll ich meines Bruders Hüter sein?‹

Ich hatte mich ein wenig erholt und antwortete: »Werner ist tot.«

Paradin schwieg und sah mich an. Ich erwiderte seinen Blick, und jetzt *wußte* ich, daß wir an dasselbe dachten – an jene Stelle aus dem Ersten Buch Mose, die ich auswendig kannte.

›Der HErr aber sprach: Was hast du getan? ...‹
Paradin fragte: »Wurde Ihr Bruder ermordet?«
»Ja«, antwortete ich.
»Das habe ich erwartet«, sagte Paradin.
»Wieso erwartet?«
›Die Stimme des Blutes deines Bruder schreit zu mir von der Erde ...‹
»Wären Sie sonst geflohen?« fragte Paradin. »Wären Sie sonst hier, Ritchie?«
»Nein«, sagte ich.
»Nun also«, sagte Paradin. Die anderen Männer schwiegen. Der Oberstaatsanwalt und ich sahen einander noch immer an.
›... und nun verflucht seist du auf der Erde, die ihr Maul hat aufgetan und deines Bruders Blut von deinen Händen empfangen ...‹
Ich sagte schnell: »Werner wurde im Hotel ›Imperial‹ ermordet. Er liegt im Schlafzimmer des Appartements 907 auf dem Bett, die Kehle durchschnitten. Das heißt – so lag er da, als ich ihn zuletzt sah, vor ein paar Stunden. Inzwischen hat man ihn vielleicht gefunden und schon weggebracht. Das weiß ich natürlich nicht.«
»Natürlich nicht«, sagte der weißhaarige kleine Paradin mit dem zierlichen Körper und dem großen, wohlgeformten Schädel. »Alles kann kein Mensch wissen, Ritchie.«
Ich stammelte: »Wieso ... wieso sind Sie hier? Wer ... woher wußten ...«
Paradin besaß sehr zarte Glieder, kleine Hände und Füße, er trug eine goldgefaßte Brille, die ihm ständig auf der Nase nach vorn rutschte, und er war vierundsechzig Jahre alt, das wußte ich genau, denn ich kannte ihn sehr gut und sehr lange. Paradin hinkte. Eines seiner Beine war kürzer als das andere. Er trug besondere Schuhe, aber auch die konnten das Hinken nicht ganz beseitigen.
Der Oberstaatsanwalt sagte: »Wir haben keine Botschaft mehr in Ägypten, aber wir haben noch immer ein Konsulat. Und gute Freunde. Natürlich hätten wir die Ägypter nie dazu bringen können, Sie auszuliefern, Ritchie. Deshalb paßten unsere Freunde ein wenig auf Sie auf und bekamen einiges von dem mit, was Sie erlebten.« Paradin lächelte. Seine blauen Augen wurden fröhlich wie die eines Kindes, wenn es lächelt. Ich dachte, wie viele Leute in Kairo auf mich ein wenig aufgepaßt hatten. »Bei weitem nicht alles bekamen unsere Freunde mit, natürlich. Aber doch so viel, daß Sie aus Ägypten fort mußten.«
Mir war sehr schlecht, ich fühlte mich schwindlig und schwach, und Paradins Stimme drang wie durch einen Watteberg an mein Ohr. Und da war die Erinnerung daran, wie jene Bibelstelle weiterging ...
›... Wenn du den Acker bebauen wirst, soll er dir hinfort seine Frucht nicht geben. Unstet und flüchtig sollst du sein auf Erden ...‹

»Nun, und als unseren Freunden das klar war, setzten sich ein paar von ihnen in die Büros der großen Fluggesellschaften, da sie wußten, daß Sie *schnell* weg mußten. Schiffe, Eisenbahnen und innerarabische Fluggesellschaften fielen deshalb fort.«

›. . . Kain aber sprach zu dem HErrn: Meine Sünde ist zu groß, als daß ich sie tragen könnte. Siehe, du treibst mich heute aus dem Lande, und ich muß mich vor deinem Angesicht verbergen und muß unstet und flüchtig sein auf Erden . . .‹

Paradins Stimme erreichte mich nur leise, obwohl er laut sprach: »Sie wechselten sich ab, unsere Freunde. Sie besaßen alle Fahndungsfotos von Ihnen. Gestern vormittag, als Sie Ihr Lufthansa-Ticket buchten, hatte einer von ihnen Glück. Er erfuhr, wann Sie fliegen würden und wohin und unter welchem Namen.«

›. . . und Kain sprach: So wird mir's gehen, daß mich totschlage, wer mich findet . . .‹

»Unsere Freunde schickten einen verschlüsselten Funkspruch. Als ich die Nachricht erhielt, flog ich gleich hierher . . . mit diesen Herren.«

»Kriminalpolizei?«

Paradin nickte, und einer der Männer, die ihn begleiteten, trat vor und zeigte mir Papiere, die ich kaum sah.

»Mit den italienischen Behörden ist alles erledigt«, sagte dieser Beamte. »Hier die Unbedenklichkeitserklärung des römischen Generalstaatsanwalts, hier das Schreiben des Justizministeriums . . .«

›. . . Aber der HErr sprach zu Kain: Nein! Sondern wer Kain totschlägt, das soll siebenfältig gerächt werden. Und der HErr machte ein Zeichen an Kain, damit ihn niemand erschlüge, wer ihn fände . . .‹

»Und Sie bringen mich sofort zurück nach Deutschland?« fragte ich Paradin.

»Ja, Ritchie. Sofort. Es wird Ihnen nichts zustoßen, seien Sie ohne Sorge.« Er rückte an der dunkelblauen Krawatte, die er zu dem dunkelblauen Anzug trug.

›. . . Also ging Kain von dem Angesicht des HErrn hinweg und wohnte im heimatlosen Lande östlich von Eden . . .‹

Ach, auswendig kannte ich diese Stelle, Wort um Wort, seit so vielen, vielen Jahren.

»Danke«, sagte ich zu Paradin.

»Sie wissen, was Sie in Deutschland erwartet?« fragte der zweite Kriminalbeamte.

»Ich weiß es.«

»Und trotzdem danken Sie uns?«

»Ja«, sagte Paradin, bevor ich antworten konnte. »Schon gut, Ritchie, Sie müssen nichts erklären. *Ich* weiß, warum Sie trotzdem danken. Es ist nicht nur deshalb, weil wir Sie davor bewahren, umgebracht zu werden.«

»Nein«, sagte ich leise, »nicht nur deshalb.«

»Sie haben erkannt, daß Ihr Bruder nun doch nicht auch noch über seinen Tod hinaus stärker bleibt als Sie.«

»Das habe ich erkannt«, sagte ich.

»Die Tonbänder, die Sie besprochen haben, sind verschwunden. Aber Sie werden noch einmal sprechen . . . in Frankfurt. Sie werden noch einmal alles erzählen, was wir nie erfahren sollten.« Paradins Brille war wieder nach vorn gerutscht, er schob sie hoch. »Und Sie werden die Wahrheit erzählen.«

»Ja«, sagte ich.

»Die *ganze* Wahrheit.«

»Sie ist nicht schön«, sagte ich.

»Das weiß ich«, sagte Paradin.

Der italienische Major und die beiden deutschen Kriminalbeamten lauschten schweigend. Wieder flog donnernd eine Maschine über uns hinweg.

»Ich weiß, daß sich Abgründe auftun werden, wenn Sie zu erzählen beginnen, Ritchie«, sagte Paradin. »Aber Sie müssen erzählen, denn ich muß die Wahrheit kennen, die ganze Wahrheit. Ich muß sie erfahren von Ihnen.«

»Von mir! Ich bin ein Schwein«, sagte ich. »Und wie ein Schwein habe ich gehandelt.«

Paradin nickte.

»Das stimmt. Aber Sie waren nicht immer ein Schwein. Widersprechen Sie mir nicht, ich kenne Sie seit zwanzig Jahren. Nein, Sie waren nicht immer ein Schwein. Sie *wurden* eines. Das ist es, was mich fasziniert. Denn Sie sind nicht der einzige Mensch, der eine solche Wandlung durchgemacht hat. Außerdem . . .«, er lachte, und wieder hatte er die Augen eines Kindes, ». . . außerdem *mußten* Sie ein Schwein sein.«

»Wieso, bitte?« fragte der italienische Major höflich.

»Man braucht ein Schwein, um die Trüffeln zu finden«, antwortete Paradin. »Die großen Trüffeln. Ritchie fand eine ganz große . . .«

»Oh, jetzt verstehe ich«, sagte der Major. Paradin blinzelte ihm zu und wandte sich dann an mich: »Der Major und ich, stellten wir fest, haben einen gemeinsamen Lieblingsphilosophen.« Er wies mit dem Kinn zu dem Buch auf dem Schreibtisch. »Der Major kann sogar lateinisch lesen — beneidenswert.«

»Jeder Mensch braucht etwas, was er liebt, nicht wahr?« sagte der Major, seltsam verlegen. »Sie, Herr Mark, lieben Musik, wie ich hörte . . .«

»Das tun auch andere Menschen«, sagte ich bitter. »Das tut auch Herr Professor Delacorte. Ich habe nie verstehen können . . .«

». . . daß auch er die Neunte liebt?« fragte Paradin.

»Ja.«

»Menschen sind sehr seltsam«, sagte der Oberstaatsanwalt. »Sehr schwer zu verstehen. Während wir auf Sie warteten, las mir der Major eine Stelle aus dem ›Tractatus politicus‹ vor. Ich meine: Er übersetzte sie mir. Sie paßt zu diesem Gespräch. Würden Sie bitte noch einmal übersetzen, Major?«

Der Italiener verbeugte sich, immer noch verlegen, nahm das alte Buch, blätterte, suchte und sprach dann fast fließend: »Ich habe mich eifrig bemüht, des Menschen Tun weder zu belachen noch zu beweinen, noch zu verabscheuen, sondern es zu begreifen.« Er legte das Buch wieder auf den Schreibtisch.

»Um zu begreifen, was ein Mensch heute tut«, sagte ich, »muß man aber wissen, was er gestern getan hat. Und um zu begreifen, was er heute denkt und ist, muß man wissen, was er gestern dachte und war.«

»Und das alles werden Sie mir nun erzählen«, sagte Paradin. »Sie wissen so viel — beinahe alles — über fast alle Menschen, die mit diesem Verbrechen zu tun hatten. Sie kennen das Gestern dieser Menschen. Und auch von diesem Gestern müssen Sie mir berichten, es gehört unbedingt dazu, Sie haben völlig recht, all das gemeinsam erst ergibt die Wahrheit.«

»Sie sollen sie hören«, sagte ich.

Hier also folgt die ganze Wahrheit nun für jeden, der berufen ist oder auch nur bereit, über das, was geschah, zu richten.

Ich schaltete den Zehnplattenspieler ein. Die unterste Platte fiel auf den kreisenden Teller, der Tonabnahmearm schwang einwärts und senkte sich, und nebenan begann Vanessa zu arbeiten, sobald die ersten Takte von ›Cocktails for Two‹ aus den Lautsprechern kamen. Das war eine Mr.-Acker-Bilk-Langspielplatte, Acker Bilk mit seiner Klarinette, Ben Fabric am Klavier, dazu der Leon Young String Chorale, also massenhaft Geigen. Wir hatten alle Mr.-Acker-Bilk-Platten auf Lager, denn Vanessa liebte seine Musik, und man soll es den Menschen bei der Arbeit so angenehm wie möglich machen.

Der erste Teil von Vanessas Auftritt war eine der üblichen Geschichten: Das Mädchen, das einen Floh hat und ihn nicht fangen kann und ihn überall sucht und sich dabei immer weiter auszieht. Die Sensation brachte der zweite Teil: ›Vanessa's Famous Candle Act‹. Aber so weit waren wir noch lange nicht. Unsere Preise hatten es in sich, hier hinten in dem Raum mit den Spiegelwänden, dem gedämpften roten Licht, den schwarzen Tischchen und den schwarzen Ledersesseln, aber wir boten den Leuten auch etwas für ihr Geld.

Bei ›Cocktails for Two‹ gelang Vanessa mit viel Hüpfen und Winden der Ausstieg aus dem schwarzen Abendkleid. Bei ›Summerset‹ streifte sie auf ihrer Flohsuche die Handschuhe, die schwarz wie das Abendkleid waren und bis zu den Ellbogen reichten, ab, danach ein Hemdchen, und dann fing sie an, das Mieder aufzuhaken, und ließ sich dabei von Gästen helfen, zu denen sie an die Tische kam.

Sie zuckte, wenn der Floh, der natürlich gar nicht da war, sie wieder einmal biß, und sie saß auf den Knien verschiedener Damen und Herren, die alle an dem Korsett herumfingerten, und sie ächzte und wimmerte. Unser bestes Stück, diese Vanessa, zweiundzwanzig Jahre alt, naturblond, schlank und vollbusig. Nach einer erstklassigen Ausbildung beherrschte sie das ganze chi-chi und verstand es, ein hinreißend idiotisches Babyface zu machen und einen Schmollmund à la Bardot und auch mit den großen blauen Augen zu kullern.

Das ›Strip‹ lag in der Innenstadt von Frankfurt am Main, an der Taunusstraße. In dem großen Lokal gab es zwei Bars mit vielen Hockern, viele Tische, eine von unten farbig beleuchtete Tanzfläche und eine kleine Bühne für die Artisten und die Stripperinnen, die hier auftraten.

Sie alle waren vorzüglich, aber die Sensation war natürlich Vanessa. Boris hatte sie unter einen hochdotierten Exklusivvertrag genommen, der alle möglichen Schutzklauseln für uns und alle möglichen Konventionalstrafen für Vanessa vorsah, falls sie versuchte wegzulaufen.

»Sie wird nicht weglaufen«, sagte ich oft. »Schließlich hast du ihr damals so geholfen, und sie ist uns beiden dankbar.«

»Wenn du mal wem geholfen hast und er dir dankbar zu sein hat, mußt du verflucht vorsichtig sein«, antwortete Boris dann immer.

Die Artisten und die anderen Stripperinnen verpflichten wir nur auf Zeit, ein paar Wochen, zwei Monate, denn wir wechselten das Programm vorn in der Bar häufig. Auch die Kapellen. Ich sage ›vorn in der Bar‹, weil es für Herrschaften mit sehr dicken Brieftaschen eben noch dieses Hinterzimmer gab, dessen Wände mit Spiegeln verkleidet waren, in dem rotes Licht brannte und in dem Vanessa sich produzierte. Der Raum war acht mal acht Meter groß. Wir hatten die schwarzgelackten Tische und die schwarzen Ledersesselchen eng aneinandergerückt, da ging schon etwas hinein. Freitag und Samstag waren wir hier stets ausgebucht, heute, Montag, der schlechtesten Nacht der Woche, war der Spiegelraum zu mehr als drei Vierteln besetzt. Man konnte nicht sagen, daß sie bei uns schon angefangen hatte, die große Krise. Frankfurt war aber auch eine gute Stadt für so ein Lokal. Hier gab es Banken, Industrie, viele fremde Besucher, Ausstellungen und Messen. Bei Gott, wir stießen uns gesund an unserem ›Strip‹!

Im Spiegelraum, zu dem man nur entweder von Boris oder mir geführt werden konnte (es gab hier eigene Toiletten und Waschräume und Garderoben und Ausgänge), wurden grundsätzlich nur Champagner oder Whisky oder Getränke in der Preislage serviert; mit etwas anderem hielten wir uns gar nicht auf. Natürlich hatten wir Stammkunden, wie einen millionenschweren ›Kessen Vater‹ namens Petra Schalke. Die kam gewiß zweimal wöchentlich, meistens – wie heute – in Begleitung eines weißblondgefärbten Modeschöpfers, der schon gelistet war und eine intellektuelle schwarze Hornbrille und goldene Kettchen an den Handgelenken trug. Die Schalke erschien oft auch mit anderen, normalen Freunden, wie wir denn hauptsächlich normale Stammkunden hatten, mit ganz normalen Freunden, aber natürlich auch solche, die auf andere Weise verdreht waren, einfach alles eben.

Nun ertönte Mr. Acker Bilks Version von ›Alley Cat‹, und Vanessa untersuchte ihren Büstenhalter und das viele Fleisch darin, aber der Floh, den es nicht gab, war da offenbar in ihrem Höschen, und dort suchte sie ihn auch, und bei ›What'll I do?‹ ließ sie sich den Büstenhalter von einem dicken Herrn im Smoking, der Veuve Cliquot 1952 trank, und alle, die in der Nähe saßen, durften nachsehen, ob sich der Floh vielleicht auf ihren großen weißen Brüsten mit den großen rosigen Warzen finden ließ. Sie schaukelte dem Veuve-Cliquot-52-Herrn auf den Knien herum und ließ die blauen Augen kullern. Sie war ein wirklich schönes Mädchen, das sein Zeug ausgezeichnet machte, dachte ich, während ich ihr zusah. Eine der vier Spiegelwände des Raums war nämlich in einem drei mal zwei Meter großen Rechteck präpariert und von meiner Seite her durchsichtig wie eine Glasscheibe. Meine Seite: das war unser Büro; es lag hinter dem Spiegelzimmer. Drinnen sah der Spiegel natürlich wie ein Spiegel aus. Wir brauchten diese geheime Fensterscheibe, denn wir mußten, wenn Vanessa auftrat, wissen, wie die Atmosphäre war, damit wir rechtzeitig die Rausschmeißer rufen konnten, falls einmal etwas passierte. Es passierte sehr selten etwas, nur manchmal, wenn ein Herr zu alkoholisiert oder seine Begleiterin zu böse oder eine Dame zu animiert war. Da Vanessa immer erst *nach* dem allgemeinen Barprogramm um zwei Uhr nachts auftrat, erschienen ihre Zuschauer natürlich mehr oder weniger beschwipst, denn sie hatten vorher ja schon draußen im Lokal getrunken. Es ging einfach nicht anders; wir mußten aufpassen. In unserem Job kam man nie vor fünf, aber sehr oft erst um sieben Uhr ins Bett.

»Über zweiundzwanzig Prozent in Neugablonz«, sagte Minski. Dann fing er an zu lachen. Er saß hinter seinem altmodischen Schreibtisch und hatte einen Haufen Zeitungen von Dienstag morgen vor sich, die um Mitternacht gekommen waren. Wir lasen immer die Morgenzeitungen, während Vanessa arbeitete, oder wir überprüften Abrechnungen und erledigten Post und Bankgeschichten. In jener Nacht lasen wir Zeitungen. Ich besaß im Büro auch einen altmodischen Schreibtisch, neben dem Minskis, gegenüber dem durchsichtigen Spiegel. Hinter uns stand ein großer Geldschrank, Herstellungsjahr 1909. Es gab ein schäbiges Wandbord mit ein paar Flaschen und Gläsern, eine schäbige Sitzgarnitur, deren Leder an manchen Stellen schon brüchig war und riß, einen häßlichen runden Tisch und ein Pult mit einer Remington 1936. Ein abgetretener Teppich lag auf dem Fußboden. An einer anderen Wand standen in wackeligen Regalen Leitzordner, Steuergesetzbücher und eine Menge Literatur zur Zeitgeschichte, insbesondere über das Dritte Reich. Neu waren der Dual-1010-V-Plattenspieler mit Stereoanlage und eine große Diskothek, und neu waren die beiden Telefone auf unseren Schreibtischen – die Post hatte sie gegen die veralteten ausgetauscht.

Das Büro war vier mal fünf Meter groß, es besaß kein Fenster, nur einen kräftigen Exhaustor, der sich alle zehn Minuten von selbst einschaltete und dessen Ventilator frische Luft brachte. Der Ventilator scheppte. Von den Wänden lösten sich die Veilchen-Rosen-Vergißmeinnicht-Tapeten. Wir hätten uns neue Möbel und einen neuen Teppich kaufen und die Wände neu tapezieren lassen können. Ich hatte das ein paarmal angeregt, aber Boris' Antwort war stets nur gewesen: »Für was?« Im Grunde hatte er natürlich recht. Wirklich nötig war es nicht, solange nur *draußen* alles erstklassig aussah.

»Wo ist Neugablonz?« fragte ich, zerrte meine Smokingschleife herunter und öffnete den Hemdkragen, denn es war heiß in dem Büro. Hier arbeitete die Zentralheizung manchmal wie von Sinnen, und auch dagegen hätte man etwas tun können; aber wirklich nötig war es nicht. Wenn es zu heiß wurde, wie jetzt, zog man seine Jacke aus und öffnete sein Hemd. Boris hatte das schon getan.

»Neben Kaufbeuren«, sagte er. »Die Stadt, in der die vielen Sudetendeutschen leben, die Schmuck herstellen.« Boris Minski war ein mittelgroßer Mann mit schwarzen Augen, die stets feucht schimmerten, lange Wimpern besaßen und nie mitlachten, wenn der Mund lachte. Boris hatte glänzendschwarzes Haar, ein bleiches Gesicht, Tränensäcke und eine enorme Nase. Er duftete nach englischer Seife und ›Yardley‹-Lavendel. Er war vierundfünfzig Jahre alt.

»In Neugablonz, les ich, haben von 971 Wahlberechtigten 221 die NPD gewählt. Inzwischen machen sie sich schon in die Hosen und könnten sich selber erschlagen dafür.«

»Wofür?«

Der Exhaustor schaltete sich ein, der Ventilator klapperte laut. Boris schien das nichts auszumachen, mir schon, und ich nahm mir vor, das verfluchte Ding reparieren zu lassen, morgen bereits und gegen seinen Willen.

»Weil sie so stramm gewählt haben!« überschrie Boris den Ventilator. Er war ein russischer Jude, und er kam aus der Stadt Kamenez-Podolsk, die nordöstlich von Czernowitz, nicht weit von der rumänischen Grenze, liegt. Er sprach fließend Deutsch mit Akzent. »Die leben da doch von ihren Schmuckwaren, nicht? Jetzt, les ich, haben ihnen ein paar Exporteure gesagt, daß sie ihnen nichts mehr abnehmen werden – *angeblich* –, und sofort ist helle Panik ausgebrochen, und alle jammern, daß die ausländischen Einkäufer erst recht nicht mehr nach Neugablonz kommen werden, sondern sie werden Neugablonz was pfeifen und in Hongkong oder Japan einkaufen.

Dort ist es genauso billig. Steht da. Wie findest du denn das? So ein Pech für die armen Neugablonzer.« Er grunzte. »Ein Beispiel von spontaner Glaubensstärke. Spontan geht immer daneben. Bissel denken vorher . . .«
Unser Büro war schalldicht. Wir konnten einen Lautsprecher einschalten und hören, was draußen gesprochen wurde, wenn wir das hören wollten. Draußen war alles in Ordnung. Der Plattenspieler neben mir lief, und ich hörte, ganz leise, die Musik, die im Spiegelzimmer laut erklang. Bei ›These Foolish Things‹ hatte sich Vanessa auf den Schoß des Kessen Vaters, dieser Petra Schalke, die einen Männerhaarschnitt trug, gesetzt und langsam die Netzstrümpfe ausgezogen. Der Kesse Vater, einen schwarzen Nerzmantel über der Schulter, war seit Monaten jammervoll verliebt in Vanessa und hinter ihr her – vergeblich, eine Tragödie – und schon dankbar, wenn Vanessa sich auf ihren Schoß setzte. Der weißblonde Modeschöpfer mit den Rüschenmanschetten und dem goldenen Kettchen betrachtete seine Fingernägel, als Vanessa nun die nackten Beine in die Luft steckte und Theater machte und ihrer leidenschaftlichen Verehrerin danach gestattete, den Hüfthalter zu öffnen.
Wir hatten Vanessa gesagt, daß sie so etwas oder so etwas Ähnliches der Schalke *immer* gestatten mußte, sie brachte uns so viele Leute an und trank nur Pommery demi sec der besten und teuersten Jahrgänge, da hatte man einfach menschlich zu sein. Die unglücklich verliebte Lesbierin – sie war etwa fünfundvierzig und sah aus wie drei Kerle – fummelte an Vanessas Hüfthalter herum und klemmte sich vor Aufregung die Finger, was weh tat. Der Modeschöpfer blies über ihre Hand und machte heile-heile, und dann flüsterte der Kesse Vater mit hartem, hungrigem Gesicht Vanessa etwas ins Ohr, worüber Vanessa baby-kichern und die blauen Augen kullern lassen mußte.
»Im übrigen«, sagte Minski, »krieg ich tausend Mark von dir.«
Ich holte einen Packen Hunderter, zusammengerollt, aus meiner hinteren Smokinghosentasche, zählte zehn ab und reichte sie Boris. Ich hatte eine Wette verloren, das stand jetzt um zwei Uhr nachts am 22. November 1966 fest, jetzt, da die NPD-Prozentzahlen aller Städte, Landkreise und Gemeinden nach der Wahl vom Sonntag im Druck vor uns lagen. Die NPD würde in Bayern großen Erfolg haben, darüber waren wir uns einig gewesen. Also hatten wir vereinbart, daß derjenige Sieger der Wette sein sollte, der den tatsächlichen Ergebnissen, die wir, ein jeder für sich, vorausgesagt und aufgeschrieben hatten, am nächsten kam. Und das war Minski gewesen. Es fing schon damit an, daß ich auf nicht mehr als zehn Sitze der NPD im bayerischen Landtag getippt hatte, er jedoch auf fünfzehn. Genau fünfzehn Sitze hatte die NPD erhalten.
Boris zählte die Scheine nach und sagte: »Stimmt.«
Jetzt spielte Mr. Acker Bilk ›Handsome Gigolo‹, und Vanessa zuckte und

schüttelte sich, es war klar, daß der Floh nur noch dort sein konnte, wo sie etwas am Leib hatte außer ihren Schuhen. Sie ließ sich alle Zeit von der Welt. Als wir anfingen, diese Nummer zu proben, hatte ich Vanessa gesagt, sie müsse mit dem Ausziehen fertig sein, wenn eine Seite der Langspielplatte abgelaufen sei. Zwei Seiten dauerten immerhin an die dreißig Minuten.

»So lang brauche ich auch!« hatte Vanessa erwidert. »In den dreißig Minuten bringe ich sie erst richtig in Fahrt für den Candle Act! Verlaß dich auf mich, Ritchie. Kein Mensch wird sich langweilen. Wenn ich sonst nichts kann – *das* kann ich.«

»Ja, Herzchen, ja, aber . . .«

»Laß sie machen«, sagte Boris. »Ich glaub, sie hat recht.«

Sie hatte recht gehabt. Die beiden Seiten einer Langspielplatte schaffte sie ohne Mühe, und bei dem ersten Teil der Nummer wurde auch noch serviert – von lauter sehr hübschen Mädchen in schwarzen Miniröcken, die weiße Schürzchen und Häubchen trugen und wie Zofen aussahen.

›Handsome Gigolo‹ war das letzte Lied auf SIDE I dieser Acker-Bilk-Platte. Die Musik verstummte, und der Tonabnahmearm schwang nach außen, damit die nächste Platte (auch Acker Bilk) von dem Stapeldorn auf den Teller herunterfallen konnte. Bis der Arm sich wieder senkte, vergingen ein paar Sekunden, und in der Zeit glitt Vanessa im Raum umher wie eine Schlange mit Schluckauf und schob sich zwischen den Gästen durch, bemüht, so viele wie möglich zu berühren oder zu streifen. Ein Naturtalent.

Die neue Platte lag nun auf dem Teller, Musik erklang wieder, und Vanessa machte weiter. Zu ›Bula Too‹ und ›Blueberry Hill‹ und ›Sweet Georgia Brown‹ rollte sie sich auf einem kleinen Teppich in der Mitte des Spiegelzimmers herum und jaulte, weil der Floh in ihrem Höschen sie so plagte, und bei ›Big Crash From China‹ kroch sie auf allen vieren und hielt dabei den Hintern hoch, damit Männer und auch Frauen immer wieder versuchen konnten, ihr schwarzes Höschen herunterzuziehen, was aber keinem gelang.

Während dieses Theaters war ich zu Minskis Schreibtisch gegangen. Hier lagen Zeitungen, Bankauszüge und eine Illustrierte, auf deren Titelblatt Riesenbuchstaben verkündeten: ICH, EMMY GÖRING, SAGE, WIE ES DAMALS WIRKLICH WAR. Diese Serie lief schon seit geraumer Zeit, und Frau Göring berichtete darin, was für ein treusorgender Familienvater, vorbildlicher Ehemann, Judenfreund, Pazifist und erbitterter Hitlerfeind der Ministerpräsident und Reichsmarschall gewesen war, wie verzweifelt er sich gegen den Rußlandkrieg wehrte, wie er und seine Familie oft kaum zu essen gehabt, wie sehr Frau Göring und ihre Tochter nach Kriegsende gehungert und gefroren hatten und wie demokratisch aufrecht und antifaschistisch ihr Mann gekämpft hatte bis zum Ende.

»Lach nicht so blöd, Ritchie«, hatte Boris zu mir gesagt, als diese Serie begann. »Wer kann den Mann wirklich besser gekannt haben als die Frau, die ihn geliebt und die mit ihm gelebt hat?«

Neben den Morgenzeitungen mit den endgültigen Ergebnissen lagen auf Minskis Schreibtisch unsere beiden Voraussagezettel für den Ausgang der Landtagswahl in Bayern. Ich hatte stets entweder viel zu hoch oder viel zu niedrig getippt, Minski nur ein einziges Mal um etwas mehr als ein Prozent, und das galt nicht nur für die Landkreise, sondern auch für die großen Städte! Es war geradezu unheimlich . . .

»Ich hab's mir ausgerechnet«, sagte Boris, der meinen stieren Blick bemerkte. »Hättest du auch tun können. Ganz einfach. Schau her.« Er holte eine große Autokarte von Westdeutschland hervor und breitete sie aus. Dann nahm er einen Bogen Pauspapier, auf dem Westdeutschland nachgezeichnet und bestimmte Gebiete einfach, doppelt oder dreifach schraffiert und Städte mit kleinen, größeren und großen Punkten versehen waren. Das Pauspapier legte Minski über die Landkarte, während draußen, im Spiegelzimmer, Vanessa zu den Klängen von ›Red Sails In The Sunset‹ selbst das schwarze, winzige Höschen auszog und sich dabei reckte und wiegte. Sie besaß sehr viel blondes Haar, dort und auch unter den Achselhöhlen. (»Achselhöhlen bleiben natürlich unrasiert«, hatte sie gleich bei den ersten Proben gesagt. »Wirkt animalischer so.«)

»Ich bin davon ausgegangen«, erklärte Boris nicht ohne Selbstgefälligkeit, »was bei den Wahlen in Schleswig-Holstein und in Hessen passiert ist. Da bekam die NPD in unserem schönen Frankfurt zehn Prozent, nicht?«

Durch den Einwegspiegel sah ich, wie Vanessa nun das Theater mit dem G-String begann.

»Danach«, sagte Boris, »hab ich ein bissel gelesen. Statistiken. Poliakov-Wulf, Shirer, Schnabel, Sonnemann . . . und so.« Er sah zu den wackeligen Regalen. Dort stand seine politische Bibliothek. »Ich hab festgestellt, daß die NSDAP bei den Weimarer Reichstagswahlen 1928 nur 2,6 Prozent gekriegt hat. Bei den Bundestagswahlen 1965 hat die NPD 2 Prozent gekriegt.«

»Boris«, sagte ich, »die NSDAP wurde 1920 gegründet. Die war schon acht Jahre alt bei diesen Wahlen. Die NPD war erst zwei Jahre alt.«

»Hab ich berücksichtigt.«

»Wie?«

»Düsenzeitalter einkalkuliert. Zeit ist relativ. Alles geht schneller heute. Weiter. Unsere Regierung ist völlig im . . .«

»Die alte. Momentan. Wir kriegen gleich eine neue.«

»Damals haben wir dauernd neue Regierungen gekriegt. Damals war die Arbeitslosigkeit schon groß im Schwung. Heute fängt sie wieder an, klein, klein noch, aber es geht schneller, Ritchie, viel schneller. Düsenzeitalter. So, hab ich mir gesagt, wird also alles kommen wie beim letztenmal.«

Draußen ertönte jetzt ›Let's Put Out The Lights‹, und Vanessa fing an, unendlich langsam auch noch den G-String, der das Letzte verdeckte, abzunehmen.

Boris dozierte: »Zum Schluß hab ich mir die Statistiken von den Reichstagswahlen 1930 angesehen und diese Karte von Westdeutschland durchgepaust. Westdeutschland genügt ja noch. Im Moment. Überall da, wo die Nazis 1930 mehr als zehn Prozent der Stimmen bekommen haben, hab ich die Gebiete schraffiert. Bei zwanzig Prozent hab ich doppelt schraffiert, bei über fünfundzwanzig Prozent dreifach. In den Städten — kleiner Punkt, größerer Punkt, ganz großer Punkt. Siehst du?«

»Ja.«

Etwas lenkte ihn ab, er blickte in den Spiegelraum hinaus.

»Wer sind die beiden Kerle?«

»Wo?«

»Links hinter der Schalke und ihrem Hundertfünfundsiebziger.«

»Ach die.« Links hinter der Schalke saßen zwei ›Special Effects Men‹ einer großen amerikanischen Filmgesellschaft, die gerade in der Umgebung von Frankfurt drehte. Diese Männer waren hochbezahlte Techniker, die einfach jeden, auch den tollsten und atemraubendsten Trick ausknobelten. Sie beobachteten Vanessa mit wissenschaftlichem Interesse. Ich sagte Boris, wer der kleine Schwarze und der große Blonde waren und daß ich sie eingeladen hätte in der Hoffnung, sie würden bei dem ›Candle Act‹ in Verzückung geraten und Reklame für uns machen.

»Brav«, sagte Boris. »Brav, Ritchie. Wir sahnen hier noch ab, was geht. Wo war ich? Ach ja! Nun hab ich das Pauspapier auf die Karte gelegt und feststellen können, daß die NPD bei den Wahlen in Schleswig-Holstein und Hessen überall dort die meisten Stimmen bekommen hat, wo sie 1930 die meisten Stimmen bekommen hat! Also hab ich eine Grundlage gehabt für meine Voraussage für Bayern. Nenn mich Computer! Wo ich besonders viel schraffiert hab oder wo die Punkte besonders groß sind, kriegten die Nazis 1930 die meisten Stimmen in Bayern. Jetzt haben sie genau da *wieder* die meisten Stimmen gekriegt.«

»Nicht doch die Nazis«, sagte ich. »Die NPD. Das ist etwas ganz anderes, Kamerad.«

»Natürlich«, sagte Boris. »Ich hab mich versprochen. Aber ich muß sagen, ich bin sehr zufrieden mit mir. So blöd wie das letztemal werde ich nicht mehr sein.«

»Ich auch nicht«, sagte ich.

»Immer schön auf Papa hören«, sagte Boris. Er klopfte mir mit einer Hand auf den Arm und schenkte mir sein Lächeln, bei dem die schwarzen, feuchten, langwimprigen Augen stets todernst blieben, und ich sah, daß Vanessa drüben ihren G-String abgenommen hatte. Sie fand endlich den Floh, den es nicht gab, hielt ihn hoch und drückte zwei Finger zusammen.

Das rote Licht wurde nun schummeriger. (Ein Mixer zog draußen auf dem Gang einen elektrischen Widerstand höher.) Der Plattenspieler stellte sich ab. Was folgte, war genau einstudiertes Zeremoniell. Zwei besonders hübsche Zofen brachten ein Tigerfell herein und breiteten es feierlich auf dem Boden des Spiegelraums über dem Teppich aus. Es war ein großes Fell, der ausgestopfte Kopf des Viehs hing daran, Glasaugen funkelten dunkelgrün. Die Zofen knicksten. Sie geleiteten Vanessa auf das Fell und verschwanden, nochmals knicksend. Vanessa ließ sich langsam in die Knie sinken, erhob sich ein wenig, so daß sie nun kauerte, und öffnete die Schenkel. Der zweite Teil ihrer Darbietung lief ohne Musik ab. Es war immer still wie in einer Kirche – wenn man davon absah, was für Laute Vanessa von sich gab. Zuletzt klang das stets so, wie es klingt, wenn bei Hagenbeck wilde Tiere ausgeladen werden.

Es existieren eine Menge heiße Nachtlokale in Frankfurt, aber wir hatten gewiß das heißeste. Mein Freund Boris Minski und ich, von der Konkurrenz beneidet und gehaßt, galten als die kältesten, zynischsten und gewissenlosesten Hunde der Branche. Darauf waren wir sehr stolz, denn wir mußten schwer schuften, um uns diese Bezeichnungen zu verdienen. Vor Monaten, als die Sache mit Vanessa eben angefangen hatte, war ein Abgesandter der Jüdischen Kultusgemeinde erschienen, ein gebeugter, alter Mann mit bleichem, ausgemergeltem Gesicht.

»Herr Minski«, hatte dieser Mann gesagt, »Sie wissen, daß es sehr viele Bars und Nachtlokale in Deutschland gibt, die Juden gehören.«

»Moment«, hatte Boris erwidert. Ich war bei dem Gespräch dabeigewesen. »Dieser Nachtklub gehört nur zu fünfzig Prozent einem Juden. Die anderen fünfzig Prozent gehören meinem Partner Richard Mark, und der ist ein hundertprozentiger Christ mit dem EK I und der Nahkampfspange und was weiß ich noch allem.«

»Darum dreht es sich nicht«, sagte der würdige alte Herr von der Kultusgemeinde. »Was Ihr Partner tut, muß er als Christ verantworten.«

»Ich verantworte es schon«, sagte ich.

»Es ist Ihre Sache. Ich wäre überhaupt nicht gekommen, wenn Ihre neueste Darbietung nicht so absolut skandalös wäre.«

»Wenn sie so skandalös ist, warum zeigt ihr mich dann nicht an?« fragte Minski, mit traurigen Augen grinsend.

»Das wissen Sie so gut wie ich«, sagte der Herr von der Kultusgemeinde.

»Ihr könntet mir den Laden doch kaputtmachen!«

»Ja, und das ganze Land hätte sein Fressen. Juden gegen Juden!«

»Ich hab gewußt, daß man sich auf euch verlassen kann«, sagte Minski.

»Also schön. Was ich mach, ist skandalös. Aber es ist nicht verboten, wie?«

»Leider nicht«, sagte der Abgesandte der Kultusgemeinde.

Falls Sie es noch nicht wissen sollten: Verboten kann eine Darbietung wie die Vanessas nur werden, wenn der Tatbestand des ›Öffentlichen Ärgernisses‹ gegeben ist. Damit der gegeben ist, muß jemand zur Polizei gehen und erklären, daß er an der Darbietung Anstoß nimmt. Dann wird es allerdings peinlich. Die Darbietung kann untersagt werden, die Beteiligten, wenn sie Pech haben, können ins Kittchen wandern. Aber, o Wunder, nun ließen wir Vanessa schon elf Monate auf die Menschheit los – und sie war wirklich eine Wucht! –, und nicht ein einziger Gast hatte Anstoß genommen. Und darum konnte die Polizei uns nicht belangen.

»Was heißt: Leider nicht?« fragte Minski also den Herrn von der Kultusgemeinde. »Laßt mich doch in Ruh! Wem tu ich was Böses?«

»Herr Minski, Sie wissen, daß es noch knapp dreißigtausend Juden in Deutschland gibt. Zwanzigtausend sind Ausländer wie Sie. Daß man uns hier liebt, werden wohl nicht einmal Sie behaupten wollen.«

»Ich brauch nicht Liebe, ich brauch Geld. Viel Geld. Wie kriegt man leichter so viel? Na!«

»Herr Minski, Sie müssen sich darüber klar sein, daß es viele anständige Leute in diesem Land gibt, die trauern über das, was Sie und Juden wie Sie sich leisten. Das ist es, was böses Blut, was neuen Antisemitismus schafft.«

»Ich hör immer *neuen*«, sagte Boris.

»Sie verstehen mich genau. Sie haben von der NPD gehört. Die erklärt, daß die Bundesrepublik in einem moralischen Sumpf erstickt, daß die Jugend keine Ideale und Vorbilder mehr hat, daß man dieses Volk systematisch demoralisiert und verdirbt durch den Appell an niedrigste und gemeinste Instinkte. Sie sehen, welchen Erfolg die NPD und solche Parolen haben. Mit dem, was Sie tun, Herr Minski, fügen Sie der jüdischen Sache unermeßlichen Schaden zu.«

Darauf antwortete mein Freund: »Wie schrecklich. Kann ich nur hoffen, daß die Frankfurter Strichmädchen der katholischen Sache nicht auch unermeßlichen Schaden zufügen.«

»Wieso?«

»Weil neunzig Prozent aller Strichmädchen hier katholisch sind«, antwortete Boris Mordechai Minski.

Am 21. Juni 1942 schrieb der Gendarmeriemeister Fritz Jacob an den Generalleutnant Querner einen Brief, in dem es heißt: »Es wird natürlich gehörig aufgeräumt, insbesondere unter den Juden. Wir schlafen hier nicht. Wöchentlich 3 bis 4 Aktionen. Einmal Zigeuner und ein andermal Juden, Partisanen und sonstiges Gesindel ... Nun, wir haben von den hier in Kamenez-Podolsk lebenden Jüdlein nur noch einen verschwindenden Prozentsatz von den 24 000. Die in den Rayons lebenden Jüdlein gehören ebenfalls zu unserer engeren Kundschaft. Wir machen Bahn ohne Gewissensbisse und dann: ›... die Welllen schlagen zu, die Welt hat Ruh‹.«

Ich weiß nicht, was aus den Herren Jacob und Querner geworden ist. Die Briefabschrift (das Schreiben existiert auch im Original) fand ich in dem Buch ›Der gelbe Stern‹ von Gerhard Schoenberger, und ich zeigte sie meinem Freund Minski, weil der aus Kamenez-Podolsk stammte.

»Ja«, sagte Boris Mordechai Minski, nachdem er gelesen hatte, »1942, im Juni, da waren sie wirklich schon fast fertig in unserer Gegend. Ich war zum vier Monaten in Maidanek. Wo meine Frau war, das hab' ich natürlich nicht gewußt und natürlich auch nicht, ob sie noch lebt. Wir sind gleich bei der Verhaftung getrennt worden.«

Seine Frau Rachel Minski befand sich zu jenem Zeitpunkt schon seit vier Monaten in dem Konzentrationslager Kolomyja. 1942 war sie vierundzwanzig Jahre alt und ein sehr schönes Mädchen. Boris Mordechai Minski war dreißig Jahre alt. In Kamenez-Podolsk hatte er an einer höheren Schule Naturkunde unterrichtet. Auch sein Vater und sein Großvater waren Lehrer in Kamenez-Podolsk gewesen. Die Minskis hatten zu Beginn des 19. Jahrhunderts nach einem besonders großen Pogrom in Winniza, woher die Familie eigentlich stammte, den Wohnort gewechselt. Es war der Traum des Boris Mordechai Minski, einmal so unabhängig zu sein, daß er Zeit und Geld genug besaß, um Schmetterlingsforscher zu werden. Er glaubte, auf diesem Gebiet einiges leisten zu können, was der Wissenschaft zu großem Nutzen gereichte; gab es doch über hunderttausend verschiedene Arten in der Riesenfamilie der Lepidopteren, von denen man noch so wenig wußte.

Maidanek war ein sogenanntes Vernichtungslager, Minski überlebte es. Im Juli 1944 befreite die Rote Armee das KZ, doch da war Minski schon unterwegs nach dem Lager Auschwitz-Birkenau, wohin zu dieser gleichen Zeit, da die westlichen Alliierten bereits in Frankreich gelandet waren und die deutschen Fronten immer häufiger zerbrachen, noch rasch eine halbe Million ungarische Juden deportiert und ermordet wurde. Sechs Wochen brannten in Auschwitz Tag und Nacht alle Öfen. Minski überlebte auch Auschwitz. Die Deutschen wollten keinen KZ-Gefangenen in die Hände der Alliierten fallen lassen. Mit dem Töten der Häftlinge kamen sie indessen einfach nicht mehr nach.

»Geschuftet wie die Tiere haben sie«, erzählte Boris einmal, »geschuftet bis zum Umfallen. Aber sie haben es einfach nicht schaffen können. Warum? Wir waren zu viele.«

Da sie es einfach nicht schaffen konnten, selbst wenn sie bis zum Umfallen und wie die Tiere schufteten, befahl ihnen Himmler, die Häftlinge in das Innere Deutschlands zu bringen. So wurden die Lager des Ostens evakuiert. Im eisigen Februar 1945 fuhr Minski, der immer noch nicht die geringste Ahnung hatte, wo seine Frau Rachel war und ob sie überhaupt noch lebte, über das zerbombte, zusammengeflickte, immer aufs neue zerbombte Eisenbahnnetz eines zerbombten, verwüsteten Landes – in einem offenen

Güterwagen, ohne Decke, ohne Mantel, wie Vieh zusammengedrängt mit anderen Häftlingen. Sie schliefen im Stehen, sie verrichteten ihre Notdurft im Stehen, sie starben im Stehen. Es wäre leicht gewesen zu fliehen; aber kaum einer floh, denn sie waren zu verhungert und zu erschöpft, sie konnten kaum noch einen Fuß vor den anderen setzen, die Häftlinge in diesem Güterwaggon und die in Zehntausenden anderer Güterwaggons, die, angehängt an ein halbes Tausend Lokomotiven, kreuz und quer durch Deutschland fuhren. Unentwegt rollten diese Geisterzüge von einem Lager zum anderen. Sie wurden abgewiesen, umgeleitet, weitergeschickt. Minskis Reise ging von Auschwitz nach Buchenwald, von Buchenwald nach Dachau, von Dachau nach Flossenbürg.

Viele Tage fuhren sie, ohne zu halten. Hielten sie einmal, wurden die Luken der Waggons geöffnet, dann fand man in sehr vielen von ihnen nur noch hartgefrorene, kompakte Leichenquader.

An den Fronten kam die Katastrophe immer schneller. Die SS mußte die letzten Lager in größter Eile räumen. Nun trieben sie die Häftlinge über Landstraßen. Wer nicht weiterkonnte, wurde sofort erschossen oder lebendig verbrannt. Junge Menschen in Deutschland erzählten mir nach dem Krieg, daß sie sich noch gut an jene endlosen Kolonnen unheimlicher Elendsgestalten erinnern, die sie als Kinder über die Landstraßen von Schleswig-Holstein, Mecklenburg, Thüringen und Bayern hatten schwanken sehen. Minski kam nach Bergen-Belsen. Hier gab es eine Typhusepidemie. Wer nicht verhungerte, wer nicht erfror, wer nicht ermordet wurde, konnte an Typhus sterben. Minski überlebte auch Bergen-Belsen. Alle Minskis waren zäh wie Katzen, sagte er einmal, man konnte sie ebenso schwer töten.

Die Überlebenden von Bergen-Belsen wurden von den Engländern befreit. Minski, obgleich zäh wie eine Katze, lag da im Sterben. Er kam in ein Hospital bei Uelzen, wo er sich unfaßbar schnell erholte, und danach in ein DP-Lager nahe Neustadt. Hier blieb er ein halbes Jahr. Immer noch hatte er keine Ahnung, wo sich seine Frau befand. Er wurde entlassen auf Grund eines Zufalls: Unter der Lagerleitung gab es Angehörige einer polnischen Division, die mit den Briten von England herübergekommen waren und sich gemeinsam ihren Weg nach Deutschland hineingekämpft hatten. Einer dieser Soldaten war ein Oberleutnant, dessen Vorfahren aus Kamenez-Podolsk stammten. Von ihm erhielt Minski neue Papiere, Geld, Lebensmittelkarten und — besondere Vergünstigung — die Erlaubnis, sich innerhalb der drei Westzonen frei zu bewegen.

Der Offizier half Minski, wo er konnte. Er schrieb Briefe an die Militärbehörden der drei Besatzungszonen im Westen, er wies Minski zu den richtigen Stellen bei den Suchdienstzentralen des Roten Kreuzes.

Die erste Spur führte nach Hamburg. Viele Leute erzählten Minski, sie hätten seine Frau in dem Vernichtungslager Ravensbrück gesehen, und die

Häftlinge aus Ravensbrück seien zuletzt nach Hamburg gebracht worden. Der Winter 1945 war sehr streng. Zu Fuß und, wenn er Glück hatte, in großen Armeelastwagen ging Minski auf Wanderschaft, bei Eisregen, Schneestürmen, dreißig Grad unter Null. Es erwies sich, daß die erste Spur falsch war. Vergebens lief er in Hamburg von Behörde zu Behörde. Immerhin erfuhr Minski, daß zwar ein kleiner Teil der Insassen von Ravensbrück — wo sich zuletzt Gefangene vieler Lager gesammelt hatten — hier heraufgekommen war; der weitaus größere, insbesondere Häftlinge aus dem Osten, war nach Bayern gebracht und dort, oft sogar noch in ihren Zügen, von den Amerikanern befreit worden. Minski stellte auch fest, daß man Rachel ursprünglich nach Kolomyja gebracht hatte. Nun saß sie, vermutlich und sofern sie lebte, irgendwo in einem bayrischen DP-Lager. Boris Mordechai Minski trampte gen Süden. In Bayern fuhr oder wanderte er von Lager zu Lager, von Rotkreuzstelle zu Rotkreuzstelle — umsonst. Da einige der Camps schon aufgelassen wurden — es war mittlerweile Frühling 1946 geworden —, versuchte es Minski in Städten und Dörfern nun auch bei den Einwohnermeldeämtern und den Bürgermeistereien.

Boris Mordechai Minski aus Kamenez-Podolsk, einer Stadt nordöstlich von Czernowitz, suchte seine Frau Rachel siebzehn Monate lang, vom Oktober 1945 bis zum April 1947. Im April 1947 sagte ihm ein Beamter der Bürgermeisterei von Hof, daß eine Rachel Minski am 11. November 1945 in einem Lager vor der Stadt gestorben und auf einem jüdischen Friedhof begraben worden sei. Minski fand den nahen Friedhof, er fand ein halb verfaultes, umgestürztes Holzbrett mit eingebranntem Davidstern und dieser eingebrannten, noch gut leserlichen Inschrift:

RACHEL MINSKI, GEB. LITMAN
1.5.1918 — 11.11.1945

Das Geburtsdatum stimmte, der Mädchenname stimmte, der Vorname stimmte. Minski stand lange reglos vor dem verwilderten Grab und dem umgestürzten Brettchen. Er sagte mir später einmal: »Wie ich da so gestanden bin und gedacht hab, daß ich mich jetzt umbringen werd, sind plötzlich fünf von diesen Segelfaltern gekommen und um mich und das Grab herumgeflattert. Richtig getanzt haben sie. Zartgelb waren sie mit schwarzer Zeichnung. Papilio podalirius heißt die Art. Und es war ein schöner, sonniger Tag, noch vor zwölf, verstehst du?«

Ich verstand nicht, aber er erklärte mir, daß der Schmetterling seit dem Altertum bei allen Völkern als das Sinnbild der unsterblichen Seele gilt und daß er als Orakeltier je nach Färbung und Tageszeit Gutes oder Böses ankündigt. Hellfarbene Schmetterlinge mit schwarzer Zeichnung, gesehen an einem schönen, sonnigen Tag, verhießen besonders Gutes.

»Gespinne und Aberglauben natürlich«, sagte Boris. »Aber ich bin ein schlechter Jud, immer schon war ich abergläubisch, und so habe ich gedacht, daß ich mich nicht umbringen darf, wenn Segelfalter kommen, gleich fünf, und an einem schönen Tag, und noch vor zwölf! Wenn ich mich nicht umbring, muß ich aber von was leben, hab ich gedacht, und da ist mir eingefallen, daß ein entfernter Vetter von mir in München, in der Möhlstraße, ein Geschäft hat. Ein Ami hat mich in seinem Truck mitgenommen nach München, und mein Vetter hat mich engagiert in seinem Geschäft.«

Die Möhlstraße in München war nach dem Krieg das Schwarzmarktzentrum der Stadt. Hier konnte sich nur behaupten, wer auch nicht die Spur eines Skrupels besaß. Neun Monate im Geschäft seines Vetters – einer Holzbaracke –, und aus dem weichen, verträumten Lehrer Boris Mordechai Minski, dessen Lebenstraum es einmal gewesen war, die geheimnisvolle Welt der Schmetterlinge zu erforschen, war ein eiskalter, gefinkelter und äußerst erfolgreicher Großschieber geworden, den die gerissensten der anderen Schieber aufsuchten, teils um seinen Rat einzuholen, teils um den gefährlichen Mann zum Freund zu gewinnen. Im Frühjahr 1948 war Minski bereits selbständig und ziemlich wohlhabend.

Er bekam rechtzeitig Wind von der bevorstehenden Währungsreform, und es gelang ihm, sein nun schon beträchtliches Vermögen in die neue Zeit hinüberzuretten. Sofort nachdem er zu verdienen begonnen hatte, war er nach Hof hinaufgefahren, jeden Monat zweimal, zu seiner Rachel. Er ließ einen großen, schönen Stein besorgen, aus Granit, mit eingemeißelten vergoldeten Buchstaben; er bezahlte auch dafür, daß immer frische Blumen auf Rachels Grab standen und daß es das schönste und gepflegteste des ganzen Friedhofs war. Auch eine Grabbank kaufte er. Da saß er dann stundenlang und erzählte seiner toten Frau von seinen Geschäften. Er versuchte, den Sarg mit ihrer Leiche auf den Jüdischen Friedhof in München überführen zu lassen, aber man sagte ihm, daß Rachel Minski in keinem Sarg, sondern nur in einem Papiersack begraben worden war und deshalb eine Exhumierung nicht in Frage käme. Das sah Minski ein. Er besaß nun bereits eine Zweizimmerwohnung in Bogenhausen, einem vornehmen Stadtteil Münchens, nicht weit von der Stätte seines ersten emsigen Nachkriegswirkens entfernt, und betätigte sich im Schrotthandel. Mitte August 1948 erreichte ihn ein Schreiben der Heil- und Pflegeanstalt Hornstein, die im Norden der Stadt Frankfurt am Main, zwischen Seckbach und Bad Vilbel, westlich der Friedberger Landstraße liegt. Es wurde Boris Mordechai Minski mitgeteilt, daß man seine Frau Rachel Minski, geb. Litman, seit dem 18. Dezember 1945 stationär behandelte. Unterzeichnet war der Brief vom Leiter jener Heilund Pflegeanstalt, einem gewissen Professor Dr. Peter Mohn.

Im Spiegelzimmer trippelte eine schwarzhaarige Zofe herbei, knickste und überreichte Vanessa, die auf dem Tigerfell kauerte, ein flaches schwarzes

Seidenkissen, in dessen Mitte eine rote Kerze lag. Die Zofe knickste wieder und huschte davon. Vanessa deponierte Kissen und Kerze neben sich. Durch den Einwegspiegel sah ich aus unserem Büro, wie unser Goldstück nun halb die Augen schloß und an ihren Brustwarzen zu spielen begann. Ich drehte den Lautsprecher auf, der uns die Geräusche von draußen brachte, und nun hörte ich Vanessa leise stöhnen, sehr leise noch. Nach einer Weile legte sie die rechte Hand dorthin und fing an zu spielen, und das Seufzen und Stöhnen wurde lauter. Ich besitze ein feines Ohr und fragte: »Was hat sie?«

»Hm?«

»Es klingt so heiser. Ist sie schon wieder . . .«

»Erkältet, ja«, sagte Minski. »Ziemlich arg diesmal.«

»Kunststück«, sagte ich. »Da drin ist es heiß, auf dem verfluchten Gang draußen ist es kalt und zieht, daß es einen umwirft, und das Mädchen rennt da täglich nackt herum. Ein Wunder, daß sie nicht überhaupt einen Dauerschnupfen hat. Oder schon Lungenentzündung, bei dem verrückten Wetter noch dazu.«

Das Wetter war wirklich völlig verrückt in diesem Spätherbst – heute Sonnenschein und Frühlingswärme, morgen Schneestürme, Glatteis, klirrende Kälte.

»Ich hab sofort den Doktor Fellner gerufen. Kostet mich ein Vermögen, das Mädchen, aber es muß sein. Gott soll helfen, daß sie keine Grippe kriegt. Fellner sagt, nein.«

»Was, nein?«

»Keine Grippe. Sie muß heute in ihrer Garderobe schlafen, darf nicht mehr rausgehen, er kommt morgen wieder. Hat ihr Breitbandantibiotika und noch alles mögliche gespritzt, wie immer. Kostet mich ein Vermögen, das Mädchen«, sagte Boris noch einmal. »Aber was soll ich machen? Lassen wir nicht dauernd umbauen? Den Gang kriegt man einfach nicht dicht! Müßten wir schon übersiedeln, und da ist der Doktor Fellner immer noch billiger.«

Das alte Haus, in dem sich unser ›Strip‹ befand, war als eines von wenigen in der Taunusstraße von den Bomben des Krieges verschont geblieben. Verschont, aber das Gebäude hatte schwersten Erschütterungen standgehalten – nicht ohne Folgen. Dauernd war etwas kaputt bei uns, und wir mußten es reparieren lassen, denn an einen Umzug mochten wir nicht denken, dazu lag die Taunusstraße zu günstig. Minski, der mit jedem Groschen geizte, wußte, wo er Geld auszugeben hatte: beispielsweise für die Behandlungen von Vanessas häufigen Erkältungen durch einen erstklassigen, sehr teuren Facharzt.

»Ewig wird sie das da ja auch nicht machen«, sagte ich. »Nur so lange, bis sie ihr Ziel erreicht hat.«

»Lange soll sie es noch nicht erreichen!« murmelte Minski inbrünstig und klopfte dreimal auf Holz.

Ich sah, daß Vanessas Atem nun immer unruhiger wurde, ihre schweren Brüste begannen sich zu heben und zu senken. Die Zuschauer saßen da wie hypnotisiert. Petra Schalke, der liebe Stammgast mit dem Männerhaarschnitt, hatte eine Faust gegen den Mund gepreßt und biß auf den Knöcheln herum. Die beiden ›Special Effects Men‹ flüsterten aufgeregt miteinander. Das Telefon auf Minskis Schreibtisch begann zu läuten.

Sein New Yorker Börsenmakler meldete sich. In New York war es acht Uhr abends. Boris und sein Makler telefonierten stets um diese Zeit miteinander. Das kostete, bei vielen und langen Gesprächen, ein Vermögen. (»Makler muß ich haben, telefonieren muß ich«, hatte Minski erklärt, als ich einmal unsere ungeheuerliche Telefonrechnung beanstandete. »Außerdem erledige ich deine Geschäfte dabei genauso wie meine.« Da hatte er recht. Er hatte überhaupt immer so verflucht recht.)

Wir besaßen amerikanische Aktien. Seit die Amerikaner sich in Vietnam engagiert hatten, waren es fast nur noch Aktien von Rüstungsfirmen. Boris hatte sich, in Erinnerung an den Koreakrieg, rechtzeitig ausgerechnet, was passieren würde, und Aktien von Norris-Thermador, United Aircraft und Lockheed über seinen Makler zu einem Zeitpunkt erwerben lassen, da sie – vergleichsweise – noch billig waren. Er kaufte für sich und mich so viele Aktien, wie wir nur kaufen konnten. Wir nahmen sogar Kredite dazu auf.

Draußen im Spiegelzimmer wurde Vanessa auf ihrem Tigerfell nun sehr unruhig, fing an, sich in den Hüften zu wiegen, und ihre Finger bewegten sich immer schneller. Jemand warf ein Glas um. Ich hörte, wie es auf dem Boden zersprang, und ich hörte Minskis Stimme am Telefon, und ich dachte an das, was mein Freund mir gesagt hatte, als wir die amerikanischen Rüstungsaktien kauften: »Durch den Vietnamkrieg wird das reichste Land von der Welt noch reicher werden, das kann man sich ausrechnen, Ritchie. Dann wird es natürlich wieder mal einen riesigen Pletsch geben, eine Pleite, gegen die der Schwarze Freitag nichts ist. Aber inzwischen läßt sich verdienen.«

Damit hatte er bis zum heutigen Tag recht behalten. Der Vietnamkrieg kostete die Amerikaner dreihundert Millionen Mark pro Tag – aber die Kriegsindustrie verdiente pro Tag mindestens eineinhalb Millionen Dollar. Es gab ›Vietnammillionäre‹: nicht nur unter den Rüstungsfabrikanten, auch unter Finanzleuten, die frühzeitig auf die richtigen Aktien gesetzt hatten. Wir waren keine Millionäre geworden, aber wir hatten – nein, Ehre, wem Ehre gebührt! Minski hatte – wahrlich auf die richtigen Aktien gesetzt, und das rechtzeitig, im Frühsommer 1965.

Wir besaßen ein Exemplar einer ganz offiziellen amerikanischen Broschüre, die kühl und statistisch nachwies, daß der Krieg in Südostasien die bei weitem kostspieligste Schlacht war, die Amerika je erlebt hatte: ›In price per enemy soldier killed = Dollar 52 500,00‹ hieß es in der Broschüre. Ein toter Vietcong kostete die USA 52 500 Dollar.

Ich sah durch den Spiegel. Vanessa knirschte jetzt sogar mit den Zähnen. Das hatte sie wochenlang geprobt. Es ging einem durch Mark und Bein. Ich drehte den Lautsprecher leiser, damit Boris ungestört mit New York telefonieren konnte, und sah, daß Vanessa nach der roten Kerze griff, die auf dem schwarzen Seidenkissen lag, ihre Hand zurückzog, als schäme sie sich, wieder hingriff, auf ihre Lippen biß, stöhnte, und immer so weiter mit dem Theater ...

»Die wirtschaftlichen Folgen der Eskalation in Vietnam sind für uns die Schlagsahne auf dem Kuchen!«

Das hatte ein ganz großer Manager in Kalifornien einem Reporter von ›Newsweek‹ gesagt, dort war der Ausspruch abgedruckt worden, und Boris hatte ihn mir triumphierend vorgelesen.

(»Aber über meine Telefonrechnungen schimpfen!«)

Der Gewinn der Firma Norris-Thermador, die jeden Monat 500 000 Stück 2,75-inch-Raketen und 40 000 Bomben nach Vietnam lieferte, war allein in den letzten sechs Monaten um mehr als 155 Prozent gestiegen. United Aircraft hatten für 1965 ein Gewinnplus von 70 Prozent ausgewiesen, und die Lockheed-Flugzeugwerke waren mit Verteidigungsaufträgen in Höhe von 1,7 Milliarden Dollar der weitaus wichtigste Geschäftspartner des Pentagon. Der Wert ihrer Papiere schnellte in den Himmel.

Wer jetzt Rüstungsaktien verkaufte — natürlich zu irren Preisen —, war trotzdem ein Irrer, denn das ging in Vietnam noch jahrelang so weiter, dachte ich, als ich hörte, wie Boris in den Telefonhörer rief: »Halten Sie mir keine Reden, Goldstein! Ich sage, *verkaufen! Alles*, jawohl! *Natürlich* zu den äußersten Preisen! Aber *schnell!* Bis zum neuen Jahr muß alles weg sein. Das Geld überweisen Sie sofort nach Zürich.«

»Boris«, sagte ich entgeistert, »bist du meschugge?«

»Halt den Mund!« Minski winkte mit einer Hand nervös ab. Er schnaufte und schnupperte, während er dem Makler Goldstein rasend schnell Bedingungen und Zahlen diktierte und während draußen, im Spiegelsaal, Vanessa plötzlich in einem wilden Entschluß die rote Kerze packte, sie sich hineinsteckte und laut aufstöhnte. Laut und heiser. Wenn sie uns bloß keine Grippe bekam.

Der Exhaustor schaltete sich wieder einmal ein, der Ventilator schepperte. Boris fing an zu schreien, wie immer, wenn dieser Ventilator lief, und er sagte Goldstein, der solle keine blöden Fragen stellen, sondern tun, wofür Minski ihn bezahlte.

»Hören Sie endlich auf, mir zu widersprechen. Sie leben in den Staaten, ich leb hier, ich weiß, was ich tu! Schluß. Gute Nacht, Goldstein.« Er legte den Hörer hin und sagte: »Schlimmer als der blödeste Christ ist ein blöder Jud. Ich brauch einen anderen Makler!«

»Ich bin ein blöder Christ«, sagte ich. »Ich kapier nichts. Ausgerechnet jetzt, wo wir wie die Maden im Speck sitzen mit den Ami-Aktien, verkaufst du?«

»Ja, ausgerechnet jetzt«, sagte Minski ernst und stand auf. Er knüpfte sorgfältig seine Smokingschleife, denn es war üblich, daß wir beide uns nach dem Ende von ›Vanessa's Famous Candle Act‹ im Spiegelsaal zeigten, teils um die Gäste zum Weitertrinken zu animieren, teils um ihnen Märchen über Vanessa zu erzählen, damit sie noch interessierter wurden, als sie dann immer schon waren, und wiederkamen und Freunde mitbrachten. Ich stand ebenfalls auf, und während der folgenden Konversation machten wir uns wieder salonfähig.

»Das Budget der Bundesrepublik ist im Eimer, richtig, Ritchie?« fragte Boris.

Ich nickte.

»Fehlen ein paar Milliarden. Kann sich ein Kretin ausrechnen, was jetzt also kommen wird.«

»Steuererhöhungen . . .«, fing ich an.

Er winkte ab. »Das sowieso. *Andere* Sachen! Gefährlichere für uns. Was ist für uns am gefährlichsten?«

»Was?«

Im Lautsprecher, obwohl ich ihn zurückgedreht hatte, wurde es nun *sehr* lebendig. Vanessa war in großer Fahrt. Sie führte ein solches Theater auf, daß man glauben *mußte,* sie sei knapp davor. Sie stieß kurze, hohe Schreie aus. Ihre Hand flog. Hoffentlich niest sie jetzt nicht, dachte ich.

»Devisenbestimmungen sind für uns am gefährlichsten«, belehrte mich Minski. »Radikale Devisenbestimmungen. Und die kommen blitzschnell! Du wirst bald keine Mark mehr ins Ausland transferieren dürfen, und wenn du welche hast, werden sie sie dir wegnehmen und Mark bezahlen dafür . . .«

»Wenn sie aber nicht wissen, daß ich Devisen im Ausland habe?«

»Werden sie dir draufkommen. Die Amis werden ihnen helfen dabei. Der Staatshaushalt von denen geht doch auch in die Binsen. Da wird es auch Steuererhöhungen und Devisensperre geben, und nur . . .«

»Aber wir haben doch massenweise Devisen in den Staaten!«

». . . und nur, wenn du mich vielleicht ausreden läßt, nur Leuten, die nachweisen können, *nachweisen,* Ritchie!, daß ihr Geld in internationalen Investmentfonds steckt, wird man nichts tun, warum, diese Fonds legen ihre Wachstumswerke in der westlichen Großindustrie an. Na, kapiert?«

Vanessa draußen schrie: »Ja! Ja! Ja!« und jaulte wie ein Hündchen.

Boris richtete meine Smokingschleife mit Künstlerhand und fuhr fort: »Es wird ein Erwachen geben, Ritchie, ein böses Erwachen! Und dann werden alle versuchen, zu retten, was sie können. Aber bis dahin möcht' ich nicht warten. Ich hab schon einmal in meinem Leben gewartet, bis alle erwacht sind. 1969 kommen die nächsten Wahlen.«

»Also fast noch drei Jahre Zeit.«

»Fast noch drei Jahre!« Boris regte sich auf. »Bis dahin müssen wir raus sein! Längst! Längst in der Schweiz müssen wir sein!«

Mit ›wir‹ meinte Minski vier Menschen: seine Frau Rachel, mich, sich und Professor Dr. Peter Mohn, den Chef der Heil- und Pflegeanstalt Hornstein, die im Norden Frankfurts, zwischen Seckbach und Bad Vilbel, westlich der Friedberger Landstraße liegt.

Am 25. September 1940 las der Leiter der Heil- und Pflegeanstalt Hornstein, der 1898 in Leipzig geborene Psychiater Professor Dr. Peter Mohn, in seinem großen, hellen Arbeitszimmer zwei Berliner Ärzten in SS-Uniform zwei Stellen aus dem sogenannten Hippokratischen Eid (genannt nach dem um 460 vor Christi auf der Insel Kos geborenen griechischen Arzt Hippokrates) vor, als erste diese: »Die Behandlung, die ich wähle, soll, nach meiner besten Fähigkeit zu urteilen, dem Wohle meiner Patienten dienen und ihnen niemals schaden. Ich werde niemals ein tödliches Mittel geben, auch wenn man es von mir verlangt, noch werde ich Menschen zu solchen Mitteln verhelfen.«

Die beiden SS-Ärzte wechselten kurze Blicke, dann fragte der ältere: »Sie sind Parteigenosse, Herr Professor?«

»Jawohl«, antwortete der große, schlanke Mohn ruhig. Er hatte ein langes, schmales Gesicht mit sehr großen braunen Augen.

»Seit wann?« fragte der zweite SS-Arzt.

»Seit 1933.«

»Sie sind auch der jüngste Anstaltsleiter und waren einer der jüngsten Professoren Deutschlands, nicht wahr?« fragte der ältere SS-Arzt. Mohn nickte.

»Gehe ich recht in der Annahme, daß Sie diese steile Karriere durchaus nicht zuletzt dem Umstand Ihrer langjährigen Parteizugehörigkeit und Ihren guten Beziehungen zu hohen Parteifunktionären verdanken?«

»Sie gehen recht in der Annahme«, sagte Mohn.

»Sind Sie also nur in die Partei eingetreten, um schneller Karriere zu machen?«

»Durchaus nicht *nur*! Mein Vater — er starb vor zwei Jahren — wurde schon 1930 Parteigenosse. Ich selbst war gleichfalls überzeugt, daß der Führer Deutschland die Rettung bringen würde. Nun, und dann, einmal in der Partei, machte ich mir natürlich alle Vorteile und das Wohlwollen der Freunde meines Vaters zunutze, um so rasch wie möglich vorwärtszukommen«, erklärte Professor Mohn. »Hätten Sie das an meiner Stelle nicht getan?«

Der älteste SS-Arzt sagte verbissen: »Und nach alldem haben Sie also die Kühnheit, sich einem Befehl des Führers zu widersetzen. Das tun Sie doch. Da haben wir Sie doch richtig verstanden?«

»Da haben Sie mich völlig richtig verstanden«, antwortete Professor Mohn. »Erlauben Sie, daß ich Ihnen noch eine zweite Stelle aus dem Eid des Hippokrates vorlese ... den Sie vergessen zu haben scheinen, verehrte Herren Kollegen.«

Die Besucher versuchten zu protestieren. Mohn sah sie kurz und fest an. Da schwiegen sie. Und Mohn verlas die zweite Stelle des Eides: »Meine Verordnungen werde ich treffen zu Nutz und Frommen der Kranken, nach bestem Vermögen und Urteil; ich werde sie bewahren vor Schaden und willkürlichem Unrecht.« Mohn pausierte und wiederholte dann laut: »*Vor willkürlichem Unrecht.*«

»Sie weigern sich also, die Fragebogen auszufüllen?«

»Nicht nur das. Ich werde auch nicht zulassen, daß ein einziger meiner Patienten von Ihnen oder Angehörigen Ihrer Organisation untersucht und von hier fortgebracht wird«, antwortete Professor Mohn. Die Organisation, die er erwähnte, war auf Grund einer Vollmacht Hitlers für den Reichsleiter Bouhler und den Dr. med. Brandt entstanden, sie hatte diesen Wortlaut:

Reichsleiter Bouhler und
Dr. med. Brandt
sind unter Verantwortung beauftragt, die Befugnisse namentlich zu bestimmender Ärzte so zu erweitern, daß nach menschlichem Ermessen unheilbaren Kranken bei kritischster Beurteilung ihres Krankheitszustandes der Gnadentod gewährt werden kann. gez. Adolf Hitler

Die Ermächtigung, bei Kriegsausbruch gegeben, bezog sich zwar auf ›unheilbar Kranke‹ generell, die Bevollmächtigten beschäftigten sich indessen vor allem mit Geisteskranken, denn die lagen verborgen in einsamen Anstalten. So würde die Sache weniger Aufsehen erregen.

Es entstanden: die ›Reichsarbeitsgemeinschaft Heil- und Pflegeanstalten‹, deren ärztliche Mitglieder über Tod oder Leben der Kranken entscheiden sollten; ferner die ›Gemeinnützige Stiftung für Anstaltspflege‹, die alle finanziellen Mittel für die Tötungsaktion bereitstellte; ferner die ›Gemeinnützige Krankentransport-Gesellschaft GmbH‹, abgekürzt ›Gekrat‹, die mit einem eigenen Busfuhrpark die Kranken zu den Tötungsstätten bringen sollte; und schließlich wurde durch Erlaß des Reichsinnenministeriums den Ärzten aller Anstalten die Ausfüllung von Fragebogen befohlen, und zwar ›im Hinblick auf die Notwendigkeit planwirtschaftlicher Erfassung‹.

Die Bogen fragten nach Form der Geisteskrankheit, nach Dauer und Art der Behandlung und nach den Heilungsaussichten sowie nach kriminellen Geisteskranken und solchen, die nicht die deutsche Staatsbürgerschaft besaßen oder nicht deutschen oder artverwandten Blutes waren.

Die Organisation hatte sich sofort getarnt, alle Mitglieder wurden zu strengstem Stillschweigen verpflichtet. Das Hauptquartier befand sich in der Tiergartenstraße 4 in Berlin. Nach der Adresse dieser kleinen Villa erhielt das Tötungsprogramm den Decknamen ›T 4‹.

Die Herren Bouhler, dessen Oberdienstleiter Brack und der Reichsgesundheitsführer Dr. Conti wählten als zweckmäßigstes Tötungsmittel Kohlenmonoxydgas. Bei einem ersten Test im Zuchthaus Brandenburg an der Havel gelang es dem Dr. August Becker, Chemiker beim Reichskriminalamt, unter Anwesenheit der erwähnten Herren in genau 22 Sekunden vier Anstaltspatienten vom Leben zum Tode zu befördern. Ab Februar 1940 begann dann der Großbetrieb in den Vergasungsanstalten Hadamar (Hessen), Schloß Grafeneck (Württemberg), Schloß Hartheim bei Linz, Bernburg (Anhalt) und Burg Sonnenschein in Pirna.

Die Anstaltsärzte konnten, da ihnen knappste Fristen gesetzt waren, keine medizinisch auch nur halbwegs ordnungsgemäßen Diagnosen auf den Fragebogen eintragen. Die Gutachter allerdings lasen diese Fragebogen auch nicht. Der bayrische Obermedizinalrat Dr. Pfannmüller beispielsweise erledigte in der Zeit zwischen dem 14. November und dem 1. Dezember 1940 2190 Fragebogen, zwischen dem 20. und 22. November 258 Fragebogen und zwischen dem 28. und 30. November 300.

In ein dafür vorgesehenes Rechteck auf den Bogen machten die Gutachter entweder ein rotes Pluszeichen oder ein blaues Minuszeichen. Das rote Plus bedeutete den Tod eines Kranken, das blaue Minus, daß einem Kranken das Leben gelassen wurde. Anhand der Fragebogen wurden von Sekretärinnen in Berlin Transportlisten zusammengestellt, und die ›Gekrat‹-Omnibusse holten die Patienten dann ab. In den Tötungsanstalten behandelte man die Kranken im allgemeinen sofort. Die Vergasung fand im ›Desinfektionsraum‹ statt, die Verbrennung, je nach Anlage, zu drei bis sechs Leichen pro Ofen.

Viele Anstaltsleiter versuchten, die Fragebogen für ihre Patienten vorteilhafter auszufüllen. Als man das in Berlin merkte, gingen die sogenannten ›Fliegenden Kommissionen‹ auf Reisen. Sie arbeiteten äußerst effektvoll. In der Anstalt Neuendettelsau beispielsweise wurden unter Leitung eines Dr. Steinmeyer in wenigen Tagen 1800 Fragebogen erledigt. Nicht ein einziger Kranker wurde dabei untersucht, der größte Teil nicht einmal nur angesehen.

Bis August 1941 ermordeten deutsche Ärzte so durch Plus- und Minuszeichen weit über 100 000 Kranke. Dann ließ Hitler die Aktion ›T 4‹ abbrechen, weil Gerüchte durchgesickert waren: An den Fronten erzählten sich Soldaten, daß, wer einen ›Kopfschuß‹ bekam, damit rechnen mußte, vergast zu werden. Dies wirkte sich nicht eben positiv auf den Geist der Truppe aus. Anstelle der Aktion ›T 4‹ trat die Aktion ›14 f 13‹, die sich nun mit KZ-Insassen, Polen, Zigeunern und Juden beschäftigte.

Die meisten Menschen in Deutschland fügten sich stets den Befehlen Hitlers. Viele fügten sich nicht. Zu denen, die sich nicht fügten, gehörte der Professor Dr. Peter Mohn, der, als seine Weigerung, Fragebogen auszufüllen oder Kranke freizugeben, bekannt wurde, den Besuch von zwei Berliner ss-Ärzten erhielt, denen er zwei Stellen aus dem Eid des Hippokrates vorlas, wonach er sie brüsk verabschiedete.

Seine Frau Anna und alle seine Mitarbeiter bangten um Professor Mohns Leben und Existenz.

»Besonders wohl gefühlt habe ich mich natürlich auch nicht«, sagte Mohn nach dem Krieg bei seinem Spruchkammerverfahren. (Er war seit 1933 Parteigenosse gewesen, und er hatte als Anstaltsleiter eine höhere Position bekleidet.)

»Haben Sie sich mit der Bitte um Hilfe an Ihre Bekannten unter den Parteifunktionären gewandt?« fragte der Vorsitzende der Spruchkammer.

»Ich habe mich an niemanden gewandt«, antwortete Mohn. »Ich wollte da niemanden mit 'reinziehen.«

»Was geschah Ihnen?«

»Nichts«, sagte Mohn.

»Sie sind nicht verhaftet worden?«

»Nein. Nicht verhaftet, nicht verhört, nicht eingesperrt, nicht von meinem Posten suspendiert, nicht gemaßregelt. Man ließ mich und meine Ärzte völlig unbehelligt – *und alle meine Kranken*«, antwortete Professor Mohn.

»Sind Ihnen ähnliche Fälle von Befehlsverweigerung bekannt?«

»Gewiß«, antwortete der schlanke, große Mann mit den großen braunen Augen. »Etwa ein Dutzend. Diesem Dutzend Anstaltsleitern, die so handelten wie ich, geschah kein Leid. Sie wurden schlimmstenfalls an andere Kliniken versetzt, wo sie in untergeordneten Positionen arbeiten mußten. Ihre ursprünglichen Anstalten jedoch blieben von den ›Fliegenden Kommissionen‹ danach verschont – fast immer. Allerdings ...«

»Ja?«

Mohn sagte leise: »Allerdings war manchmal trotzdem alles umsonst. In Bukenow beispielsweise. Da verteidigte ein Kollege seine Anstalt ...« Der Arzt holte ein Blatt Papier hervor. »Ich habe mir die Zahlen notiert. Am 1. Januar 1945 gab es in der Heil- und Pflegeanstalt Bukenow noch 2168 Patienten. Am 1. Januar 1946 gab es nur noch 1213. Im Laufe des Jahres 1945 verhungerten 2006 Kranke.« Mohn sah den Vorsitzenden an. »Es kamen natürlich dauernd Neuzugänge. So erklärt sich die hohe Zahl.«

»Das heißt ...«

»Das heißt«, sagte Mohn, »daß im Chaos der ersten Nachkriegsmonate die Anstaltsverpflegung zusammenbrach. So viele Patienten hatten die Nazis überlebt. Erst nach dem Krieg mußten sie sterben. Aber den Krieg haben *wir* begonnen.«

Die Spruchkammer stufte den Professor Dr. Peter Mohn als ›unbelastet‹ ein, er durfte die Heil- und Pflegeanstalt Hornstein weiterführen. Am 14. August 1948 saß der nun Fünfzigjährige, der ungemein jugendlich wirkte, in seinem hellen Arbeitszimmer dem sechsunddreißigjährigen Boris Mordechai Minski gegenüber, den er davon verständigt hatte, daß sich Minskis Frau Rachel seit dem 18. Dezember 1945 bei ihm in stationärer Behandlung befand. Minski saß auf dem Sessel, auf dem acht Jahre zuvor der ältere der beiden SS-Ärzte gesessen hatte. Dieser leitete 1948 schon seit längerem ein exklusives Privatsanatorium am Stadtrand von Kairo.

»Ihre Frau wurde am 17. Dezember 1945 in Frankfurt von der Polizei aufgegriffen, Herr Minski«, sagte Professor Dr. Peter Mohn. »Sie trug, obwohl es stark schneite und sehr kalt war, nur dünne, teils zerrissene Kleider, einen alten Mantel und defekte Schuhe.« Mohn sprach mit wohlklingender Stimme, seine Bewegungen waren behutsam, niemals hastig, und der Blick der braunen Augen bannte die Aufmerksamkeit jedes Menschen, mit dem der Arzt sich unterhielt. Auf dem Schreibtisch stand eine große Fotografie seiner Frau Anna, davor ein Tulpenstrauß in einer Tonvase.
»Was hat Rachel in Frankfurt gemacht?« fragte Minski.
»Gebettelt. Um Brot.«
Die Fenster des großen Zimmers waren geöffnet, Sonnenschein fiel in den Raum, und Minski hörte den Gesang von Frauenstimmen. Er hatte, bevor er sich setzte, gesehen, daß viele Patientinnen in einem Anstaltsgarten arbeiteten, zu dem die Fenster hinausgingen. An den Wänden des Arbeitszimmers hingen mehrere Bilder, von Patienten gemalt. Einige fand Minski schön.
»Um Brot«, sagte er tonlos.
»Ein amerikanischer Soldat brachte sie schließlich zum nächsten deutschen Polizeirevier. Ihre Frau hatte den KZ-Ausweis einer gewissen Ludmilla Szydlowsky, einer Russin, bei sich, doch das Foto auf dem Ausweis zeigte ein ganz anderes Gesicht, und als man sie fragte, wer sie denn nun wirklich sei – sie spricht sehr gut deutsch, Ihre Frau, Herr Minski . . .«
»Ja«, sagte dieser. »Rachel kommt aus einer reichen Familie, Herr Professor. Hat einen Privatlehrer für Deutsch und einen für Französisch gehabt. Sehr reiche Leute . . . alle tot, denk ich . . . Zuerst war da eine große Aufregung, wie sie gesagt hat, sie will mich armen Schlucker heiraten . . .« Minskis Stimme versinterte.
Ruhig fuhr Mohn fort: ». . . als man sie also fragte, wer sie denn nun wirklich sei, da regte Ihre Frau sich furchtbar auf, denn sie wußte es nicht.«
»Sie . . . was?«
»Sie wußte es nicht.« Mohn hielt Minski eine Tabatiere hin.
Der schüttelte den Kopf.
Mohn nahm selbst eine Zigarette und steckte sie in Brand.

»Sah ein Knab ein Röslein stehn«, sangen jetzt die Kranken unten im Garten.

»Nachts, auf dem Revier, erlitt Ihre Frau einen Anfall. Am nächsten Tag brachte man sie zu uns.« Mohn stand auf und begann im Zimmer umherzugehen, langsam, bedächtig. »Alles, was *wir* hinsichtlich der Identität feststellen konnten, war eine tätowierte Nummer am Handgelenk, aber die half uns natürlich nicht weiter.«

»Natürlich nicht«, sagte Minski.

»Wir hatten einige derartige Fälle. Auch Flüchtlingsfrauen. Nach ihrem Eintreffen gaben wir ihnen die aufeinanderfolgenden Buchstaben des Alphabets. Bis vor zwei Wochen war Ihre Frau für uns Frau E.«

». . . war so jung und morgenschön, lief er schnell, es nah zu sehn. Sah's mit vielen Freuden . . .«, klang es aus dem sonnigen Garten herauf.

»Dieses Lied hat Ihre Frau besonders gern«, sagte Mohn.

»Frau E«, wiederholte Minski verloren. »Frau E . . . bis vor zwei Wochen . . . drei Jahre lang nichts . . . wieso auf einmal . . .«

Mohn blieb stehen und sah auf Minski herab.

»Ich habe mich mit Ihrer Frau intensiv beschäftigt . . . Ehrlich gesagt, zunächst aus rein wissenschaftlichem Interesse. Nun, nach langen Gesprächen kam es dann zu einer ersten leichten Aufhellung. Frau Rachel erinnerte sich daran, wie sie hieß und wo sie herkam und daß sie verheiratet war und wie Sie hießen. Den Rest erledigte das Rote Kreuz für uns. Es ging so schnell, weil Sie sich ja seinerzeit bei vielen Rotkreuzstellen nach Ihrer Frau erkundigt haben.«

»Aber . . . aber wer ist dann da bei Hof begraben worden?« stotterte Minski.

». . . Röslein, Röslein, Röslein rot, Röslein auf der Heiden . . .«

»Jene Russin Ludmilla Szydlowski. Das haben wir mittlerweile auch geklärt. Im November 1945 lagen beide Frauen im Krankenrevier des DP-Lagers dort. Sie wissen, wie das 1945 aussah. Zu wenig Ärzte, zu wenig Personal, kaum Medikamente, kaum Platz – und eine Sintflut von Kranken! In den Karteien ging alles drunter und drüber. Die Ärzte waren überlastet, viele, selbst ehemalige KZler, noch völlig entkräftet, brachen zusammen. Ihre Frau, das wissen wir heute, litt im Herbst 45 arg unter Rheumatismus. Sie lag in einem Zweibettzimmer – ach was, Zimmer, in einem Verschlag, in dem zwei Feldbetten der Amerikaner standen –, und ihre Kleider hingen an Nägeln, die man in die Wand geschlagen hatte. Am 11. November starb jene Ludmilla Szydlowski nachts im Schlaf an einem Herzschlag.«

»Woher wissen Sie das?«

»Das Rote Kreuz fand auch noch einen Sterbeschein. Herzschlag ist da als Todesursache angegeben.«

». . . Knabe sprach: Ich breche dich, Röslein auf der Heiden . . .«

»Was den Rest angeht, sind wir auf Vermutungen angewiesen«, fuhr Mohn fort. »Es kann sein, daß Ihre Frau – und das nehme ich an – damals schon psychisch erkrankt und verwirrt war und durch den nächtlichen Tod ihrer Zimmergefährtin in Panik versetzt wurde. Vermutlich wollte sie flüchten. In der Dunkelheit der Kammer nahm sie die falschen Kleider, die der Toten, in denen auch deren KZ-Ausweis steckte, kletterte aus dem Fenster und lief davon. Alles Vermutungen«, sagte der jugendlich wirkende fünfzigjährige Professor mit den großen braunen Augen, »aber so oder ähnlich muß es gewesen sein. Die Ärzte, die am Morgen die Tote und ein leeres Bett fanden, nahmen – es war die Tagesmannschaft – wohl an, daß die fehlende Patientin noch am Abend zuvor entlassen worden war. Immerhin fehlten ja auch Kleider. In den Kleidern, die noch da waren, steckte ein Ausweis für ehemalige KZler auf den Namen einer Jüdin namens Rachel Minski . . .«

»Aber da war doch auch ein Foto drauf!«

»Nein«, sagte Professor Mohn. »Leider eben nicht. Der Ausweis fand sich noch auf dem Standesamt Hof. Nicht alle die Scheine hatten Fotos. Der Ihrer Frau hatte keines. Und so begrub man an ihrer Stelle eine andere und schrieb ihren Namen auf das Grab. Es starben damals so viele Leute, Herr Minski. Sie wissen es doch. Es gab so viele Irrtümer.«

»Ja, so viele«, murmelte Boris. Er starrte die Fotografie auf dem Schreibtisch an. »Und wie ist meine Frau von Hof nach Frankfurt gekommen?«

»Das weiß sie auch heute noch nicht. Als die Polizei sie fragte, wußte sie nicht einmal, daß sie sich in Frankfurt befand. Sie hielt die Uniformierten für Wachen des Konzentrationslagers Kolomyja.«

»Gott im Himmel«, sagte Minski. »Wird sie wieder . . .«

Behutsam antwortete darauf Mohn: »Sie ist noch immer sehr krank, Herr Minski.«

». . . Röslein sprach: Ich steche dich, daß du ewig denkst an mich, denn ich will's nicht leiden . . .«

»Was fehlt meiner Frau?«

»Das wäre zu kompliziert zu erklären. Aber es ist keine unheilbare Krankheit, Herr Minski! Es ist nur eine, über die wir noch zu wenig wissen. Wir werden bald schon sehr viel mehr über sie wissen.«

Minski traten Tränen in die Augen.

Mohn schwieg und rauchte. Nach einer Weile wischte Minski sich die Augen trocken und sagte: »Ich bitte um Entschuldigung.«

Mohn legte ihm eine Hand auf die Schulter: »Ihre Frau ist immer freundlich und ruhig. Sie liegt in der Offenen Abteilung. Sie ist einfach . . . nun, sie weiß einfach nicht, wo sie wirklich ist, und sie weiß nicht, wer alle Menschen wirklich sind. Nur bei mir ist das anders. Mich hält sie immer für denselben Menschen.«

»Wieso?« fragte Minski, dem sehr elend war. »Die anderen hält sie immer für andere?«

»Ja. Und manchmal erkennt sie überhaupt niemanden mehr – nicht einmal falsch. Doch immer ist sie freundlich und ruhig.«

»Freundlich und ruhig.«

»Sie könnte auch unruhig und böse sein, Herr Minski. Es gibt immer ein Unglück, das noch größer ist.«

Minski sagte leise: »Sie muß furchtbare Erlebnisse gehabt haben.«

»Ohne Zweifel. Die Rückbildung verläuft leider sehr zögernd. Vielleicht dauert es bei Frau Rachel noch lange, denn ihr Zustand unterliegt starken Schwankungen. Sie müssen Vertrauen und Geduld haben. Werden Sie das können?«

»Was sollt' ich denn tun, wenn ich's nicht könnte, Herr Professor«, sagte Minksi. Etwas fiel ihm ein. »Sie sind der einzige, für den meine Frau immer ansprechbar ist und den sie immer für denselben Menschen hält?«

Mohn nickte.

»Für wen hält Rachel Sie?«

»Ich sehe jünger aus, als ich bin. Sie hält mich für einen ss-Rottenführer namens Kleppke«, sagte Mohn.

Minski fuhr zusammen.

»Dieser Kleppke«, sprach der Professor langsam und beruhigend wie stets, »war in Kolomyja. Er hat Ihre Frau nie mißhandelt, sondern er war sogar einmal gut zu ihr, obwohl das sehr gefährlich für ihn hätte werden können, wenn einer seiner Kameraden es gesehen und verpfiffen hätte.«

»Woher wissen Sie, daß er gut zu meiner Frau war?«

»Von ihr selber. Sie dankt ihm – also mir – auch immer noch«, sagte Mohn mit unbewegtem Gesicht, in dem nur die großen braunen Augen zu leben schienen.

»Wofür dankt sie Ihnen?«

»Für einen Viertellaib Brot«, antwortete Mohn. »Die anderen ss-Leute in ihrem Block machten sich einen Spaß daraus, vor den Augen der hungernden Gefangenen den Bluthunden Brot und Wurst hinzuwerfen. Da sagte Ihre Frau einmal: ›Wenn ich mir was wünschen dürfte, dann würde ich mir wünschen, ein Hund zu sein. Weil die Herren ss doch Hunde so gern haben.‹ Nun, und dieser Kleppke hörte das und gab ihr einen Kanten Brot, schnell und heimlich, denn gewiß hatte er so viel Angst vor seinen Vorgesetzten wie seine Gefangenen vor ihm.«

»... und der wilde Knabe brach 's Röslein auf der Heiden ...«

»Nun kommen Sie«, sagte Mohn. »Ich bringe Sie hinunter in den Garten.« Er ging zum Schreibtisch, öffnete eine Lade und entnahm ihr etwas, was Minski nicht erkennen konnte. Den Gegenstand steckte er in eine Tasche seines Ärztekittels. Minski blickte noch einmal die große Fotografie an, als er sich erhob. »Wir wollen aber sehr behutsam sein, damit Ihre Frau nicht erschrickt«, sagte Mohn. »Ich erkläre Ihnen, wie Sie sich verhalten müssen . . .«

Er erklärte es Minski auf dem Weg über lange, helle Gänge der Anstalt. Zuletzt öffnete er die Tür zu einem großen, dämmrigen Saal.

»Hier durch, das ist eine Abkürzung«, sagte Mohn.

Der Gesang der Frauen begleitete sie auf ihrem ganzen Weg. Das Röslein hatte sich gewehrt und zugestochen, auf daß der wilde Knabe ewig an die Zerstörung einer schönen Sache denken sollte; aber das hatte diesen nicht abgehalten, sie zu zerstören. Half dem Röslein doch kein Weh und Ach, mußt' es eben leiden.

»Was ist das hier?« fragte Minski. In dem dämmrigen Raum stiegen Zuhörerbänke steil im Halbkreis um eine freie Fläche auf.

»Heute ist es ein Vortragssaal. Früher einmal war es die Hauskapelle.«

»Sehr große Hauskapelle«, sagte Minski.

»Sehr fromme Zeiten«, sagte Mohn. »Und dies ist außerdem eine ziemlich große Anstalt.«

»Herr Professor . . .«

»Ja?«

»Ich hab Angst . . .«

»Sie müssen keine Angst haben. Es ist Ihre Frau. Und Sie lieben sie doch.«

»Ja«, sagte Minski. »Sehr.« Er zögerte. »Auf Ihrem Schreibtisch . . . war das ein Bild von *Ihrer* Frau?«

»Ja.«

»Lebt sie hier draußen mit Ihnen?«

»Sie lebte hier. Sie war gern auf dem Land. Und ihre Lieblingsblumen waren Tulpen«, sagte Mohn. »1945 starb sie, im Dezember. Lungenentzündung. Es war eine schwere Zeit damals . . . sie hatte viele Aufregungen hinter sich . . . und vor sich . . . sie war sehr schwach geworden in den letzten Kriegsjahren . . . sie starb, ein paar Tage bevor Ihre Frau zu uns gebracht wurde.« Mohn durchquerte schnell den Vortragssaal. Minski sah, daß an dessen Stirnwand, hoch oben, ein Spruch der ehemaligen Kapelle stehengeblieben war. In mattgoldenen Buchstaben hieß es da:

EHRE SEI GOTT IN DER HÖHE

Rachel Minski wanderte durch den Anstaltsgarten, in dem vielerlei Gemüse, Blumen und Obstbäume wuchsen. Sie ging über einen Kiesweg, begleitet von einer Pflegerin, und sie kam direkt auf Minski und Mohn zu. Der Arzt war ins Freie, in die Sonne hinausgetreten, Minski stand im Dunkeln des Hauseinganges. So hatte der Professor es gewünscht.

Der Garten war groß, weit entfernt lagen hohe Mauern, die ihn einschlossen. Viele Frauen arbeiteten hier. Sie sangen nun das Lied vom Lindenbaum. In allen Farben leuchtete dieser Garten, und es war Sommer, tiefer Sommer. Minski sah, daß um seine Frau Schmetterlinge flatterten, Zitronen- und Schillerfalter — Gonepteryx rhamni und Apatura iris, dachte er mechanisch und sehr verwundert darüber, daß er die lateinischen Bezeichnungen noch in Erinnerung hatte. Dann war Rachel nahe herangekommen. Er erschrak entsetzlich.

Rachel Minski, von bunten Schmetterlingen umflattert, sah aus wie ein Gespenst: ausgemergelt, viel kleiner, als Minski sie in Erinnerung hatte, mit dünnem weißem Haar und dem Gesicht einer alten Fau. Und war doch noch nicht dreißig Jahre alt und einmal eines der schönsten Mädchen von Kamenez-Podolsk gewesen . . .

Minski bemerkte, daß Rachel mehrere Zähne fehlten. Sie trug leichte, gestreifte Anstaltskleidung. Der Schweiß rann Minski plötzlich in Strömen über den Körper. Er wollte seiner Frau entgegeneilen, aber Mohn vertrat ihm den Weg. Er winkte der Pflegerin, wieder fortzugehen.

Minskis Herz schlug heftig, als er sah, daß seine Frau zu lächeln begann, aber dann bemerkte er mit großer Betrübnis, *wen* sie anlächelte: den Arzt. Ihren Mann schien sie überhaupt nicht wahrzunehmen.

Rachel Minski blieb stehen, hob den rechten Arm und sagte in gutem Deutsch: »Heil Hitler, Herr Rottenführer!«

»Guten Tag, Frau Minski«, antwortete Professor Mohn ruhig. »Nun, wie geht es uns heute?«

Minski sah mit Grauen, wie seine einst so schöne Frau noch strammere Haltung annahm und erwiderte: »Gut, Herr Rottenführer.« Sie lachte glucksend, ein Gespenst lachte.

»Was ist denn?«

»Das große Glück«, sagte Rachel Minski. »Immer wieder muß ich an das große Glück denken, Herr Rottenführer! Ich werde von Kolomyja in ein anderes Lager gebracht, hierher, und hier werde ich krank und komme ins Revier — und wen treffe ich da wieder?«

Mohn nickte strahlend.

»*Sie* finde ich wieder, Herr Rottenführer! Sie hat man *auch* versetzt, und einen Sanitäter hat man aus Ihnen gemacht. In dem Lager hier! *So viel Glück! Immer* muß ich daran denken.« Ein Ausdruck von wilder Gier trat plötzlich in ihre erloschenen Augen, und sie starrte den Arzt an. Sie flüsterte: »*Heute auch?*«

»Heute auch«, sagte Mohn. »Aber warum flüstern Sie, Frau Minski?«

»Wenn Ihre Herren Kameraden uns hören . . .«

»Die halten dicht. Sind alles anständige Kerle hier, das habe ich Ihnen doch schon so oft gesagt. Nicht zu vergleichen mit Kolomyja. Hier können wir ruhig laut reden.« Er griff in die Tasche seines Ärztemantels und holte eine

Semmel hervor, die er Rachel gab. Eine Semmel nahm er also aus seinem Schreibtisch, dachte Minski und sah in ohnmächtiger Trauer das plötzlich verklärte Gesicht seiner Frau und daß sie Mohn die Hand küßte.

»Nicht!« sagte der, etwas strenger. »Wie oft soll ich Ihnen noch sagen, daß Sie mir nicht die Hand küssen dürfen, Frau Minski?«

»Ich werde Ihnen die Hand küssen, jedesmal, wenn Sie mir ein Stück Brot schenken«, antwortete Rachel. »Und weil Sie mir immer Brot schenken, wenn Sie Dienst haben, werde ich Ihnen die Hand küssen, bis ich sterb.«

Und Blumen blühten rot, blau, weiß, gelb, violett und golden, und das Gemüse leuchtete grün und weiß und rot, und rote Beeren wuchsen an den Sträuchern und blaue, rote und gelbe Früchte an den Obstbäumen, und die Frauen sangen bei ihrer leichten Arbeit, und ihre Stimmen stiegen klar und hell auf in der hellen, klaren Luft.

Rachel Minski aß die Semmel so hastig, daß durch die Zahnlücken Krümel aus ihrem Mund fielen.

»Langsamer, Frau Minski, langsamer«, sagte der Arzt.

Rachel schüttelte den Kopf, diesen Gespensterkopf, der einst so schön, so schön gewesen war.

»Muß schnell essen«, erklärte sie. »Nimmt mir sonst eine fort, oder einer sieht was, und ich komm in den Ofen, und Gott allein weiß, was sie mit Ihnen machen, Herr Rottenführer. Es ist doch so streng verboten. Wenn Ihnen was passieren würde, schrecklich, ich wär ganz allein, ohne einen einzigen Freund hier in dem neuen Lager.«

»Ich habe heute einen Freund mitgebracht«, sagte Mohn vorsichtig. »Ein feiner Kerl. Mein bester Freund. Zu ihm können Sie Vertrauen haben, Frau Minski. Habe ich Ihnen noch nie etwas von meinem alten Freund erzählt?«

Rachel schüttelte den Kopf.

»Komisch. Nun, heute ist er da, und ich wollte ihn Ihnen vorstellen, damit Sie wissen, daß Sie nicht nur einen Freund haben, sondern mindestens zwei, denn mein Freund ist auch Ihr Freund.«

Mohn zog Minski, der am ganzen Körper zitterte, aus dem tiefen Schatten des Hauseingangs in das grelle Sonnenlicht heraus und bis vor Rachel hin.

Mit starren, leeren Augen betrachtete diese ihren Mann. Rachels Pupillen waren nicht größer als Stecknadelköpfe. Sie kaute immer noch an der Semmel, schluckte, was sie im Mund hatte, und hob wieder den Arm.

»Heil Hitler!« sagte Rachel Minski.

Boris Mordechai Minski sah Mohn zitternd an und flüsterte: »Muß ich jetzt auch Heil Hitler sagen?«

Der Arzt schüttelte den Kopf.

»Mein Freund wird jetzt oft kommen«, sagte er rasch.

»Schade«, sagte Rachel.

»Wieso schade?«

»Schade, daß nicht immer nur Sie Dienst im Krankenrevier haben.«

»Ich habe immer Dienst, Frau Minski. Aber mein Freund wird trotzdem oft kommen. Gefällt er Ihnen nicht?«

»Oh, natürlich«, sagte Rachel sofort erschrocken. »Wird er mir immer ein Stück Brot bringen?«

»Das wird er tun.«

»Oh, schön! Er gefällt mir sehr, wirklich!« sagte Rachel. »Aber jetzt muß ich schnell wieder zum Außendienst, sonst fällt es auf, und ich werd bestraft.«

Der Arzt nickte.

Rachel Minski hob wieder den rechten Arm, lächelte Mohn und jetzt auch Minski zu, drehte sich auf den Hacken und eilte zu einem Gemüsebeet zurück.

»Kommen Sie«, sagte Mohn. »Ich bin sehr froh, daß es so gut ging.«

»*Gut* nennen Sie das?«

»Wissen Sie, wie schlimm es hätte werden können?« fragte Professor Peter Mohn leise. Er nahm Minski am Arm. Der ließ sich ein paar Schritte weit in einen Korridor des großen Hauses führen, dann blieb er stehen.

»Meine Frau liegt dritter Klasse . . .«

»Tja . . . natürlich . . . sie war mittellos . . . das alles kostet Geld . . . und wir . . . Sie müssen das verstehen. Wenn es nach mir ginge . . .«

Minski unterbrach: »Dritter Klasse, in einem Saal mit anderen . . .«

»Mit etwa zwanzig Frauen, ja.«

»Ich möchte, daß meine Frau erster Klasse liegt«, sagte Minski. »In einem schönen Einzelzimmer. Oder geht das nicht? Wär das schlecht für sie? Soll sie nicht allein sein?«

»Sie soll *nicht* allein sein . . . aber sie wäre ja auch nicht allein, sie liegt ja längst nicht mehr im Bett«, sagte Mohn. »Sie wäre den ganzen Tag, solange sie will, mit anderen zusammen. Manchmal *möchte* sie sehr gerne allein sein, vor allem allein schlafen, sagt sie. Der Saal erinnert sie natürlich . . .«

»Eben. Also erster Klasse, Einzelzimmer!«

»Das ist aber teuer, Herr Minski . . .«

»Macht nichts. Ich hab Geld. Und wenn es lang dauert, werde ich noch sehr viel mehr Geld haben. Es wird lang dauern, das hab ich jetzt gesehen. Sie müssen nix erzählen, Herr Professor.«

Mohn schwieg.

»Ich kann arbeiten«, sagte Minski. »Und ich werd arbeiten. Für meine Rachel. Nur noch für sie. Daß sie es hier so angenehm hat wie möglich – was es auch kostet.«

»Das wird die Verwaltung freuen«, sagte Mohn. »Wir brauchen immer Geld, wir haben so wenig. Aber es kann . . . es kann wirklich noch Jahre dauern, das müssen Sie sich vor Augen halten . . .«

»Ich halt's mir vor Augen«, sagte Boris. »Keine Angst. Minski zahlt. Pünktlich. Minski übersiedelt nach Frankfurt. Minski weiß auch schon, was er machen wird in Frankfurt.«

Er eröffnete – mit dem Geld, das er besaß, mit dem Erlös des Wohnungsverkaufs in München, mit Hilfe von Freunden, die ihm einen Nansen-Paß, eine Aufenthaltserlaubnis und eine Schankkonzession verschafften, aber vor allem mit der ungeheuren Energie, die ihn erfüllte, in Frankfurt eine Bar für amerikanische Soldaten – keinen richtigen Army Club natürlich, aber ein sehr anziehendes Lokal für G. I's, die genug hatten von dem feinen Getue der offiziellen Klubs und von ihren Vorgesetzten und den Weibern ihrer Vorgesetzten. Minski nannte das Lokal ›G. I. Joe‹. Er engagierte eine Band und ein paar Mädchen, die das produzierten, was man damals ›Schönheitstänze‹ nannte, er schob mit Script-Dollars, Zigaretten, Benzin und Schokolade. Bald war er ein Begriff in Frankfurt – und was für einer! Alle Mitglieder der Kultusgemeinde stöhnten, wenn sie nur an Boris Mordechai Minski dachten.

Mehrfach wurde sein ›G. I. Joe‹, das damals schon in jenem Gebäude der Taunusstraße untergebracht war, in dem sich später unser ›Strip‹ befand, von der Militärregierung für Amerikaner OFF LIMITS erklärt. Aber Minski hatte viele Freunde in der Militärregierung, mit denen er und die mit ihm schoben. So wurde die Bar immer wieder bald freigegeben.

Pünktlich auf den Tag bezahlte Minski die Kosten für den Erste-Klasse-Aufenthalt seiner Frau in der Heil- und Pflegeanstalt Hornstein.

1948 traf ich Boris Minski zum erstenmal, als ich mit einer Military-Police-Streife im ›G. I. Joe‹ erschien. Ich arbeitete damals für die Amerikaner – als Dolmetscher. MP-Streifen erschienen häufig bei Minski (und in allen anderen derartigen Lokalen); sie ließen sich die Ausweise der Soldaten und die der ›Fräuleins‹ zeigen. ›Nonfraternization‹ gab es längst nicht mehr, wenn die deutschen Mädchen auch noch immer den Spitznamen ›Veronica Dankeschön‹ hatten. V. D. war die Abkürzung dieses Spitznamens, V. D. war auch die Abkürzung für ›Venereal Diseases‹ – Geschlechtskrankheiten. Auf Anordnung des Provost Marshals mußte Minski damals gleich beim Eingang große, auf Holz gezogene Fotos von erkrankten Genitalien an die Wände hängen und darunter Tafeln mit Warnungen wie DON'T BE A SAP AND CATCH THE CLAP oder DON'T GET A DRIP AND MISS YOUR SHIP.

Ich befreundete mich mit Minski. Zuerst wußte ich nichts von seinem und seiner Frau Schicksal. 1958, als ich Minskis Partner wurde und wir das kleine ›G. I. Joe‹ zu dem großen ›Strip‹ umbauten, wußte ich längst alles. Ich hatte in den Jahren zwischen 1948 und 1958 natürlich mein eigenes Stück Leben hinter mich gebracht. Darüber werde ich noch berichten müssen, viel . . .

Das ›Strip‹ erwies sich von Anbeginn als Goldgrube. Es kamen kaum Soldaten zu uns. Sie hatten nicht genug Geld, um ins ›Strip‹ zu gehen. Unsere Gäste waren jetzt Deutsche. Die hatten genug Geld. Das Wirtschaftswunder blühte. Über fünfundneunzig Prozent unserer Besucher waren zuletzt Deutsche oder ausländische Zivilisten. Das Ende jenes Wunders hatte Minski sich ausgerechnet, Jahre bevor Ludwig Erhard bat, maßzuhalten, und er hatte sehr gute Vorkehrungen getroffen . . .

Seine Frau, betreut von Professor Mohn, den ich durch Minski kennenlernte und den dieser als größten Arzt aller Zeiten verehrte, war gesünder und gesünder geworden. Langsam erhellte sich Rachels Geist, langsam wurde Minski ihr vertraut – und 1952 *erkannte* sie ihn eines Tages, ruhig, ohne jede Erregung.

Gleich darauf machte ein Rückfall diesen großen Erfolg der Behandlung wieder zunichte. Zwei Jahre dauerte es, bis Mohn und seine Ärzte es geschafft hatten, Rachel wenigstens wieder so weit zu bringen, wie sie 1952 gewesen war. 1956 erkannte Rachel Minski ihren Mann zum zweitenmal. Die Heilung schien geglückt. Doch als Rachel die Klinik verließ, erwies es sich, daß sie dem Leben in einer rasenden, tollen, fremden Welt nicht mehr gewachsen war. Bald schon stand fest: Rachel Minski, zu lange in ihrer Umnachtung befangen, würde *nie* mehr die Kraft aufbringen, sich in unserer hektischen Zeit zu behaupten. Sie brauchte Ruhe, Abgeschiedenheit und Frieden.

Professor Mohn war jäh gealtert, weißhaarig und etwas zittrig geworden. Des Arztes Arbeit wurde dadurch nicht beeinträchtigt, im Gegenteil: Je mehr sich bei ihm Abnutzungserscheinungen bemerkbar machten, desto unermüdlicher zeigte sich dieser Mann in der Klinik.

Rachel Minski hätte Hornstein längst verlassen und, praktisch geheilt und nur dauernd pflegebedürftig, die besten Sanatorien aufsuchen können. Geld verdiente Minski nun genug. Aber: »*Ich will in Hornstein beim Herrn Professor bleiben!*« bat Rachel immer wieder. Sie blieb. In all den Jahren war zwischen der russischen Jüdin und dem einstmals überzeugten Parteigenossen eine sehr große Sympathie entstanden. Indessen sollte Professor Peter Mohn 1968 – er war dann siebzig Jahre alt – endgültig pensioniert werden.

Minski, besessen wie Rachel von der Idee, daß seine Frau ›ihren Professor‹ brauchte und immer weiter brauchen würde, hatte bereits vor langer Zeit in Erfahrung gebracht, was wenige wußten: Mohn besaß, noch von den Eltern her, ein kleines Haus am Lago Maggiore. Er und seine Frau Anna hatten immer davon geträumt, in diesem Haus ihren Lebensabend zu verbringen. Nun verbrachte der Arzt hier, allein, stets seinen Urlaub. Sobald Minski das wußte, begann er alles für eine Übersiedlung in die Schweiz vorzubereiten. In der Schweiz legte er sein Geld an, in der Schweiz wollte er auch das kleine Vermögen Mohns anlegen.

»Ich darf hier aber nicht so einfach weggehen, Herr Minski«, protestierte Mohn, als Minski zum erstenmal mit ihm darüber sprach. »Ein Arzt darf *nie* einfach weggehen und seine Kranken im Stich lassen.«

»Sollen Sie ja auch nicht, Herr Professor. Gott, wer würde so etwas verlangen von Ihnen? Aber wenn Sie siebzig sind, wenn Sie pensioniert sind, dann *müssen* Sie doch die Kranken hier verlassen. Und dann, Herr Professor, *dürfen* Sie in die Schweiz! Das möchten Sie doch noch immer gern, nicht?«

»Gern, Herr Minski. Aber keinesfalls, bevor...«

»... Sie siebzig sind, natürlich. Ich versteh genau. Ich hab mir alles überlegt und überschläglich ausgerechnet. Es wird gehen.«

»Was?«

»Mit der Zeit«, sagte Minski. »Knapp vielleicht, aber es *wird* sich noch ausgehen. Ich meine: Ich werd mit meiner Rachel hier nicht weg müssen vor 1968.« Er klopfte vorsichtig dreimal auf Holz. »Bis dahin hält es sich schon noch, sehr wahrscheinlich. Wie wunderbar, daß Sie schon *alt* genug sind!
... Und jetzt erlauben Sie, daß ich mich um Ihr Geld kümmer...«

Mohn hatte es ihm erlaubt. Er wußte, womit Minski das seine verdiente – er zuckte nur die Schultern, wenn man ihn darauf ansprach. Dieser Arzt wußte auch viel von mir, beinahe alles. Er wußte, daß auch ich Minski mit seinem unfehlbaren Instinkt in die Schweiz folgen wollte, noch bevor sich alles, was wir alle schon einmal erlebt hatten, wiederholte – in etwas anderer Form vielleicht. Und vielleicht würde die Form gar nicht so viel anders sein.

Ich besaß für dieses Fortgehen viele Gründe – die Jahre seit 1945 und was ich in ihnen getan hatte, meine ganze Vergangenheit, die Minski meine ›Zukunft‹ nannte, nachdem er einmal formuliert hatte: »Ritchie, du bist ein Mann, der eine große Zukunft hinter sich hat.«

Auf dem Tigerfell draußen fuhrwerkte Vanessa immer wilder und heulte wie ein Wölfchen: »Oooohhh!!!«

In dem gedämpften roten Licht sahen die Gäste aus wie eine Versammlung von sehr toten Wasserleichen, denen jeden Moment die Augen platzen oder aus den Höhlen springen würden. Sie sahen so aus, wie alle unsere Gäste immer aussahen, wenn Vanessa ins Finale ging. Ihre heiseren Urwaldlaute kamen durch den Lautsprecher zu uns. Einmal nieste sie – fast. Sie hatte sich eisern unter Kontrolle. Während Minski sorgfältig meine Smokingjacke abbürstete, sah ich noch einmal auf eine der Zeitungen vor mir.

»Notstandsgesetze«, sagte ich.

»Was?«

»Wird die neue Regierung nun auch energisch vorantreiben, steht da – im Geist der Demokratie natürlich. Für den Fall eines plötzlichen Notfalls.«

»Der ist längst da«, sagte Minski. »Willst du auch ein bissel Yardley? Nein? Der gefährlichste Notstand in unserer Demokratie ist schon da, hab ich gesagt.«

»Hab's gehört. Was meinst du mit dem gefährlichsten Notstand?«

»Den schrecklichen Mangel von Demokraten in unserer Demokratie«, sagte Minski. »Spaß. Zum drüber lachen.«

»Ach so«, sagte ich. »Es ist dir doch klar, Boris, daß sie uns die Bude hier hinten jedenfalls schließen werden, wenn sie mit den Gesetzen auch nur ein Stück weitergekommen sind?«

»Freilich ist mir das klar«, sagte Minski. »Sie *müssen* uns solche Sachen verbieten, warum, sie sind staatsgefährdend. Oberste Gesetze in jeder Diktatur oder Demokratie, die eine werden will, heißen Todesstrafe und absolute moralische Sauberkeit. War nirgends so sauber und moralisch wie unterm Hitler. Sie werden uns, denk ich, noch eine Weile erlauben, daß wir ein ganz zahmes Programm machen – weil sie Steuern brauchen. Aber die werden sie so verrückt hoch ansetzen, daß wir 68 schon sicher schließen müssen. Na, wie hab ich das gemacht? Darauf ist doch alles eingerichtet! Unser Vermögen in dem Fonds – was wir jetzt noch verdienen, behalten wir für die Steuer, damit sie uns dann auch gleich rauslassen.« Er rieb sein Gesicht mit ›Yardley‹ ein.

Vanessa auf ihrem Tigerfell öffnete und schloß die Schenkel, ihr Kopf neigte sich zu den Brüsten, das blonde Haar fiel über das Gesicht, sie wimmerte jetzt in einem gleichbleibend hohen Ton. Der Leib bäumte sich immer wieder auf, mit der freien Hand trommelte sie auf ihren flachen Bauch oder auf dem Fell herum, und der Exhaustor schaltete sich wieder einmal ein, und ich dachte an unsere Rettung, an die 110.

Die 110, die ›International Investors Organisation‹, war eine der größten der Welt, sie vertrat an die zweihundert Investmentfonds. Ihren Rechtssitz hatte sie in Panama, die Geschäftsleitung befand sich in Genf, Wertpapiere und Anteile der Fonds lagen im Depot der Bankers United in London, und als Bank für Barmittel – Einzahlung und Auszahlung – fungierte die Schweizerische Finanzbank, Zürich.

Am 1. 1. 1955 hatte Minski dort bar 25 000 Dollar einbezahlt, regelmäßige jährliche Zahlungen von 2500 Dollar abgehoben und auf ein offenes Konto gelegt. Einlagen bei der 110 hatten während der letzten Generation alle zehn Jahre das Vierfache an Wert gewonnen. Das bedeutete: Die von Minski am 1. Januar 1955 eingezahlten 25 000 Dollar hatten schon am 31. Dezember 1964 den Wert von 97 352 Dollar besessen, obwohl Minski in den zehn Jahren dazwischen seine *gesamte* ursprüngliche Einlage in Raten wiederbekommen hatte. Praktisch also waren aus null Dollar beinahe 100 000 Dollar geworden. Das klingt wie ein Märchen, es ist aber keines. Die 25 000 Dollar, die Minski insgesamt entnahm, also derselbe Betrag, den er eingezahlt hatte, setzten sich zusammen aus Dividenden und Kapitalgewinnen der riesigen 110. Eine Kapitalrente.

Es war nicht bei diesen ersten 25 000 Dollar geblieben. Im Laufe der Zeit hatte Minski weiteres Vermögen eingebracht. Ich tat desgleichen. Am 1. 1. 1959 und am 1. 1. 1960 legte auch ich jeweils 25 000 Dollar an, denn da hatte ich schon genug Geld. Was wir zusammenrafften, schafften wir so in Sicherheit, und so legte Minski auch Professor Mohns kleines Vermögen an. Natürlich konnte man nicht mit Gewißheit prophezeien, daß sich die Einzahlungen innerhalb von zehn Jahren immer weiter vervierfachen würden, sie konnten sich, wenn noch ein paar Kriege wie der in Vietnam ausbrachen, auch verfünf- und versechsfachen.

Fallen konnten sie bei der bisherigen Entwicklung kaum, denn es hatte in der letzten Generation dauernd Kriege gegeben, und es würde sie dauernd weitergeben, und nur wenn ein großer Atomkrieg die Welt verheerte, war es auch mit der 110 vorbei. Aber, wie Minski bemerkte: »In so einem Fall wird man selbst in der Schweiz kein Geld mehr brauchen.« Kleine Pause, dann: »Vermutlich.«

Aus dem Lautsprecher kamen jetzt Geräusche, die so international waren wie die 110 und die jeder Mensch auf der Welt verstand: Vanessa spielte den Damen und Herren den Höhepunkt vor. Sie schrie einmal gellend auf, dann erstarb ihre Stimme zu einem Murmeln, sie rang nach Luft und sank zuckend auf dem Tigerfell zusammen.

»Wie schau ich aus?« fragte Minski und trat vor mich hin.

»Großartig«, sagte ich.

»Und dabei bin ich vierundfünfzig«, bemerkte er. »Elf Jahre älter als du! *Du* müßtest *viel* besser aussehen! Aber du paßt ja nicht auf dich auf.«

»Du schon.«

»Muß ich ja – wenn ich für euch alle denken soll. Muß auf meine Gesundheit achten, viel Obst essen, nicht rauchen, keinen Alkohol trinken . . .«

Vanessa bewegte sich immer noch nicht. Das gehörte zum Act. Endlich erhob sie sich. Die beiden Zofen brachten ein knielanges Hermelincape, das sie über Vanessas Schultern legten und verschwanden mit Kerze, Kissen und Tigerfell. Vanessa schritt nun – das Licht wurde wieder heller – von Tisch zu Tisch, die blauen Kulleraugen weit geöffnet, und von Zeit zu Zeit hielt sie eine Hand daran und zeigte diese Hand dann den Gästen.

Das war das Nonplusultra!

Das schmiß sie einfach immer wieder alle um. Da konnten sie nur staunen. Reden konnten sie da nie. Bloß heute flüsterten die beiden ›Special Effects Men‹ heftig miteinander.

»Schau dir an, wie glücklich wir sie wieder mal gemacht haben«, sagte Minski.

»Und wenn man bedenkt – nur ein bißchen Theater.«

»Es ist beinahe so leicht, Menschen glücklich zu machen wie unglücklich«, sagte Minski, der einmal Schmetterlingsforscher hatte werden wollen.

Als wir den Spiegelraum betraten, verließ Vanessa ihn eben, wie eine Königin schreitend, in ihrem Hermelin, der ein Kaninchenpelz war, was aber bei dieser Beleuchtung niemand sehen konnte. Die Zuschauer waren aus ihrer Trance erwacht. Sie applaudierten rasend. »Gibt wenige Schauspieler, die so was von Applaus kriegen«, sagte Minski.

Wir widmeten uns nun den Gästen. Ich ging zuerst zu den beiden Filmmenschen.

»Well, gentlemen?« sagte ich. Die beiden waren so in ihr Gespräch vertieft, daß sie mich gar nicht bemerkten. Es war auch sehr laut im Raum, wie immer danach, und unsere Zofen eilten hin und her und brachten Getränke und nahmen Bestellungen auf. Ich versuchte es noch einmal:

»Well, gentlemen, what do you say?«

Nichts zu machen.

Der große Blonde redete auf den kleinen Schwarzen ein: »No, Charlie, no! Believe you me. It's the only solution. She's got to have one! I couldn't do it any other way for any kitten if they offered me a million dollars!«

Der Kleine bemerkte mich endlich.

»Fantastic gimmick«, sagte der Kleine. »Congratulations, Mr. Mark.«

»Thank you«, sagte ich.

»Absolutely fantastic«, sagte der Große. »And now do tell us. We'll keep it a professional secret. She's got a sponge, eh?«

»Nein«, erwiderte ich ernst.

Der große Bonde, der ziemlich betrunken war, starrte mich an und murmelte erschüttert: »You swear to God that's the holy truth?«

Die heilige Wahrheit, sagte ich, das könne ich bei Gott beschwören.

Er fragte mich, ob ich in alle Ewigkeit verflucht sein und in der Hölle brennen wollte, wenn ich ihn anlog.

»Sure«, sagte ich. Da war kein Risiko dabei. Verflucht war ich längst, und brennen würde ich gewiß auch in der Hölle, wenn es eine Hölle gab und man dort brannte. Absolut kein Risiko.

Feierlich und betrunken erklärte der Große: »If it is not a sponge, it is a miracle.«

»Ja«, sagte ich ernst, »es ist ein Wunder.« Dann sagte ich noch, ich würde gleich zurückkommen und einen Drink mit den beiden nehmen. Das sagte ich stets, an jedem Tisch, wenn ich weg wollte. Ich kam kaum je zurück. Zuviel zu tun.

Natürlich benützte Vanessa einen, aber ich hätte mir eher den Kopf abschneiden lassen, als das zuzugeben. Erraten hatte er es, dieser Spezialist, dachte ich, er verstand sein Geschäft. Doch als ich bei Gott schwor, da glaubte er mir sofort und sprach von einem Wunder. Betrunkene neigten zu derlei.

Ich ging noch an ein paar andere Tische und machte höfliche Konversation und sah erfreut, daß unsere Zofen Kübel mit Champagnerflaschen und Tabletts mit Gläsern und ganze Flaschen Scotch darauf heranschleppten. Als ich das Spiegelzimmer verließ, um nach Vanessa zu sehen, die ich nach jedem Auftritt in der Garderobe besuchte, um sie zu loben (alle Künstler brauchen Bestätigung), hörte ich von einem der Tische laut Minskis Stimme: »Herr Intendant, was soll ich machen? Soll ich Sie belügen? Ja, jedesmal regt sie sich so auf dabei. Ein Phänomen, Herr Intendant! Was glauben Sie, was mich das Mädchen kostet?«

Auf dem Gang zu den Umkleideräumen der Artisten und Stripperinnen und den Einzelgarderoben war es verflucht kalt und so zugig, daß man sich hier wahrhaftig den Tod holen konnte. Warum wohl mußte gerade dieses alte, häßliche, verbaute Haus von den Bomben verschont geblieben sein? Ich ging bis zu der Tür von Vanessas Garderobe und wollte eben anklopfen, als ich von drinnen Stimmen hörte. Also klopfte ich natürlich nicht an, sondern lauschte.

»Wirklich, gnädige Frau, es ist schrecklich für mich, Ihnen das immer wieder sagen zu müssen – aber es geht nicht! Ich . . . ich . . . ich habe doch meine Liebe . . .« Das war Vanessas Piepsstimme. Wir hatten sie dieses Piepsen gelehrt, es gehörte ebenfalls zur Nummer.

»Ihre Liebe!« Petra Schalkes harte, tiefe Stimme erklang. »Dieser Grieche. Wo ist er denn, dieser Grieche?«

»In Paris, das wissen Sie doch . . .«

»Und Sie sind hier. Und er kommt nicht her.«

»Er kann nicht. Er muß doch . . .«

»Ach was muß er! Wenn er Sie wirklich liebte, mein Kind, wäre er hier und nicht in Paris!«

»Er liebt mich wirklich«, hörte ich Vanessa sagen. Ihre Piepsstimme flatterte.

Arme Vanessa, dachte ich.

Diesen Griechen gab es tatsächlich, und er war tatsächlich in Paris, und er kam tatsächlich nie nach Frankfurt, und Vanessa wäre vermutlich sehr glücklich gewesen, wenn er sie geliebt hätte. Panos Mitsotakis hieß der Grieche. Vanessa war uns sozusagen durch ihn beschert worden.

Arme Vanessa!

Wenn Panos sie schon nicht liebte, dann konnte sie es doch *behaupten* – er war nicht da, um es zu bestreiten, und sie hielt sich so jeden lästigen Besucher vom Leib. Eine große Liebe war etwas, das immer noch alle

Menschen rührte. Sogar wenn es sie gar nicht gibt und man nur von ihr erzählt, dachte ich.

Oder doch nicht alle? Diese Schalke jedenfalls ließ sich nicht rühren.

»Der Grieche!« sagte Petra Schalkes Stimme voll Verachtung. »Der wunderbare, herrliche Grieche, der nur nie da ist. Dieser großartige, prächtige Mann. Hören Sie mir mit Männern auf! Was kann ein Mann schon für ein Mädchen tun?«

»Er kann es lieben und zärtlich sein und es glücklich machen ...« Vanessas Piepsstimme zitterte schrecklich.

»Ich kann ein Mädchen viel glücklicher machen und viel besser lieben und viel zärtlicher sein als jeder Mann«, sagte Petra Schalke.

Ich fror und rieb meine Hände, aber ich lauschte weiter. Petra Schalke besaß eine der größten Büstenhalterfirmen Deutschlands. Die hatte sie 1960 von einer langjährigen Freundin geerbt. Damals war diese Freundin, eine erstklassige Pilotin, die eine ›Bonanza‹ besaß und einen eigenen Piloten dazu, obwohl sie ihre Maschine am liebsten selbst steuerte (der Pilot hatte ein feines Leben!); damals also war diese Freundin auf dem Weg über das Frankfurter Flugfeld auf einer Orangenschale ausgerutscht und auf den Hinterkopf gefallen und zwei Tage später tot gewesen. Sie hatte alles, was sie auf Erden besaß, testamentarisch ihrer lieben Petra Schalke vermacht. Verwandte gab es keine, also gab es auch keinen Streit, und der Kesse Vater erbte Büstenhalterfabrik, Grundstücke, Häuser, Villen, ein Vermögen, das Privatflugzeug, den Piloten, Schmuck, Pelze und eine Hochseejacht.

Sechs Jahre lang war der Lesbienne ein Traumleben vergönnt gewesen – auf Reisen, mit Mädchen, in fernen Ländern. Um die Fabrik kümmerten sich Angestellte. Dann hatte die Erbin unsere Vanessa gesehen. Vorbei der Traum, das Leid begann. Kurz ist der Menschen schöne Zeit auf Erden. Nun litt die Schalke also.

»Gnädige Frau«, piepste Vanessa, der wir eingeschärft hatten, »bis an die Grenzen des Möglichen höflich gegen unseren teuren Gast zu bleiben, »ich glaube Ihnen das ja alles ... ich bin unglücklich darüber, daß ich Sie immer wieder abweisen muß ... aber ich ... ich brauche nicht nur Zärtlichkeit, ich brauch das, was keine Frau hat, ich ...«

»Das habe ich auch.«

»Sie haben ...«

»Jede Menge davon, mein Kind. Wir werden den finden, der dir am wohlsten tut, und ich werde dein liebendes Männchen sein, dein wildes, zärtliches Männchen ... und du kannst dir wünschen, was du willst ... alles, alles will ich dir geben ... nur laß mich nicht weiter betteln. Schau, ich knie vor dir ...«

Tut sie es wirklich? dachte ich frierend.

»Nicht! Bitte, stehen Sie auf, gnädige Frau!«

Sie tat es wirklich, dachte ich. Sachen gab es . . .

»Laß mich dich . . .«

»Nein!«

»Nur ein einziges Mal . . .«

»*Nein!*« schrie Vanessa plötzlich so laut, daß ich zusammenfuhr. Das mußte ihre Erkältung sein. Vielleicht hatte sie Fieber. »Geben Sie Ruhe! Stehen Sie auf! Und rühren Sie mich nicht an! Nehmen Sie Ihre Hände . . . wenn Sie nicht sofort Ihre Hände wegnehmen, brülle ich, daß das ganze Haus zusammenläuft!« Jetzt piepste Vanessa nicht mehr, sie schrie jetzt. Sie mußte sehr aufgeregt sein. Es war nicht nur die Erkältung, dachte ich. Mir fiel Rambouillet ein und was Vanessa dort erlebt hatte. Schien ihr doch einen sehr tiefen Schock versetzt zu haben.

Die Schalke jammerte: »Liebling . . . Liebste . . . wir fliegen, wohin du willst . . . wir machen eine Schiffsreise, um die ganze Welt . . .«

»Raus!«

»O Gott, wie kann ein junges Mädchen nur so grausam sein«, hörte ich die Schalke schluchzen. »Ich gehe ja schon . . . und ich darf nicht hoffen . . .«

»Nein! Nein! Nein!«

Ich verdrückte mich eben noch rechtzeitig hinter einer Ecke im Dunkeln, bevor die Garderobentür aufflog und die Schalke, betrunken und tränenblind, auf den Gang gestürzt kam. Die Tür flog hinter ihr zu, und sie stolperte den Flur hinunter, in das Spiegelzimmer zurück.

Ich sah ihr nach, bis sie verschwunden war, und hatte plötzlich so ein komisches Gefühl, daß diese verzweifelte Dame noch einmal eine Rolle in meinem Leben spielen sollte. Das erschien mir sogleich völlig absurd. Zwei Wochen später spielte Petra Schalke diese Rolle dann.

Und was für eine!

Vanessa saß in einem dicken blauen Bademantel vor einem langen Wandtisch und schminkte sich ab, als ich hereinkam. Ich sah, daß die Couch, die in der Garderobe stand, schon als Bett hergerichtet war. Ihrer Erkältung wegen sollte Vanessa ja heute hier schlafen.

Diese Garderobe war die größte und relativ schönste. Ein Milchglasfenster mit einem Gitter draußen führte in einen Hof, die Klappen oben ließen sich öffnen. An die Wände hatte Vanessa die Reproduktion einer Zeichnung Toulouse-Lautrecs, darstellend die berühmte, elementar-vulgäre La Goulue vom ›Moulin Rouge‹ geklebt; des weiteren französische, spanische und italienische Kinoplakate, große Fotografien griechischer Inseln, des Hafens von Piräus und der Akropolis, und solche von den alten Vierteln der Stadt Paris, vom Montmartre, den Champs-Élysées und dem Friedhof Père Lachaise. Es waren sehr schöne Aufnahmen, aus Kunstbüchern gerissen. Aus der Zeitschrift ›Life‹ hatte Vanessa riesige Farbfotos der einzelnen Phasen einer H-Bomben-Explosion geschnitten und ebenfalls an den altersgrauen Wänden befestigt. Über dem Bett war, mit einem Reißnagel, der Zettel eines Notizblocks angebracht. Wenige Worte in griechischer Schrift standen darauf.

»Hallo, Ritchie«, sagte Vanessa, als sie mich erblickte. Sie wischte ihr Gesicht mit Kleenextüchern sauber und sprach nun mit normaler Stimme, und sie machte auch nicht mehr das idiotische Babyface und die runden Kulleraugen. Sie war außer Dienst – ein junges, schönes Mädchen, kultiviert und immer traurig.

»Was bin ich froh, dich zu sehen«, sagte Vanessa.

Ich küßte sie auf die Stirn und sagte, daß sie noch nie so großartig gewesen sei wie heute und daß das Publikum einfach hin wäre. Vollkommen hin und erledigt. Dies hatte ich ihr gewiß schon zweihundertmal gesagt, und jedesmal noch war ihr melancholisches ›Außer-Dienst-Gesicht‹ dann für Sekunden fröhlich geworden, und sie hatte, wie auch diesmal, atemlos gefragt: »Wirklich, Ritchie? Wirklich?«

Alle Leute nannten mich Ritchie, seit ich 1946 angefangen hatte, für die Amerikaner zu arbeiten. Die nannten mich sofort so, und das blieb mir erhalten.

»Wenn ich es dir sage«, antwortete ich. »Die können sich immer noch nicht beruhigen.«

»Habt ihr auch zugesehen, du und Boris?«

»Ja.« Ich log. »Boris sagt, ich soll dich fragen, ob du wieder jemanden aus Hamburg unter den Gästen erkannt hast, weil du so gut warst.«

Ihr heiteres Gesicht verdüsterte sich wieder.

»Nein, niemanden. Ihr?«

»Niemanden, den wir kennen.« Ich fügte schnell hinzu: »Aber das sagt nichts. Wen kennen *wir* schon in Hamburg? Es ist ganz leicht möglich, daß Hamburger da waren.«

»Zwei Wochen lang war schon niemand mehr da, den ich kenne«, sagte Vanessa und starrte ein gebrauchtes Kleenextuch an, bevor sie es fortwarf.

»Aber vorher! Anfang November! Na? Fünf Männer an zwei Abenden! Und alle mit deiner Familie bekannt. Eines Tages schaffst du es, Vanessa, bestimmt!«

»Ja«, sagte sie, und ihr Gesicht verwandelte sich in eine grinsende Fratze des Hasses. »Eines Tages, da habe ich ihn geschafft.« Sie lachte grell und böse. »Ganz hübsch weit habe ich es ja bereits gebracht, nicht?«

»Das kann man wohl sagen. Was wir so hören . . . schon mächtig angekratzt dein Vater . . .«

»Eines Tages«, sagte Vanessa, und sah mich nun wieder lächelnd an und war schön wie ein Engel, »wird es aus sein mit ihm, Ritchie. Vollkommen aus. Dann habe ich mein Ziel erreicht!«

»Hoffentlich erreicht sie ihr Ziel noch lange nicht.« Das hatte Minski gesagt, jetzt fiel es mir ein, aber ich nickte und antwortete eifrig: »Klar, Vanessa. Klar.«

»Dann gebe ich ein Fest! Oh, was für ein Fest ich dann geben werde!« Fortgewischt ihr Lächeln. »Die Schalke war wieder da«, murmelte sie.

»Ich weiß. Ich stand vor der Tür.«

»Ich tue wirklich alles, was ihr mir sagt! Aber das wird unerträglich. Diese Frau ist ... schrecklich!«

Rambouillet, dachte ich. Der Schock von Rambouillet. Haß auf Frauen, Haß auf den Vater.

»Du hast ihr aber ordentlich die Meinung gesagt«, meinte ich, während sie plötzlich dreimal nacheinander nieste.

»Da haben wir's«, sagte Vanessa.

»Gesundheit!«

»Beim Act hat es einmal so arg gekribbelt, daß ich schon dachte ... aber ich konnte es im letzten Moment unterdrücken.«

»Hab's gemerkt. Braves Mädchen. Noch ein, zwei Spritzen, und morgen abend ist es vorüber.«

»Was hast du vorhin gesagt?«

»Gesundheit!«

»Davor.«

»Davor? Ach so. Daß du der Schalke heute aber ordentlich die Meinung gesagt hast!«

»Und zum wievielten Male?«

Da hatte sie allerdings recht.

»Die kommt wieder«, sagte Vanessa traurig. »Immer wieder kommt die wieder. Diese Behandlung gefällt ihr doch! Eigentlich müßte ich im Gegenteil einmal ... aber das kann ich nicht. Das kann ich nicht, Ritchie!«

»Ruhig. Sei ganz ruhig! Wenn es zu arg wird, reden *wir* mit ihr.« Ich fühlte mich nicht wohl, als ich das sagte, denn ich wußte, daß wir mit dieser reichen Petra Schalke niemals oder jedenfalls niemals ernsthaft reden würden — eine solche Type war imstande, uns die Polizei auf den Hals zu hetzen.

Weil ich Vanessas Blick nicht aushielt, begann ich in der Garderobe herumzugehen und bemerkte dabei den Roman, der auf dem Tischchen neben der in ein Bett verwandelten Couch lag. Da lagen ausländische und inländische Zeitungen, Nachrichtenmagazine, außerdem populäre Bücher über das Weltbild der modernen Physik — und dieser Roman.

STEH STILL, JORDAN!

So hieß der Roman, es stand in schwarzen großen Buchstaben auf dem weißen Grund des abgegriffenen Einbands, und ich preßte die Lippen zusammen, als ich den Titel las.

Vanessa war aufgestanden. Sie kam zu mir.

»Was hast du denn?«

»Der Roman.«

»Ich wollte noch darin lesen, wenn ich mich hingelegt habe.«

»Warum?« fragte ich und fühlte, wie ein sehr großer Haß in mir auf-
flammte.

»Das weißt du doch! Weil das mein Lieblingsbuch ist.«

»Lieblingsbuch? Drecksbuch!« sagte ich. Das Blut stieg mir zu Kopf.

»Ach, Ritchie . . .« Sie nieste wieder, einmal.

»Hör auf mit deinem ach, Ritchie!« sagte ich grob. »Ein verlogenes
Drecksbuch ist das. Verlogener Dreck vom Dreck! Wie kommt es überhaupt
hierher?«

Vanessa antwortete hilflos: ›Ich habe doch alle deine Romane . . .«

»Zu Hause, ja!«

»Als . . . als ich hörte, daß ich heute hier schlafen sollte, weil mir so mies
ist, da habe ich den Roman mitgenommen. Ich lese immer darin, wenn mir
mies ist . . .«

»Davon kann dir nur immer noch mieser werden! Verflucht, schmeiß meine
Romane endlich weg! Wie oft habe ich dich darum gebeten? Es kotzt mich
an, sie bloß zu sehen!«

»Und als du sie geschrieben hast?« fragte Vanessa ängstlich. »Als du ›Steh
still, Jordan!‹ geschrieben hast . . . hat es dich da auch angekotzt?«

»Das war in einer anderen Zeit«, sagte ich und ballte die Fäuste. »Die Zeit
gibt es nicht mehr.«

»Vielleicht kommt sie wieder.«

»Nie! Nichts kommt wieder!« sagte ich. Der Anblick dieses Romans, den ich
gleich nach dem Krieg geschrieben hatte, verursachte mir Übelkeit.

»Das ist nicht wahr«, sagte Vanessa an meiner Seite kaum hörbar. »Was
wäre das denn dann für eine Welt, wenn niemals etwas Schönes wiederkommen würde?«

Mich hatte diese unvermutete Begegnung mit meinem ersten Roman ein
wenig zu sehr bewegt, ich konnte im Moment nur an mich denken, nicht
an andere, und so verstand ich Vanessa auch nicht richtig.

»Das wäre dann die Welt, in der wir leben!« sagte ich. »Nichts ist von
Dauer. Alles verändert sich ständig. Die Zeit. Die Menschen. Nicht zum
Guten — bewahre! Deshalb kann auch nichts Gutes wiederkommen und
nichts Schönes und nichts Fröhliches . . .«

»Aber dann nichts Böses . . .«

»*Böses!* Auch nichts Böses natürlich. Wozu auch? Böses wird jeden Tag
geboren, mehr, mehr, böser, böser, so wie diese Welt wird, Tag um Tag . . .
schlechter, böser, kälter. Ganz von selber! Da geht kein Weg zurück. Da
wird nie wieder irgend etwas sein, wie es einmal gewesen ist . . .«

Ich hatte mich in Rage geredet, ich bemerkte nicht Vanessas flehenden Blick, ich starrte den Roman, den Roman, meinen verfluchten ersten Roman an.

STEH STILL, JORDAN!

So hatte ich den Roman genannt. Der Titel war die erste Zeile eines Negro-Spirituals ›Stand still, Jordan . . .‹. Damals, in ferner Zeit, als ich dieses Buch schrieb, hatte ich noch gehofft, daß jene Zeit und alles in ihr bleiben und Bestand haben möge; von Brüderlichkeit, Frieden und dem Sieg der Vernunft handelte die Geschichte meines ersten Romans. Doch in jenem Negro-Spiritual gab es auch eine andere, immer wiederkehrende Zeile, die ich nicht hatte wahrhaben wollen, die ich bemüht gewesen war, ad absurdum zu führen in meinem Buch.

›. . . but I cannot stay still!‹

Und diese andere Zeile hatte recht behalten, sie, nicht ich.

STEH STILL, JORDAN – *Scheiße!*

Ich packte den alten Roman und warf ihn mit aller Kraft gegen die Wand. Dabei bemerkte ich, daß ich keuchte.

»Ritchie . . .«

Ich keuchte und schwieg und dachte an mein Leben, und mir wurde immer übler dabei.

»Ritchie . . .«

»Ja?« Ich sah Vanessa an. Sie war blaß, ihre Lippen zitterten, und sie sah so verloren und allein aus, daß ich, der ich da gerade begonnen hatte, in Selbstmitleid zu baden, endlich begriff, womit ich sie so getroffen hatte, was sie wirklich sagen wollte.

Vanessa sagte: »Du . . . du bist unglücklich, darum redest du so . . .«

»Ich? Ich bin überhaupt nicht unglücklich!«

Wie kam ich bloß wieder von diesem Thema fort, verflucht?

Wenn jemand unglücklich war, dann Vanessa – wegen ihres Lebens, ihres Vaters, wegen dieses griechischen Jungen, meinetwegen, ja, auch *meinetwegen!* So schön sie war – sie hatte nie Glück bei Männern gehabt, höchstens eine Weile. Eine sehr kleine Weile.

Sie war zu klug, sich etwas vorzumachen. Sie wußte, daß Panos nicht zu ihr kommen würde, sie wußte es schon lange. Sie hatte sich – aus Trauer, Dankbarkeit, und weil jeder Mensch immer wieder glaubt, daß es einen anderen geben *muß*, der für ihn da ist, weil jeder Mensch immer wieder glaubt, daß er einen anderen Menschen braucht – auch mit mir eingelassen. Wir schliefen ein paarmal zusammen und spielten verliebt, denn auch ich hatte da eine Zeit gehabt, in der ich dachte, das Ganzalleinsein nicht länger aushalten zu können.

Nun, es war uns beiden nicht bekommen. Derartige Bindungen sind unmöglich. Sollen Blinde Blinden, soll ein verlorenes Schaf dem anderen helfen, zurückzufinden in eine heile Welt, die es nicht gibt? Das alles war wie in der Geschichte vom Unterschied zwischen Philosphie, Kommunismus und Religion. Die Philosophie entspricht danach der Beschäftigung von Menschen, die in einem finsteren Zimmer eine schwarze Katze suchen; der Kommunismus ist die Beschäftigung von Leuten, die in einem dunklen Zimmer eine nichtexistierende schwarze Katze suchen; und mit Religion endlich, so definiert dieser Witz, der gar nicht so witzig ist, beschäftigen sich Menschen, die in einem dunklen Zimmer, das nicht existiert, eine schwarze Katze suchen, die nicht existiert – und behaupten, sie hätten sie bereits gefunden.

Vanessa und ich, die meisten Menschen wohl, waren heute nach *dieser* Definition mit Religion beschäftigt . . .

Ich sagte schnell, weil sie mir so leid tat: »Alles Unsinn. Natürlich kommen schöne Dinge wieder. Besonders zu Verliebten! Dein Panos wird . . .«

»Ja«, sagte Vanessa bitter und schnell, »mein Panos wird wiederkommen und mich als seine Frau heimführen nach Athen, und wir werden viele viele Kinder bekommen und glücklich miteinander leben für alle Zeit, ich weiß.«

»Vanessa, wirklich, du wirst sehen . . .«

»Wenn«, sagte sie, mich wieder unterbrechend, und ihre Stimme wurde immer zynischer, »*du* ihm nicht zuvorkommst und um meine Hand anhältst. Denn wir haben uns doch auch geliebt, es kam dann nur etwas dazwischen – geschäftliche Grundsätze, vermute ich, man hat kein Verhältnis mit Angestellten, nicht wahr? –, aber die Liebe wird stärker sein, auch bei dir, Ritchie, eines Tages wirst du einfach nicht mehr an dich halten können. Was soll ich dann nur tun? Panos und du? So viel Liebe, so viel Begehrtwerden, ich . . .«

»Hör auf.«

». . . werde wirklich nicht wissen . . .«

»Du sollst aufhören!«

». . . wie ich so viel Glück ertragen, wie ich mich entscheiden soll. Ich glaube, ich werde mich für dich entscheiden, Ritchie . . .« Wieder nieste sie, mehrmals. Ich gab ihr mein Taschentuch, und sie blies heftig hinein. Danach sagte sie: »Denn du bist so klug, Ritchie. Klüger als Panos. Was du da eben gesagt hast . . .«

»War nicht wahr!«

Arme Vanessa. Wir vermieden es, wo wir konnten, über uns oder über Panos zu reden. Es war so lange gutgegangen. Und jetzt – der gottverfluchte Roman war schuld!

»Ich komme schon zurecht«, flüsterte Vanessa heiser und legte mir eine Hand auf die Schulter. »Hab keine Angst. Natürlich ist es wahr, was du sagst. So ist die Welt, in der wir leben. Genau so. Warum schreibst du das nicht auf? Warum schreibst du darüber nicht einen Roman – endlich wieder einen Roman?«

Sie wollte freundlich sein, liebevoll, sie wollte mir Trost geben, sie, die selber Trost brauchte und ihn von niemandem bekommen konnte, und in ihrer Hilflosigkeit berührte sie noch einmal jenes Gebiet, das dieses ganze Gespräch ausgelöst hatte, und ich begann noch einmal zu wüten.

»Hör endlich auf mit diesen Tricks!«

»Tricks?«

»›Steh still, Jordan!‹ – den Roman hast du ganz unabsichtlich auf den Tisch gelegt, wie? Ganz unabsichtlich finde ich alte Romane von mir bei dir, immer wieder, immer wieder!« Die Fingernägel hatten sich in meine Handballen gebohrt. Mir war zum Heulen und zum Kotzen. »Du weißt, warum ich nicht mehr schreibe. Du weißt, warum ich niemals wieder schreiben werde!«

»Ich weiß nur, was du dir da einredest. Aber das ist nicht wahr, Ritchie!«

»Es ist wahr!« rief ich und trat nach dem Roman. »Ich kann nicht mehr schreiben!«

»Das stimmt nicht«, sagte sie leise, hob mein Buch auf und hielt es schützend an die Brust gepreßt.

»Wenn noch irgend etwas wahr ist auf dieser wunderbaren Welt«, sagte ich, »dann das: Ich kann nicht mehr schreiben! Längst nicht mehr! *Und ich werde nie wieder schreiben können!*«

Die Tür hinter uns flog auf, wir fuhren herum. Minski stand da, sehr blaß und außer Atem.

»Was ist?« schnauzte ich.

»Telefon . . .« Er war nervös. »Für dich. Im Büro. Nun komm schon! Los, da ist etwas passiert!«

»Wo?«

»Weiß ich nicht, wo . . .« Er zog mich zur Tür. Vanessa rief heiser und verschnupft: »Wer ruft Ritchie an, jetzt?«

Sorgenvoll antwortete Minski: »Lillian Lombard.«

Ich stand da wie ein Idiot, und ich brachte kein Wort heraus, und ich hörte Vanessa fauchen: »Was, seine Lillian?«

»*Das ist nicht meine Lillian!*« schrie ich plötzlich wie ein Irrer.

»Ojojoj«, sagte Minski. »Wenn er so brüllt, ist sie wirklich noch immer seine Lillian.«

»Nein, zum Teufel!« schrie ich weiter und stieß ihn fort. »Sie ist nicht mehr meine Lillian! Längst nicht mehr! Geh und sag ihr, daß es mich nicht interessiert, was ihr schon wieder passiert ist! Ich will's nicht wissen! Der passiert doch dauernd etwas. Was ist es diesmal?«

»Sie hat sich das Leben genommen«, sagte Minski. Vanessa nieste wieder.

»Willst du vielleicht die Tür schließen?« schrie ich. »Ist Vanessa noch nicht genug erkältet? Das Leben genommen, ha?«

Minski trat mit dem Fuß nach hinten. Die Tür flog zu.

»Schrei nicht mit mir!« schrie Boris Minski.

»Lillian hat sich schon einmal das Leben genommen!« schrie ich.

»Zweimal!« schrie Vanessa.

Das stimmte. Lillian Lombard hatte schon zweimal versucht, sich das Leben zu nehmen. Vanessa wußte viel über Lillian und mich. Nicht alles natürlich, aber sehr viel. Ich wußte auch sehr viel über Vanessa.

»Zweimal, nebbich«, sagte Minski, plötzlich leise. »Aber jetzt, beim drittenmal, scheint es zu klappen.«

»Darum telefoniert sie auch, was?« Ich sah erbittert, daß meine Hände zu zittern begonnen hatten.

»Sie kann nicht mehr richtig telefonieren«, sagte Minski. »Lallt nur so rum ... hat was geschluckt ... Gift ... Ich hab kaum was verstehen können ... Sie hat Todesangst ... und da ruft sie dich an ...«

»Ausgerechnet mich!«

»Ja, es scheint, daß du trotz allem wirklich der einzige Mann bist, der ...«

»Halt's Maul!« sagte ich.

Heiße Wut packte mich. In einer Sekunde erinnerte ich mich an alles, was ich mit Lillian erlebt hatte. Zum Teufel mit dir, Lillian, dachte ich. Krepier doch endlich, dann habe ich meinen Frieden! Und im gleichen Moment, in dem ich das dachte, wurde mir klar, daß Minski – wie immer – recht hatte, und eisige Angst um Lillian packte mich. Ich rannte zur Tür, riß sie auf und stürmte den Gang hinab – einem Telefon entgegen und meinem Untergang.

»Nicht ... nicht ... geh nicht. Ritchie! Boris, halt ihn auf!« schrie Vanessa.

»Ritchie! Bitte, bitte, Ritchie, komm zurück! Diese Frau hat dir doch immer nur Unglück gebracht ...«

Ich rannte den Gang hinab, ohne mich umzudrehen. Hinter mir hörte ich das Geräusch eiliger Schritte und dann Minskis zornige Stimme:

»Du bleibst hier! Willst du dir den Tod holen?«

»Ritchie!« schrie Vanessa. »Bitte, nicht! Was hat diese Frau dir angetan ...«

»Du siehst ja, was mit ihm los ist.« Minskis wütende Stimme wurde leiser. »Sei vernünftig, Vanessa! Du sollst vernünftig sein!« Die Garderobentür krachte wieder zu.

Der Gang war lang. Ganz unten machte er ein Knie und führte, um den Spiegelraum herum, zu unserem Büro, das auf der anderen Seite dieses verbauten, alten Hauses lag. Wenige Meter vor mir befand sich eine Tür. Durch sie kam man in die Gästegarderobe des Spiegelraums und von da in diesen. Der Weg war kürzer. Ich riß die Tür auf und drängte mich gleich danach hastig durch die enggestellten Tische des Hinterzimmers, stieß brutal Menschen zur Seite und fluchte laut, aber meine ganze Brutalität, all mein Fluchen galten Lillian. Haß auf Lillian und alles, was ich mit ihr erlebt hatte, Zorn über meine verlorenen Jahre, mein schmutziges Leben lagen in diesen Flüchen, während ich mich in dem überfüllten Raum zu der Bürotür vorkämpfte.

Manche Gäste sahen mich erschrocken an. Ich muß erschreckend ausgesehen haben.

Lillian. Lillian. Elende, verlogene, gemeine, geliebte Lillian.

Ich hatte fürchterliche Angst um Lillian.

Die meisten Gäste waren noch da. Betrunken und erregt saßen sie zusammen, betasteten und küßten sich ohne Hemmungen, lachten zu laut, redeten zu laut, tranken noch immer, viel zuviel, zwei einsame Paare tanzten, eng umschlungen und rot beleuchtet dort, wo das Tigerfell gelegen hatte. Musik von Ray Conniff und seinem Orchester kam aus dem Lautsprecher. Ich hatte den Plattenspieler mit Ray-Conniff-Platten vollgepackt, bevor ich das Büro verließ. Es sah hier aus wie immer um diese Zeit.

Alle betrugen sich, als komme der Weltuntergang in den nächsten Stunden, die man noch ordentlich nutzen mußte, aber nicht mehr ganz ordentlich nutzen konnte, weil man zu betrunken, viel zu betrunken war.

Da saß Petra Schalke neben dem weißblondgefärbten Modeschöpfer. Ich quetschte mich an ihnen vorbei. Sie stützte den Kopf in die Hände und weinte in ihr Champagnerglas. Ein Arm des Modeschöpfers lag um ihre Schulter, ich sah die Rüschenmanschette, das goldene Kettchen am Handgelenk, und ich hörte ihn durch all den Lärm hindurch sagen: »Nicht weinen, Liebste ... so sind die Weiber ... nur Ärger hat man mit ihnen, immer ... ich weiß das doch, meine arme Männy, ich weiß das doch ...«

Männy wird sie also genannt, dachte ich. Lillian, dachte ich, bitte stirb nicht.

»Pardon ...« Ich drückte den Modeschöpfer zur Seite, weil ich nicht weiterkam.

Er bemerkte es gar nicht.

»Mein Gott«, sagte er, »könntest du doch Männer lieben, meine arme, arme Männy ...«

Ich sperrte die Tür zu unserem Büro auf, die sich an jener Spiegelwand befand, in der auch das Einwegfenster installiert war, schloß sie schnell und schlitterte zu meinem Schreibtisch, auf den Minski den Hörer des Telefons gelegt hatte. Geräuschlos drehte sich der Teller des großen Plattenspielers, geräuschlos glitt die Nadel des Tonabnahmearms über eine Schallplatte. Ich riß den Hörer ans Ohr und schrie: »*Lillian!*«

Es kam keine Antwort.

»*Lillian!*«

Im gleichen Moment schaltete sich natürlich der Ventilator des Exhaustors ein und schepperte, und ich fluchte obszön und sinnlos und schrie sehr laut: »Lillian! Hier ist Ritchie! Lillian!«

Aus dem Telefonhörer kam nur das Summen einer offenen Verbindung.

»Rede! Sag etwas! Wo bist du?«

Plötzlich vernahm ich ein Stöhnen im Hörer. Ich kannte keinen Menschen besser als Lillian, soweit man einen anderen Menschen eben überhaupt je kennt, und ich fuhr entsetzt zusammen: Dieses Stöhnen war nicht Hysterie, nicht gespielt, dieses Stöhnen war echt, und es klang nach Tod.

»Lillian!«

Ein Röcheln diesmal, lange und qualvoll, danach krachte etwas in der Leitung, und ich dachte: Der Hörer ist ihr aus der Hand gefallen.

Der Ventilator schaltete sich wieder ab.

Ich rannte zu Minskis Schreibtisch und holte das zweite Telefon – zum Glück war die Anschlußschnur lang genug – und stellte es neben meinen Apparat. Ich lauschte wieder. Nun klang das Stöhnen schwächer, entfernter. Ich dachte: Ihr Hörer baumelt an seiner Schnur. Wenn sie nur nicht auflegt ... laß sie nicht mehr die Kraft haben, den Hörer aufzulegen, lieber Gott, bitte. Ich will alles tun, was du willst, ich will ein neues Leben beginnen, aber bitte, lieber Gott, mach, daß sie jetzt nicht den Hörer auflegt. Und daß sie nicht stirbt ...

Das waren so die Gelegenheiten, bei denen ich betete.

Inzwischen hatte ich die Nummer der Auskunft gewählt.

Von Band kam eine Mädchenstimme: »Auskunft, bitte warten ... Auskunft, bitte warten ... Auskunft, bitte warten ...«

Auf meiner Armbanduhr war es zehn Minuten nach drei Uhr früh. Um diese Zeit arbeiten nur wenige Mädchen in der Auskunft, dachte ich, nahm auch den anderen Hörer ans Ohr und hörte Lillian stöhnen, leise, unregelmäßig, und ich war erfüllt von lauter Glückseligkeit.

Danke, lieber Gott. Sie hat nicht aufgelegt. Sie kann nicht mehr auflegen. Sie ist zu schwach. Sie ...

»... Auskunft, bitte war ...« Das Band schaltete sich ab, eine andere Mädchenstimme sagte: »Auskunft, Platz achtzehn, guten Morgen.«

Die Stimme klang sehr müde.

»Guten Morgen! Fräulein, meine Nummer ist 57 64 32. Ich habe hier noch einen zweiten Anschluß. 43 12 61.«

Das war die Nummer meines Apparates. Ich hielt jetzt beide Hörer ans Ohr. Aus meinem hörte ich ab und zu Lillian stöhnen. »Auf diesem zweiten Anschluß wurde ich angerufen. Die Verbindung ist da, aber der Teilnehmer meldet sich nicht. Ich fürchte, da ist etwas geschehen. Können Sie feststellen, wer da von wo anruft?«

»Ihren Anschluß 43 12 62?« fragte die müde Mädchenstimme.

»Nicht 62! 61! Die Nummer ist 43 12 61!« schrie ich.

»Ich verstehe besser, wenn Sie nicht schreien, mein Herr.«

»Verzeihen Sie ...«

Stöhnen.

Geh zur Hölle, Lillian! Krepier doch!

Hilf, lieber Gott, mach, daß sie am Leben bleibt.

Lillian, Lillian, wie glücklich waren wir ...

»Ist das ein Anruf aus dem Inland oder aus dem Ausland?«

»Das weiß ich nicht! Man kann doch jetzt ins ganze Ausland durchwählen!«

»Nicht ins ganze. Sie können nach Italien durchwählen oder nach Österreich oder nach der Schweiz oder nach Frankreich oder nach ...«

»*Fräulein!* Fräulein, können Sie feststellen, wer mich angerufen hat?«

»Wenn die Verbindung noch besteht ...«

Stöhnen aus dem anderen Hörer.

»Sie besteht noch!«

»Bitte, warten Sie, mein Herr.«

Stöhnen. Stille. Stöhnen, Stille.

Ich sah durch den Einwegspiegel. Eng umschlungen saßen sie da draußen in dem roten Licht, streichelten, liebkosten einander und taten sich wohl, die beiden einsamen Paare tanzten noch immer zu der Musik, die ich nicht hören konnte, Petra Schalke trauerte noch immer, und ich sah aufgerissene Münder, aufgerissen zum Schreien, Lachen, Grölen, sah schwitzende Gesichter, Verbrüderungen im Vollrausch – sah das alles, hörte nichts und dachte plötzlich, daß man in der Hölle, wenn es eine Hölle gab, vielleicht nicht brannte, sondern sich derart die Ewigkeit vertrieb. Das waren so die Momente, in denen ich moralisch wurde. Die beiden ›Special Effects Men‹ sah ich nicht mehr.

»Hallo!« rief ich. »Hallo, Fräulein!«

Keine Antwort. Es dauerte natürlich seine Zeit, da mußte nun natürlich erst gesucht werden. Wie suchte man da, wo, wer alles?

Stöhnen aus dem anderen Hörer ...

Die zweite Tür des Büros, jene zum Gang, wurde aufgestoßen. Vanessa, in ihrem dicken Bademantel und auf hohen Pantoffeln, kam niesend hereingeschossen, hinter ihr her Minski.

»Sie ist mir ausgerissen!« schrie er.

»Ich will nicht, daß diese Person Ritchie *wieder* unglücklich macht!«

Vanessa stürzte sich auf mich, um mir beide Hörer zu entreißen.

»Boris!« brüllte ich.

Der warf sich auf Vanessa und versuchte, sie von mir fortzuziehen.

Der Versuch mißlang.

Vanessa trat, kratzte, nieste, und sie schrie andauernd, ich solle die Hörer hinlegen, und sie verfluchte Lillian mit Worten, die ich nicht aufschreibe, weil sie doch nie gedruckt würden.

Aus dem Telefonhörer von Minskis Apparat meldete sich das Mädchen der Auskunft: »Hallo, sind Sie da?«

»Ja . . .«

»Leg den Hörer hin!« kreischte Vanessa und warf sich wieder über mich.

»Was ist bei Ihnen los?« fragte das Mädchen der Auskunft.

»Nichts . . . gar nichts . . . was wollten Sie sagen?«

»Ihr Anschluß 43 12 61 ist verbunden mit dem Anschluß 66 33 in Treuwall.«

»*Wie* heißt der Ort?« Ich steckte den Hörer meines Telefons in eine Tasche der Smokingjacke und griff nach einem Bleistift.

»Oh, Ritchie, Ritchie, ich . . . ich . . .« Vanessa torkelte plötzlich, und ehe Minski sie noch auffangen konnte, fiel sie um. Sie saß nun auf dem alten Teppich, bekam einen richtigen Nieskrampf, schluckte, würgte, und dann begann sie zu brechen. Sie rang nach Luft und brach und rang nach Luft und nieste und brach weiter, es nahm kein Ende.

»Aufregung«, sagte Minski, der sich um Vanessa kümmerte, ihren Kopf hielt und sie stützte. »Sie hat sich so irrsinnig aufgeregt. Da, schau dir das an – grün. Reine Galle. Weil sie dich liebt.«

Vanessa übergab sich noch immer.

»Hören Sie, 43 12 61, was geht bei Ihnen vor?«

»Nichts, überhaupt nichts, Fräulein . . . bitte noch einmal den Namen des Ortes . . .«

Die Stimme des Mädchens klang jetzt mißtrauisch: »Ich glaube, ich werde besser die Polizei . . .«

»Unsinn! Hier ist nur jemandem schlecht geworden. Ich heiße Richard Mark. Ich spreche aus meinem Lokal, dem ›Strip‹.«

»Oh«, sagte das Mädchen von der Auskunft. Die Sache schien damit für sie geklärt zu sein. Sie kicherte. Wir hatten einen feierlichen Ruf mit unserem ›Strip‹ in Frankfurt.

»Der Ort, bitte . . .«

»*Treuwall.*«

Ich schrieb ›Treuwall‹ auf.

»Wo ist das?«

»In der Lüneburger Heide.«

Ich schrieb ›Lüneburger Heide‹ auf.

»Ich gebe Ihnen die Durchwählnummer«, sagte das Mädchen von der Auskunft, immer noch kichernd. Jetzt klang ihre Stimme gar nicht mehr müde, jetzt war sie munter, keß und neugierig.

»Muß ja toll zugehen bei Ihnen! Unsereins kommt natürlich nie . . .«

»Die Durchwählnummer, Fräulein. *Bitte!*«

Sie gab sie mir, und ich schrieb sie auch auf.

»Wollen Sie die Adresse des Anschlußbesitzers?«

»Natürlich!«

»Treuwall, Waldpromenade 24. Der Anschlußinhaber heißt . . .«

»Lillian Lombard. Das weiß ich.«

»Ja, Lillian Lombard. Aber wieso wissen . . .«

»Ich danke Ihnen, Fräulein.«

»Gern geschehen. Auf Wie . . .«

»Moment!«

»Ja?«

»Dieses Treuwall . . . gibt es da ein Krankenhaus?«

»Wozu brauchen Sie . . . oh, ich verstehe! Ich weiß nicht. Treuwall ist eine Kreisstadt. Eigentlich müßte da ein Krankenhaus sein. Einen Moment, bitte . . .«

Ich zog den zweiten Hörer wieder aus der Smokingtasche und hielt ihn ans Ohr. Stöhnen und Röcheln waren noch zu hören, aber in größeren Abständen.

Ich sah zu Vanessa. Besudelt und beschmutzt saß sie auf dem alten Teppich, Minski hielt sie fest. Ihr Gesicht war grau, ihre Lippen waren blau. Sie sagte: »Idiot. Idiotischer Idiot.«

»Ruhig, ruhig«, sagte Minski.

»Idiotischer Idiot, der nur noch Blödsinn reden und Blödsinn denken kann und sich anlügt und alle anderen und dem nicht mehr zu helfen ist«, sagte Vanessa. Dann sank sie in Minskis Arme. Sein Smoking sah ebenfalls greulich aus.

»Fein«, sagte Boris grimmig. »Ausgezeichnet. Hervorragend. Erkältet. Masse Spritzen im Leib. Und jetzt noch das! Weißt du, was das finanziell bedeutet, wenn sie uns morgen, Gott behüte, ausfällt? Und vielleicht noch länger? Ich war nicht umsonst gleich so durcheinander. Ich hab gewußt, wie du dich aufführen wirst mit dieser Lillian. Konnt' man sich ja ausrechnen.«

Er hob Vanessa vorsichtig hoch. Es fiel ihm schwer, denn sie war groß, größer als er. Minski trug sie zu dem alten, brüchigen Ledersofa, bettete sie darauf und schob ein Kissen unter ihren Kopf. Vanessa war jetzt so schwach, daß sie nur noch leise murmeln konnte.

»Ja«, sagte Minski, »ja, mein Gutes, ja, mein Braves, mußt ruhig werden, ganz ruhig, *mir* zulieb . . .«

»Nimm das Kissen weg«, sagte ich.

»Was?«

»Du sollst das Kissen wegnehmen. Falls sie noch mal anfängt. Kissen weg. Flach auf die Seite legen. Und paß auf, daß sie ihre Zunge nicht verschluckt.«

Er sah mich gramvoll an. Dann tat er alles, was ich ihm aufgetragen hatte. Vanessa murmelte immer noch. Die Galle stank.

Wie lange brauchte dieser Trampel von der Auskunft, um herauszufinden, ob es in Treuwall ein Krankenhaus gab? Aus dem Hörer meines Apparates kam ein schwaches Röcheln.

»Fräulein!« schrie ich.

Aber es antwortete mir niemand.

Minski, der neben Vanessa kniete und leise über ihr Haar strich, sagte etwas Jiddisches.

»Was?«

»Dos arme kleine Menschele«, sagte Minski.

In der Nacht zum 2. Oktober 1965 rannte ein nacktes blondes Mädchen laut schreiend durch den Park eines Schlößchens der Kleinstadt Rambouillet. Dieses exklusive Refugium besonders vornehmer und reicher Leute befindet sich etwa fünfunddreißig Kilometer südwestlich von Paris. Der Park, durch den das schreiende Mädchen rannte, lag schon außerhalb Rambouillets, an der Straße zur Hauptstadt. Begrenzt wurde der Park abwechselnd von einer hohen Mauer und in Abständen angebrachten ebenso hohen, dicken Schmiedeeisenstangen, die oben zugespitzt und miteinander verbunden waren – eine Reihe starrender Spieße.

Durch jene Stangen erblickte ein nach Paris fahrender Taxichauffeur das Mädchen. Er verriß das Steuer, so daß die Scheinwerfer seines Citroëns nun in den Park leuchteten, hielt an und sprang ins Freie. Dabei bemerkte er, nahe dem kaisergelb gestrichenen Schlößchen im Hintergrund, mehrere Menschen, darunter zwei schwankende Frauen, die sich eilig zurückzogen. Eine der Frauen hatte ein zerrissenes Tuch in der Hand.

»Helfen Sie mir! Bitte helfen Sie mir!« rief das nackte Mädchen. »Ich komme hier nicht heraus!«

»Weiter vorn!« Der junge Chauffeur rannte ein Stück, sprang an der alten vermoosten Mauer, aus der einzelne Steine gebrochen waren, hoch und arbeitete sich empor. Auf der anderen Mauerseite schwankte bereits das Mädchen, Zehen und Finger in Ritzen und Löcher der Steinwand gepreßt. der Chauffeur, mit Cordsamthosen, Rollkragenpullover, einem kurzen Ledermantel und einer Schirmmütze, lag nun flach oben auf der Mauer.

»Langsam«, sagte er. »Vorsichtig, damit Sie sich nicht verletzen. Geben Sie mir eine Hand.« Er zog das Mädchen behutsam zu sich herauf und half ihr danach auf die Straße hinunter.

Das Mädchen hatte ein paar Schrammen abbekommen, an den Schenkeln und an der Brust. Eine Schramme blutete. Der junge Chauffeur rannte zum Kofferraum des Wagens und holte Jodtinktur aus einem Erste-Hilfe-Kästchen.

»Nicht doch . . .«

»Viel zu gefährlich. Das muß sein . . .« Er bepinselte die geschrammten Körperstellen mit der braunen Flüssigkeit.

»Au!« sagte das Mädchen.

»Gleich vorbei . . . oder wollen Sie eine Blutvergiftung kriegen?«

»Ja, natürlich«, sagte das Mädchen, das völlig nackt im Licht der Scheinwerfer stand. »Was dachten Sie?«

Der Chauffeur schlüpfte aus seinem kurzen Ledermantel und reichte ihn dem Mädchen. Sie zog ihn an.

»Und was jetzt?« fragte der Chauffeur.

»Weg ... nur weg von hier ...«

»Zur Polizei?«

»Nein, nicht zur Polizei ... Ich bin Ausländerin ... und die Avignolles sind eine sehr bekannte Familie.«

Der Chauffeur sah zum Schloß.

»Ja«, sagte das Mädchen. »Die.«

Es war kalt. Es war spät. »Also was dann?« fragte der Chauffeur.

»Ich weiß nicht ... ich weiß es wirklich nicht ...«

»Hören Sie, ich nehme Sie ja gerne mit, und Sie erzählen mir alles, und dann überlegen wir, was man tun kann«, sagte der Chauffeur. »Aber ich bin auch Ausländer. Grieche. Ich werde doch Ihretwegen keine Schwierigkeiten kriegen? Haben Sie was ausgefressen?«

»Nein«, sagte das Mädchen.

Der Chauffeur sah sie brütend an. Er hatte dunkle Augen, dunkles Haar und eine klassisch hellenische Nase.

»Glauben Sie mir nicht?« fragte das Mädchen.

»Ausländerin ... woher?« fragte der Chauffeur.

»Ich bin Deutsche.«

Der Chauffeur verzog kurz das Gesicht zu einer Grimasse.

»Sie mögen Deutsche nicht, wie?«

»Unsinn. Wie kommen Sie darauf?«

»Sie sind Grieche. Ich kann es begreifen. Ich kann begreifen, daß sehr viele Menschen uns Deutsche nicht mögen. Das ist verständlich nach dem, was geschah.«

»Verständlich und dumm«, sagte der Chauffeur. »Wie darf man ein ganzes Volk nicht mögen? Was weiß ich denn von jedem einzelnen Deutschen? Und was können Sie dafür, daß Sie Deutsche sind?«

»Ich sehe, Sie lieben die Deutschen. Ihr Gesicht strahlt richtig.«

»Hören Sie auf! Ich ... ich habe überhaupt nichts gegen Deutsche!«

»Besonders, wenn es junge Mädchen sind und ...«

»Zum Teufel«, sagte der Chauffeur. »Steigen Sie ein!« Er dachte daran, daß es wirklich idiotisch gewesen war, eine Grimasse zu schneiden, und er dachte an alles, was er gesehen hatte und was nun sein Ledermantel verbarg. »Tut mir leid«, sagte der Chauffeur und half dem Mädchen in den Wagen.

Als sie fuhren, bot er nach einer Weile Zigaretten an. Sie rauchten beide Gauloises. Die teils schon kahlen Alleebäume flogen ihnen im Licht der Scheinwerfer entgegen.

»Was für ein Glück, daß Sie gerade vorbeikamen«, sagte das Mädchen. Sie sprachen französisch miteinander, und, obwohl sie beide Ausländer waren, ein Französisch fast ohne Akzent.

»Große Fuhre gehabt«, sagte der junge Chauffeur. »Sohn von irgend so einem Ölscheich. Hat auch ein Schloß hier. Besoff sich in Paris derart, daß er seinen Jaguar nicht mal mehr starten konnte. Hat man Sie vergewaltigen wollen?«

»Ja«, sagte das Mädchen. »Zwei Damen. Madame Avignolle und ihre Freundin. Sie waren beide betrunken.«

»High society lebt hier.«

»In meinem Zimmer.«

»Bitte?«

»Die beiden sind in mein Zimmer gekommen. Ich habe tief geschlafen. Auf einmal spüre ich, daß jemand neben mir liegt und mich . . .«

»Reden Sie immer so?«

»Wie?«

»So kreuz und quer?«

»Nein, eigentlich nicht.«

»Die Aufregung also«, sagte der Chauffeur. »Man wird ja auch nicht jeden Tag vergewaltigt.«

»Es war Madame Avignolle.«

»Aha.«

»Die schon neben mir lag, meine ich.«

»Natürlich.«

»Ihr Freundin wollte eben . . . ich kann wirklich nichts dafür!«

»Wofür?«

»Daß ich ihr ein Knie in die Zähne schlug. Als ich zu mir kam und es merkte, zog ich die Beine an, und ein Knie traf sie. Das war übrigens meine Chance. Ich sprang aus dem Bett und rannte davon, die beiden Damen hinter mir her. Aus dem Haus kam ich noch. Aus dem Park wäre ich nie gekommen ohne Ihre Hilfe.«

»Gern geschehen«, sagte der junge Grieche. Er fuhr schnell. Er wollte möglichst bald mit diesem Mädchen in seinem Zimmer sein, und es war immerhin noch ein hübsches Stück Weg bis zu dem Hotel, in dem er ein Zimmer gemietet hatte: ein jämmerliches Zimmer in einem jämmerlichen Hotel in einer jämmerlichen Straße, direkt am Gare du Nord. Es war laut und schmutzig da, und es roch nach Armut und schlechtem Fett und immer nach Kohle. Aber das Zimmer war billig. Im Hotel ›Le Toucan‹, einem Stundenhotel, konnte man auch Monatszimmer mieten.

»Madame hat mich im Park erwischt«, erzählte das junge Mädchen. »Dabei habe ich mein Nachthemd verloren, Sie hat es mir vom Leib gerissen. Ist das der neue Citroën?«

»Ja.«

»Wissen Sie, ich bin sonst gar nicht so . . . mit Männern, meine ich . . .
wirklich nicht! Aber *Frauen!* Ich habe noch nie mit einer Frau . . . und heute
nacht . . . schrecklich, wirklich, es war ganz schrecklich.«

»Kann ich mir denken«, sagte der Chauffeur. »In Deutschland gibt es
natürlich so viele anständige Menschen wie in jedem anderen Land der
Welt. Das gebietet ja schon die mathematische Vernunft.«

»Sie reden aber auch ganz nett kreuz und quer!«

»Ich bin . . . ich bin auch ein bißchen durcheinander«, sagte der junge
Grieche.

»Und dazu noch so heimtückisch«, sagte das Mädchen. »Im Schlaf! Die
hatten mindestens drei Flaschen Champagner getrunken, zusammen. Es
wäre noch im Park passiert, aber da kamen schon der Gärtner und die
Köchin und das Stubenmädchen. Mein Schreien hat sie geweckt. Der Diener
kam nicht. Der ist nämlich auch Chauffeur.«

»Hm.«

»Ich meine: Er kam nicht, weil Monsieur Avignolle über das Wochenende
nach Marseille fahren mußte. Mit dem Diener.«

»Als Chauffeur«, sagte der Chauffeur.

»Ja. Sie fuhren schon gestern früh weg. Heute ist Samstag, nicht?«

»Ja«, sagte der Grieche. »Wie fühlen Sie sich jetzt?«

»Oh, schon so viel besser! Natürlich kann ich da nie zurückgehen.«

»Ich hole morgen Ihre Sachen.«

»Oh, wirklich? Sie sind aber nett!«

»Sie sind auch nett.«

»Ja«, sagte das Mädchen, »nicht wahr? Ich bin eine nette Deutsche.«

»Ach, hören Sie doch auf damit, bitte! Wie kamen Sie überhaupt zu diesen
Avignolles?«

»Ich habe nicht angefangen damit. Als Haustochter. Sie kennen das doch.
In fremde Länder gehen, damit man Sprachen wirklich gut lernt.« Das
Mädchen lachte. »Ich bin hierhergekommen, um wirklich gut Französisch
zu lernen. Komisch, nicht?«

»Ausgerechnet Rambouillet, das ist auch komisch«, sagte der Chauffeur.

»Wieso?«

»Es gab einmal eine Marquise de Rambouillet. In der ersten Hälfte des 17.
Jahrhunderts.« Der junge Grieche überholte schnell und geschickt drei
schwere, mit Gemüse beladene Laster, die sich auf der Fahrt zu den Hallen
befanden. »Die Marquise hatte ein Palais in Paris. Hôtel de Rambouillet.
Vierzig Jahre lang gab sie da ihre berühmten Gesellschaften. Für die vornehmsten und geistreichsten Leute Frankreichs. Es waren außerordentlich
viele Damen darunter. Was die Marquise wünschte, war Pflege bester
Gesellschaft und französischer Kultur in sogenanntem preziösem Geist.«

»Woher wissen Sie das?«

»Gehört zur Allgemeinbildung«, sagte der junge Grieche grinsend.

»Die Herrschaften — besonders viele Damen darunter, wie gesagt — wurden ›Les Précieuses‹ genannt. Sie trieben es preziöser und preziöser. Molière hat eine Komödie über die Bande geschrieben.« Der Chauffeur lachte. »Und dreihundert Jahre später in Rambouillet ... voilà, unsterbliches Frankreich!«

»Woher wissen Sie das wirklich alles? Sind Sie kein Chauffeur?«

»Nein. Oder ja. Aber nur nachts.«

»Und am Tage?«

»Studiere ich Physik an der Sorbonne«, sagte Panos Mitsotakis.

Panos Mitsotakis hatte eine sehr glückliche Jugend. Sie dauerte drei Jahre. 1939 wurde er als Kind armer Leute in Athen geboren. Sein Vater war Flickschneider und immer fröhlich, seine Mutter, eine hübsche Frau, half ihm bei der Arbeit und war gleich ihm stets guter Dinge. Sie sang gerne. Panos' Eltern liebten einander von Herzen.

Um Politik kümmerte der Vater sich nie. Am warmen Abend des 28. Juni 1942 ging er noch einmal fort, um eine ausgebesserte Hose abzuliefern. (Eine Woche zuvor hatte der Gendarmeriemeister Fritz Jacob dem Generalleutnant Querner schriftlich mitgeteilt, daß sich in der russischen Stadt Kamenez-Podolsk nur noch ein verschwindend kleiner Prozentsatz von Jüdlein befand. Das Ehepaar Rachel und Boris Mordechai Minski war nicht mehr darunter.)

Vater Achilles Mitsotakis geriet auf seinem Liefergang in ein Gefecht zwischen monarchistischen und kommunistischen Widerstandsgruppen. Auch italienische und deutsche Soldaten schossen in der Gegend herum. Sie hatten, gemeinsam mit bulgarischen Soldaten, Griechenland überfallen und besetzt. Bulgarische Soldaten schossen an jenem Abend nicht mit.

Griechenland litt seit 1936 unter schweren innenpolitischen Unruhen, denen die Diktatur des Generals Metaxas ebensowenig hatte ein Ende setzen können wie die Londonreise König Georgs II. vor Ankunft der deutschen Truppen und ihrer Verbündeten. Die innere Zerrissenheit des Landes machte es den Angreifern leicht, es zu erobern. Eine zuerst amtierende italienische Militärregierung wurde mit den bürgerkriegsähnlichen Zuständen allerdings auch nicht fertig.

Den Flickschneider Achilles Mitsotakis trafen zahlreiche Kugeln aus Gewehren von Italienern, Deutschen, Österreichern und Griechen, als er in einem Haus, hinter dem sich Monarchisten verborgen hielten, jene Hose abliefern wollte. Er trug sie, in Papier geschlagen, über einem Arm. Die an dem Feuergefecht Beteiligten mutmaßten, daß sich unter dem Papier ein gefährlicher Gegenstand verbarg. Achilles Mitsotakis war auf der Stelle tot.

Derartige Zwischenfälle ereigneten sich zu jener Zeit fast täglich in Athen und erst recht auf dem Lande. Eine deutsche Militärregierung löste die unfähige italienische ein knappes Jahr später endlich ab. Danach gab es mehr Ordnung, mehr Tote und eine Hungersnot.

Vor dieser rettete die junge Witwe Aglaja Mitsotakis ihren kleinen Sohn Panos und sich selbst dadurch, daß sie die Geliebte eines deutschen Feldwebels wurde, der in einem Verpflegungsdepot der Wehrmacht arbeitete. Dieser Feldwebel war einundzwanzig Jahre alt, stammte aus Pforzheim und kam, sooft er nur konnte, heimlich und vorsichtig. Es war sehr gefährlich für ihn, eine griechische Geliebte zu haben. Der Feldwebel kam nie, ohne Essen mitzubringen. Er spielte mit dem kleinen Panos, der wie alle Kinder sehr schnell die fremde deutsche Sprache erlernte, viel schneller als seine Mutter.

König Georg II. hatte in London eine Exilregierung gebildet und hielt regelmäßig Rundfunkansprachen über die Sender der BBC. In diesen Reden verhieß er feierlich die Vernichtung der Aggressoren und seine Wiederkehr sowie schwerste Bestrafung all jener, die mit dem Feinde kollaborierten. In London hatte König Georg II. stets genug zu essen.

Zwischen August und Oktober 1944 mußten die Deutschen dann Griechenland räumen. Der Feldwebel aus Pforzheim verließ Panos und dessen Mutter Anfang September. Vier Tage später fiel er bei einem Partisanenüberfall. Mutter und Sohn Mitsotakis erfuhren niemals etwas davon. Die Angehörigen des Feldwebels in Pforzheim erhielten den üblichen Brief.

Georg II. kehrte erst im September 1946, eineinhalb Jahre nach Kriegsende, in sein Land zurück, wo mittlerweile der Bürgerkrieg ärger denn zuvor tobte. Der König hielt seine Londoner Versprechungen. Er dekorierte und verurteilte viele seiner Landsleute, beförderte sie und ließ sie einkerkern oder töten.

Gleich nach dem Abzug der Deutschen war es Aglaja Mitsotakis böse ergangen. Patrioten schoren sie kahl, hängten ihr ein großes Pappschild um den Hals und zwangen sie, durch die Straßen Athens zu gehen. Sie wurde beschimpft, bespien und geschlagen. Auf dem Pappschild stand:

ICH, AGLAJA MITSOTAKIS,
WAR EINE HURE DER DEUTSCHEN MÖRDER

Der kleine Panos sah hilflos zu, wie seine Mutter mißhandelt wurde. Er konnte bereits lesen. Er wußte noch nicht, was eine Hure ist. Was Deutsche waren, wußte er. Er hatte allerdings noch nicht gewußt, daß die Deutschen Mörder waren. Nun erfuhr er es. Jedermann haßte die Deutschen, stellte er fest. Auch Panos haßte nun die Deutschen. Sie waren schuld daran, daß seine Mutter leiden mußte. Und ein deutscher Mörder war als Freund gekommen, von einem deutschen Mörder hatten sie Essen angenommen und verzehrt! Das dachte er, davon träumte er.

Panos sprach nie mit der Mutter über seine Gedanken und Träume, denn er sah, wie sie litt, und er wollte ihren Schmerz nicht noch größer machen. Indem er aber seinen Kummer für sich behielt, wuchs in ihm der Haß auf alle Deutschen zu schrecklicher Größe.

König Georg II. trat bereits ein halbes Jahr nach seiner Heimkehr zurück. König Paul I. folgte ihm auf den Thron. Der Bürgerkrieg dauerte an. Im Norden, im Grammosgebirge, konnte er gar erst 1949 beendet werden. Es gab viele Kämpfe und viel Not und soviel Hunger wie zur Zeit der deutschen Besatzung.

Das Haar der immer noch sehr hübschen Aglaja Mitsotakis war längst nachgewachsen. Sie hatte die kleine Wohnung einer verhungerten Tante in einem anderen Stadtteil genommen. Hier kannte sie niemand, und niemand wußte hier, daß sie eine Hure der deutschen Mörder gewesen war. Aglaja Mitsotakis arbeitete hinter der Theke einer großen Bar, in der sich die Vertreter der internationalen Nachrichtenagenturen trafen, die nach Athen entsandt worden waren, um über den Bürgerkrieg zu berichten.

Wiederum bewahrte Aglaja Mitsotakis ihren Sohn und sich selbst vor dem Verhungern, indem sie die Geliebte eines Korrespondenten der Nachrichtenagentur ›Agence France Presse‹ wurde. Nachdem der kleine Panos sich gründlichst vergewissert hatte, daß niemand die Franzosen als Mörder bezeichnete, gewann er den Journalisten aus Paris so lieb, wie er einst den Feldwebel aus Pforzheim liebgehabt hatte. Lange Zeit war seine Mutter nicht mehr fröhlich gewesen, lange Zeit hatte sie nicht mehr gesungen, kein einziges Lied. Nun war sie wieder fröhlich, und nun sang sie auch wieder. Ihr französischer Freund hatte es gerne, wenn sie sang und fröhlich war.

Zu jener Zeit ging Panos schon in die Volksschule, und für seine Lehrer war er ein Phänomen: Im zweiten Schuljahr bereits hatte er den Lehrstoff aller vier Elementarklassen bewältigt, ohne daß dieser überhaupt vorgetragen worden wäre, einfach durch Fragen, Denken und Lesen.

Der Mann von AFP blieb zweieinhalb Jahre in Griechenland, bevor er nach Paris zurückgerufen wurde. In diesen zweieinhalb Jahren erlernte Panos auch die französische Sprache.

Die Lehrer beschworen nun Aglaja Mitsotakis, ihren Sohn, der so über alle Maßen begabt war, studieren zu lassen, doch sie besaß kein Geld für eine höhere Schulbildung. Da erinnerte man sich daran, daß ihr Mann Achilles während der deutschen Okkupation ermordet worden war, und gab ihr eine ehrenvolle Urkunde, eine kleine Rente, und dem Sohn verschaffte man ein Stipendium an einem Realgymnasium. 1959, nachdem er das Abitur mit der höchsten Auszeichnung bestanden hatte, erhielt er sogleich ein weiteres Stipendium für die Universität von Athen. Er wollte Physiker werden.

Das Land war indessen immer noch nicht zur Ruhe gekommen, häufig wechselnde Regierungen sahen sich veranlaßt, die Universität wieder und wieder zu schließen. So, fand Panos, konnte er nicht ordentlich lernen. Er brauchte eine andere Hochschule. Deutsche Universitäten wollte er lieber nicht besuchen. Zwar war er längst davon überzeugt, daß durchaus nicht alle Deutschen Mörder waren, doch quälte ihn die Erinnerung an das Geschehene noch allzusehr. In Deutschland, so fürchtete er, hätte er immer an seine Mutter und an jenes Plakat denken müssen, das ihr um den Hals gehangen hatte, und obwohl er sich beständig sagte, daß alles dies unsinnig und eines exakten Wissenschaftlers unwürdig war, entschloß er sich dennoch, nach Paris zu gehen, an die Sorbonne. Der ehemalige Geliebte seiner Mutter, Charles Bernier von AFP, ermunterte Panos in Briefen herzlich dazu und versprach, sich um ihn zu kümmern, soweit das in seiner Macht stände. Bernier kümmerte sich rührend um Panos, als dieser in Paris eintraf; allerdings war es ihm nur wenige Monate lang möglich, dies zu tun, dann wurde er von seinem Büro nach Afrika geschickt und bald darauf bei einer Revolte im Kongo aus Versehen getötet.

Zu jener Zeit indessen waren Panos' Lehrer an der Sorbonne schon derart angetan von der außerordentlichen Begabung dieses jungen Mannes, daß er auch hier ein Stipendium erhielt.

Seiner Mutter, die Panos sehr liebte und mit der er regelmäßig und häufig korrespondierte, durfte er nicht zur Last fallen, das wußte er. Sie konnte von ihrer kleinen Rente nichts abgeben. Doch der Drang nach Wissen und Erkenntnis war inzwischen so übermächtig geworden, daß Panos sein Studium um nichts in der Welt mehr abgebrochen hätte. Eher wäre er verhungert. Er hungerte eine ganze Weile recht arg in Paris. Der Hunger schien sein Leben zu begleiten. Dann fand er eine Stelle als Taxichauffeur bei einem Großunternehmen. Was er an Geld unbedingt für sich benötigte, behielt er, was blieb – und es blieb wahrhaftig immer noch etwas übrig –, ließ er durch Bekannte seiner Mutter zukommen, die unendlich stolz auf ihren Sohn war.

Panos übernahm nur Nachtdienst bei jenem Taxiunternehmen. Tagsüber mußte er zur Universität. Er war jung, es machte ihm nichts aus, so viel zu arbeiten, so wenig zu schlafen. Er aß das billigste Menü der Mensa und wohnte in einem Zimmer des Stundenhotels ›Le Toucan‹, unmittelbar neben dem Gare du Nord. Im Oktober 1965, als er eines Nachts auf recht ungewöhnliche Weise Britt Rending kennenlernte, war er sechsundzwanzig Jahre alt.

Im Jahre 1870 erbaute ein gewisser August Wilhelm Petersen im Hamburger Stadtteil Billstedt, der direkt am Hafen liegt, eine Fabrik und begann Fischkonserven herzustellen. Sein Sohn Joachim Petersen vergrößerte die

Fabrik um mehr als das Doppelte und führte moderne Herstellungsmethoden und eine Vielzahl von Spezialitäten ein. PETERSEN-KONSERVEN, beinhaltend Krabben, Hummer, Heringsfilets in pikanten Saucen und ähnliches, errangen in kurzer Zeit Berühmtheit. Joachim Petersen war bereits ein schwerreicher Mann mit einer schönen Villa in Blankenese. Seine Frau gebar ihm eine Tochter, die auf den Namen Elsbeth getauft wurde. Elsbeth war ein nervöses, unscheinbares Kind, später ein nervöses, reichlich unscheinbares junges Mädchen mit fadblondem Haar, weißlichem Teint, großen, ewig erstaunt blickenden blauen Augen und einem sehr langweiligen Körper. Was sie dennoch für Männer einer bestimmten Art interessant machte, das waren ihr hochgeachteter Name und das Vermögen ihres Vaters.

Zu den Männern der erwähnten Art gehörte ein gewisser Thomas Francis Rending, blendend aussehender Gent aus alter Hamburger Patrizierfamilie, in welcher einzelne Mitglieder von England herübergekommen waren, womit sich Rendings zweiter Vorname erklärte. Die Rendings, im Kaiserreich noch Millionäre und Besitzer einer der größten Hamburger Werften, waren nach Inflation und Wirtschaftskrise fast völlig verarmt.

Thomas Francis Rending, in Luxus aufgewachsen und an ihn gewöhnt, spielte hervorragend Golf, Tennis, Kricket, und er war ein guter Reiter. Er hatte nie in seinem Leben ernsthaft gearbeitet, und er gedachte das auch weiterhin nicht zu tun.

Auf einem Empfang im Überseeklub lernte die blasse, fade Elsbeth Petersen den charmanten Thomas Rending kennen und verliebte sich sogleich auf das heftigste in ihn. Rending kämpfte einen kurzen, harten Kampf mit sich selbst, dann siegte sein gesunder Menschenverstand, und er begann, Elsbeth Petersen den Hof zu machen. Es war damals schon Krieg, Rending Hauptmann der Wehrmacht, in Hamburg stationiert (man hatte seine Beziehungen); in seiner maßgeschneiderten Uniform sah er einfach umwerfend gut aus. Er war zehn Jahre jünger als Elsbeth, doch als sie einander erst ihre Liebe gestanden hatten, versicherte der Patriziersohn ergriffen, daß dieser Altersunterschied niemals eine Rolle spielen würde, und nichts glaubte Elsbeth lieber als das.

Die Hochzeit fand unter starker Beteiligung von Angehörigen der ersten Gesellschaft Hamburgs in der Michaeliskirche statt. Auch beste Beziehungen konnten nicht verhindern, daß der Hauptmann Rending sehr bald danach an die Ostfront geschickt wurde, wo es ihm durchaus nicht gefiel, sooft und emphatisch er auch von seiner Sehnsucht gesprochen hatte, mit der Waffe in der Hand am heroischen Kampf des deutschen Volkes teilnehmen zu dürfen.

Bei den ungeheuren Luftangriffen der Engländer im Juli und August 1943 und den danach folgenden wurden dreiundvierzig Prozent der Stadt Hamburg und sechzig Prozent der Hafenanlagen zerstört. Im September 1943 erhielt Rending deshalb einen kurzen Sonderurlaub. Das Haus in Blankenese traf er unzerstört, die Fabrikanlagen nicht allzuschwer beschädigt an. Alle Lieben waren wohlauf — die Mitglieder seiner Familie befanden sich auf dem Landsitz der Petersens im Schwarzwald, wohin Elsbeths Mutter sie eingeladen hatte. Elsbeth war mit dem Vater in Hamburg geblieben. Erstaunt stellte Rending fest, daß sie, schwächlich und träge in seiner Erinnerung, hart und energisch geworden war und dem Vater bei dessen Bemühungen, die Fabrik wieder produktionsfähig zu machen, wie ein Mann zur Seite stand.

Es war ein freudiges Erstaunen, das Rending überkam, soweit es Elsbeths Aktivität um die Konservenwerke betraf; ansonsten gefiel ihm die Wandlung seiner Ehefrau nicht sonderlich. Eine gewisse besorgte Nachdenklichkeit ließ ihn überaus zärtlich werden. Als er schon längst wieder an der verhaßten Ostfront weilte, erreichte ihn ein Brief. Elsbeth schrieb, daß sie schwanger sei. Der Hauptmann Rending dachte, wie richtig es gewesen war, nachdenklich und zärtlich zu sein.

Ihr Vater, schrieb Elsbeth, bestehe darauf, daß sie nun auch in den Schwarzwald fahre, um dort, relativ außer Gefahr, ihr Kind zur Welt zu bringen.

So wurde Britt Rending am 28. Mai 1944 in einer Privatklinik bei Baden-Baden geboren. (Zu jener Zeit befand sich Boris Mordechai Minski gerade auf dem Wege von dem Konzentrationslager Maidanek in das Konzentrationslager Auschwitz, und neun Tage nach Britt Rendings Geburt begann die Invasion der westlichen Verbündeten an der Normannenküste.)

Knapp vor Kriegsende kehrte Elsbeth — ihr Baby ließ sie im Schwarzwald — nach Hamburg zurück. Ein Telegramm hatte sie davon in Kenntnis gesetzt, daß ihr Vater, der die Stadt nie verlassen mochte, bei einem Luftangriff ums Leben gekommen sei. Elsbeths Mutter warf der Schicksalsschlag aufs Krankenlager, sie starb sechs Monate später.

Die nächsten drei Jahre verlebte Elsbeth Rending im Keller der unbegreiflicherweise unzerstört gebliebenen Villa in Blankenese — oben wohnten britische Offiziere. Drei Jahre lang schuftete Elsbeth Rending nun zur grenzenlosen Verwunderung aller, die der fragilen, blutarmen Frau derlei niemals zugetraut hätten, zusammen mit alten Arbeitern und Angestellten, die noch am Leben und aufzufinden waren, und mit vielen neuen Menschen und unter schwersten Bedingungen, um die Konservenfabriken wieder aufzubauen und in Gang zu bringen. Sie arbeitete bis an den Rand des Zusammenbruchs. 1948, im Frühling, lief die Produktion an.

Nach dem Krieg war Fisch jeder Art in Deutschland besonders gefragt, PETERSEN-KONSERVEN verkauften sich sofort en masse. Durch geschickte Aktionen rettete Elsbeth Rending das Betriebskapital über die Währungsreform. Von Arbeitsfieber ergriffen, gönnte sie sich kaum eine freie Minute.

Um acht Uhr früh war sie in der Fabrik, selten verließ sie ihr Büro vor acht Uhr abends. Sie kannte weder Sonntage noch Feiertage. Ihr Mann war immer noch in Gefangenschaft, die kleine Britt immer noch im Schwarzwald. Britt sah die Mutter nur selten, wenn diese zu eiligen Besuchen kam, und wurde erst nach Hamburg geholt, nachdem der Exhauptmann Thomas Francis Rending 1949 endlich heimgekehrt war. Das Zusammentreffen der kleinen Britt mit ihm gestaltete sich peinlich. Die Tochter lehnte den Vater furchtsam ab, noch nie hatte sie ihn gesehen, und voll Verwirrung schenkte sie ihre ganze Liebe und ihre Zuneigung im Übermaß der Mutter. Der Vater war für sie ein fremder, unheimlicher Mann. Erst langsam wurde Britt ein wenig zutraulicher.

Thomas Francis Rending empfand das Betragen seiner Tochter abwechselnd als ärgerlich oder als nicht der Beachtung wert. Nun übernahm er die Leitung der Konservenfabriken, nun war er der Herr, und das ließ er seine Angestellten und Arbeiter spüren. In fast fünfjähriger Gefangenschaft hatten die Russen ihn spüren lassen, wer der Herr und was er war, was er wahrhaftig war, und zwar nicht wissen wollte, aber dank seiner Intelligenz doch wußte: ein Parasit, ein Nichtsnutz, ein Feigling.

Das wußte er – die Männer, mit denen er nun zu tun hatte, wußten es nicht. Brutalität und Vitalität imponieren immer unter Geschäftsleuten, und so war Rending, der es nach wie vor geschickt verstand, alle schwere Arbeit andere tun zu lassen, ganz schnell ein geachtetes und beneidetes Mitglied jenes Zauberkreises von Genies, die Deutschland das schenkten, was die Welt das ›Wunder‹ nannte.

Von Jahr zu Jahr wurden die PETERSEN-KONSERVEN besser, gefragter, das Angebot reichhaltiger. Von Jahr zu Jahr stieg der Umsatz. 1955 war Rending einer von Westdeutschlands ersten Millionären und Träger des Bundesverdienstkreuzes Erster Klasse.

Frau Elsbeth, zehn Jahre älter als ihr Mann, sah plötzlich aus, als sei sie zwanzig und mehr Jahre älter. Spezialisten konstatierten ein Herzleiden – zweifellos hervorgerufen durch die Ängste und Schrecken des Krieges, vor allem aber durch die enorme Anstrengung beim Wiederaufbau der Fabrik, deren strahlender Repräsentant nun Thomas Francis Rending war.

»Es ist kein Grund zu ernster Besorgnis gegeben«, sagte der hervorragendste der herbeigezogenen Spezialisten zu Elsbeth Rending. »Wenn Sie vernünftig leben, Aufregungen und weitere Überanstrengung meiden, können Sie mit Ihrem Leiden uralt werden, gnädige Frau.«

»So fühle ich mich bereits«, antwortete Elsbeth Rending. »Besonders wenn ich an meinen Mann denke. Er hat so viel mitgemacht in der Gefangenschaft . . . er erzählt es mir oft . . . und wie jung, wie gesund ist er doch geblieben . . . ein junger Mann . . . und eine alte Frau . . .«

Der Arzt versuchte, Elsbeth von einer derartigen Einstellung schleunigst abzubringen. Es gelang ihm nicht. Da erkannte er, daß die Einstellung bereits einem – noch unbewußten – Selbstschutzversuch entsprang. In diesem Falle, dachte der Arzt, würde sich Frau Rendings Zustand natürlich zum Negativen hin entwickeln. Er machte sich voll Haltung auf die lange Behandlung einer außerordentlich wohlhabenden Patientin gefaßt.

Von Männern bewundert, von Frauen umschwärmt, empfand Thomas Rending die Herzkrankheit seiner Frau nur kurze Zeit als betrüblich, dann wurden ihm ihre Vorteile bewußt. Elsbeth bemerkte wohl, daß sie ihren Mann schon lange nicht mehr zu interessieren vermochte, weder psychisch noch physisch. Stärker und stärker wurde ihre Überzeugung, sie habe das nie vermocht, ihr Mann habe sie niemals geliebt und nur des Geldes wegen geheiratet – und das stimmte ja auch. Elsbeth beschloß, ihren Mann zu ›bestrafen‹, indem sie sich hinfälliger und kränker gab, als sie war.

Rending durchschaute seine Frau schnell. *Er* beging keinen Fehler bei seinen weiteren Unternehmungen, war er doch von Geburt an daran gewöhnt, immer nur an das eigene Wohlergehen und den eigenen Vorteil zu denken. Elsbeths Bestrafungsversuche tangierten ihn wahrhaftig nicht. Es gelang ihm indessen stets mühelos, aufrichtig zu erscheinen, wenn er seine Frau bedauerte, umsorgte, seiner Liebe versicherte und voller Verständnis dafür war, daß sie, wie sie sagte, einfach zu elend sei, einfach zu krank, um ihm ständig repräsentieren zu helfen, um das Leben in der Gesellschaft, zu dem *er* verpflichtet war, mit ihm führen zu können. Er solle ihr verzeihen, sagte Elsbeth, und alles so tun, wie er es für richtig halte.

Rending verzieh ihr. Er tat, was er für richtig hielt. Seine kleine Tochter irritierte ihn, denn er hatte das (zutreffende) Gefühl, daß Britt ihn immer noch ablehnte und als Feind ansah. So hielt Thomas Rending es also für richtig, die Zehnjährige sofort nach der Grundschule in eines der teuersten und feinsten Internate der französischen Schweiz zu schicken.

»In unseren Kreisen geschieht das so, basta«, sagte er, als Britt ihn unter Tränen bat, sie doch bei der geliebten Mutter zu lassen.

Die Mutter schwieg.

Aus einem Lehrbuch für Jugendfürsorger:

»Internationalen Statistiken zufolge nehmen rund fünfundachtzig Prozent aller Kinder, die in einem Alter unter zwölf Jahren aus schlechten Ehen ›abgeschoben‹ werden und ohne fürsorgerische Betreuung bleiben, Fehlentwicklungen. Dabei spielt es keine Rolle, ob diese Kinder arme oder reiche Eltern haben. Die Arten der Fehlentwicklungen sind zahllos, sie können zum Asozialen, Kriminellen, zu offener oder geheimer Prostitution, Alkoholismus, seelischen Erkrankungen, sexuellen Verwirrungen und Lastern jeder Art führen – und nur ganz selten hat ein solcher Mensch dann noch die Kraft zur Umkehr.«

In dem Schweizer Internat traf Britt Rending auf eine Gruppe von Mädchen aus Millionärshäusern, die ihre Eltern oder den einen Teil der Eltern verachteten oder haßten und den anderen Teil dabei auch manchmal verzweifelt liebten — ›abgeschoben‹ sie alle, aber nicht willens, ihren Kummer anders zu artikulieren als durch Zynismen, Snobismus und einen wahren Wettlauf nach sexuellen Erfahrungen.

Größte Vorsichtsmaßnahmen der Anstaltsleitung konnten nicht verhindern, daß alle Mädchen dieser Gruppe Freunde in der nahen Stadt besaßen. Die Jungen jener Stadt hatten siebzehnjährig bereits zahlreiche Erlebnisse. Sie machten sich mit Vorliebe an die jüngeren Mädchen heran, denn diese, unsicher und ängstlich, wenn auch begierig, waren ›leichter zu kriegen‹. Die älteren Mädchen unterhielten im allgemeinen Verhältnisse mit erwachsenen Männern und verachteten die Jünglinge meist. Intern war das erste und wichtigste Gesprächsthema der Gruppe beständig, wer bei Männern die größten Chancen, wer was mit wem erlebt, wer am *meisten* erlebt hatte. In den nächsten acht Jahren ›erlebte‹ Britt Rending hier mehr als vermutlich irgendein Mädchen vor ihr.

Mit dreizehn Jahren wurde sie von einem Sechzehnjährigen verführt. Mit vierzehn Jahren verführte sie einen Sechzehnjährigen, und mit fünfzehn Jahren hatte sie zwei weitere Affären hinter sich: mit einem Telegrafenjungen und einem verheirateten Notar. Fünfzehnjährig sah Britt allerdings aus, als sei sie bereits achtzehn. Sie hatte goldblondes Haar, die blauen, riesigen Augen der Mutter, aufgeworfene Lippen und einen makellosen Körper. Alles an ihr war erotisch: ihre Art zu sprechen, ihr Gang, ihr träges Lächeln.

Jeder Mann, der Britt sah, dachte an das gleiche, mußte ganz einfach an das gleiche denken. Sie war selbst außerordentlich triebhaft, und es erregte sie, zu sehen, wie sie alle Männer erregte. Trotz ihrer Triumphe auf jenem Gebiet blieb sie jedoch ständig melancholisch und bedrückt.

An diesem permanenten Grundzustand änderte sich auch nichts, wenn Britt in den Ferien, den Feiertagen, heim nach Hamburg zu ihrer geliebten Mutter fahren durfte, die, trotz aller Bemühungen jenes Arztes, mehr und mehr in ihre Krankheit geflüchtet war und weit über das tatsächliche Maß hinaus sich hilflos, schwach und auch der kleinsten Anstrengung oder Erregung nicht mehr gewachsen zeigte.

Britts Vater war inzwischen Konsul eines südamerikanischen Staates geworden, ein äußerst erfolgreicher Mann, ein äußerst lebenslustiger Mann, wenn er sich dabei auch sehr diskret betrug. Man sprach in Hamburg über seine Affären — aber nur hinter vorgehaltener Hand, denn Thomas Rending war reich und mächtig und also gefährlich —, und man sprach auch ohne Tadel über ihn: Was sollte ein Mann schließlich tun, der verheiratet war mit einer ewig kranken, um so vieles älteren Frau?

Natürlich erfuhr Britt bald von dem Leben, das ihr Vater führte. Heißer und heißer wurde ihr Haß. Sie durfte ihre Mutter nicht aufregen, jedermann sagte ihr das, und sie war deshalb verblüfft, als die Mutter selber, eines Nachmittags, da Britt zu Hause war, der Tochter erklärte, sie wisse sehr wohl Bescheid über das Treiben ihres Mannes.

Diese Unterhaltung fand im Garten hinter der Villa in Blankenese statt. Die Mutter ruhte in einem Liegestuhl, Britt kauerte neben ihr im Gras und starrte sie an.

»Oh, gewiß weiß ich Bescheid«, sagte die Mutter, auf das glitzernde Wasser der Elbe hinabblickend. »Seit langem, mein Kind.« Elsbeth Rending sprach mit leiser Stimme – auch das hatte sie sich angewöhnt –, und sie genoß die Rolle, die sie sich selbst zugelegt hatte.

»Seit langem?« fragte Britt entgeistert.

»Seit langem und über viele . . . viele seiner Frauen und Mädchen. Im Moment ist es nur eine, ich denke, die wird es wohl auch bleiben, denn er ist ganz vernarrt in sie. Eine kleine Schauspielerin. Yvonne Horn heißt sie.« Und die Mutter nannte die Adresse dieser Yvonne Horn, um zu zeigen, wie gut informiert sie war. »Er besucht das Mädchen häufig . . . sehr häufig . . . vorsichtig natürlich. Nicht vorsichtig genug für einen guten Privatdetektiv.«

»Aber . . . aber warum . . .« Britts Stimme versagte.

Die Mutter lächelte.

»Warum ich mir das gefallen lasse, willst du wissen, nicht wahr?«

Britt konnte nur nicken. Trotz allem, was sie bereits erlebt hatte, kam sie sich hilflos vor wie ein neugeborenes Kind.

»Ich *kann* es mir gefallen lassen«, erklärte die Mutter, »weil ich mich entschlossen habe, so zu leben, als ob ich von nichts wisse. Dein Vater ist fest überzeugt davon, und du mußt mir schwören, auf der Stelle schwören, daß du ihm kein Wort verrätst. Schwöre!«

»Ich . . . ich schwöre.«

»Bei meinem Leben!«

»Bei deinem Leben . . .«

»Gut«, sagte die Mutter befriedigt. »Siehst du, ich lasse mir nicht das geringste anmerken. Dein Vater ist höflich und liebenswürdig zu mir, immer, und so soll es bleiben.«

»*So soll es bleiben?*«

»*Bitte.* Nicht so laut!« Die Mutter verzog das Gesicht. »Ich ertrage laute Stimmen nicht.«

»Verzeih«, sagte Britt, und durch einen Vorhang jäher Tränen blickte sie über den blühenden Garten, hinab auf den blitzenden Strom und die Schiffe, die großen und kleinen, die die Elbe herauf kamen oder ausliefen zur See.

»Und ich ertrage auch keine Aufregungen, das weißt du. Ich müßte mich natürlich aufregen, wenn ich mit deinem Vater ein Gespräch über all das anfinge. Es würde nichts an dem ändern, was er tut. Und für mich wäre es schlecht. Ich liebe deinen Vater nämlich, trotz allem ... und ich liebe dich, mein Schatz ... ich liebe dich sehr ...« Grenzenloses Mitleid mit sich selber ließ ihre Stimme zittern. »Deshalb, verstehst du, nehme ich nichts zur Kenntnis ... so schone ich mein Herz ...«

Wie ich ihn hasse, dachte Britt, wie ich ihn hasse!

»Wir hatten auch unsere glückliche Zeit, o ja«, fuhr die Mutter fort. Es war ein schöner Nachmittag für sie, sie fühlte sich froh und gesund wie lange nicht. »Einmal geht eben alles vorbei. Aber ich bin zufrieden. Solange er mich nicht verläßt, bin ich zufrieden ...« Es hätte viel im weiteren Leben Britts geändert, wenn ihr der triumphierende, unerbittliche Ton zu Bewußtsein gekommen wäre, den die Stimme der Mutter mehr und mehr annahm. Aber er kam ihr nicht zu Bewußtsein. »... und verlassen wird er mich nie ... *nie!* Sicherlich wollte er es schon oft gerne. Aber wie hätte er das anfangen sollen? Mit welcher Begründung? Alles zugeben? Die Scheidung verlangen? Riskieren, daß *ich* sie verlange? Dann wäre er *schuldig* geschieden worden! Unsere Fabriken, mein Kind, die hat mein Großvater und mein Vater gebaut, und *ich* habe sie wieder aufgebaut, mit diesen meinen Händen, und mein Vater hatte den guten Verstand, bei meiner Heirat darauf zu dringen, daß im Ehekontrakt all das festgehalten wurde. Das und daß dein Vater *jedes Anrecht* auf diese Fabriken und unseren ganzen Besitz verliert, wenn er schuldig geschieden wird oder wenn ihm auch nur in einem einzigen Fall Ehebruch nachgewiesen werden kann. Du siehst, so lange ich lebe, wird Thomas mein Mann bleiben ... *mein* Mann ... Keine andere wird ihn vor meinem Tod bekommen ... jetzt verstehst du mich besser, nicht wahr?«

Britt nickte. Sie zitterte am ganzen Körper vor Zorn und Haß auf ihren Vater und Schmerz über ihre arme Mutter.

Und das Wasser des Stromes glänzte, und die Schiffe leuchteten in der Sonne, und das war ein Nachmittag im Sommer des Jahres 1962.

An einem Nachmittag im Sommer des Jahres 1963 starb dann Elsbeth Rending, geborene Petersen.

Im Juli 1963 hatte Britt ihr Abitur mit Auszeichnung bestanden und war aus der Schweiz nach Haus gekommen – eine Woche vor ihrer Mutter Tod. Am Sarg, der in der Villa aufgebahrt stand, sagte Britt zu ihrem Vater: »*Du hast sie auf dem Gewissen!*«

Die sehr attraktive Schauspielerin Yvonne Horn wurde Britts zweite Mutter. Der Witwer wartete genau das Trauerjahr ab, dann führte er die brünette, grünäugige Yvonne, deren Gesicht sehr an das einer Katze erinnerte, geschmackvollerweise vor den Traualtar der altehrwürdigen Michaeliskirche, in der er schon einmal geheiratet hatte.

Eine Gesellschaft erlesener Gäste aus Hamburgs Patrizierfamilien war eingeladen worden.

Das Leben ging immer weiter, philosophierte man. Hier war ein Mann, der sich nicht beugen ließ. Ein tapferer Mann. Ein arbeitsamer Mann. Ein wahrhaft demokratischer Mann! Ein Millionär, der ein armes Mädchen ehelichte.

Diese Art von demokratischer Gesinnung ließ zu allen Zeiten spontane Sympathie für einen solchen Mann entstehen. Niemals noch, seltsamerweise, hat man ein armes Mädchen demokratisch genannt, weil es einen Millionär ehelichte.

Britt war der Vermählung ferngeblieben – einer Erkrankung wegen, wie es hieß. Als die Hochzeitsgesellschaft die Villa in Blankenese betrat, wurde sie von einer völlig gesunden, sehr schönen und sehr bleichen Britt Rending empfangen. Damit hatte der offene Krieg zwischen ihr und ihrer Stiefmutter begonnen.

Es war ein Krieg, in welchem Britt, der Lebenserfahrung zufolge, Siegerin bleiben mußte. Sie war zwanzig Jahre alt, Yvonne neunundzwanzig, Thomas Rending fünfzig. Auf allen Empfängen, die Rending gab, auf allen Empfängen, zu denen man Herrn, Frau und Fräulein Rending lud, war stets die so außerordentlich schöne, geistreiche und sinnlich erregende Britt Mittelpunkt. Von ihrer Stiefmutter nahm man wenig Notiz. Sobald indessen jemand Gefallen an Yvonne Rending fand, die ja nun auch nicht eben unansehnlich war, griff Britt ein – blitzschnell. Sehr verwirrte Herren konnten sich dann bereits nach einer Stunde nicht mehr erklären, was sie eigentlich an Frau Yvonne Rending interessiert hatte.

Yvonne, von Anbeginn unsicher in der für sie ungewohnten Welt des Reichtums und der Großen Familien, wurde immer unsicherer. Britt sah es mit Freude. Mit Freude brachte sie ihre Stiefmutter in ausgeklügelt vorbereitete Verlegenheiten.

Wenn Yvonne auf allen Gebieten ihres neuen Lebens unsicher war und es wohl noch lange, wenn nicht immer bleiben würde, auf *einem* Gebiet war sie sich selbst vollkommen sicher. Sie wußte, daß sie ihren einundzwanzig Jahre älteren Mann, der sie mit eifersüchtiger Leidenschaft liebte, völlig beherrschte. Yvonne verlangte von Britts Vater, daß er seiner Tochter eine Wohnung kaufte – Britt studierte Französisch an einer Spezialschule, sie wollte Diplomdolmetscherin werden.

»Entweder deine Tochter verläßt das Haus oder ich«, sagte Yvonne.

Thomas Rending argumentierte nicht eine Sekunde. Kalt sagte er zu Britt, die noch nicht einundzwanzig Jahre alt war, daß sich für sie durch eigene Schuld die Notwendigkeit ergeben habe, den gemeinsamen Haushalt zu verlassen. Ihre gesetzlichen Ansprüche auf den Familienbesitz würden davon natürlich nicht berührt.

Auch Britt argumentierte nicht eine Sekunde mit dem Vater.

Es war ihr klar, daß sie wiederum eine Schlacht verloren hatte. Nun fiel ihr nichts mehr ein, wie sie ihre Stiefmutter und ihren Vater demütigen oder lächerlich machen konnte. Sie bezog eine komfortable Garçonniere, vollendete das Studium an der Sprachenschule und erhielt auch hier ein exzellentes Zeugnis – just an dem Tag, an dem sie erfuhr, daß ihre Stiefmutter einen Knaben zur Welt gebracht hatte.

Einen Knaben!

Nichts sehnlicher hatte sich Thomas Rending gewünscht! Nun war ein männlicher Nachkomme da, der die Fabriken weiterführen konnte. Nun, das erkannte Britt sofort, war die Position ihrer Stiefmutter durch nichts mehr zu erschüttern. So über alle Maßen groß ihr Haß war – sie mußte mit ihm leben. Das auf weiteres jedenfalls ...

Die Sprachenschule vermittelte ihren Schülern Auslandsaufenthalte bei wohlbeleumundeten Familien, damit die zukünftigen Dolmetscher die Sprache im Lande selbst perfekt lernten.

Britt teilte ihrem Vater schriftlich mit (sie verkehrten seit langem nur noch schriftlich miteinander), daß sie für ein Jahr als Haustochter nach Frankreich gehen würde, zu einem Ehepaar namens Avignolle. Sie brauchte, fast, aber noch nicht ganz einundzwanzig Jahre alt, seine Einwilligung dazu.

Monsieur Hercule Avignolle, schrieb sie, sei einer der größten Kunsthändler von Paris, er besitze eine Stadtwohnung und ein Schloß in dem nahen Rambouillet. Ihr Vater gab seine Einwilligung mit größter Freude und Eile. Britt fuhr nach Paris ...

Es war halb vier Uhr früh am 2. Oktober 1965, als Britt Rending, geleitet von dem Nachttaxichauffeur und Studenten der Physik an der Sorbonne, Panos Mitsotakis, dessen Zimmer im zweiten Stock des Hotels ›Le Toucan‹ betrat. Sie fror, glitt aus dem Ledermantel, den sie auf der Fahrt von Rambouillet hierher getragen hatte, lächelte Panos zu und schlüpfte schnell in ein altes Messingbett.

Der junge Grieche hatte den Citroën in die nahe Taxizentrale gefahren und gebeten, seine heutige Nachtschicht vorzeitig beenden zu dürfen. Er habe Durchfall, log er. Als zuverlässig und fleißig bekannt, war er sogleich abgelöst worden.

Der Portier, dem sie beim Betreten des Stundenhotels begegnet waren, hatte Britt ohne Erstaunen gemustert. Er war zu müde, um erstaunt zu sein über ein barfüßiges Mädchen, das offenbar nichts als einen Ledermantel am Leib trug. Zudem empfand der Portier Verehrung für seinen strebsamen und gebildeten Gast. Und schließlich waren, seit der Portier in diesem Hotel arbeitete, noch ganz andere Dinge vor seine Augen oder an seine Ohren gekommen.

Panos entschuldigte sich ununterbrochen für die Ärmlichkeit des Zimmers, in das er Britt gebracht hatte.

»Wieso denn? Ich finde es riesig gemütlich und romantisch hier!« sagte Britt.

»Unsinn . . .«

»Ehrenwort! Was heißt das auf deutsch?« Sie wies auf einen Notizblockzettel, der an einem Nagel an der Wand über einem wackeligen Tisch beim Fenster hing. Der Tisch war überladen mit Büchern, Heften und Broschüren. Auf dem Zettel an der Wand standen ein paar griechische Worte.

Panos antwortete, immer noch verlegen: »Es heißt auf deutsch: ›Der Mensch hat wenig Glück‹. Einstein hat das einmal gesagt.«

»Einstein war ein großer Mann.«

»O ja«, sagte Panos.

Auf dem nahen Gare du Nord rangierten fauchend, quietschend, rollend und scheppernd Lokomotiven, Waggons, Züge. Das ging hier die ganze Nacht so. Ab und zu heulte eine Sirene. Am Tag wurde es noch viel lauter. Das Zimmer war nur weißgetüncht, aber die Tünche schon längst nicht mehr weiß. Es gab hinter einem schmutzigen Vorhang eine Waschnische, in der sich neben dem Becken ein Bidet befand und auf diesem ein Brett. Auf dem Brett stand ein alter Gasrechaud. Panos bereitete sich kleine Mahlzeiten selber, er hatte die Erlaubnis dazu. Drei Stühle waren da und ein abgeschabtes Plüschsofa. Und es gab einen großen, fleckigen Spiegel an der Außenseite einer Schranktür, die sich auf der Höhe des Bettes, diesem gegenüber, befand.

Panos drehte das triste, schwache Deckenlicht aus, nachdem er eine grünbeschirmte Nachttischlampe eingeschaltet hatte.

»Nun ist es einfach luxuriös«, stellte Britt Rending fest. Sie dehnte sich. Die Bettdecke war herabgerutscht und gab ihren Oberkörper frei. Britt rührte sich nicht. Panos starrte gebannt die großen Brüste an, deren eine jodverschmiert war. Er hustete, wandte sich ab, zündete sich eine Zigarette an, drückte sie wieder aus und verschwand in der Waschnische. Nach einiger Zeit kehrte er in einem alten Pyjama zurück. Panos hob den Ledermantel auf und ging damit zu dem Sofa. Er fühlte, daß Britt ihn unverwandt ansah, ihre Blicke brannten in seinem Rücken. Auf der Fahrt hatte er ihr alles von sich erzählt und sie ihm alles von sich.

Panos wußte so viel über dieses Mädchen, das er erst vor so kurzer Zeit getroffen hatte und das nun in seinem Bett lag, und dies war es, was ihn derart verlegen machte. Hätte er nichts über sie gewußt, hätte er keine Hemmungen gehabt. Unbeholfen setzte er sich auf das quietschende Sofa. Sein Blick und der Britts trafen sich. Ihr Oberkörper war noch unbedeckt. Sie lächelte und sagte auf deutsch: »Sei nicht albern.«

Er stand auf.

»Zieh den Pyjama aus.«

Er zog ihn aus.

»Du bist schön, Panos«, sagte Britt Rending, während die Bettdecke ganz von ihr glitt. »Komm zu mir.«

Er kam zu ihr, und draußen lärmten die Züge auf dem Gare du Nord, und Lastwagen ratterten durch die noch verlassenen Straßen, und es begann leise zu regnen.

Panos fuhr empor. Ein weißer, billiger Wecker auf dem Nachttisch zeigte neun Minuten nach neun. Durch das Fenster kam graues Licht, Regen trommelte jetzt gegen die Scheiben. Panos starrte Britt an, die neben ihm lag und nun die großen blauen Augen öffnete. »Der Wecker«, sagte Panos. »Ich habe vergessen, ihn aufzuziehen. Ich ... ich muß ... die erste Vorlesung ...« Er sprang nackt aus dem Bett.

»Heute hast du keine Vorlesung«, sagte Britt. Ihr Blick glitt an Panos herab. Er bemerkte, daß sein Körper reagierte, und errötete. »Heute ist Samstag«, sagte Britt.

»Samstag ...«

»Ja. Den ganzen Tag. Komm zu mir.«

»Wollen wir nicht ... soll ich nicht ... ich habe Kaffee hier, und ich kann schnell frische Brioches holen ...«

»Später«, sagte Britt.

Sie frühstückten um elf Uhr.

Sie waren beide fröhlich, alberten und scherzten, und sie sprachen deutsch und französisch durcheinander. Es erschien ihnen beiden wahnsinnig komisch, daß Britt das Zimmer nicht verlassen konnte, weil sie buchstäblich kein einziges Kleidungsstück besaß – eine Gefangene, wie Panos konstatierte. »Die glücklichste Gefangene von der Welt!«

Panos sah sie an.

»Du bist glücklich?«

»Sehr. Und du?«

»Ich auch«, sagte Panos ernst. »Ich bin auch sehr glücklich.«

»Mit einer Deutschen.«

Er errötete heftig: »Nicht«, sagte er. »Laß das doch. Bitte! Ich ... ich bin ein Idiot ... aber ich habe dir doch alles erzählt, wie das war in Athen, nicht, und ...«

Sie legte eine Hand auf seinen Mund.

Er küßte die Innenfläche.

»Was wirst du jetzt tun?«

»Was ich will!« sagte Britt. »Ich bin einundzwanzig. Niemand kann mir mehr etwas sagen. Ein Anwalt ist es, den ich jetzt brauche.«

»Wozu?«

»Du vergißt, daß ich sehr reich bin. Ein Goldfisch! Nun wollen wir einmal sehen, wieviel Geld meines Vaters mir gehört. Und dann, wer weiß, studiere ich auch ... hier in Paris ... oder ich tue irgend etwas anderes in Paris ...«

»Warum in Paris?« fragte er leise.

»Idiot«, sagte Britt. »Oder hast du vor, an der Sorbonne aufzuhören und in Boston weiterzustudieren? Gut, gehen wir nach Boston! Oder nach Princeton? Eigentlich müßtest du nach Princeton. Einstein war auch in Princeton ...«

»Du bist verrückt.«

»Natürlich«, sagte Britt. »Du nicht? Ist nicht alles verrückt, was uns passiert?«

Sie sprachen jetzt immer einen Satz deutsch und einen Satz französisch, und sie lachten noch immer.

»Alles, ja«, sagte Panos. »Total verrückt.«

»Und heute ist Samstag.«

»Und heute ist Samstag. Und ich gehe jetzt zur Garage und bitte, daß man mir einen Wagen leiht«, sagte Panos. Mit den frischen Brioches für das Frühstück hatte er auch Lebensmittel gekauft. »Ich fahre nach Rambouillet und lasse mir zunächst mal deine Sachen geben. Inzwischen kochst du. Kannst du überhaupt kochen?«

»Ich weiß nicht. Man hat es mir in einem der feinsten Schweizer Internate beigebracht.«

»In zwei Stunden bin ich zurück, spätestens. Und dann ...«

»Ja«, sagte Britt. »Und dann.«

Eine Lokomotive pfiff. Ununterbrochen ertönten jetzt Lautsprecherstimmen, man hörte das geheimnisvolle Raunen einer großen Menschenmenge und in kurzen Abständen die Schreie der Zeitungsverkäufer und der Männer mit den Erfrischungswägelchen auf den Perrons des Bahnhofs.

»Aber heute abend muß ich wieder fahren«, sagte Panos bekümmert.

»Morgen ist Sonntag«, sagte Britt. »Den ganzen Tag Sonntag.«

»Ich werde spät heimkommen heute«, sagte Panos. »Sehr spät. Da ist ein Mann, der immer mich haben will, wenn er nach Paris kommt.«

»Na hör mal!«

»Er spricht nicht französisch, und ich spreche französisch und deutsch. Er kommt geschäftlich her, immer wieder, alle acht Wochen. Immer wohnt er im ›Scribe‹. Immer kommt er zu einem Wochenende. Dann muß ich zu seiner Verfügung stehen, die ganze Samstagnacht, die ganze Sonntagnacht. Er benützt mich auch als Dolmetscher, verstehst du?«

»Was ist das für ein Mann?«

»Feiner Kerl. Hat eine Bar in Frankfurt. Kommt immer her, um im ›Crazy Horse‹ und all diesen Lokalen die neuesten Nummern anzusehen.«

»Strip-tease?«

»Ja. Was es da Neues gibt. Was die Mädchen sich da Neues ausgedacht haben. Er muß international sein, sagt er. Er engagiert die Mädchen. Oder er klaut ihre neuen Maschen. Netter Kerl. Sehr netter Kerl, gibt gute Trinkgelder, Minski heißt er . . .«

»In den drei Koffern befinden sich alle Gegenstände, die Mademoiselle Rending gehören. Wären Sie auch nur eine halbe Stunde später gekommen, hätte ich das Gepäck schon der Polizei übergeben und alles ihr überlassen. Ich warte seit elf Uhr.«

Der Mann, der diese Worte sagte, war ein elegant gekleideter Zwerg mit grauem Haar, schwarzer Hornbrille und stark gerötetem Gesicht, wie es Gewohnheitstrinker besitzen. Der Mann sprach sehr schnell und scharf. Er stand in der Mitte der Bibliothek im Erdgeschoß des kaisergelb gestrichenen kleinen Schlosses der Familie Avignolle vor Rambouillet. Im Kamin brannte Feuer. Ein Stubenmädchen mit unbeweglichem Gesicht hatte Panos ins Haus gelassen und zur Bibliothek geführt. Hier war der Zwerg sogleich auf ihn losgeschossen und hatte zu toben begonnen, ehe Panos auch nur ein einziges Wort sagen konnte.

»Ich heiße Tissot. Jules Tissot. Anwalt.« Der kleine Mann riß eine französische Kennkarte hoch.

Jules Tissot . . . Plötzlich fiel Panos ein, wo er dieses Gnomengesicht schon gesehen hatte: auf Fotos in Zeitungen! Tissot – einer der ersten Anwälte von Paris. Seine Prozesse waren stets nur mit sensationellen Theaterpremieren zu vergleichen. Jules Tissot . . .

In der Bibliothek war es dämmrig. Bis zum Plafond verkleideten Bücherreihen die Wände, und gegen die Scheiben der hohen Fenster trieb der Wind starken Regen und nasse Blätter.

»Monsieur Tissot . . . aber wieso . . . und was heißt Polizei . . .«

Jules Tissot hatte sich in wenigen Sekunden ein – völlig richtiges – Bild von Panos Mitsotakis gemacht. Er war ein großer Menschenkenner und deshalb ein großer Menschenverächter. Er mußte schnell zum Ziel kommen, das wußte er. Terror und Aggression waren die geeigneten Mittel, einen jungen, unsicheren Menschen wie Panos in Panik zu versetzen. Das erkannte Tissot auch sogleich. Und handelte entsprechend. Er tippte Panos mit einem Finger grob vor die Brust.

»*Ich* rede. Sie haben meine Kennkarte gesehen. Wo ist Ihre?« Er hetzte: »Na? Wollen Sie vielleicht die Güte haben . . . oder besitzen Sie überhaupt keinen Ausweis?«

Tissots Methode hatte Erfolg.

Verwirrt und erschrocken holte Panos seinen Paß hervor.

Menschen, dachte Tissot. Danach dachte er an sein Honorar . . .

Er öffnete den Paß und grunzte übertrieben verächtlich.

»Auch Ausländer, aha. Befristete Aufenthaltsgenehmigung. Was treiben Sie in Paris?«

»Ich studiere an der Sorbonne. Wollen Sie mir endlich . . .«

»Sie wissen natürlich, wo sich . . .« – Tissot machte eine Geste der Abscheu – ». . . die junge Frau befindet.«

»Ich kam nachts hier mit meinem Taxi vorbei und sah . . .«

»Taxi? Sie fahren ein Taxi?« (Nicht lockerlassen.)

»Ja.«

»Natürlich haben Sie die Erlaubnis dazu.«

»Hören Sie, Monsieur, ich . . .«

»Schweigen Sie. Danken Sie Gott, wenn diese Sache für *Sie* ohne Folgen bleibt.«

Panos stammelte: »Folgen? Wenn das, was hier passiert ist, Folgen hat, dann für Madame Avignolle!«

Der kleine Anwalt nahm die Brille ab, putzte sie und kniff die rotgeränderten Augen zusammen. Der Knabe wehrte sich – auch, aber nur stammelnd, dachte Tissot.

»Sagen Sie das noch einmal!« bat Tissot leise.

»Sie haben es gehört. Wo ist Madame Avignolle?«

»Verreist.«

»Das ist nicht wahr!«

»Junger Mann, ich warne Sie zum letztenmal. Diese kleine deutsche Dirne . . .«

Panos balle die Fäuste.

»Das hätten Sie nicht sagen sollen. Ich erstatte jetzt Anzeige.«

»Habe ich schon getan«, sagte Tissot gelassen und setzte seine Brille wieder auf. Das Holzfeuer prasselte im Kamin. Panos fror plötzlich. Der Anwalt bemerkte es zufrieden.

»Was haben Sie getan . . .?«

»Namens meiner Klientin Madame Avignolle habe ich bereits Anzeige gegen diese . . . gegen Mademoiselle Rending erstattet. Hier in Rambouillet und bei der Fremdenpolizei in Paris, nachts noch. Die junge Frau hat die Gastfreundschaft meiner Klientin wahrlich schlecht gelohnt . . . nun, ein pathologischer Fall, sie kann nichts dafür . . . Aber so etwas müssen wir ja nicht unbedingt in Frankreich haben, wie?« Der Anwalt stieß Panos wieder einen dicken Zeigefinger vor die Brust. »Sie halten sich aus dieser Sache heraus. Andernfalls setze ich ebenso schnell durch, daß auch Sie Frankreich binnen achtundvierzig Stunden zu verlassen haben.«

»Daß ich . . . was?«

»Wie Sie das der Sorbonne oder irgendeiner anderen Universität erklären wollen, weiß ich allerdings nicht.«

»Sie haben ersucht, Mademoiselle Rending abzuschieben?«

»Dem Ersuchen wurde heute früh bereits stattgegeben. In derart eklatanten Fällen des Mißbrauchs unserer Gastfreundschaft arbeitet die Polizei sehr schnell. Sie werden mir sagen, wo Sie wohnen und wo die junge Frau sich aufhält – vermutlich bei Ihnen –, dann bringt der Gendarm, der in der Küche wartet, Sie nach Paris zum Quai des Orfèvres, zur Fremdenpolizei. Ein Kriminalbeamter mit dem Ausweisungsbefehl wird Sie begleiten und dafür sorgen, daß das Fräulein« – das letzte Wort sagte er deutsch – »den Befehl auch erhält. Danach hat sie achtundvierzig Stunden Zeit, aus Frankreich zu verschwinden. Ist sie nach Ablauf dieser Frist noch nicht aus dem Lande, wird man sie ausschreiben, aufgreifen und zwangsweise abschieben.«

Der Zwerg holte Luft, aber Panos kam dennoch nicht dazu, etwas zu sagen. Tissot sprach immer schneller, es klang wie das Rattern eines Maschinengewehrs. »Halten Sie den Mund! Ich habe nichts gegen Sie, Monsieur . . .« Wiederum klopfte der dicke Zeigefinger gegen Panos' Brust. »*Noch* nichts! Ich billige Ihnen sogar guten Glauben zu. Ich rate deshalb: Lassen Sie die Finger von dieser . . . dieser . . .«

»Hören Sie, Mademoiselle Rending ist die Tochter eines der geachtetsten und reichsten Männer Deutschlands!«

»Was soll das?« kläffte Tissot. »Eine Drohung?«

»Ich . . .‹

»Antworten Sie! Sollte das eine plumpe Drohung sein?«

»Nein . . . ich . . . natürlich nicht . . . aber . . .«

Es geht noch leichter, als ich dachte, überlegte Tissot, während er Panos stottern ließ. Der griff sich zuletzt an den Kopf.

»Wovon reden Sie eigentlich? Was ist hier los?«

Also denn, dachte Tissot. Wollen wir es dem Knaben gleich ordentlich geben. Ein Ausländer auch er . . . so was von Glück!

»Der Vater hat mein Mitgefühl. Niemand kann sich seine Kinder aussuchen, gewiß. Aber was sich seine Tochter heute nacht hier in volltrunkenem Zustande geleistet hat, war derart widerwärtig, daß der Beamte, den ich auf den Anruf von Madame Avignolle hin informierte . . .«

»Britt war nicht betrunken!« schrie Panos. »Sie war nicht die Spur betrunken! Und wenn sich hier jemand etwas geleistet hat, dann . . .«

Der Zeigefinger des Anwalts stieß so kräftig zu, daß Panos zurücktaumelte. Tissot sagte eisig: »Noch einmal werden Sie hier nicht schreien, verstanden? Das Fräulein war *sinnlos* betrunken. In diesem Zustand molestierte sie Madame Avignolle, die bereits im Bett lag, in einer Weise, die . . .«

»Aber das ist doch nicht wahr!«

»Nicht wahr? Auf Hilferufe von Madame Avignolle hin erwachte das ganze Haus – eine Feundin Madames, die Comtesse de la Tournière, der Gärtner, die Köchin, das Stubenmädchen. Sie alle haben eidesstattliche Erklärungen abgegeben, die mit der Erklärung von Madame Avignolle übereinstimmen. Die Polizei ist bereits im Besitz dieser Aussagen. Es sind eidesstattliche Aussagen von lauter Franzosen . . . hrm.«

»Diese Leuten konnten doch unmöglich aussagen, daß . . .«

Tissot ging zu einem Telefon, das auf einem Bücherbord stand.

»Ich habe jetzt genug von Ihnen. Zwei Ausländer versuchen eine kleine Erpressung, wie? Ich dachte mir fast so etwas. Da ist es am besten, der Fremdenpolizei auch gleich Sie zu empfehlen . . .«

Panos' Gedanken wirbelten.

Eidesstattliche Erklärungen. Ein Anwalt wie Tissot. Lauter Franzosen. Mein Studium. Britts Ausweisung schon angeordnet. Ich bin als nächster an der Reihe. Das darf nicht sein. Zeit. Ich muß jetzt Zeit gewinnen. Dann wird man sehen, ob sich noch etwas machen läßt. Nur nicht die Fremdenpolizei. Nur nicht . . .

Jules Tissot wählte bereits.

»Bitte, legen Sie den Hörer hin«, sagte Panos leise.

Tissot drehte sich um und musterte den jungen Griechen mit hochgezogenen Augenbrauen.

»Sie werden vernünftig, eh?«

»Ja«, sagte Panos, »ich werde vernünftig.«

»In letzter Minute . . . aber immerhin. Ich nehme an, daß Ihnen einfiel, welche Rolle die Familie Avignolle in der französischen Gesellschaft spielt. Auch von der Comtesse de la Tournière haben Sie natürlich bereits gehört. Es wird Sie interessieren zu erfahren, was Sie vielleicht noch nicht wissen: Der Vater der Comtesse ist der bekannte Bankier, sein Bruder avanciert eben wieder einmal im Justizministerium . . . eine steile Karriere . . .«

Panos setzte sich auf einen der drei großen Koffer.

»Was haben Sie?«

»Mir ist zum Kotzen.«

»Das kann ich durchaus begreifen«, sagte Tissot grimmig.

»Rufen Sie den Gendarm, der mit mir nach Paris fahren soll.«

»Das ist sehr klug von Ihnen, mein Freund.« Der Anwalt legte Panos eine Hand auf die Schulter. Nun, da dieser saß, war ihm das möglich.

»Ich bin nicht Ihr Freund«, sagte Panos Mitsotakis. »Und nehmen Sie bitte Ihre Hand weg.«

Jules Tissot gehorchte lächelnd.

Fiat justitia, dachte er. Es ist wirklich etwas Erhabenes um die Gerechtigkeit.

Boris Minski war nicht der krankhafte Typ des Geizhalses, sondern der ökonomische. Wie es in unserem Büro aussah, war ihm egal. Wenn ich ihm sagte, daß wir neue Möbel brauchten, einen Tapezierer, eine andere Entlüf-

tungsanlage, schaute er mich groß an und fragte verständnislos: »Für was?«
Ich bewohnte die erste Etage eines alten, schönen Hauses in der stillen
Humperdinckstraße am Park Luisa. Die Miete war gar nicht hoch, wenn
man bedachte, in welcher guten Lage sich die Wohnung (mit Balkon,
Garage, Ölheizung und dem Recht auf Gartenbenutzung) befand. Boris
wohnte in zwei Untermietzimmern, wie man sie manchmal in Alpträumen
sieht. Seine Wirtin war eine biedere Offizierswitwe, die glaubte, Minski sei
Kellner in einem Nachtlokal. Vor ein paar Jahren wurde in der Villa am
Park Luisa die zweite Etage frei. Ich sagte Minski, er solle sie doch mieten.
»Für was?« fragte Minski.
Er hatte kein Auto, aber drei Smokings und eine ausgezeichnete Garderobe.
Er besuchte nur einen der ersten Friseure der Stadt, wickelte seine Geschäfte
in der Bar eines der besten Hotels von Frankfurt ab, und wenn er verreiste,
dann nur erster Klasse – in Eisenbahn, Schlafwagen oder Flugzeug, dann
wohnte er nur in guten Hotels und machte hohe Spesen. Ich hielt mich einmal über eine seiner Reisespesenabrechnungen auf, die er zu den Steuerbele-
gen warf. »Repräsentieren«, sagte Minski, »man *muß* repräsentieren. Gehört
zum Geschäft. Ist ein Bumerang. Kommt alles wieder zurück.«
Wenn Minski nach Paris fuhr, um neue Attraktionen zu suchen, wohnte er
stets im ›Scribe‹, gab große Trinkgelder und war darum beliebt in allen
Nachtlokalen, die er abgraste. Das Wochenende des 2. Oktober 1965 verbrachte er wieder in Paris.
Am Morgen des 3. Oktober, gegen neun Uhr, stieg ein Fräulein Britt
Rending, elegant gekleidet und mit der Sicherheit, die angeborener Reich-
tum verleiht, im ›Scribe‹ ab. Gegen elf Uhr rief sie Minski auf seinem
Zimmer an, nannte ihren Namen und sagte, sie müsse ihn dringend sprechen. Er möge zu ihr kommen.
»In zehn Minuten bin ich bei Ihnen«, sagte Minski.
Als er erschien, trug er einen dunkelgrauen Seiden-Mohairanzug, ein
weißes Seidenhemd mit Monogramm und eine grausilbern gestreifte Kra-
watte mit einer Perle, die genau auf einem grauen Streifen saß. Britt trug
ein flammenrotes Negligé aus Crêpe Georgette mit roten Spitzen, darunter
einen roten Büstenhalter und ein rotes Höschen sowie hochhackige rote,
seidene Pantöffelchen mit roten Marabufedern. Sie war sehr geschminkt.
Minski sagte: »Sie sind das Fräulein Rending, von dem mein Taxichauffeur . . .«
»Ja«, sagte Britt. »Nehmen Sie Platz, Herr Minski.«
»Weiß Panos . . .«
»Nein«, sagte Britt. Ihre Stimme klang hart und entschlossen.
Minski stand hastig wieder auf.
»Warten Sie doch! Panos schläft. Er war die ganze Nacht mit Ihnen unter-
wegs und kam erst gegen sieben Uhr heim. Er war sehr müde.«

»Ich bin auch noch sehr müde«, sagte Minski. »Panos hat mir erzählt, was Ihnen passiert ist.«

»Ich muß heute noch Frankreich verlassen.«

»Panos will unbedingt Anzeige gegen diese Frau da in ... Sie wissen schon wo, erstatten. Er will, daß Sie bei ihm bleiben. Er will ...«

»Ich weiß, was er will«, sagte Britt. »Darum ging ich weg, als er schlief. Einen Cognac?« Sie holte eine Flasche Hennessy aus dem nur halb ausgepackten Koffer, der in einer Ecke des Raumes, nahe der Badezimmertür, stand.

»Ich trinke nie Alkohol, danke.«

»Aber ich. Jetzt zum Beispiel«, sagte Britt, öffnete die Flasche und goß ein Glas, das neben einer Karaffe auf einer Kommode stand, fast halb voll. Minski betrachtete sie neugierig.

»Zum Wohl«, sagte er.

»Danke.« Britt trank einen großen Schluck. »Ich habe die Flasche gestern nachmittag gekauft. Ich dachte, daß ich sie heute brauchen würde. Die Sachen auch.«

»Welche Sachen?«

»Die ich anhabe. Es gibt da wunderschöne Läden, wo man die tollsten Sachen kaufen kann. Ich habe gewartet, bis Panos zu Ihnen gefahren war, dann bin ich einkaufen gegangen. Hübsch, nicht?«

»Sehr hübsch.« Minski verneigte sich im Sitzen.

Sachlich konstatierte Britt: »Ich gebe auf ... gegen diese Avignolles und diese de la Tournières und diesen Staatsanwalt.«

»Würde ich nicht unbedingt tun«, meinte Minski, der Britt dauernd betrachtete. »Es gibt eine Deutsche Botschaft hier. Die Polizei müßte Ihre Version hören. So einfach, wissen Sie, geht das auch nicht.«

»Mit manchen Leuten schon«, sagte Britt. »Mit Leuten wie Panos oder wie mir, zum Beispiel. Der Anwalt hat es gleich erkannt.«

»Das stimmt vielleicht für Panos. Aber Sie ...«

»Bei mir stimmt es auch«, sagte Britt. »Ich habe nämlich nicht die Absicht, Panos Schwierigkeiten zu machen. Er ist ein so guter Junge, nicht wahr?«

»Ein sehr guter Junge!« Minski beobachtete Britt aufmerksam. »Braver Kerl. Und so begabt, hör ich.«

»Darum bin ich weggegangen, als er noch schlief. Er muß in Ruhe gelassen werden. Vollkommen in Ruhe. Er muß weiterstudieren. Das ist das Allerwichtigste.«

»Verliebt?« fragte Minski.

»Was ist das?« fragte Britt. Sie trank wieder. »Also, Sie haben noch nichts für Ihr Lokal gefunden.«

»Nein«, sagte Minski, den Britt mehr und mehr interessierte. »Nur eine Amerikanerin im ›Chat Noir‹.«

»Die es mit der langen Zigarettenspitze macht«, sagte Britt. »Panos hat mir davon erzählt, aber die Amerikanerin ist ausgebucht bis achtundsechzig, nicht?«

»Leider.«

»Ich bin volljährig. Können Sie mich engagieren?«

»Darüber denke ich die ganze Zeit nach«, antwortete Minski ernst. »Ob ich *kann*, meine ich.«

»Sie haben *angenommen*, daß ich zu Ihnen kommen will?«

»Entschuldigen Sie . . . nach so einem Empfang? Nach allem, was Panos mir über Sie und Ihren Vater erzählt hat?«

»Natürlich. Und?«

»Der Vater«, sagte Minski. »Das Problem ist der Vater. Natürlich wären Sie für mich als Tochter eines so bekannten Vaters interessanter als andere. Viel interessanter! Aber auch viel gefährlicher! Ich darf nicht riskieren, daß Ihr Vater mir Schwierigkeiten macht, Anzeige erstattet . . .«

»Das alles wird er niemals tun«, sagte Britt. »Sonst wäre ich doch überhaupt nicht hergekommen.«

Minski nickte zustimmend. Er sagte: »Sie wissen also genau, daß Ihr Vater uns nichts tun kann, wenn Sie zu mir kommen und auftreten.«

»Das weiß ich ganz genau.«

»*Ganz* genau – die Voraussetzung«, sagte Minski. »Ihre Eltern haben bei der Heirat einen Ehevertrag geschlossen. Psst . . . lassen Sie mal mich reden. Panos hat mir davon erzählt. Und ich hab mir was ausgerechnet, als Sie hier auftauchten. Also, in dem Vertrag heißt es, daß Ihr Vater die Fabriken und allen Besitz verliert, wenn er schuldig geschieden wird oder wenn ihm auch nur in einem einzigen Fall Ehebruch nachgewiesen werden kann. Hab ich das richtig in Erinnerung?«

Britt setzte sich. »Völlig richtig.« Jetzt sah sie Minski gespannt an.

»Muß aber noch was in dem Ehevertrag stehen. Das allein würde nicht genügen. Steht noch was drin, wie?«

»Ja.«

»Natürlich. Kann man sich ja ausrechnen. Was steht noch drin?«

Britt sagte: »Ich kann die beiden Paragraphen auswendig. Erstens: Wenn der Ehegatte während der Ehe Ehebruch begeht, ihm dieser nachgewiesen werden kann und die Ehe aus diesem Grunde geschieden wird, fällt der gesamte von der Ehefrau in die Ehe eingebrachte Besitz in der dann bestehenden Form an diese zurück. Der Ehegatte hat keinen Anspruch auf seine Pflichtanteile.« Minski nickte. »Zweitens«, fuhr Britt fort, »heißt es: Das gleiche gilt, wenn ein gleichartiger Tatbestand vorliegt, für jeden denkbaren Zeitpunkt der Aufdeckung, also gleichgültig, wann er bekannt wird, und sei es auch *nach dem Tode* der Ehefrau. Auch für diesen Fall verzichtet der Ehegatte auf Pflichtteilansprüche. Das ist der *wichtigste* Paragraph.«

»Ja«, sagte Minski, »das ist der wichtige. Und er lautet bestimmt so?«

»Ganz bestimmt.«

»Hm. Ihre Mutter ist tot. Ihr Vater ist nicht schuldig geschieden worden. Aber er hat in zahlreichen Fällen zu Lebzeiten Ihrer Frau Mutter die Ehe gebrochen. Stimmt's?«

»Stimmt.«

»Unter anderm mit der Dame, die nun seine Frau ist«, fuhr Minski fort, die Spitzen der Finger gegeneinander legend. »Ihre Frau Mutter hat das gewußt. Sie hat Ihnen davon erzählt. Sie hat Ihnen erzählt, daß sie ihre Informationen von einem Privatdetektiv erhält. Dieser Detektiv hat Berichte und Fotos geliefert und Zeugen benannt. Alle Unterlagen hat Ihre Frau Mutter knapp vor ihrem Tod Ihnen gegeben und . . .«

»Woher wissen Sie das?«

»Kann man sich ausrechnen. Wenn Sie die belastenden Unterlagen nicht hätten, säßen Sie auch nicht hier.«

»Sie sind unheimlich«, sagte Britt.

»Unheimlich, ach Gott«, sagte Minski. »Wo sind die Unterlagen?«

»In einem Banksafe in Hamburg . . . Mein Vater weiß nichts davon.«

»Natürlich nicht.«

»Wieso natürlich nicht?«

»Weil er Sie sonst nie so behandelt hätte, wie er es getan hat. Wenn Sie also vor Gericht gehen und die Unterlagen vorweisen und Ihre Zeugen und den Detektiv aufmarschieren lassen, und so weiter, und so weiter, dann können Sie *beweisen*, daß Ihr Vater die Ehe mit seiner ersten Frau gebrochen hat und damit den Heiratsvertrag. Und dann ist er die Fabriken und alles andere los. Ich *glaube* jedenfalls, daß die Rechtsprechung so entscheidet.«

»Sie tut es«, sagte Britt. »Ich habe mich erkundigt, x-mal, seien Sie beruhigt.«

»Ich werde erst beruhigt sein, wenn *mein* Anwalt sagt, daß es so ist«, erklärte Minski. »Ihre Idee war also: Sie lassen den Vater jetzt wissen, was Sie gegen ihn in der Hand haben . . . und so kann er Ihnen nichts tun, denn wenn er etwas tut, gehen Sie mit dem Material vor Gericht, und er ist von heute auf morgen ein armer Mann.«

»Genauso habe ich mir das vorgestellt.«

»Auf diese Weise hätten Sie sich doch schon längst rächen können! Warum haben Sie es nicht getan? Warum wollen Sie es auch jetzt nicht tun, sondern nur erreichen, daß Ihr Vater schweigt zu allem, was Sie anstellen?«

Britt sagte heiser: »Weil er mit einem solchen Prozeß allein nie zu ruinieren wäre. Er käme wieder auf die Beine! Seine feinen Freunde wußten doch von seinen Verhältnissen. Taten sie etwas? Schnitten sie ihn? Verachten sie ihn? Keine Spur!« Britts Wangen wurden hektisch rot, ihre Bewegungen fahrig. »Die sogenannte gute Gesellschaft würde ihm helfen, denn er gehört doch zu ihr! Wenn es sich aber mehr und mehr herumspricht, was seine Tochter macht – und was er schweigend duldet –, dann wird er eines Tages einfach *untragbar* geworden sein für die gute Gesellschaft. Dann wird ihn keiner mehr unterstützen, keiner wird ihm mehr helfen . . .«

»Sie trinken zuviel«, sagte Minski.

». . . dann wird man sich von meinem Vater abwenden und ihn fallenlassen wie eine heiße Kartoffel. *Dann* erst, dann erst ist er völlig erledigt, wenn ich zu Gericht gehe! Dann erst habe ich erreicht, was ich will! Ich habe so lange darüber nachgedacht, in welche Situation ich meinen Vater bringen muß, um ihn *wirklich* zu ruinieren. Es fiel mir nichts ein. Bis gestern. Bis ich von *Ihnen* hörte! Da war mir plötzlich klar: Jetzt ist es soweit! Jetzt ist es soweit!« Britts blaue Augen waren fast schwarz geworden. Ihre Brüste hoben und senkten sich hastig. »Es kommen doch Leute von überallher zu Ihnen, wie?«

Minski nickte, halb betrübt, halb fasziniert.

»Auch aus Hamburg natürlich.«

»Natürlich . . .«

»Also! Die werden mich sehen. Und reden. *Reden!* Mein Vater? Der wird schweigen. Schweigen *müssen!* Die Unterlagen kann ich Ihnen sofort zeigen, wenn ich in Deutschland bin. *Sie* haben nichts mit der Erpressung zu tun. *Ich* werde Herrn Rending mitteilen, was ich mache und wo ich bin und was ich gegen ihn in der Hand habe.«

»Zuerst muß mein Anwalt . . .«

»Ihr Anwalt wird dasselbe sagen wie meiner. Hamburg ist eine so vornehme Stadt. Mein Vater hat nicht nur Freunde! Wenn ich immer weitermache und er nichts unternimmt, dann *muß* die gute Gesellschaft ihn schneiden, dann muß . . . warum sehen Sie mich so an?«

»Ich glaube, ich hab immer noch nicht wirklich gewußt, *wie* groß Haß sein kann«, sagte Minski.

»Jetzt wissen Sie es«, sagte Britt. »Ich weiß es seit vielen Jahren. Seit ich ein Kind war! Ich bin schön – finden Sie nicht? Was dieses Mädchen im ›Chat Noir‹ kann, kann ich sicherlich auch. Haben Sie eine Zigarettenspitze?«

»Ich . . . ich rauche nie . . .«

Britt ging zu einem Leuchter und nahm eine Kerze. Danach zog sie sich aus.

»Die Tür . . .«

»Habe ich abgeschlossen, als Sie hereinkamen. Wo darf ich . . . vorsprechen?«

»Auf dem Teppich«, sagte Minski, sein Kinn reibend.

Eine Viertelstunde später saß Britt ihm, wieder im Negligé, gegenüber.

»Also?«

»Also«, sagte Minski, »zuerst muß mein Anwalt – ein paar Anwälte müssen! – mir sagen, daß Ihr Vater wirklich den Prozeß verlieren würde. Wenn es so ist, hält er auch den Mund, davon bin ich überzeugt. Aber das hat felsenfest zu stehen.«

»Ich muß hier fort!«

»Ich sag ja nicht, daß Sie hierbleiben sollen. Nur, solange ich nicht grünes Licht von den Anwälten hab, kann ich nicht mit Ihnen anfangen, kapiert?«

»Sie werden sehr schnell grünes Licht haben.«

»Hoffentlich.«

»Und Sie müssen keine Skrupel haben, Herr Minski.«

»Skrupel? Jetzt, wo Sie auf die Idee gekommen sind, würden Sie so was doch auf jeden Fall tun – wenn nicht bei mir, dann bei der Konkurrenz!«

»Bestimmt!«

»Also dann natürlich bei mir! Weiter: Sie waren nicht schlecht . . . hm, nein, gar nicht schlecht . . . Sie können sich bewegen . . .«

»Ich erhielt im Internat auch Ballettunterricht«, sagte Britt und lachte.

»Trotzdem . . . das genügt nicht . . . Sie werden noch lernen müssen, schwer arbeiten.«

»Mit Freuden.«

»Drittens: Vor mir allein in einem Hotelzimmer ist so etwas anders als in einem Lokal vor vielen Menschen. Sehr die Frage, ob es dort *auch* gehen wird!«

»Ich will dabei stets an meinen lieben Vater und meine liebe Stiefmutter denken, dann wird es auch vor noch so vielen Leuten gehen. Angenommen also, Ihre Anwälte sagen okay, und ich lerne gut. Wieviel zahlen Sie? Geld ist mir im allgemeinen gleich, aber ich werde bis auf weiteres kaum mit Schecks meines Vaters rechnen können, und ich muß ja schließlich leben.«

»Langsam«, sagte Minski, »langsam. Viertens muß ich sehen, ob wir Sie wirklich groß aufbauen können.«

»Wer ist wir?«

»Ich und Ritchie Mark, mein Partner.«

»*Richard Mark?*«

»Ja, so heißt er.«

»Es gibt einen Schriftsteller, der heißt Richard Mark!«

»Nein, *Werner* heißt er. Das ist der Schriftsteller«, sagte Minski schnell. »Der große Schriftsteller. Werner Mark, den meinen Sie, den Bruder von Ritchie.«

Britt sah ihn verwundert an. »Ich meine nicht seinen Bruder Werner! Natürlich kenne ich den auch. Ich habe paar Bücher von ihm gelesen . . . aber der Roman, an den ich denke, heißt ›Steh still, Jordan!‹, und der ist von *Richard* Mark. Den hat *er* geschrieben, Ihr Ritchie!«

Minski nickte verlegen.

»Na also! Meine Mutter hat mir den Roman geschenkt – es ist schon lange her . . .«

»Es ist auch schon lange her, daß Ritchie einen Roman geschrieben hat.«
Minski zerrte an seinem Kragen.

»Was haben Sie?«

»Nichts. Warum?«

»Sie sind nervös.«

»Überhaupt nicht.«

»Natürlich nicht.« Britt runzelte die Stirn. »Warum schreibt Richard Mark nicht mehr?«

»Warum wollen Sie bei mir Strip-tease machen?« fragte Minski.

»Ach!« sagte Britt Rending. »Er hat auch einen Grund, ja? Einen so guten Grund wie ich?«

»Mindestens einen so guten«, antwortete Minski.

»Ich glaube, ich werde mich mit Ihrem Partner ausgezeichnet verstehen«, sagte Britt Rending.

Minski hob die Hand. »Moment! Also gut, die Anwälte sagen ja — dann bin ich bereit, Sie ausbilden zu lassen. Ich bin bereit, die Ausbildung und Ihren Lebensunterhalt zu bezahlen. Natürlich werden Sie in einer Pension wohnen und nicht im Frankfurter Hof . . .«

»Das ist mir egal.«

»Wenn wir sehen, ob Sie wirklich etwas taugen, reden wir über den Vertrag. Vergessen Sie nicht: Sie haben es eiliger als ich. Also: ja oder nein?«

»Natürlich ja!«

Boris stand auf.

»Ich fliege erst morgen zurück. Wann wollen Sie weg?«

»So schnell wie möglich.«

»Gut.« Minski ging zur Tür.

»Was ist?« fragte Britt verblüfft.

»Was soll sein?«

Britt sah zum Bett, dann zu Minski.

»Ich dachte, es sei üblich, daß . . .«

»Bei mir nicht«, sagte Minski.

»Sind Sie krank?«

»Nein.«

»Was dann?«

»Ich hab eine Frau . . .«

»Und . . .?«

»Und die ist krank«, sagte Minski. »Und ich bin abergläubisch.«

Britt Rending biß sich auf die Lippe. Dann trank sie ihr Glas leer und sah zum Fenster. Es regnete immer noch.

»Wie lange ist Ihre Frau krank?«

»Oh . . . viele Jahre. Aber es geht ihr schon enorm besser!«

»Und . . . und . . . und trotz der vielen Jahre haben Sie nie . . .«

»Selten«, sagte Minski. »Sehr selten. Nur wenn ich unbedingt . . . ein Mann
ist manchmal . . .«

»Aber Sie sagen sehr selten.«

»Ich bin gräßlich abergläubisch, wissen Sie.«

»Ihre Frau wird bestimmt wieder ganz gesund werden«, sagte Britt.

»Gott soll nur geben«, sagte Minski, »daß sie nicht kränker wird. So bin ich
schon zufrieden.« Er hatte es eilig, fortzukommen. »Ich buch also einen Platz
für die nächste Maschine nach Frankfurt, die Sie noch erreichen können.
Und ich ruf sofort Ritchie an, damit er Sie am Flughafen abholt. Warten
Sie, bis er Sie ausrufen läßt. Er wird beim Informationsschalter sein.«

»Ich danke Ihnen, Herr Minski«, sagte Britt. »Sie haben mir sehr geholfen.«

»Das wissen Sie doch noch gar nicht«, sagte Minski.

»Ich weiß es schon jetzt genau. Danke.«

Minski fragte: »Und was wird mit Panos?«

»Dem habe ich einen Brief geschrieben«, antwortete Britt Rending . und
blickte wieder in den Herbstregen und auf den verlassenen Boulevard de la
Madeleine hinaus.

›Mein Liebster,
jetzt schläfst Du tief. Jetzt kann ich gehen. Zu Herrn Minski. Sei nicht böse,
und fahre weiter für Herrn Minski, er gibt doch so gute Trinkgelder. Hast
Du erzählt. Und er kann nichts dafür.

Ich werde bei Herrn Minski arbeiten. Er weiß es noch nicht, aber sicherlich
nimmt er mich. Ich schreibe Dir aus Frankfurt. Sofort. Ich hätte auf jeden
Fall weg müssen. Du mußt weiterstudieren. Natürlich kannst Du jetzt nichts
mehr mit mir zu tun haben. Aber ich bekomme *nie* mehr eine *solche*
Chance, meinen Vater zu treffen, meine Mutter zu rächen. Du wirst das
nicht verstehen. Sag Dir, ich sei eben verrückt, eine verrückte *boche*. Nein,
keinesfalls kannst Du jetzt noch etwas mit mir zu tun haben. Aber schreiben
könntest Du mir. Bitte Panos! Ich werde Dir viele Briefe schreiben. Es hätte
doch ganz hübsch werden können mit uns, nicht?

Meine Adresse wird in meinem ersten Brief stehen. Schreib bitte wirklich.
Manchmal. Damit vergißt Du Dir nichts. Und ich wäre so froh. Ich danke
Dir für – ich weiß nicht, wofür – für *alles*.

Werde ein großer und guter Mann, Panos. Ich habe noch nie für jemanden
gebetet, immer nur für meine Mutter. Jetzt werde ich es auch für Dich tun.
Ich umarme Dich. Britt.

P. S. Den Zettel mit dem Ausspruch von Einstein habe ich mitgenommen.
Das ist kein großer Diebstahl, oder? Du kannst den Satz noch einmal
aufschreiben, Du kannst Griechisch. Ich nicht. Und Griechisch sieht so schön
aus.‹

Panos Mitsotakis ließ den Brief sinken. Es war fast sechzehn Uhr, und er saß in seinem alten Pyjama vor dem vollgeräumten Arbeitstisch, auf dem er den Brief gefunden hatte. Nun peitschte Sturm den Regen gegen das Fenster. Panos saß reglos. Zuerst dachte er: Das ist schlimm. Das hätte sie nicht tun sollen. Es tut weh. Komisch. Es hat noch nie weh getan – bei keinem Mädchen. Der Teufel soll mich holen, wenn ich diesen Minski noch einmal fahre! Natürlich erreiche ich sie nicht mehr, bestimmt ist sie schon in Deutschland . . .

Er kochte Kaffee auf seinem Bidet-Rechaud, schlürfte die heiße, bittere Flüssigkeit – er nahm nie Zucker, um zu sparen –, und da war es zwanzig Minuten später, und Panos Mitsotakis dachte so: Warum soll ich diesen Minski eigentlich nicht fahren? Er gibt wirklich gute Trinkgelder. Und er kann wirklich nichts dafür. Deutsche Weiber. Haben ihren Ruf schon zu Recht. Als ich Britt zwei Stunden kannte, lag ich schon mit ihr im Bett. Ihre Geschichte? Alles erlogen vielleicht. Was sie über Rambouillet erzählt hat? Vielleicht genauso erlogen. Dieser Anwalt hat möglicherweise die Wahrheit gesagt – *und Britt gelogen!* Den Zettel mit dem Ausspruch von Einstein – tatsächlich, sie hat ihn mitgenommen. Kleine Hure. Große Hure. Ein Segen, daß alles so gekommen ist! War doch wahrhaftig im Begriff, mich zu verlieben. Hatte doch wirklich die verrückte Idee, ihr zu helfen, zu Gericht zu laufen. Und dann? Ich wäre von der Sorbonne geflogen! Meine arme Mutter! Bevor ich Minski abhole, muß ich ihr noch schreiben. Ich schreibe ihr doch jeden Sonntag. Britt? Verflucht will ich sein, wenn ich ihr auch nur ein einziges Mal schreibe, wenn ich einen einzigen ihrer Briefe auch nur lese. Aber sie wird ja auch gar nicht schreiben . . .

Panos Mitsotakis' Blick fiel auf ein geöffnetes Buch, das vor ihm lag, und während er langsam den bitteren Kaffee schlürfte, während der Sturm an dem Fenster rüttelte und das Licht verfiel, dachte und las er zugleich.

. . . es läßt sich nun nicht verkennen, daß die bisher geschilderte Durchführung der Idee, das Elektron im Atom als Welle aufzufassen, unzureichend ist. Eine Nymphomanin. De Broglie betrieb eigentlich noch Strahlenoptik, er ließ diese Wellen als gekrümmte Strahlen an Kreisen entlanglaufen, gekrümmt durch die Kraft – vielleicht ist sie frigid, das würde manches erklären –, die der elektrisch geladene Kern auf die Ladung ausübt. Aber sie ist schön. So schön. Und ich dachte wirklich zuerst . . . Das aber ist noch keine wahre Wellenmechanik. Die ›Strahlenmechanik‹, die mit Korpuskeln arbeitet, ich werde sie vergessen, ganz schnell, diese hochherrschaftliche Nutte, *wenn* sie hochherrschaftlich ist. Was längs Strahlen fortschreitet, wäre im Atomaren vielmehr durch eine Welle zu ersetzen, die, ohne daß man von Strahlen noch sprechen kann, im ganzen Raum, der den Kern umgibt, ausgebreitet ist. Was heißt, ich werde sie vergessen? Ich habe sie schon vergessen. Ich weiß schon überhaupt nicht mehr, wie sie aussieht.

Die Frequenz dieser Wellen . . .

Panos legte den Kopf auf die verschränkten Arme. Wenn es nur nicht so weh täte, dachte er.

Britt Rending flog nach Hamburg und holte alle Dokumente aus ihrem Banksafe. Minskis Anwalt und noch zwei andere prüften die Schriftstücke genau. Auch wenn Britt erst jetzt oder noch später einen Prozeß gegen den Vater anstrengte, *mußte* sie ihn gewinnen, sagten die Anwälte.

Britt schrieb nun dem Vater – ausführlich.

Zurück kam ein jammervoller Brief, ihn doch nicht zugrunde zu richten, ihm doch endlich seinen Frieden zu lassen. Der Brief überzeugte nicht nur uns, sondern auch die Anwälte davon, daß Rending nichts unternehmen würde, um ein Auftreten seiner Tochter zu verhindern. Thomas Rending sah voll Bangen einer dunklen Zukunft entgegen . . .

Nun ließ Minski das Mädchen von zwei erfahrenen Stripperinnen unterrichten. Sie arbeiteten viel und angestrengt. Britt war ehrgeizig. In den ersten vier Wochen, die sie in Frankfurt verbrachte, schrieb sie fünf Briefe an Panos Mitsotakis, dann gab sie es auf, denn die Briefe kamen allesamt ungeöffnet mit dem Stempelvermerk ANNAHME VERWEIGERT zu ihr zurück.

Britt war unglücklich darüber. Sie versuchte, es sich nicht anmerken zu lassen, aber am Abend, wenn sie mit mir zusammen in unserem Büro hinter dem Spiegelzimmer saß, in dem sich ein anderes Mädchen produzierte, das Britt genau beobachten sollte, an vielen solchen Abenden, die ich mit ihr verbrachte, war sie doch deprimiert und trank. Ich ließ sie trinken und paßte nur auf, daß das nicht ausartete, damit sie fit für das Training blieb.

In jenen Nächten erzählte Britt mir von sich, und ich erzählte ihr von mir. Sie wollte natürlich wissen, warum ich seit so vielen Jahren kein Buch mehr geschrieben hatte und statt dessen mit Minski das ›Strip‹ führte, und sie wollte alles über meinen Bruder Werner wissen und alles über Lillian Lombard und überhaupt alles über mein Leben. Ich erzählte ihr nicht alles, aber sie wußte zuletzt, als wir sie fest engagiert hatten, eine Menge.

Sie dachte immer noch an Panos. Sie war so allein. Weil sie so allein war, klammerte sie sich an mich. Sie tat mir leid. Ich besorgte ihr ein kleines Apartment in einem Neubau an der Borkheimer Landstraße, ich führte sie aus, wir gingen essen, tanzen, ins Kino. Ein paarmal schliefen wir miteinander, denn gerade da hatte ich eine Zeit, in der auch ich mich elend fühlte.

Natürlich sind solche Gemütszustände nicht die Grundlage für eine glückliche Liebe. Es wurde auch keine. Wir gaben die Schlaferei wieder auf und wurden gute Freunde. Arme Britt, sie hatte kein Glück mit Männern!

Sie fing an, mich zu verehren, weil ich einmal Bücher geschrieben hatte, und heute weiß ich, daß diese Verehrung sie eifersüchtig werden ließ – eifersüchtig auf jede Frau, die ich kannte, vor allem aber auf Lillian, auf Lillian

Lombard, der Britt die Schuld an allem gab, was in meinem Leben geschehen war, ihr allein. Sie haßte Lillian Lombard zuletzt sehr. Arme Britt . . .

Ihre Nummer schlug sofort ein – wie keine zuvor! Ganz schnell wurde Britt die Seele des ›Strip‹. Gäste strömten herbei. Natürlich kamen auch Leute aus Hamburg und natürlich auch solche, die Britt kannte, und das waren dann immer ihre großen Abende.

Thomas Rending tat nichts, um ihr Auftreten zu verhindern. (Die Kultusgemeinde tat mehr!) Thomas Rending schwieg so beharrlich, wie wir alle es erwartet hatten. Wochen vergingen, Monate vergingen, und wir hörten aus Hamburg, daß da oben nun schon sehr viel über den Konservenmillionär gesprochen wurde, daß sich einige der vornehmsten Familien der Stadt von ihm abwandten, daß man ihn und seine Frau immer öfter schnitt – im Theater, in Restaurants, auf Gesellschaften. Angeblich gab es Anlässe besonders exklusiver Natur, zu denen das Ehepaar Rending nicht mehr geladen wurde. Das waren Gerüchte, aber wir bauschten sie noch auf, wenn wir sie Britt erzählten, denn wir machten sie glücklich, so glücklich damit!

»Seht ihr«, sagte sie dann immer, »seht ihr . . .«

Die Bezeichnung ›Candle-Act‹ hatte sie erfunden. Sie fand den Ausdruck komisch. Wir fanden ihn hervorragend. Nun, da Britt viel Geld verdiente – wir bezahlten sie gut –, kaufte sie sich einen roten Karmann-Ghia, Kleider, Schallplatten und sehr viele Bücher, Belletristik, Biographien, Bildbände über Griechenland und Paris, alle Romane eines gewissen Richard Mark und populärwissenschaftliche Werke über Physik, die sie nicht verstand. An die Wände ihrer Einzelgarderobe klebte sie Plakate, Fotografien, die sie aus den Kunstbänden über Griechenland und Paris und aus amerikanischen Zeitschriften riß – und über die Couch den Zettel mit dem griechisch hingemalten Ausspruch Einsteins, diesen Zettel, der einst in Panos' Stundenhotelzimmer gehangen hatte:

DER MENSCH HAT WENIG GLÜCK

Britt war ein wirklicher Kamerad. Minski und ich schlossen sie schnell ins Herz – wir wurden eine kleine, seltsame Familie, die zusammenhielt wie Pech und Schwefel. Unter Menschen lachte Britt oft und war scheinbar fröhlich, doch sobald sie sich unbeobachtet glaubte, nahm ihr Gesicht den melancholischen und verschlossenen Ausdruck an, der dieses Gesicht schon gezeichnet hatte, als Britt noch ein ganz junges Mädchen war.

Sie hatte sich unter ihrem richtigen Namen polizeilich gemeldet. Die Mieter des Apartmenthauses hielten sie für eine wohlsituierte Nachtklubsängerin. Britts Künstlername stammte von Minski.

Zu den Schmetterlingen, die er besonders gern mochte, gehörte der Admiral, und die lateinische Bezeichnung für diesen Falter lautet Vanessa atalanta.

»Wir werden sie Vanessa nennen, dos arme Menschele«, sagte Minski zu mir.

Nun, in jener Novembernacht, da ich versuchte herauszufinden, ob es in der mir unbekannten Stadt Treuwall in der Lüneburger Heide ein Krankenhaus gab, da ich darauf wartete, daß das Telefonfräulein der Auskunft sich meldete, da Boris neben der erkälteten Vanessa kniete, die auf dem schmutzigen Ledersofa unseres Büros lag, ermattet noch von ihrem Brechkrampf – in dieser Nacht sagte Minski jene jiddischen Worte wieder einmal.

»Dos arme kleine Menschele . . .«

Ich preßte die Hörer beider Apparate an die Ohren, und aus dem einen kam von Zeit zu Zeit ein Stöhnen, und das beruhigte mich, denn es zeigte, daß Lillian Lombard noch lebte, und ich sah zu Minski, sah die totenbleiche Vanessa, sah durch den Einwegspiegel hinaus in den Raum, in dem unsere Gäste lachten und tranken und trunkene Brüderschaften schlossen.

»Hallo«, sagte die Stimme des Mädchens von der Auskunft, »hören Sie mich?«

»Ja!«

»Es gibt in Treuwall ein Kreiskrankenhaus. Die Nummer ist 2222 bis 2225 mit allen Nummern dazwischen.«

»Ich danke Ihnen«, sagte ich. »Ich danke Ihnen . . .«

»Hoffentlich hilft's noch was«, sagte das Mädchen von der Auskunft. Dann war diese Verbindung unterbrochen.

Ich sah auf meinen Notizblock und wählte auf Minskis Apparat eine lange Nummer.

Sofort meldete sich eine Männerstimme: »Kreiskrankenhaus Treuwall!«

»Die Rettungsstelle!«

»Einen Moment.«

Es klickte in der Verbindung.

Eine andere Männerstimme erklang: »Rettungsbereitschaft, Doktor Hess.«

Meine Worte überstürzten sich: »Doktor, ich heiße Richard Mark. Ich spreche aus Frankfurt.« Ich gab ihm die Adresse und die Telefonnummer des ›Strip‹.

»Ich wurde vor ein paar Minuten von einer Dame angerufen . . .«

»*Dame!*« sagte Vanessa, die besudelt auf dem Sofa lag, stützte sich auf und sah mich bitter an.

». . . die in Ihrer Stadt wohnt. Sie hat eine Überdosis Schlafmittel oder Gift genommen, jedenfalls versucht, sich das Leben zu nehmen. Sie kam noch einmal zu sich und rief hier an. Bitte schicken Sie sofort einen Wagen los!«

»Die Adresse?«

»Lillian Lombard«, begann ich und hörte den Arzt Atem holen.

»Was ist?«

»Nichts . . .«

»Kennen Sie die Dame?«

»Nein .. das heißt . . . Waldpromenade 24, nicht wahr?«

Nun holte ich Atem. »Woher wissen Sie . . .«

»Keine Zeit für Erklärungen. Wir fahren sofort los. Danke für den Anruf.«

»Moment!« rief ich schnell. »Ich fahre auch sofort los!«

Vanessa spuckte nach mir. Sie traf nicht.

Minski sagte: »Laß ihn, Kind. Kannst du nichts machen. Geht's wieder halbwegs?«

Vanessa nickte, Boris stand auf, zog die schmutzige Jacke aus, warf sie auf den schmutzigen Boden und lief zu seinem Schreibtisch.

Unterdessen hatte der Arzt gesagt: »Das ist aber ein schönes Stück Weg von Ihnen bis zu uns herauf.«

»Ich habe einen schnellen Wagen.«

»Wollen Sie nicht wenigstens warten, bis ich zurückrufe?«

Ich konnte auf einmal nur noch an Lillian denken und Lillian sehen und Lillian spüren.

»Nein! Auf der Autobahn, von einer Raststätte, darf ich da anrufen?«

»So schnell . . .«

»Ich rufe an.«

»Gut. Ende.«

Damit war diese Verbindung unterbrochen, und ich lauschte noch einmal an dem anderen Hörer und vernahm noch immer Lillians Röcheln, leise, sehr leise, dann legte ich beide Hörer in ihre Gabeln und erhob mich, um Minskis Apparat zurückzutragen. Dabei mußte ich an Vanessa vorbei. Ihre blauen Augen funkelten mich an. So sah sie aus, wenn sie von ihrem Vater sprach. Ich wußte, daß es keinen Sinn hatte, etwas zu fragen, ging zu Minski und stellte das Telefon auf dessen Schreibtisch. Boris hatte sich mittlerweile über die große Karte von Deutschland geneigt, die neben dem Pauspapier lag, jenen beiden Utensilien, mit deren Hilfe er die NPD-Siege in Bayern ausgerechnet hatte.

»Da«, sagte er und wies mit dem Daumen auf eine Stelle der Karte.

Mir wurde ein wenig flau, als ich sah, daß dieses Treuwall wirklich ein Ende weit weg war.

Minskis Finger fuhr über die Karte.

»Autobahn Nord. Hersfeld, Kassel, Göttingen, Hildesheim, Hannover. Bei Hannover rechts. Autobahn bis Braunschweig. Dann rein in die Heide über die B 4. Das ist der kürzeste Weg, hab' es schon ausgerechnet.«

»Kürzester Weg«, sagte Vanessa erstickt. »Vierhundert, fünfhundert Kilometer. Dieser blödsinnige Hund!«

»Der Thunderbird macht 180 in der Stunde spielend«, sagte ich. »Gar nicht so arg.«

»Gar nicht so arg«, sagte Minski. »Regnet in Strömen, wo es Nebel gibt, wissen wir nicht, aber gar nicht so arg.« Er sah von mir weg und legte in

Gedanken das bezeichnete Pauspapier über die Landkarte. Ich rührte mich nicht. Ich war wirklich ein blödsinniger Hund, dachte ich. Lillian Lombard – hatte ich nicht Gott gedankt, als es endlich, endlich aus gewesen war mit uns? Und nun . . .

»Schau«, sagte Minski, »kommst in eine herrliche Gegend. Naturschutzgebiet! Landtagswahlen werden sie in der Lüneburger Heide am 4. Juni 1967 haben.« Ich bemerkte, daß die Fläche des Landes Niedersachsen doppelt schraffiert war, an vielen Stellen dreifach. »1930 haben die Nazis da überall mehr als zwanzig Prozent der Stimmen gekriegt«, sagte Minski. »Da und da und da und da sogar mehr als fünfundzwanzig Prozent. Braun ist die Heide, die Heide ist braun.«

»Du weißt ja, was du mich kannst«, sagte ich.

»Weiß ich. Immer, wenn ich mich anzieh, hab ich Sehnsucht nach dir«, antwortete er. »Da, nimm die Autokarte.« Er faltete sie zusammen. »In Treuwall haben sie damals fünfundzwanzig Prozent gekriegt«, sagte er dazu.

Ich sah ihn bittend an.

»Boris, versteh doch . . .«

»Hau schon ab«, sagte Minski. »Ich bleib heute nacht hier. Muß mich um Vanessa kümmern. Ruf an. Von der Autobahn. Von oben. Ich bin immer da.«

Er nahm meinen schweren blauen Kamelhaarmantel, der keine Knöpfe, sondern nur einen breiten Gürtel besaß, von einem Wandhaken und half mir hinein.

»Danke«, sagte ich. »Wiedersehen, Boris. Wiedersehen, Vanessa.«

»Du . . . du . . .«, begann diese, aber Minski winkte ab.

»Sei ruhig. Schade um jedes Wort. Er kann nicht anders. Der Geist ist willig, aber das Fleisch ist schwach. Auch einer von unsere Leut'! Lauf, Ritchie, lauf!«

Vanessa nieste, dann schrie sie: »Ja, lauf, du Idiot! Lauf, so schnell du kannst! Renn in dein Unglück! Renn!«

Ich rannte.

Vor Kassel hörte der Regen auf, aber nun ging es bis nach Göttingen immer wieder durch Nebelzonen. Hinter Göttingen wehte starker Nordwind, der an dem Thunderbird rüttelte. Ich fuhr – mit Ausnahme des Nebelgebietes natürlich – immer hundertsechzig Stundenkilometer. Mein Rücken schmerzte, und ich fror.

Zweimal rief ich von Raststätten aus das Krankenhaus Treuwall an.

»Ich kann Ihnen gar nichts sagen«, erklärte mir jener Dr. Hess von der Rettungsbereitschaft.

»Was heißt gar nichts? Ist sie . . .«

»Nein. Dann könnte ich Ihnen ja etwas sagen. Aber wir wissen noch nicht, ob sie auch am Leben bleiben wird. Verstehen Sie?«

»Ich verstehe«, erwiderte ich und rief in Frankfurt an, um Minski zu benachrichtigen. Dann fuhr ich weiter, etwa eineinhalb Stunden, blieb vor einem anderen Rasthaus stehen und telefonierte wieder mit Treuwall. Dr. Hess' Stimme klang nun schon gereizt: »Was stellen Sie sich vor? Wir tun, was wir können . . . Es hat sich noch nichts geändert. Wo sind Sie denn eigentlich?«

»Bei Hannover . . .«

»Kommen Sie her. Aber rufen Sie nicht mehr an!«

Ich rief noch einmal im ›Strip‹ an.

Vanessa meldete sich.

»Du? Wieso du? Wo ist Boris?«

»Eingeschlafen. Na?«

»Nichts Neues . . . ich fahre jetzt bis Treuwall durch und melde mich erst von dort wieder.«

Vanessa sagte etwas Unverständliches.

»Wie?« fragte ich.

Darauf hängte sie einfach ein.

Ich rannte zum Wagen und raste weiter.

Schwarze Wolken hingen tief über dem Land. Als ich wieder auf der B 4 war und in die Heide hineinfuhr, begann es zu schneien – kleine, harte Flocken, die liegenblieben.

Das Schneetreiben wurde heftiger. Es war jetzt knapp nach sieben Uhr früh.

Die B 4 lief gerade nach Norden. Die sogenannte Harz-Heide-Straße war die einzige in dieser Naturschutzgegend, die immer befahren werden konnte, las ich auf Tafeln. Auf Tafeln las ich auch, daß rechts und links der B 4 Truppenübungsplätze lagen, die nicht betreten werden durften.

Laster begegneten mir. An der rechten Straßenseite lag dichter Wald. Soweit ich es im Licht der Scheinwerfer zu erkennen vermochte, standen dort Eichen, Kiefern und Buchen, ab und zu auch eine Birkengruppe, ich sah weiße, dünne Stämme. Auf der linken Seite der B 4 gab es Sträucher und stachliges Unterholz und dahinter Tümpel und Schilf und Moor. Das konnte ich natürlich nicht sehen, aber riechen konnte ich es. Es war ein ganz bestimmter Geruch, und ich hatte ihn gern. Die Straße stieg und fiel andauernd. Das überraschte mich. Ich war noch nie in dieser Gegend gewesen und hatte mir die Lüneburger Heide anders vorgestellt – wie eine sandige Steppe etwa, durch die man stundenlang laufen konnte, ohne ein Haus oder einen Baum zu sehen. Ich sah sehr viele Bäume, und ich sah viele Häuser in den Städten Gifhorn und Uelzen. Hier waren schon Menschen unterwegs.

Steppe! Die Lüneburger Heide war nicht gerade ein Gebirge, aber nach den Mittelgebirgen, durch die ich heraufgekommen war, konnte man diese Landschaft zumindest ein Niedergebirge nennen. Bei Klarsicht mußte es hier etwa so aussehen wie in den flacheren Teilen des Harzes oder in Thüringen. Ohne Felsen. Felsen hatte ich noch nicht gesehen. Was natürlich nicht sagte, daß es keine gab. Es fiel mir ein, daß in der Heide Hünengräber und Findlinge standen. Aber Findlinge sind keine Felsen. Ob Lillian schon tot war?

Hinter Jelmstorf bog ich rechts ab. Nach drei Kilometern erreichte ich, von Süden kommend, Treuwall. Hier schneite es stark. Ich sah an diesem Morgen wenig von Treuwall. Alle Straßenlampen brannten noch, die Scheiben des Thunderbird beschlugen sich dauernd, die Wischer glitten hin und her und oft desgleichen mein schwerer Wagen.

Es erstaunte mich zu sehen, wie groß Treuwall war. Hier lebten gewiß 40 000 oder 50 000 Menschen. Bald erblickte ich den ersten Wegweiser mit der Aufschrift KREISKRANKENHAUS. Es gab sehr viele Wegweiser und Tafeln und Ampeln in Treuwall. Ich mußte durch die ganze Stadt fahren, denn die Klinik lag im Nordwesten. Unten im Süden hatte Treuwall noch einen recht armseligen Eindruck gemacht. Häßliche Häuser standen da, schmutzige Fabriken, eine alte Brücke führte über einen angeschwollenen Fluß. Dann wurde die Stadt feiner: mit großen Parkanlagen und alten Bäumen. Durch das Schneetreiben und die beschlagenen Fensterscheiben sah ich im Licht schwankender Bogenlampen prächtige Giebelhäuser, zwei große Kirchen mit hohen Türmen, ein mächtiges Rathaus — alles, wie mir schien, in dieser niederdeutschen Backsteingotik erbaut —, aber auch viele neue, moderne Gebäude, darunter ein Theater.

Im Nordwesten wurde Treuwall geradezu vornehm. Hier gab es alte Villen in Gärten, neue Bungalows, breite, stille Straßen. Ich fuhr durch eine entlaubte Kastanienallee, und auf einmal wurde es sehr hell. Vor mir lag, strahlend beleuchtet, ein großer verschneiter Parkplatz und dahinter ein Riesengebäude mit Seitenflügeln, die über verglaste Holzbrücken vom Haupthaus aus zu erreichen waren.

Ich wußte, daß viele Kreisstädte in den letzten Jahren ihre eigenen Krankenhäuser gebaut hatten, modern und teuer. Dieses Krankenhaus hier war besonders modern, und es mußte besonders viel gekostet haben.

Ich parkte den Thunderbird, der vor Dreck starrte, und lief durch den eisigen Wind und den Schnee zum Eingang der Klinik und in eine große Halle hinein, in der die übliche Hinweistafel hing. Ich sah sie mir an. Telefonzentrale, Verwaltung und Rettungsstation befanden sich im Erdgeschoß. Darüber war das Krankenhaus auf der einen Seite für Männer, auf der anderen für Frauen eingerichtet. Im ersten und zweiten Stock befanden sich interne Abteilungen, Laboratorien und Untersuchungsräume. Im dritten und vierten Stock lagen Operationssäle und chirurgische Stationen, im fünften Stock gab es, beidseitig, Abteilungen für Frauenkrankheiten und Kreißsäle. In den Seitenflügeln waren eine Kinderklinik, eine Augenabteilung und eine Zahnklinik untergebracht. Das alles, las ich, hatte man in den Jahren 1957 bis 1960 erbaut. Am oberen Ende der Tafel stand:

KREISKRANKENHAUS TREUWALL
VORSTAND: PROFESSOR DR. CLEMENS KAMPLOH.

Überall brannte Neonlicht.

Ich ging zur ersten Rettungsstation. Hier saß eine ältliche Schwester mit Brille hinter einem weißen Schreibtisch. Als ich meinen Namen nannte, musterte sie mich streng.

»Sie haben heute nacht zweimal angerufen wegen Frau Lombard, Herr Mark.«

Sie ist tot! dachte ich plötzlich. Lillian ist tot. Gleich wird die Schwester es mir sagen.

Die Schwester sagte: »Doktor Hess erwartet Sie.«

»Was ist mit Frau Lombard?«

Die Schwester rückte an ihrer Brille.

»Ich werde Doktor Hess melden, daß Sie da sind. Es wird ein paar Minuten dauern. Gehen Sie einstweilen da hinein.« Sie wies zu einer Tür mit der Aufschrift WARTEZIMMER.

»Schwester, bitte, was ist mit Frau Lombard?«

»Herr Mark«, sagte die Schwester, »bitte warten Sie da drinnen. Ich lasse Doktor Hess rufen.« Sie griff nach einem Telefonhörer.

»Schwester . . .«

Es war sinnlos.

Ich existierte nicht mehr für sie.

Ich ging in das grüngestrichene Wartezimmer, in dem es grüngestrichene Stühle und Tische und einen grünen Linoleumfußboden und hellgrüne Wände gab. Die Fenstervorhänge, bunt bedruckt, waren noch zugezogen. Die Luft war schlecht in diesem Raum, das Neonlicht hier besonders stark. Aber das kam mir natürlich nur so vor, weil ich lange durch Dunkelheit und Schneetreiben gerast war und nun endlich stillstand, am Ziel. Was war das für ein Ziel?

Über der Eingangstür hing ein kleines Kruzifix. Ich sah es an und versuchte zu beten, aber es ging nicht. Also zog ich die Fenstervorhänge auf und versuchte, das Fenster zu öffnen, damit frische Luft in diesen Raum kam, aber ich brachte das Fenster nicht auf. Ich zog meinen Mantel aus und warf ihn über einen Stuhl. Ich zündete eine Zigarette an und drückte sie wieder aus, weil mir von dem Tabakrauch übel wurde. Ich hatte Kopfschmerzen.

Ich sah durch das Fenster in das Schneetreiben auf dem großen Parkplatz hinaus, als sich die Tür hinter mir öffnete.

Ich drehte mich um und wollte Doktor Hess entgegengehen.

Ich machte nur einen einzigen Schritt.

Es war nicht Doktor Hess, der vor mir stand.

Es war mein Bruder Werner.

Molto vivace

Mein Bruder sah mich mißtrauisch an.

»Was willst du?«

»Heb mich auf den Stuhl.«

»Warum?«

»Weil ich allein nicht raufkomme.«

»Und was willst du auf dem Stuhl?«

»Oben stehen«, sagte ich.

Mein Bruder zuckte die Schultern und hob mich hoch.

»Danke«, sagte ich. Danach holte ich aus und schlug Werner ins Gesicht, so fest ich nur konnte. Aus seiner Nase schoß Blut. Viel kleiner als er, reichte ich nicht an sein Gesicht heran. Darum hatte ich ihn gebeten, mich auf den Stuhl zu heben.

Werner, 1918 zur Welt gekommen, im gleichen Jahr wie Rachel Minski, geborene Litman, war elf Jahre alt. Ich war erst sechs und hatte noch blondes Haar. Werners Haar war bereits braun. Braune Augen besaßen wir beide.

Nach der gewaltigen Ohrfeige, die ich ihm versetzt hatte, schrie mein Bruder laut auf, taumelte zurück, faßte sich dann, und sein Gesicht wurde brutal. Er schlug mir eine Faust in den Bauch. Ich flog vom Stuhl und rollte auf dem Boden des Wohnzimmers hin und her, die Hände an den Leib gepreßt. Jetzt war ich es, der brüllte.

»Du falsche Drecksau«, sagte Werner und gab mir einen Tritt. Das ist meine früheste Jugenderinnerung.

Auf mein Geschrei hin kam die Sophie Kaczmarek, unser oberschlesisches Kindermädchen, ins Zimmer gestürzt, gefolgt von meiner Mutter. Die Sophie kniete neben mir nieder und sprudelte in ihrem harten Dialekt erschrocken los: »Jesus, Maria und Josef, was ist passiert, mein Richardle? Was hat er dir getan, der Werner? Nicht ... nicht ... Hör auf mit weinen ... ist ja schon gut ... ist ja schon wieder alles gut ...« Und sie preßte meinen Kopf an ihren harten, flachen Busen und streichelte mich und roch nach Kernseife und Gottesfurcht.

Meine Mutter war ungekämmt, ungeschminkt und im Morgenrock. Ich schließe daraus, daß sich diese Szene an einem Sonntagvormittag abgespielt haben muß, denn das war der einzige Tag der Woche, an dem Mutter, immer bis spätnachts in der Zeitungsredaktion beschäftigt, sich ausschlafen konnte. Sie war, begreiflicherweise, erbittert über die Störung. Mein Bruder Werner, ein Taschentuch vor der blutenden Nase, berichtete klagend, was ich getan hatte. Überarbeitet, übernervös und aus dem Schlaf gerissen, reagierte meine Mutter. Sie schickte Sophie mit Werner ins Badezimmer. (»Kümmern Sie sich darum, daß das Nasenbluten aufhört!«) Dann riß sie mich wütend hoch und schrie: »Warum hast du das getan, du Ekel!?« Ich sah sie stumm an. Mit pastösem, vom Schlaf verquollenem Gesicht, vom Schlaf verklebten Augen, die ohne Brille (Mutter war stark kurzsichtig) glanzlos und kümmerlich wirkten, kümmerlich und glanzlos wie meine Mutter, die ich so liebte, ohne es ihr jemals sagen zu können, stand sie vor mir.

»Antworte!« schrie sie.

Statt einer Antwort stellte ich zwei Fragen: »Du kannst mich nicht leiden, Mutti, nicht? Du hast einen Haß auf mich, nicht?«

Ich wäre bereit gewesen, all mein Spielzeug, sogar das rote Feuerwehrauto, herzugeben, wenn Mutter auf diese Frage mit Protest reagiert hätte. Es ist möglich, daß sie, erbost über die Störung ihrer kargen Ruhe, erbittert über den ewigen Streit ihrer Söhne – wir stritten andauernd, und stets war ich, jünger, kleiner, jener, der zuletzt in Gebrüll ausbrach –, es ist möglich, daß sie überhaupt nicht richtig mitbekam, was ich sie fragte. Es ist möglich. Es wäre verständlich. Aber es ist schade. Vieles wäre vielleicht anders gekommen, wenn meine Mutter die Kraft besessen hätte, mir geduldiger und mit mehr Wohlwollen entgegenzukommen – immer. Sie besaß diese Kraft nicht, nicht auch noch diese. Sie mußte so viel Kraft aufbringen, um in der Redaktion Arbeit zu leisten, die doch eigentlich Männerarbeit war, um Kummer und Schmerz über ihre gescheiterte Ehe zu bekämpfen, um uns großzuziehen – es blieb einfach nichts mehr übrig. Sie war hohl und leer und ausgebrannt.

Natürlich habe ich später viel Literatur zu diesem Thema gelesen. Ich weiß, daß die Psychologen meinen, es sei nicht bloß das größte Unglück, das einen Menschen treffen könne, sondern es sei wahrscheinlich das einzige *wirkliche* Unglück, keine gute Mutter gehabt zu haben.

Meine Mutter war nicht schlecht, nein!

Melancholisch war sie, nicht mehr begehrenswert, allein auf sich gestellt, früh gealtert. Niemals sehr reizvoll gewesen. Ausgelaugt und erschöpft vom ständigen Kampf um unsere Existenz. Vater hatte sie verlassen, einer anderen – jüngeren, schöneren – Frau wegen, drei Monate bevor ich zur Welt kam. Ein halbes Jahr später ließ er sich scheiden und heiratete die andere. Meine Mutter, heute weiß ich es, war in schlechten Verhältnissen groß geworden, ohne Liebe zu empfangen. Das formt einen Menschen. Meine Mutter machte es hart, sie umgab sich mit Härte wie mit einem Panzer, um ihre Verwundbarkeit zu verbergen.

Wie erinnere ich mich noch an ihre Maximen!

Man hat nicht krank zu sein. Wenn man es dennoch einmal wird, redet man nicht darüber. Man hat stets seine Pflicht zu tun. Man hat nie zu jammern. Wer nichts leistet, beleidigt den Lieben Gott. Man hat keinen Mißerfolg zu haben. Hat man ihn doch einmal, spricht man nicht über ihn, verbirgt die Niederlage. Man muß sich unentbehrlich machen.

Man hat ... Man muß ... Man darf nicht ... Wer die Geschichte meiner Mutter kennt, mag an ihrem Beispiel glänzend demonstrieren, daß ein Mensch, unter solchen Umständen und mit solchen Startbelastungen, sich so und nicht anders entwickeln mußte. Wunderbar erklären mag er das alles – wem zu Nutzen?

An jenem Sonntagvormittag sagte meine Mutter zu mir: »Haß auf dich? Du hysterischer Balg! Ich und Haß auf dich! Ich habe keinen ... aber wenn du so weitermachst, wirst du es noch eines Tages erreichen, daß ich ...«

Sie brach ab, doch mir genügte es schon.

»Fein«, sagte ich. »Stimmt also doch.« Und unterdrückte Tränen machten meine Stimme aggressiv.

»Frech auch noch?« Meiner Mutter traten rote Flecken auf die bleichen Wangen. »Du sagst mir jetzt augenblicklich, warum du auf so heimtückische Weise deinen Bruder geschlagen hast!«

Ich schwieg.

»Augenblicklich!« rief Mutter.

Ich fühlte, wie mein Herz sich zusammenkrampfte. Ich hätte Mutter so gerne umarmt, geküßt, an ihrer Schulter geweint, ihr gesagt, daß ich sie liebte. Doch sie beschimpfte mich. Sie bedrohte mich. Mein Bruder hat recht gehabt mit dem, was er erzählte, dachte ich verzweifelt.

»Du willst nicht reden?« – Ich schüttelte trotzig den Kopf.

Mutter hob eine Hand, um mich zu schlagen. Das hatte sie noch nie getan! Sie war ganz außerordentlich erregt an diesem Sonntagmorgen. Sobald ich sah, daß sie eine Hand hob, hielt ich beide an die Wangen.

»Hände runter!«

Ich rührte mich nicht.

»*Hände runter!*« rief, nein, schrie Mutter mit schrecklicher Stimme. Ich gehorchte zitternd.

Gleich darauf brannte mein Gesicht von zwei Schlägen. Ich biß die Zähne zusammen, sah Mutter mit funkelnden Augen an und dachte, daß ich lieber sterben wollte als jetzt loszuweinen, so gemein weh es auch tat.

»Du verstockter, niederträchtiger Lümmel«, sagte meine Mutter und brach ihrerseits in Tränen aus. »Auf dein Zimmer! Du hast Zimmerarrest! Heute und morgen. Verstanden? *Antworte!*«

Aber ich antwortete nicht.

Ich drehte mich um und ging gesetzt davon. Das sollte ein heroischer

Abgang sein. Leider verlor ich dabei einen Halbschuh und mußte mich bücken, um ihn wieder anzuziehen. Es war ein alter, abgetragener Schuh meines Bruders. Die kurze Hose und das Hemd, das ich trug, stammten auch von ihm. Zu meiner ständigen Empörung bekam ich immer seine alten Sachen. Wir hatten wenig Geld. Wir waren verschämte Arme.

Ich warf die Tür des Kinderzimmers — wir hatten eine große schöne Wohnung in einer guten Gegend Frankfurts (»Man hat eine anständige Wohnung zu haben. Man hat einen Rahmen zu haben und kultiviert zu leben, nicht wie die Tiere . . .«) mit großen Räumen, wenn auch mit recht unterschiedlichem Mobiliar —, ich warf die Tür des Kinderzimmers hinter mir zu, so laut ich konnte, und ich dachte, daran erinnere ich mich noch genau: Warte nur. Eines Tages . . . eines Tages . . .

Ich wußte nicht, was ich eines Tages tun wollte, ich wußte nur, es würde etwas Fürchterliches sein, ah, ja! Gleich Shakespeares Herzog von Gloster, nachmaligem König Richard III., war ich an jenem Sonntagvormittag endgültig bereit, ein Bösewicht zu werden.

Die Sophie, mit eisengrauem Haar, stets nach Kernseife duftend, stets fromm und gut, kam in mein kleines Schlafzimmer und brachte das Mittagsmahl.

»Ich esse nichts!« rief ich, bäuchlings auf dem Fußboden liegend. »Nicht einen Bissen esse ich! Geh weg, Sophie! Laß mich in Ruhe! Laßt mich alle in Ruhe!«

»Für mich«, sagte die Sophie. »Für mich wirst essen, Richardle. Für deine alte Sophie. Ja?«

»Nein!«

Sie setzte mich an den Tisch, auf dem das Tablett stand — sie war so stark, ich war so klein —, und sagte: »Schau, Streuselkuchen gibt's zum Nachtisch. Vom Bäcker geholt. Eigens für dich.«

Damit hatte sie mich natürlich überlistet. Wenn es etwas auf der Welt gab, das ich noch mehr liebte als Sophie und Mutter zusammen, dann war es Streuselkuchen. Ich brummelte, während ich zu essen begann, und sah, daß die Sophie ihre alte weiße Porzellantaube, die schon ganz gelblich war und Sprünge hatte, auf meinen buntbemalten Kleiderschrank stellte. Das tat sie immer, wenn ich Zimmerarrest hatte. Es war eine lebensgroße Taube, ihren Schnabel hatte ich einmal aus Wut abgebrochen. Um den Hals hing dem Porzellanvogel ein Band, auf das die Sophie mit rotem Fettstift diese Worte in Blockbuchstaben geschrieben hatte:

NUR DEM FRÖHLICHEN BLÜHET DES LEBENS BAUM!

Die verdammte Taube tauchte regelmäßig auf, wenn es Streit gegeben hatte, also ständig, und sie saß dann auf meinem Schrank, bis alles wieder gut war.

Sophie mit ihren schweren Knochen und ihrem zerfurchten, harten Gesicht sah mir beim Essen zu und schwieg.

Ich fragte: »Wo ist mein Bruder?«

»Iß deine Suppe«, sagte die Sophie.

»Ich weiß es auch so«, sagte ich. »Im Kino ist er. Kindervorstellung um halb zwei. ›Siegfried‹. Lüg nicht, Sophie. Ich hab aus dem Fenster geschaut, wie er fortgegangen ist. Gemein von der Mutti, daß sie ihm Geld für's Kino gibt und mir Zimmerarrest. Gestern hat sie versprochen, daß ich auch gehen darf. Was man verspricht, muß man halten.«

»Iß die Leber«, sagte die Sophie.

»Ich pfeif auf den ›Siegfried‹! Ich will gar nicht hin!«

»No!« sagte die Sophie. »Iß auch Paprikagemüse. Doch, kannst schon!«

»Wo ist Mutti?«

»Hat sich wieder hingelegt. Pulver genommen. Schläft. Immer todmüde am Sonntag. Weißt du doch.«

Ich aß schweigend.

»Das war Niederträchtigkeit von dir, Richardle, was du gemacht hast. Gemein! Auf Stuhl helfen lassen und dann schlagen. Was der Werner geblutet hat! Ganzes Badezimmer voll.«

»Wirklich?« Das Essen schmeckte mir auf einmal großartig. »Das ganze Badezimmer?«

Die Sophie schüttelte den Kopf. »Nicht. Bist doch ein braver Bub. Ich hab dich doch lieb . . .«

»Ja, du«, sagte ich.

»Deine Mutter hat dich genauso . . .«

»Einen Dreck hat die mich lieb! Einen Haß hat die auf mich!« rief ich, Messer und Gabel fallen lassend.

»Nu, nu, Richardle . . .«

Aber ich war nicht aufzuhalten: »Hat schon einen Haß auf mich gehabt, da war ich noch gar nicht auf der Welt! Wegmachen lassen hat sie mich wollen!«

»*Was* hat sie wollen?«

»Mich wegmachen!«

»Was . . . wie . . . was soll denn das heißen?«

»Weiß ich auch nicht . . . totmachen eben . . .«

»Wer sagt das?«

»Werner!«

»Werner . . . hast ihn deshalb geschlagen?«

»Ja! Aber ich bin auch geschlagen worden! Von Mutti. ›Hände runter!‹ hat sie gesagt. Und mir zwei Ohrfeigen gegeben. Und Zimmerarrest. Aber Werner darf in den ›Siegfried‹!«

»Paß doch auf, fällt dir alles von Gabel.«

Ich warf boshaft eine Gabel voll Paprikagemüse auf den Boden. Die Sophie stand auf, kniete mühsam mit ihren gichtgeplagten Beinen nieder und putzte alles fort.

Indessen rief ich: »Daß er das einzige Glück von der Mutti ist, das hat er auch gesagt!«

»So ein Blödsinn.«

»Gar kein Blödsinn! Mutti selber hat's *ihm* gesagt! Sie sagt es ihm immer. Ich hab es einmal selber gehört! Ich weiß, daß Mutti das sagt! Du weißt es doch auch!«

Die Sophie erhob sich schwerfällig und steckte den Putzlappen, mit dem sie das Gemüse entfernt hatte, in eine Tasche des obersten der zahlreichen Röcke, die sie stets übereinander trug. Die Sophie war schon dagewesen, als ich zur Welt kam, sie hatte knapp nach Werners Geburt bei uns zu arbeiten begonnen, und sie war Kindermädchen und Köchin und Vertraute meiner Mutter. Sie hatte das Ende der Ehe miterlebt. So sagte sie nun: »Deine Mutter hat's schwer, Richardle. Allein mit zwei Kinder.«

»Und dir!«

»Aber Vater ist weg.«

»Vielleicht war sie zu Vati so gemein wie zu mir! Vielleicht ist er deshalb weggegangen von uns. Weil er es nicht ausgehalten hat. Ich geh auch weg, wenn ich ein bißchen größer bin! Ich halt es auch nicht mehr aus! Werner, Werner . . . immer Werner! Ihn hat sie lieb! Mich hat sie totmachen wollen! Ja, totmachen! Das hat sie wollen!«

»Nein!«

»Dann schwör doch, daß nein! Du bist doch so fromm mit'm Lieben Gott und den Engeln und allem! Schwör!«

»Muß dir genügen, wenn ich sag, es ist nicht wahr.«

»Es ist wahr«, sagte ich. »Du würdest sonst schwören.«

Die Sophie sah sehr verzweifelt aus.

Ich sagte, den Mund voll Gemüse und Fleisch: »Mußt nicht schwören. Ich weiß genau, was los ist. Aber ich bin trotzdem froh, daß ich meinem Bruder eine geklebt habe, dem Sauschwein! Als ob ich was dafür kann, daß ich erst gekommen bin, wie meine Eltern sich schon nicht mehr liebgehabt haben. Wieso bin ich da überhaupt noch gekommen? Du hast mir gesagt, Kinder kommen nur, wenn Eltern sich liebhaben.«

Ach, arme Sophie Kaczmarek! Sie atmete heftig bei diesem Gespräch, sie wußte nicht, was sie mit ihren großen Händen und Füßen anfangen sollte, und sie stammelte viel Tröstliches und Dummes, und ich sagte ihr auch, daß es dumm war. Sie schwieg.

»Wenn ich groß bin, werde ich Musiker wie Vati«, sagte ich, beim Streuselkuchen angelangt. »Schmeckt prima, Sophie. Und weißt du, warum?«

»Warum?« fragte sie bange.

»Weil, das letztemal, als Vati hier war, da hat Mutti mit ihm geschrien . . . immer schreien sie sich ja an, wenn er kommt . . . und das letztemal hat sie geschrien: ›Musiker! Musiker!‹ (Ich ahmte gehässig Mutters Stimme nach.) ›Warum habe ich mich bloß jemals mit einem Musiker eingelassen!‹«

»Du hast gehorcht?«

»Natürlich. Aber sie haben so laut geschrien beide, horchen war gar nicht nötig gewesen. ›Musiker machen alle Menschen unglücklich‹, hat Mutti geschrien. ›Musiker sind das Allerärgste!‹ Ich, ich will das Allerärgste werden! Ich will alle Menschen unglücklich machen! Alle!«

»Richardle, Richardle! So darfst du doch nicht reden! Wenn du so redest, geh ich weg und komm nicht wieder«, sagte die Sophie, bleich und entsetzt. Ich sah mit Freude, daß ich sie erschreckt hatte. In der folgenden Zeit wurde mein größtes Vergnügen, sie zu erschrecken. Sie war das leichteste Opfer. Ich weiß, daß sie völlig außer sich geriet, wenn ich mich beispielsweise in der Badewanne unter Wasser gleiten ließ und ›tot‹ spielte. Sie fiel immer wieder darauf herein. Bei Mutter wagte ich so etwas natürlich nie.

Vater spielte Geige – als Berufsmusiker, im Orchester der Bayerischen Staatsoper. Er lebte mit seiner jungen Frau in München. Nach dem Scheidungsurteil hatte er das Recht, seine Söhne alle zwei Monate zwei Tage lang zu sehen. Er erschien nicht immer in Frankfurt, wenn es ihm gestattet gewesen wäre. Arbeit, ewiger Geldmangel und gelegentliche Tourneen des Orchesters machten regelmäßige Besuche unmöglich. Doch jeder Besuch, zu dem es kam, wurde eine Katastrophe. Stets gab es schwere Zerwürfnisse mit meiner Mutter. Stets hielt diese ihm vor, wie hart sie arbeiten mußte, daß seine Unterhaltszahlungen nicht ausreichten in dieser schweren Zeit, und immer wieder attackierte sie ihn voll ohnmächtiger Bitterkeit vor uns Kindern.

»Schaut ihn euch an!« rief sie, und unter den dicken Brillengläsern verschwammen ihre kurzsichtigen Augen in Tränen. »Schaut ihn euch an! So sieht ein Mann aus, der seine Familie im Stich läßt und unglücklich macht wegen einer jungen Hure!«

Ich glaubte damals noch, eine Hure sei ein Galgen. Das kam, weil die Sophie mir so oft aus der Bibel vorlas. Stellen, an denen von Huren gesprochen wurde, ließ sie natürlich aus. Natürlich suchte ich dann nach diesen Stellen. Lesen konnte ich schon. So erfuhr ich denn aus der Bibel, daß schwer sündige, wer an der Hure hängt. Nun, da konnte es sich nur um einen Verbrecher handeln, den man erhängt hatte – an einer Hure, einem Galgen oder etwas Ähnlichem, meinte ich. Deshalb verwirrte es mich lange Zeit, wenn Mutter Vaters zweite Frau eine Hure nannte. Aber zu fragen wagte ich nicht, meine Mutter keinesfalls; die fromme Sophie auch nicht; und meinen Vater wollte ich nicht verletzen.

Er war ein weicher, schwacher Mensch – das sagte er selbst von sich.

Er war verträumt, im Leben recht hilflos und erfolglos, weit hatte er es nicht gebracht, das konnte man wirklich nicht sagen, aber er war liebenswürdig und charmant, und, wenn man ihn ließ, auch fröhlich – fröhlich wie ein Kind. Deshalb wohl hatte ich ihn so gern, und wir verstanden einander so gut.

Die Angriffe meiner Mutter vor uns Kindern beschämten Vater immer tief. Mutter sah häßlich aus, wenn sie so schrie. Ich darf nicht über sie und auch nicht über meinen Vater richten. Sie waren gewiß beide schuld an ihrer gescheiterten Ehe. Sie waren wohl beide bedauernswert. Sie hätten nie heiraten dürfen.

Zu Mutters Freude weigerte sich mein Bruder, je mit Vater fortzugehen, wenn dieser zu Besuch kam. Ich ging stets mit ihm fort – weil ich merkte, daß es Mutter sehr kränkte, aber auch weil ich voll scheuer Bewunderung zu diesem mir fremden Mann aufsah, der also mein Vater war. Er wohnte während der beiden Tage immer im Hotel, und er ging mit mir essen und in Konditoreien und auf den Eislaufplatz im Winter und zum Schwimmen im Sommer, aber am häufigsten besuchten wir Opernaufführungen oder Konzerte. Vater war es, der mich in das wunderbare Reich der Musik führte. Humperdincks, Mozarts, Puccinis, Verdis und Bizets Opern sah und hörte ich zum erstenmal mit ihm; mit ihm vernahm ich zum erstenmal die Musik Bachs, Brahms', Haydns, Bruckners, Ravels, Schumanns, Gershwins, Beethovens. In meinen Träumen erlebte ich dann stets alles, was ich gesehen und gehört hatte, noch einmal. Was waren das für wundervolle Träume, erfüllt von so viel Wohlklang, so viel Schönheit!

Zu meinem siebten Geburtstag schenkte Vater mir eine Geige. Ich besaß sie nur einen Tag. In der Nacht, die dem Geburtstag folgte, hörte ich, wie Mutter in mein Zimmer kam und im Dunkeln herumtappte. Ich stellte mich schlafend. Als Mutter gegangen war, drehte ich das elektrische Licht an und sah mich um. Die Geige war verschwunden. In der Wohnung hörte ich Krachen, Splittern und Knacken von brechendem Holz. Ich wußte, was das bedeutete, aber ich hatte zu große Angst, auch nur aufzustehen. Ich hatte derartige Angst vor meiner Mutter, die mich hatte totmachen wollen, bevor ich noch geboren wurde, daß ich die verschwundene Geige nicht einmal erwähnte. Vater sagte ich bei dessen nächstem Besuch, ich hätte sein Geschenk im Park verloren. Er sah mich traurig an und nickte.

»Ich verstehe schon«, sagte er leise.

Das geschah 1930, in dem Jahr, in welchem der Vater von Professor Peter Mohn, Leiter der Heil- und Pflegeanstalt Hornstein im Norden Frankfurts, aus Überzeugung Parteimitglied wurde wie dann auch sein Sohn, weil beide davon überzeugt waren, daß Adolf Hitler als einziger das krisengeschüttelte Deutschland noch retten könne.

Mein Vater interessierte sich nicht für Politik.

Er pflegte zu sagen, das sei nichts für arme Leute.

Mein Bruder stand bei der Tür des Wartezimmers, unter dem Kruzifix. Das grelle Neonlicht, das an diesem dunklen Morgen noch im ganzen Krankenhaus brannte, fiel auf ihn. Er sah erschreckend aus. Sein Gesicht hatte eine fahle, fast grünliche Farbe, die Wangen waren eingesunken und nicht rasiert, unter den müden Augen lagen schwarze Schatten, und sein Mund zuckte nervös. Er trug einen kurzen, innen mit Fell gefütterten Regenmantel.

»Du . . .«, sagte ich heiser. Ich hatte den Arzt, diesen Dr. Hess, erwartet, nicht meinen Bruder, weiß Gott nicht ihn, dem ich vor zwei Jahren zum letztenmal zufällig begegnet war. Zwei Jahre — wie sehr hatte Werner sich in ihnen verändert. Kräftig, strahlend und erfolgsgewohnt, ein homme à femmes, so hatte ich ihn in Erinnerung. Was war mit ihm geschehen? Was hatte er erlebt in diesen Jahren? Zwei Bücher von ihm waren erschienen, beide Bestseller. Ich begriff das nicht. Oder sah er nur heute so aus? Und wenn nur heute, was war dann der Grund? Lillian? Was wußte er denn von Lillian? Was konnte er von ihr wissen? Was machte er überhaupt hier?

»Tag, Ritchie«, sagte Werner.

»Werner . . . wie kommst du hierher?«

»Mit meinem Wagen«, sagte er und verzog den zuckenden Mund.

Die Luft in dem grüngestrichenen Wartezimmer mit seinem grünen Linoleumfußboden, den grünen Möbeln und den bunten Fenstervorhängen war verbraucht und schlecht, und es war zu heiß hier, weshalb ich bereits erfolglos versucht hatte, das Fenster zu öffnen, vor dem sich der Schnee in Wirbeln drehte und auf den von vielen Lichtern erhellten Parkplatz des Kreiskrankenhauses Treuwall fiel. So schlecht war die Luft aber nun auch wieder nicht, dachte ich, daß mir derart übel werden mußte. Mir war zum Speien. Ich atmete ein paarmal tief, ohne durchatmen zu können. Alles Aufregung natürlich. Ich fragte mich, ob ich eine Spur besser aussah als mein Bruder.

»Laß den Quatsch«, sagte ich gereizt. »Woher weißt du, daß Lillian . . .«

Werner besaß eine wohltönende, tiefe Stimme. Fast immer sprach er gesetzt und pointiert — wie auf einem seiner Vortragsabende. Heute sprach er schneller und nicht so gesetzt.

»Ich kriegte einen Anruf. Von dir.«

»Mir?«

»Von deinem Lokal. Ein Mädchen rief an. Diese neue Stripperin, die ihr da habt. Va . . . Va . . .«

»Vanessa?«

»Ja, die.«

»Vanessa hat dich in Bremen angerufen?«

»Verstehst du nicht mehr deutsch?«

»Aber wie kommt die dazu . . .« Ich brach ab. Vanessa, verflucht, dachte ich.

Dieses Aas. Dieses eifersüchtige Aas. Hatte also getan, was sie vermochte, damit es hier Ärger gab. Es hatte stets Ärger gegeben, wenn mein Bruder und ich in den letzten zehn Jahren zusammengetroffen waren. Vanessa wußte das. Die Telefonnummer meines Bruders in Bremen hatte sie leicht ausfindig machen können.

»Ich bin dem Mädchen sehr dankbar dafür«, sagte Werner. Ich bemerkte, daß seine Finger zitterten, während er eine Zigarette anzündete. Der Tabakrauch bereitete mir neue Übelkeit.

»Wann?«

»Was?«

»Wann hat sie dich verständigt?«

»So gegen fünf . . .«

Also nachdem ich das letztemal mit ihr telefoniert hatte. Während Minski schlief. Das elende Luder!

»Sie hat mir erzählt, daß Lillian bei dir in Frankfurt anrief, daß sie einen Selbstmordversuch . . .« Er brach ab, streute Asche auf den Boden, räusperte sich lange, er war sehr nervös. Nun, ich auch.

»Sie hat mir alles erzählt«, schloß Werner.

»Und das hat dich so aufgeregt, daß du sofort in deinen Wagen gesprungen und hierhergefahren bist.«

»Und warum nicht?« Seine Stimme hob sich böse.

»Diese rührende Anteilnahme . . .«

»Nicht rührender als deine. Immerhin, ich war mit Lillian einmal verheiratet, falls du dich noch daran erinnerst.«

Wenn er mir, wie einst als Kind, in den Bauch geschlagen hätte – es hätte nicht schmerzhafter sein können. Ja, er war mit Lillian verheiratet gewesen. Mein Bruder Werner mit meiner Lillian. *Meiner* Lillian? Sie hatte mich geliebt, bitte! Ja, aber *ihn* auch! Seinetwegen hatte sie . . .

Die Tür öffnete sich.

»Nanu«, sagte eine Männerstimme. »*Zwei* Besucher? Wer von Ihnen ist Herr Mark?«

Wir drehten uns beide um.

In der Tür stand ein etwa fünfzigjähriger Mann mit Glatze, Kugelkopf und weißem Mantel. Er trug eine schwarze Hornbrille und sah übernächtig und bleich aus.

»Ich«, antworteten mein Bruder und ich gleichzeitig.

»Ich bin Doktor Hess«, sagte der Glatzkopf. »Aber wieso . . .«

»Wie geht es Frau Lombard, Herr Doktor?« fragte ich, auf ihn zutretend.

»Wieso heißen Sie aber . . . oh, Sie sind Brüder!«

»Ja«, sagte Werner.

»Mit wem . . . mit wem habe ich telefoniert?« Der Arzt machte einen äußerst gereizten Eindruck. Nein, dachte ich, gereizt ist er wohl nicht.

Verängstigt ist er und versucht, das zu verbergen. Warum ist dieser Mann verängstigt? Ich sah kleine Schweißtropfen über seiner Oberlippe. Die Schläfen waren eingefallen. Dr. Hess stand unter starker körperlicher oder seelischer Belastung. Vielleicht unter beiden.

Ich sagte: »Telefoniert haben Sie mit mir.«

»Mark . . . Mark . . .«, fing er an und rieb sich die Stirn. »Schriftsteller, nicht wahr?«

Das passierte mir immer noch. Natürlich, Werner schrieb ja fleißig.

»Nicht ich. Mein Bruder ist der Schriftsteller«, sagte ich.

»Aber Sie haben doch auch . . .«

Ich unterbrach ihn grob: »Ich fragte, wie es Frau Lombard geht, Herr Doktor!«

Er zuckte zusammen. Was war mit diesem Mann los? Was war mit meinem Bruder los? Warum war der so nervös? Warum sah der so elend aus? Was ging hier vor?

»Sie lebt«, sagte der Arzt.

»Wollen Sie freundlicherweise etwas ausführlicher werden?«

»Nein.«

Ich starrte den Glatzkopf mit dem kugelrunden Schädel an.

»Was?«

»Darf ich Sie bitten, mir zu folgen?« sagte Dr. Hess. Er konnte uns nicht in die Augen sehen.

»Zu Frau Lombard?« fragte ich.

»Zu der darf niemand«, antwortete Hess hastig. »Zu mir. In mein Zimmer.«

»Was sollen wir dort?« Das war mein Bruder. Seine Stimme klang aufgebracht. »Was soll diese Geheimnistuerei bei einem Selbstmordversuch?«

»Es war kein Selbstmordversuch«, sagte der Arzt.

»Kein Selbstmord?« Meines Bruders Stimme krächzte, schlug um. »Was sonst?«

»Das wird Herr Eilers Ihnen sagen. Er wartet in meinem Zimmer.«

»Wer ist Herr Eilers?« fragte ich.

»Kriminalkommissar«, antwortete Dr. Hess. »Nun kommen Sie endlich.«

Das Haus, in dem wir als Kinder wohnten, hatte ein flaches Dach mit einer Mauer rundherum. Auf diesem Dach wuchs eine Birke. Der Wind mußte einmal da oben Baumsamen in einen Mauerspalt geweht haben. Zuerst kam aus dem Spalt etwas Kleines, Zartes, Grünes zum Vorschein. Meine Mutter, die Sophie, Werner und ich waren entzückt! Das Dach, das zu unserer Wohnung gehörte und nur von uns benützt werden durfte, war im Sommer unser Lieblingsaufenthalt, und dieses grüne Etwas war natürlich eine Sensation.

Mit Nagelfeilen, Messern und Scheren kratzten wir vorsichtig den Spalt aus, vergrößerten ihn, stopften Erde hinein und begossen die Pflanze, die, solcherart gepflegt, rasch weiterwuchs und größer wurde. Zu unserer Verblüffung zeigte es sich bald, daß es sich um keine Pflanze, auch um keinen Strauch, sondern um einen Baum handelte, um eine Birke eben, unsere Birke! Nach zwei Jahren war sie gewiß schon einen Meter groß, schlank und zart, mit einem L-förmig gekrümmten Stamm und wenigen Ästen nur, aber doch eine richtige Birke. Wir hegten sie voller Hingabe. Dann kam eines Tages ein neuer Schornsteinfeger. Er wußte nichts von unserer Birke. Die alten Schornsteinfeger hatten sie alle gekannt. Wir vergaßen, den Neuen zu warnen und um Behutsamkeit zu bitten. Der fremde Schornsteinfeger riß die Birke aus und warf sie in den Hof hinab. Vielleicht meinte er, uns damit einen Gefallen zu tun. Wir entdeckten das Unglück erst, nachdem er gegangen war. Er kam nie wieder.

Wir waren alle traurig, die Sophie weinte sogar.

Es wurde Herbst, es wurde Winter, und im nächsten Frühjahr geschah ein kleines Wunder. Ich entdeckte es, als ich im März wieder auf das Dach kletterte. Aus dem Mauerspalt sproß etwas Kleines, Zartes, Grünes. Unsere Birke war wiedergekommen! Nicht die gleiche natürlich – aber offenbar war abermals ein Samen in der Mauerritze gekeimt. Wir besaßen wieder unseren Baum auf dem Dach.

Zu jener Zeit gingen mein Bruder und ich in ein nahes Realgymnasium, mein Vater war seit fast zwei Jahren tot und meine Mutter Leiterin der Kulturredaktion ihrer Zeitung geworden.

Ein Herzschlag hatte Vaters Leben in wenigen Sekunden ein Ende gesetzt.

»*Ich* fahre nicht zum Begräbnis«, erklärte meine Mutter entschieden.

»Mit diesem Weib am Grab – niemals!«

»Ich fahre auch nicht«, beeilte sich mein Bruder zu versichern. Mutter strich ihm über das Haar.

Die Sophie war gerade krank, eine fiebrige Erkältung.

»Dann fahre ich allein!« rief ich laut.

»Das wirst du schön bleiben lassen. Noch bestimme ich, was du tust!«
Mutter begann sogleich, sich aufzuregen.

»Niemand wird mir verbieten, zu meinem toten Vater zu fahren«, sagte ich, und ich muß es so böse gesagt haben, so leidenschaftlich und herausfordernd, daß Mutter nachgab. Immerhin war ich erst zwölf Jahre alt, und nachdem ich zunächst derart mutig meine Reisepläne verkündet hatte, bekam ich es dann – wie bei so vielen Gelegenheiten – natürlich mit der Angst zu tun. Die Reise wurde ein tollkühnes Abenteuer, das mich mehr mitnahm und aufregte als Tod und Bestattung meines Vaters.

Er wurde auf dem Münchener Waldfriedhof begraben. Ich stand neben seiner schönen verschleierten Witwe, die still weinte. Ich hätte auch gerne geweint, doch es kamen keine Tränen. Mein Vater hatte Beethovens Neunte

Symphonie über alles geliebt, es war sein Wunsch gewesen, daß ein Streichquartett den Dritten Satz, das ›Adagio molto e cantabile‹ am Grab spielte, und Freunde aus dem Staatsopernorchester erfüllten nun diesen Wunsch. Ich hatte die Neunte schon ein paarmal, stets mit Vater gemeinsam, gehört; auch mich hatte sie zutiefst ergriffen, auch mir war der Dritte Satz, dieser ›Gesang der Liebenden Seele‹, immer am schönsten erschienen.

Mein Vater, schwerfällig, scheu, wortkarg und wortungewandt ansonsten, war stets aufgeblüht, wenn er über Musik sprach.

»Der Erste Satz«, so hatte er einmal in meiner Gegenwart zu einem Freund gesagt, »das ist die Tragödie vom schicksalhaften Zugrundegehen, gegen das die Menschen sich empören – verzweifelt und vergeblich . . .« So hatte er gesprochen, ein zeit seines Lebens geduckter, so kurz gekommener, kränkelnder und beständig tagträumender Mann. Von der bacchantischen Bewegung des Zweiten Satzes, die den Hörer umbrauste, sprach Vater. »Tanz! Wildheit! Rausch!«, hatte er, der so gar nichts Wildes, Rauschhaftes, Bacchantisches an sich hatte, gesagt. »Selbstvergessenheit, naturhafte Raserei – das alles bringt der Zweite Satz. Aber nie zeigt die Musik einen Ausweg aus all dem Schweren und aus dem Verhängnis . . . ach, aber dann das Adagio! Das Adagio *zeigt* den Weg . . . zum Allesverstehen und Allesverzeihen und Allesertragenkönnen . . . durch die Liebe und die Güte und die Weisheit der Entsagung . . .« So hatte er gesprochen, dieser trockene, gehemmte Mann, den ich wohl nie begriff, der wohl nicht zu begreifen war. Eine junge, schöne Frau hatte er genommen, sie liebte ihn offenbar, er ohne Skrupel von uns gegangen, aber er schien nicht glücklich geworden zu sein in seiner zweiten Ehe, nein, gar nicht glücklich. Was hatte sich in ihm abgespielt? Heute noch frage ich mich das, frage mich, was er wohl zu ertragen hatte, was sein Los war auf dieser Welt, und ob er den Dritten Satz vielleicht deshalb liebte, weil er nie Liebe und Güte und die Weisheit der Entsagung besessen, aber sich verzweifelt nach ihnen gesehnt hatte. »Das ist die Aufgabe des Adagios: den Seelen der Menschen, die leiden, Erlösung zu bringen und Ruhe . . . *Ruhe!* Im Tode sehen alle, auch wenn sie noch so viel gelitten haben, glücklich und friedlich aus, nicht? Der Dritte Satz, das ist für mich die . . . die Verklärung« (er sprach das Wort, als schäme er sich dafür), »das verklärte Lied der Menschen, die befreit sind von allem Leid . . . vielleicht also das Lied der Toten . . .«

Nun war Vater für alle Zeit von allem Leid befreit – noch heute denke ich voller Zuneigung und Liebe, voller Trauer und Verlassenheit an ihn. Auch meine Mutter ist lange tot. Auch sie habe ich geliebt. Doch wenn ich die Augen schließe, dann kann ich ihr Gesicht nicht mehr herbeizwingen. Das Gesicht meines Vaters steht jederzeit sofort vor meinen Augen.

Über das offene Grab auf dem stillen Waldfriedhof zu München tönte die Musik des Streichquartetts. Die junge Witwe ergriff meine Hand. Sie sprach nicht mit mir, kein einziges Wort, nie. Ich warf eine Handvoll Erde auf den Sarg hinab, als man mir eine kleine Schaufel reichte, dann drehte ich mich um und ging davon, und in den weißen Wolkenschlieren des hohen blauen Föhnhimmels, der sich über der Stadt spannte, glaubte ich die Gestalt meines Vaters zu erkennen, und ich erinnere mich, daß ich laut sprach, während ich durch Gräberreihen zum Ausgang wanderte.

»Ich werde Musiker«, sagte ich, den Blick zum Himmel gehoben, »ich werde Musiker wie du, ich verspreche es dir . . .«

Musik war die wundervollste Sache der Welt, mein Vater war gewiß ein wundervoller Mensch gewesen, ganz gleich, was meine Mutter sagte, und ganz gleich, was sie *dazu* sagte, ich würde Musik studieren gleich ihm, Musik, ja.

Auf dem Bahnhof kaufte ich die ›Münchner Neuesten Nachrichten‹ vom Tage, und im Zug blätterte ich, betrübt und mit einem Gefühl großer Benommenheit, in der Zeitung, bis eine Überschrift und ein Name jäh meine Aufmerksamkeit erregten. Da stand:

UNSERE BIRKE
VON
WERNER MARK

Es war eine Kurzgeschichte. Und mein Bruder hatte sie geschrieben! Er hatte über die beiden Birken auf unserem Sonnendach geschrieben, die alte und die neue. Eine sehr poetische Geschichte von Ende und Beginn, von Abschied und Wiederkehr war das, vom Leben, das immer weitergeht und niemals endet; eine rührende, symbolische Geschichte, ohne daß Werner mit einem Wort symbolisch wurde oder rührselig. Er erreichte ein Höchstmaß an Wirkung im Gegenteil durch modern-sachliche Berichterstattung. Sein Lieblingsautor war nicht ohne Grund Hemingway, dessen Bücher, zu dieser Zeit in Deutschland bereits verboten, in den Regalen unserer Bibliothek standen. Werner hatte eine Geschichte geschrieben!

Und diese Geschichte war von den ›Münchner Neuesten‹ gedruckt worden – nicht etwa von der Zeitung meiner Mutter, nein, von einer fremden! Werner Mark. Mit großen Buchstaben stand sein Name da. War ich aufgeregt . . .

»Du hast es also schon gelesen«, sagte meine Mutter, als ich heimkam, die Zeitung in der Manteltasche.

»Ja«, sagte ich, »und ich bin begeistert!« Ich sah meinen Bruder an, der ein betont gleichgültiges Gesicht machte. »Ich gratuliere dir! Eine wunderbare Geschichte.«

»Nicht wahr?« Meine Mutter war so aufgeregt, daß sie nicht stillsitzen konnte. Sie lief im Wohnzimmer umher, und ich bemerkte, daß auf dem

Tisch beim Fenster etwa ein Dutzend Exemplare der ›Münchner Neuesten‹ lagen. »Die Freude und die Überraschung, die Werner mir bereitet hat!« sagte Mutter, den Zeitungsstoß streichelnd. »Heimlich, stell dir das vor, Richard, heimlich hat er die Geschichte nach München geschickt! Und heute kam ein Brief ... er soll andere Geschichten schicken ... sie wollen ihn persönlich kennenlernen ... mein Gott, ich bin ja so glücklich!«

Und Vater ist tot, dachte ich plötzlich erschrocken, und keiner von euch beiden fragt auch nur, was ich auf dem Friedhof erlebt habe. Es interessiert euch nicht. Es ist euch gleich.

»Siebzehn Jahre ist Werner alt. Siebzehn Jahre nur! Und schon druckt man seine erste Geschichte ...« Meine Mutter, die so viel und so schwer arbeiten mußte, um uns zu ernähren, strahlte vor Seligkeit. »Er wird ein Schriftsteller werden, dein Bruder, ein großer Schriftsteller ...«

»Es war ein sehr schönes Begräbnis«, fing ich an.

»Nicht mir hat er die Geschichte gegeben. Nein, einer fremden Redaktion! Ein guter Junge ist dein Bruder. Nun werde ich noch belohnt für alle Mühe und Plage ...«

»Sie haben die Neunte gespielt, den Dritten Satz ...«

»Vielleicht schreibt er bald seinen ersten Roman, und vielleicht ... ach, was heißt vielleicht, ganz sicherlich! ... wird es ein *guter* Roman! Und viele Menschen werden ihn kaufen! Und dein Bruder wird berühmt werden und Geld verdienen, viel Geld ... und ich werde nicht mehr arbeiten müssen ... obwohl das nicht das Wichtigste ist ... das Wichtigste ist, daß er ein Künstler wird, dein Bruder, ein wahrer Künstler ...«

Ich sagte: »Ich will auch ein Künstler werden. Ich will Musik studieren und dann komponieren.«

»Mensch, halt die Schnauze«, sagte Werner schnell.

Ich sah, daß das Gesicht meiner Mutter sich verdüsterte. Einen Moment lang zuckte es so, daß ich dachte, sie würde weinen. Sie hatte meinem Vater also nicht vergeben, auch im Tode nicht.

»Du bist müde von der Reise, Richard«, sagte sie tonlos. »Geh auf dein Zimmer, leg dich ein wenig hin.«

Mein Bruder lächelte.

Und heute morgen, dachte ich, rasend vor Wut, ein paar Minuten später dann in meinem Zimmer, heute morgen haben sie meinen Vater begraben. Der Pfarrer hatte für seine Ansprache eine Stelle aus dem Evangelium des Johannes gewählt.

›In der Welt habt ihr Angst; doch seid getrost: Ich habe die Welt überwunden ...‹

Ich nahm meine Bibel, um den genauen Wortlaut nachzulesen, denn ich hatte Sehnsucht nach meinem toten Vater, und mir war auf einmal elend, so elend.

Allein, ich las nicht im Johannes-Evangelium. Ich las dort, wo ein seidenes Band zwischen den Seiten lag — seit einiger Zeit. Ich las eine Stelle im Ersten Buch Mose, die ich auswendig konnte, seit einiger Zeit . . .

›. . . der HErr blickte auf Abel und seine Opfergabe, aber auf Kain und sein Opfer sah er nicht. Da ward Kain sehr zornig, und sein Angesicht verfinsterte sich . . .‹

Ich erinnere mich, daß ich laut vor mich hinsagte: »Da ward Kain sehr zornig, und sein Angesicht verfinsterte sich.«

Und finster war mein Gesicht, und ich war sehr zornig.

An diesem 22. November 1966 wurde es einfach nicht hell. Um halb acht hatte es noch heftig geschneit, nun, um halb neun Uhr, regnete es in Strömen, schwarze Wolken segelten, von stürmischem Wind getrieben, tief über der Erde, und auch im Dienstzimmer des dicken, kugelköpfigen Dr. Hess brannte Neonlicht. Der Sturm rüttelte an den Fenstern.

Kriminalkommissar Ernst Eilers, zu dem Dr. Hess uns geführt hatte, war ein großer, schlanker Mann mit schmalem Gesicht, blauen Augen und braunem Haar, das er zurückgekämmt trug. Ich hatte, als ich ihn kennenlernte, gedacht, daß er außerordentlich jung für seinen Rang war, doch bei näherer Betrachtung fielen mir graue Schläfen sowie Falten und Runzeln auf, die in dem grellen, scheußlichen Neonlicht nicht leicht zu erkennen waren. Eilers mußte etwa so alt wie mein Bruder sein, überlegte ich, die feingliedrigen, knöchrigen Hände mit den gelbverfärbten Fingerkuppen betrachtend. Der Kommissar bemühte sich, jugendlich zu erscheinen. Gewiß war er ehrgeizig und überarbeitet. Er rauchte zuviel, auch jetzt. Er hatte eine Zigarette am Stummel einer anderen entzündet, während er sich von meinem Bruder und mir erzählen ließ, wie und warum wir hergekommen waren. Ein vorsichtiger, kluger Mann, dieser Kommissar, ich fand ihn sympathisch. Manchmal schienen Müdigkeit oder Resignation ihn zu überfallen, er sank dann ein wenig in sich zusammen, und sein Gesicht nahm einen unglücklichen Ausdruck an. Was war sein Schicksal? Wer wußte es außer ihm? Wer wußte überhaupt etwas vom anderen? Wir waren einander alle fremd — und je näher wir einander standen, um so fremder. Niemanden gab es wohl auf der Welt, von dem ich in Wahrheit weniger wußte, von dem mich mehr trennte als von meinem Bruder . . .

Wir hatten die Mäntel abgelegt, ich saß im Smoking da, Werner in einem eleganten blauen Freskoanzug. Ich kam mir schmutzig vor. Jetzt zitterten auch meine Hände. Werner hatte die Finger der seinen ineinander verflochten, und dumpf empfand ich immer wieder etwas wie Ungehörigkeit, nein Unbegreiflichkeit, was seine Verfassung anbetraf, obwohl sie der meinen doch so sehr ähnelte.

»Hören Sie, Herr Kommissar«, sagte ich, als Eilers seine Befragung zum erstenmal unterbrach, und ich bemühte mich, höflich und ruhig zu bleiben, »ich denke, wir haben Sie wirklich erschöpfend informiert. Würden Sie uns nun sagen, was hier vorgefallen ist?«

Draußen, im Regen, ertönte das Heulen der Sirene eines Krankenwagens, das näher kam und mit einem Jaulen verstummte.

»Ihre Angaben werden natürlich überprüft«, sagte Eilers. Seltsamerweise wirkte auch er nervös, sein Blick suchte immer wieder den des kugelköpfigen Dr. Hess.

»Mir reicht das jetzt«, sagte mein Bruder heftig. »Was heißt: Angaben überprüft? Was soll denn dieses Verhör? Wir sind keine Verbrecher! Wir wollen endlich ...«

Das Telefon auf dem Schreibtisch des Arztes läutete. Er hob ab und meldete sich. Sein Gesicht wurde noch um eine Spur grauer, und seine wulstige Unterlippe begann zu zucken.

»Nein«, sagte er. »Nein ... nein ... das geht jetzt nicht ... es sind ... es sind zwei Herren gekommen ... nein ... Bekannte von Frau Lombard ... Herr Richard und Herr Werner Mark ...« Plötzlich schrie er: »Ich sage Ihnen, ich kann jetzt nicht!« Damit warf er den Hörer in die Gabel und murmelte einen halben Fluch. Eilers sah ihn melancholisch an. Zu meinem Bruder sagte er: »Sie wollen wissen, was hier vorgeht. Völlig begreiflich. Sie müssen nur auch mich begreifen. Mord ist eine böse Geschichte.«

Ich sprang auf. »Was für ein Mord? Wer ist ermordet worden?«

»Setzen Sie sich, Herr Mark. Niemand ist ermordet worden — wenn es den Ärzten gelingt, Frau Lombard durchzubringen. Dann war es nur Mordversuch. Andernfalls ...«

Sturm rüttelte an den Fenstern, Regen prallte gegen das Glas. Mein Bruder sagte leise: »Mordversuch.«

Ebenso leise erwiderte der Kriminalkommissar Eilers: »Deshalb bin ich hier.«

»Jemand ...« Ich zerrte meine Smokingschleife herab und öffnete das durchschwitzte Hemd. »Jemand hat versucht, Frau Lombard zu ermorden?«

»So ist es«, sagte der dickliche Unfallarzt, während er beharrlich meinem Blick auswich und den des Kommissars suchte.

»Wie? Womit?«

»Mit E 605«, sagte der Kriminalkommissar Eilers.

Das Zimmer des Dr. Hess war groß. Außer einem Schreibtisch und mehreren Stühlen standen hier noch ein Schrank und ein Bett. An der Wand über dem Bett hatte der Arzt ein großes, farbenprächtiges Plakat befestigt, das in spanischer Sprache für die traditionellen Stierkämpfe von Pamplona warb. Daneben hing einer jener großen Lederbeutel, die man in diesem Teil des Landes mit Wein füllt. Mir fielen beim Anblick des bunten Plakats die

Plakate ein, welche Vanessa in ihrer Garderobe an die Wände geklebt hatte, und ich dachte, was für verschiedene Menschen doch dieselben Dinge tun. Aber wie verschieden waren Menschen eigentlich?

Die Nachricht von dem Mordversuch an Lillian hatte mich gleich einem Hieb auf den Schädel getroffen. Ich konnte nur mühsam denken und zuhören, ich war halb gelähmt vor Entsetzen. Mein Bruder gar saß da, als sei er im Sitzen gestorben. Er bewegte sich überhaupt nicht.

»Wenn Sie den Herren vielleicht einen kurzen Bericht geben wollten, Doktor«, sagte Eilers. Hess stand auf, biß an seinem Daumennagel herum und machte einen zornigen Eindruck. Er schien es dem Kommissar heftig zu verübeln, daß dieser ihn zum Sprechen aufforderte.

»Nun, hm, ja, also . . .«, begann der verfettete Arzt, an seiner schweren Brille rückend.

»Na!« sagte ich.

»Also . . .« Hess sah wütend zu Eilers; der drehte den Kopf zur Seite und rauchte. »Also, nachdem Sie angerufen hatten, fuhr ich sofort in die Waldpromenade 24, zu der Adresse, die Sie mir gaben, und dort . . .«

»Moment«, sagte ich. »Als ich Sie anrief, nannte ich Ihnen keine Adresse, nur den Namen Lombard. Sie wußten sofort, wo Frau Lombard wohnte. Wieso eigentlich?«

»Was ist das?« fragte Eilers und betrachtete den Arzt stirnrunzelnd.

»Ich wußte gar nichts . . . *er* nannte die Adresse!« rief Hess und wurde plötzlich sehr rot im Gesicht.

»Ich nannte nur den Namen, *Sie* nannten die Adresse! Ich wunderte mich noch darüber. Sie sagten, Sie hätten keine Zeit zu Erklärungen!«

»Stimmt das?« fragte Eilers, stand auf und trat sehr nahe an den Arzt heran, der hinter dem Schreibtisch lehnte. Auf Dr. Hess' Oberlippe bildeten sich jetzt Schweißtropfen, die ihm in den Mund liefen.

»Haben Sie das gesagt?«

»Kein Wort, Herr Kommissar! Herr Mark muß sich irren . . .«

»Ich irre mich nicht«, sagte ich sanft und blickte Hess in die Augen. Er blickte zu dem Stierkampfplakat.

»Sie waren sehr erregt, Herr Mark . . . außerordentlich erregt . . . gewiß verwechseln Sie da etwas . . .«

»Ich verwechsle nichts.«

»Einer von Ihnen beiden muß sich aber irren«, sagte Eilers.

»Ich nicht!«

»Ich auch nicht!« rief der Arzt.

Das Telefon läutete wieder. Hess erhob sich, schnitt eine Grimasse, dann schrie er in den Hörer: »Himmelherrgott, kapieren Sie nicht? Es geht jetzt nicht! Ich bin nicht . . . ich habe hier eine Besprechung . . . Was? . . . Das ist mir egal! Sagen Sie . . . ach was, lassen Sie mich in Ruhe!« Er knallte den

Hörer hin, fuhr sich über die Stirn und sagte kraftlos: »Verzeihen Sie, meine Herren, aber die glauben, ich kann zaubern.«

»Wer?« fragte Eilers freundlich.

»Bitte?«

»Wer glaubt, Sie können zaubern, Doktor?«

»Diese . . . der . . . ach, Innere Eins . . . eine Gallenkolik. Ich habe bereits zwei Kollegen geschickt. Aber sie wollen unbedingt mich auch noch. Als ob ich mit einem Hintern auf zwei . . .«

»Ich dachte, Sie sind Unfallarzt.«

»Bin ich auch, ja. Und?«

»Da arbeiten Sie auch auf der Inneren?«

»Der Mann kam . . . ich meine, die Frau kam zuerst auf die Unfallambulanz . . . mit der Kolik . . . und dann . . .«

»Ah ja, natürlich, ich verstehe«, sagte Eilers. Er machte jetzt wieder sein müdes, angewidertes Gesicht. Zu mir sagte er: »Das hat keinen Sinn, Herr Mark. Sie waren gewiß wirklich sehr aufgeregt. Sie werden etwas falsch verstanden haben.«

Er sah mich mit seinen traurigen Augen fest an.

»Und wenn nicht?«

»Dann hat der Doktor etwas falsch verstanden.«

»Aha«, sagte ich. »Also schön. Bitte, ich habe mich geirrt. Entschuldigen Sie, Herr Doktor. Sprechen Sie weiter.«

Der Arzt wischte sich den Schweiß vom Gesicht und fing wieder an:

»Ich kam also in die Waldpromenade 24. Wir mußten die Haustür aufbrechen. Der Schlüssel steckte, innen.«

»War denn niemand im Haus?« fragte mein Bruder.

Der Arzt sah ihn fast flehend an.

»Nein«, sagte er. »Frau Lombard war ganz allein.« Er begann vor dem Stierkampfplakat und dem Weinbeutel aus Leder hin und her zu laufen und vermied jetzt, irgendeinen von uns anzusehen. Der Regen hatte wieder wäßrigem Schnee Platz gemacht. Es war noch dämmrig und düster draußen. Das Zimmer lag zu ebener Erde. »Wir fanden Frau Lombard in ihrem Bett. Auf dem Nachttisch stand ein Telefon. Der Hörer hing herab. Ich konstatierte schwerste Atemnot, Zittern, Schweiß, Zyanose, Krämpfe und massenhaft weißen Schaum, der aus dem Mund quoll. Stechender Geruch nach Knoblauch. Das und der Schaum ließen mich sofort an E 605 denken.«

»Die typischen Symptome?« Mein Bruder fragte, ohne den Kopf zu heben.

»Im fortgeschrittenen Stadium der Vergiftung, ja . . . Es hatte sich bereits ein Lungenödem gebildet . . . Frau Lombard muß das Gift zwei bis drei Stunden, bevor wir kamen, genommen haben . . . bevor sie zu Bett ging vermutlich. Sie schlief ein und erwachte wieder, bereits in Krämpfen . . . Was sagte sie am Telefon zu Ihnen?«

»Sie konnte nicht mehr sprechen . . . sie stöhnte nur . . .«

»Sie erzählten mir aber etwas von einem Selbstmordversuch mit Schlafmitteln!« rief er triumphierend.

»Ja . . . ich . . . das stimmt . . .« Nun stammelte ich. »Ich . . . ich dachte an . . . an Selbstmord . . .«

»Weshalb?« fragte Eilers scharf.

»Weil . . . Frau Lombard hat schon zweimal versucht, sich das Leben zu nehmen . . .« *Minski!* Minski war es gewesen, der von Selbstmord redete. Hatte Lillian *ihm* noch etwas gesagt? Hatte sie noch sprechen können, als er am Apparat war? Wenn ich das jetzt gewußt hätte. Selbstmord – ich war davon überzeugt gewesen. Und nun sollte es Mord sein?

»Ihr Argument überzeugt mich«, sagte Eilers. Ich sah ihn schnell an. Er lächelte mit dünnen Lippen. »E 605. Sie wissen, was das ist?«

»Ein Pflanzenschutzmittel.«

»Ja. Ein Phosphorsäureester. Wurde schon eine ganze Reihe von Morden damit begangen. Außerordentlich gefährliches Gift. Ich spritzte sofort Atropin.« Hess putzte seine Brille.

»Atropin? Das ist doch auch ein Gift!«

»In diesem Fall das Gegengift«, sagte der Arzt. »Wir spritzen es in riesigen Mengen, intravenös . . . bis zweihundert Ampullen.«

»So viel müssen Sie . . .«

»So viel, ja. An den Pupillen sehen wir, wann wir aufhören können.«

»Wie lange wird das dauern?« fragte ich bebend, denn wieder hatte mich Angst, Angst um Lillian gepackt.

»Einen Tag, mehrere Tage«, sagte Hess, vor seinem grellbunten spanischen Plakat hin und her laufend, meinen Blick vermeidend. Er setzte die Brille wieder auf.

»Sie sagten aber, Frau Lombard sei außer Lebensgefahr!«

»Im Moment ist sie es. Wenn keine Komplikationen eintreten . . .«

»Komplikationen?«

»Hör auf, Ritchie!« sagte mein Bruder laut. Er stand auf und trat zu Eilers.

»Wurde die Polizei von Frau Lombard angerufen?«

»Nein.«

»Das Krankenhaus?« Mein Bruder wirbelte zu Hess herum.

»Nein. Ich erfuhr erst durch den Anruf Ihres Bruders, daß . . .«

»Ist das nicht seltsam?« fragte Werner. »Ich meine: Wenn jemand sich vergiftet oder vergiftet wird und es mit letzten Kräften noch schafft, zu telefonieren, dann sollte man doch annehmen, daß er die Polizei oder ein Krankenhaus oder einen Arzt ruft, nicht?«

»Sollte man annehmen«, sagte Eilers.

»Frau Lombard jedoch rief meinen Bruder an. Dazu mußte sie eine lange Vorwählnummer kennen und wählen, und eine weitere lange Nummer.«

»Sie sind nicht der einzige, dem das Kopfzerbrechen macht, Herr Mark«, sagte Eilers. Er sah auf einmal tückisch aus. »Wie finden *Sie* denn das?« fragte er mich.

»Ich . . . ich verstehe es auch nicht . . .«

»Sie sagen, Sie haben Frau Lombard seit Jahren nicht mehr gesehen?«

»Ich habe sie nicht gesehen!« rief ich.

»Schon gut, regen Sie sich nicht auf. Woher kannte Frau Lombard dann Ihre Telefonnummer?«

»Wir . . . sie rief mich an . . . manchmal . . .«

»Wann zum letztenmal?«

»Keine Ahnung . . . das ist bestimmt sieben, acht Monate her . . .«

»Von wo rief sie da an?«

»Aus Paris . . . sie war da auf Urlaub . . . und sie wollte mir guten Tag sagen . . .«

»Nur guten Tag?«

»Ja . . .«

»War das üblich zwischen Ihnen? Ich meine, war es üblich, daß Frau Lombard einfach so anrief . . . ohne Grund . . . nur um guten Tag zu sagen . . .«

Ich fühlte, wie mir das Blut zu Kopf stieg. Lillian. Lillian. Was ging diese Kerle unsere Liebe, unsere seltsame Liebe an? Was würden sie verstehen, wenn ich versuchte, etwas zu erklären? Nichts.

»Ja«, sagte ich. »So etwas war üblich. Wir sind seit langem befreundet . . .«

»Aber *Sie* riefen Frau Lombard nie an, oder?«

»Ich wußte seit langem nicht mehr, wo sie lebt . . .«

»Sie wußten nicht, daß sie seit zwei Jahren *hier* lebt?«

»Keine Ahnung.«

»Und Sie?« Eilers sah Werner an.

»Ich wußte es«, sagte dieser.

»Du hast gewußt, daß Lillian . . .«, begann ich.

»Bremen ist nicht sehr weit entfernt. Ich hätte es dir erzählt, Kleiner.« Nun wurde Werners Stimme heimtückisch. »Aber ich hatte ja nie Gelegenheit dazu. Sie müssen wissen, meine Herren, daß mein Bruder und ich aus privaten Gründen den Kontakt zueinander abgebrochen haben.«

Der Kommissar sagte: »Wie interessant. Das müssen Sie mir in Ruhe erklären. Nicht jetzt. Wir haben Zeit. Ich nehme an, Sie werden eine Weile hierbleiben . . . bis Frau Lombard über dem Berg ist, nicht wahr?«

»Worauf Sie sich verlassen können«, sagte ich.

»Sie waren nie mit Frau Lombard verheiratet?«

»Nein, aber . . .«

»Ja?«

»Aber wir lebten lange zusammen . . . wir . . . wir . . .«

»Liebten uns«, sagte der Kommissar, ohne Betonung.

Ich nickte.

»Doch diese Liebe ist seit langer Zeit . . .«

»Ja«, sagte ich leise. »Seit vielen Jahren.«

»Seltsam«, sagte Eilers und zog eine dünne goldene Kette mit einem goldenen Medaillon aus der Tasche. Das Medaillon war etwa so groß wie ein Fünfmarkstück. Ich kannte es gut. Ich hatte Kette und Medaillon Lillian geschenkt.

»Öffnen Sie das einmal!«

Das Medaillon ließ sich nach einer Seite auseinanderschieben. Unter Zellophan hatte sich hier eine Fotografie von Lillian und mir befunden, als ich ihr das Schmuckstück schenkte. Nun erblickte ich die Fotografie eines Mannes von mindestens fünfundfünfzig Jahren. Er trug eine ungefaßte Brille, einen hellen Schnurrbart, sein Haar war gelichtet, und über die linke Wange zog sich eine lange, wulstige Narbe.

»Nehmen Sie das Bild heraus«, sagte Eilers.

Ich nahm das Bild heraus.

»Drehen Sie es um.«

Ich drehte es um.

Auf der Rückseite der Fotografie stand: 0611 / 57 46 32 / 43 12 61 / 63 41 55.

0611 war die Vorwahlnummer für Frankfurt. 57 46 32 und 43 12 61 waren die Telefonnummern des ›Strip‹. 63 41 55 war meine private Telefonnummer.

»Das Medaillon trug Frau Lombard, als wir sie fanden«, sagte Dr. Hess. »Es war geöffnet, das Foto war herausgenommen und lag, mit den Telefonnummern nach oben, neben dem Apparat auf dem Nachttisch.«

»Alles seltsam«, sagte der Kriminalkommissar Eilers. »Sehr seltsam, Herr Mark, nicht wahr?«

Aber er sah dabei meinen Bruder an, nicht mich. Und mein Bruder hatte plötzlich einen Ausdruck von panischer Furcht im bleichen, verwüsteten Gesicht. War das noch Furcht um Lillians Leben?

Mit siebzehn Jahren hatte mein Bruder Werner seine erste Kurzgeschichte geschrieben. Als er neunzehn war, erschien sein erster Roman – im Jahre 1937. Dieser Roman erhielt begeisterte Kritiken und machte seinen Autor mit einem Schlag bekannt. Das Buch kletterte zu einer enormen Auflage empor, wurde vor- und nachgedruckt und brachte Werner eine Menge Geld ein. Es schilderte Leben und Erlebnisse einer Gruppe höchst unterschiedlicher Menschen beim Bau einer Autobahnbrücke. Der Titel: ›Die Brücke‹.

Ich will hier nur die Wahrheit erzählen, die ganze Wahrheit, damit man das Verbrechen, das geschah, auch wirklich richtig begreifen kann – das habe ich dem Oberstaatsanwalt Paradin versprochen. Deshalb sage ich nicht, daß das Buch meines Bruders eben nur deshalb solchen Erfolg hatte, weil es ein den Nazis genehmes Thema auf eine den Nazis genehme Weise behandelte – und weil die meisten guten Schriftsteller Deutschland längst verlassen hatten oder eingesperrt oder ermordet worden waren und es nur noch sehr wenige gab, die man in Ruhe schreiben ließ; nein, der Roman meines Bruders war wirklich gut. Er wurde gar nicht mit Schielblick auf das Wohlwollen der neuen Machthaber geschrieben. Was immer mein Bruder sonst war: Er war ein erstklassiger Schriftsteller, von Anfang an, und er ist es immer geblieben.

Meiner Mutter Traum war in Erfüllung gegangen. Als Werner für die ›Brücke‹ den Kleist-Preis erhielt, sagte sie, Tränen in den kurzsichtigen Augen: »Das ist der glücklichste Tag meines Lebens.«

Die alte Sophie Kaczmarek indessen sagte heimlich zu mir: »Heut früh war ich in der Kirche. Darfst es niemandem erzählen, Richardle. Sag ich's nur dir. Hab ich gebetet für'n jungen Herrn.«

»Warum?«

»Daß ihm kein Leid geschieht. Hab ich schrecklichen Traum gehabt, daß er wird büßen müssen, schrecklich büßen für'n großen Erfolg. Hab ich den Allmächtigen gebeten, daß er ihn nicht büßen läßt, sondern beschützt und gnädig ist und voller Güte.« (»Giete« sagte sie; beschitzt« und »bießen«.)

Ein halbes Jahr nach Erscheinen des Romans rief der Herausgeber der ss-Zeitschrift ›Das schwarze Korps‹ meinen Bruder nach Berlin und schlug ihm vor, in die Schriftleitung einzutreten. Bedingung war natürlich, daß Werner auch in die Allgemeine ss eintrat – als Anwärter zunächst, dann als reguläres Mitglied. Man bot meinem Bruder viel Geld, die Möglichkeit, zu reisen und zu schreiben, was er wollte. Begeistert sagte er zu. Und voller Begeisterung kehrte er nach Frankfurt zurück.

»Das ›Schwarze Korps‹, das ist heute die Zeitschrift der Elite«, sagte er. »Die besten Leute schreiben da. Unabhängig vom Spießertum der Partei ist das ›Schwarze Korps‹. Eine größere Ehre kann keinem widerfahren.«

»Daß ich das noch erleben darf«, sagte meine Mutter.

»Du mußt jetzt nicht mehr arbeiten«, sagte Werner. »Ich verdiene genug. Endlich kannst du dich ausruhen!«

Da küßte Mutter ihn, wieder und wieder, und zu mir sagte sie: »Es gibt also doch noch eine Gerechtigkeit. Wenn ich schon mit dir so wenig Freude hatte, Richard – ich bin dir nicht böse, du kannst nichts dafür, daß du Vater nachgeraten bist –, so werde ich doch mit meinem Werner belohnt, meinem guten Werner . . .«

Ein halbes Jahr später – ich ging noch auf das Realgymnasium (ein schlechter Schüler in allen Fächern, mit Ausnahme von Deutsch und Englisch) – erschien mein Bruder dann in einer eleganten schwarzen Uniform mit Breecheshosen, Schaftstiefeln und der schwarzen Tellermütze mit dem silbernen Totenkopf.

Das war im August 1939, just zu jener Zeit, da in Athen Panos Mitsotakis als Sohn des Flickschneiders Achilles Mitsotakis und seiner Frau Aglaja, armer aber glücklicher Leute, geboren wurde.

Der Kriminalkommissar Eilers nahm mir das goldene Kettchen mit dem goldenen Medaillon wieder weg und sagte: »Ich bitte die Herren, jetzt mit mir zu Frau Lombards Wohnung zu fahren.«

Mein Bruder hob ruckartig den Kopf. »Warum?« fragte er feindselig.

Eilers sah ihn brütend an. »Ein Versuch . . .«

»Was für ein Versuch?« Mein Bruder zog die Brauen zusammen.

»Licht in den Fall zu bringen«, sagte Eilers. »Ich könnte mir vorstellen, daß Sie oder Ihr Bruder, die Sie Frau Lombard gut und lange kennen, in ihrer Wohnung irgend etwas sehen oder finden, das mir weiterhilft . . .«

»Ich wüßte nicht, was . . .«, begann mein Bruder, aber der Kommissar unterbrach ihn schroff: »Wollen Sie, daß ich bei der Untersuchung dieses Falles nicht weiterkomme, Herr Mark?«

Mein Bruder stand wütend auf. »Ich verwahre mich gegen diesen Ton! Ich werde mich bei Ihrem Vorgesetzten beschweren!«

»Werner«, sagte ich, verblüfft über seinen Ausbruch, »bist du verrückt geworden? *Ich* will, daß dieser Fall geklärt wird . . . so schnell wie möglich. Was ist eigentlich los mit dir?«

Mein Bruder sah mich an wie ein Mann, der aus einem wüsten Traum erwacht. Er wurde sehr verlegen.

»Entschuldigen Sie«, sagte er, von mir zu Eilers blickend. »Die Aufregung . . . immerhin, ich war mit Frau Lombard . . .«

»Verheiratet. Das wissen wir schon.« Eilers blieb kühl. Der dickliche Arzt schuffelte nervös mit einem Schuh auf dem Fußboden. »Um so mehr Interesse müßten Sie eigentlich daran haben, daß wir weiterkommen, finde ich.«

»Habe ich ja . . . Ich . . . wirklich, ich bin nur völlig verwirrt . . . Selbstverständlich fahre ich mit Ihnen in die Wohnung, wenn Sie es wünschen . . . Verzeihen Sie meinen Ausbruch, bitte . . .«

Eilers nickte verdrossen.

Wir verabschiedeten uns von dem aufgeschwemmten Dr. Hess und traten auf den Korridor hinaus. Immer noch brannten die Neonröhren. Der Flur war nun belebter. Pfleger, Schwestern und Kranke begegneten uns. Ich blieb plötzlich stehen.

»Was ist los?« fragte Eilers.

»Schal vergessen.« Damit eilte ich schon zu Dr. Hess' Zimmer zurück. Als ich die Tür erreichte, hörte ich die Stimme des Arztes, undeutlich, gehetzt: ». . . zusammen mit Eilers . . . sie fahren zur Wohnung . . . nein, das geht nicht mehr . . . es muß jetzt etwas geschehen . . . schnell . . . *Sie* müssen es tun . . . Sie oder . . .« Die Stimme brach ab, ich hörte das Geräusch von schnellen Schritten, die Tür flog auf. Dr. Hess sagte, weiß im Gesicht: »Was wollen Sie?«

»Meinen Schal«, sagte ich. »Ich habe ihn bei Ihnen liegenlassen. Da, auf dem Bett, sehen Sie.« Ich ging in das Zimmer hinein. Er folgte mir. Auf dem Schreibtisch lag der Telefonhörer. Eine Stimme quakte aus ihm.

»Ihr Gespräch«, sagte ich.

Sein Blick flackerte. Dann legte er den Hörer in die Gabel.

»Was haben Sie gehört?«

»Sie werden doch noch wissen, was Sie gesagt haben.« Ich nahm den Schal und ging zur Tür. Dort drehte ich mich um. »Frau Lombard ist außer Lebensgefahr – erklärten Sie mir. Passen Sie bloß gut auf sie auf. Ich habe Freunde, wissen Sie. Wenn Frau Lombard etwas zustoßen sollte, wird das sehr unangenehme Folgen haben . . . für die Person, mit der Sie telefoniert haben. Für Sie natürlich auch.«

Das war reine Hochstapelei. Ich hatte keine Ahnung, welche Rolle Dr. Hess in dieser Geschichte spielte. Ich hatte keine Ahnung, was hier überhaupt gespielt wurde. Reine Hochstapelei. Aber sie wirkte. Dr. Hess sank in einen weißen Sessel hinter dem weißen Schreibtisch und starrte mich mit halbgeöffnetem Mund an. Er sah aus wie ein sehr häßlicher Fisch.

»Na, hast du deinen Schal gefunden?« fragte mein Bruder. Er stand direkt vor der Tür auf dem Korridor, ich prallte mit ihm zusammen, als ich aus dem Zimmer des Arztes trat. Hinter ihm stand Eilers. Sie waren zurückgekommen. Was hatten *sie* gehört?

Nun regnete es wieder, und ein eisiger Wind heulte über den großen Parkplatz, als wir ins Freie traten. Bleigrau war das Licht. Die Neonlampen brannten immer noch, auch alle Straßenlaternen der fernen Allee. Sturm jagte nasses, schweres Laub in wilden Wirbeln vor sich her, von den Bäumen waren große Äste gebrochen. Der Schnee schmolz in schmutzigen Lachen. Ich drehte mich um und sah an der Fassade des großen Krankenhauses empor. Fast alle Fenster waren erleuchtet. Wo lag Lillian? War sie schon bei Bewußtsein? Atropin, hatte Dr. Hess gesagt. Unmassen von Atropin als Gegengift. Wieviel Atropin hatten sie Lillian schon gegeben? Was hatten sie noch mit ihr getan? Lillian. Das Herz tat mir weh.

Der Kommissar sagte plötzlich: »Erster Stock, links. Das sechste Fenster vom Fassadenende.«

Ich sah ihn an. Er lächelte.

»Danke«, sagte ich. Durch den schweren Regen sah ich empor zu dem sechsten Fenster von links im ersten Stock. Auch dieses Fenster war erleuchtet, ein Vorhang zugezogen. Hinter jenem Fenster also . . .

Ich bemerkte, daß mein Bruder gleichfalls den Kopf gehoben hatte, und Eifersucht und Zorn überfielen mich, ganz sinnlos, denn nichts von dem, was einst geschehen ist, kann ungeschehen gemacht werden. Nichts.

1946 hatte ich Lillian kennengelernt. Vor zwanzig Jahren. In einer anderen Zeit, in einer anderen Welt, in der wir sehr arm und sehr glücklich waren. Das kommt nie wieder, dachte ich, und wie schade ist das doch. Käme sie doch noch einmal, diese Zeit gleich nach dem Krieg, mit ihrem Hunger, ihrem Elend, ihrer Kälte. Wie viel Kraft hatten wir alle damals, wie viel Mut. Wie schön war diese Zeit nach dem Zusammenbruch gewesen. Wie herzlich konnten wir da noch lachen. Mein Gott, was haben wir gelacht. Was haben wir gewagt. Woran haben wir noch geglaubt. Welch glückliche Zeit des großen Elends und der großen Hoffnung.

Freundlichkeit, Vernunft, Einsicht hatte es damals gegeben, sogar Ehrlichkeit. All das würden wir das nächstemal erst wieder in Ruinen erleben. Vielleicht. Wenn es in Ruinen nach dem nächstenmal noch Leben gab. Wahrscheinlich also überhaupt nicht mehr.

»Wo steht dein Auto?« fragte ich meinen Bruder. Er wies zu einem neuen schwarzen Mercedes, der nahe bei meinem Thunderbird parkte.

»Wir nehmen den Dienstwagen«, sagte Eilers. Er ging vor uns her auf eine grüne BMW-Limousine zu. Am Steuer saß ein junger Mann im Trenchcoat und las Zeitung. Nun stieg er aus und grüßte. Eilers machte uns bekannt. Der blonde, kräftige Chauffeur war Kriminalbeamter und hieß Robert Lansing.

Die Straßen, durch die wir fuhren, waren belebter als bei meiner Ankunft. Vorgeneigt kämpften Menschen gegen den Sturm an, wurden von ihm im Rücken getroffen, liefen, stolperten. Alle Autos fuhren mit abgeblendeten Scheinwerfern und funkelnden roten Rücklichtern. Wir verließen die Straßen des vornehmen Viertels nahe dem Krankenhaus nicht. Ich sah wieder die schönen Villen in den großen Gärten, von denen viele direkt an kahlen, von Regen glänzenden Wald grenzten. Faules Laub lag auf der Fahrbahn, die Bäume in den Gärten bogen sich tief im Sturm, und sobald wir dem Wald nahe kamen, hörten wir mächtiges Brausen. Wir mußten einen Umweg über zwei Seitenstraßen machen, denn ein Baum war auf die Fahrbahn gestürzt.

»Wenn das so weitergeht, kommt der Orkan doch noch zu uns«, sagte Lansing am Steuer. »Sie haben einen angekündigt heute nacht, für die Nordseeküste. Neun Uhr. Nachrichten. Wollen mal hören.« Er drehte das Autoradio an. Eine Sprecherstimme erklang: ». . . der Erfolg der rechtsgerichteten NPD bei den bayerischen Landtagswahlen vom Sonntag und der Einzug dieser Partei mit fünfzehn Abgeordneten in das Münchener Parlament wurden vom westlichen und östlichen Ausland mit Besorgnis registriert . . .«

»Aber nein. Schau an!« sagte Lansing.

». . . Der Wahlerfolg der NPD beherrscht die Schlagzeilen der Weltpresse. Sowohl die großen amerikanischen Zeitungen wie die sowjetischen Regierungsblätter sprechen von alarmierenden Symptomen für den Einfluß und das Anwachsen der Neofaschisten in der Bundesrepublik . . .«

»Und wem müssen wir alle dafür von Herzen danken?« fragte Lansing.

»Unserer lieben Regierung müssen wir alle von Herzen dafür danken. Sie hat getan, was sie konnte, um den Neofaschisten zu helfen.«

»Hören Sie auf, Lansing«, sagte Eilers, aber sehr gleichgültig.

Ich sah meinen Bruder an. Sein Gesicht war leer, er blickte starr in den Regen hinaus.

». . . Während die amerikanische Regierung«, erklang die Sprecherstimme aus dem Autoradio, »laut dpa jede offizielle Stellungnahme ablehnt, erklärten sowjetische Politiker, die NPD habe fünfzehn Sitze im Landtag jenes Bundeslandes erobern können, in dem einst die Partei Hitlers hochgekommen sei — zwanzig Jahre nach der bedingungslosen Kapitulation . . .«

Lansing nahm eine Kurve.

»Nur zwanzig Jahre«, sagte er. »Hat unsere Regierung aber auch schwere Arbeit gekostet, das! Sobald es eine gab, eine Regierung, hat sie sich um die alten Nazis gekümmert, sie gehegt und gepflegt und aufgepaßt, daß ihnen kein Unheil widerfuhr.«

»Wir sind im Dienst. Sie dürfen im Dienst nicht politisieren«, murmelte Eilers schläfrig, eine Zigarette im Mundwinkel.

Lansing hörte offenbar nicht, was Eilers, übrigens sehr undeutlich, da sagte.

»Konrad Adenauer! Was wären die Neofaschisten ohne ihn, ohne seine väterliche Fürsorge? Nahm der nicht an Obernazis in seine Partei, was nur reinging, damit er auch ganz sicher die Wahlen gewann?«

»Lansing . . .«

»Zehn Millionen Parteigenossen! Waren ja irgendwo geblieben, nicht? Sollten ja nun wieder wählen, was? Na, die mußten aber doch *Vertrauen* haben zu einer neuen Partei. Die wählten nicht einfach jeden, das waren gebrannte Kinder. CDU — das war für sie eine Garantie. Persil bleibt Persil!« Lansing schaltete schlecht zurück, das Getriebe kreischte. »Und hopp und husch, neue Gesetze natürlich, damit die Herren Nazis auch wirklich rehabilitiert waren! Was haben wir denn da Schönes? Na, da haben wir das niedliche Gesetz über die Hunderteinunddreißiger. Und das ganz wichtige über das Tragen von Hitlerorden. Und die Verfügung über die Aufnahme der SS in die Bundeswehr und die über die Aufnahme von Gestapobossen in die Abwehr. Auf die alten Posten, marsch, marsch! Zwanzig Jahre . . . Mann, unsere Regierung hat sich wahrlich rangehalten!«

Ich sah meinen Bruder an. Sein Gesicht war leer.

Da es natürlich verboten ist, daß ein Beamter im Dienst politische Ansichten von sich gibt, war mir klar, daß Lansing von Eilers den Auftrag zu diesem Monolog erhalten hatte. Weshalb? Um zu sehen, wie wir reagierten? Um zu sehen, ob wir Beifall zollten? Ob wir protestierten, ob wir Nazis waren, Antinazis? Verflucht, in was für eine Sache war ich hier hineingeraten? Was ging da vor? Auf einmal glaubte ich, Minskis Stimme zu vernehmen: ». . . kommst in eine herrliche Gegend . . . Naturschutzgebiet . . . 1930 haben die Nazis da überall mehr als zwanzig Prozent der Stimmen gekriegt . . . in Treuwall sogar fünfundzwanzig Prozent.«

War Eilers ein Nazi? War Lansing ein Nazi?

Waren sie beide Antinazis? Einer von ihnen? Ich dachte plötzlich: Ist das etwa kein gewöhnlicher Kriminalfall? Hat dieser Fall vielleicht politischen Hintergrund? Was für einen? Lillian! Wild fühlte ich das Blut in meinen Schläfen pochen. Lillian schwebte immer noch zwischen Tod und Leben – verstrickt in diese dunkle, dunkle Sache. Worum ging es hier, verflucht?

». . . Die Londoner Presse erschien mit besonders erregten Schlagzeilen«, berichtete der Radiosprecher. »Der Daily Mirror wählte die Überschrift ›Die neuen Nazis stürmen in der Wahl zum Triumph‹ . . .«

»Wurde auch Zeit«, fing Lansing wieder an. »Nach all den Heimat- und Vertriebenentreffen, bei denen unsere tapferen Minister den nationalen Sonntagstopf so fleißig am Kochen hielten, bei denen sie gegen alles predigten, was nicht braun und fromm war und östlich der Oder lag.«

Mein Bruder fragte mit schmalen Lippen: »Wie alt sind Sie, Herr Lansing?« Er saß hinter dem Mann, den er fragte, ich saß hinter Eilers, der die Augen halb geschlossen hielt. Ging mein Bruder auf den Leim?

»Achtundzwanzig. Zu jung, ums Maul aufzumachen, meinen Sie, wie?«

»Ich meine gar nichts.« Nein, so dumm war mein lieber Bruder doch nicht. »Mich interessierte nur Ihr Alter.«

»Ach, wissen Sie«, sagte Lansing, »welche gibt's, die sind älter, als auf dem Geburtsschein steht. Ich zum Beispiel.«

»Und warum?«

»Meinen Vater haben die Polen gehängt. Als ss-Kriegsverbrecher. Darum«, sagte Lansing. »Ich war zehn Jahre alt damals. Zu schade, daß mein Vater ausgeliefert wurde. Könnte heute auch in Bonn sein. Was heißt könnte? Wäre!«

Eilers betrachtete seine Fingernägel. Sie waren nicht ganz sauber. Er begann, sie mit einem Streichholz zu reinigen.

». . . im Daily Telegraph heißt es: ›Neonazi-Erfolg in Bayern‹, in der Sun: ›Nazis marschieren zum Sieg‹. Der Evening Standard überschrieb seinen Bericht auf der ersten Seite: ›Die Nazi-Gespenster auf dem Marsch‹ . . .«

»Klar sind die jetzt auf dem Marsch«, sagte Lansing. »Wer denn sonst? Die KP vielleicht? Die haben wir verboten, die Saubande. Die NPD können wir nicht verbieten, sagt die Regierung. Wir können auch nicht die ss-Treffen verbieten und nicht die Soldatentreffen. Was denn! Die müssen stattfinden! Muß diesen Leuten doch immer wieder versichert werden, daß sie nicht etwa an einem riesigen Verbrechen beteiligt gewesen sind, sondern daß sie nur ihre vaterländische Pflicht erfüllt haben.«

»Jetzt halten Sie aber endlich den Mund!« sagte Eilers, übertrieben laut. »Sie zerren einfach alles in den Dreck. Wir leben immerhin in einer Demokratie!«

»Ich höre immer Demokratie«, sagte Lansing.

»Vielleicht nicht?« Eilers wies pathetisch zum Radio: »Da! Ausführlichste Berichterstattung. Was das Ausland über uns sagt. Nichts wird verschwiegen! Und Sie schimpfen auf die Regierung? Was wollen Sie eigentlich? Wenn das nicht demokratisch ist! Also Schluß jetzt!«

»Jawoll, Chef!« Lansing saß stramm, und ich dachte, daß das vielleicht doch nicht der Versuch einer Provokation gewesen war, sondern echt, und daß die Polen Lansings Vater vielleicht wirklich als ss-Verbrecher gehängt hatten und daß sein Sohn tatsächlich ein Nazifresser war. Verdammt, wenn ich bloß gewußt hätte, was hier gespielt war und was ehrlich! Ich kam mir vor wie in einem Spiegelkabinett, Sie kennen diese Etablissements, die eine Hälfte der Spiegel zieht alles in die Breite, die andere Hälfte alles in die Länge, dazu vibriert und bewegt sich der Fußboden, man wird herumgewirbelt, verliert Gleichgewicht und Besinnung, taumelt zuletzt nur noch ... so kam ich mir vor. Ich kurbelte das Fenster an meiner Seite herab. Ob ich das alles nur träumte? Nein, ach nein, ich träumte nicht. Das wäre zu schön gewesen.

»Mach das Fenster zu!« fuhr mein Bruder mich an. »Bist du verrückt? Ich werde völlig naß.« Ich blickte ihn an. Er wirkte verstört und sah noch elender aus als zuvor. Die Lippen zuckten wieder. Ich dachte: Wieviel Schuld trägst *du* an dem, was Lillian geschah? Ich dachte: Wenn du nur einen Hauch, eine winzige Spur Schuld trägst, dann bringe ich dich um, dann ...
Ich riß mich zusammen und schloß das Fenster. Im Rückspiegel sah ich Lansings Blick auf mir ruhen. Also doch Absicht? Also wollten sie doch sehen, wer von uns die Fassung verlor, wer die schlechteren Nerven hatte aus irgendeinem Grund — ich oder mein Bruder?
Ich atmete tief und lehnte mich so zurück, daß Lansing mein Gesicht nicht im Rückspiegel sehen konnte.
Die Nachrichtensendung ging weiter. Es war fast nur von den Landtagswahlen die Rede. Wir schwiegen nun alle. Zuletzt kamen die Wetteraussichten. Regen und Schneeschauer mit stürmischen Winden aus Nordwest, in Norddeutschland und im Küstengebiet bis zur Orkanstärke. Eine Sturmflut mittleren Ausmaßes mußte erwartet werden, jedoch waren bereits alle Sicherheitsvorkehrungen getroffen. Neun Uhr und zehn Minuten. Vom

Norddeutschen Rundfunk Hamburg hatten wir die dritten Morgennachrichten vernommen. »... Meine Damen und Herren, Sie hören nun Musik der Welt, zuerst das Konzert in d-Moll für Violine und Orchester von Jean Sibelius. Es spielt das Symphonieorchester der Moskauer Staatlichen Philharmonie unter Leitung von Kyrill Kondraschin. Solist ist David Oistrach ...«

»Wir sind da«, sagte Lansing und knipste das Wagenradio aus. Er hielt vor einer Villa, die weit hinten in einem sehr großen Garten lag. Das war also die Waldpromenade – eine stille Straße mit wenigen Häusern in großen Abständen voneinander. Vor uns parkten zwei Autos – vermutlich gleichfalls Polizeiwagen.

Wir stiegen aus. Hinter dem Haus, am Ende des Gartens, sah ich wieder den schwarzen Wald, und ich hörte den Sturm zwischen den Stämmen orgeln und toben. Eiskalt traf mich der Regen. Schlamm und kleine Berge von verklumptem, totem Laub bedeckten die Fahrbahn. In dem hohen Eisenzaun, der das Grundstück umgab, befand sich eine Pforte. Sie stand offen. Wir gingen auf sie zu. Neben ihr gab es ein geschlossenes Gittertor. Die Einfahrt für Wagen. Ich sah, daß auch in allen Zimmern der Villa Licht brannte. Wo wohnte Lillian? Doch nicht im ganzen Haus. Wenn es hier aber mehrere Wohnungen gab – die Villa war zweistöckig –, wieso war Lillian dann heute nacht ganz allein gewesen? Wo waren die anderen Mieter? Und wer waren sie? Neben der Pforte standen zwei Betonsockel. In den einen war das Mikrophon einer Sprechanlage eingelassen. Unter dem Klingelknopf erblickte ich ein Schild aus Messing. Nur ein Name stand darauf. Ich trat näher, neigte mich vor und las:

PROFESSOR DR. CLEMENS KAMPLOH

»Kamploh?« Ich richtete mich auf und sah den Kommissar an, der meinen Blick ausdruckslos erwiderte. »Wieso Kamploh? Wer ist ... den Namen habe ich doch ...« Dann fiel es mir ein. »Der Chef des Krankenhauses!«

»Mhm ...«

Mein Bruder war neben Eilers getreten. Er betrachtete mich aufmerksam, gleichfalls mit ausdruckslosem Gesicht. Und hinter ihm stand Lansing und betrachtete uns alle – ausdruckslos.

»Ich denke, wir wollen zu Frau Lombards Wohnung!«

»Frau Lombard wohnt hier«, sagte Eilers, ohne den Blick von mir zu lassen. Der Sturm traf mich plötzlich mit solcher Wucht, daß ich mich an einem Betonsockel festhalten mußte.

»Was heißt, wohnt hier?«

»Professor Kamploh hat ihr das zweite Stockwerk vermietet.«

»Wieso steht dann ihr Name nicht hier? Wieso gibt es dann keine zweite Klingel?«

»Das ist eine kleine Stadt . . . vergleichsweise«, sagte Eilers. »Natürlich weiß man Bescheid. Natürlich haben sich genügend Leute das Maul zerrissen . . . allein der Altersunterschied . . . Die Stadt hat sich längst wieder beruhigt . . . aber Frau Lombard und Professor Kamploh wollen ihre Ruhe. So ist sie also polizeilich als seine Mieterin gemeldet und hat einen eigenen Telefonanschluß . . .« Eilers ging schon in den Garten hinein. »Ein Glück, daß sie einen eigenen Anschluß hat! Der Professor ist verreist . . .«

Ich packte den Kommissar an der Schulter. »Soll das heißen, daß Frau Lombard die Geliebte von Professor Kamploh ist?«

Eilers nickte.

»Seit wann?«

»Oh, es werden wohl bald zwei Jahre sein . . .« Er blieb stehen und musterte mich. »Sie wußten wirklich nichts davon?«

»Nein!« Ich sah meinen Bruder an. »Und du?« fragte ich. »Hast du das gewußt?«

»Aber gewiß, Ritchie«, antwortete mein Bruder Werner.

Mein Bruder Werner wurde einer der ganz großen Kriegsberichterstatter der Waffen-ss, Lieblingskind des Dr. Joseph Goebbels, ein Mann von unerhörter Eignung für seine Aufgabe. Es gab keinen Kriegsschauplatz, auf dem er nicht gewesen war, kein großes militärisches Ereignis, über das er nicht berichtete. Schon 1940 wurde er ss-Sturmführer. Seine Berichte, vom ›Völkischen Beobachter‹ vor- und von fast allen Zeitungen des Großdeutschen Reiches nachgedruckt, wurden meistens auch über die Sender des Großdeutschen Rundfunks verbreitet. Werner Mark – das bedeutete bereits nach dem ersten Kriegsjahr eine nationale Institution.

Mein Bruder war alles andere als ein Dummkopf. Er verstand instinktiv eine Menge von Psychologie, er schuf in seinen Berichten stets eine packende Atmosphäre des Authentischen, des Abenteuers, des Kampfes um Recht und Gerechtigkeit (ohne diese beiden Worte je zu verwenden natürlich), und ich glaube, der beispiellose Erfolg seiner Artikel lag darin begründet, daß er es immer darauf anlegte, auch noch die größten Ereignisse stets aus dem Blickwinkel namenloser einzelner zu schildern: kleiner Landser, Piloten, Matrosen, aber auch Arbeiter, Angestellter, Handwerker, Zivilisten wie Soldaten, junger und alter Menschen, Städter und Bauern – stets voll Bedacht auf Mütter, Ehefrauen, Schwestern, auf Frauen schlechthin, und niemals aus der Sicht eines Intellektuellen. So gescheit war er, daß er von vornherein darauf verzichtete, für dieses zu achtzig Prozent charakterlose, sich ohnedies anbiedernde Gesindel zu schreiben, das er so verachtete wie sein großer Chef, und das man wahrlich auch nur verachten konnte, verachten und nicht zur Kenntnis nehmen.

Männer wie Sefton Delmer erwähnen Werner in ihren Memoiren und zollen seiner Arbeit Lob und Anerkennung. Ich schreibe das voll Neid: Mein Bruder war ein Naturtalent, ein begnadeter großer Schriftsteller.

Wie stolz wurde da meine Mutter! Mit der gnädigen Freundlichkeit einer Königin nahm sie Glückwünsche und Begeisterungshymnen teils ehrlicher, teils ängstlicher Nachbarn, Bekannter und Freunde entgegen. So wird mein Bruder denn nun gewiß vor Gott bestehen: Denn Gott wohlgefällig sind jene, die Vater und Mutter ehren und beglücken auf Erden, und mehr als Werner konnte kein Sohn seine Mutter glücklich machen. Im Gegensatz zu mir, der ich so viel Kummer bereitete durch Laxheit, Unfähigkeit, mich für den Krieg, den Großen Freiheitskampf des Deutschen Volkes, die Neue Zeit und ihre Vertreter zu begeistern, mit meiner verbohrten Sehnsucht nach Musik, meinen heimlichen Studien, die nicht mehr heimlich blieben, als mein Lehrer, ein alter Herr, der meinte, Mutter sei informiert, sich an diese wandte und sie beschwor, doch dafür zu sorgen, daß ich von der Musik abließ. »Denn«, so sagte jener Mann, »er ist nicht faul, gnädige Frau, er ist nicht schlechten Willens. Er ist nur hoffnungslos unbegabt. Niemals wird etwas aus ihm werden. Schade um jeden Pfennig, um jede Minute, die er noch Unterricht nimmt.«

Die Worte wiederholte mein Musiklehrer dann, auf Mutters Drängen, noch einmal vor mir. Ein Jahr später war ich Kriegsberichterstatter wie mein Bruder. Diese Karriere verdankte ich der Versenkung des britischen Schlachtkreuzers ›Hood‹, einem tobsüchtigen Turnlehrer namens Armin Knäblein, meinem Bruder Werner und dem Heimatdichter Hermann Löns, der, wie der Zufall spielt, sein Domizil in der kleinen Stadt Müden gehabt hatte, eine knappe halbe Autostunde entfernt von der Stadt Treuwall.

»Heute wollen wir ein Liedlein singen, trinken wollen wir den kühlen Wein. Und die Gläser sollen dazu klingen, denn es muß, es muß geschieden sein . . .«

Zweiunddreißig Oberprimaner — meine Klasse — lagen auf dem Rücken, die Arme ausgebreitet, und mühten uns atemlos um den ›Überschlag rückwärts‹, wobei die ausgestreckten Beine über den Kopf zu werfen waren, bis die Füße die Erde berührten. Es war ein grotesker Anblick, denn wir lagen uns in zwei Reihen gegenüber, alles, was ich sah, waren die Schenkel und Hintern der Jungen auf der anderen Seite.

»Gib mir deine Hand, deine weiße Hand, leb wohl, mein Schatz, leb wohl, mein Schatz, mein Schatz, leb wohl, lebe wohl. Denn wir fahren, denn wir fahren, denn wir fahren gegen Engelland, Engelland, ahoi!«

Diese denkwürdige Übung, die ich wohl nie vergessen werde, fand am 25. Mai 1941 im Turnsaal meines Realgymnasiums statt. Zwischen den beiden Reihen strampelnder Primaner marschierte im Stechschritt der krummbeinige, drahtige Armin Knäblein auf und ab. Knäblein hatte keine Augenbrauen, rosiges Haar und rosige Albinoaugen. Das höchste Lob, das er zu spenden imstande war, formulierte er in den à la Hitler hervorgestoßenen Worten: »Ich sehe, Sie sind guten Blutes!« (»gutten« und »Bluttes«.) Woran liegt es, daß so viele Turnlehrer besonders wilde Nazis waren? Man müßte einmal einen Psychologen fragen. Armin Knäblein war der wildeste Nazi, der mir je begegnete. Am 25. Mai 1941 veranstaltete er eine Feierstunde. Am 24. hatte das deutsche Schlachtschiff ›Bismarck‹ in der Dänemarkstraße den britischen Schlachtkreuzer ›Hood‹ versenkt. Das hatten wir nun auszubaden. Knäblein ließ uns Luft treten und dabei das Engelland-Lied herausbrüllen, dessen Text der feinsinnige Heidedichter Hermann Löns verfaßt hatte. »Unsere Flagge, und die wehet auf dem Maste. Sie verkündet unseres Reiches Macht . . .«

Die Schenkel flogen, die Turnhosen verschoben sich, immer dürftiger bedeckte Hintern gerieten in mein und unser aller Blickfeld. Noch konnte ich meine Lachlust bekämpfen und weiterbrüllen. ». . . denn wir wollen es nicht länger leiden, daß der Englischmann darüber lacht! Gib mir deine Hand, deine weiße Hand . . .« Und so weiter, wie in der Vorstrophe. Knäblein marschierte auf und ab, es roch nach Bohnerwachs und Schweiß. Knäblein dirigierte. »Zwei, drei! Zwei, drei! Und höher, und *höher!*«

»Kommt die Kunde, daß ich bin gefallen«, röhrte die Klasse, nun schon ziemlich kurzatmig, »daß ich schlafe in der Meeresflut, weine nicht um mich, mein Schatz, und denke: für das Vaterland, da floß mein Blut!«

Na ja, und dann schrie ich los vor Lachen.

Es war einfach stärker als ich. Der Junge, der mir gegenüber strampelte, hatte sich gänzlich frei gemacht, ich sah den riesigen bleichen Hintern. Der Junge — er hieß Helmut Grönke — hatte einen sehr fetten Hintern. Er war ein dicker, ungeschlachter Kerl, der mit Inbrunst und aus voller Kehle sang. Als er beim Vaterland angekommen war, für das Hermann Lönsens Dichterblut geflossen war, ließ ihn sein Schließmuskel im Stich. Er strampelte eben zu heftig, und er preßte die Heldenworte zu heftig heraus. So preßte er denn, zunächst hörbar, gleich darauf sichtbar, noch etwas anderes heraus. Braun lief es über sein bleiches Hinterteil. Grönkes Donnerfurz, sein nackter Arsch und dessen plötzliche Musterung waren mehr, als ich ertragen konnte. Ich mußte einfach lachen, und zwar so laut, daß die Klasse jäh verstummte und der drahtige Armin Knäblein vor Schreck stolperte.

»Mark!« brüllte er.

Ich erhob mich taumelnd.

»Sind Sie wahnsinnig geworden? Hören Sie sofort zu lachen auf, Sie ehrvergessener Lump!«

Ich hätte ja gerne aufgehört. Es ging nur nicht. Der dicke Grönke hielt mir noch immer seinen befleckten Hintern hin, und ich kam jetzt in einen richtigen Lachkrampf.

»Sie Verbrecher!« tobte Knäblein. »Sie Kommunistenhund! Sie Volksfeind! Ich bringe Sie vor Gericht! Ins Zuchthaus!«

Eine Viertelstunde später war ich beim Direktor, eine halbe Stunde später aus der Schule geworfen, zwei Tage später erschien ein Herr von unserer Ortsgruppe bei meiner Mutter und teilte ihr mit, was geschehen war.

Danach mußte sogleich unser alter Hausarzt Dr. Wilms gerufen werden. Meine Mutter hatte sich dermaßen aufgeregt, daß sie zusammengebrochen war. Wilms machte Mutter eine Injektion, und dann nahm er mich vor. Er wußte Bescheid – die Sophie hatte ihm alles erzählt.

»Hör mal«, sagte er, »solche Sachen würde ich dir aber nicht empfehlen. Im eigenen Interesse nicht . . . und deiner Mutter wegen. Oft hält sie so was nämlich nicht mehr aus. Sie regt sich häufig über dich auf, sagt die Sophie. Sie ist verbraucht und schwach. Herz und Kreislauf wollen nicht mehr. Ich meine, ich kann mir ja denken, daß es komisch war bei euch – wahrscheinlich hätte ich auch losgebrüllt. Aber nun haben wir den Mist. Deine Mutter kriege ich schon hin. Doch was wird aus dir? Wenn du Pech hast . . .«

Ich sah ihn an, und nun hatte ich natürlich mordsmäßige Angst.

»Sie meinen?«

»Na, was denn. Ja, *jetzt* machst du dir in die Hosen!«

»Was soll ich tun, Herr Doktor?«

»Deinen Bruder anrufen, du Dussel. Wo ist er, weißt du das?«

»Momentan in Berlin . . .«

»Los, dann ruf an. Sofort! Wenn man schon so einen Bruder hat . . . der einzige, der dir jetzt noch helfen kann . . .«

»Aber mein Bruder und ich . . .«

». . . versteht euch nicht, weiß ich. Genau die Zeit für Bruderkämpfe! Mein Lieber, jetzt geht es um die Wurscht. Dein Bruder ist ein großes Tier.«

»Eben. Und ich soll ihm in den Arsch kriechen«, sagte ich, und dabei fiel mir wieder Helmut Grönke ein, und trotz meiner Angst hätte ich fast wieder gelacht.

»Klar«, sagte der alte Arzt.

»Aber das ist doch . . .«

»Was ist das? He? Was ist das? *Klug* ist das!« sagte Wilms. »Werner ist ein großes Tier. Du bist ein kleines, ein *ganz* kleines. Wo ist ein ganz kleines Tier sicherer aufgehoben als im Arsch von einem ganz großen!«

Der Ausspruch imponierte mir ungeheuer.

Ich rief meinen Bruder an und erzählte ihm alles. Er war zuerst empört, doch als ich jammerte und bettelte und ihm sagte, nur er könne mir helfen, war er natürlich geschmeichelt.

»Ich komme noch heute mit einem Flugzeug rüber«, erklärte er, der Große Mark, der so einfach ›mit einem Flugzeug rüberkommen‹ konnte. »Ich bringe das in Ordnung . . . für Mutter natürlich. Nicht für dich.«

»Natürlich nicht für mich«, sagte ich.

Werner kam, und tatsächlich brachte er am nächsten Tag die Sache in Ordnung. Er operierte mit einem Trick, den er mir nachträglich bekanntgab: »Ich habe dem Direktor und den Bonzen erzählt, daß du dich über diesen Turnlehrer ärgern mußtest, weil der die vertrottelte Idee hatte, euch so singen zu lassen. Du hast aus Protest gelacht! ›Hood‹! Hermann Löns! Engeland! Und diese Nulpe läßt euch mit den Beinen strampeln und plärren! Na, der kriegt nun sein Fett. Außerdem hatte ich gesagt, daß ich dich sofort nach deinem Abitur und deiner Grundausbildung übernehmen soll. Das ist angeblich Befehl von oben.«

»Übernehmen? . . . Was heißt das?« fragte ich, und mir wurde wieder leicht schwummrig.

»Du wirst PK-Mann. Ich liebe meine Mutter. Ich will nicht, daß sie immer weiter Aufregungen mit dir hat. Ich werde jetzt ein Auge auf dich halten.« Und er hielt ein Auge auf mich, bei Gott! Er verfolgte sozusagen jeden meiner Schritte, nachdem ich eingezogen worden war. Überall ließ er sich blicken, schützte er mich durch sein Erscheinen. Der Teufel soll meinen Bruder in kleinen Stücken auf kleinem Feuer rösten, er war ein böser, schlechter Mensch – aber er hat mir sehr wahrscheinlich das Leben gerettet damals, denn ohne ihn wäre ich wohl ins Gefängnis und dann in eine Strafkompanie gekommen oder als wehrunwürdig ins KZ. Mein verfluchter Bruder brachte mir die Grundbegriffe des Schreibens bei, redigierte meine ersten Arbeiten als PK-Mann, und die ersten beiden schrieb er – hier soll die Wahrheit stehen, die reine Wahrheit –, meine ersten beiden Berichte also schrieb mein Bruder Werner. Natürlich waren beide großartig, und ich war ein gemachter Mann.

»Ich bin ja so froh, daß dein guter Bruder dich auf den rechten Weg gebracht hat«, schrieb meine Mutter mir an die Front. Und die alte Sophie schrieb: »Ge ich jeden Tag in Kirche und bet fir jungen Herrn, daß jungen Herrn kein Leid geschit.«

So also kam ich zum Schreiben.

Die Position meines Bruders erreichte ich natürlich nie – bei weitem nicht. Ich bin kein Held, wollte nie einer sein, dieser Krieg war nicht mein Krieg. Ich mußte eine Uniform anziehen und ein Gewehr nehmen wie Millionen andere, die, gleich mir, sehr gern zu Hause geblieben wären und keine Sehnsucht hatten, fremde Länder zu erobern zum größeren Ruhm des Führers und des Vaterlandes. Und wie diese Millionen, die nicht freiwillig und mit Hurra losrasten, um Kriegsgreuel zu begehen und zu töten, zu töten, zu erobern, zu erobern, wie Millionen, die gleich mir nur zu jung, zu dumm, zu gutgläubig, zu indolent oder zu feige gewesen waren, um zu verhindern, daß jener Adolf Hitler an die Macht kam, wie diese Millionen, so hatte auch ich nur wenig Glück.

Meine Feuertaufe als PK-Mann bestand ich bei der Einname der Festung Sewastopol. Der Bericht gefiel in Berlin. Ich hatte nun die Hoffnung, aus der vordersten Linie wegzukommen, denn ich wußte, daß sehr viele Frontberichte in der Etappe, in irgendwelchen Hauptquartieren in Berlin und anderswo verfaßt wurden – weit weg vom Schuß jedenfalls, so wie mein Bruder nun meistens arbeitete. Ich wußte, daß viele der großartigen Schlachtszenen der Wochenschau irgendwo in polnischen Steppen, auf Truppenübungsplätzen in Pommern oder in Mecklenburg, ja sogar auf dem Gelände der Wien-Film am Rosenhügel gedreht wurden. Ich stellte mir vor, daß ich einen schönen Druckposten weit, weit hinter der Front bekommen würde.

Ich bekam ihn nicht. Ich blieb weiter vorn, und ich wurde immer dorthin geschickt, wo es wirklich dreckig zuging – im Osten und im Westen, in Afrika und im höchsten Norden. Ich wurde verwundet, ich bekam das EK I und die Nahkampfspange, und meine Mutter schrieb mir ins Lazarett, sie gratuliere mir und sie sei stolz auf mich. Arme Mama, damals erkannte ich beklommen, daß ich sie zu Unrecht ein Leben lang für intelligent gehalten hatte. Die Sophie gratulierte gleichfalls. Ihr Glückwunsch war verbunden mit der seltsamen Aufforderung, weiter »immer nur die Wahrheit« zu berichten, denn, so schrieb die Sophie, »es steht in der Heiligen Schrift: Was huelfe es dem Menschn, wenn er die ganze Welt gewenne – und neme doch Schadn an seiner Seele? In Verehrung Ihre treue, alte S. Kaczmarek.«

S. Kaczmarek.

Sie schrieb ihren Vornamen nie aus.

Ich kam nach Frankreich. Hier blieb ich bis zur Invasion, und ich berichtete auch über diese bis zu dem Tag, an dem ich westlich von Saint Lô gefangengenommen wurde.

Ich hatte die alte Sophie gebeten, bei Mutter zu bleiben, die ständig kränkelte, und die gute Sophie, Beschützerin und Trösterin meiner Kindheit, die so gerne heim zu ihren Leuten nach Oberschlesien gefahren wäre, um noch ein paar Jahre ›für sich‹ zu sein, S. Kaczmarek mit der harten Aussprache, den flachen Brüsten und den spitzen Knien, blieb. Sie blieb und starb zusammen mit meiner Mutter bei einem Tagesangriff der Amerikaner auf Frankfurt, am 12. August 1944, um die Mittagsstunde, als eine Bombe unser Haus traf.

Vom Tod der beiden Frauen erfuhr ich erst nach Kriegsende – am 12. August 1944 saß ich bereits in Camp Alva in Oklahoma. Wir waren von England mit der ›Mauretania‹ nach New York gebracht worden und von New York mit der Bahn nach Oklahoma. Hier blieb ich nicht lange. Vor uns waren bereits Kriegsgefangene des Afrikakorps eingetroffen und hatten die Lagerleitung übernommen. Die Amerikaner waren begeistert von der Zucht und Ordnung, die in diesem Lager herrschten. Daß immer wieder Antifa-

Leute, von Geheimgerichten verurteilt, mit Telefondrähten erwürgt und dann am Morgen tot aufgefunden wurden, störte die Amerikaner nicht, nachdem die Lagerleitung ihnen erklärt hatte, es handle sich stets um kommunistische Kriminelle. Diese Lagerleitung führte ein Regime des Terrors. In den drei Monaten, die ich in Camp Alva verbrachte, wurden vier Männer ermordet. Es gab Frühappelle, Schulungsabende, Kasernenhofdrill und eine strenge Zensur: Wir bekamen keinen Brief, keine Nummer von TIME, LIFE, LOOK, NEWSWEEK oder Tageszeitungen in die Hand, die nicht zuvor sorgfältig auseinandergeschnipselt und an unzähligen Stellen schwarz übermalt worden war. Zum Glück irrte sich dann endlich einmal ein besoffener Afrikakorpsmann und erdrosselte, zusammen mit besoffenen Kameraden, anstelle eines Deutschen einen Amerikaner, der in einer Baracke eingeschlafen war.

Daraufhin wurden wir, die wir nicht zu der Elite des Afrikakorps gehörten, aus Camp Alva entfernt. Es ist mir nicht bekannt, daß die Lagerleitung auch nur gemaßregelt worden ist, und ich bedaure heute noch alle armen Landserschweine, die nach uns in dieses Prunk- und Prachtlager gerieten. Ich kam nach Camp Dermott in Arkansas. Hier pflückte ich Baumwolle. Dann kam ich nach Idaho, in das Camp Rupert. Da erntete ich Zuckerrüben und Kartoffeln. Das Lager befand sich nahe dem Yellowstone-Park. Im April 1946 endlich brachte ein winziges Victory-Schiff namens ›Madawaskar‹ uns nach Europa zurück. Es gab keinen einzigen Gefangenen, der sich auf dieser Nußschale von Dampfer nicht die Seele aus dem Leib gekotzt hätte. Wir landeten in Le Havre, kamen kurz noch einmal in ein Lager – und im Mai 1946 stand ich dann vor den Trümmern des Hauses in Frankfurt, unter denen man mittlerweile die Leichen meiner Mutter, der alte Sophie und der anderen Hausbewohner hervorgeholt und in einem Massengrab auf dem nahen Friedhof beigesetzt hatte.

Armin Knäblein, um seiner noch einmal zu gedenken, überstand das Dritte Reich und die Jahre danach bei guter Gesundheit, wenn er auch nie so richtig am Wirtschaftswunder teilhatte. Er versuchte sich in den verschiedensten Berufen, zuletzt wurde er Vertreter einer Sektfirma. Als solcher erschien er eines Tages auch im ›Strip‹. Er erkannte mich nicht mehr, ich ihn sofort. Ich wollte ihn hinauswerfen. Boris Mordechai Minski hinderte mich daran. Er sagte: »Willst du anfangen, jetzt zu rechten mit all den armen kleinen Menschelads?«

»Kleines Menschelach! Der Dreckskerl hat mich fast auf dem Gewissen!« schrie ich. »Ich habe dir doch erzählt . . .«

»Wer hat mich nebbich alles fast auf dem Gewissen«, sagte Minski. »Der Sekt, den er vertritt, ist gut. Ich werde ihn noch ein bissel runterhandeln mit Engrospreisen. Wenn du ihn nicht sehen kannst, dann laß mich mit ihm reden.« So kauften wir einen Teil unseres Sekts auch im Herbst 1966 noch bei Armin Knäblein, meinem ehemaligen Turnlehrer, nun schon einem älteren Herrn, der mich niemals wiedererkannte und der, im Gegensatz zu meiner Mutter und der S. Kaczmarek, den Krieg überlebte.

Damals, im Mai 1946, nannten Beamte mir die Nummer des Massengrabs, in dem meine Mutter und die S. Kaczmarek lagen, und sie gaben mir eine Tasche, die Mutter noch im Tode an den Leib gepreßt gehalten hatte. In der Tasche fand ich eine große Anzahl von Artikeln, geschrieben von meinem Bruder, einige Berichte von mir und Mutters Ersatzbrille. Sie war ebenso unversehrt geblieben wie die alte Porzellantaube, die man in einer Tasche eines der vielen Röcke der toten S. Kaczmarek entdeckte, noch mit der Aufschrift:

NUR DEM FRÖHLICHEN BLÜHET DES LEBENS BAUM!

Die Taube gaben sie mir auch.

Das Papier der Zeitungsartikel war gelb und brüchig geworden, zerrissen und vergilbt, aber große Teile des Textes konnte man trotzdem immer noch lesen. An einem warmen Tag im Mai saß ich am Ufer des Mains, nahe dem schlammigen Wasser, und las voller Bewunderung die Berichte meines Bruders, dieses großen Schriftstellers und großen Menschenverführers, der es fertiggebracht hatte, noch aus den schlimmsten Niederlagen glänzende Siege zu machen. Ich weiß, daß Werner bis in die Endphase des Krieges hinein schrieb, für den ›Panzerbär‹ im eingeschlossenen Berlin, daß er Fünfzehnjährige und Siebzigjährige anfeuerte, der Roten Armee nur noch eine kleine Weile Widerstand zu bieten, bis die Wunderwaffen eingesetzt wurden, denn, so schrieb er, wie man mir später erzählte, ›Der Sieg ist wirklich ganz nahe‹.

Man erzählte mir später auch, Millionen, die Werners Artikel in den letzten Kriegsmonaten lasen oder hörten, an den Fronten, in der Heimat, hätten noch einmal Mut, noch einmal Hoffnung gefaßt. Ein so guter Schriftsteller war mein Bruder! In den letzten sechs Monaten dieses Krieges kamen mehr Menschen ums Leben als in all den Jahren davor. Mein Bruder hat seinen kleinen, aber gewichtigen Teil dazu beigetragen.

In Berlin holten ihn die Russen aus einem Bunker nahe der Reichskanzlei. Sie kannten seine Arbeiten, er war ihnen ein Begriff, sie hatten seine Berichte über die Sender des Großdeutschen Reiches vernommen, diese Berichte, von denen ich an einem warmen Tag im Mai 1946 eine vergilbte Auswahl, zusammen mit einigen Berichten, einer alten Tasche, einer stahl-gefaßten dicken Brille und einer alten Porzellantaube in die schlammigen Fluten des Mains warf . . .

Die Russen steckten Werner in ein riesiges Lager. Sie wußten wahre Begabung immer schon zu schätzen. Werner erhielt den Auftrag, eine Lagerzeitung herauszugeben. Und Werner wußte immer schon, wie er seine Begabung einzusetzen hatte: Was er lieferte, war erstklassige kommunistische Propaganda, verfaßt mit der gleichen psychologischen Raffinesse wie seine Nazi-Artikel. Die Russen waren entzückt – und so dauerte es lange, bis Werner entlassen wurde und heimkehrte.

Ja, er kehrte heim, und seine Heimkehr brachte Leid und Unglück für mich und andere – nicht für meinen Bruder Werner! Mein Bruder Werner war ein Mann, dem nichts, kein mörderischer Krieg und keine mörderische Niederlage, keine Gefangenschaft und keine Übeltat, keine Lüge und kein Verrat auch nur das geringste hatten antun können; ein Mensch, der sein Leben arrangierte bis zum Tod, allein und ausschließlich so, wie er es für richtig hielt, ja der selbst diesen Tod noch arrangierte – in einer Dezembernacht des Jahres 1966, im Schlafzimmer des Luxus-Appartements 907 im Hotel ›Imperial‹, das an der Nile Corniche zu Kairo liegt.

Die Villa des Professors Clemens Kamploh besaß eine große Halle, von der eine breite Treppe zum ersten Stock hinaufführte. Schwere Perserteppiche lagen auf dem Marmorboden, hier hingen Originale französischer Impressionisten, und hier gab es ostasiatische Kunstwerke, Skulpturen, Schnitzereien und Statuen zu bewundern. Männer gingen umher, Beamte der Kriminalpolizei, die sich um Spuren kümmerten, Aufnahmen machten und eine resolute, rundliche Frau verhörten. Sie war etwa fünfzig Jahre alt. Neben ihr standen ein junger Beamter mit Stenogrammblock und ein untersetzter älterer Mann mit rotem Stiernacken.

»Wie oft soll ich das noch erklären?« fragte die Frau gerade aufgebracht. »Ich wohne nicht im Haus. Im Haus wohnen nur der Professor und Frau Lombard. Ich komme jeden Morgen um neun – mit Ausnahme von Sonntag –, und ich gehe wieder um sechs. Samstag um zwei. Ich wohne in der Nähe. Kurwenalstraße 2. Ich weiß überhaupt nichts.«

»Wann fuhr Professor Kamploh fort?« fragte der Mann mit dem Stiernacken. Seine Stimme klang, als hätte er Schmirgelpapier geschluckt oder ein paar Glasscherben im Hals.

»Gestern früh. Zu einem Vortrag nach München.«

»Mit dem Wagen?«

»Nur bis Hannover. Dann mit der Bahn. Er fährt nicht gern Auto. Der Vortrag war gestern abend.«

»Warum flog er nicht?«

»Er fliegt auch nicht gern. Wo es geht, nimmt er Schlafwagen.«

»Wann kommt er wieder?«

»Morgen. Was ist heute? Dienstag? Ja, Mittwoch will er kommen.«

»Wo wohnt er in München?«

Es war 9 Uhr 15. Die Haushälterin mußte eben gekommen sein, sie saß noch im Mantel da.

»Hotel Vier Jahreszeiten.«

Kommissar Eilers räusperte sich. Der Mann mit dem Stiernacken drehte sich um. Sein Haar war grau und schütter, unter den listigen, zusammmenge-kniffenen Augen hingen violette Tränensäcke wie Trauben. Kein angenehmes Gesicht. Das war der Hauptkommissar Fegesack. Eilers machte uns bekannt. Danach kam es zu der Standardverwirrung, die ich schon seit Jahren ertrug.

»Mark? Der Schriftsteller?« Fegesack blickte mich an.

»Ja«, sagte Eilers.

»Sie sind das?«

»Nein, mein Bruder ist das.«

»Eilers, wieso sagen Sie dann . . .« Der Hauptkommissar Fegesack sah nicht sympathischer aus, wenn er verwirrt war. Seine Augen schlossen sich zu Schlitzen. Er hatte die schlauen Augen eines Schweines.

»Ich habe einmal geschrieben«, sagte ich. Routine. Alles Routine. Es tat schon gar nicht mehr weh.

»Sie haben auch . . .? Ich kenne nur ein paar Romane Ihres Bruders *Werner* Mark . . . Steht gerade auf der Bestsellerliste des Spiegels, nicht wahr? Ich lese den Spiegel regelmäßig . . .« So sahen Spiegel-Leser also auch aus. Mein Bruder nickte.

»Ja, es erschien eben ein neues Buch von mir.«

»Und Sie . . .« Fegesack sah wieder mich an.

»Ich schreibe schon lange nicht mehr.«

»Was haben Sie denn geschrieben?«

»Romane. Nichts Besonderes.«

Eilers redete leise mit seinem Vorgesetzten. Der nickte.

»In Ordnung.«

»Na, dann wollen wir uns mal das Haus ansehen«, sagte Eilers. »Darf ich bitten, meine Herren . . .« Er machte eine einladende Handbewegung. Der blonde Lansing schenkte mir ein gewinnendes Lächeln. Zu viert gingen wir die Treppe in den ersten Stock empor. Vor dem kalten Kamin der Halle unterhielt sich Fegesack weiter mit der Haushälterin.

»Wann verließen Sie gestern das Haus?«

»Wie immer, um sechs. Was ist eigentlich geschehen? Wollen Sie mir nicht sagen . . .«

Im ersten Stock lagen ein Speisezimmer, ein großes Wohnzimmer, ein Schlafzimmer, ein Badezimmer, zwei Fremdenzimmer, ein Umkleideraum mit eingebauten Spiegelschränken und eine Bibliothek, alle Wände bis zur Decke mit Bücherregalen verkleidet. Die Zimmer hatten große Fenster, zum Teil Balkone. Ich sah die sturmgepeitschten Bäume des Parks, den Tanz der regenschweren Blätter, die der Wind hochriß, den schwarzen wogenden Wald hinter dem Haus. Die Zentralheizung arbeitete zu stark, es war heiß in den Zimmern, die alle mit viel Geschmack und wertvollen Möbeln eingerichtet waren.

»Muß ein wohlhabender Mann sein, dieser Professor Kamploh«, sagte ich. Mein Bruder schwieg. Mit düsterem Gesicht ging er an meiner Seite. »Er verdient gut als Leiter des Krankenhauses. Und er hat eine überlaufene Privatpraxis in der Stadt«, erklärte Eilers. »Die Leute kommen von weit her. Großartiger Arzt. Internist.«   »Seit wann leitet er das Krankenhaus?«

»Das neue von der Eröffnung an. 1960.«

»Es gab vorher ein altes?«

»Ja. Das leitete er ab 1955. Seit dem Tod von Professor Wohlfahrt. Der war sein Vorgänger.«

»Wie alt ist er?«

»Neunundfünfzig.«

Und Lillian ist neununddreißig, dachte ich. Zwanzig Jahre jünger. Und seine Geliebte. Lillian, die Geliebte eines fast Sechzigjährigen. Mein Bruder erriet, wie so oft, was ich dachte. Er sagte: »Lillian hatte doch stets ein so großes Bedürfnis nach Sicherheit. Erinnerst du dich nicht mehr?«

Ich sah ihn wütend an.

»Ist das vielleicht nicht wahr, Ritchie?« fragte Werner hämisch.

»Natürlich ist es wahr...«

Wir gingen hinter Eilers her, wieder in die Bibliothek, die wir zuerst betreten hatten. Hier stand ein großer Flügel, daneben ein teurer Zehn-platten-Spieler mit Stereoanlage und Stereolautsprechern. Sie waren in die Regale eingebaut. Sonderbarerweise war der Plattenspieler geöffnet, der Tonabnahmearm lag, nicht fixiert, in der Gabel, eine Platte lag auf dem Teller, eine zweite lehnte gegen den abgenommenen Oberteil des Apparates, in dem sich ein Lautsprecher befand. An einer Bücherwand erblickte ich eine Diskothek. Hunderte von Platten standen, in Schutzhüllen, aufrecht in mahagoniholzverkleideten Fächern. Kärtchen mit Hinweisen steckten in schmalen Messingrahmen. Ich sah, daß Kamploh sämtliche Symphonien, Klavierwerke, Konzerte und Kammermusikstücke, die Romanzen, Sonaten, Streich- und Klavierquartette Ludwig van Beethovens besaß, viele mehr-fach, gespielt von verschiedenen Orchestern unter verschiedenen Dirigenten oder von verschiedenen Solisten – die zehn Violinsonaten beispielsweise von Schneiderhan/Seemann, noch einmal von Grumiaux/Haskil, noch einmal von Oistrach/Oborin und noch einmal von Heifetz/Bay.

Rund um die Diskothek standen sehr viele Musikerbiographien, Opernfüh-rer, Nachschlagewerke, Speziallexika und gewiß hundert Biographien, Briefwechsel, Krankheitsbeurteilungen, Einzeluntersuchungen und Interpreta-tionen der Kompositionen Beethovens – eine imponierende Sammlung von Büchern in deutscher, englischer, französischer und italienischer Sprache. Auf den unteren Regalen lagen große in Leder gebundene Partituren.

»Ein Musikfreund«, sagte Robert Lansing, der zusah, wie ich die Titel einiger Bücher las. Er lächelte noch immer. »Beethoven forever.« Neben dem Plattenspieler stand ein typischer alter Schaukelstuhl aus den amerikanischen Südstaaten. Auf dem geschlossenen Flügel lagen die Umschläge von zwei Langspielplatten. Wahrscheinlich gehörten sie zu den Platten, die man bei dem Plattenspieler liegengelassen hatte, dachte ich und betrachtete sie näher. Sie trugen das Zeichen der Deutschen Grammophon-Gesellschaft. Auf dem ersten stand BEETHOVEN – IX. SYMPHONIE – BERLINER PHILHARMONIKER – HERBERT VON KARAJAN. Auf dem zweiten Umschlag wurde die VIII. SYMPHONIE und das FINALE DER IX. angekündigt. Ich kannte diese Aufnahmen, die in der linken unteren Ecke ihrer Umschläge noch den Vermerk ›Grand Prix du Disque Paris‹ trugen, ich besaß sie selber. Mir gefiel diese dämmrige Bibliothek mit ihren Büchern und Platten, ihren Teppichen, dem riesigen Globus, der in einem schweren Eichengestell neben dem Schreibtisch stand, diese Bibliothek, in der es nach teurem Pfeifentabak und Leder roch. Ein kultivierter Mann, dieser Professor Kamploh . . .
Auf dem geschlossenen Bechsteinflügel lag, in abgestoßenes altes Leder gebunden, eine offene Partitur.
»Sie können ruhig alles angreifen«, sagte Lansing, der mich beobachtete. (Eilers beobachtete meinen Bruder, der vor sich hin stierte, bemerkte ich.) »Die Leute vom Erkennungsdienst waren schon hier. Und Ihre Fingerabdrücke lassen sich ja jederzeit identifizieren.«
Die alte Partitur war in der Mitte des Zweiten Satzes aufgeschlagen.
Vor mir lag einer der ältesten Drucke jenes Musikstückes, das mein Vater so geliebt hatte. Ich blätterte zurück. In verschnörkelten Buchstaben stand auf dem Titelblatt:

SINFONIE

MIT SCHLUSSCHOR ÜBER SCHILLERS ODE »AN DIE FREUDE«

FÜR GROSSES ORCHESTER , 4 SOLI, 4 CHORSTIMMEN

COMPONIERT UND

SEINER MAJESTÄT DEM KÖNIG VON PREUSSEN

FRIEDRICH WILHELM III.

IN TIEFSTER EHRFURCHT ZUGEEIGNET

VON

LUDWIG VAN BEETHOVEN

125. WERK

EIGENTUM DER VERLEGER

BEY B. SCHOTTS SÖHNEN   MAINZ UND PARIS   BEY A. SCHOTT

ANTWERPEN

1824

Die Seiten waren leicht und vergilbt. Erster, Zweiter, Dritter Satz. Der Dritte Satz war an Vaters Grab gespielt worden, und ich, ein zwölfjähriger Junge, hatte vor diesem Grab gestanden, Hand in Hand mit einer jungen Frau. Föhnwolken waren in Schlieren über den blauen Himmel Münchens gezogen, leise hatte Südwind die hängenden Äste der Trauerweide bewegt . . .

Ich blätterte weiter in dem kostbaren Besitzstück des Professors Kamploh, der Beethoven ebenso liebte, wie mein Vater es getan hatte.

Der Vierte Satz. Da war die Freudenmelodie. Da standen die ersten Worte des Schillerschen Textes unter den Noten. ›Freude, schöner Götterfunken, Tochter aus Elysium! Wir betreten wonnetrunken, Himmlische, dein Heiligthum . . .‹ Dann stockte ich beim Umblättern, denn ich bemerkte, daß in der zweiten Vokalvariation der Freudenmelodie entweder die Druckerpresse versagt hatte oder eine Satzzeile herausgefallen war — jedenfalls fehlten hier die Worte ›Alle Menschen werden Brüder‹.

Der Kriminalbeamte mit dem Stenogrammblock aus der Halle kam herein und zeigte Kommissar Eilers seine Aufzeichnungen. Der las, pfiff durch die Zähne und reichte den Block dem blonden Lansing.

Dieser überflog ein paar Seiten, sah Eilers an, hob die Augenbrauen und betrachtete, während er den Block zurückgab und der Kriminalbeamte wieder die Bibliothek verließ, mit hochgezogenen Brauen mich und meinen Bruder, der sich wütend in den Schaukelstuhl gesetzt hatte. Lansing spitzte die Lippen und begann die Marseillaise zu pfeifen.

»Führen Sie alle Ihre Untersuchungen so?« fragte Werner.

Die Kriminalbeamten schwiegen. Lansing pfiff immer noch.

»Was sollte dieser dämliche Rundgang?«

»Das sagte ich Ihnen doch bereits«, erwiderte Eilers sanft. »Ich hoffe, daß Sie hier im Haus etwas entdecken, das uns weiterhilft. Sie haben nichts entdeckt?«

»Nein«, sagte mein Bruder.

»Und Sie?« Eilers entzündete eine neue Zigarette.

»In der Partitur der Neunten da drüben auf dem Flügel fehlt im Vokalteil des Vierten Satzes eine Zeile.«

Eilers sah mich ernst an. Dann ging er zum Klavier, blätterte in der Partitur, bis er die Stelle fand, betrachtete sie, gemeinsam mit Lansing, lange und sagte endlich: »Tatsächlich. Und sonst?«

Ich zuckte die Schultern. »Wenn ich schon ein solcher Musiknarr bin, wie Professor Kamploh es zu sein scheint, dann hätte ich vor meiner Abreise den Plattenspieler geschlossen und die beiden Platten in ihre Umschläge zurückgetan. Die Partitur hätte ich auch wieder verwahrt. Sie ist sehr kostbar.«

»Bravo«, sagte Eilers. »Sehen Sie?« Er wandte sich an Werner. »Ihr Bruder hat etwas entdeckt. Sie scheinen nicht interessiert zu sein. Sie werden es schon noch werden.«

»Hören Sie . . .«, begann Werner, aber Eilers winkte ihn zur Ruhe.

»Sieht aus, als ob Kamploh sich noch die Neunte anhörte, bevor er abfuhr, wie?« fragte Lansing.

»Ja«, sagte ich.

»Und daß er dann keine Zeit mehr hatte, die Platten in die Hüllen zu stecken und fortzuräumen, den Apparat zu schließen, etcetera, etcetera, wie?«

»Vielleicht hat er es vergessen«, sagte mein Bruder.

»Und warum wohl?« Eilers sah sich um Raum um. »Er scheint ein sehr ordentlicher Mensch zu sein.«

»Was weiß ich, warum.«

»Wollen Sie es wissen?«

»Eh?«

»Wir haben es gerade erfahren.«

»Was?« fragte ich.

»Warum der Professor hier alles liegen und stehen ließ. Er hörte sich die Neunte vermutlich vorgestern nacht an. Also in der Nacht von Sonntag zu Montag. Gegen dreiundzwanzig Uhr. Als der Anruf aus München kam.«

»Was für ein Anruf?«

»Von der Universität. Daß er sofort kommen solle.«

»Ich verstehe kein Wort«, sagte Werner. Er war wieder sehr nervös und schaukelte heftig in seinem Stuhl. Lansing und Eilers redeten jetzt abwechselnd und schnell.

»Kamploh sollte einen Vortrag halten. Gesellschaft der Ärzte. Münchner Universität. Irgendeine Tagung.«

»Er sollte aber nicht gestern abend sprechen, sondern erst kommenden Freitagabend.«

»Da erkrankte ein anderer Redner, und sie stellten das Programm um. Kamploh mußte gestern ganz schnell abreisen, um noch zurechtzukommen. Nachts also noch packen, Vortrag vorbereiten und so weiter und so weiter. So blieben die Platten und die Partitur liegen.«

»Woher wissen Sie das?« fragte ich.

»Die Haushälterin hat es gerade erzählt.«

»Das stand auf dem . . .«

»Stenoblock, ja«, sagte Eilers. »Uns fiel genau wie Ihnen die Unordnung hier auf, als wir herkamen. Jetzt haben wir die Erklärung.«

»Kamploh rief noch in der Nacht von Sonntag auf Montag, nach dreiundzwanzig Uhr, die Haushälterin an und sagte ihr, daß er am Morgen abreisen müsse. Als sie um neun Uhr kam, war er schon fort.«

»Und warum hat sie hier nicht alles weggeräumt?« fragte ich.

»Sie hatte Angst, etwas falsch zu machen oder zu ruinieren, sagt sie.«

»Na, und Lillian . . . ich meine Frau Lombard?« fragte mein Bruder.

»Die kam erst gestern abend heim.«

»*Heim?*«

»Zurück aus Teneriffa.«

»*Woher?*« fragte ich verblüfft.

»Teneriffa. Bajamar. Kamploh hat ein Haus dort. Wissen Sie nicht, natürlich.«

»Nein.«

»Und Sie?«

Meines Bruders Lippen zuckten wieder.

»Na!«

»Ich wußte, daß der Professor ein Haus in Bajamar hat . . . ich wußte nicht, daß Frau Lombard dort war.«

»Sie war seit drei Wochen dort«, sagte Lansing. »Gestern kam sie zurück. Telefonierte auch noch mit der Haushälterin. So gegen sieben Uhr abends. Sagte, daß sie wieder daheim ist. Tat ihr leid, daß sie und der Professor sich nicht mehr getroffen hatten. Sollte eine Überraschung sein.«

»Was für eine Überraschung?«

»Kamploh hat heute Geburtstag. Seinen neunundfünfzigsten. Den wollte Frau Lombard mit ihm feiern. Sagte sie der Haushälterin. Frau Lombard hätte auf Teneriffa bleiben sollen, so war es verabredet.«

»Kamploh wollte hinfliegen und mit ihr da unten die Feiertage verbringen. Dahin muß er immer fliegen. Trotz seiner Aversion. Ist zu weit.«

»Bis nach Neujahr wollten sie bleiben, sagte die Haushälterin.«

»Frau Lombard kam aber zurück. Zum Glück waren Lebensmittel im Eisschrank und im Keller. Sagte die Haushälterin. Frau Lombard meinte, sie brauche keine Hilfe, sie würde sich selber etwas kochen. Hat sie auch getan. In der Küche steht noch schmutziges Geschirr«, sagte Eilers. »Sind ein Haufen Vorräte im Hause. Alles da.« Der Kommissar ging zu einer Ecke der Bibliothek. In die Bücherwände eingelassen war eine kleine Tür. Eilers öffnete sie. Licht in einer Wandbar flammte auf. Ich sah viele Gläser, einen silbernen Shaker und Flaschen auf Glasscheiben stehen. »Whisky, Wodka, Gin, Wermut, Kognak«, ssgte Eilers. »Fast nur harte Sachen, kaum Liköre.«

»Gibt auch einen hübschen Weinkeller«, sagte Lansing.

»Deutsche und französische Weine. Italienische. Spanische. Champagner. Lauter Spitzenmarken.« Eilers sah meinen Bruder an »Auch Armagnac.«

»Na und?« sagte Werner.

Der Kommissar nahm eine Flasche aus der Wandbar, in der sich nur noch ein brauner Rest von Inhalt befand.

»Besonders alter, edler Armagnac«, sagte er und betrachtete das schwarzgoldene Etikett. »Les Trois Clefs. Spezialabfüllung. Jahrgang 1875. Rarität.

Kommt aus Auch in der Gascogne, steht hier. Der deutsche Exporteur heißt Feddersen, Bremen. Sie wohnen auch in Bremen, nicht wahr, Herr Mark?«

Mein Bruder sagte heftig: »Ja. Und?«

Eilers fragte sanft: »Haben Sie schon einmal etwas von dieser Firma Feddersen gehört?«

»Noch nie!« rief mein Bruder.

»Ja. Das dachte ich mir«, sagte der Kommissar. Er stellte die Flasche in die Bar zurück. »Nun wollen wir mal zu Frau Lombard hinaufgehen.«

Lillians Wohnung im zweiten Stock bestand aus Salon, Wohnzimmer mit Eßnische und Durchreiche zu einer modernen Küche, Badezimmer, großem Umkleidezimmer, ebenfalls einem Gästezimmer und dem Schlafzimmer. Die Wohnung war modern eingerichtet, hauptsächlich in den Farben weiß und schwarz. Die Teppiche waren alle weiß, viele Tapeten waren schwarz. Nach dem antik eingerichteten Teil des Hauses, den Kamploh bewohnte, bereitete es einen gewissen Schock, in Lillians Wohnung zu treten. Es wirkte alles sehr fraulich hier – und alles machte einen leicht unordentlichen Eindruck. Zeitschriften und Bücher lagen herum, Wäschestücke, Kleider und Schuhe. Es roch nach ›Arpège‹, und mit dem Geruch des Parfums kehrten Bilder und Erinnerungen zu mir zurück, so viele ... Lillian hatte immer ›Arpège‹ benützt – ganz am Anfang hatte ich es noch auf dem schwarzen Markt für sie gekauft, damals, in jenen wunderbaren Elendsjahren voller Glück, Gelächter, Glauben.

»War der Professor nie verheiratet?« fragte ich, während wir durch Lillians Wohnung gingen, in der ein paar Männer Aufnahmen machten, Graphitstaub über Möbel und den Fußboden bliesen und Schränke ausräumten. Niemand von ihnen kümmerte sich um uns. Die Fenster waren von einer so dichten Regenschicht überzogen, daß man nicht ins Freie sehen konnte. In allen Räumen brannte elektrisches Licht. Und in allen Räumen roch es nach Lillian, nach ihrem Parfum, nach ihr, und mir wurde immer elender, je länger ich mich hier aufhielt.

»Seine Frau starb vor vielen Jahren«, hörte ich den Kommissar sagen. Es klang, als spräche er aus großer Entfernung. Der Regen trommelte an die Scheiben, der Sturm tobte.

Da lag ein Strumpf Lillians, da ein Schuh. Ich ertappte mich dabei, daß ich stehengeblieben war und beides anstarrte. Wir waren nun im Salon.

»Sehen Sie mal«, sagte der Kommissar. »Da ist eine Steckdose für den Telefonapparat. Nach den Eindrücken auf der Filzunterlage zu urteilen, stand er meistens hier auf dem Tischchen beim Fenster. Wir fanden ihn aber nebenan, im Schlafzimmer. Kommen Sie mit.« Er ging schon voraus.

In Lillians Schlafzimmer sah es wüst aus. Das Bett war zerwühlt und beschmutzt, Stühle waren umgeworfen, der Inhalt einer Kommode auf den Boden gestreut, Nachthemden, ein Morgenmantel und Pantoffel lagen herum.

Der Kommissar sagte: »Unsere Leute . . . und die von der Ambulanz . . . tut mir leid . . .«

Ich starrte das besudelte Bett an. Hier hatte Lillian in Krämpfen, Schaum vor dem Mund, stöhnend gelegen, vor wenigen Stunden noch, als ich mit ihr telefonierte, als sie mich anrief in ihrer Todesangst. Da stand das Telefon, weiß und modern, auf dem Nachttisch. Der Hörer lag wieder in der Gabel.

»Das ist auch noch ein kleines Rätsel«, sagte Eilers, der meinen Blick bemerkte. »Warum steht das Telefon hier und nicht nebenan?«

Mein Bruder antwortete: »Warum soll es nicht hier stehen? Da ist auch eine Steckdose. Also stellte Frau Lombard zweifellos oft das Telefon ans Bett. Sonst hätte sie keine Dose legen lassen.«

»Richtig. Aber wenn sie das Telefon ans Bett nahm, dann doch wohl, weil sie nachts telefonieren wollte oder einen Anruf erwartete, nicht wahr?« sagte Eilers. »Mit wem wollte Frau Lombard telefonieren? Welchen Anruf erwartete sie? Sie hatte nicht mehr die Kraft zu reden, als sie in Frankfurt anrief . . . also hatte sie ganz gewiß nicht mehr die Kraft, das Telefon erst zu *diesem* Zeitpunkt herüberzuholen. Das wäre auch ganz unsinnig gewesen. Wenn überhaupt, dann hätte sie sich nach nebenan geschleppt und von dort aus angerufen. Also?«

»Also was?« fragte mein Bruder.

»Also hat Frau Lombard den Apparat bereits am Abend, jedenfalls bevor sie erkrankte, auf den Nachttisch gestellt. Weshalb?«

»Keine Ahnung«, sagte mein Bruder.

»Schade«, sagte Eilers. Ich hatte wieder das Gefühl, daß er Werner provozieren wollte. Wenn er es wollte, gelang es ihm großartig.

»Was heißt schade?« brauste Werner auf.

»Schade, ich dachte, *Sie* hätten vielleicht eine Ahnung.«

»Wieso ich? Wieso nicht mein Bruder?«

»Ihr Bruder sagte uns, er hätte seit Monaten nicht mehr mit Frau Lombard telefoniert. Sie sagten, Sie hätten immer noch gelegentlich Kontakt zu ihr gehabt. Liegt doch nahe, anzunehmen, daß vielleicht Sie Frau Lombard anrufen wollten oder angerufen haben . . .«

»Ich verbitte mir diese Unterstellungen! Ich habe nicht angerufen, und ich wollte nicht anrufen!«

». . . oder daß Frau Lombard Sie anrief oder anrufen wollte!«

»Das tat sie nicht!«

»Warum schreist du so?« fragte ich meinen Bruder. Er hörte mich nicht. Er war jetzt sehr aufgeregt.

»Auch daß sie *nicht* anrief, ist seltsam«, sagte Lansing.

»Wieso?«

»Es ist seltsam, daß Frau Lombard in ihrer Todesangst nicht Sie anrief, der Sie doch viel näher wohnten als Ihr Bruder und mit dem Frau Lombard noch immer in Kontakt stand, sondern eben Ihren Bruder. Haben Sie dafür eine Erklärung?«

Mein Bruder sagte wild: »Sie rief auch nicht Polizei oder Krankenhaus oder einen Arzt an! Haben Sie *dafür* eine Erklärung?«

Eilers schüttelte lächelnd den Kopf.

»Man wird also annehmen müssen, daß Frau Lombard, als sie telefonierte, nicht mehr überlegt handelte, sondern nur noch in Panik und nur halb bei Sinnen.«

»Immerhin hatte sie noch genügend Energie, das Foto aus dem Medaillon zu nehmen und die Nummern auf der Rückseite zu lesen und sie zu wählen«, sagte mein Bruder.

Plötzlich sah ich auf einer Frisiertoilette mit dreiteiligem Spiegel eine große Fotografie im Silberrahmen, unter Glas. Sie zeigte den Mann auf dem Medaillonfoto; es war die gleiche Aufnahme, nur vergrößert im Format 18 mal 24. Ich trat näher.

»Ist das Kamploh?« fragte ich.

»Ja.«

Ich sah mir das Bild genau an. Das also war dieser Professor Clemens Kamploh. Ein länglicher Schädel mit hoher, breiter Stirn. Er hatte direkt in die Kamera gesehen, lächelnd. Hinter der ungefaßten Brille lagen helle Augen. Sie lächelten nicht mit. Ich dachte an Minski und seine Art zu lächeln. Auch seine Augen lächelten nicht mit. Und doch war der Ausdruck der Augen dieses Professors anders. Buschige helle Augenbrauen, helles, schütteres Haar besaß Professor Kamploh, einen gepflegten hellen Schnurrbart und eine wulstige lange Narbe – vermutlich von einem Mensurschmiß – auf der linken Wange. Es war eine Narbe, die vom Kinn, am Mundwinkel vorbei, bis zum Backenknochen emporlief.

Unten auf dem Foto stand in kräftigen schönen Buchstaben:

MEINER LILLIAN IN LIEBE

CLEMENS

Dieses Foto . . .

Ich konnte nicht den Blick davon wenden. Als ich es, klein, in dem Medaillon betrachtet hatte, war ich zu aufgeregt gewesen, zu verwirrt, um zu fragen, wer dieser Mann war, obgleich ich bei seinem Anblick sofort jenes seltsame ›Schon-einmal-gesehen‹-Gefühl gehabt hatte. Nun wurde das Gefühl ganz stark. Ich hatte diesen Mann schon einmal gesehen! Aber wo? Wo war das gewesen? Wo hatte ich ihn getroffen, gesprochen, betrachtet? Es fiel mir nicht ein. Und doch erinnerten mich die blassen Augen, das blasse Haar, der gewölbte obere Teil des Kopfes, die breite Stirn und vor allem die mächtige, wulstige Narbe an einen Mann, den ich kannte, getroffen, gesprochen, gesehen hatte . . . *wo?*

»Sie haben uns immer noch nicht gesagt, wie Frau Lombard . . . verunglückte«, ertönte die Stimme meines Bruders. Ich blickte auf.

»Das ist ein weiterer seltsamer Punkt«, sagte der Kommissar. »Der Professor bezog seinen alten Armagnac, das sagte ich schon, seit langem über die Firma Feddersen in Bremen. Man schickte ihm immer zwei Kisten mit je zwölf Flaschen. Gestern kamen wieder einmal zwei solche Kisten an.«

»Woher wissen Sie das?«

»Das war Bahnexpreßgut. Die Bahn hier hat ein Abkommen mit einem Rollfuhrunternehmen. Heisters und Sohn. Die schickten die Kisten gegen acht Uhr abends mit einem Lastwagen her. Wir haben mit ihnen telefoniert. Frau Lombard nahm die Sendung in Empfang und unterschrieb eine Quittung. Der Chauffeur schleppte die Kisten in den Keller. Als wir sie fanden, war eine von ihnen geöffnet. Der Chauffeur hat das nicht getan. Also muß es Frau Lombard getan haben . . . oder ein Unbekannter. Ich denke, es gibt keinen Unbekannten. Es war wohl Frau Lombard. Sie nahm eine Flasche mit nach oben.«

»Was heißt, nach oben? Hier herauf?«

»Ja. Sie trank ein kleines Glas . . . nach dem Abendessen vermutlich.«

»Sie trank immer gern Armagnac«, sagte ich. Es war mir plötzlich eingefallen.

»Wie hilfreich Sie sind«, sagte Eilers.

»Ihr Bruder«, sagte Lansing provozierend zu Werner. »Sie nicht. Leider. Sie leider überhaupt nicht.«

»In der Bibliotheksbar war nur noch ein winziger Rest Armagnac, wie wir gesehen haben. Also öffnete Frau Lombard eine neue Flasche. Na ja, und in diesem neuen Armagnac befand sich das Gift«, sagte der Kriminalkommissar Eilers still und strich sich durch das braune, zurückgekämmte Haar. Danach war es eine Weile sehr laut in Lillians Schlafzimmer. Der Regen schlug gegen die Scheiben, der Sturm raste. Solange wir gesprochen hatten, war mir gar nicht zu Bewußtsein gekommen, wieviel Lärm Regen und Sturm hier oben verursachten. »E 605«, sagte Eilers endlich. »In Pulverform. Aufgelöst. Nicht nur in einer Flasche. In allen vierundzwanzig. Große tödliche Mengen. Hätte Frau Lombard mehr als ein kleines Glas getrunken, wäre sie nicht mehr zu retten gewesen.«

»Sie wollen behaupten, die ganze Sendung war vergiftet?«

»Das behaupte ich«, antwortete der Kommissar meinem Bruder. »Natürlich sind unsere Beamten schon bei der Firma Feddersen. Aber es scheint auch bereits festzustehen, daß die vierundzwanzig Flaschen nicht von der Firma abgeschickt wurden.«

»Sie sagten gerade . . .« begann Werner.

»Ich sagte, die Firma Feddersen schickt seit langem stets zwei Kisten mit je zwölf Flaschen. Ich sagte nicht, daß sie die letzten beiden Kisten geschickt hat. Sie müssen sich da verhört haben, Herr Mark.«

Der Kommissar musterte meinen Bruder.

»Aber wer soll dann . . .«, begann er.

»Haben Sie irgendeinen Verdacht, meine Herren?«

Mein Bruder und ich schüttelten die Köpfe.

Ich sagte: »Woher sollen wir irgendeinen Verdacht haben? Wir kennen den Professor doch überhaupt nicht. *Ich* jedenfalls nicht«, fügte ich mißtrauisch hinzu.

»Ich auch nicht«, sagte mein Bruder.

»Der Geschmack des Armagnac verdeckte Geruch und Geschmack des Giftes«, dozierte der Kommissar. »Die Wirkung von E 605, die wirklich katastrophale Wirkung, zeigt sich zwei bis drei Stunden nach dem Einnehmen. Frau Lombard wird also das Glas getrunken haben, zu Bett gegangen und eingeschlafen sein . . . Nach dem ersten Befund des Polizeiarztes muß sie das Gift zwischen dreiundzwanzig und vierundzwanzig Uhr genommen haben.«

»Das kann stimmen . . . gegen drei Uhr früh rief sie mich an . . .«

Eilers sagte: »Na also. Als sie erwachte, hatte sie bereits schwerste Symptome der Vergiftung . . .«

»Moment!« sagte ich schnell.

»Ja?« Eilers sah mich neugierig an.

Ich starrte zu der großen Fotografie auf der Frisiertoilette. Woher kannte ich diesen Mann? Wo hatte ich ihn gesehen? Es würde mir einfallen, gleich, ich fühlte, daß ich ganz nahe daran war, mich zu erinnern. Ich sagte langsam: »Es ist kein Armagnac mehr im Haus. Der Professor hat ihn gerne. Es kommen zwei Kisten. Frau Lombard nimmt sie in Empfang. Frau Lombard öffnet eine Flasche und trinkt von dem vergifteten Inhalt. Aber . . .«

»Ja?« sagte Eilers, sehr leise. »Weiter, Herr Mark . . .«

»Aber . . .« Dieses Bild. Dieser Mann. Ich kannte ihn. Woher? ». . . aber von Rechts wegen hätte Frau Lombard die Kisten gar nicht in Empfang nehmen können! Sie sollte doch bis Neujahr auf Teneriffa bleiben . . .« Ich hob den Blick und bemerkte, daß mich nun alle ansahen. »Sie kam völlig unerwartet zurück . . . und Professor Kamploh mußte völlig unerwartet nach München fahren . . . Wenn hier also ein Mord geplant war, dann bedeutet das doch . . .«

»Ja?« sagte Eilers wieder. »Ja, Herr Mark? Reden Sie!«

»Dann bedeutet das doch, daß irgend jemand den *Professor* ermorden wollte . . . und nicht Frau Lombard!«

Meines Bruders Gesicht wurde schmutziggrau. Er setzte sich auf einen Hocker.

»Wir waren neugierig, wie lange Sie brauchen, um darauf zu kommen«, sagte Lansing. »Und auch darauf, *wer* von Ihnen beiden darauf kommen würde. Natürlich sollte nicht Frau Lombard ermordet werden, sondern Professor Kamploh.«

Das Telefon läutete plötzlich.

Eilers hob ab und meldete sich.

»Ja«, sagte er dann. »Ja, der ist hier . . .« Er lauschte eine Weile.

Mein Bruder hatte sich abgewandt und starrte auf den Boden. Auch Lansing und Eilers wandten mir den Rücken. Ich betrachtete das große Foto Kamplohs auf der Frisiertoilette. Und wieder quälte mich der Gedanke: Du kennst diesen Mann. Du weißt, wer er ist. Du weißt es im Augenblick nicht. Aber es wird dir einfallen. Du hast ihn schon einmal gesehen. Und plötzlich, wie ein Blitzstrahl, traf mich diese Erkenntnis: Als du diesen Mann sahst, da hieß er nicht Kamploh! Da hieß er anders, ganz anders. Da hieß er . . . hieß er . . .

Nichts.

Nichts, so sehr ich mein Gehirn zermarterte. Es fiel mir nicht ein, wie dieser Mann, der Kamploh hieß, geheißen hatte, als ich ihn zum erstenmal sah, doch mit absoluter, unerschütterlicher Gewißheit war mir klar, daß ich diesen Mann kannte!

Ich handelte wie unter hypnotischem Zwang. Es war irre, es war Wahnwitz, was ich da tat. Jeden Moment konnte ich entdeckt werden. Ich wußte noch nicht einmal genau, weshalb ich es tat, zu welchem Zweck. Nur ein Gedanke bewegte mich: Du kennst diesen Mann, der sich Kamploh nennt und nicht Kamploh heißt, diesen Mann, den Geliebten der Frau, die du geliebt hast wie keine andere Frau im Leben, diesen Mann, der sterben sollte und an dessen Stelle beinahe Lillian gestorben wäre.

In dem dreiteiligen Spiegel erblickte ich die drei Männer hinter mir. Sie wandten mir alle den Rücken. Ich streckte eine Hand aus. Die Hand ergriff die Fotografie. Ich hob sie hoch . . .

In diesem Moment öffnete sich die Tür zum Schlafzimmer, und der stiernackige Hauptkommissar mit seinen violetten Tränensäcken unter den listigen Augen eines Schweines kam herein. Ich sah Fegesack im Spiegel. Er sah mich im Spiegel. Er sah, wie ich die Fotografie unter meinem dicken blauen Flanellmantel verschwinden ließ. Der hatte große Innentaschen. Das Bild glitt in eine. Fegesack sah es ganz deutlich. Ich sah, daß er es sah, seine Augen schlossen sich zu Schlitzen. Aus, dachte ich. Aber dann sah ich, daß sich Fegesacks wulstige Lippen in einem Grinsen verzogen, einem amüsierten Grinsen. Ich drehte mich um und blickte ihn an. Er grinste nicht mehr. Er sah mich nicht an. Er sah zu Eilers, der den Hörer hinlegte, und fragte mit seiner Reibeisenstimme: »Die Klinik?«

»Ja«, sagte Eilers.

»Ich habe Hess gesagt, er soll hier anrufen. Er rief zuerst unten an.«

»Hess? Klinik?« Ich fühlte mein Herz wild klopfen. »Was ist los?«

»Wir müssen sofort ins Krankenhaus zurück«, sagte Eilers.

»Lillian?« stammelte ich.

»Sie will Sie sprechen, dringend.«

»Ist sie . . . geht es zu Ende?«

»Unsinn! Es geht ihr gut, soweit es ihr bereits wieder gut gehen kann. Sie ist plötzlich völlig klar. Außerordentlich erregt. Fragte, ob Sie gekommen sind. Hess sagte ja. Nun will sie Sie sehen, sagt, daß sie unbedingt mit Ihnen sprechen muß. Sofort.«

»Aber sie kann doch unmöglich jetzt schon . . .«, begann mein Bruder. Ich sah ihn an und bemerkte, daß ich die Augen zusammenkniff wie der Hauptkommissar Fegesack. Du wohnst in Bremen, dachte ich. Aus Bremen kam immer der Armagnac. Auch diesmal. Der vergiftete Armagnac. Du hast noch in Verbindung mit Lillian gestanden. Du machst dich hier verdächtiger und verdächtiger . . .

»Hess meint, angesichts dieser Unruhe wäre es nötig, daß Frau Lombard Ihren Bruder sieht. Er übernimmt die Verantwortung. Sie hat ein starkes Herz. Sie wird erst wieder ruhiger sein, wenn sie Ihren Bruder gesehen hat«, erklärte Eilers.

»Was haben Sie eigentlich dagegen, daß der sie sieht?« fragte Lansing.

»Nichts . . . Ich mache mir nur Sorgen . . .«

»Ich habe das Gefühl, daß Sie sich die auch machen können«, sagte Eilers grob.

»Was soll das heißen?«

»Ich werde es Ihnen gleich erklären. Sie kommen mit.«

»Ins Krankenhaus?«

»Ja. Da werden wir uns mal unterhalten. Unter sechs Augen«, sagte Eilers. Lansing ging schon zur Tür. Dabei kam er an der Frisiertoilette vorbei. Er blickte kurz hin. Dann blickte er kurz mich an und danach sofort Eilers. Der ging gleichfalls an dem Frisiertischchen vorüber. Er sah, was Lansing gesehen hatte – daß die Fotografie fehlte. Die beiden blickten sich an. Und dann lächelten sie, wie der Hauptkommissar Fegesack gelächelt hatte, kurz nur, aber verständnisinnig. Nun begriff ich nichts mehr.

»Kommen Sie«, sagte Eilers zu mir.

Ich ging los. Die Fotografie drückte gegen meine Brust. In der Tür drehte ich mich noch einmal um. Fegesack war stehengeblieben. Er lächelte wieder, wie schon einmal, mit zusammengekniffenen Augen und wulstigen Lippen. Mir wurde recht kalt, obwohl ich den warmen Mantel trug.

Graugesichtig, das lange blauschwarze Haar wirr und feucht, mit eingefallenen Wangen und hervorspringenden Backenknochen, die sinnlich

geschwungenen Lippen violett, die großen Augen geschlossen, so lag sie im
Bett: Lillian Lombard, eine der schönsten Frauen, die ich kannte. Da lag sie
und sah aus wie ein schreckliches Gespenst, den linken Arm an der Bettkante
festgebunden, eine große Nadel in der Ellbogenvene. Von der Nadel führte
ein Gummischlauch zu einer Tropfflasche empor, die an einem silbernen
Gestell neben dem Bett hing. Leukoplast fixierte die Nadel in der Vene. Die
Vorhänge des Krankenzimmers waren immer noch geschlossen, eine abge-
deckte elektrische Lampe brannte, und im Raum war es dämmrig.
»Lillian«, begann ich laut und atemlos im Augenblick, da ich mit Dr. Hess
das Zimmer betrat, aber der verfettete Arzt mit der schwarzen Hornbrille
stieß mich an und legte einen Finger auf den Mund. Dem jungen Assistenten
und der Schwester, die beim Bett standen, machte er ein Zeichen. Sie
verschwanden. Dr. Hess verschwand nicht. Er hielt sich dicht neben mir. Sein
kahler Schädel leuchtete grünlich in der Dämmerung. Es roch nach Medi-
kamenten und Knoblauch.
Ich setzte mich auf einen Stuhl neben dem Bett und neigte mein Gesicht tief
über das Gesicht Lillians. Ich flüsterte noch einmal ihren Namen.
Die blutleeren bläulichen Lippen verzogen sich zu einem grausigen Lächeln,
das die schönen großen Zähne entblößte, die, als sie nun mühsam zu
sprechen begann, von Zeit zu Zeit aufeinanderschlugen.
»Bin ja so . . . froh . . . daß du . . . da bist . . .«
Ich legte meine Hand auf ihre, die sich eiskalt und klein, so klein anfühlte.
»Du kamst sofort . . .«
»Natürlich . . .«
»Du bist . . . du bist . . .«
Dr. Hess war so nahe herangetreten, daß sein weißer Mantel mich berührte.
Ich sah ihn wütend an. Er erwiderte den Blick ausdruckslos und bewegte
sich nicht einen Zentimeter.
»Ritchie . . .«
»Ja?«
»Ich . . . muß . . . dir etwas sagen . . .« Sie bewegte den Kopf. Das blau-
schwarze Haar war schweißverklebt und strähnig. Mühselig öffnete sie die
Augen und schloß sie gleich wieder stöhnend.
»Laß die Augen zu«, sagte ich schnell.
Lillians Augen! Sie waren blauschwarz wie das Haar. Niemals wieder habe
ich so große, so wunderbare Augen gesehen. Als erstes hatte ich mich in
diese Augen verliebt, diese riesigen Augen, die geliebten, verfluchten. Verflucht, weil ich sie nie hatte vergessen können und weil ich wußte, daß ich
sie nie vergessen können würde bis zu meinem Tod So oft hatte ich es
versucht, Lillian zu vergessen – für immer. Es war mir nie gelungen. Denn
wenn ich sie manchmal beinahe schon vergessen hatte – ihre Augen sah
ich dann immer noch, im Wachen und im Träumen. Ihre Augen . . .

»Wir . . . sind . . . nicht . . . allein?«

»Doktor Hess ist hier. Er steht neben mir.«

»Soll . . . weggehen . . .«

Ich sah den Arzt an.

Er rührte sich nicht.

»Haben Sie nicht gehört?« fragte ich ihn.

Er antwortete kalt: »Ich kann nicht weggehen. Frau Lombard befindet sich noch immer in einem kritischen Zustand.«

»Deshalb gaben Sie mir die Erlaubnis, sie zu sehen, was? Deshalb sagten Sie dem Kommissar, es besteht keine Gefahr, ich sollte nur sofort kommen!«

»Ich trage die Verantwortung . . .«

Als ich aufstand, öffnete sich mein Kamelhaarmantel. Hess sah den silbernen Rahmen, der in der Innentasche steckte, den Rahmen von Kamplohs Fotografie, die ich gestohlen hatte. Er *mußte* ihn ganz einfach sehen – rasch an mir herunterblickend, sah auch ich ihn. Ich schloß den Mantel und hob den Kopf. Er zuckte nicht mit einer Wimper. Ich sprach ihm aus nächster Nähe ins Gesicht.

»Verschwinden Sie!«

»Moment mal, ja?«

»Sie sollen verschwinden!«

»Hören Sie, der Arzt bin ich! Wenn hier jemand gleich verschwinden wird, sind Sie das!«

»Glauben *Sie*. Kommissar Eilers und mein Bruder warten in Ihrem Zimmer.«

»Und?«

»Wenn Sie mich rauswerfen, werde ich hingehen und erzählen, was ich von Ihrem Telefongespräch gehört habe.« Ich hatte leider sehr wenig gehört, aber das wußte er nicht. Er wurde weiß im Gesicht.

»Telefongespräch? Wovon reden Sie?«

»Fangen Sie nicht *damit* an«, sagte ich.

»Sie sind ja verrückt!«

»Vielleicht. Wir wollen mal sehen, was der Kommissar meint.«

»Ihr Wort steht gegen meines.«

»Sie dreckiger Lügner!« sagte ich laut. Wenn er mich jetzt nicht rauswirft, ist er tief, tief in diese Geschichte verwickelt, dachte ich. Er warf mich nicht hinaus. Er sagte lahm: »Fünf Minuten. Mehr kann ich nicht verantworten. In fünf Minuten müssen Sie . . .«

»Raus!« sagte ich noch einmal, leise und fast zärtlich. Er ging tatsächlich aus dem Zimmer.

Ich setzte mich wieder und fühlte dabei, wie der Silberrahmen der Fotografie gegen meine Brust stieß. Ich griff nach Lillians kalter rechter Hand, jener, die sie frei bewegen konnte.

»Jetzt sind wir allein«, sagte ich. »Was ist mit deinen Augen?«

»Sie tun so weh ... ich kann sie nicht aufmachen ...« Wenn sie sprach, wurde der Knoblauchgeruch stärker. »Ritchie ...«

»Ja.«

»Ich ... ich bin schlecht ... schlecht und nichts wert ... eine Hure ...«

Das stimmt, dachte ich.

Na und? dachte ich.

Wen, verflucht, ging es etwas an, ob ich eine Hure liebe? Und sie war auch nicht immer eine gewesen. Wir waren alle nicht immer schon so, wie wir nun, wie wir zwanzig Jahre nach dem Krieg waren.

»Unsinn«, sagte ich. »Hör auf damit.«

»Es ist die Wahrheit ...« Sie hustete, und das tat ihr auch weh, ich konnte es sehen. Sie atmete unruhig. Nach einer Weile fing sie wieder an. »Aber ich ... ich kann es nicht sagen ... es klingt so ... so gemein und lächerlich nach allem, was geschehen ist ...«

»Sag es!«

»Ich ...« Sie suchte nach Worten. »Eine Frau ... sie kann noch so viele Männer gehabt haben ... sie kann eine noch so große Hure sein ... immer wird es einen Mann in ihrem Leben geben ... einen ... den liebt sie wirklich ... nach dem ... sehnt sie sich immer zurück ... sie könnte es nicht ... nicht ertragen, wenn er nicht mehr für sie da wäre ... wenn sie ihn verlieren würde ... an eine andere ...«

Die Sprache einer Hure, dachte ich. Die Anmaßung und Unverschämtheit einer Hure. Aber die Wahrheit, das wußte ich auch. Die anmaßende, unverschämte Wahrheit, die mich glücklich, so glücklich machte. Ich war ein Narr. Ein gottverfluchter Narr war ich, das war mir klar. Ich hätte Lillians Hand loslassen und davonrennen müssen, so schnell und so weit, wie die Füße mich trugen. Fort, fort von ihr! Nicht bleiben. Ich blieb. Ich war glücklich. Ich war verrückt. Aber ist nicht jeder Mensch, der liebt, verrückt auf seine Weise?

»Du hast mich angerufen«, sagte ich. »Mich ...«

»Hab nur noch dich ... Er hat mich umbringen wollen, Ritchie ... will es noch immer ...«

Ich erstarrte. Wenn mein Bruder wirklich ..

»... weil ich gesagt habe, ich verlasse ihn ...«

Der dämmrige Raum begann sich langsam um mich zu drehen.

»Wem hast du das gesagt?«

Sie flüsterte: »Komm näher ... muß vorsichtig sein ...«

Ich senkte den Kopf noch tiefer.

»Clemens«, flüsterte Lillian. »Ich habe Angst ...«

»Vor Kamploh?«

Sie nickte und schluckte krampfhaft.

»Ich hab Angst ... solche Angst ... das Gift ... wenn ich davonkomme, wird er es wieder versuchen ... Er ist so schlau ... er bringt mich um ... er hat's gesagt ...«

Ich schloß die Augen und hoffte, daß der Raum aufhören würde zu kreisen, und öffnete die Augen wieder, und der Raum kreiste weiter.

»Kamploh hat dich bedroht?«

»Oft ...«

»Wann zum letztenmal?«

»Vorigen Freitag ... am Telefon ... ich war in Bajamar ... Er hat gesagt, er weiß, daß ich einen Geliebten auf Teneriffa habe ... Das ist nicht wahr, Ritchie ... das ist nicht wahr ... Ich schwöre es dir ...«

»Sei ruhig. Du darfst dich nicht aufregen. Weiter.«

»Er hat gesagt ...«

»Ja?«

»Ich soll zurückkommen ... sofort ... Wenn ich nicht komme, kommt er und bringt mich um ... Da bin ich zurückgeflogen ...«

»Warum hast du solche Angst vor ihm?«

»Er ist so unheimlich ... Er weiß etwas ... so viele Menschen hier haben Angst vor ihm ... Politiker ... die Polizei ... seine Ärzte ... so viele Menschen ... Er ... er könnte mich in dieser Stadt umbringen, und es würde ihm nichts geschehen ... so viel Macht hat er ...«

Schweiß trat auf Lillians Stirn. Sie keuchte. Sie mußte eine Weile schweigen. Ich saß reglos. Der Silberrahmen drückte mich. Was war das nun wieder? Verkehrte sich noch einmal alles, und neuerlich, ins Gegenteil?

»Lillian, weißt du genau, was du sprichst? Phantasierst du nicht?«

»Ich ... bin ... ganz klar ... Ich kam zurück, weil ich die Angst nicht mehr aushielt ... Ich wollte meine Sachen holen und weggehen ... riskieren, daß er es tat ... Er war nicht da, als ich kam ... Weißt du, wie selig ich darüber war?«

»Aber die Haushälterin sagte, du ...«

»Die Haushälterin habe ich natürlich angelogen.«

»Hat er gar nicht Geburtstag heute?«

»Doch ... Er hatte mir deshalb noch einen Brief hinterlassen ... daß er mich anrufen würde, in der Nacht, spät, nach seinem Vortrag ... um Mitternacht ... wegen des Geburtstags ... Ich wollte ihm am Telefon sagen, daß ich nicht mehr hier bin, wenn er zurückkommt ...«

»Deshalb das Telefon am Bett ...«

»Ja, deshalb. Aber er rief nicht an ... oder ich schlief zu tief und hörte es nicht ... Ich nahm Beruhigungsmittel, ich war so aufgeregt.«

»Wo wolltest du denn hin?«

»Zu dir«, sagte sie.

»Nach Frankfurt?«

»Ich ... ich wußte doch nicht mehr, wohin ... Ich wäre zu dir gekommen, Ritchie ... Du ... du hättest mich nicht fortgeschickt, nicht wahr?«

Ich fragte: »Und was ist mit Werner?«

Sie öffnete ihre riesigen Augen, deren Pupillen stecknadelkopfklein waren, die Lider flatterten, aber sie hielt die Augen offen, so weh es tat.

»Werner ... der versuchte immer wieder, mich zu treffen in den letzten Monaten ...«

»Will er, daß du zu ihm zurückkehrst?«

»Ja ... aber ich will nicht ... Er sagt, er liebt mich noch immer ... Ich glaube ihm nicht ... Er ... er hatte andere Gründe, mich dauernd zu ... belästigen ... Ich lüge nicht, Ritchie. Ich lüge wirklich nicht!«

»Wer behauptet das? Mach die Augen zu.«

Sie schloß die Lider und stöhnte.

»Wenn jemand so viel gelogen hat wie ich ... besonders dich belogen hat ...«

»Ich glaube dir«, sagte ich. Und ich glaubte ihr wirklich – in diesem Moment. So war das immer. Die Zweifel, der Unglauben kamen stets später, waren stets später gekommen. Zu spät.

»Warum meinst du, wollte Werner immer wieder mit dir in Kontakt kommen?«

»Ich glaube, wegen Clemens ...«

»Wegen Kamploh?«

»Ich sage dir doch, er ist so unheimlich ... Ich hielt es nicht mehr aus mit ihm ... Er ist ... er ist ein Teufel ... er erpreßt und bedroht und quält Menschen ...«

»Womit?«

»Er weiß etwas über sie ...«

»Was?«

Sie schüttelte den Kopf.

»Keine Ahnung ...«

»Weiß er auch etwas über Werner?«

»Nein ... im Gegenteil ... Werner ... Werner weiß etwas über ihn.«

»Was?«

»Sagt er mir nicht ... Ich habe auch nur das Gefühl ... es war nicht mehr zu ertragen, Ritchie ... Ich weiß, was du denkst.«

»Nämlich?«

»Wie ich es je ertragen konnte ... mit einem so viel älteren Mann ...«

»Das dachte ich nicht.« Genau das hatte ich gedacht.

»Ich ... ich war wieder mal völlig am Ende, als er mir begegnete ... so sehr am Ende wie noch nie ... Ich wagte nicht, dich wieder anzubetteln ... ich war fertig ... ganz fertig ... Da kam er ... mir war schon alles so gleich, daß ich auch noch ihn nahm ... wie eine Hure eben ... wie eine ...«

»Laß das!« sagte ich sehr laut. Sie zuckte zusammen. »Also, er bedroht dich seit Monaten.«

»Seit vielen Monaten ... seit vielen Monaten lebe ich in Panik ... nur in Panik ... Ich flüchtete nach Teneriffa ... und bis dorthin verfolgte er mich mit seiner Eifersucht, seinen Drohungen ... Und als ich heimkam ... er war nicht da ... aber der Armagnac ... ich trinke ihn so gerne ...«

»Ich weiß.«

»Er hat sich das gut überlegt, nicht wahr?«

»Nicht gut genug ... du lebst ...«

Sie schloß plötzlich die Finger ihrer kalten Hand so heftig um die meine, daß ihre Nägel mir in die Haut drangen.

»Noch lebe ich. Wenn er zurückkommt ... was wird er tun? Jetzt, wo der erste Versuch mißlungen ist ...«

Das alles war ein einziger Alptraum. Ich mußte Lillian beruhigen, das zuerst. Solange sie hier lag, war sie sicher. *Wie sicher?* Ich muß mit Eilers reden, dachte ich. Kriminalbeamte müssen Lillian bewachen. Polizeiärzte. Aber kann man der Polizei hier trauen, wenn man Lillian glaubt? Kann man irgendwem hier trauen? In dieser Stadt, in der es offenbar so vieles zu verbergen gibt, was Kamploh weiß?

»Wo ... ist ... Werner?«

»Auch hier«, sagte ich. »In einer miesen Lage ...«

»Wieso?«

»Die Polizei verdächtigt ihn ...« Ich hätte mir die Zunge abbeißen können. Es war schon zu spät. Lillians verklebte Augen öffneten sich wieder.

»Sie glauben, er wollte mich ermorden? O Gott!« Sie keuchte.

»Nicht! Nicht! Sei ruhig! Ich bitte dich ... Er wird ein Alibi haben ... Wenn Kamploh zurückkommt, wird sich alles aufklären ... Die Wahrheit kommt heraus ... jetzt bin ich da ...«

»Du ... verläßt mich nicht mehr?«

»Nein, Lillian, nein. Beruhige dich, bitte, beruhige dich ...«

»Du schwörst, daß du mich jetzt nicht mehr allein läßt?«

»Ja.«

Sie führte meine Hand unter die Decke und legte sie dorthin.

»Ich schwöre«, sagte ich.

Während meine Hand da lag, hörte ich plötzlich Vanessas Schrei: »Renn! Renn! Renn in dein Unglück!« Und ich dachte an Vanessa und an Minski und an alles, was ich in zwanzig Jahren mit Lillian erlebt und was ich ihretwegen gelitten hatte. Ich erinnerte mich an alles, an alles. Sie nahm meine Hand und führte sie zwischen ihre Brüste. Und da hatte ich alles, alles vergessen und erinnerte mich an nichts mehr, nein, an nichts.

»Ich ... Ritchie ... ich ... ich habe immer nur dich liebgehabt ...«

Und wenn das eine gottverfluchte Lüge war, egal, egal!

».. . immer nur dich . . . glaubst du mir das?«

»Ja«, sagte ich heiser.

Sie flüsterte: »Zurück . . . ich will zu dir zurück . . . für immer . . . Willst du mich haben . . . jetzt noch . . . trotz allem?«

Und ich spürte die Wärme ihrer Brüste und dachte: Du hast mich belogen und betrogen und hintergangen und ausgenützt und lächerlich gemacht und zur Verzweiflung getrieben, so oft – egal, egal.

»Ja«, sagte ich.

»Ich will nur noch zu dir . . . ich habe Angst vor allen Menschen . . . Sie sind alle böse, und sie können einem alle Böses tun . . . Du nicht, Ritchie . . . du liebst mich immer noch, nicht wahr?«

Wäre ich sonst wie ein Wahnsinniger losgefahren, als sie mich angerufen hatte? Würde ich sonst an ihrem Bett sitzen? Und sie? Und wenn sie mich wirklich liebte? Wir leben in einer irren Welt. Warum sollte es nicht so sein, wie sie sagte. Wir glauben immer nur, was wir glauben wollen.

»Ritchie . . . liebst . . . du . . . mich . . . noch?«

»Ja«, sagte ich.

Über ihr Gespenstergesicht glitt ein triumphierendes Lächeln.

»Wir bleiben zusammen«, sagte ich. »Und wir werden gehen, beide, fort, weit fort.« Und da ich es sagte, meinte ich es auch so. Ich dachte an die Schweiz, an Sicherheit, Frieden und Glück.

»Küß mich«, flüsterte sie.

Ich legte meine Lippen auf die ihren, und es ekelte mich weder vor dem Knoblauchgeruch noch dem Geruch der Medikamente.

»Alles wird gut«, sagte ich, den Kopf hebend.

»Ja, Ritchie, ja . . .«

Es gibt gewiß andere Seligkeiten.

Das war die meine.

Ich soll auf diesen Seiten die Wahrheit niederschreiben.

Hier steht sie.

Die Tür in meinem Rücken öffnete sich.

»Tut mir leid, jetzt müssen Sie gehen«, sagte die Stimme des Dr. Hess. Ich küßte Lillians kalte Hand und sagte: »Ich bin immer in deiner Nähe. Ich komme wieder. Nun . . .«, ich hob die Stimme, »nun kümmere ich mich um dich, sei ganz ruhig.«

»Ich bin ganz ruhig«, flüsterte sie. »Jetzt . . .«

Ich ließ ihre Hand los. Sie fiel auf die Bettdecke. Die Lider flatterten, Lillians Gesicht verzog sich, sie hatte Schmerzen. Ich strich über ihre Stirn. Sie war kalt und naß von Schweiß. Ich drehte mich um und sah Dr. Hess nur als Silhouette in der offenen Tür. Auf dem Flur draußen brannte immer noch Neonlicht.

»Also was ist? Kommen Sie, oder muß ich Sie holen lassen?« knurrte der fette Arzt mit dem kahlen Schädel.

»Holen?« Ich sah noch einmal zu Lillian, die nun reglos lag, dann ging ich auf Hess zu. Dabei bemerkte ich einen riesenhaften Pfleger mit breitgeschlagener Nase, dicken Lippen, schwarzem Kraushaar und negroidem, brutalem Gesicht. Ein Kerl wie ein Gorilla. Neben Dr. Hess stand er, in weißer Jacke und Hosen von verwaschen blauer Farbe. Seine Hände waren groß wie Suppenteller. Er grinste mich an. Ich trat auf den Flur hinaus und sah, daß er verlassen dalag.

Lillians Zimmer befand sich in einem Seitentrakt, der Flur hier war kurz und endete an einer Wand. Lillians Zimmer gegenüber erblickte ich die Tür eines Krankenaufzugs, eine Doppeltür aus weißgestrichenem Metall. Während ich auf den Gang trat, öffnete der Pfleger die Tür des großen Krankenaufzugs, in den man Betten und Bahren rollen konnte. Der Lift stand hinter der Tür. Es ging alles viel zu schnell, als daß ich auch nur hätte schreien können. Der Pfleger packte mich. Ich bin ziemlich groß und schwer, aber der Kerl hob mich wie ein Baby in den Aufzug. Kaum waren wir drin, sprang der kugelköpfige Hess nach, verriegelte die Tür von innen und drückte auf einen Knopf. Zitternd und laut brummend setzte sich der Riesenaufzug in Bewegung. Wir fuhren nach unten.

Während ich diese Worte schreibe, fällt mir ein, daß ich drei Wochen und drei Tage nach dieser Liftfahrt unter ähnlich peinlichen Umständen noch eine zweite unternehmen mußte, von der ich schon berichtete – im Lift zur Tiefgarage des Hotels ›Imperial‹ in Kairo. Die Fahrt im Kreiskrankenhaus Treuwall war allerdings noch bei weitem ungemütlicher.

»Die Arme«, sagte Hess. Der Riese hinter mir drehte mir die Arme auf den Rücken und riß sie hoch. Ich stöhnte. »Eine Bewegung, und ich dreh sie dir aus den Gelenken«, sagte der Pfleger kichernd.

Hess trat an mich heran und wollte in die Manteltasche greifen, in welcher der silberne Fotorahmen steckte, den ich gestohlen hatte. Auf einmal hielt er eine Injektionsspritze in der Hand. Ich mußte rasch handeln. Während ich dachte, daß ich wahrhaftig einen Alptraum erlebte, daß dies alles doch einfach nicht möglich, nicht wahr sein konnte, hob ich sehr schnell ein Knie und traf Hess dort, wo es weh tut. Er stieß einen Schrei aus und flog gegen die Liftwand hinter sich. Der Pfleger drückte meine Arme so hoch, daß mich ein schneidender Schmerz durchzuckte und vor meinen Augen Flammen zu tanzen begannen.

Der Lift rumpelte und ratterte. Das Licht der vergitterten Lampe an der Decke flackerte. Wir sanken immer tiefer. Hess kam wieder auf mich zu, die Injektionsspritze in der Hand. Sein Unterleib tat ihm verflucht weh, das sah ich, er preßte eine Hand dagegen. Er hatte Angst vor mir, das sah ich – wenn er auch gewiß nicht so viel Angst hatte wie ich vor der Spritze.

»Noch mal«, sagte er, »und die Nadel steckt in Ihrem Arm.« Seine Frosch-augen hinter den starken Brillengläsern trugen nun einen absolut irren Ausdruck. Er riß mir den Silberrahmen aus der inneren Manteltasche. Dann holte er keuchend Luft, und sein schwammiges Gesicht wurde weiß wie sein Mantel. Die abstehenden Ohren hingegen begannen zu glühen.

»Was ist los?« fragte der Pfleger, der mich eisern festhielt.

Mit fahlem Gesicht drehte Hess den Rahmen um. Die Fotografie des Man-nes, der sich Clemens Kamploh nannte, war verschwunden. Ich bin schon ein Idiot. Ein kompletter Idiot bin ich nicht.

Der Lift hielt mit einem Ruck.

»Raus!« sagte Hess, die Tür öffnend.

Der Pfleger stieß mich in einen von Neonlicht grell erleuchteten großen Kellerraum, in dem es nach Lysol stank. Der Keller hatte einen weißen Kachelboden, drei weißgekachelte Wände mit zahlreichen Wasserleitungs-hähnen und eine vierte Wand, in der ich viele geschlossene Metallfächer sah. Rund um sie liefen die mit Reif beschlagenen Rohre einer Kühlanlage. Als ich dann noch die schrägen Marmortische mit ihren Rinnen erblickte und die nackten Toten, die auf einigen lagen, wußte ich, wo wir gelandet waren. Der Pfleger riß mir den Mantel vom Leib und warf ihn Hess zu, der ihn noch einmal durchsuchte. Während er damit beschäftigt war, warf mich der negroide Pfleger zu Boden. Dröhnend schlug ich mit dem Hinterkopf auf. Hess ließ den Mantel über einen der Marmortische fallen, auf dem Instru-mente zum Sezieren lagen, kniete neben mir nieder, während der Pfleger mich festhielt, und begann mit großer Schnelligkeit meine Kleider zu öffnen. Er dachte wohl, ich müsse die Fotografie irgendwo am Leib haben. Er suchte pedantisch. Ich trat noch einmal nach ihm und traf ihn am Hals. Er begann zu bluten. Er blutete meinen Smoking und mein Smokinghemd voll, und ich lag auf dem feuchten Boden und stank nun selber bereits nach Lysol und dachte, daß das alles phantastisch, absolut phantastisch war.

»Wo ist das Foto?« fragte Hess.

Ich schwieg.

»Los!« sagte Hess.

Der Pfleger grinste, holte aus und schlug mir eine Faust in den Magen, daß ich dachte, ich würde platzen wie ein Sack. Ich sah die dicken, geöffneten Lippen, die großen weißen Zähne des Pflegers, das schwarze Kraushaar, und während ich würgte und würgend nach Luft rang – genau in diesem Augenblick fiel mir ein, wo ich Professor Kamploh schon einmal gesehen hatte. Nicht persönlich. Auf einer Fotografie. Und nicht nur einmal, sondern oft. Der negroide Pfleger mit seinem breiten Grinsen hatte mich darauf gebracht. Mein alter Freund Homer Luther Barlow besaß eine zweite Foto-grafie dieses Professors Kamploh. Nun wußte ich auch, was mich immerzu irritiert hatte. Auf Barlows Fotografie trug Kamploh keinen Schnurrbart. Das war das ältere Foto. Den Schnurrbart hatte er sich wachsen lassen. Aus gutem Grund.

»Wo ist das Foto, du Hund?« fragte der Pfleger.

Ich schwieg, und der Pfleger schlug zum zweitenmal zu, und bevor ich die Besinnung verlor (denn er schlug zu fest, er war recht ungeschickt), dachte ich noch einmal an Homer Luther Barlow, meinen alten Freund.

Bariton an der Deutschen Oper Berlin war der. Bariton im italienischen Fach. Rigoletto, Jago und Papageno, seine drei ersten großen Rollen, hatten ihn sofort berühmt gemacht.

Homer Luther Barlow hatte eine sehr glückliche Jugend. Sie dauerte, wie die des Griechen Panos Mitsotakis, drei Jahre.

Wie Panos, so wurde auch Homer als Sohn armer Leute geboren – in der Stadt Birmingham im amerikanischen Staate Alabama, wo es riesige Eisenerzvorkommen und Stahlindustrien gibt, weshalb Birmingham auch das ›Pittsburg des Südens‹ genannt wird.

Gleich Panos' Vater war Homers Vater immer fröhlich, und gleich Panos' Mutter war Homers Mutter eine hübsche Frau und stets guter Dinge. Sie liebte ihren Mann und ihren kleinen Sohn von Herzen und sang häufig schöne religiöse Lieder, denn Homers Eltern waren fromm, der Vater arbeitete als Kirchendiener einer ›schwarzen‹ Kirche. Homer und seine Eltern waren Neger.

Die Mutter sang den kleinen Jungen in Schlaf mit Spirituals, die wundersame Titel und Texte hatten, zum Beispiel ›What are they doing in heaven today?‹, ›Wading through blood and water‹, ›I'll fly away‹, ›Move in the room with the Lord‹ und ›In the upper room‹. Eine beständige Erinnerung bewahrte Homer an die Lieder ›Nobody knows the trouble I see, nobody knows but Jesus‹ und ›Stand still, Jordan!‹ Diesen Song hörte der kleine Homer besonders oft aus dem Mund seiner Mutter: »Stand still, Jordan! Stand still, Jordan! Stand still, Jordan! But I cannot stand still . . .«

Vom Strome Jordan, der stillstehen sollte, sang Mutter Barlow auch am 27. September 1930, einem Sonntag, gegen zehn Uhr vormittags, in der vollbesetzten Baptistenkirche, in der ihr Mann angestellt war, als eine Zeitbombe explodierte. Bei dem Anschlag wurden siebenundachtzig Neger schwer verletzt, davon achtundzwanzig Kinder unter vierzehn Jahren. Sechsunddreißig Neger wurden getötet, davon elf Kinder unter vierzehn Jahren. Ein zwölftes Kind unter vierzehn Jahren wurde nicht durch die Explosion der Bombe, sondern die Schüsse eines weißen Polizisten getötet. Es war ein nervöser Polizist, der leicht die Fassung verlor. Wenn er die Fassung verlor, schoß er. Es waren immer Neger, die ihn seiner Fassung beraubten.

Die Bombe tötete den Pfarrer, die Bombe tötete Vater und Mutter Homer Luther Barlows. Der 1924 geborene Homer blieb am Leben – er hatte seit ein paar Tagen Husten und leichtes Fieber und deshalb den Gottesdienst nicht besuchen können.

Der Bombenanschlag war, wie eine Untersuchung ergab, geplant und ausgeführt worden von dem Geheimbund Ku-Klux-Klan, einer Terrororganisation, die, unmittelbar nach den Sezessionskriegen in Tennessee gegründet, ihre Tätigkeit nie mehr beendet, sondern im Gegenteil nach Ende des Zweiten Weltkriegs verstärkt wiederaufgenommen hat und zur Zeit, da diese Worte geschrieben werden, für sehr viele Morde und Bombenanschläge auf Kirchen, Schulen und Wohnheime von schwarzen amerikanischen Bürgern verantwortlich ist.

Homer konnte auch nicht an dem Begräbnis seiner Eltern teilnehmen, sein Zustand verschlechterte sich rapide, und ein herbeigerufener Arzt stellte bei dem Sechsjährigen Tuberkulose fest. So kam Homer nicht in ein Waisenhaus für Negerkinder, sondern in eine staatliche Lungenheilstätte für Neger. Eine Weile sah es danach so aus, als ob er sterben müsse. Dann sah es so aus, als würde er sein Leben wie ein Invalide verbringen müssen. Dann geschah ein Wunder. Aus dem mageren kleinen Jungen entwickelte sich in wenigen Jahren ein lebendes Sinnbild für Kraft und Gesundheit, das jedermann verblüffte. Mit vierzehn Jahren war Homer bereits 1,72 Meter groß und wog siebzig Kilogramm. Er arbeitete da schon an einem Hochofen der ›National Steel‹. Seine Stärke verblüffte jedermann, und er wurde immer stärker und immer größer – mit siebzehn Jahren war er ein Riese von Kerl, 1,95 Meter groß, neunundneunzig Kilogramm schwer, mit Muskeln aus Eisen. Er mußte beständig achtgeben, daß er niemandem, dem er die Hand schüttelte, die Knochen dieser Hand zerbrach.

Das Negerviertel von Birmingham war und ist noch immer ein einziger elender Sumpf. Das Haus, in dem Homer wohnte, war schmutzig und baufällig. Homers winzige Wohnung war blitzend sauber. Er selbst reinigte sie, und sie war so gepflegt wie er. Homer haßte es, sich zu prügeln – es war zu gefährlich für ihn. Wenn er zuschlug, bestand stets die Gefahr, daß der Gegner umfiel und nicht mehr aufstand. Das wußten auch die weißen Nichtstuer, Säufer und Tagediebe in dem angrenzenden Stadtteil, der genauso dreckig war und in dem der weiße Abschaum lebte, der ›white trash‹, der, wenn er schon sonst nichts sein eigen nannte, doch zweierlei besaß und darauf stolz war: die schmutzige weiße Haut und den Haß auf die ›niggers‹. Wer in Homers Nähe wohnte, wer Homer kannte, war vor dem ›white trash‹ und vor den Ku-Klux-Klan-Leuten sicher.

Homer blieb stets arbeitsam und fröhlich, höflich und fromm. Die schwarzen Mädchen schwärmten für ihn, denn er war auch großzügig und zärtlich, und er sang gerne und schön – wie seine Mutter. Die Kinder liefen ihm nach:

Homer liebte Kinder, und er beschenkte sie stets mit Kaugummi, Bonbons, Schokolade, Spielzeug und Comic-Heften.

Irgend jemand fand es komisch, den riesenhaften jungen Neger ›Tiny‹ zu nennen, was soviel wie winzig bedeutet, und dieser liebevolle Spitzname blieb an Homer haften; er behielt ihn, als er einrückte, als er nach England geschickt wurde, als er von dort aus mit den ersten Angriffswellen der Angloamerikaner in dem Abschnitt ›Omaha-Beach‹ an der Normandieküste landete und in den blutigsten und verlustreichsten Kämpfen der großen Invasion mit seiner Division erste Brückenköpfe auf dem europäischen Festland eroberte und hielt.

Auf seinem Landungsschiff, in der Dunkelheit der ersten Morgenstunden des Tages D, unter Deck, zusammengepfercht mit vielen Kameraden, weißen und schwarzen, die gleich ihm voll Sorge und Angst den nächsten Stunden entgegensahen, hatte Tiny ›Ole Man River‹ gesungen.

Zu jener Zeit befand sich Boris Mordechai Minski auf dem Wege von dem Konzentrationslager Maidanek in das Konzentrationslager Auschwitz; neun Tage zuvor hatte die Hamburger Patriziertochter Elsbeth Rending in Baden-Baden einem Mädchen namens Britt das Leben geschenkt, das zweiundzwanzig Jahre danach unter dem Namen Vanessa in unserem Nachtlokal ›Strip‹ ihren ›Famous Candle-Act‹ vorführen sollte; einen Monat später geriet ich in amerikanische Gefangenschaft; knapp drei Monate später fiel jener Feldwebel aus Pforzheim, der Mutter und Sohn Mitsotakis vor dem Verhungern bewahrt hatte, westlich der Stadt Athen bei einem Partisanenüberfall; und etwas mehr als zwei Monate später fanden meine Mutter und die S. Kaczmarek bei einem Luftangriff auf Frankfurt den Tod, als eine Bombe das Haus traf, in dessen Keller sie Zuflucht gesucht hatten. Es ist eine und einzige Welt, auf der alle Menschen leben, und alle Menschen sind hineinverstrickt in diese Menschenwelt.

Tinys Einheit kämpfte sich ihren Weg durch Frankreich, war an der Befreiung von Paris beteiligt, stürmte weiter vorwärts über den Rhein, nach Deutschland hinein. Tiny kam bis an die Elbe. Hier schüttelte er russischen Soldaten die Hand und soff sie zu Dutzenden unter den Tisch. Die Russen waren begeistert von Tiny, und Tiny war begeistert von den Russen. Das war die Zeit, in der Amerikaner und Sowjets, verbündet im Kampf gegen den Faschismus, noch gute Freunde waren — wenigstens jene, die gekämpft hatten.

In den kurzen Wochen, die Tiny an der Elbe verbrachte, schloß er innige Freundschaft mit einem russischen Soldaten namens Sergej Golbow. Sergej war, gleich Tiny, Feldwebel, und gleich Tiny hatte er einen weiten, weiten Weg hinter sich. Er stammte aus Nowosibirsk. Die beiden waren dauernd zusammen. Keiner verstand die Sprache des anderen, aber sie verstanden einander dennoch vollkommen. Sergej besaß eine schöne Baßstimme. Im Baß sang er Tiny ›Poliuschka pola‹ vor, im Bariton sang Tiny die ›Beale Street Blues‹. Sie tauschten Adressen und Pistolen, sie lachten und soffen und schossen in den Himmel und kugelten sich wie junge Hunde im Gras. Dies geschah, da der Krieg gerade zu Ende war, maßloses Elend in Europa herrschte, ein herrlicher Frühling in einen herrlichen Sommer überging, Hunderttausende verhungerten und Millionen voller Hoffnung auf die neue Zeit warteten. Es geschah knapp bevor die beiden ersten Atombomben auf die japanischen Städte Hiroshima und Nagasaki fielen.

Tinys Einheit erhielt Befehl, sich nach Westen zurückzuziehen. Die Amerikaner räumten große Gebiete, die sie erobert hatten, und überließen sie, Abmachungen ihrer Politiker folgend, den Sowjets.

Tiny und Sergej blieben bis zur letzten Minute zusammen. Sie hatten sich vor Gram mächtig besoffen. Nun standen sie schwankend auf einer Drehbrücke, die über den Strom führte. Diese Art von Brücken ist so konstruiert, daß man eine oder auch beide ihrer Hälften vom Ufer aus um neunzig Grad schwenken kann, damit die Schiffe freie Fahrt haben. Tiny und Sergej waren ganz außerordentlich betrunken, als sie da, in der Mitte der Elbe, auf jener Drehbrücke standen, Tiny auf der westlichen Seite, Sergej auf der östlichen. Zwischen ihnen war der Brückenboden gespalten. Sie hörten nicht, was ihre Kameraden ihnen vom Ufer zuschrien, sie sahen auch nicht den Schlepper mit den vielen Booten, der die Elbe heraufkam. Sie umarmten sich, schlugen sich auf den Rücken, und sie redeten, ein jeder in seiner Sprache, mit vielen Flüchen, um ihre Rührung zu verbergen. Dann fühlte Tiny plötzlich den Boden unter seinen Füßen beben. Er sprang erschrocken einen Schritt zurück und bemerkte, daß der Brückenteil, auf dem er stand, sich zu bewegen begann. Die westliche Brückenseite schwankte, die östliche blieb stehen, denn der Schleppzug näherte sich auf der westlichen Elbeseite. So wurde der riesenhafte Neger also in einem gewaltigen Bogen und mit ziemlicher Geschwindigkeit – betrunken wie er war, mußte er sich am Geländer festhalten – von seinem Freund Sergej Golbow fortgeschwenkt, dem Ufer zu. Jetzt bemerkte er den Schlepper und die Boote, jetzt begriff er, was geschah. Tiny sah die Kameraden am Ufer, die vor Lachen brüllten, aber ihm war nicht zum Lachen zumute. Er sah seinen Freund Sergej, unmittelbar an der Trennstelle der Brücke stehend, aufrecht, bewegungslos, mit ausgestreckter Hand. Sie hatten sich nicht mehr die Hand schütteln können.

Nun war es zu spät. Tiny schrie und winkte, aber Sergej stand wie versteinert in seinem Rausch weiter da, und seine Hand war immer noch ins Leere hinein ausgestreckt, als Tinys Brückenseite mit lautem Ächzen und Quietschen parallel zum Ufer anhielt. Diese Szene konnte Homer Luther Barlow nie vergessen. Wenn er betrunken war, erzählte er immer wieder von jenem Abschied an der Elbe und von Sergej Golbows ausgestreckter Hand, ausgestreckt ins Leere.

Tinys Einheit wurde aufgelöst. Die Männer kamen zu anderen Truppenteilen, Tiny kam zum 765th Military Police Battalion, Dog Company, und er wurde Militärpolizist in der Stadt Frankfurt am Main. Untergebracht war er mit dem ganzen Bataillon in der ehemaligen SS-Kaserne an der Darmstädter Landstraße im Stadtteil Sachsenhausen, Dienst tat er in einer der zahlreichen Military-Police-Stationen, die in der Stadt eingerichtet worden waren. Die MP-Station, welche von Soldaten der D-Company geführt wurde, lag an der Baseler Straße, ganz nahe bei dem katastrophal zerstörten Hauptbahnhof. Hier, in dieser MP-Station, begann ich nach meiner Rückkehr aus amerikanischer Kriegsgefangenschaft, im Mai 1946, als Dolmetscher zu arbeiten.

»Kommt zu sich, die Sau«, sagte eine Stimme.
Mir war speiübel, in meinem Schädel dröhnte es. Ich öffnete vorsichtig die Augen und übergab mich beinahe, als ich nun auch wieder den Lysolgeruch verspürte. Ich lag noch immer auf dem Kachelboden des Leichenkellers. Der Gorilla von Pfleger kniete hinter mir und hielt meine Arme fest, Dr. Hess saß auf meinen Schenkeln. Das Blut an seinem Hals war noch nicht getrocknet, es glitzerte in dem grellen, scheußlichen Neonlicht.
»Das Foto«, sagte Hess. »Wo haben Sie das Foto?«
Ich schwieg.
»Na schön. Wir können natürlich nicht ewig hierbleiben«, sagte Hess. »Ihre Hoffnung, wie? Vergessen Sie's. Sie kriegen jetzt eine kleine Spritze. Wenn Sie wieder zu sich kommen, unterhalten wir uns weiter, an einem stilleren Ort. Einem viel stilleren. Halten Sie ihn richtig fest«, sagte er zu dem Gorilla und erhob sich von meinen Schenkeln. Ich spuckte ihm alles, was ich, während er quasselte, im Mund gesammelt hatte, direkt zwischen die Augen. Es war eine Menge, denn ich würgte ohnehin die ganze Zeit herum. Ich schätze es nicht, mich zu prügeln, aber wenn ich es tun muß, dann so unfair und ökonomisch wie möglich. Den Trick mit dem Anspucken brachte mir Tiny bei, vor vielen Jahren. Er wirkt großartig. Wenn Sie so einen Kerl anspucken und richtig treffen, möglichst zwischen die Augen, dann wird er, einem bedingten Reflex folgend, die Arme hochreißen und mit beiden Händen nach dem Gesicht greifen. (Eindrucksvoller Beweis für die Richtigkeit von Professor Pawlows Lehre.) Hat er die Hände erst mal oben, dann haben Sie Ihre Chance. Sie müssen nur schnell sein. Ich war schnell. Noch einmal trat ich Hess in den Unterleib, mit beiden Schuhen und mit aller Kraft. Er flog nach hinten, überschlug sich regelrecht, wobei er seine Brille verlor, die auf dem Kachelboden klirrend zerbrach, und landete neben einem Marmortisch. Der Pfleger schrie erschrocken auf und ließ mich einen Moment lang los. Das erledigte auch ihn. Obwohl meine Hosen herunterrutschten und alle meine Kleidungsstücke geöffnet waren und mich behin-

derten, kam ich auf die Beine. Auf einem nahen Tisch lagen ein großer Hammer, ein Stemmeisen und zwei lange Seziermesser. Mit Hammer und Eisen heben die Pathologen wohl die Schädeldecken ab, dachte ich, während ich das Eisen packte. Ich riß es hoch und ließ es auf den Schädel des Pflegers sausen.

Er gab ein pfeifendes Geräusch von sich, setzte sich auf den Boden und fiel dann um. Dr. Hess war wieder auf die Beine gekommen, aber er tappte halb blind herum. War doch mächtig kurzsichtig, der Gute. Ich gab ihm eine in die Fresse, und er flog an eine Kachelwand, wo er wieder umkippte. Diesmal blieb er liegen.

Eine Glocke begann zu schrillen, und über den offenen Lifttüren flammte eine rote Lampe auf. Die brauchten den Aufzug oben. Ich mußte machen, daß ich wegkam. Ich zog die Hose hoch, schloß sie, knöpfte Hemd und Jacke zu, so schnell es ging, schon im Laufen, wobei ich meinen Mantel packte, der auf dem Tisch hinter mir liegengeblieben war – über einer toten Frau, die sehr klein und sehr tot aussah. Mit der Smokingfliege hielt ich mich natürlich nicht auf, die steckte ich in die Tasche. Den leeren Fotorahmen ließ ich liegen. Mir tat mein ganzer Körper weh, ich lief zusammengekrümmt, denn mein Bauch fühlte sich an, als wäre da drinnen alles zu Brei geschlagen.

Die Glocke schrillte wieder.

Ich sah eine Tür mit der Aufschrift AUSGANG und riß sie auf. Dahinter gab es wieder einen Lastenaufzug, in einem roh betonierten Vorraum. Mit dem Aufzug schafften sie wahrscheinlich die Toten raus. Im Vorraum standen einfache Särge. Die Leichen, mit denen die Pathologen fertig waren, kamen wohl in die Särge und mit dem Lift nach oben. Ich wußte, daß solche Transporte immer nachts abgehen. Meistens befinden sich diese Auslieferungsstellen an einer stillen Hinterseite der Krankenhäuser. Hoffentlich auch hier, dachte ich, als ich in den Lastenaufzug trat, die Türen hinter mir schloß und auf den einzigen Aufwärtsknopf drückte, den es gab. Tatsächlich hielt der Lift in der Höhe des Erdgeschosses. Ich stolperte in einen kurzen, staubigen Gang, von dem eine unverschlossene Tür direkt auf einen Hof an der Rückfront des Krankenhauses führte. Kahle Bäume standen hier, Mülltonnen, Kisten voll leerer Flaschen und Konservenbüchsen. Es regnete heftig. Bei der Ausfahrt stand ein Wächterhäuschen. Ein verschlafener Kerl saß darin und frühstückte. Als er mich sah, sprang er auf, kam ins Freie gerannt und schrie hinter mir her, aber da war ich schon weit weg.

Ich rannte ein Stück Pappelallee entlang, dann kannte ich mich wieder aus. Die Allee führte hinter der Klinik an einem schmutzigen, angeschwollenen Flüßchen vorbei. Ich lief über ein Feld um die große Klinik herum, zurück zur Vorderseite. Meine Smokingschuhe versanken im Morast der Wiese, ich fühlte, wie Nässe und Schlamm in sie drangen, und ich sah, wie meine

Hosen dreckig und dreckiger wurden. Ich muß ziemlich wüst ausgesehen haben, nicht richtig angezogen, mit schmutzigem Hemd, nach Lysol stinkend, unrasiert. Ich dankte Gott für das Weltuntergangswetter. In der Dämmerung dieses Tages, an dem es offenbar überhaupt nicht mehr hell werden wollte — es war nun schon zwanzig Minuten nach zehn Uhr vormittags —, brannten immer noch alle Lichter, aber in dem schweren Regen konnte man trotzdem kaum etwas erkennen.

Da war der Parkplatz.

Da war der grüne BMW der Kriminalpolizei, in dem Eilers und Lansing mich und meinen Bruder von Kamplohs Villa zurück ins Krankenhaus gebracht hatten. Es war mir nicht entgangen, daß Lansing den Wagen sorgsam abschloß, als wir ausstiegen. Meine Tür warf ich ins Schloß und sagte: »Zu!« Damit hatte Lansing sich zufriedengegeben. Die Tür war zu, aber sie war nicht verriegelt, ich hatte den Knopf an der Fensterinnenseite nicht heruntergedrückt und einen Finger außen auf den Klinkenknopf gepreßt, damit die Tür hübsch offenblieb. Die rechte Fondtür. Da hatte ich nämlich gesessen, rechts hinten im Fond.

Noch in Kamplohs Villa war ich das Opfer eines natürlichen Bedürfnisses geworden, die Herren hatten mir gestatten müssen, eine Toilette aufzusuchen. Ich riegelte mich ein, zog an der Spülung, damit es Lärm gab, holte die Fotografie aus ihrem Rahmen und faltete sie der Länge und Breite nach zusammen. Ich fand kein Versteck für den Rahmen, also verwahrte ich ihn wieder in der Innentasche des Mantels, denn ich rechnete damit, daß Eilers oder Lansing sich das Klosett ansehen würden, wenn ich herauskam. (Sie sahen es sich an.) Auf der Fahrt gelang es mir dann, das gefaltete Foto unbemerkt in einen Spalt der Polsterung zwischen Sitz und Lehne zu schieben, tief hinein. Ich wollte nicht mit dem Bild die Klinik betreten. Dr. Hess hatte mir nie gefallen. Der Hauptkommissar Fegesack mit seinem Stiernacken, den schlauen Schweinsaugen und den violetten Tränensäcken hatte mir auch nicht gefallen — gar nicht mehr, seitdem er in Lillians Schlafzimmer erschienen war und lächelnd zugesehen hatte, wie ich die Fotografie stahl. Hess telefonierte auch zuerst mit Fegesack, wie dieser berichtete. Hatte Fegesack ihn, nachdem ich das Haus verließ, sofort wieder angerufen und mitgeteilt, daß ich Kamplohs Foto bei mir trug? Sehr wahrscheinlich. Vielleicht hatte er es nicht Hess direkt gesagt, vielleicht über einen Dritten.

Wer wußte, wie viele Menschen in dieser Sache verwickelt waren? Viele, wenn man Lillian glaubte. Oder hatten Lansing oder Eilers Dr. Hess informiert? Während ich mich bei Lillian aufhielt, wäre Zeit genug dazu gewesen. Sie hatten auch gelächelt, als sie bemerkten, daß die Fotografie verschwunden war. Die beiden wirkten sympathischer als Fegesack, besonders Lansing. Sie hätten mir das Foto ja auch gleich wegnehmen können. Warum eigentlich? Fegesack hatte es mir auch nicht weggenommen. Also! Es war wohl keiner besser als der andere. Sie wollten alle nur sehen, was ich mit dem Foto tat, beziehungsweise was mir mit dem Foto passieren würde.

»Alle Menschen sind böse. Und alle können einem Böses tun.«

So ähnlich hatte Lillian gesprochen.

Das mußte ich mir merken. Danach mußte ich handeln. Es war immer noch die gesündeste Einstellung. Man konnte kaum enttäuscht werden. Ich war ganz einfach in das Kreuzfeuer verschiedenster Interessen geraten. Man mußte nicht sehr intelligent sein, um zu merken, daß hier eine Menge zum Himmel stank, nicht nur ich.

Ich riß die Fondtür des BMW auf, holte die Fotografie aus der Polsterritze und versteckte sie unter meinem Hemd. Ich blickte zum Krankenhaus. Menschen gingen aus und ein, alles sah sehr friedlich aus. Wie lange noch? Eilers, Lansing und mein Bruder saßen in Dr. Hess' Zimmer. Sie würden sehr bald nach mir suchen, wir waren beide schon zu lange abwesend. Mir fiel ein, daß das Fenster von Dr. Hess' Zimmer auf den Parkplatz hinausging, und ich beeilte mich.

Der BMW parkte zwischen Werners schwarzem Mercedes und meinem silbernen Thunderbird. Ich hatte gesehen, daß im Wagen meines Bruders an den Haltegriffen im Fond Anzüge auf Bügeln hingen und ein Koffer auf dem Rücksitz lag. Das hatte mich verblüfft. Werner war also auf einen längeren Aufenthalt vorbereitet gewesen. Oder wollte er verreisen? Was für ein glücklicher Morgen, dachte ich, als sich die linke vordere Tür des Mercedes öffnen ließ. Ihre Verriegelung war nicht ganz eingerastet. Ich nahm den Koffer und zwei Anzüge aus dem Wagen und eilte damit zu meinem Thunderbird. Koffer und Anzüge warf ich nach hinten, ebenso meinen Mantel, den ich rasch auszog, damit er nicht zu viel Lysolgestank abbekam. Dann glitt ich hinter das Steuer und startete, daß die Reifen wimmerten.

Die Wand war bis zu einer Höhe von etwa zwei Metern mit Blut besudelt. Unzählige Einschüsse hatten sie mit Löchern und Kratern versehen wie eine Mondlandschaft. Das Blut hatte braune, schwarze und graue Töne angenommen, rostrote und grüne. Vor mehr als zwanzig Jahren war es über die Wand gespritzt. Die Einschußlöcher stammten auch aus jener Zeit.

Diese Wand war eine der vier Wände von Tinys Hausbar im Erdgeschoß seiner schönen Villa im Grunewald.

Die Villa hatte er schon 1956 gekauft, als er gerade begann, Karriere als Opernsänger zu machen. Damals hatte er noch nicht genug Geld, das Haus renovieren zu lassen. Sein Kapital reichte eben zum Erwerb von Villa und Grundstück. Tiny hatte sich in Berlin verliebt, besonders in den Grunewald, und diese Villa stand an der Bismarckallee, nahe dem Hagenplatz.

Als Tiny es erwarb, war das Haus nur notdürftig und immer in großen

Zeitabschnitten instandgesetzt worden, ein verwohntes, schmutziges Gebäude, in dem viele Mieter gelebt hatten und bald wieder ausgezogen waren. Es hatte sich hier nicht angenehm leben lassen. Dauernd war etwas kaputt gewesen: die Zentralheizung, ein Lichtkabel in einer möglichst dicken Mauer, die man aufmeißeln mußte, eine Zimmerdecke, die sich gefährlich durchbog. Es zog überall, denn Fenster- und Türrahmen, von Granaten und Bomben erschüttert, hatten sich verbogen. Dieses Haus befand sich damals in einem ähnlichen Zustand wie das Haus in der Frankfurter Taunusstraße, in dem das ›Strip‹ lag. Nur daß jenes Haus sich heute noch in diesem Zustand befindet . . .

Einmal war die Villa die prachtvolle Residenz eines jüdischen Bankiers gewesen. Ihm folgten mehrere Nazibonzen, ein Wehrwirtschaftsführer, ein Einsatzstab der Gestapo, ein russischer Kommandant und ein englischer M.I.-5-Mann – dann durften wieder Deutsche in das Haus, das immer mehr verfiel.

Der jüdische Bankier hatte sich 1943 in Rio de Janeiro erschossen. Tiny kaufte die Villa von seinen Söhnen, naturalisierten Brasilianern, die entschlossen waren, nie mehr einen Fuß auf deutschen Boden zu setzen. Das Haus stand nun so lange leer, bis Tiny groß im Verdienen war, Schallplatten besang, auf Tournee ging, eben ein berühmter Mann geworden war. Dann ließ er die Villa, bevor er einzog, von Grund auf renovieren – es wurde praktisch ein neues Haus. Kein Fenster, keine Tür, keinen Parkettboden, keine Holztreppe, kein Stromkabel, keinen Heizungskörper gab es, die nicht neu waren. Natürlich wurde das Haus auch neu eingedacht, verputzt und gestrichen, außen und innen. Alles veränderte sich – nur die blutgetränkte, von Kugeln zersiebte Wand in dem großen Souterrainraum ließ Tiny genauso, wie er sie vorgefunden hatte. Sie bildete eine Längsseite der modernen Bar, die Tiny, mit Flaschenbord, Theke, Kamin, hohen Hockern und gemütlichen Sesseln, hier einrichtete.

Gäste, die zum erstenmal kamen, erschraken natürlich, wenn sie aus dem gepflegten Haus in diese Bar geführt wurden, von deren einer Wand ihnen die Vergangenheit so brutal in die Augen sprang, als springe sie ihnen an die Kehle. Es war eine Quelle ständiger Unterhaltung für Tiny, neue Besucher und ihre Reaktionen zu beobachten. Die einen betrachteten die Blutwand als großartigen Gag. Andere verstummten bedrückt; wieder andere wurden laut und aggressiv und begannen Diskussionen über die Verbrechen der Nazis, der Russen, der Polen, der Franzosen, der Amerikaner, der Juden – die Zahl der Angeschuldigten war unbegrenzt. Wenn neue Gäste kamen, gab es in dieser Bar stets wüste Diskussionen. Tiny wählte seine Freunde danach aus, wie sie sich vis-à-vis der verwitterten, blutigen Wand betrugen. Gegenüber hatte er auf eine Holztafel im Ausmaß von zwei mal zwei Metern, die in die Wand eingelassen war, an die zweihundert Fotografien geklebt. Sie zeigten Männer, Frauen und Kinder, Zivilisten, Uniformierte. Das waren alles Menschen, mit denen Tiny im Laufe seiner Tätigkeit als Militärpolizist Abenteuer erlebt hatte – böse und schöne, mörderische und groteske, fröhliche und traurige. Er kannte immer noch jedes einzelne Gesicht auf den vielen Bildern und jede Geschichte, die zu diesen Gesichtern gehörte. In der Mitte der Tafel etwa klebte das Foto des Mannes, der sich Clemens Kamploh nannte und von dem ich nun ein anderes Foto bei mir trug.

Ich erinnerte mich genau an Tinys Foto und daran, wo es auf der Tafel klebte. Ich hatte es viele Male gesehen, denn ich besuchte Tiny stets, wenn ich nach Berlin kam. Wir tranken dann immer in seiner seltsamen Bar. Natürlich hatte er mir erzählt, wer der Mann auf jenem Foto war und was er mit ihm erlebt hatte. Es war eine ziemlich tolle Geschichte gewesen, das wußte ich noch. Mehr wußte ich nicht. Zum letztenmal gesehen hatte ich das Foto zusammen mit Boris Minski. Auch Boris kannte Tiny lange, fast so lange wie ich, auch er war oft sein Gast. Vor drei Monaten waren wir in Berlin gewesen. Wir hatten neue Tänzerinnen gesucht und auch gefunden, eine für die floor-show in unserer großen Bar draußen, eine als Ersatz für Vanessa in den Tagen, in denen sie ihre Periode hatte und nicht arbeiten konnte. Der Künstlername jenes Mädchens lautete Corabelle, sie machte allerhand mit einer Pythonschlange.

Ja, damals waren wir zum letztenmal bei Tiny gewesen. Damals hatte ich zum letztenmal die Blutwand und die Bilderwand und auf ihr das Bild jenes Mannes gesehen, der sich Kamploh nannte und nicht so hieß und auf meinem gestohlenen Foto einen Schnurrbart trug und auf Tinys Foto keinen.

Ich mußte schnellstens Tiny anrufen und ihn fragen, wer der Kerl war. Dann würde ich klarer sehen. Aber bevor ich anrief, mußte ich noch einiges erledigen. Aus Treuwall verschwinden, beispielsweise. Hier durfte ich nicht wagen zu telefonieren, durfte ich nicht wagen, mich auch nur eine Minute länger als unbedingt nötig aufzuhalten, nun, da ich die Fotografie wieder bei mir trug.

Ein dicker grauer Feldhase kauerte, in vorsichtiger Entfernung, in einer Mulde unter dichtem Wacholdergebüsch und sah zu, wie ich mich umzog. Er hatte die langen Ohren zurückgelegt, die Knopfaugen glänzten. Der Thunderbird stand nun auf einer Lichtung des Waldes, der entlang der östlichen Seite der Bundesstraße 4 wuchs. Ich war über einen kurzen, schlammigen Pfad von der Chaussee herunter hierhergekommen. Es war unheimlich still im Wald. Die Bäume mit ihrem Astwerk, das so dicht wie ein komplizierter Dachstuhl war, hielten Sturm und Regen ab. Kaum ein paar Tropfen fielen auf den Wagen, und den Sturm hörte ich hoch über mir und sehr gedämpft orgeln. Die Bäume waren alle alt und sehr stark. Dennoch sah ich viele abgebrochene Äste. Im Wagen war es warm. Die Scheiben beschlugen sich, obwohl ich eine geöffnet hatte.

Ich schob den Vordersitz ganz nach hinten, um Platz zu haben, dann riß ich mir den stinkenden Smoking und meine ganze, zum Teil zerfetzte und vom teuren Blut des Dr. Hess befleckte Wäsche vom Leib und warf alles aus dem Fenster. Der dicke Hase beobachtete mich bewegungslos. Neben mir lag nun Werners geöffneter Koffer. Wir waren fast gleich groß und von gleicher Statur. Seine Sachen paßten mir gut. Ich wählte einen grauen Flanellanzug, ein weißes Hemd, eine blaue Krawatte und schwarze Halbschuhe. Die Smokingschuhe stanken auch, ich warf sie gleichfalls in den Wald hinaus. Es war verflucht viel in dem Koffer. Wie lange wollte mein Bruder in Treuwall bleiben? Oder wollte er verschwinden? Vielleicht war er wirklich nicht an dem Mordversuch beteiligt. Lillian glaubte es nicht. Ich glaubte es auch nicht mehr, nachdem sie mir von Kamploh erzählt hatte. Ich glaubte – seit langer Zeit einmal wieder – wirklich, was Lillian berichtete. Sie war viel zu elend und schwach, als daß sie sich komplizierte Lügen hätte ausdenken können.

Trotzdem!

Es ging hier ganz offenbar nicht *nur* um sie. Es ging in erster Linie um diesen Kamploh. Wäre ich sonst überfallen worden? Hätte sich Dr. Hess sonst derart benommen, daß er nun nur noch eines tun konnte – untertauchen, verschwinden? Es ging, vor allem und zuerst, um Professor Dr. Clemens Kamploh. Und deshalb, trotz aller Drohungen, hatte doch vielleicht nicht er versucht, Lillian zu vergiften, sondern man hatte versucht, ihn aus dem Weg zu schaffen, und Lillian war unglücklicherweise dazwischengekommen.

Wenn man Lillian glaubte, gab es viele potentielle Mörder in Treuwall, die jenen Kamploh, der nicht Kamploh hieß, gern tot gesehen hätten, weil er sie erpreßte, quälte, bedrohte, unter Druck hielt – *womit?*

Ich mußte Tiny anrufen. Schnellstens. Das war das Allerwichtigste. Was ich dann tun mußte, war mir auch klar. Aber zuerst ein Gespräch mit . . .

Plötzlich ratterte in nächster Nähe ein schweres Maschinengewehr los. Ich fuhr entsetzt zusammen. Nach den Erlebnissen der letzten Stunden war ich so weit, daß ich einen verrückten Augenblick lang wirklich glaubte, hier schösse einer mit einem MG auf mich. Dann setzte hämmernd ein zweites Maschinengewehr ein, und ich dachte, daß ich vielleicht den Verstand verloren hatte, als ein drittes MG zu dröhnen begann und gleichzeitig damit eine erste Serie von sechs Granaten explodierte. Halb umgekleidet, duckte ich mich. Eine zweite Serie. Eine dritte. Eine vierte. Die Detonationen wurden lauter. Ich sah zu dem dicken Hasen hinüber. Der rührte sich nicht. Ein Hubschrauber dröhnte jetzt unmittelbar über den Baumkronen. Ich dachte, wie heiter es gewesen wäre, wenn der Dritte Weltkrieg seinen

Anfang genommen hätte. In meiner Kopflosigkeit drückte ich sogar auf den Knopf des Autoradios. AFN-Kaiserslautern, das ich nachts eingestellt gehabt hatte, kam mit Musik angeschwemmt. Sammy Davis jr. sang: »Bess, you is my woman now ...«

Ich stellte das Radio ab.

Also noch kein Dritter Weltkrieg. Sollte es wirklich losgehen bei mir? Der Hase saß da, schnupperte und glotzte mich an, als höre er nicht das geringste. Mir war verflucht widerlich zumute. Ich fummelte mit zitternder Hand, wie ein alter Süffel, an einem Manschettenknopf herum und bekam ihn nicht durch die Schlitze.

Und dann, endlich, erinnerte ich mich an die großen Tafeln, die ich nachts, bei meiner Ankunft, hier gesehen hatte: Die Tafeln, auf denen steht, daß sich rechts und links der B 4 Truppenübungsplätze befinden. Betreten streng verboten! Schnee hatte die Schrift der Tafeln nun zugeweht, deshalb waren sie mir nicht mehr aufgefallen.

›Kein Klang der aufgeregten Zeit drang bis in diese Einsamkeit‹, hatte Theodor Storm gedichtet. Lange her. Das halbe Naturschutzgebiet der Lüneburger Heide — heute weiß ich es — ist ein riesiges Truppenübungsgelände mit schwer bewachten geheimen Lagern von nuklearen Sprengköpfen, mit Flugplätzen und Starfighterbasen. Ganz in der Nähe des Hermann-Löns-Denkmals da bei Müden liegt die ›Gun Position 2 BY‹. Hier oben wird an der Europa-Rakete gebastelt. Hier spielt man Dauerkrieg mit Bombern, Überschalljägern, Panzern, Raketen und konventionellen Waffen.

Unschuld der Heide ...

Die gab es seit mehr als einem Vierteljahrhundert nicht mehr. Hitler hatte in der Heide den größten Flugplatz Europas bauen lassen — nahe dem Ort Faßberg. Ein Faßberger Uhrmacher hatte das ›Gewehr, das um die Ecke schießt‹ erfunden. Und auf romantischen Heidewegen war, montiert auf einem Opel Blitz, das Triebwerk der V 1 ausprobiert worden.

Ja, wenn man das alles weiß!

Ich wußte es nur noch nicht an jenem Morgen.

Mich beruhigte allein der dicke Hase, der den Höllenlärm offenbar gewohnt war. Endlich bekam ich den Manschettenknopf durch die Schlitze. In Werners Koffer fand ich einen großen Flakon ›Prestige‹. Damit rieb ich mein Gesicht ein, während der Schlachtenlärm immer noch anschwoll. Ich schüttete auch über meinen Mantel, der ja Gott sei Dank auf einem Leichentisch gelegen hatte und nicht auf dem stinkenden Fußboden, eine Menge Eau de Toilette, und jetzt roch der Mantel nach Lysol und ›Prestige‹, aber mehr nach ›Prestige‹.

Die Geschichte, in die ich geraten war, verwandelte sich nun rapide in eine grausige Affäre, aus der ich schon bald nicht mehr herausfinden sollte. Es ist notwendig, daß ich deshalb an dieser Stelle noch etwas klarstelle: Mich leiteten keinerlei heroische oder idealistische Absichten, als ich loszog, um herauszufinden, wer Professor Clemens Kamploh wirklich war. Mich trieben allein Liebe und Sorge um Lillian. Sie wollte ich vor einem Mann beschützen, den ich für einen potentiellen Mörder hielt. Ich wollte Lillian beschützen, ich schreibe es noch einmal auf. Eine private Angelegenheit. Die Tat eines kopflos Verliebten. Außerdem hatte ich Angst – nach dem, was mir im Leichenkeller des Kreiskrankenhauses widerfahren war, nach dem, was ich gesehen und gehört hatte. Auch aus diesem Grunde wollte ich Kamploh erledigen. Angst und Liebe, sonst nichts. Es wäre leicht, mich hier zum Helden, zum Ritter ohne Furcht und Tadel aufzuspielen, aber das will ich nicht tun. Ich will die Wahrheit erzählen, sonst nichts.

Nun war ich umgekleidet. Ich schaltete den Motor und das Gebläse der Heizung ein, denn ich hatte zwei Fenster geöffnet und trug keinen Mantel. Der sollte noch ein wenig auslüften. So trat ich auf den Gashebel, um rückwärts aus der Lichtung auf die Chaussee zurückzufahren. Der Schlachtenlärm hatte dem Feldhasen nichts gemacht. Als er den Motor aufheulen hörte, schoß er in wilden Sprüngen davon.

Ich fuhr die B 4 in südlicher Richtung hinab zur Autobahn Helmstedt–Hannover. Es war derselbe Weg, den ich nachts heraufgekommen war. Immer, wenn ich nicht gerade durch Ortschaften fuhr, trat ich den Gashebel fast ganz durch. Ich fuhr so schnell, wie ich auf der schlüpfrigen Straße eben noch zu fahren wagte. Von einer Autobahnraststätte wollte ich Tiny anrufen.

Die Military-Police-Station an der Baseler Straße, nahe dem Frankfurter Hauptbahnhof, war in einem requirierten Möbelgeschäft untergebracht. Die Amerikaner hatten keine Möbel mehr vorgefunden, als sie kamen. Das Haus war zu zwei Dritteln zerstört, Erdgeschoß und erster Stock waren stehengeblieben – ein guterhaltenes Haus in der Umgebung des Hauptbahnhofs, besser erhalten als dieser, bei weitem. Das 765th Military Police Battalion brachte die Station, die rund um die Uhr geöffnet sein sollte, schnell in Gang. Tische und Stühle, Schränke, Feldbetten und Büromaterial wurden geliefert, die zerbombten Auslagescheiben durch neue ersetzt und bis zu einer Höhe von 1,70 Meter mit grüner Farbe bestrichen, so daß man von draußen nicht hereinsehen konnte, wenn man nicht ganz nahe herantrat. Grün gestrichen wurden die Wände des Verkaufsraums und des ersten Magazins – die anderen Magazine waren ausgebombt und nicht zu benützen. Grün strich man eine L-förmige Barriere, die durch den Raum lief, grün waren Tische und Stühle und ein großes, nachts von Scheinwerfern angestrahltes Schild, das über der Eingangstür hing und darauf aufmerksam machte, daß sich hier eine Militärpolizeistation befand. Zur Besatzung einer solchen Station gehörten der sogenannte ›Desk Sergeant‹, der ›Assistant

Desk Sergeant‹ (wobei ›Sergeant‹ nichts mit militärischen Rängen der Diensttuenden zu schaffen hatte, die ganz unterschiedlich zwischen Privat First Class und Master Sergeant variierten), der ›Driver‹ des Station-Jeeps, der eine Funksprechanlage besaß, und der ›Interpreter‹, der Dolmetscher. Rund um die Uhr arbeiteten drei derartige Mannschaften täglich in der Station: die erste von Mitternacht bis acht Uhr früh, die zweite von acht bis sechzehn Uhr und die dritte von sechzehn bis vierundzwanzig Uhr. Die Dolmetscher konnten sich untereinander einigen, wie sie Dienst tun wollten. Wir waren zu dritt. Die beiden anderen Übersetzer hießen Eugen Reck und Dr. Walter Paradin. Ich war bei weitem der jüngste, so übernahm ich stets die Nachtschichten, sehr oft, damit ich dann entsprechend lang frei hatte, Doppelschichten, von sechzehn Uhr bis acht Uhr früh am nächsten Tag.

Reck war einst ein leitender Angestellter einer deutsch-amerikanischen Privatbank gewesen. Die Nazis hatten das Unternehmen 1942 kassiert und Reck in die Rüstungsindustrie gesteckt, als ungelernten Arbeiter. Nun wartete der weitgereiste und hochgebildete Mann darauf, daß die alte Bank – ihr Haus aus Amerika aus wieder ins Leben gerufen wurde. Er war 1946 zweiundfünfzig Jahre alt.

Walter Paradins Schicksal und Vergangenheit waren bewegter – ich werde noch von ihnen berichten. Paradin, einstmals Staatsanwalt, wartete darauf, daß es wieder eine deutsche Gerichtsbarkeit gab und er wieder Staatsanwalt sein konnte. Er war ein kleiner Mann mit zierlichem Körper und großem, wohlgeformtem Schädel. Er besaß sehr kleine Hände und Füße, und er trug eine goldgefaßte Brille, die ihm beständig auf der Nase nach vorn rutschte. 1946 war er vierundvierzig Jahre alt und bereits völlig weißhaarig. Er hinkte. Eines seiner Beine war kürzer als das andere, und wie das kam, will ich gleichfalls noch berichten. Er trug orthopädische Schuhe, aber auch die konnten das Hinken nicht ganz beseitigen. Selbst in größter Not und Armut gelang es Paradin, stets korrekt und sauber gekleidet zu sein. Er trug nur dunkle Anzüge – was er heute auch noch tut. Damals hatte er vier. Er bürstete und reinigte sie regelmäßig selbst, wie er auch seine Schuhe putzte und seine Wäsche wusch und bügelte.

Ich besaß 1946 überhaupt keinen Anzug. Als ich die MP-Station zum erstenmal betrat, um zu fragen, ob man vielleicht einen Dolmetscher brauche, trug ich noch eine amerikanische Kriegsgefangenenuniform. Auf Jacke und Hose waren mit weißer Farbe groß die Buchstaben POW aufgedruckt, was ›Prisoner Of War‹ bedeutete.

Homer Luther Barlow war es, der mir dunkelblau gefärbte amerikanische Uniformhosen, Hemden, zwei Jacken, einen Mantel, Strümpfe, Schuhe und Wäsche besorgte. Tiny war es auch, der mir – wie er es zuvor schon für Paradin getan hatte – im Haus eines geflohenen Ortsgruppenleiters in der Richard-Strauss-Allee ein Zimmer verschaffte. Da lebten wir nun, Paradin und ich – und dazu ein Dutzend ›Displaced Persons‹, Polen und Deutsche, mit einem Rudel lärmender Kinder. Es war ein großes Haus.

Tiny – wie viele Neger in der Armee ›Driver‹, also Fahrer der Station-Jeeps – kam oft, wenn er dienstfrei hatte, zu Besuch. Er brachte den Kindern und auch den Erwachsenen Süßigkeiten. Oh, wie herrlich schmeckten die! Gewisse Dinge machen dir einen solchen Eindruck im Leben, daß du sie nie vergißt. So weiß ich heute, nach zwanzig Jahren, noch, wie viele jener Süßigkeiten hießen: Hershey Bars. Bubble Gum. Doughnuts. Mint Creams. Pascal Fruit Drops. Mashmallows. Super Acids. Butterscotch Tabletts. Mint Molasses. Mackintosh's Toffees. White Heaters. Mixed Pastilles. Glacier Mints. Dairyfudge Assorted ... Und Peanut-Butter! Und Pop Corn! Und Chewing Gum natürlich, Schokolade und Früchtebrot.

Den Erwachsenen brachte Tiny außerdem Lebensmittel, die er in der Kasernenküche klaute, Zigaretten und Pfeifentabak (natürlich kann ich mich auch hier noch an Dutzende Namen erinnern), manchmal sogar Seife und Whisky. Die Leute erzählten mir, Tiny habe in dem schlimmen Winter 1945/46 lasterweise Kohlen aus einem nahen Pool gestohlen und nachts herbeigefahren. Sie alle liebten Tiny, und Tiny liebte sie alle. Er war glücklich in Deutschland.

»Alle Menschen haben mich gern«, sagte er immer wieder, oft auch zu sich selber, als verwundere ihn das immer aufs neue, als könnte er es einfach nicht glauben. »Alle Menschen sind freundlich. Keiner nennt mich einen goddamned fucked-up black-ass son-of-a-bitching nigger. Gewiß hat es sehr viele schlechte Menschen in Deutschland gegeben. Aber als Volk seid ihr nicht schlecht. Man hat euch einfach tyrannisiert und *gezwungen*, Krieg zu führen.«

Tiny sagte: »Alle lachen, wenn sie mich sehen. Die kleinen Kinder kommen mir entgegengelaufen, und ich darf mit ihnen spielen. In Birmingham durfte ich nie mit weißen Kindern spielen. Junge, Junge, was mir da passiert wäre!« Tiny hatte Kinder gern. Die Kinder merkten das. Sie nützten Tiny schamlos aus. Tiny merkte es auch. Er war selig darüber.

Tiny sagte: »Ich möchte nie mehr heim. Ich möchte hierbleiben und heiraten und Kinder haben. Das ist das Land für mich. Ich darf in jedes Lokal und in jedes Kino und in jede Straßenbahn, und alle Menschen sind höflich zu mir. Ich darf in jedes Hotel und in jede Bar, und keiner sieht mich schief an. Und ich darf ein weißes Mädchen lieben!«

Er liebte eines – die ehemalige Verlobte eines ss-Mannes, der gefallen war, ein Mädchen aus gutem Elternhaus. Sie hatte kein Elternhaus und keine Eltern mehr, die zweiundzwanzigjährige Ellen Herbst, nur eine vierjährige Tochter namens Michaela, die Tiny natürlich nur Mikey nannte.

Er liebte Mutter und Tochter, er hatte ihnen sogleich eine kleine Wohnung besorgt, und alle Freundinnen beneideten Ellen Herbst glühend um ihren schwarzen boy-friend, der für Essen und Trinken, Kleider und Strümpfe, Parfum, Lippenstift und Nagellack sorgte, für Heizmaterial, Spielzeug – einfach alles, und der seiner kleinen Mickey so schöne, sanfte Negerlieder vorsang.

Tiny war entschlossen, die blonde, blauäugige, zierliche Ex-ss-Braut zu heiraten, sobald das Gesetz es gestattete. Vorläufig gestattete das Gesetz, wenn man es genau befolgte, nicht einmal das ›Fraternisieren‹ amerikanischer Soldaten mit der deutschen Bevölkerung. Niemand nahm dieses Gesetz indessen sehr ernst.

In der Station ließ sich Tiny, der sonst auf seine Sprache achtete und nie Zoten riß, über ›Non-Fraternization‹ häufig etwa so aus: »Nonfraternization – shi-it! I had to fight in this motherfucking war. I don't want no cuck-sucking big brass to tell me what to do! They can take their fucking non-fraternization and stick it up their fucked-up ass!«

Trotz seiner ungeheuren Größe und Schwere verstand es Tiny, sich graziös wie eine Tänzerin zu bewegen. Seine Spezialität war es, dicht hinter einen Menschen zu treten und sodann mit irre hoher, dünner Piepsstimme zu sprechen, nur vergleichbar den Tönen, welche Mickey-Mouse und andere Tiere Walt Disneys im Film von sich geben. Niemals endete Tinys Entzücken über das Erschrecken seiner Opfer, niemals endete das Entzücken der Kinder über Tinys große Kunst des Pieps-Sprechens. Tiny wurde der gute Engel von halb Frankfurt. Jeder kannte ihn, jeder liebte ihn – und er liebte jedermann.

»Boy, o boy, am I happy over here!« sagte er immer wieder, und er zeigte dabei seine riesigen weißen Zähne in einem mächtigen Grinsen, er ließ die funkelnden Augen rollen, und sein schwarzes Gesicht glänzte vor Glück.

Etwa einen Monat nachdem ich meine Arbeit als Dolmetscher aufgenommen hatte, wurden wir eines Nachts gegen zwei Uhr früh losgeschickt, um einen gesuchten Parteibonzen zu verhaften. Das gehörte zur Routine. Praktisch gehörte in dieser Station bald schon alles – auch die seltsamsten Dinge – zur Routine. Wir hatten Schlägereien zu schlichten, Verkehrsunfälle zu klären, bei Schießereien einzugreifen (nicht angenehm für einen Dolmetscher, der keine Waffe besaß, nicht einmal einen Hickoryholzknüppel), Razzien in Schieberlokalen zu veranstalten, schwangere Mütter im letzten Moment in ein Krankenhaus zu bringen, verlorene Kinder zu suchen, auf die vielen einmal geschlechtskrank gewesenen Mädchen zu achten und sie regelmäßig zur Untersuchung zu bringen – da gab es eine Riesenkartei –, Zwistigkeiten unter Deutschen und Zwistigkeiten unter Amerikanern und binationale Zwistigkeiten zu schlichten, ›Off-Limits‹-Lokale zu kontrollieren, Katzen aus Dachrinnen und Fräuleins gerade noch rechtzeig aus Generalsvillen zu holen, wenn die Frau General unerwartet eintraf. Es war ein verrücktes Leben, und es wurde Routine, so schnell Routine.

Jener Parteibonze nun war heimlich in seine Wohnung gekommen, um Schmuck und Gold aus einem Tresor zu nehmen, der dort bislang allen Aufbrechversuchen widerstanden hatte. Es war ein großer Tresor. Der Nazi kam heimlich, jedoch nicht heimlich genug für die Nachbarn. Die stürzten sogleich zu uns und erstatteten Anzeige. So fuhren wir also los, ›Driver‹ Tiny am Steuer, ein einundzwanzigjähriger Student aus New York namens Jim Clark, der ›Desk Sergeant‹, und ich, der ›Interpreter‹. Tiny und ich hatten uns befreundet, er richtete seine Schichten nach den meinen, auch er arbeitete häufig nachts. Wir verhafteten den Nazi – einen ›Automatic Arrestee‹ – und lieferten ihn in einem Gefängnis der Militärregierung ab. Als wir wieder in der Station waren, zog mich Tiny nach hinten in den Magazinraum, in dem aufgeklappte Feldbetten und ein paar Stühle um einen Tisch standen. Auf dem Tisch stand eine fast neue Schreibmaschine.

»Für dich«, sagte Tiny strahlend.

»Woher?«

»War auch in dem Tresor. Hab sie mitgenommen. Braucht sie jetzt doch nicht, der Nazi«, sagte Tiny mit seiner Mickey-Mouse-Stimme, während er den grünen Kunststoffhelm mit den aufgemalten weißen Buchstaben MP ins Genick schob, mich angrinste und die Augen rollte. »Du brauchst sie!«

»Ich . . .«

»Na, du bist doch ein Schreiber. Schreiber brauchen Schreibmaschinen. Oder willst du nur mit der Hand schreiben?« Er lachte meckernd wie eine Ziege. Das konnte er auch. Er konnte alle Tierstimmen nachahmen. »Hab doch gesehen, daß du immer mit der Hand schreibst, wenn nichts zu tun ist. Was soll das werden? Ein Buch?«

Ich zuckte beschämt die Schultern. Es war mir unangenehm, daß Tiny mich beobachtet hatte. Ich wußte nicht, ob das, was ich begonnen hatte, jemals ein Buch würde. Ich wollte eines schreiben. Darum hatte ich auch die Nacht-schicht genommen. Aber ich war erst zwanzig oder dreißig Seiten weit gekommen, wirklich noch ganz am Anfang und furchtbar unsicher, und jede Nacht wollte ich alles zerreißen und wieder aufhören.

»Ein Buch, boy, o boy«, sagte Tiny ehrfürchtig. »Mein Freund Ritchie schreibt ein Buch!« Er grinste. »Papier klaue ich morgen in der Kaserne. Feines. Nicht solchen Dreck wie das, auf das du schreibst. Und Bleistifte und Radiergummis und alles kriegst du von mir – du mußt es nur sagen. Jesus! Wer hätte gedacht, daß ich noch mal einen richtigen Schreiber ken-nenlerne! Dazu habe ich bis nach Frankfurt kommen müssen. Ein richtiger Schriftsteller!«

»Ich bin gar kein richtiger Schriftsteller, Tiny.«

»Klar bist du einer!«

»Nein!«

»Shut up! Du bist einer! Und du wirst hier schreiben! Dein Buch. Immer in der Nacht. Ich paß auf. Ich bringe dir Rum und Coca-Cola und heißen Kakao und Doughnuts, ich bringe dir Schlitz-Bier, das feine, in Dosen, und Sandwiches ... was du willst. Aber du mußt schreiben. Was schreibst du denn?«

»Ach, ich weiß nicht ... über den Krieg ... und die Zeit jetzt ... über das alles halt ...«

»Prima, Junge, prima! Wird ein Bestseller. Weiß ich jetzt schon. Und von mir hast du die Maschine!« Tiny war aufgeregt, aufgeregter als ich, als wir die Maschine ausprobierten. Sie war herrlich!

In der nächsten Nacht hatte ich fünfhundert Blatt schönstes weißes Papier und weiche Bleistifte und einen Spitzer und Radiergummis und Kopierpapier in Massen, und Tiny hatte allen seinen Freunden erzählt, daß ich ein Buch schreibe, und sie waren alle sehr beeindruckt.

Es war nichts los in dieser Nacht, ich saß im Hinterzimmer der Station, dem ehemaligen Möbellager, an dem Tisch unter der kleinen Glühlampe, und draußen spielte ein Radio Musik des amerikanischen Soldatensenders. Ich übertrug, was ich bisher mit der Hand geschrieben hatte, in Maschinenschrift und hörte einen Ansager Nachrichten vorlesen. Dann kam Tiny.

»Entschuldige die Störung, Ritchie ...«

»Was ist los?«

Er sprach mit seiner normalen Stimme, und ich bemerkte, daß er Tränen in den Augen hatte.

»Tiny!«

Er fuhr sich mit einem riesigen Handrücken über das Gesicht.

»Hab grade was gehört«, sagte er.

»Was?«

»Da hat ein Lehrer seinen Kindern eine Aufgabe gegeben«, sagte Tiny. »Hier in Frankfurt. Achtjährigen. Ganz kleinen. Sollten einen Aufsatz schreiben. Titel: ›Der schönste Tag meines Lebens!‹«

»Und?«

»Und ein kleines Mädchen«, sagte Tiny, der muskelstarke Tiny mit dem Gemüt eines Kindes, »ein kleines Mädchen hat also geschrieben: Der schönste Tag meines Lebens war der 12. Februar 1945, denn da starb mein Bruder Karl, und ich bekam seine Schuhe und seinen Mantel.« Tiny sah mich an. »Kinder, Ritchie!« sagte er. »Kinder! Gott verdamm mich, was ist das für eine beschissene Dreckswelt, in der Kinder so was schreiben? Was können die Kinder dafür?« Er goß sich eine Kaffeeschale mit abgebrochenem Henkel voll Jamaika-Rum, trank einen mächtigen Schluck und sagte: »Schreib das auch auf, Ritchie. Schreib alles auf, alles!«

Ich schrieb es auf, alles.

Ich schrieb den ganzen Sommer, den ganzen Winter und das ganze nächste Frühjahr hindurch, stets nachts, wenn mein Dienst mir Zeit dazu ließ. Schlafen konnte ich am Tag – mit Watte in den Ohren. Der Lärm der vielen Erwachsenen und Kinder im Haus wäre sonst zu groß gewesen.

Ich schrieb auf, was ich erlebt hatte und was ich erlebte und was ich sah und hörte – und in meiner Position sah und hörte und erlebte ich eine Menge, viel Trauriges, viel Komisches, und also wurde mein erstes Buch mehr und mehr so etwas wie eine Tragikomödie.

Langsam verloren sich Zweifel, Unsicherheit, Verzweiflungsausbrüche. Langsam begann ich, selber an mein Buch zu glauben. Tiny, der fieberhaft deutsch lernte, versuchte oft zu lesen, was ich schrieb. Natürlich verstand er nur einen kleinen Teil, aber er fand es »grand, just grand!«

Die Geschichte von dem Schulaufsatz des kleinen Mädchens stand in diesem meinem ersten Buch als Motto. Zum Titel wählte ich die erste Zeile eines Spirituals, das Tiny mir, wie viele andere Spirituals, vorsang – die alten Lieder seiner immer fröhlichen Mutter. So bekam mein erster Roman den Titel:

STEH STILL, JORDAN!

Auch eine Widmung gab es in diesem Buch, von dem ich längst kein Exemplar mehr besitze und das höchstens noch in Antiquariaten zu finden ist nach so langer Zeit.

Die Widmung lautete:

FÜR TINY, DER WEISS, WARUM

Im Herbst 1946 gab es eine Grippeepidemie und sehr viele Tote. Im Winter erfroren und verhungerten Tausende, und in dem strahlenden Frühjahr, das über unser Ruinenland hereinbrach, kam die Grippe noch einmal, und die Menschen, erschöpft, unterernährt, verbraucht, starben wiederum in Massen. An einem schönen Tag im April 1947, gegen siebzehn Uhr, schien die Sonne noch grell und golden, schräg über den grün bemalten Teil der Auslagescheiben, in die MP-Station. Ich berichtete gerade in dem ›Desk Blotter‹, einer Art Tätigkeitsbericht, den wir führten und jeweils um Mitternacht abliefern mußten, über Verfolgung und Verhaftung eines Schwarzhändlers, der einen GI angeschossen hatte. Das war knapp nach sechzehn Uhr passiert. Ich hatte mit sehr gemischten Gefühlen unbewaffnet an der Jagd auf den Kerl teilgenommen, den Tiny zuletzt mit einem einzigen Faustschlag aktionsunfähig machte. Eben drehte ich ein neues vorgedrucktes Formular in die Stationsschreibmaschine, als draußen eine Fahrradklingel ertönte. Jemand lehnte sein Rad gegen die Hauswand. Tiny, der an einer Fensterscheibe stand, pfiff gellend durch die Zähne.

»Was ist los?« fragte ich.

»Wirst gleich sehen«, sagte Tiny. »O liebstes Jesulein!«

Die Tür der Station öffnete sich.

Eine junge Frau trat ein. Sie trug ein blaues Kleid mit engem Oberteil und gefälteltem weitem Rock, weiße Schuhe mit klobigen Korkabsätzen und weißen Modeschmuck. Sie war mittelgroß. Ihr langes Haar, das in weichen Wellen auf die Schultern fiel, war blauschwarz wie die riesigen Augen mit den langen seidigen Wimpern. Die Lippen waren voll und sinnlich, die Backenknochen saßen hoch und verliehen dem Gesicht etwas Slawisches. Sie besaß schöne Zähne, schöne Beine und große, feste Brüste, deren Ansatz das ausgeschnittene Kleid freiließ. Ein blaues Band hielt ihr Haar zusammen.

Der Desk Sergeant hatte, die Füße auf dem Schreibtisch hinter der Barriere, gerade in John Herseys Buch ›Hiroshima‹ gelesen. Nun kam er schnell auf die Beine und zog lächelnd an seiner Krawatte, ein großer, gutaussehender Junge. Der Assistant Desk Sergeant, an diesem Tag ein Corporal aus Texas, schlaksig und langsam, erhob sich gleichfalls und glotzte. Tiny machte eine feierliche Verneigung und sagte in seinem gräßlichen Deutsch: »Wunderschönes Fräulein!« Er wies auf mich. »Dolmetsch da. You lucky dog, you«, sagte er zu mir. Danach begann er, sich hinter die Besucherin zu schlängeln, um seinen Piepsstimmen-Gag anzubringen.

Die junge Frau wandte sich an mich, der ich in meiner blau gefärbten Uniform nicht eben repräsentativ aussah.

Die junge Frau sagte: »Ich heiße Lillian Lombard.«

Ich mußte fast zwanzig Kilometer auf der Autobahn in Richtung Hannover fahren, bevor ich eine Raststätte fand. Sie lag bei Meerburg, in hügeligem, bewaldetem Flachland, das, schneebedeckt, in den Flockenwirbeln und dem trüben Licht dieses Tages wie nebelverhüllt und ungemein trostlos wirkte. Südlich der Autobahn schien es Wasser und Schiffe darauf zu geben, ich hörte andauernd das Tuten von Schlepperhörnern, traurig und dumpf, oder das heisere Geschrei vieler Sirenen. Die Schiffe fuhren auf dem nahen Mittellandkanal, heute weiß ich es.

Vor der Raststätte parkte ein einziger Mercedes. Daneben standen vier riesige Laster mit Anhängern. Es war kein Mensch zu sehen. Ich ging in die Raststätte hinein. Die Fernfahrer saßen um einen Tisch, aßen und unterhielten sich. An einem anderen Tisch saßen zwei Männer, die aussahen wie Geschäftsleute. Sie waren solide gekleidet, der eine trug eine Hornbrille, der andere hatte einen Quadratschädel und rauchte eine dicke Zigarre. Vor ihnen erblickte ich Kaffeetassen und Papiere auf dem Tisch. Sie wandten mir den Rücken zu und drehten sich nicht um, als ich hereinkam. Die Fernfahrer blickten kurz auf. Sie trugen Rollkragenpullover, Schiffermützen, Lederjacken und Cordsamthosen.

»Bitte?« Eine junge, rundliche Kellnerin trat auf mich zu.

»Einen Steinhäger«, sagte ich. »Und ein Bier.«

Die Kellnerin schnupperte ein wenig. Den Mantel hatte ich draußen im Wagen gelassen. Ich roch offenbar sehr stark nach ›Prestige‹. Die Kellnerin hielt mich vermutlich für einen Schwulen. »Und ich muß telefonieren«, sagte ich leise. »Mit Berlin.«

Ich stand ziemlich nahe bei den beiden Männern, die aussahen wie Geschäftsleute. Sie drehten sich immer noch nicht um. Sie redeten auch nicht miteinander. Sie saßen einfach da und starrten auf ihre Papiere.

»Da drüben ist die Zelle«, sagte die dralle Kellnerin. »Sie können durchwählen. 0311 vorher.«

»Danke.«

»Ich stelle die Uhr ein«, sagte sie und ging schnell hinter die Theke, wo sich, neben einer Flaschenwand, der automatische Zeitzähler des Telefons, ein schwarzes Kästchen mit Uhrglas, befand. Sie rückte die Zeiger auf Null und drückte auf einen Knopf. Dann nickte sie mir zu.

Die Telefonzelle befand sich auf dem Gang zu den Toiletten, in einiger Entfernung vom Tisch der beiden schweigsamen Herren. Hier roch es nach Küche. Ich holte mein Notizbuch hervor und suchte Tinys Nummer, dann wählte ich. Das Freizeichen erklang eine lange Weile, und ich fürchtete bereits, daß niemand zu Hause sei, als sich eine Frauenstimme meldete.

»Barlow!«

Das war Tinys Frau, die ehemalige ss-Braut Ellen Herbst, seine große Liebe aus der Frankfurter Nachkriegszeit. Er hatte Ellen geheiratet, wie er es immer vorgehabt hatte, und Michaela hatte er adoptiert. Die war mittlerweile eine hübsche junge Dame von vierundzwanzig Jahren geworden. Sie studierte an der Freien Universität Berlin Germanistik.

»Ellen, hier ist Ritchie Mark.«

»Ritchie!« Ellen hatte eine tiefe Stimme, die ständig heiser klang. Das hatte Tiny, den Stimmenimitator, immer sehr aufgeregt. Es klang auch aufregend bei einer so zierlichen, blauäugigen, blonden Frau. »Wo bist du? In Berlin?«

Ich sagte ihr, wo ich war.

Durch die Glasscheibe paßte ich auf, ob sich jemand in die Nähe der Zelle stellte. Die beiden ernsten Herren unterhielten sich nun angeregt. Zwei weitere Fernfahrer in Lederjacken und Cordsamthosen kamen herein. Der eine warf einen Groschen in die Music-Box. Gleich darauf erklang die Stimme Frank Sinatras. Er sang ›Strangers in the night‹. Ich überlegte, ob es eine Möglichkeit gab, dieses Gespräch abzuhören, und ob die rundliche Kellnerin das wohl tat. Ich sah sie nämlich nicht mehr.

»Ist Tiny in Berlin?«

»Nein. In London.«

Das war nicht schön.

»London?«

»Plattenaufnahmen. Er wollte erst übermorgen zurückkommen. Brauchst du etwas von ihm?«

»Ich wollte ihn was fragen.«

»Vielleicht kann ich dir helfen?«

Die rundliche Kellnerin wurde wieder sichtbar. Sie kam zu den beiden neuen Fernfahrern und nahm deren Bestellung auf. Ein Fahrer klopfte ihr auf den Hintern. Sie klopfte ihm auf die Hand, aber freundlich. Ich sagte schnell: »Klingt ein bißchen verrückt. Erklären werde ich dir alles später. In eurer Bar unten hängt doch die Tafel mit den vielen Fotos, nicht?«

»Ja, und?«

»Und fast genau in der Mitte klebt da das Foto eines Mannes mit hellem Haar und hellen Augen und breiter Stirn. Er hat eine wulstige große Narbe auf der linken Wange. Wie von einem Schmiß. Würdest du schnell mal runterlaufen und dir das Bild ansehen? In der Mitte der Tafel. Vielleicht steht da, wer das ist. Wenn nicht, vielleicht fällt es dir ein. Du hast Tinys Geschichten doch so oft gehört.«

»Sag mal, Ritchie, was für eine Sache . . .«

»Geh runter! Sei ein gutes Mädchen und schau nach, bitte!«

»Moment«, sagte Ellen. Ich hörte, wie sie den Hörer hinlegte. Dann rauschte der Strom in der offenen Verbindung. Ab und zu knackte es. Die Kellnerin war wieder verschwunden. Die beiden ernsten Männer, denen vermutlich der PKW gehörte, der draußen parkte, hatten sich nun umgedreht und sahen zur Zelle. Sie hatten teigige Gesichter, von der Art, die man sofort wieder vergißt. Sie waren beide groß. Der mit der Zigarre sagte etwas zu dem anderen. Dieser nickte. Mir wurde warm in der Zelle. Es roch sehr stark nach Zwiebeln und Fett. Ich hätte die Tür gern geöffnet, aber das ging nicht. Verflucht, wie lange brauchte Ellen? Ich sagte mir, daß ich gerecht sein mußte. Immerhin war es ein Ende Weg zur Kellerbar und zurück. Ich sah mir die Zellenwände an. Sie waren mit Telefonnummern, Schweinereien, Namen und Inschriften vollgekritzelt. Neben dem Apparat hatte jemand ein großes Hakenkreuz in die Holzwand geschnitzt. Darunter stand mit schiefen Buchstaben: DEUTSCHLAND ERWACHE! Und darunter hatte ein anderer Gast SCHEISSE! in das Holz geschnipselt.

»Ritchie?« Ellens Stimme klang atemlos.

»Hast du's gefunden?«

»Ja . . . aber willst du mir nicht sagen . . .«

»Später. Ich rufe später wieder an. Also?«

»Ich hab's gefunden, natürlich.«

»Steht ein Name drunter?«

»Ja. Aber ich hätte dir auch so sagen können, wer das ist. Mit dem Kerl hat Tiny doch seinerzeit . . .«

»Wer ist es, Ellen? Wer ist es?«

»Na, dieser Victor Delacorte. Du weißt doch sicherlich noch, wer Professor Doktor Victor Delacorte war, nicht? Tiny hatte mit ihm 1946 da bei Darmstadt...« Ellens Stimme wurde plötzlich schnell leiser und leiser, auf einmal hörte ich gar nichts mehr. Ich stand in der stinkenden Zelle und fühlte, wie mir der Schweiß über den Rücken rann.

Victor Delacorte.

Ja, an den erinnerte ich mich.

Der Professor Victor Delacorte war von Sommer 1940 bis Ende 1941 einer der führenden Psychiater gewesen, in deren Händen das gesamte Planungs- und Vollzugsprogramm der Euthanasie-Aktion ›T 4‹ gelegen hatte, ein Mann, dem wenigstens hunderttausend Menschen zum Opfer gefallen waren.

Der Psychiater Professor Dr. Victor Delacorte hatte die Fragebogen entworfen, die an die Heilanstalten verschickt wurden, er hatte selber als Obergutachter gearbeitet und einen Stab junger Ärzte ›geschult‹, er hatte die Irrenanstalten und die Tötungsstätten inspiziert, er war zuvor schon oft in Konzentrationslagern aufgetaucht, wo die Häftlinge in Reih und Glied vor ihm hatten vorbeidefilieren müssen. Der Professor Dr. Victor Delacorte, der 1966 das Kreiskrankenhaus Treuwall in der Lüneburger Heide leitete und sich Professor Dr. Clemens Kamploh nannte, der Geliebte Lillians, war einer der größten Kriegsverbrecher des Dritten Reichs. Jetzt roch es auch nach Kohl in der Telefonzelle.

Am 12. Februar 1946 fuhr ein amerikanischer Armeelaster in nördlicher Richtung über die an zahlreichen Stellen von Bomben aufgerissene Autobahn Mannheim–Frankfurt. Es war ein Dreivierteltonner, ein sogenannter ›Weapons Carrier‹. Seine Plachen waren an allen Seiten herabgelassen und festgezurrt. Auf der Ladefläche saßen, einander auf Bänken gegenüber, zwei amerikanische Soldaten, Maschinenpistolen auf den Knien, und ein Zivilist mit hellblondem Haar, hellgrauen Augen, Brille und einer wulstigen Narbe im Gesicht, die vom Mund aufwärts über die linke Wange bis zum Backenknochen verlief. Der Zivilist trug einen zerdrückten Zweireiher, der ihm zu groß war und an seiner mageren Figur schlotterte, ein zerfranstes Hemd und eine alte Krawatte. Über die Schultern hatte man ihm einen dicken Armeemantel geworfen, denn es war schneidend kalt an diesem Winternachmittag. Die beiden Soldaten trugen Pelzmützen und pelzgefütterte Mäntel.

Der Zivilist fror. Er hatte ein Paar uralte Halbschuhe an den Füßen. Seine Hände waren mit schweren Stahlfesseln aneinandergepreßt und sehr rot. Auf dem Verdeck zog es. Der Laster ruckelte, schwankte, krachte in Schlaglöcher und glitt über die vereiste Fahrbahn.

Homer Luther Barlow, am Steuer, hatte alle Mühe, den Wagen auf der spiegelglatten Bahn zu halten. Neben ihm saß ein zweiter Neger. Er hielt zwei Maschinenpistolen auf den Knien. Die vier Amerikaner, die den gefesselten Deutschen transportierten, waren alle Angehörige des 765th Military Police Battalion. Es war ihre Aufgabe gewesen, den Professor Dr. Victor Delacorte aus der Haft in Frankfurt nach Nürnberg zu bringen, wo er, zwei Tage lang, als Zeuge bei der Verhandlung gegen den Hauptkriegsverbrecher Ernst Kaltenbrunner ausgesagt beziehungsweise nichts ausgesagt hatte. Der Zeuge Delacorte litt, wie es schien, an fast vollständigem Gedächtnisschwund.

Nun wurde er nach Frankfurt zurücktransportiert. Er saß schon lange in Haft. Mit einem Lazarett von Hirnverletzten war er nach Dänemark evakuiert worden. Hier hatte man ihn bei Kriegsende gefangengenommen und interniert. Anschließend war Delacorte ins Landgericht Frankfurt überstellt worden. Häftling Delacorte wartete auf seinen Prozeß, der 1947 – ebenfalls in Nürnberg – gegen ihn und andere NS-Ärzte geführt werden sollte.

In den ersten Jahren nach Kriegsende fuhren fast ausschließlich Militärfahrzeuge über die Autobahnen. An ihren Rändern standen Sommer und Winter, bei jedem Wetter, vom Beginn des Tages bis zum Einbruch der Nacht, kleinere und größere Kinder in Scharen, die Hände bettelnd oder winkend erhoben, darauf wartend, daß die vorbeifahrenden Sieger ihnen etwas zuwarfen, daß von einem Laster ein paar Kohlenstückchen herabfielen, ein paar Kartoffeln, Holz, Lebensmittel, Zigaretten.

Nachts mußten die Fahrzeuge im Geleitschutz fahren, denn ganze Kinderbanden hatten sich organisiert, die auf die Laster sprangen und sie im Fahren entluden, indem sie einfach alles, was sie fanden, von den Ladeflächen warfen. Das Beutegut wurde durch Komplizen, die längs der Autobahn in Gebüschen und hinter Bäumen lauerten, innerhalb von Sekunden beiseite geräumt.

Homer Luther Barlow hatte bereits seinen ganzen großen Vorrat an Süßigkeiten und Obst zu den Kindern am Straßenrand hinabgeworfen, der Neger an seiner Seite ebenso. Das war streng verboten, aber sie kümmerten sich einen Dreck um das Verbot. In der Höhe von Darmstadt stürzte dann ein kleines Mädchen mit blonden Zöpfen aus einem Graben auf die Fahrbahn und rannte, über die vereiste Betondecke schlitternd, direkt auf den Weapons Carrier zu. Entsetzt verriß Tiny das Steuer. Der Wagen begann zu schleudern, drehte sich um sich selber, kam von der Bahn ab, rutschte, nur wenige Zentimeter neben dem erschrockenen Kind, in den Graben, überschlug sich und blieb umgestürzt liegen.

Danach ging alles sehr schnell. Ehe Tiny und sein Kamerad sich noch aus der engen Führerkabine befreien konnten, hörten sie hinter sich bereits Flüche, Schreie und Schüsse. Häftling Delacorte war als erster zur Besinnung gekommen. Einer seiner Bewacher war mit dem Schädel gegen eine Stahlstrebe des Verdecks geprallt und bewußtlos. Dem anderen trat Delacorte mit einem seiner defekten Schuhe ins Gesicht, dann warf er sich mit aller Kraft gegen das Segeltuch, das den Laster hinten abschloß und nun riß. Delacorte flog ins Freie, kam auf die Beine und rannte über die harten Schollen eines schneebedeckten Ackers, geduckt und im Zickzack, auf ein nahes Wäldchen zu.

Der Soldat, den er ins Gesicht getreten hatte, folgte ihm, heftig blutend, und schoß fluchend hinter dem Flüchtenden her, ohne zu treffen. Auch Tiny und sein Kamerad schossen, sobald sie aus dem Wagen geklettert waren. Auch sie trafen nicht. Sie rannten ein Stück über das Feld. Delacorte verschwand bereits hinter den kahlen, schwarzen Stämmen des Wäldchens. Die Dämmerung lag wie bernsteinfarbener Nebel über der Erde, der Himmel war schwarz und schwer von Schnee.

Der Weapons Carrier besaß eine Funksprechanlage. Tiny alarmierte über Funk das Hauptquartier der Militärpolizei in Frankfurt. Kurze Zeit später setzte, mit Hunderten von Soldaten, Geländewagen, Suchhunden und Hubschraubern, eine Großaktion ein. Das Gebiet um die Fluchtstelle wurde in weitem Umkreis gesperrt und systematisch zwei Tage und Nächte lang durchkämmt. Delacorte blieb verschwunden. Am dritten Tag wurde die Suche nach ihm abgebrochen. Der Haftbefehl des Landgerichts Frankfurt am Main mußte alle paar Jahre erneuert werden, denn Delacorte blieb unauffindbar.

Tiny und seine Kameraden kamen vor ein Kriegsgericht. Sie wurden alle freigesprochen. Das war etwa zwei Monate, bevor ich als Dolmetscher zu arbeiten begann. Damals erzählte Tiny mir von Delacorte. Er hatte damit begonnen, Fotografien aller Menschen zu sammeln, mit denen er als Militärpolizist Abenteuer erlebte, und er besaß auch ein Fahndungsfoto des Professors Dr. Viktor Delacorte. Der hätte in jenes Gefängnis zurückgebracht werden sollen, in dem er bis zum Transport nach Nürnberg saß: in das Untersuchungsgefängnis an der Frankfurter Rindsgasse. Es ist dasselbe Untersuchungsgefängnis, in dem nun ich sitze und diese Zeilen schreibe.

Mein Kübel stinkt heute wieder mal gemein. Dabei habe ich ihn gleich morgens, nach dem Frühstück, zweimal geputzt, das zweitemal sogar mit einer Salzsäurelösung, die Wachtmeister Stalling mir in einer Flasche brachte. Er blieb bei mir und unterhielt sich, bis ich fertig war und den Kübel ausgespült hatte, dann nahm er mir die Flasche wieder weg. Ich hätte das Zeug ja sonst aussaufen und krepieren können. Und wer hätte dann sein Fett bekommen? Wachtmeister Stalling.

Ein feiner Kerl ist das, mein Wachtmeister!

Zweiundfünfzigjährig, grauhaarig, untersetzt, zeigt dieser Mann stets

Zuvorkommenheit, Höflichkeit, Geduld und Humor, obwohl er viele Sorgen hat mit einer kranken Frau und mit zwei schwierigen Kindern.

Stalling, immer zu einem Schwatz aufgelegt, hilft mir, wo er kann, meine Zelle reinzuhalten. Ich halte sie rein – ja! Der Kübeldeckel blitzt nur so, alles ist erstklassig gewienert. Zweimal die Woche putze ich den Zement-fußboden. Terpentin und Graphit bekomme ich von Stalling. Lobend sagt dieser oft: »Alle Achtung, Herr Mark! Der Boden, der glänzt ja wieder wie'n Affenarsch! Sollten mal andere Zellen sehen, wo auch studierte, gebildete Herren drinsitzen. Hat überhaupt nichts mit Studium oder Bildung zu tun, sage ich Ihnen. Reine Charakterfrage! Welche sind hier, die haben auf Schlössern gewohnt und die ganze Welt gesehen und Millionen verschoben. Sollte man meinen, so was hätte ein bißchen Kultur und Benimm. Du liebe Güte! Schweinekoben, das sind ihre Zellen. Ein Hecht! Der Kaffee kommt Ihnen hoch, wenn Sie bloß reingehen in so einen Saustall . . .«

Heute, am 13. März 1967, einem Montag, tröstete mich Wachtmeister Stalling, während ich den Kübel putzte.

»Ärgern Sie sich nicht, Herr Mark. Mehr als mit Salzsäure können Sie nicht tun. Und die frißt sich schon rein ins Metall. Aber wenn wir dieses verfluchte Rhein-Main-Wetter haben, dann stinken die Kübel eben. Und mein armes Muttchen kann dann nicht japsen. Ich sage oft zu ihr, Muttchen, sage ich, die drei saubersten Herren, die ich je hatte – und es werden nun schon sechsundzwanzig Jahre, daß ich hier meinen Dienst abreiße –, also die drei saubersten Herren, das sind der Herr Mark und der Herr Karger und der Herr Jakowski. Sie wissen doch, der, der immer Ihre Zeitungen kriegt.«

Ich darf Zeitungen bekommen. Der Untersuchungsrichter Dr. Heinz Hellweg und der Oberstaatsanwalt Dr. Walter Paradin haben es gestattet. Am Abend des 16. Dezember 1966 wurde ich hier eingeliefert. Das sind nun auch schon fast drei Monate her. Zuerst bekam ich natürlich keine Zeitungen. Zuerst war alles viel strenger. Täglich gab es viele Stunden lang Vernehmungen und Besprechungen mit dem Untersuchungsrichter, mit Paradin und mit meinem Anwalt Dr. Wilhelm Hill. Dann sahen sie, daß sich mein Fall zu einer Riesenaffäre ausweiten würde, von der bis heute niemand sagen kann, wie riesig sie werden wird, und, vor allem, wann meine Sache endlich zur Verhandlung kommt. Deshalb hatte Paradin auch die Idee, ich sollte in den Wochen, sehr wahrscheinlich in den Monaten, die ich nun warten muß, bis alle Voruntersuchungen dieser Affäre, in die ich weiß Gott nicht allein verwickelt bin, abgeschlossen sind, meinen Bericht doch aufschreiben – nicht in Langschrift, versteht sich, in Stenographie. Ich stenographiere gut – hundertvierzig Silben in der Minute.

Paradin erlaubt, daß mein Verteidiger mir regelmäßig Bleistifte und Spitzer und Stenoblocks in Großformat bringt. Sie liegen auf dem Tisch beim

Fenster. Ich bin fleißig, ich schreibe täglich mein festes Pensum – umgerechnet etwa zwanzig Schreibmaschinenseiten. Ich kann das beurteilen, weil ich weiß, daß die vollgeschriebenen Blocks, die ich abliefern muß, reingetippt werden – zum Studium für Paradin, den Untersuchungsrichter und meinen Anwalt.

Diese Tätigkeit hält mich aufrecht, macht mir täglich neuen Mut, gibt mir täglich neue Kraft – ich komme vorwärts, weiter und weiter, und immer wieder und immer aufs neue habe ich das Gefühl, meinen ersten wirklichen Sieg über meinen verfluchten Bruder Werner zu erringen, über ihn, der selbst im Tode noch stärker zu sein drohte als ich. Er wird es nicht mehr sein, wenn ich diesen Bericht zu Ende geschrieben habe. Paradin sagt oft: »Je genauer wir die Wahrheit kennen, um so mehr helfen Sie uns . . . und sich, Ritchie.«

Es ist die Wahrheit, die ich hier aufschreibe, regelmäßig, fleißig, auch sonn- und feiertags. Ich habe schon viele Blocks gefüllt.

Besucher darf ich nicht empfangen. Ich sehe es ein. Das ist eine zu böse Sache, die da geschehen ist. Sie haben mir eine gute Zelle gegeben – Nummer 311. Tadellos, wirklich. Groß und sehr hoch. Das Fenster ist mit einem Eisenstab etwas zu öffnen. Ich will nicht hinaussehen. Es ist ein Fenster zum Innenhof. Ich sehe doch nur die vergitterten Zellenfenster gegenüber. Ich habe einen ordentlichen Stuhl in der Zelle, einen großen Tisch, an dem ich arbeite, ein ordentliches Bett, ein breites Spind für meine Zivilkleidung, Anzüge, Hemden, Wäsche, was ich so mitbrachte.

Natürlich gibt es kein fließendes Wasser und nur ein Trockenklosett. Wäre ja auch ein wenig viel verlangt. Selbstverständlich existieren richtige WC's im Bau. Aber die Wachtmeister können unmöglich den ganzen Tag nur rennen, um uns herauszulassen, hinzuführen, zu warten, zurückzuführen und wieder einzuschließen. Das sieht auch jeder ein.

Ja, ich bekomme Zeitungen. Ich bin informiert. In den ersten Wochen nach meiner Verhaftung stand zu viel über mich und meinen Fall in den Blättern, da konnten sie mir noch keine Zeitungen geben. Inzwischen hat sich das gelegt. Nur höchst selten schneidet der Zensurbeamte einen Artikel aus einem Blatt heraus. Nach drei Monaten bin ich uninteressant geworden. Die Welt hat andere Sorgen. Deutschland auch. Wir würgen uns tapfer voran in der Koalition. Es waren, trotz der Demoskopenvoraussagen, nun doch nicht eine Million Arbeitslose im Januar, sondern nur siebenhunderttausend. Die Wirtschaft, lese ich, wird sich erholen, wir werden die Krise überwinden. Dauern wird das natürlich eine Weile, so etwas geht nicht so schnell, die neue Regierung, heißt es, hat ein schweres Erbe angetreten. Es sind alle sehr lieb zu der neuen Regierung, und alle, die in der neuen Regierung sitzen, sind sehr lieb zueinander. Die Firma Krupp gehört nicht mehr Herrn Krupp. Um zu verhindern, daß mehr als hunderttausend Arbeiter ihre Stellen verloren, hat die Firma viele Millionen Mark vom Bund und der Bank deutscher Länder aufnehmen müssen. Dafür wird man sie, die hundertfünfzig Jahre lang Privatbesitz war, bis April in eine AG mit Aufsichtsrat umgewandelt haben. So überwinden wir die Krise.

In der NPD gab es Krach. Der Bundesvorsitzende Fritz Thielen hat am vergangenen Wochenende seinen Stellvertreter von Thadden und weitere führende Parteimitglieder aus der Partei ausgeschlossen. Am Sonnabend schloß der Landesverband Bremen seinerseits den Betonfabrikanten Thielen aus, rief Thadden zurück und wählte Wilhelm Gutmann, den NPD-Landes-vorsitzenden von Baden-Württemberg, zum amtierenden Parteivorsitzen-den. Die kommenden Landtagswahlen in Rheinland-Pfalz, Schleswig-Holstein und die in Niedersachsen werden zeigen, ob der Hauskrach zwischen Thielen und Thadden eine Auflösungserscheinung war, wie der Stellvertretende Bundespressechef Ahlers meinte, oder, wie Gutmann es formulierte, ein ›reinigendes Gewitter‹.

Mein Freund Minski sagte bereits vor Monaten: »Früher oder später wird es bei der NPD einen großen Krach und einen Führungswechsel geben müssen, das kann man sich ausrechnen.«

»Und daß die Bewegung an so was zerbricht?« habe ich damals gefragt.

»Wishful thinking«, hat Boris geantwortet. (Er sagte: »Winschful thinking«.) »Soweit ich mich erinnern kann, hat der Hitler seine Partei auch gereinigt, ein paarmal, scheint mir, und ist die Bewegung, nebbich, zugrunde gegangen daran? *Aber*«, hat Minski gesagt, »selbst wenn die NPD, geb's Gott, zerbricht – man muß mit allem rechnen, Ritchie –, dann heißt das doch nicht, daß die Nazis, die in der NDP waren, und die vielen, vielen, die sie gewählt haben, plötzlich auch zerbrochen und verschwunden sind. Die sind doch dann immer noch da! Wird es also eine neue NPD oder sonst was Schönes geben. Kann man sich doch ausrechnen, daß eine Partei, die solche Erfolge erzielt hat, sich nicht in Luft auflöst!«

Nicht nur am politischen Geschehen, auch am Leben der High Society kann ich, dank der Erlaubnis zur Zeitungslektüre, teilnehmen. Eine schöne Aristokratin – ihr Bild schmückte den Artikel – berichtete vorige Woche vom Karneval in Rio. Die Dame plauderte so reizend, daß ich mir den Artikel aufgehoben habe. Da heißt es:

›Das schönste Diner wurde wieder einmal von unserem lieben Arndt (Krupp von Bohlen und Halbach – die Redaktion hat die Familiennamen immer in Klammern gesetzt) gegeben. Auch George Guinleys Eltern gaben ein köstliches Abendessen in ihrer Superwohnung. George (Brasiliens Playboy Nr. 1) ist immer noch sehr um die Gunst Ginas (Lollobrigida) bemüht. Ob mit Erfolg – das ließ sich nicht feststellen. Arndt ist wirklich ein Goldschatz, und Johannes (Prinz von Thurn und Taxis), Hetti (Prinzessin Auersperg) und Ruppi (Prinz von Hohenlohe) bilden eine wirklich lustige Gruppe hier. Am nettesten sind unsere gemeinsamen Mittagessen am Pool vom Palace-Hotel. Also ich muß sagen: Rio ist eine Reise, eine Strapaze, ja sogar einen Kollaps wert.‹

Durch das auf dieser Seite umbrochene Ende eines Artikels über den Krieg in Vietnam steht direkt unter dem Bericht der hübschen Aristokratin, daß im vergangenen Jahr etwa einhundertachttausend Menschen in Südvietnam getötet wurden, davon rund zweiundsiebzigtausend Zivilisten. Diese Zahlen haben sich in den ersten zehn Monaten des Jahres 1966 bereits mehr als verdoppelt. Seine Heiligkeit Papst Paul VI. und der Generalsekretär der Vereinten Nationen, U Thant, machen sich schwere Sorgen.

Wachtmeister Stalling macht sich schwere Sorgen um sein Muttchen, die bei diesem stickig-feuchten, widerwärtigen Rhein-Main-Wetter, das wir heute wieder mal haben, keine Luft kriegt und kaum japsen kann. Sie muß immer wieder wegen ihres Herzens ins Krankenhaus, und jedesmal zittert der arme Stalling, daß es aus ist mit Muttchen. Es war schon ein paarmal fast aus. Zweiundvierzig Jahre alt ist Frau Stalling erst, der Wachtmeister hat mir Fotos gezeigt. Vor fünf Jahren war sie noch eine attraktive Frau. Nun sieht sie aus wie eine Todgeweihte, bleich, ausgezehrt, mit glanzlosen Augen.

»Was Muttchen sich kränken muß wegen der Kinder«, sagte Wachtmeister Stalling heute vormittag zu mir, während ich Salzsäure in meinen Kübel goß und versuchte, den Gestank damit wegzubringen. »Da hat man sie nun aufgezogen und sich abgerackert und krankgeschuftet für die Gören – Muttchen arbeitete doch auch mit, solange sie konnte –, getan hat man es, damit die Kinder es besser haben sollen, nicht? Haben es besser, wahrhaftig. Fehlt ihnen nichts. Aber was Besseres *werden*? Meinen Sie, die wollen das? Meinen Sie, der Jochen, der hat einen Ehrgeiz, den allerkleinsten nur? Nischt hat der! Ja, einen! Möglichst viele Schallplatten, auf der Couch liegen und das Geplärre hören, den ganzen Tag lang. Zweimal ist er mir schon durchgefallen . . .«

Jochen ist achtzehn Jahre alt, die Monologe Stallings, die er losläßt, wenn ich meine Zelle putze, sind fast wörtlich immer dieselben.

»Achtzehn Jahre und noch in der sechsten! Schande! Schlampig, faul und frech. Wenn der sich auszieht – Kleider läßt er einfach auf den Boden fallen. Jawohl! Denken Sie, der hebt was auf? Der putzt nicht mal seine Schuhe, der Drecksack. Alles muß Muttchen machen. Herrgott, ich sage Ihnen, wir sehnen den Tag herbei, wo der Lümmel zur Bundeswehr muß. Die sollen ihn schleifen, daß er nicht mehr weiß, ob ihm der Arsch vorn sitzt oder hinten. Entschuldigen Sie, Herr Mark, aber es ist wirklich zum . . . Bei der Monika wieder, da müssen wir täglich Angst haben, daß sie uns als gefüllte Taube ankommt, so wie die sich rumtreibt . . .«

Monika, weiß ich, ist sechzehneinhalb.

»Jetzt, wo sie darf, ist es ganz arg! Wahrhaftig in der Nacht von ihrem sechzehnten Geburtstag ist sie losgezogen, und was glauben Sie, was die uns seither aufführt! Ihre Kerle, die kennen wir überhaupt nicht mehr auseinander. *Typen! Recht* hat der Erhard gehabt! Eine Schande, daß sie den rausgeschmissen haben. Großer Mann! Verfluchte Pinscher und Uhus! Drecksgesindel! Auf der Haushaltsschule ist die Monika natürlich die Schlechteste. Meinen Sie, der Fratz würde einmal die Wohnung saubermachen? Nein, da muß die Schwester von Muttchen kommen, und die hat doch Wasser in den Füßen. Ist der Rotzgöre piepegal. Vor dem Spiegel stundenlang, in der Wanne stundenlang, Augen beklunkern, daß sie aussieht wie fünf Nutten! Pullover – alle drei Nummern zu klein. Stolz auf ihren dämlichen Busen, als ob es der einzige auf der Welt ist. Jetzt hat sie alle Röcke kürzer gemacht. Aber wie! Von wegen Mini! Eine Unappetitlichkeit ist das . . .«

Ich freue mich immer, wenn Stalling in Fahrt kommt. So viele Stunden lang höre ich keine menschliche Stimme. Man wird dankbar für alles.

»Und wie das Zeug heißt, was sie haben muß! Popstiefelchen und Tiffanybrillen und Riesenohrringe und Kunstledermäntel . . . wer soll denn das bloß bezahlen? Weiß ich, woher sie das Geld hat? Von reichen Freundinnen, sagt sie. Ich glaub es lieber, aus Angst. Aus Kunststoff sind die Ohrringe. Ketten und Bänder dazu muß sie auch haben. Aussehen tut das Mädchen – zum Abschießen, sage ich Ihnen. Eine Generation ist das, Herr Mark, eine Generation! Faulenzen, rumtreiben, lügen, nichts können, nichts wissen! Doof wie ein Ei und frech wie Rotz. Seien Sie bloß froh, daß Sie keine Kinder haben. Weiß Gott, ich war nie ein Nazi, nur ein ganz kleiner Parteigenosse. Aber *das* hätte es unter dem Führer nie gegeben. Furchtbare Verbrechen sind damals geschehen, gewiß – aber *Ideale* haben wir doch noch gehabt damals, nicht? Vor allem die Jugend. Für die Jugend, da hat er doch wirklich das Beste gewollt, der Führer, nicht? Und heute? Die Beatles. James Bond. Playboys. Playgirls. Gammler. Ein Hurenpack. Halbstarke. Verbrecher. Keine Zucht. Warum nicht? Weil sie eben keine Ideale mehr haben. Hab ich nicht recht?«

Natürlich hat er recht, stets bestätige ich ihm dies.

»Ich rede auch mit dem Herrn Jakowski oft darüber. Der ist ganz unserer Ansicht.«

Das freut mich.

»Und der Herr Karger auch.«

Das freut mich auch.

Die Herren Karger und Jakowski sitzen bereits seit August 1963 hier im U-Gefängnis in der Rindsgasse. Jeder von ihnen bekam im ersten großen Auschwitz-Prozeß 1965 lebenslänglich. Natürlich haben sie Revision eingelegt. Solange die läuft, bleiben sie in der feinen U-Haft. Beim Umfang ihrer

Strafsachen, sagt mir Stalling, ist eine Entscheidung über die Revisionen *frühestens* Ende 1967 zu erwarten. Also können Apotheker Jakowski und Versicherungsdirektor Karger seit langem und noch lange ein schönes Leben führen – wer weiß, *wie* lange noch!

Anständige, brave Männer sind Jakowski und Karger, das sagt einem jeder im Bau. Zufällig, weil ich immer schon viel Zeitungen las, weiß ich einiges über die beiden und auch, was sie beim Prozeß aussagten.

Jakowski beispielsweise war des eigenhändigen Mordes an hundertvierundzwanzig Häftlingen angeklagt. Eine Jüdin vergiftete sich und ihre Kinder, als sie zur Erschießung vor dem angetretenen Block befohlen wurde. (Aus einem eben eingetroffenen Transport waren zwei Männer geflohen, und ein Exempel sollte statuiert werden.) Der Mann der Jüdin trat, da er sie tot zusammenbrechen sah, da er die toten Kinder sah, freiwillig zu jenen, die erschossen wurden. Jakowski merkte das erst zu spät. Beim Prozeß fragte ihn der Vorsitzende, wie ihm denn zumute gewesen sei, als er feststellen mußte, daß er diesen Mann erschossen hatte. Antwortete Jakowski stramm: »Das war natürlich eine große Schweinerei. Der Mann war kerngesund und in erster Linie Facharbeiter.«

Was Karger angeht: Der hatte, wie alle ss-Dienstgrade des Lagers, eine Hundepeitsche. Sie war mit seinen Initialen gekennzeichnet – in Silber. Karger (Anklage: Mord und Beihilfe zum Mord in achtzigtausend Fällen) bewahrte seine Peitsche so lange auf, bis sie dann unter den Asservaten auf dem Richtertisch lag. Warum er denn die Peitsche aufgehoben habe, wollte der Vorsitzende wissen.

»Zur Erinnerung«, antwortete Karger.

Heute früh sagte Wachtmeister Stalling: »Wahrhaftig, ich bin kein Nazi, Herr Mark, war ich nie. Aber ich sehe doch, was ich sehe: Sie, Karger und Jakowski. Ich will Sie nicht beleidigen. Was die getan haben und was Sie getan haben, sind natürlich ganz verschiedene Dinge. Kann man nicht vergleichen! Aber Sie sind doch *auch* aus *politischen* Gründen hier ... ich meine: aus den *gleichen* politischen Gründen, nicht? Na also. Und wenn ich Sie so beobachte, Ihr Wesen, Ihre Sauberkeit, also, ich bin doch Menschenkenner geworden in der langen, langen Zeit, nicht? Ich sage Ihnen: ein und derselbe Schlag. Unverkennbar. Man gehört dazu, oder man gehört nicht dazu. Entweder man hat Zucht und Ordnung im Leib, oder man hat sie nicht. Reine Charakterfrage. Hab ich nicht recht?«

Sowohl Karger wie Jakowski haben sich freiwillig zur Arbeit im Bau gemeldet, gleich im September 1965. Sie sind eifrig, höflich und unermüdlich. Hausreinigung und Essenausgabe – sie wechseln einander wöchentlich ab. Natürlich arbeiten sie nicht als einzige freiwillig, aber sie sind bei jedermann, Häftlingen und Personal, die Beliebtesten.

Mich behandeln sie, seit sie erfahren haben, weshalb ich hier bin, mit besonderer Ehrerbietung. Wenn sie mir das Essen bringen, geben sie ihrem Respekt, ihrer kameradschaftlichen Verbundenheit und ihrer Sympathie auch Ausdruck. Das Essen bekommt man in einem Blechnapf. Den reicht man durch das Fensterchen in der Tür, das nur von außen zu öffnen ist, und man erhält ihn gefüllt zurück. Ich kenne die Stimmen von Karger und Jakowski.

Karger sagt stets: »Einen recht guten Appetit, Herr Mark!«

Jakowski immer: »Wünsche wohl zu speisen, Herr Mark!«

Was die Speisen angeht, so kann ich nur sagen: »Verpflegung – gut und reichlich.«

Wirklich! Wir werden wöchentlich gewogen. Seit ich hier bin, habe ich fünf Pfund zugenommen.

Das Wetter in diesem Frühjahr ist so verrückt, wie der Winter es war. Die Luft heute bleibt feucht und drückend, Wachtmeister Stalling verabschiedet sich zu Mittag bleich und verstört. Er durfte heimgehen, nachdem ein Arzt angerufen und mitgeteilt hatte, daß man sein Muttchen mit einem neuerlichen Herzanfall ins Krankenhaus eingeliefert habe.

»Beten Sie für mein armes Muttchen, Herr Mark«, sagte der arme Stalling . . .

Vor mir liegt ein kleines silbernes Souvenir – ein Präsent von Jakowski. Ich werde nie erfahren, wie er es über alle Filzungen und Leibesvisitationen hinweg bewahren konnte, das teure Andenken. *Ich* darf es offiziell behalten, Paradin hat es erlaubt. Er fragte nicht einmal, von wem ich es bekommen habe. Wahrscheinlich denkt er es sich. Einmal, als wir im Hof unsere Runden drehten, kam Jakowski wieselflink an mich heran, schaute mir markig ins Auge, und dann lag etwas, warm und feucht von Schweiß, in meiner Hand. Man muß das Gefühl, das Jakowski für mich hegt, wohl Ehrfurcht nennen. Darum schenkte er mir auch das Liebste, was er besaß. Es liegt in den ganzen Wochen, in denen ich diese Aufzeichnungen zu Papier bringe, vor mir: ein kleiner Totenkopf aus Silber, das Emblem, das jeder SS-Mann an seiner schwarzen Tellermütze trug.

Wachtmeister Stalling bewunderte den Totenkopf von Zeit zu Zeit. Er erinnert sich natürlich noch an Professor Dr. Victor Delacorte, genau erinnert er sich an den!

»Als die Amis ihn an uns überstellten«, erzählte er mir, »da war ich erst vier Jahre im Dienst. UK gestellt wegen meinem Nierenleiden. Durfte natürlich gleich weiterarbeiten nachher. War ja nicht belastet. Nie ein Nazi gewesen, wie gesagt. Ja, denken Sie, Herr Mark, also den Herrn Professor, den haben sie doch gleich bei Kriegsende, in Dänemark, zum erstenmal verhaftet, nicht? Direkt aus seinem Lazarett heraus. Und da haben sie natürlich seinen ganzen Besitz beschlagnahmt, damals. Was soll ich Ihnen sagen? Unter seinen Sachen war doch ein echter Totenkopf! Noch so mit

Haut und Haaren dran. Ganz klein. Schrumpfkopf, heißt das, glaube ich. Na, den haben die sich natürlich sofort gekitscht. Souvenir! Möchte wissen, wo der heute rumkugelt. Talisman vom Herrn Professor, nicht? Die Amerikaner, die den Herrn Professor zu uns brachten, da konnte einer von deutsch, ein Jud. Der hat mir das erzählt, das mit dem Schrumpfkopf. Immer wenn ich jetzt Ihren silbernen Kopf da seh, muß ich an den Kopf vom Herrn Professor denken. Schon komisch, daß gerade Sie und der Herr Professor ... und daß Sie beide bei mir landen ... schon sehr komisch, finden Sie nicht?«

Mach, lieber Gott, daß Muttchen Stalling auch diesen Herzanfall überlebt. Amen.

Nach Kohl, Zwiebeln und Fett roch es in der Telefonzelle der Autobahnraststätte.

»Ritchie ... bist du noch da?« erklang Ellen Barlows Stimme.

»Ja ...«

»Was ist mit Delacorte? Sag doch ein Wort. Du machst mich ganz verrückt. Ich habe Angst ...«

Ich auch, dachte ich, während ich sah, daß die beiden Männer drüben am Tisch mich immer noch unentwegt betrachteten. Der eine sagte eben etwas zu dem anderen. Der nickte langsam. Die Fernfahrer aßen und rissen Witze und lachten. Draußen schneite es wieder, in wilden Wirbeln. Die Fensterscheiben der Raststätte beschlugen sich. »Kein Grund zur Angst«, antwortete ich, mich räuspernd. »Tu mir einen Gefallen. Versuche, Tiny in London zu erreichen. Sag ihm, ich glaube, ich habe Delacorte gefunden.«

»Du hast ...« Ich hörte sie Atem holen.

»Tiny soll sofort in Frankfurt anrufen. Den Justizpalast. Die Nummer bekommt er von der Auskunft. Er soll den Oberstaatsanwalt Walter Paradin verlangen und ...«

»Wie heißt der?«

»Paradin. Tiny kennt ihn. Der Mann war auch einmal Dolmetscher in unserer MP-Station. Paradin wird Tiny sagen, was er tun soll. Wir brauchen Zeugen. Wirst du anrufen?«

»Natürlich ... sofort ... wird vielleicht einige Zeit dauern, bis ich ihn finde ... Mein Gott, Ritchie, wenn ich doch mehr tun könnte ... dir helfen ...«

»Es geht schon so«, sagte ich. »Ich muß nun Schluß machen. Vielen Dank, Ellen. Leb wohl.« Ich drückte die Telefongabel nieder und sah aus der Zelle. Die Kellnerin stand beim Tisch der beiden ernsten Männer, die eben ihre Rechnung bezahlten. Sie blickten direkt zu mir her, während die Kellnerin auf ihrem Block rechnete. Ich drehte ihnen den Rücken und sah die Zellenwand an und hielt noch immer den Hörer ans Ohr und tat, als ob ich telefonierte. Ich hatte die verrückte Hoffnung, daß die Kerle gehen würden, daß ich Gespenster sah, daß die beiden sich überhaupt nicht für mich interessierten. Ich entdeckte, an einer anderen Zellenwand, mit Tintenstift liebevoll hingemalt, dieses Poem: ›Die Sonne sticht, die Mücken zwicken. Ich lieg im Gras und kann nicht lesen.‹

Ich drehte mich vorsichtig um. Die Männer erhoben sich. Die Kellnerin half ihnen in dicke Wintermäntel. Sie gingen zum Ausgang. Ich verließ die Zelle. An der Theke trank ich Steinhäger und etwas Bier.

»Zahlen, bitte.«

Die Kellnerin sah auf die Telefonuhr.

»Gute Fahrt«, sagte sie verdrießlich, obwohl ich ihr ein großes Trinkgeld gegeben hatte. Danke sagte sie nicht. Sie sah blaß aus. Vielleicht ging es ihr nicht gut.

Der Schneesturm warf mich fast um, als ich ins Freie trat. Vorgeneigt kämpfte ich mich zu meinem Wagen. Es schneite jetzt so wüst, daß man kaum zehn Meter weit Sicht hatte. Mein dreckverschmierter Thunderbird war völlig schneeverweht. Ich holte einen Scheibenreiniger aus dem Kofferraum und säuberte den Wagen, so gut es ging. Der Wind kam jetzt direkt aus Norden. Er war eiskalt. Auf dem Mittellandkanal tuteten und heulten noch immer Schiffshörner und Sirenen. Ich war mit Schnee bedeckt und fror mächtig, als ich endlich in den Wagen stieg. Ich trug ja nicht einmal einen Mantel. Ich steckte eben den Zündschlüssel ins Schloß, als ich eine Männerstimme hörte.

»Wo haben Sie das Foto?«

Ich sah auf. Der eine der beiden Männer, welche die Raststätte vor mir verlassen hatten, stand neben dem herabgelassenen Fenster an meiner Seite und steckte den Quadratschädel ins Wageninnere. Der mit der Hornbrille stand vor dem Kühler. Sehr dicht vor dem Kühler. Er hatte den Kragen seines Mantels hochgeschlagen, einen Hut in die Stirn gedrückt und beide Hände in den Taschen.

»Na!« sagte der mit dem Quadratschädel. Er roch nach kaltem Zigarettenrauch. »Los, wo ist das Foto?« Wir waren allein auf dem Parkplatz. Das Rasthaus konnte man hinter den Schneewirbeln kaum erkennen, obwohl es keine fünfzig Meter entfernt war.

Ich sagte kein Wort und hielt mich mit beiden Händen am Steuer fest. Der Quadratschädel gab dem mit der Brille einen Wink. Dann griff er hinter mich, öffnete die Tür zum Fond und stieg ein. Werners Koffer hatte ich im Kofferraum verstaut, der Fond war leer. Der zweite Mann kam heran und setzte sich neben mich. Er schlug die Tür hinter sich zu und grinste:

»Tag, Herr Mark«, sagte er zu mir.

Die junge Frau in dem blauen Kleid sagte zu mir: »Ich heiße Lillian Lombard.«

Blauschwarz war ihr langes Haar, das in weichen Wellen auf die Schultern fiel, blauschwarz wie die riesigen Augen mit den langen seidigen Wimpern. Hoch saßen die Backenknochen, voll, rot und sinnlich waren die Lippen. Lillian Lombard hatte schöne Zähne, schöne Beine und große, feste Brüste, deren Ansatz das ausgeschnittene Kleid freiließ. Ein blaues Band hielt das Haar zusammen. Sie trug weiße Schuhe mit Korkabsätzen und weißen Modeschmuck. Sie war mittelgroß.

Die drei Amerikaner, die sich mit mir in der MP-Station befanden, grinsten. Der Desk Sergeant, ein gutaussehender Junge, zog an seiner Krawatte. Der Assistant Desk Sergeant, ein schlaksiger Texaner, glotzte bewundernd. Und der riesenhafte Tiny schlängelte sich schon hinter die junge Frau, um seinen Piepsstimmen-Gag anbringen zu können.

»Ich heiße Mark«, sagte ich. »Was kann ich für Sie tun, Fräulein Lombard?«

»Frau Lombard«, sagte sie. Gleich darauf fuhr sie zusammen, denn Tiny, hinter ihr, hatte mit seiner höchsten Mickey-Mouse-Stimme losgelegt:

»Frau, not Fräulein? What a shame, what a shame!«

Das Radio der Station war – wie fast immer – eingeschaltet. AFN Frankfurt brachte Schlagermusik. Doris Day sang.

»When I hear that serenade in blue . . .«

»Was ist mit seiner Stimme los?« fragte Lillian Lombard entsetzt. Ihr Blick glitt zwischen Tiny und mir hin und her. Tiny betrachtete sie mit unschuldigem Babygesicht. »Kann nur so sprechen!« piepste er in höchstem Diskant.

». . . I'm somewhere in another world with you . . .«, sang Doris Days heimwehkranke, sentimentale Stimme. Dieses Lied war gerade der Schlager Nr. 1 auf der amerikanischen Hit-Parade.

»Spaß«, sagte ich, »er macht nur Spaß.«

»Ja, Spaß«, piepste Tiny. »Zu Lachen für schöne Dame.« Lillian Lombard lachte verlegen.

»Wow!« sagte Tiny ergriffen und wieder mit normaler Stimme. »O boy, ain't she beautiful, when she laughs?«

Lillian Lombard wandte sich wieder an mich. Das Sonnenlicht ließ kleine goldene Punkte in ihren Augen aufblitzen, und ich sah mich, sehr klein, in diesen riesigen dunklen Augen.

»Ich arbeite als Sekretärin«, sagte sie. »Architekturbüro Master. Kennen Sie vielleicht.«

»Ja«, sagte ich. Ich kannte das Büro wirklich. Dieser Master war ein tüchtiger Mann, der sehr viel für die Amerikaner baute – Mess-Halls, Klubs, Kinos und Snack-Bars. Ich hatte gehört, daß man ihm auch den Auftrag für den Bau der ersten American Quarters gegeben hatte.

»Das Büro liegt in der Gutleutstraße«, sagte Lillian Lombard. »Gleich um die Ecke. Ich wollte schon lange einmal herkommen, nach Büroschluß. Ich traute mich nur nie. Heute gab ich mir einen Stoß.«

»... sharing all the joys we used to know – many moons ago«, sang Doris Day. Golden war das Licht der Sonne im Raum, milde die Luft, die von draußen hereinkam, milde und voller Ruinenstaub. Die junge Frau sah mich immer noch an, und ich sah mich immer noch in ihren Augen, und sie war schön, so schön, daß mir das Atmen schwerfiel.

»Dabei weiß ich gar nicht, ob Sie mir helfen können. Ich habe es schon bei so vielen Stellen versucht, die in Frage und nicht in Frage kommen.«

»Was haben Sie versucht?« fragte ich. Die Amerikaner hinter der Barriere standen noch immer. Sie starrten die junge Frau an. Das irritierte mich, obwohl ich selber starrte.

»Ich versuche, meinen Mann zu finden«, sagte Lillian Lombard.

»What's that? She's got a husband?« krähte Tiny.

Ich nickte.

»How awful«, äußerte Tiny und offerierte Lillian Drops, das heißt, er steckte ihr eine ganze Rolle in die Hand. Und ein Päckchen Zigaretten dazu. »For your husband«, sagte er.

»... it seems like only yesterday, a small café, a crowded floor...«

Geigen und ein Saxophon, ein Klavier setzte ein.

Ich stand da und blickte Lillian an. Ich hätte ewig so stehen und sie anblicken können.

»Soldat?« fragte ich heiser.

»Ja«, sagte sie. »Vermißt. Ich weiß nur nicht, ob er noch lebt. Können Sie mir helfen?«

»Wir können es versuchen«, sagte ich und griff nach einem Block. Ich griff zweimal daneben, ehe ich ihn hatte. Sehr viele Frauen kamen zu uns, die ihre Männer, Brüder, Söhne suchten. Wir konnten nicht viel tun. Wir gaben die Suchmeldungen an eine besondere Abteilung der Armee weiter. Aber manchen Frauen hatten wir doch schon helfen können. »Der Name Ihres Mannes, bitte«, sagte ich. »Letzter Dienstgrad. Geboren. Letztes Lebenszeichen.«

Doris Day sang: »... and as we danced the night away, I heard you say: For ever more ...«

Lillian Lombard sah kurz zu dem Radio, dann wieder zu mir. Ihre Augen hatten einen traurigen Ausdruck, der sie nie zu verlassen schien. Nicht traurig, nein: verloren, ratlos, mutlos.

»Kurt Lombard«, sagte sie.

Ich begann, ein vorgedrucktes Formular des Blocks auszufüllen.

»Geboren am 12. 10. 1922. Zuletzt Unteroffizier.«

Sie trat nun sehr nahe an mich heran.

»Feldpostnummer 58 753. Den letzten Brief von ihm bekam ich im Juli 1944. Er war vom 2. Juni datiert und in Gacé geschrieben. Das ist ein kleiner Ort in der Nähe von Falaise in der Normandie.«

Ihre Augen, dachte ich. Wer sie einmal sieht, wird sie nie wieder vergessen können. Ich werde sie nie wieder vergessen können, die Augen dieser Lillian Lombard.

Ich sagte: »Ich weiß, wo Gacé liegt.«

»Me too!« krähte Tiny.

»Sie wissen es?« fragte Lillian Lombard.

»Ja. Ich wurde in der Normandie gefangengenommen.«

»Tapferer Kraut«, blubberte Tiny. »Heldenkraut. Böse Amerikaner bumm, bumm, Ritchie POW! Aber Ritchie nix kaputt. Ritchieboy gehen zu United States, kommen zurück, schreiben Buch!«

»For Christ's sake, shut up«, sagte ich.

»Sie schreiben ein Buch?« fragte Lillian.

Ich nickte, sehr verlegen.

Der Desk Sergeant kam um die Barriere herum. Er brachte einen Sessel.

»Take a seat please, madam«, sagte er.

»Oh, danke!« Lillian lächelte ihn an und setzte sich.

»Einen Roman?«

»Und das war das letzte Lebenszeichen?« fragte ich. Von diesen Augen würde ich träumen.

»... and then the song became a sigh, forever more became goodbye ...«

Auf der Straße draußen hupte ein Auto. Ich hörte die Schritte und das Gemurmel vieler Menschen, ein Flugzeug über der Stadt, Lautsprecherstimmen, das Pfeifen von Lokomotiven und das Rollen von Rädern, so viele Geräusche, und ich hatte das verrückte Gefühl, allein mit Lillian auf der Welt zu sein, ganz allein, sie und ich, die einzigen Menschen. Später, viel später, als ich sie in meinen Armen hielt, sagte sie einmal: »Weißt du noch, damals, in dieser MP-Station ... als ich dich zum erstenmal sah ... ich hatte das Gefühl, wir sind allein, allein auf der Welt ... die letzten Menschen ...«

»Antworten Sie doch: einen Roman?«

»Yeah, a novel! In the back-room. At night. Haha!« sagte Tiny.

»Vielleicht wird's ein Roman«, sagte ich.

Der Junge aus Texas nahm seine Pistole aus dem Halfter, ließ das Magazin herausfallen, kippte den Lauf und begann die Kanone zu säubern. Texaner haben ihre eigene Art, sich in Szene zu setzen.

»Sie bekamen nie eine Gefallenenmeldung? Oder eine Vermißtenanzeige?«

»Nie.«

»Beim Roten Kreuz ...«

»War ich natürlich schon.«

»Wie heißen Sie mit dem Mädchennamen?«

»Elsner.«

»Geboren?«

»21. Juni 1927.«

»Dann sind Sie ja erst . . .«

»Zwanzig, ja.«

». . . so tell me, darling, is there still a spark . . .?«

»Wann haben Sie geheiratet?«

»1944. Am 7. Januar.« Sie sah mich unsicher an. »Wir heirateten nur, weil ich dachte, ich bekomme ein Kind. Ich bekam gar keines.«

»Sonst hätten Sie nicht geheiratet?«

»Nie«, sagte Lillian Lombard sachlich. »Siebzehn Jahre! Mein erster . . . mein erstes Erlebnis. Jung und dumm war ich. Wir gingen zusammen zur Schule. Als Kurt dann auf Heimaturlaub kam . . .«

»Ich verstehe.«

»Natürlich hätte ich ihn nie geheiratet . . . ohne die Angst vor dem Kind . . . und weil er doch wieder an die Front mußte . . .«

»Klar«, sagte ich. »Völlig klar.«

»Aber nun bin ich verheiratet«, sagte Lillian. »Und solange ich nicht weiß, ob mein Mann tot ist, kann ich nicht wieder heiraten.«

Plötzlich hörte ich den Lärm von der Straße draußen sehr laut.

»Sie wollen wieder . . .«

»Ja. Einen jungen Architekten. Er arbeitet bei Master. Wir möchten bald heiraten. So schnell wie möglich. Aber das ist erst möglich, wenn ich über meinen Mann Bescheid weiß.«

». . . oh, only lonely ashes of the flames we knew . . .«, sang Doris Day. Golden fiel immer noch Sonnenlicht in die Station, ließ Funken blitzen in Lillians Augen, ihren wunderbaren Augen.

»Wie lange wird es dauern, bis Sie etwas herausbringen?«

»Hoffentlich bringen wir überhaupt etwas heraus. Sie sagen doch selber, Sie hätten es schon bei so vielen Stellen versucht . . . ohne Erfolg offenbar.«

»Ja, leider.«

Sie möchte schnell hören, daß der erste Mann tot ist, es schriftlich haben, damit sie den zweiten Mann heiraten kann, dachte ich, plötzlich erbittert.

»Schwer zu sagen, wie lange das dauern wird«, antwortete ich.

»Ich kann um diese Zeit immer vorbeikommen und mich erkundigen.«

»Oh, yeah!« rief Tiny und klatschte in die Hände.

Ich war verstimmt.

»Wenn Sie mir Ihre Adresse geben, benachrichtige ich Sie, sobald wir eine Nachricht erhalten.«

Sie sah mich sonderbar an.

»Stresemannstraße 156«, sagte sie dann. »Das Haus gehörte meinen Eltern. Die sind tot. Amerikanische Offiziere wohnen jetzt dort. Ich darf im Keller wohnen.« Sie sagte das ohne Bitterkeit, so sachlich, wie sie alles bisher gesagt hatte. Eine Frau der Tatsachen. Ich notierte die Adresse.

»Sie hören von mir«, sagte ich. So schön sie war, plötzlich gefiel sie mir nicht mehr. Das heißt: Sie gefiel mir noch, soweit es ihr Aussehen betraf. Etwas anderes an ihr gefiel mir nicht mehr. Ihr Wesen.

»Ich danke Ihnen«, sagte Lillian Lombard. Sie ging mit schnellen Schritten aus der Station, ohne noch jemanden anzusehen. Die Tür fiel hinter ihr zu. Ich hörte, wie sie das Fahrrad von der Mauer nahm und fortfuhr. Die Klingel schepperte.

». . . should I go on wishing in the dark? Serenade in blue . . .«, sang Doris Day. Dann brachten ein Klavier und ein Saxophon die sentimentale Melodie zu Ende.

Die beiden Männer, die sich in meinen Wagen gesetzt hatten, grinsten mich an. Der mit dem Hut und der Brille, der neben mir saß, drückte mit einem dicken Finger auf den Knopf des Handschuhfachs. Es war versperrt.

»Da drin, he?«

Ich sagte nichts.

Unter meinen Sitz hatte ich die Stange des Wagenhebers gelegt. Aber an die kam ich nie heran, dachte ich, nie im Leben. Zwei gegen einen. Aussichtslos. Jetzt hatten sie mich.

Der mit dem Hut griff in die Brusttasche seiner Jacke und holte einen Ausweis hervor.

»Inspektor Geyer«, sagte er. »Kripo Treuwall. Ich gehöre zur Gruppe Eilers. Mein Kollege Erichsen auch. Zeig Herrn Mark deinen Ausweis, Paul.« Der Quadratschädel, der hinter mir saß, reichte mir seinen Ausweis. Beide Legitimationen trugen Lichtbilder und schienen echt zu sein, soweit ich das beurteilen konnte.

»Wie kommen Sie hierher?« fragte ich.

Der Sturm heulte um den Wagen.

»Kommissar Eilers hat uns losgeschickt«, sagte der quadratschädelige Erichsen. »Wir sollen auf Sie achtgeben. Damit das Foto ohne Zwischenfälle bis zu Oberstaatsanwalt Paradin kommt.«

»Was wissen Sie von Paradin?«

»Na, der Kommissar und Inspektor Lansing haben sich doch Ihren Bruder vorgeknöpft, im Kreiskrankenhaus, nicht? Ließen ihn plaudern. Über sich, über Sie. Vergangenheit und so. Ihr Bruder erwähnte, daß Sie einen Staatsanwalt Paradin kennen, schon lange. Gleich nach dem Krieg haben Sie ihn kennengelernt. Stimmt's?«

Ich nickte.

»Lag da doch nahe, daß Sie ausgerissen waren, um das Foto diesem Herrn zu bringen, oder?« sagte Geyer. Er nahm seinen Hut nicht ab.

»Und das möchte Eilers?«

»Ja.«

»Warum?«

»Schwierige Frage«, sagte Geyer und kratzte seinen Nacken. »Sehen Sie, in Treuwall gibt's eine Menge Leute, die wissen, daß mit diesem Professor Kamploh etwas nicht stimmt. Aber sie halten das Maul. Sehr hohe Tiere darunter. Halten eisern das Maul. Werden ihre Gründe haben. Wir versuchen seit langem herauszukriegen, was das für Gründe sind.«

»Und?«

»Nichts zu machen.«

»Na, hören Sie mal. Der Polizei dürfte es doch nicht so schwerfallen, festzustellen, was mit einem Mann nicht stimmt.«

»Fällt der Polizei verflucht schwer, wenn sie nicht tun kann, was sie will. Wir sind nicht die Gottsöbersten. Auch Eilers nicht.«

»Soll das heißen . . .«, begann ich.

»Das soll heißen, daß wir nie Weisung erhielten, uns um Kamploh zu kümmern«, sagte der dicke Erichsen hinter mir, holte eine neue Zigarre heraus, biß die Spitze ab, spuckte sie auf den Wagenboden und riß ein Streichholz an. Er öffnete das Fenster einen Spalt. Eiskalte Luft kam herein. Der Sturm heulte lauter. »Wir haben alle Vorgesetzte. Wir sind nur kleine Beamte. Wir können so große Untersuchungen nicht ohne Weisung von oben führen. Auch wenn wir möchten . . . Natürlich, die Untersuchung eines Mordanschlags kann er nicht verbieten. Na, und wenn dabei was rauskommt . . .«

»Selbstverständlich haben wir Ihnen kein Wort von dem allen erzählt«, sagte Geyer. »Falls es Ihnen etwa einfallen sollte, das zu behaupten. Wir sind zu zweit. Und ein Beamteneid gilt immer noch mehr als ein ziviler Eid. Das wissen Sie. Wir haben Sie im Auftrag von Kommissar Eilers nur verfolgt, weil Sie aus dem Krankenhaus geflohen sind, dann fanden wir Sie hier, und Sie haben uns gesagt . . . was haben Sie uns gesagt?«

»Was habe ich Ihnen gesagt?«

»Na, Sie haben doch was vor.«

»Ja.«

»Was?«

»Ich will nach Hannover.«

»Wohin nach Hannover?«

»Zum Flughafen.«

»Und was dort machen?«

»Telefonieren und noch was.«

»Telefonieren mit dem Staatsanwalt Paradin?«

»Ja.«

»Gut. Nachdem wir Sie also gefunden haben, sind wir mit Ihnen nach Hannover. Wir hatten keinen Grund, diese Fahrt zu verhindern. Auch mit dem Staatsanwalt Paradin ließen wir Sie telefonieren.«

Erichsen blies mir Rauch ins Gesicht.

»Das ist Ihr Recht. Sie stehen nicht unter Verdacht, ein Verbrechen begangen zu haben . . . nach Meinung unseres Vorgesetzten. Wenn Staatsanwalt Paradin uns irgendwelche Weisungen gibt, haben wir die zu befolgen. Die Kripo hat den Staatsanwalt immer zu unterstützen. Das ist Gesetz.«

Ich nickte.

»Gibt immer solche und solche Leute in einem Land, wissen Sie«, sagte Geyer. »Sieht oft so aus, als ob die einen unbesiegbar sind. Als ob ihnen keiner an den Wagen fahren kann. Verflucht lange sieht das so aus. Dann passiert ein kleines Versehen wie das mit dem E 605, der falsche Mensch trinkt Armagnac, ein anderer klaut ein Foto und kennt einen Staatsanwalt, sein Bruder macht sich so verdächtig, daß er festgenommen wird . . .«

»Sie haben meinen Bruder verhaftet?«

»Mhm«, machte Geyer. »Im Krankenhaus.«

»Weshalb? Wie lautet die Anklage?«

»Vorläufig gibt's noch keine. Vierundzwanzig Stunden lang können wir ihn so festhalten. In dieser Zeit muß Anklage erhoben werden, oder man muß den Verhafteten wieder freilassen. Wir möchten Ihren Bruder gerne außer Aktion haben für die nächsten vierundzwanzig Stunden. Besonders jetzt, wo alles so schön läuft und auch der Doktor Hess verschwunden ist.«

»Der ist verschwunden?«

»Haben ihn überall gesucht. Umsonst. Als das feststand . . .«

»Wer ist wir?«

»Na, Eilers und Lansing, wir und noch ein paar.«

»Sie waren alle schon im Krankenhaus?«

Erichsen nickte und grunzte.

»Wo waren Sie?«

»Vorzimmer von Professor Kamploh. Seine Sekretärinnen und Assistenzärzte verhören. Nichts dabei rausgekommen.«

»Im Keller«, sagte ich. »Haben Sie im Leichenkeller nachgesehen?«

Die beiden blickten mich schweigend an.

»Na! Haben Sie?«

»Nein«, sagte Geyer.

»Hätten Sie tun sollen«, sagte ich. »Dort ist der Doktor Hess vielleicht. Vor einer dreiviertel Stunde war er noch dort.«

»Vielleicht machen Sie mal ein bißchen mehr den Mund auf und spucken alles aus«, sagte Geyer.

Ich erzählte ihnen alles.

Geyer pfiff durch die Zähne.

»Ich muß sofort mit Eilers telefonieren.«

»Moment!« sagte ich.

Er hatte schon die Klinke der Tür herabgedrückt.

»Was ist noch?«

»Lillian . . . Frau Lombard . . . sie ist in Gefahr . . .«

»Wird schon bewacht. Hat Eilers angeordnet. Polizeiärzte passen auf sie auf. Keine Bange. Wer ist Kamploh?«

Ich schwieg.

»Sie wollen es nicht sagen?«

»Ich will schon. Aber wenn Sie jetzt mit Treuwall telefonieren und jemand hört das Gespräch ab?«

»Das ist richtig.« Geyer kaute an seinen Nägeln.

»Haben Sie ein Fahndungsbuch im Wagen?«

»Ja.«

»Dann schauen Sie da mal unter D nach. Delacorte. Victor. Professor.«

»Delacorte?«

»Ja. Gesuchter Kriegsverbrecher. Sagen Sie Eilers die Nummer der Seite im Fahndungsbuch, wo Sie ihn finden. Unauffällig, in irgendeinem Satz. Ihr könnt doch so was. Sehe ich immer im Fernsehen.«

»Frech«, sagte Geyer kichernd. »Frech ist der Kleine. Gefällt mir. Delacorte, ha? Gefällt mir auch. Schöner Name. Kriegsverbrecher. Wie? Gefällt mir sehr. Na, mal schauen.« Er rollte sich aus dem Wagen, und ich sah, wie er durch den Schneesturm zu dem PKW schwankte und in diesem verschwand und ein wenig später zu dem Rasthaus hinüberrannte.

»Dicker Fisch, ha?« sagte Erichsen.

»Sehr dicker. Wie habt ihr mich gefunden?«

»Nachdem Sie verschwunden waren und Doktor Hess auch, gab Eilers Alarm. Wir kriegten Ihre Beschreibung von ihm und die Wagentype und die Wagennummer.«

»Die hat er sich gemerkt?«

»Er nicht. Lansing. Lansing gab auch den Tip von wegen Staatsanwalt verständigen. Wir kamen eben aus dem Krankenhaus, als Sie losfuhren. Sie haben's nicht gemerkt.«

»Nein.«

»Wir fuhren Ihnen nach. Von Anfang an. Auf der B 4 warteten wir in einer anderen Schneise, bis Sie sich umgezogen hatten. Das war kein Problem.«

»Was war das Problem?«

»Rauskriegen, wo Sie telefonieren – zum erstenmal. Damit wir Sie da kitschen und mit Ihnen reden konnten.«

»Und wie kriegten Sie das raus?«

»Als Sie von der B 4 auf die Autobahn kamen, tankten Sie doch, gleich da bei Bienrode, nicht?«

»Ja.«

»Und fragten den Tankwart nach der nächsten Raststätte.«

»Ja . . .«

»Wir kamen an, als Sie eben weiterfuhren. Fragten den Tankwart. Auf der Autobahn haben wir Sie dann überholt, ohne daß Sie's bemerkten.«

»Nein«, sagte ich.

»Unaufmerksam«, sagte Erichsen. »Sie sind zu aufgeregt und zu unaufmerksam. Müssen sich zusammenreißen. Passiert Ihnen sonst noch was, wenn Sie nicht mehr achtgeben können.«

Abzweigung Peine. Abzweigung Vöhrum. Abzweigung Abbensen. Wir fuhren Hannover entgegen. Ich saß am Steuer des Thunderbird, neben mir saß Geyer, hinter uns, in einem dunkelblauen Mercedes, folgte der quadratschädelige Erichsen. Die beiden hatten sich kurz miteinander unterhalten, nachdem Geyer aus der Raststätte zurückgekehrt war, dann war Erichsen zu dem Mercedes gegangen und hatte Geyer bei mir gelassen.

Das Schneetreiben wurde dünner, ich konnte schneller fahren. Nun kamen wir in den Hämelerwald. Die Baumstämme, die, schwarz und dicht nebeneinander, bis an die Ränder der Bahn herantraten, ließen das Licht dämmrig werden. Ich schaltete die Scheinwerfer an. Kein Wagen begegnete, keiner überholte uns.

»Da vorn ist ein Parkplatz«, sagte Geyer plötzlich. »Fahren Sie mal raus. Ich muß pinkeln.«

Ich schaltete die rechten Blinker ein und lenkte den Wagen auf einen Rastplatz. Es lag kaum Schnee, so viele Bäume standen da. Hier war es halbdunkel. Ich hatte noch nicht gehalten, da sah ich, im Rückspiegel, die Scheinwerfer von Erichsens Wagen, der hinter uns herkam. Geyer stieg aus und ging zwei Schritte vom Wagen weg. Aus dem Mercedes kletterte Erichsen.

»Was ist . . .«, begann er, dann sahen wir beide die große Pistole in Geyers Hand. Sein Gesicht war jetzt so weiß wie der Schnee, die Augen traten hinter den Brillengläsern aus den Höhlen, er machte einen irren Eindruck.

»Raus!« sagte er zu mir. »Raus, oder es knallt. Und die Pfoten hoch, alle beide!«

An diesem Morgen passierte zu viel für mich.

Ich kletterte benommen ins Freie. Nun trug ich meinen Mantel wieder.

»Schlüssel stecken lassen«, sagte Geyer. »Kommen Sie um den Wagen rum. Pfoten oben lassen. Du auch, Paul. Komm näher ran.«

»Du bist verrückt geworden«, sagte der Mann mit dem mächtigen Schädel fassungslos. »Du hast den Verstand verloren, Mensch. Was soll denn das heißen?«

»Das soll heißen, daß ihr dämliche Arschlöcher seid, alle miteinander.«

Geyer lachte meckernd, horchte dann und schoß, als alles totenstill blieb, viermal auf die Reifen des Mercedes. Er traf drei. Sie platzten mit lautem Knall. »So«, sagte Geyer. »Das wäre dies. Keine brutale Gewalt, wenn es nicht sein muß. Ihr bleibt nur ein Weilchen hier. Kleines Weilchen. Ich brauche ein wenig Vorsprung. Und das Foto. Das habe ich ja jetzt. Wollen wir stark hoffen.« Er neigte sich seitlich, riß seinen Schlag auf und zog, während er uns beide mit der Pistole in Schach hielt, den Zündschlüssel aus dem Schloß des Thunderbird. Der Schlüssel befand sich an einem Ring, an dem noch zwei andere Schlüssel hingen – einer für Türen und Kofferraum, einer für das Handschuhfach. Geyer probierte beide. Der zweite paßte. Die Klappe des Handschuhfachs fiel auf. Das Foto lag darin.

Im Moment, da Geyer danach greifen wollte, fielen zwei Schüsse. Erichsen hatte blitzschnell in eine Manteltasche gegriffen und durch den Stoff geschossen. Er traf Geyer in die Oberschenkel. Der Mann mit der dicken Hornbrille brüllte tierisch auf, dann sackte er auf der dünnen, vereisten Schneedecke zusammen. Blut sickerte durch seine Hosenbeine.

»Du verfluchtes Schwein«, sagte Erichsen und zog seine Waffe aus dem Mantel. »Seit wann arbeitest du für die . . .«

Er kam nicht mehr dazu, den Satz zu Ende zu sprechen, denn Geyer schoß im Liegen noch zweimal. Er traf Erichsen in die Brust. Der dicke Mann wurde herumgerissen, flog einen Meter durch die Luft und schlug krachend, mit dem Gesicht nach unten, auf die Erde. Um ihn wurde der Schnee rot. Der rote Fleck wuchs und wuchs. Ich trat Geyer auf die Hand, so fest ich konnte. Er heulte wie ein Wolf und ließ die Pistole fallen. Ich hob sie schnell auf und steckte sie ein. Dann lief ich zu Erichsen und rollte ihn auf den Rücken. Seine Augen waren schon gebrochen. Ich fühlte seinen Puls, riß Mantel und Jacke auf und sah, daß das Hemd über dem Herzen blutgetränkt war. Das Blut floß noch aus den Einschußwunden. Erichsen war tot. Vor einer halben Stunde hatte er mir gesagt, daß ich mehr achtgeben solle, sonst würde mir noch etwas passieren. Nun war ihm etwas passiert. Mit einem verräterischen Kollegen hatte er nicht gerechnet. Ich hätte es wohl auch nicht getan. Die beiden sahen einander so ähnlich wie Brüder, dachte ich.

Wie Brüder . . .

Ich steckte auch Erichsens Pistole ein und ging zu Geyer zurück.

»Ich wollte es nicht tun«, sagte der, im Schnee, stöhnend und seine Knie haltend. Er saß jetzt.

Ich gab ihm einen Tritt gegen die Schulter. Er schrie auf vor Schmerz und fiel zurück. Seine Beine waren verdreht.

»Nein«, sagte ich. »Sie wollten's nicht tun. Sie haben's bloß getan.«

»Hören Sie . . . hören Sie doch . . .«

Ich nahm ihm die Autoschlüssel ab und ging zum Wagen.

»Ich mußte doch für die arbeiten . . . Ich hatte keine Wahl . . . Sie erpreßten mich . . .«

»Ja, ja«, sagte ich.

»Da gab es was mit einem Jungen . . . Minderjährigen . . .« Die Brille war

Geyer von der Nase gefallen, er sah seltsam aus, nackt und blind. Ich überlegte einen Moment, dann ging ich zu ihm zurück und trat fest auf die Brille. Bügel und Glas zerbrachen knirschend.

»Ich gebe alles zu! Und wenn ich dafür Zuchthaus kriege!«

»Reden Sie keinen Blödsinn«, sagte ich. »Sie brauchen nichts mehr zuzugeben. Für den Mord kriegen Sie auf alle Fälle Zuchthaus.«

»Herrgott, er hat doch zuerst geschossen! Ich wollte doch nicht . . .«

»Natürlich nicht«, sagte ich und stieg in den Thunderbird.

»Sie können mich doch hier nicht liegenlassen! Im Dreck! In dieser Kälte!«

»Ich kann's versuchen«, sagte ich.

»Aber ich verrecke doch!«

Darauf gab ich keine Antwort, sondern steckte den Schlüssel wieder in den Anlasser und startete den Motor.

Geyer schrie: »Sie werden dich kriegen, du Scheißer! Sie werden auch dich kriegen!« Dann begann er zu heulen. Ich trat die Kupplung rein und gab Gas und ließ die Kupplung langsam raus, denn hier war es glatt. Gleich darauf hatte ich wieder die Autobahn erreicht. Die Klappe des Handschuhfachs stand noch offen. Ich nahm Delacortes Foto heraus und schob es unter mein Hemd. Dabei bemerkte ich, daß meine Zähne aufeinanderschlugen und der Wagen zickzack fuhr, weil meine Hände so zitterten. In meinem ganzen Leben hatte ich noch nie so gottverfluchte, elende, hundsgemeine Angst gehabt.

Ich kam an vielen Streckentelefonen und drei Raststätten vorbei, aber ich hielt nirgends, und ich telefonierte von nirgends mit der Polizei oder einer Rettungsstelle. Ich hatte einfach zu viel Angst. Erichsen war tot, dem konnte keiner mehr helfen. An zwei Beinschüssen verblutete man nicht so schnell, dachte ich. Vermutlich nicht. Wenn doch, dann hatte Geyer eben Pech. Dann war das einfach zu schlimm. Ich hatte nun die Schnauze voll. Ich wußte, daß diese Geschichte noch lange nicht für mich erledigt war und daß ich nicht mehr zurückkonnte. Ich wußte, daß es jetzt um mein Leben ging. Ich hänge an meinem Leben. Darin bin ich komisch.

»Ritchie? Was ist passiert? Wo sind Sie?«

Ich holte tief Atem. Ich hatte Glück. Der Oberstaatsanwalt Dr. Walter Paradin war in seinem Büro im Frankfurter Justizpalast – nicht verreist, bei keiner Verhandlung, nein, in seinem Büro, und man hatte mich sofort mit ihm verbinden können.

Ich stand in einer Telefonzelle des Postamts im Gebäude des Flughafens Hannover. Paradins Nummer hatte ich aus einem Frankfurter Telefonbuch herausgesucht, das es hier gab. In der Zelle hing ein Münzfernsprecher, in den man auch Markstücke werfen konnte. Ich hatte einen Zwanzigmarkschein in Hartgeld gewechselt und die Verbindung selber durchgewählt. Von der Zelle aus sah ich den Beamten hinter dem Gesprächsvermittlungsschalter. Der hörte nicht mit. Ob Paradins Leitung angezapft war, ahnte ich natürlich nicht. Es gibt eine Menge angezapfter Leitungen in Deutschland, das weiß jedes Kind. Telefongespräche werden abgehört, um unsere junge Demokratie zu schützen. Dagegen war ich machtlos. Nach allem, was geschehen war, schien es mir auch schon ziemlich gleich, ob dieses Gespräch abgehört wurde oder nicht.

Ich erzählte Paradin so präzise und schnell wie möglich, was sich alles ereignet hatte – es dauerte doch eine ganze Weile. Ab und zu warf ich neue Münzen nach. Zuerst hatte ich ihm gesagt, wo Geyer und der erschossene Erichsen lagen. Bei der Ausfahrt des Parkplatzes gab es einen Kilometerstein. Die Zahl auf diesem hatte ich mir gemerkt. Ich hörte, wie Paradin, während ich sprach, dauernd Anweisungen gab. Zuletzt fragte er: »Und Sie sind ganz sicher, daß Frau Barlow Ihnen sagte, unter dem Bild in Tinys Bar steht Delacorte?«

»Absolut sicher!«

»Und daß dieses Foto und Ihr Foto einander gleichen?«

»Genauso sicher.«

»Das müssen Sie sein, Ritchie. Es ist Ihnen doch klar, was davon abhängt.«

»Das ist mir klar, Doktor.«

»Gut.« Seine Stimme klang kühl und ruhig. Ich hatte ihn nie anders sprechen hören. »Die Fahndung nach Delacorte wird ausgelöst, sofort. Er ist übrigens nicht mehr in den ›Vier Jahreszeiten‹.«

»Woher wissen Sie . . .«

»Meinen Sie, ich schlafe hier? Ich habe sofort anfragen lassen, nachdem Sie das Hotel nannten. Inzwischen haben wir Antwort. Delacorte hat das Hotel vor zwei Stunden verlassen.«

»Verflucht!« Ich warf eine Münze nach. »Er wurde natürlich gewarnt.«

»Natürlich.«

»Vom wem?«

»Suchen Sie es sich aus. Nach Ihrem Bericht gibt es massenhaft Verdächtige.«

»Wo ist er hin? Hat er im Hotel was hinterlassen?«

»Daß er heimfährt natürlich. Wenn er Glück hat, ist er schon in Österreich oder noch weiter . . . mit dem Flugzeug.«

Ich sagte idiotisch: »Er fliegt nicht gern.«

»Vielleicht hat er sich überwunden«, sagte Paradin. »Vielleicht ist er auch noch auf Bundesgebiet. Dann kommt er nicht mehr raus. Eine Blitzfahndung geht bereits über Fernschreiber und Hellschreiber . . . Personalien . . . Bild . . . nach dem Fahndungsblatt . . . Haftersuchen . . . an alle Grenzstationen und alle Flugplätze und alle Häfen. Natürlich kann er sich seinen Schnurrbart abrasieren und die Haare färben lassen oder eine Weile untertauchen.

Es ist nicht gesagt, daß wir ihn erwischen, auch wenn er noch in Deutschland ist. Wir tun, was wir können. Er ist einer der letzten dieser Herren, das wissen Sie.«

Das wußte ich. Drei andere Hauptverantwortliche für die Organisation der Aktion ›T 4‹ lebten nicht mehr. Einen hatte man in Argentinien aufgespürt. Er war festgenommen worden und hatte in seiner Zelle Gift geschluckt. Es sah sehr danach aus, als sei es ihm gegeben worden.

Der zweite Mann — er war ein beliebter Frauenarzt — hatte sich unmittelbar vor seiner Verhaftung in Hamburg im Jahre 1959 erschossen. Es sah sehr danach aus, als sei er erschossen worden.

Der dritte Mann endlich wurde 1961 in Bayern aufgestöbert, in einem kleinen Ort nahe Nürnberg, wo er als praktischer Arzt arbeitete. Diesen Mann hatte Paradin nach Frankfurt, in das Gefängnis in der Rindsgasse, bringen und besonders scharf bewachen lassen. Als man den Mann am 4. September 1961 zur Vernehmung führte — zwei Beamte begleiteten ihn —, stürzte er sich aus dem Fenster im dritten Stock, durch die geschlossenen Scheiben, in die Tiefe. Er knallte auf den Betonboden eines Lichthofs. Auch dieser Todesfall konnte niemals geklärt werden. Die beiden Justizbeamten waren und blieben verschwunden. Die Jacke des Toten fand man in einer Toilette des vierten Stocks, also ein Stockwerk höher. Und eine gerichtsmedizinische Untersuchung ergab, daß jener dritte Mann gedrogt und nur halb bei Bewußtsein durch die Scheibe gestoßen worden war. O ja, Paradin hatte allen Grund, daran interessiert zu sein, daß Delacorte nun nicht auch etwas zustieß ...

Während wir sprachen, hörte ich dauernd Stimmen, die etwas zu Paradin sagten, und seine Antworten darauf. Es waren anscheinend mehrere Männer in dem Zimmer.

»Wann ruft Tiny an?«

»Sobald seine Frau ihn erreicht hat. Was soll ich mit dem Foto machen?«

»Das brauche ich hier. So schnell wie möglich.« Paradins Stimme klang nach wie vor kühl, beherrscht und ruhig. »Wann geht die nächste Maschine?«

Eine gelbe Schrift flammte an einer Glasscheibe des Automaten auf:

WENN SPEICHER LEER, BITTE ZAHLEN

Schnell warf ich eine Münze ein. Die Schrift erlosch.

In dem Postamt hing eine große schwarze Tafel. Mit weißen Steckbuchstaben waren darauf Ankunft- und Abflugzeiten aller Maschinen angegeben. Ich konnte die Schriftzeichen von der Zelle aus erkennen. Über der Tafel befand sich eine elektrische Uhr.

»Jetzt ist es 12 Uhr 20«, sagte ich. »Die nächste Maschine nach Frankfurt startet um 13 Uhr 10. PAA. Eine Lufthansamaschine startet um 13 Uhr 30.«

»Gut. Sie rufen mich gleich wieder an. Aber zuerst gehen Sie zu einem Zeitungsstand und kaufen ein dickes Kuvert . . .«

Ich kaufte ein dickes Kuvert und eine Rolle Tesafilm, und ich steckte Delacortes Foto in das Kuvert, genau wie Paradin es mir aufgetragen hatte. Ich verklebte den Umschlag und schrieb mit großen Buchstaben darauf: HERRN OBERSTAATSANWALT DR. WALTER PARADIN, JUSTIZPALAST FRANKFURT AM MAIN — LUFTFRACHT — EXPRESS — NICHT BRECHEN! — FOTO! WIRD SOFORT NACH EINTREFFEN VON BEVOLLMÄCHTIGTEM ABGEHOLT! — NUR GEGEN VORZEIGEN VON LEGITIMATION UND VOLLMACHT AUSHÄNDIGEN! Als Absender gab ich einen erfundenen Namen und eine erfundene Adresse in Hannover an. Das Kuvert verklebte ich ordentlich mit dem Tesafilm. Dann lief ich zur Luftfrachtabteilung der Pan American und gab den Umschlag auf. Es war höchste Zeit, das Foto sollte ja noch die Maschine um 13 Uhr 10 erreichen. Ein Angestellter schwor heilige Eide, daß dies der Fall sein werde, während er hurtig einen Begleitschein ausfüllte. Normalerweise gibt man Kuverts nicht eben per Luftfracht auf — nur Fotoreporter oder Zeitungsleute tun das oft.

Ich bezahlte 10 Mark 20 und sah zu, wie das Kuvert in einen großen Sack verschwand und wie der Sack auf einen Karren geworfen und zum Rollfeld hinausgefahren wurde. Als ich das verfluchte Foto los war, fühlte ich mich etwas besser. Ich ging zurück ins Postamt, wechselte noch einmal einen Zwanzigmarkschein und rief wieder Paradin an. Seine Stimme klang so ruhig und kühl wie immer:

»Erledigt?«

»Ja.«

»Ich habe Neuigkeiten für Sie, Ritchie. Die Polizei hat inzwischen alle Parkplätze im Hämelerwald abgesucht. Weder Ihr Freund Geyer noch Ihr Freund Erichsen wurden gefunden.«

»Aber ich sage die Wahrheit, ich . . .«

»Schreien Sie doch nicht so. Wir glauben Ihnen ja.«

»Das gibt es doch nicht! Sie müssen doch noch da sein!«

»Warum?«

»Was?«

»Warum müssen sie noch da sein?« fragte Paradins kühle Stimme.

»Ist Ihnen noch nicht die Idee gekommen, daß viele Menschen ihre Finger in dieser Sache haben? Man wird die beiden Kriminalbeamten . . . eh . . . in Sicherheit gebracht haben. Besonders Geyer. Der lebte ja noch, nicht?«

»Ja. Hören Sie . . . da muß aber doch Blut sein auf dem Parkplatz . . . Schuhabdrücke . . . Reifenabdrücke . . . und der Mercedes mit den durchschossenen Reifen!«

»Sollte man glauben«, sagte Paradins Stimme. »Nichts ist da. Nicht mal eine ausgeschossene Patronenhülse hat die Polizei bis jetzt gefunden. Das sind ganz ausgebuffte Burschen, mit denen wir es zu tun haben. Die arbeiten schnell und prima. Kompliment.«

»Aber wenn sie alles fertigbrachten ... wie haben sie den Mercedes weggekriegt?«

»Es gibt Laster, Ritchie, geschlossene Laster.«

»Das ist doch nicht möglich in so kurzer Zeit ...«

»Die hatten praktisch Zeit, seit Sie den Parkplatz verließen! Ganz sicher waren sie hinter euch her ... und ganz sicher sind sie immer noch in Ihrer Nähe.«

Mir wurde kühl.

»Deshalb kommen Sie schnellstens nach Frankfurt. Ich muß Sie sprechen, bevor wir sehen, was weiter geschieht. Sie nehmen die Maschine der Lufthansa.«

»Ich kann auch noch die Pan American erwischen ...«

»Nein! *Zwei* Maschinen. Eine kann abstürzen. Auch beide. Aber das ist unwahrscheinlich. Halbes Risiko. Ich brauche Sie *oder* das Foto. Dieses Foto ist das einzige anständige große Bild, das wir haben, auf dem er so aussieht wie heute. Die Fahndungsfotos sind zwanzig Jahre alt. Deshalb zwei Maschinen.«

»Sehr aufmerksam.«

»Nur logisch. Ich werde noch viel aufmerksamer werden. Also, Sie fliegen mit der Lufthansa um 13 Uhr 30. In Frankfurt lasse ich Sie vom Flughafen abholen.« Seine Stimme klang plötzlich ernst.

»Was haben Sie?«

Sofort war seine Stimme wieder wie immer: »Nichts. Ich brauche Sie nur jetzt hier, Ritchie ... aus ... aus verschiedenen Gründen. Haben Sie die beiden Pistolen der Kriminalbeamten?«

»Ja. Die von Geyer ist leergeschossen. In der anderen stecken noch vier Patronen im Rahmen.«

»Gut. Ich möchte Ihnen niemanden von der Flughafenpolizei mitgeben, um kein unnötiges ...«

»Ich habe genug von Polizeischutz!« rief ich. »Bis auf weiteres meinen besten Dank! Ich komme schon zurecht.«

»Ritchie, wir sprechen mit Konferenzschaltung. Kommissar Eilers hat alles mitgehört. Er will Ihnen auch noch was sagen.«

Eilers Stimme erklang: »Tut mir leid, was Ihnen da passiert ist, Herr Mark. Ich habe Erichsen und Geyer für meine zuverlässigsten Beamten gehalten.«

»Na, Erichsen war ja auch einer.«

Eilers sagte mit heiserer Stimme: »Aber Geyer ... man kann niemandem mehr trauen ... niemandem hier.«

»Stimmt es, daß mein Bruder verhaftet ist?«

»Ja.«

»Und daß Sie Frau Lombard bewachen lassen?«

»Das stimmt auch. Haben die beiden Ihnen das erzählt?«

»Ja. Hat Geyer Sie angerufen?«

»Wann?«

»Nachdem er mich gestellt hatte . . . von einer Raststätte . . .«

»Er hat nicht angerufen.«

»Aber er ist doch noch einmal telefonieren gegangen!«

»Sicherlich«, kam Paradins Stimme dazwischen. »Und sicherlich nicht mit Eilers.«

Eilers sagte: »Nach allem, was passiert ist, können wir uns denken, mit wem er telefoniert hat. *Wenn* er telefoniert hat.«

»Er wird schon haben«, hörte ich Paradins Stimme. »Und Delacorte hat alle Chancen, die er nur haben kann.«

»Weshalb wollte Geyer mich denn angeblich anrufen?«

»Wegen Doktor Hess. Ich erzählte, was ich mit dem erlebt habe . . . hat Ihnen das Paradin noch nicht erzählt?«

»Doch.«

»Waren Sie schon in dem Leichenkeller?«

»Ja.«

»Und?«

»Wir haben Doktor Hess gefunden. Den Pfleger, von dem Sie erzählt haben, fanden wir nicht.«

»Und was sagt der Doktor?«

»Nichts«, antwortete Eilers. »Er kann nichts mehr sagen. Er ist tot.«

»*Was?*«

»Herzstich. Mit einem von diesen Seziermessern. Erstklassige Maßarbeit.«

Ich hielt mich am Apparat fest.

»Was ist los mit Ihnen? He, Mark, was haben Sie?«

»Nichts«, sagte ich.

Vor meinen Augen drehten sich feurige Räder. Erichsen erschossen. Hess erstochen. Mit einem Seziermesser. Es hatten mehrere Seziermesser da unten herumgelegen, ich erinnerte mich. Wer hatte das getan? Der Pfleger? Der Pfleger war verschwunden, so wie Geyer und der tote Erichsen verschwunden waren. Warum war nicht auch der tote Hess verschwunden?

»Der Pfleger!« sagte ich. »Ich habe ihn doch beschrieben. Dieser halbe Neger. Ist da niemand im Krankenhaus, der so aussieht? Oder aussah?«

»Keiner«, sagte Eilers. »Wir haben inzwischen nach Ihrer Beschreibung eine Fahndung eingeleitet. Ist auch allerhand los hier, wie Sie sich vorstellen können. Aber so einen Pfleger, wie Sie ihn beschreiben, hatte das Krankenhaus nie. Hier gibt es zwei Dutzend stämmige Kerle – Riesen keine. Außerdem trägt kein Pfleger hellblaue Hosen. Keiner sieht aus wie ein

Gorilla. Und vor allem: Es fehlt auch keiner. Das war kein Pfleger aus diesem Krankenhaus. Ich glaube nicht, daß es überhaupt ein Pfleger war.«

»Aber ich sage Ihnen doch . . .«

»Regen Sie sich nicht auf!«

»Glauben Sie, ich habe Doktor Hess . . .«

»Nein.«

»Was, nein?«

»Nein, ich glaube nicht, daß Sie den Pfleger erfunden und Doktor Hess erstochen haben«, sagte Eilers. »Aller Wahrscheinlichkeit nach nicht jedenfalls. Es sind nur fremde Fingerabdrücke auf dem Seziermesser, nicht Ihre.«

»Wieso wissen Sie . . .«

»Weil ich sie mit Ihren verglichen habe.«

»Woher haben Sie meine Fingerabdrücke?«

»Sie haben doch in Kamploh . . . eh, Delacortes Bibliothek die Umschläge der Platten in die Hand genommen. Die Umschläge der Neunten, nicht? Nein, Ihre Abdrücke sind das nicht auf dem Seziermesser. Aber auch nicht die Ihres Bruders.«

Ich begann zu schreien: »Hören Sie, mir reicht das jetzt! Ich habe gerade genug erlebt! Mir gefällt Ihr Ton nicht!«

»Das tut mir leid«, sagte Eilers höflich. »Wirklich. Verzeihen Sie. Ich bin ein wenig . . . ein wenig nervös.«

»Das sind wir alle«, erklang Paradins stille Stimme. »Trinken Sie was, Ritchie, nachdem Sie Ihren Platz gebucht haben. Kommen Sie her. Wir besprechen alles in Ruhe. Und machen Sie sich keine Sorgen um Frau Lombard. Auf die wird wirklich aufgepaßt.«

»Von meinen besten Leuten«, sagte Eilers.

»Geyer haben Sie auch für einen Ihrer besten Leute gehalten«, sagte ich bitter.

»Ja«, sagte er. »Leider. Niemandem tut das mehr leid als mir. Ich . . . ich bleibe abwechselnd mit Inspektor Lansing selber im Krankenhaus und in Frau Lombards Nähe . . . Beruhigt Sie das ein wenig?«

»Ja. Und entschuldigen Sie mein Gebrüll.«

»Kann ich doch verstehen«, sagte Eilers. »Ich möchte mich bei Ihnen bedanken, Herr Mark . . . für alles, was Sie getan haben und tun.«

»Das möchte ich auch«, sagte Paradin. »Wir danken Ihnen, Ritchie. Sie sind ein feiner Kerl.«

Ein feiner Kerl — wahrhaftig, das sagte er.

Wenn ich es jetzt niederschreibe und mich daran erinnere, was ich danach alles tat, dann könnte ich stundenlang kotzen aus Ekel vor mir selber.

Am 30. Januar 1933 kamen die Nazis, nach dem Sturz des Kabinetts Schleicher, durch Adolf Hitlers Ernennung zum Reichskanzler an die Macht.

Obwohl sie zunächst nur über drei Ministersitze verfügten und auch bei den Wahlen vom 5. März 1933 nur achtundvierzig Prozent der Stimmen gewannen, gelang es ihnen in kürzester Zeit, die Staatsgewalt vollkommen an sich zu reißen.

Sie schafften diese totale Machtergreifung durch sofortige Verhaftung aller politischen Gegner und ihre Einweisung in Zuchthäuser oder Konzentrationslager, durch Entlassung aller politisch unerwünschten Beamten, die Besetzung sämtlicher Schlüsselstellen mit zuverlässigen Anhängern, durch die Unterwerfung der einzelnen Länder unter die ›Reichsgewalt‹, die Auflösung oder das Verbot aller anderen politischen Parteien und die Herstellung der sogenannten ›Einheit von Partei und Staat‹.

Den einunddreißigjährigen Staatsanwalt Dr. Walter Paradin verhafteten die Nazis bereits am 5. Februar 1933. Er hatte am Landgericht Frankfurt/Main I gearbeitet und in zahlreichen Fällen von nationalsozialistischen Gewaltverbrechen die Anklage vertreten. Nun schlug die Stunde der Abrechnung. Der kleine Paradin mit den zarten Gliedern und der gewaltigen Arbeitskraft kam schließlich in das Konzentrationslager Buchenwald, das damals noch der SA unterstand. Hier schlug ihm Attila Hanselmeyer, Metzger aus Tutzing, Oberbayern, mit einem Spaten den Knochen des rechten Unterschenkels entzwei. Hanselmeyr war Sturmführer und leberkrank. Die Lebererkrankung rührte von chronischem Alkoholismus her und verursachte eine ständige Gereiztheit des SA-Mannes, der darum als ›scharfer Hund‹ verschrien war. Walter Paradin, der ihm knapp bis zur Brust reichte, hatte mit anderen an einer tiefen Grube geschaufelt, die, nachdem sie ausgeschachtet worden war, sofort wieder zugeschaufelt werden mußte. Es war dies eine der Ertüchtigungsmethoden des Lagers Buchenwald. Paradin hatte schon an vielen Gruben gearbeitet. Attila Hanselmeyr mißfiel an jenem Tag die Art, in der Paradin grub, er entriß ihm den Spaten und schlug zu. Paradin brach zusammen, kam ins Lazarett und verließ dieses zehn Wochen später – mit schlecht geheilten Knochen, hinkend, den rechten Fuß kürzer als den linken. Der SA-Mann erhielt von seinem Vorgesetzten einen Rüffel und das Verbot, Häftlinge mit Spaten zu schlagen. Er schlug Häftlinge von nun an mit einer Eisenstange. Oftmals brauchte man die Geschlagenen dann nicht mehr ins Lazarett zu schaffen.

Paradin, der sich im klaren darüber gewesen war, was ihn erwartete, hatte seine junge Frau Claire – die Eltern waren tot – schon am 1. Februar 1933 nach Paris geschickt. Er selber mußte noch bleiben und auf einen falschen Paß warten. Mit seinem richtigen wäre er nicht mehr über die Grenze gekommen. Der Paßfälscher, an den er sich wandte, wurde selbst verhaftet. Schon nach kurzer Folterung verriet er die Namen seiner Klienten.

Der kleine, zarte Paradin humpelte bis zum Sommer 1935 durch das Lager Buchenwald. Er wurde noch oft zusammengeschlagen, noch oft entging er um ein Haar dem Tod. Am 16. August 1935 flüchtete er, mit vier anderen Häftlingen. Die vier wurden wieder eingefangen und im Lager gehängt. Paradin gelang die Flucht in die Schweiz und von da nach Frankreich. Es halfen ihm Bauern, Arbeiter und Arbeiterfrauen, und an der Schweizer Grenze schossen deutsche Posten in die Luft und nicht auf ihn, der vor ihren Augen einen kleinen Fluß durchschwamm.

Walter Paradin stammte aus einer der angesehensten Frankfurter Familien. Sein Vater war Senatspräsident und Träger hoher ziviler und militärischer Auszeichnungen gewesen. Die Nazis beschlagnahmten Paradins gesamte Habe und bürgerten ihn und seine Frau aus.

In Frankreich traf Paradin Claire wieder. Mit ihr flüchtete er über Spanien nach Portugal. Lebte im Elend. Erhielt Visa für die USA. In New York mußte er eine Prüfung ablegen, bevor er als Anwalt zugelassen werden konnte. Er brauchte zwei Jahre Vorbereitungszeit dazu. Während dieser beiden Jahre arbeitete seine Frau in einer Wäschefabrik. Paradin bestand die Prüfung mit Auszeichnung. Am Tag nach seiner Zulassung als Anwalt starb seine Frau an einem Gehirnschlag. Paradin heiratete nie wieder.

Er trat in eine Anwaltsfirma ein und verblüffte mit der Brillanz seiner Schriftsätze Kollegen und Gerichte.

Walter Paradin arbeitete schwer. Er wurde wieder wohlhabend, er wurde reich. Ein halbdutzendmal trug man ihm die amerikanische Staatsbürgerschaft an. Ein halbdutzendmal lehnte Paradin freundlich, aber bestimmt ab. »Ich gehe nach Deutschland zurück, wenn der Krieg zu Ende ist«, sagte er. Und das tat er. Dank seiner Beziehungen gelang es ihm, bereits im Winter 1945 auf 1946 wieder in seiner zerstörten Vaterstadt zu sein.

Einige Monate später lernte ich ihn kennen – als Dolmetscher der MP-Station an der Baseler Straße. Tiny hatte uns beiden Zimmer in der Villa eines geflohenen Nazibonzen in der Richard-Strauss-Allee verschafft, wir freundeten uns an, und ich erfuhr von Paradin, was ich bisher niederschrieb.

Da er es abgelehnt hatte, die amerikanische Staatsbürgerschaft zu erwerben, lebte er wie die ›Displaced Persons‹ – auf Lebensmittelkarten, auf Kleiderkarten, von CARE-Paketen und Tinys Geschenken. Sein Vermögen konnte er vorläufig nicht transferieren. Er war so arm, wie wir alle damals waren. Ich erinnere mich noch an unsere ersten Gespräche in seinem Zimmer, das gewiß das sauberste und ordentlichste im ganzen Haus war. Er reinigte es selber, verbissen kämpfte er gegen Schmutz und Verfall. Immer hingen frisch gewaschene Hemden, Socken oder Unterwäsche an Schnüren in diesem Zimmer oder, bei schönem Wetter, im Garten zum Trocknen. Und während des Gesprächs, von dem ich berichten will, stand Paradin, im Morgenrock, vor einem Bügelbrett und plättete die Hosen eines seiner dunklen Anzüge – behutsam, unter einem feuchten Tuch und indem er von Zeit zu Zeit das Eisen mit einem angefeuchteten Finger berührte.

»Warum sind Sie zurückgekommen?« fragte ich ihn, der elend lebte wie wir alle und der, wenn schon unbedingt, dann doch um ein kleines als Sieger unter Siegern hätte heimkehren können, um, beispielsweise, beim Nürnberger Prozeß einer der Anwälte des amerikanischen Anklägers zu sein.

»Weil ich hierher gehöre«, antwortete Paradin. Er trug damals schon die goldgefaßte Brille, die ihm auf der Nase ständig nach vorn rutschte, und wenn er lachte, waren seine Augen fröhlich wie die eines Kindes. Er hatte immer rote Backen. Nun lachte er. »Ich gehöre in dieses Land. Ich habe es gern. Das Land und seine Menschen. Darum bin ich auch so gekommen, daß ich gleich wie einer von ihnen leben kann.«

»Menschen dieses Landes haben Sie . . .«

»Hören Sie auf«, sagte er. »Sie können nicht ein ganzes Volk verurteilen für das, was ein Teil dieses Volkes getan hat. Wir sind dazu noch besonders anfällig für . . . nun, für die Hitlers. Immer gewesen und immer noch. Das ist mir klar, seit ich zurück bin. Ich spreche mit vielen Menschen. Es fasziniert mich. Darum bin ich wiedergekommen. Ich muß in meinem Land sein, wenn ich über mein Land reden will, wenn ich versuchen will zu begreifen, warum hier alles so kam, wie es kam, und warum hier immer alles so gefährlich ist . . . und die Zukunft so dunkel.«

»Ist sie dunkel?«

»Ich fürchte, mein Lieber, ich fürchte«, sagte Paradin. »Und ich finde, diesmal müssen wir früher etwas gegen das Unheil tun als das letztemal. Viel früher. Vielleicht können wir es dann verhindern.«

»*Deshalb* also sind Sie gekommen?«

Er nickte.

Und Kinder schrien sich an, und Erwachsene schrien sich an in diesem Haus, polnisch und deutsch, drei Radios tobten, und es roch nach schlechtem Fett und nach Armut.

»Was können Sie als Dolmetscher schon tun? Warum sind Sie nicht längst in der Politik, in der Justiz?«

»Ich werde es bald sein. Mein Gesuch läuft.«

»Was für ein Gesuch?«

»Um Wiedereinbürgerung«, sagte Paradin, die Brille zurückschiebend, lächelnd und fröhlich.

Ich starrte ihn an.

»Na ja«, sagte Paradin, »schließlich haben die Nazis mich doch ausgebürgert. Im Moment besitze ich gar keine Staatsbürgerschaft. Muß mir erst wieder die deutsche verschaffen. Wird nicht lange dauern, bis ich sie bekomme, hoffe ich.«

Das schmiß mich um.

»Sie mußten einen Antrag stellen, um die deutsche Staatsbürgerschaft wiederzuerhalten?«

»Man hat mir gestattet, einen solchen Antrag zu stellen.« Er nickte und lächelte und hinkte in seinem so sauberen, so armseligen Zimmer hin und her. Er saß kaum jemals. Ständig humpelte er herum. Er pflegte zu sagen, es sei wichtig, daß man dauernd in Bewegung blieb.

Ich rief: »Das Dritte Reich gibt es nicht mehr . . . aber Ihre Ausbürgerung trotzdem?«

Er kicherte. »Natürlich, mein Lieber.«

»Das ist doch Irrsinn! Schließlich haben ja doch nicht Sie einen Antrag auf Ausbürgerung gestellt! Es ist demütigend und beleidigend, daß man jetzt einen Antrag auf Einbürgerung von Ihnen verlangt!«

»Wieso?« fragte er blinzelnd.

»Es gibt doch keinen Grund für eine solche Schikane!«

»Gewiß gibt es Gründe, Sie Hitzkopf«, sagte Paradin, die Hose wendend. »Immer schön überlegen, wie die Behörden hier das tun. Die Behörden hier haben sich überlegt, daß sie Menschen, die bereits eine andere Staatsbürgerschaft angenommen haben, durch automatische Wiedereinbürgerung Schwierigkeiten bereiten können. Und das wollen sie nicht.«

»Zum Teufel«, sagte ich (das war damals noch meine heroische Zeit), »die Ausbürgerung eines Menschen ist eine der härtesten Strafen, die der Staat zur Verfügung hat. Sie hat mit einer automatischen Einbürgerung doch überhaupt nichts zu tun! Sie zum Beispiel, Sie haben ja nie eine fremde Staatsbürgerschaft angenommen.«

»Es geht nicht um mich oder andere Einzelfälle, es geht um das Prinzip. Die deutschen Behörden finden, daß man keinen Emigranten zwingen darf – und das täte man mit einer automatischen Wiedereinbürgerung –, neuerlich Deutscher zu werden.«

»Verflucht, dann läge es doch aber bei jedem einzelnen Emigranten, zu erklären, ob er wieder Deutscher werden will oder nicht!« Wie gesagt: meine heroischen Jahre. Sehr jung war ich noch, voller Enthusiasmus, und Gerechtigkeit war für mich ein Wort mit einem sehr großen G. »Durch eine automatische Wiedereinbürgerung könnten die neuen deutschen Behörden wenigstens etwas von der Schmach . . .«

Paradin schnitt eine Grimasse.

»Hören Sie auf, Ritchie. *Schmach* – was für ein Wort! Es gibt Worte, die kann ich einfach nicht hören oder lesen. ›Schmach‹ zum Beispiel. Oder ›Fein säuberlich‹ oder dieses neue ›Ich *darf* sagen‹, ›ich *darf* mitteilen‹. Da wird mir einfach schlecht. Also bitte nicht.«

»Dann könnte man wenigstens die *Gemeinheit* der Ausbürgerung zum Teil wiedergutmachen.«

»Wiedergutmachen. Das wird, denke ich, ein Wort werden, das bald niemand in Deutschland mehr hören möchte«, sagte Paradin, behutsam bügelnd.

»Man müßte die Emigranten entscheiden lassen, ob sie Deutsche werden wollen oder nicht, aber die Staatsbürgerschaft müßte man ihnen auf alle Fälle sofort zur Verfügung stellen. Soviel ich weiß, ist ja auch nicht geplant, unsere großen Kriegsverbrecher auszubürgern!«

»Daran wird man nie denken«, sagte Paradin. »Und das, sehen Sie, ist auch ein Grund, warum ich sofort zurückgekommen bin. Ich will dabeisein, diesmal, von Anfang an. Ich will wissen, endlich wissen, wie die Menschen bei uns wirklich sind. Vielleicht bekomme ich es heraus. Ich will wissen ... mir fallen im Moment keine besseren Wörter als englische ein ... ich will wissen, what makes them tick.«

Dieser Walter Paradin hatte mir von Anfang an gefallen. Wir wurden bald wirkliche Freunde. Ich lernte einen Pfarrer kennen, der mit Paradin in Buchenwald gesessen und auch überlebt hatte. Dieser Pfarrer, Helmut Matern, wohnte im Keller eines Hauses, das ebenso zerstört war wie die Kirche daneben, von der nur noch die schwarzen rissigen Außenmauern standen. Ein Dach hatte diese Kirche nicht mehr, es schneite und regnete herein, und kein Mensch konnte sich setzen, denn natürlich waren auch alle Bänke verbrannt, oder das Holz war gestohlen worden. Man hätte sich auf die Erde setzen können, aber es waren immer sehr viele Menschen in der Kirchenruine, wenn Pfarrer Matern sprach. Die Menschen standen aneinandergepreßt wie Heringe im Faß. Manchmal wurden Leute ohnmächtig, und wenn sie das Pech hatten, mitten in der Menge zu stehen, dann waren sie im Stehen ohnmächtig, denn man konnte sie weder schnell hinausschaffen noch hinlegen. Sie kamen schon wieder zu sich. Pfarrer Matern predigte gut, die Menschen verehrten ihn.

Dabei war er nur noch ein Wrack. Kaum halbwegs erholt von den Torturen des Lagers, hatte er sich dem Schnaps ergeben. Nicht, daß er jemals wirklich volltrunken predigte. Aber angetrunken predigte er stets, das gestand er mir sofort offen ein, als ich ihn eines Tages besuchte.

»Ich kann sonst nicht sprechen«, sagte er, in seinem Kellerloch, in dem Feuchtigkeit Pilze an den Wänden wuchern ließ. Er sah elend aus, wie ein Skelett, die Haut und das Weiße der Augen gelb verfärbt, die Lippen bläulich — nur seine Stimme war wohltönend und schön. »Ich kann die Menschen sonst nicht einmal ansehen.« Er rülpste diskret. »Pardon. Nein, es geht einfach nicht ohne Schnaps. Ich bekomme Pfefferminzbonbons von einem amerikanischen Heeresrabbiner, es merkt keiner etwas ... hoffe ich wenigstens. Sie werden mich nicht verraten, mein Lieber, nicht wahr, jedenfalls nicht solange ich lebe. Ich weiß, Sie sind Schriftsteller, und Schriftsteller verbraten alles, was sie brauchen können. Mich dürfen Sie auch verbraten ... aber bitte erst nach meinem Tode. Versprechen Sie mir das?«

Ich versprach es, und ich hielt mein Versprechen. Jener Pfarrer ist seit fünfzehn Jahren tot, er starb 1956, im Delir. Ich stelle mir manchmal vor, es wäre *meine* Aufgabe gewesen, den Menschen Deutschlands im Jahre 1946 von Gottes Liebe und Gottes Barmherzigkeit zu erzählen, von Seiner Vorsehung und Seiner Gnade und dem Sinn, der hinter all ihren Leiden stand. Der sie läuterte. Der es wichtig machte und wert, erlitten zu werden. *Ich* hätte es nicht vermocht, nicht mit allem Schnaps der Welt! Dieser Pfarrer tat für den Gott, dem er diente, was er konnte, bis zum Tode. Kein Mensch hätte mehr für Gott tun können als dieser Alkoholiker.

Damals sprachen wir auch über Paradin, und Matern sagte mir, Paradin sei ihm in Buchenwald aufgefallen, weil er sich, genau wie er selber, beständig um die Mithäftlinge gekümmert, sich für sie interessiert und ihnen geholfen habe, wo er nur konnte.

»Aber er interessierte sich ebenso für die SA-Leute, für die Wachmannschaften, für alle im Lager. Er war unendlich wißbegierig...«

»Was heißt das?«

»Nun, er beobachtete alle Reaktionen, und warum Menschen etwas taten oder unterließen, Quäler und Opfer, er registrierte es mit der Aufmerksamkeit eines Forschers. Stundenlang redete er mit mir über einen einzelnen Häftling, einen einzelnen SA-Mann und darüber, warum diese so oder so gehandelt hatten und was er dazu vermutete. Und dann fragte er mich nach meinen Vermutungen...« Der Pfarrer suchte nach Worten. »Er kam mir oft vor... wie... er ist ja auch so klein und zierlich und jungenhaft, ewig jungenhaft, nicht wahr?, er kam mir oft vor wie ein kleiner Junge, der seine Uhr auseinandernimmt, weil er wissen will...«

»Warum sie tickt.«

»Ja«, sagte Helmut Matern, »das meinte ich!«

Es war zehn Minuten nach drei, als ich mit einem Kriminalbeamten, der mich am Flughafen erwartet hatte, den Justizpalast von Frankfurt erreichte. Hier schneite es nicht, aber der Himmel war dunkel, es dämmerte bereits. Straßenlaternen und Auslagen waren erleuchtet, Autos und Straßenbahnen fuhren mit Licht, und alle Lampen im Justizpalast brannten.

Wir glitten in einem Paternoster zum vierten Stock hinauf, gingen einen schier endlosen Gang hinab und erreichten schließlich eine Tür mit der Aufschrift:

DEZERNAT D

OBERSTAATSANWALT

DR. WALTER PARADIN

ANMELDUNG

In dem Raum hinter dieser Tür arbeiteten drei Sekretärinnen. Es war ein großer getäfelter Raum, sogar die Decke war kunstvoll holzverkleidet. Wir wurden erwartet. Eine der Sekretärinnen, eine ältere Frau, telefonierte mit

Paradin. Er erschien sofort, hinkend, dunkel gekleidet, mit weißem Hemd und dunkler Krawatte, lächelnd, die Arme ausgestreckt.

»Hallo, Ritchie!« Er schüttelte mir die Hand und klopfte mir auf die Schulter. Dann bedankte ich mich bei dem Kriminalpolizisten, der verschwand. Paradin sagte, er habe das Foto, das einer seiner Beamten vom Flughafen abgeholt hatte, bereits zur Bildfunkausstrahlung und Vervielfältigung auf Steckbriefen an die Fahndungsabteilung der Kriminalpolizei weitergegeben. Jetzt befinde er sich gerade in einer Besprechung mit Kriminalbeamten, Untersuchungsrichtern und anderen Staatsanwälten.

»Sie müssen noch ein paar Minuten Geduld haben, Ritchie. Gehen Sie da hinein. Ich erwarte auch noch einen Gast. Es dauert nur ein paar Minuten«, sagte Paradin, ewig in Eile, voll Elan und Schwung, während er schon zu seinem Zimmer hinkte.

Ich hatte ihn wohl drei Jahre lang nicht gesehen. Dieser Mann schien nicht zu altern. Kein Mensch hätte geglaubt, daß der Oberstaatsanwalt Walter Paradin vierundsechzig Jahre alt war. Die Tür seines Dienstzimmers schloß sich hinter ihm.

Ich öffnete die Tür des Wartezimmers, auf die Paradin gewiesen hatte. Minski saß darin.

»Guten Tag, Boris«, sagte ich überrascht.

»Möcht wissen, was gut ist an diesem verfluchten Tag, du blöder Hund«, sagte Boris Mordechai Minski.

Muttchen Stalling hat ihren jüngsten Herzanfall überstanden. Sie liegt noch im Krankenhaus, aber die Gefahr ist gebannt, man wird sie bald entlassen. Darüber ist mein Wachtmeister sehr glücklich. Doch er sagt beklommen: »Nun habe ich schon Angst vor dem nächsten Fall. Soll denn das immer so weitergehen? Ist das denn ein Leben, Herr Mark? Ach, wenn man doch bloß nicht so sehr daran hinge.«

Schön wäre es, denke ich jetzt häufig, während ich Stenogrammblock um Stenogrammblock fülle mit der Geschichte meiner Schuld, schön wäre es, wenn man an gar nichts hinge. Dann ginge man so leichten Herzens fort von dieser Welt, und niemals stünde einem eine schwere Zeit bevor.

Ich hatte Boris Minski noch nie so aufgebracht gesehen. Als ich in das Wartezimmer kam, lief er, vor sich hin redend, zwischen den Ledersesseln und Rauchtischchen des ebenfalls holzgetäfelten Raums umher. Nun blieb er stehen und sah mich mit seinen feuchten schwarzen Augen anklagend an.

»Möcht wissen, was gut ist an diesem verfluchten Tag, du blöder Hund«, sagte er als Antwort auf meinen Gruß. Bleich leuchtete sein Gesicht im elektrischen Licht eines altmodischen Deckenleuchters, die großen Tränensäcke sahen violett aus und erinnerten mich an jene des Hauptkommissars

Fegesack. Minski mußte aus Versehen so viel ›Yardley‹ über sich gegossen haben wie ich absichtlich ›Prestige‹. Gemeinsam dufteten wir wie eine ganze Parfümerie.

»Bist du verrückt geworden?« fragte ich ärgerlich. »Wie sprichst du denn mit mir?«

Minski warf die Arme hoch.

»Bin *ich* verrückt geworden, fragt er, der Meschuggene!« Ich wollte etwas sagen, doch er ließ mich nicht zu Wort kommen. »Sei still, ich weiß alles. Dein Freund, der Staatsanwalt, hat's mir erzählt.«

»Wieso? Ich meine: Wieso bist du überhaupt hier?«

»Weil er mich angerufen hat und hergebeten, dein Freund, der Staatsanwalt.«

»Paradin rief dich . . .«

»Verstehst du nicht mehr deutsch? Ja, rief mich! Als deinen Kompagnon. Hat etwas vor, sagt er, und dazu muß er mit dir und mir reden. Die *Staatsanwaltschaft* hat jetzt schon was vor mit uns!«

»Mach dir nicht in die Hosen.«

»Du weißt ja nicht, was passiert ist. O Gott, o Gott, es ist nicht zu fassen. Als ob wir nicht schon genug Sorgen hätten. Mein Freund, mein bester Freund! Ein intelligenter Mensch . . . hab ich gedacht. Tut mir so was an. Mir und sich. Intelligenter Mensch, nebbich! Umbringen könnt ich dich!«

»Moment mal, ja«, sagte ich wütend. »Es war also verrückt von mir, daß ich Paradin verständigt habe wegen dieses Delacorte?«

»Verrückt? Selbstmord war es, du, du . . .«

»Was heißt Selbstmord? Reg dich ab, sonst trifft dich noch der Schlag.«

»Der trifft mich auch so! Aber dafür wirst du noch brennen, das sage ich dir! Gottes Feuer wird kommen auf dein Haupt! In Frieden haben wir leben wollen und arbeiten, ein Jahr, zwei Jahre noch. Nicht auffallen. Still und brav sein, damit sie uns nichts tun, keinen Knüppel zwischen die Beine werfen, den Laden nicht sperren. In die Schweiz wollen wir . . . alles ist vorbereitet. Aber wie kommen wir in die Schweiz? Nur ohne Skandal, ohne Wirbel, ohne Vorstrafen und Gerichte, ohne unsre Namen in den Zeitungen. Was machst *du*, Mensch ohne Hirn und Verstand? Alles kaputt machst du!«

»Wieso . . .«

»Zu Mittag heute«, wehklagte Minski, »ich sitz allein im Büro, klingelt's Telefon. Ich heb ab. Meldet sich einer. Verstellte Stimme, Taschentuch über der Muschel, ist ja ganz klar. ›Herr Minski?‹ – ›Ja‹, sag ich. Sagt er: ›Du dreckiger kleiner Saujud, dir und deinem feinen Kompagnon werden wir es jetzt besorgen. Du kannst dich auf was gefaßt machen. Euren Scheißladen habt ihr keine Woche mehr. In einer Woche, da wirst du und dein Kompagnon wünschen, tot zu sein, wenn ihr es dann noch nicht seid. Von Herzen wünschen werdet ihr's euch.‹«

»Das war ein Telefonanruf . . .«

»*Einer?* Fünf waren's! Immer andere Stimmen, immer andere Drohungen. Sie werden unser Lokal anzünden. Bombe reinlegen, wenn Hochbetrieb ist. Uns umlegen. Vanessa Vitriol ins Gesicht. Um ein Uhr haben sie die erste Brandbombe geschmissen. Durch die Eingangstür, vorn in die große Bar. Ich war allein . . . Gott sei Dank. Hab das Zeug löschen können . . . mit Sand, Haufen Sand aus'm Hof. Da liegt doch Sand, von den Arbeitern, die an der alten Mauer . . .«

»*Boris!*«

»Ich zitter noch am ganzen Leib. Allein löschen. Und dann der Polizei sagen, es waren nur Lausbuben. Runterspielen das alles, nur kein Aufsehen, nur keine Anzeige.«

»Du hast keine Anzeige erstattet?«

»Ich bin ja nicht meschugge wie du! Anzeigen! Wenn ich was anzeige, legen sie uns um, haben die Kerle gesagt.«

»Scheiße!«

»Das ist die richtige Einstellung, bravo, Superman! Glaubst es nicht, was? Haben noch keinen umgelegt, wie? Ist noch nicht genug passiert, he!« Da hatte er allerdings nicht so unrecht. »Wie soll der Laden weiterlaufen, wenn ich angezeigt hätte? Polente im Haus bei jeder Vorstellung? Ein candle-act für die Herren Polizisten? Damit sie uns zusperren und einlochen? Ich hab ja noch alle.«

»Die Schweine«, sagte ich, »die dreckigen Schweine.«

»Steht nicht zur Debatte, was sie sind«, sagte Minski. »Du sollst sie ja nicht heiraten. Du sollst dich raushalten. Du mußt dich raushalten. Und wenn ich dich totschlagen muß dafür . . . du *wirst* dich raushalten!«

»Schrei nicht so! Das werde ich nicht! Das kann ich nicht! Dazu ist es schon viel zu spät . . .«

»Wieso zu spät?«

»Lillian ist in Gefahr! Ich kann sie doch jetzt nicht im Stich lassen!«

»Nein, das kann nur *sie*, die verfluchte Zippe!«

»Halt's Maul, Boris!«

»No, wer schreit?«

Ich hatte wirklich geschrien. Ich nahm mich zusammen.

»Tut mir leid, daß ich uns in eine solche Situation bringe.«

»Tut ihm leid. Dafür kann ich mir was kaufen!« sagte Minski bitter.

»Weiß Vanessa . . .?«

»Niemand weiß. Nur du und ich. Und die . . . die am Telefon. Genügt, denk ich. Du wirst dich raushalten, Ritchie, ja? *Bitte.*«

»Nein.«

Er wurde blaurot im Gesicht. »Wirst nicht? Kannst nicht? He?«

»Kann nicht, nein.«

»Ah! Ein Held! Ein großer idiotischer Heldenheld! Muß einen Nazimörder jagen, den Geliebten von seiner alten . . .«

»Du sollst das Maul halten, sonst kriegst du eine in die Fresse!«

»Schlag doch! Schlag mich doch auch noch, du Trottel!«

Ich setzte mich und preßte die Fäuste gegeneinander. Ruhig, ruhig. Das war ja Irrsinn, daß wir uns hier anschrien. Ich sagte: »Also du, du hättest Delacorte nicht angezeigt, was? Mal ganz abgesehen von Lillian. Du hättest es nicht getan?«

»Ich? Nicht ums Verrecken! Und wenn ich genauso in diesen Dreck hineingestolpert wäre wie du mit Lillian und allem . . . ich hätte gemacht, daß ich rauskomm aus dem Dreck, und wär gerannt, so schnell ich kann, und hätte nichts gesehen und nichts gehört, und mein Name wäre Hase gewesen . . . das einzig Vernünftige!«

»Das ist also vernünftig in deinen Augen.«

»Das ist vernünftig in den Augen von jedem normalen Menschen in diesem Land!«

»Boris! Dieser Delacorte ist einer der größten Kriegsverbrecher!«

»Ja und? Was ganz Seltenes, wie? Selten wie ein Zwetschenspinner!«

»Wie ein was?«

»Schmetterling, frag nicht so blöd. Der einzige Kriegsverbrecher, der noch rumläuft, was? Du dämlicher Hund! Zu Tausenden rennen sie rum! Ende 1969 ist Verjährung – for good! Da siehst du, wie vernünftig unser Staat ist. Schluß muß sein damit, sagt der. Recht hat er. Aber du? Mußt anzeigen! Mußt einen Kriegsverbrecher anzeigen! Wickelkind, unterentwickeltes! 1969, wenn du da deine Entdeckung gemacht hättest, an den Hut hättest du sie dir stecken können! Wegen Ehrenbeleidigung hätte er dich angezeigt, wenn du gesagt hättest, er ist ein Verbrecher, der Delacorte.«

»Wir haben aber noch nicht 1969!«

»Nein, aber eine deutsche Gerechtigkeit haben wir! Du hast dich bloß um drei Jahre geirrt, das ist alles. Die Schuld von diesem Delacorte ist seit dem Krieg immer kleiner und kleiner geworden. Jetzt reicht's überhaupt nur noch bis 1969, dann ist es keine Schuld mehr. Und wegen einer so winzigen Schuld bringst du uns in Lebensgefahr! Kapierst du, was du tust?«

Ich sagte wild: »Ich kapiere, daß Lillian fast anstelle dieses Mannes umgebracht worden ist. Und ich kapiere, daß zwei Männer seinetwegen wirklich umgebracht worden sind. Und ich kapiere, daß dieser Herr einer von ein paar ganz großen Mördern ist, die Paradin sucht! Und die er bestrafen kann! *Noch* bestrafen kann!«

»Bis 1969!«

»Nein! Wenn er sie vor 1969 erwischt, kriegen sie ihre *volle* Strafe.«

»Volle Strafe, nebbich! Ha? *Wieviel* kriegen die ganz großen Mörder bei uns?« Der nur mittelgroße Minski hatte sich emporgereckt, er wippte auf den Zehenspitzen, sein Gesicht war jetzt dunkelrot und glänzte vor Schweiß, und er hatte sich in wilden Zorn geredet: »Na? Sag schon, wieviel kriegen solche wie der? Sieben Jahre? Neun Jahre? Alle heiligen Zeiten kriegt einer fünfzehn Jahre. Legt Revision ein, natürlich. Nach zwei Jahren wird die Strafe runtergesetzt. Sieben Jahre. Inzwischen ist er zuckerkrank geworden, der Arme, oder herzkrank und haftunfähig und längst zu Hause. *So* geht das zu bei uns! Und daran kann nicht mal dein Paradin was ändern!« Er holte Luft. »Weil daran nichts zu ändern *ist!* Ich hab gedacht, das hast du eingesehen. Dieses Land will nichts mehr von diesen Sachen wissen! Kein Mensch will! Kein Richter, kein Geschworener . . . nur ein paar Verrückte! Schau dir Österreich an! Genau das gleiche! Da stellen sie so einen vor Gericht, und die Geschworenen sprechen ihn frei! *Frei!* Stellen ihn wieder vor Gericht, andere Geschworene – *wieder* Freispruch! Und das ist kein Einzelfall, das weißt du! Das Volk hat genug! Es ist auch genug! Es muß mal genug sein! Laß doch Gras drüber wachsen! Aber nein, wie ein Kamel mußt du alles, was schon gewachsen ist, wieder abtrampeln!«

»Boris! Dieser Delacorte hat Mitschuld am Tod von hunderttausend Menschen . . . und direkte Schuld am Tod von ich weiß nicht wie vielen!«

»Und? Und werden die Hunderttausend wieder lebendig, wenn Paradin ihn jetzt erwischt?«

»Was ist das für eine Antwort? Schämst du dich nicht?«

»Warum soll ich mich schämen für etwas, das völlig vernünftig ist? *Wird* einer von den Hunderttausend wieder lebendig?« Er warf die Hände auf. »Die Masse macht's, daß du so was doch gar nicht verurteilen kannst, Mensch, die *Masse!* Kannst du dir hunderttausend Ermordete vorstellen? *Ich* nicht. *Einen,* ja! Ein kleines Kind zum Beispiel, wie das Baby, das diese Mutter da umgebracht hat, die verurteilt worden ist zu fünfzehn Jahren vor zwei Wochen. *Das* war erschütternd, *da* haben alle gesagt, bravo! Warum? Weil sie es sich haben *vorstellen* können – die bestialische Mutter, die ihr Kind, ihr *eigenes* Kind, ein kleines, armes Menschele, ermordet. Aber Hunderttausend? Das kann sich kein Mensch vorstellen! Und das *will* sich kein Mensch vorstellen, das ist . . . *ekelhaft* ist das!«

Er schwieg keuchend, und auch ich schwieg und dachte, daß ich derartige Reaktionen oft bei Juden beobachtet hatte: Sie verstummten und vereisten, wenn sie antinazistische Filme oder Fernsehspiele sahen, wenn sie Zeuge von Gesprächen waren, in denen die Verbrechen des Dritten Reiches angeprangert wurden. Es war ja auch zu verstehen: Sie lebten in Deutschland. Wie hätten sie in Deutschland leben sollen, leben *können,* wenn sie sich nicht ständig bemühten zu vergessen, wegzudenken von dem, was hier geschehen war?

Ich sagte: »Verzeih, Boris. Ich bin kein Jude. Ich kann das nicht so sehen, wie du es sehen mußt. Aber ich habe tun müssen, was ich getan habe.«

Er erwiderte heftig: »Das hat nichts damit zu tun, daß ich ein Jud bin!«

»O doch.«

»O nein! Vanessa denkt genau wie ich!«

»Ja, wegen Lillian!«

»Nein, aus Angst um dich! Genauso wie ich Angst hab um dich . . . und um uns alle!«

»Na also: doch Angst!«

Boris sagte leise: »Hast du denn überhaupt keine, Ritchie? Wirklich nicht?«

»*Ich?*« sagte ich. »Ich habe mehr Angst als ihr beide zusammen.«

»Und trotzdem . . .«

»Ja«, sagte ich, »und trotzdem. Was ist mit Vanessa? Glaubt sie dir das mit den Lausbuben und der Brandbombe?«

»Weiß ich nicht. Tut so als ob. Völlig durcheinander. Richtig zusammengeklappt seit heut nacht. Natürlich wegen dir und Lillian . . . so aufgeregt hat sie sich, daß sie ihre Tage gekriegt hat . . . eine Woche zu früh.« Wieder wischte er sich die Stirn trocken. »*Instinkt!* Gleich nachdem dein Staatsanwalt anrief, ging's los. Das arme Mädel hat mehr Verstand zwischen die Füße wie du im Kopf!«

Für einen Moment traten bei mir geschäftliche Überlegungen in den Vordergrund: »Wenn sie ihre Sache hat, kann sie nicht auftreten. Hast du . . .«

». . . Corabelle verständigt, klar. Einer muß ja normal bleiben. Die hat sich vielleicht gefreut, kann ich dir sagen.«

»Wieso?«

»Annamaria hat Durchfall.« Annamaria hieß Corabelles riesige Pythonschlange. »Schon seit einer Woche. Hat ihre Ratten zu gierig geschlungen. Heilt schon ab, aber sie muß noch warm liegen und mit Tierkohle gestopft werden und mit Tannalbin. Ausgeschlossen, sagt Corabelle, daß Annamaria schon arbeitet. Entweder sie wird uns undicht mitten in der Nummer, oder die Magenverstimmung flammt wieder auf, wer weiß wie schlimm. Damit ist nicht zu spaßen. Wo Annamaria doch so empfindlich ist.«

»Verflucht, was machen wir da?«

»Ja, jetzt wird dir mulmig, was? Und das ist noch ein kleiner Fisch! Sie hat sich die Schlange von einer Kollegin geliehen. Auch 'ne Python. Mit der übt sie. Weil sie sich doch nicht kennen. Vielen Dank, Ritchie, vielen Dank.«

»Sei nicht idiotisch!« rief ich. »Wegen der Drecksschlange kannst du mir doch nicht . . .«

»Es ist nicht wegen Annamaria«, sagte Boris ernst. »Du verstehst genau, was ich meine. Ich bin verzweifelt, Ritchie, ehrlich. Du weißt, ich hab keine guten Beziehungen zur Kultusgemeinde. Aber ich kenn ein paar Juden, die dort arbeiten, und die erzählen mir, daß häufig abgerissene Kerle da erscheinen und sagen, sie waren bei der ss, und für fünfzig Mark oder hundert Mark oder fünfhundert Mark wollen sie verraten, wo ein ganz

großer Naziverbrecher sitzt. Was tut der Rabbi? Rausschmeißen tut er sie
. . . alle, ohne Unterschied! Obwohl, wie er selber sagt, bestimmt die Hälfte
wirklich was wüßte. Der Rabbi ist der klügste Mann, den ich kenn! Das ist
es, was uns zukommt . . . nicht nur uns Juden, uns allen, die keine Mörder
waren: *Hände weg!* Aber ich predig zu tauben Ohren. Bei dir kommt auch
noch Lillian dazu. Ich hab gewußt, Unglück bringt sie über uns, gleich wie
sie angerufen hat. Jetzt sind wir schon mitten drin im Unglück.«
Die Tür ging auf.
Ein Mann im Mantel trat ein. Er war sehr groß und schlank, und er hatte
ein schmales Gesicht und große braune Augen. Er sah müde aus, das weiße
Haar hing ihm verweht in die Stirn.
Boris schnappte nach Luft.
»Herr Professor!«
Professor Dr. Peter Mohn von der Heil- und Pflegeanstalt Hornstein sagte:
»Staatsanwalt Paradin bat mich herzukommen. Viele Grüße von Ihrer Frau,
Herr Minski. Hallo, Herr Mark.«

»Ich habe«, sagte der kleine Walter Paradin, vor dem großen Schreibtisch in
seinem Arbeitszimmer auf und ab hinkend, »den Herrn Professor gebeten herzukommen, weil er mit Professor Delacorte zusammen studiert hat und ihn
gut kennt. Es ist mir sehr wichtig, daß er uns einiges über Delacorte erzählt
. . . wichtig für mich und wichtig für Sie, meine Herren.« Er sah Boris an.
»Es ist mir klar, Herr Minski, daß Sie äußerst verärgert sind über Ritchie!. . .«
»Ich? Wieso?«
»Sie *müssen* es sein. Das kann man sich – wenn ich mich an Ihre Lieb-
lingsredensart noch richtig erinnere –, das kann man sich ja ausrechnen!
Nach dem Bombenanschlag auf Ihr Lokal . . .«
»Das war doch kein Anschlag, Herr Oberstaatsanwalt«, rief Minski aufgeregt. »Lausbuben! Hab ich doch der Polizei gesagt!«
»Sie und ich wissen, daß es *keine* Lausbuben waren, Herr Minski. Deshalb
habe ich Sie ja gebeten herzukommen.«
»Weshalb?« Minski schnaufte.
Paradin sagte freundlich: »Ich werde Ritchie und Sie, ja *Sie* auch, in der
nächsten Zeit dringend benötigen. Sehr dringend. Ihre Hilfe und Ihre Mitarbeit. Da erscheint es mir nötig, Sie davon zu überzeugen, daß Ritchie
richtig gehandelt hat, Herr Minski.« Paradin sah uns alle an. »Und es
erscheint mir nötig, daß wir alle ganz von Anfang an ein richtiges Bild von
diesem Professor Delacorte bekommen. Ein objektives, unverzerrtes Bild.
Das ist für *mich* das Wichtigste.«
Zehn Minuten waren vergangen, seit Professor Mohn eingetroffen war.
Auch Paradins Arbeitszimmer hatte dunkle Wandpaneele und einen ausge-
legten Plafond, Teppiche und Regale, in denen Buchrücken an Buchrücken

stand. Aus der Tiefe drang gedämpft der Lärm des Verkehrs zu uns herauf, von Zeit zu Zeit dröhnten die Düsen eines Verkehrsflugzeugs, vor der Landung, nach dem Start, über uns hinweg. Es war warm in Paradins Zimmer. An der Stirnwand, dem Schreibtisch gegenüber, hing eine Tafel aus schwarzem Holz. Darauf stand in Messingbuchstaben:

DIE WÜRDE DES MENSCHEN IST UNANTASTBAR. SIE ZU ACHTEN UND ZU
SCHÜTZEN IST VERPFLICHTUNG ALLER STAATLICHEN GEWALT.
DAS DEUTSCHE VOLK BEKENNT SICH DARUM ZU UNVERLETZLICHEN UND
UNVERÄUSSERLICHEN MENSCHENRECHTEN ALS GRUNDLAGE JEDER
MENSCHLICHEN GEMEINSCHAFT, DES FRIEDENS UND DER GERECHTIGKEIT
IN DER WELT.
ARTIKEL I, GRUNDGESETZ FÜR DIE BUNDESREPUBLIK DEUTSCHLAND

Paradin, an der Tafel vorbeihinkend, vor der ein Tischchen mit einer Vase voll gelber Mimosen stand, sagte: »Um Sie noch rasch zu unterrichten, meine Herren: Delacortes neues Foto ist über Funk bereits raus. Alle Grenzstationen, Flughäfen und Schiffshäfen haben es. Tiny – ich meine Mr. Barlow – hat aus London angerufen. Er steht ab morgen jederzeit und an jedem Ort als Identifizierungszeuge zur Verfügung. Die Beamten haben in Delacortes Villa Fingerabdrücke von den Schallplattenumschlägen der Neunten Symphonie abgenommen, die auf dem Flügel in der Bibliothek lagen, weil nach Ansicht des Kommissars Eilers auch Delacorte diese Umschläge vor kurzem in der Hand hatte. Er und Sie, Ritchie, hatten die Umschläge in der Hand. Wir haben die Abdrücke über Funk herbekommen. Ein Satz stimmt mit den Abdrücken Delacortes, die wir hier haben, überein. Es gibt keinen Zweifel. Ritchie hat den richtigen Mann entdeckt.« Er blieb vor mir stehen. »Frau Lombard geht es besser, soll ich Ihnen von Eilers bestellen. Er sieht selbst dauernd nach ihr. Sie läßt herzlich grüßen.«

Minski sagte etwas Jiddisches, das wenig freundlich klang.

»Ihr Bruder ist weiter in Haft. Es hat sich herausgestellt, daß er schon gestern vormittag in Treuwall war.«

»Was?«

»Zwei Zeugen haben ihn gesehen und wiedererkannt.«

»Wo war er?«

»In der Waldpromenade.«

»Heißt das . . .«

»Das heißt noch gar nichts. Verdächtig ist, daß Ihr Bruder sich weigert, eine Erklärung für seine Anwesenheit abzugeben. Er streitet sogar ab, dagewesen zu sein. Die Zeugen müssen sich irren, sagt er. Nun, vielleicht ändern die Ereignisse der nächsten Stunden seine Einstellung.«

Lillian . . .

Ich mußte wieder an Lillian denken.

Hatte mein Bruder doch mit dem vergifteten Armagnac zu tun? Hatte er in irgendeiner Weise mit Delacorte zu tun? Was wollte er wirklich von Lillian? Er wollte sie wieder heiraten, sie sollte zu ihm zurückkehren, darum hatte er sie immer wieder gebeten. Stimmte das? Hatte Lillian mir die Wahrheit erzählt? Das Betragen meines Bruders am heutigen Morgen sprach dafür.

Lillian, Lillian . . .

Während der folgenden halben Stunde mußte ich immer wieder an sie denken. Ich hörte genau, was Professor Mohn erzählte, und dennoch dachte ich dabei immer wieder an Lillian, fiel mir immer wieder etwas ein, das ich mit Lillian erlebt hatte, einst, in jener anderen Zeit. So wie das Aufleuchten einer Sternschnuppe, eines Glühwürmchens waren diese Erinnerungen in Sekundenbruchteilen. Doch in diesen Sekundenbruchteilen lag jeweils die Erinnerung an Stunden, Tage, Jahre der Glückseligkeit . . .

»Delacorte«, begann Professor Mohn mit seiner langsamen, tiefen Stimme zu sprechen, »war, das muß ich zu Beginn mit aller Deutlichkeit feststellen, unzweifelhaft einer der begabtesten und modernsten Psychiater seiner Generation. Ich bin neun Jahre älter als er. Ich arbeitete bereits als Stationsarzt an der Psychiatrisch-Neurologischen Universitätsklinik in Freiburg, als Delacorte dort noch Vorlesungen von Professor Alfred Erich Hoche hörte. Er promovierte in Freiburg und arbeitete mit mir an der Klinik. Er entstammt einer alten Hugenottenfamilie. Der Vater war, soweit ich mich erinnere, Fabrikbesitzer in Duisburg.«

»Stimmt«, sagte Paradin. »Die Fabrik stellte Maschinen für den Bergbau her.«

»Wenn Sie wollen«, meinte Mohn, »war es für den ganzen Lebensweg Delacortes von entscheidender Bedeutung, daß er gerade die Vorlesungen von Professor Hoche besuchte. Damit Sie sehen, wie das Leben wirklich ist: Hoche war einer der ganz wenigen deutschen Professoren, die 1933 freiwillig ihren Lehrstuhl räumten — aus Protest gegen die neuen Machthaber. Hoche war ein wütender Antifaschist. Gleichzeitig aber war er im Grunde der Mann, der mit seinen Gedanken über ›lebensunwertes Leben‹ und seiner Forderung nach einer Lockerung des Tötungsverbots bei Geisteskranken in der deutschen Medizin und der deutschen Justiz den Boden bereitete für die Euthanasie-Morde. Je älter ich werde«, sagte Mohn, »desto mehr wird mir bewußt, wie unendlich schwierig es ist, gerecht zu urteilen über Menschen . . . gute und schlechte. Sie hören mich stottern, nach Worten suchen . . . Tja, ausgerechnet der absolut integre Hoche hat Delacorte das geistige Rüstzeug für die Verbrechen gegeben, die dieser dann beging . . .«

›Die Freigabe der Vernichtung lebensunwerten Lebens – ihr Maß und ihre Form‹, so lautete (Professor Mohn erzählte es uns langsam, leidenschaftslos, um Wahrhaftigkeit bemüht, im Arbeitszimmer des Oberstaatsanwalts Paradin an jenem düsteren Nachmittag im November 1966) der Titel einer 1920 erschienenen Schrift, die von dem Freiburger Professor der Psychiatrie Alfred Erich Hoche und dem weltbekannten Leipziger Juristen Karl Binding verfaßt war. Beide Männer genossen höchstes Ansehen, waren von besten Intentionen beseelt und charakterlich untadelige, aufrechte Menschen. Mit ihrer Schrift beeinflußten sie das Denken einer ganzen Generation.

Sie traten für eine Lockerung des Tötungsverbots ein. Natürlich sollte – das war für sie selbstverständlich – jede Tötung nur auf Grund eines ganz strengen juristischen Verfahrens erfolgen dürfen. Außerdem sollte unter allen Umständen, wie sie schrieben, auch der Lebenswille des kränksten und gequältesten und nutzlosesten Menschen respektiert werden.

Sie stellten indessen zwei Ausnahmesituationen zur Debatte, bei denen eine Tötung in Betracht gezogen werden konnte.

Wenn ein Todkranker oder tödlich Verletzter nicht mehr imstande war, seinen Willen auszudrücken, könne man ihm in gewissen Fällen den Wunsch nach Erlösung von seinem Leiden unterstellen – beispielsweise bei einem entsetzlich verstümmelten Ohnmächtigen, dem man ein qualvolles Erwachen ersparen sollte.

Das war die eine Ausnahmesituation.

Die andere: Geisteskranke, die unterhalb der tierischen Stufe standen, bei denen es also, wie die Autoren schrieben, weder den Willen zu leben noch zu sterben geben könne.

Professor Hoche verfocht diese Ansichten nach dem Tode Bindings – er starb im gleichen Jahr, in dem die Schrift erschien – weiter und baute sie aus, mit größter Vorsicht und immer neuen Einschränkungen. So forderte er zum Beispiel in seinen Vorlesungen, die auch der junge Victor Delacorte besuchte: »Der Fremdkörpercharakter der geistig Toten im Gefüge der menschlichen Gesellschaft muß ohne weiteres erkennbar sein.«

Das hörte Victor Delacorte. Und auch das: »Es ist entscheidend, daß die Art der Hirnbeschaffenheit des Kranken keinerlei klare Vorstellungen, Gefühle oder Willensregungen zuläßt. Dies muß absolut feststehen.«

Ja, so begann es: mit einem großen Wissenschaftler, der seine wohldurchdachten Thesen vortrug – und mit einem überbegabten Schüler namens Delacorte, der diese Thesen begeistert zu den eigenen machte, entsprachen sie doch genau dem eigenen Fühlen, dem eigenen Denken . . .

»Mit solchen Ansichten und Forderungen«, sagte Professor Mohn im Amtszimmer des Oberstaasanwalts Paradin, der lautlos vor der Tafel mit dem Ersten Artikel des Grundgesetzes für die Bundesrepublik Deutschland hin und her humpelte, während Minski gebannt dem Retter seiner Frau

Rachel lauschte und ich wieder und wieder daran denken mußte, daß dieser Mann namens Victor Delacorte seit zwei Jahren der Geliebte Lillians war, »mit solchen Meinungen war Hoche übrigens ziemlich nahe der Meinung Martin Luthers. Der sagte Mitte des 16. Jahrhunderts, wie aus seinen Tischreden hervorgeht, daß man einen zwölfjährigen Idioten unbedingt ersäufen solle.« Mohn zog einen Zettel aus der Tasche. »Das ist ein Tick von mir, immer nach Zahlen oder Zitaten zu suchen«, sagte er. »Die Stelle in den Tischreden, den Idioten betreffend, lautet: ›Daß er's‹ – also Luther – ›gänzlich dafür hielte, daß solche Wechselkinder nur ein Stück Fleisch, eine massa carnis seien, da keine Seele innen ist, denn solches könne der Teufel wohl machen ...‹« Mohn steckte den Zettel ein. »Das sagte Luther vierhundert Jahre vor der Aktion T 4«, meinte er langsam. Und ich dachte, während die Unterhaltung weiterging und ich jedes Wort verstand und aufnahm, an Lillian, Lillian, und wie im Aufglühen einer Sternschnuppe, in einer Sekunde, entstand die Erinnerung an eine Dezembernacht.

Das war die Nacht zum 24. Dezember 1947, eine Nacht vor Weihnachten. Tiny und ich hatten Dienst und nichts zu tun, und während draußen der Schnee auf die Ruinenstadt Frankfurt sank, gleichmäßig, unerschöpflich, seit Tagen, hockten wir um den kugelrunden Kanonenofen der Station, und der Ofen glühte rot, so voll hatten wir ihn gefüllt, und wir tranken heißen Kakao, und Tiny begann mich aufzuziehen.
»Weißt du eigentlich«, sagte er, »daß du immer von deiner Süßen zu quasseln anfängst, wenn du besoffen bist?«
»Von was für einer Süßen?«
»Tu nicht so! Die mit den Riesenaugen. Du weißt genau. Die damals im Frühling kam. In dem blauen Kleid. Du hast dich sofort verliebt in sie. Lüg nicht. Ich habe es gesehen.«
»Ach so«, sagte ich. »Die meinst du. Verliebt. Lächerlich.«
Tiny rollte die Augen und zeigte seine mächtigen Zähne in einem mächtigen Grinsen. Er blinzelte dem Desk Sergeanten und dem Assistant Desk Sergeanten zu, die auch beim Ofen saßen.
»Sie war doch wundervoll ... oder nicht?«
»Hm.«
»Sag, daß sie wundervoll war!«
»Hm.«
»Kannst du nicht mehr reden?«
»Sie war wundervoll.«
»Warum gehst du nicht mal zu ihr hin? Du hast doch ihre Adresse.«
»Warum soll ich hingehen? Sie ist nie mehr hergekommen.«
»Stolz und Vorurteil«, sagte Tiny. »Du solltest dich schämen, Ritchie.«
»Ich schäme mich ja«, sagte ich. »Ich bin nur zu stolz, um es zu zeigen.«

Wir tranken nicht *nur* Kakao in dieser Nacht. Wir hatten alle einen sitzen. Es war ein arbeitsames Jahr für mich gewesen, voller Unruhe und Sehnsucht. Im Hochsommer hatte ich den Roman beendet. Gleich vom ersten Verlag, dem ich ihn anbot, erhielt ich einen Vertrag. (Und tausend R-Mark Vorschuß bei Vertragsunterschrift und weitere tausend R-Mark bei Erscheinen. Für tausend R-Mark konnte ich mir auf dem schwarzen Markt hundert amerikanische Zigaretten kaufen.)

Im Oktober schon kamen die ersten Druckfahnen, auf schlechtem Papier natürlich. Aber als sie kamen, soffen Tiny und ich fürchterlich vor Aufregung! Im fertigen Manuskript hatte ich die Gestalt eines Mädchens, eine Hauptfigur, völlig verändert. Sie trug nun Lillian Lombards Züge. Ich konnte nie mehr vergessen, wie Lillian aussah, ich erblickte sie im Wachen und im Träumen – ich lief sogar ein paarmal Frauen auf der Straße nach und sprach sie an, weil ich sie für Lillian hielt, und immer waren es fremde Frauen, und ich mußte mich entschuldigen. Lillian kam nie mehr in die Station.

Unruhiger und unruhiger wurde ich, während die Monate verstrichen. Oft dachte ich daran, einmal in die Stresemannstraße zu gehen, aber ich wagte es dann doch nicht. Ich hatte ein einziges Mädchen in diesem Jahr – ich weiß nicht einmal mehr ihren Namen und wie sie aussah. Ich erinnere mich nur daran, daß sie wütend davonlief, als ich sie einmal, betrunken, dauernd ›Lillian‹ nannte. Sie hatte auch dunkles Haar und dunkle Augen ...

»Morgen ist Weihnachten«, sagte Tiny, die langen Beine nach dem rotglühenden Kanonenofen ausgestreckt. »Hast recht, Ritchie. Die Dame ist nie mehr gekommen. Die Dame will nichts von uns wissen. Außerdem ist sie längst verheiratet.«

»Sie kann nicht verheiratet sein!« rief ich. »Sie *ist* doch schon verheiratet! Es kam kein Bescheid! Solange nicht feststeht, daß ihr Mann tot ist, muß sie warten ... bis zum 8. Mai 1950! Das ist Gesetz! Das ist ...« Ich brach ab, denn ich sah, daß sie alle grinsten. Tiny hatte mich hereingelegt.

»You son of a bitch«, sagte ich zu ihm.

»A young man in love is a sad affair«, sagte Tiny. Er stand auf. Die anderen standen gleichfalls auf.

»Was ist los?«

»Komm mal mit ins Hinterzimmer«, sagte Tiny. Wir gingen alle ins Hinterzimmer, und hier nahm Tiny eine Decke von einer großen Kiste, die vollgefüllt war mit Konservenbüchsen, Zigaretten und ein paar Flaschen Whisky.

»Wir haben beschlossen, dein Mädchen zu bescheren«, sagte Tiny.

»Mein Mädchen – ha!«

»Shut up. Der Desk Sergeant, ich und du, wir machen jetzt eine Area Patrol. Der Assistant Desk Sergeant hält die Stellung«, piepste Tiny.

Damals waren wir alle längst gute Freunde, wir vergaßen immer wieder, daß ich zu den Besiegten gehörte und sie die Sieger waren.

Ich wehrte mich eine Weile, aber sie erklärten mir streng, ich sei verpflichtet, die Area Patrol als Dolmetscher mitzumachen, und zuletzt fuhren wir los, in pelzgefütterten Kapuzenmänteln, die Kiste mit den Geschenken auf dem Boden des Jeeps.

Wir fuhren durch das menschenleere Frankfurt, dessen Trümmer unter dem Schnee versanken. Es war spät. Wir kamen zu der Brücke über den Main, die heute Friedensbrücke heißt und die damals noch Wilhelmsbrücke hieß. Nur einer ihrer Bogen war von der SS gesprengt worden. Amerikanische Pioniere hatten die Brücke gleich im Frühjahr 1945 wieder instandgesetzt.

An der stillen Stresemannstraße standen ein paar Häuser, die von den Bomben verschont geblieben waren, zwischen Ruinenresten und verbrannten Baumstümpfen, die sich schwarz aus dem Schnee erhoben wie Riesenfinger.

Das Haus Nummer 156 war eine zweistöckige Villa im Jugendstil. In einem kleinen Vorgarten hatten die amerikanischen Mieter einen Christbaum aufgestellt, dessen elektrische Kerzen brannten. Wir hörten Stimmen und Gelächter hinter den erleuchteten Fenstern. Die Souterrainfenster waren dunkel.

Tiny hielt. Zu dritt schleppten wir die schwere Kiste durch den Schnee bis zur verschlossenen Haustür. Tiny leuchtete die Klingelknöpfe mit einer Taschenlampe ab. Drei amerikanische Namen standen da, zuunterst stand LOMBARD. Tiny klingelte. Ich wollte zum Jeep zurück, aber er hielt mich fest.

»Türmen, eh? Du bist doch ein deutscher Herrenmensch. Du wirst jetzt hübsch für uns dolmetschen. Wir wünschen fröhliche Weihnachten.«

Im Treppenhaus wurde es hell. Schritte erklangen. Ehe ich es noch begriff, rasten Tiny und der Desk Sergeant durch den Schnee zurück zu ihrem Jeep, sprangen hinein, und Tiny startete den Wagen.

»So long, Ritchie-boy!« schrie er. Der Jeep schlitterte davon. Ich sah die roten Schlußlichter tanzen. Dann begann mein Herz laut zu klopfen, denn jenseits der Milchglasscheibe eines in die Tür eingelassenen vergitterten Fensters erklang Lillians Stimme: »Wer ist da?«

»Richard Mark«, sagte ich verlegen. »Sie werden sich vielleicht nicht an mich erinnern. Ich bin Dolmetscher in der MP-Station in der Baseler Straße. Im April . . .«

Das Türfenster öffnete sich. Im Licht der elektrischen Kerzen des Weihnachtsbaums sah ich Lillian. Sie trug einen geblümten Schlafrock, das schwarze Haar hing ihr wirr in die Stirn, die Augen waren groß und glänzten – die Augen, die ich in all den vergangenen Monaten gesehen hatte, im Wachen, im Träumen.

»Ist etwas? Eine Nachricht von meinem Mann?« Lillians Stimme klang spröde und unwirsch.

»Nein. Leider nicht. Sie dürfen aber nicht den Mut verlieren. So etwas dauert manchmal sehr lange . . .«

»Um mir das zu sagen, wecken Sie mich mitten in der Nacht?«

»Es tut mir leid, wenn ich Sie geweckt habe. Meine Freunde haben mir einen Streich gespielt . . .«

»Ihre Freunde? Wo sind die?«

»Weggefahren. Das ist der Streich. Verstehen Sie?«

»Ich glaube, ich verstehe«, sagte sie, und ihre Stimme wurde klanglos.

»Nicht doch! Wir wollten Ihnen zu Weihnachten . . . ich meine, Tiny wollte . . .«

»Wer?«

»Der große Neger, Sie erinnern sich doch noch an ihn! Er meinte es gut . . . Er . . . wir . . . wir haben Ihnen etwas mitgebracht . . . Geschenke . . . weil doch Weihnachten ist . . . traurige Weihnachten für uns Deutsche . . . Vielleicht können Sie es sich etwas schöner machen . . . mit Ihrem Verlobten . . .« Ich würgte die letzten Worte heraus. »Öffnen Sie doch bitte einen Moment, ich habe hier eine Kiste, die ich Ihnen geben will . . .«

»Ich habe keinen mehr«, sagte sie.

»Was haben Sie nicht mehr?«

»Einen Verlobten.«

»Aber Sie sagten mir doch, Sie wollten . . .«

»Ja, das sagte ich. Im April.« Sie lachte. Es war kein hübsches Lachen. »Im April hatte ich auch noch einen Verlobten. Er wohnte hier, bei mir. Seit Kriegsende. Wir waren so gut wie verheiratet. Er arbeitete in dem Büro Master, wie ich.«

»Als Architekt, ich weiß. Und?«

Sie sagte heiser: »Herr Master hat eine Tochter. Zwei Jahre jünger als ich. Sie wissen auch, wie tüchtig Herr Master ist, wieviel er für die Amerikaner baut . . . mehr denn je . . .«

»Ich weiß, ja.«

»Nun, im Mai sagte mir mein . . . mein Verlobter, daß er mich seit einem halben Jahr mit Fräulein Master betrogen hat. Und daß er sie und nicht mich heiraten wird. Er sagte es mir mit genausoviel Worten wie ich jetzt Ihnen, und danach ging er fort. Acht Wochen später heiratete er Fräulein Master. Nun ist er Kompagnon ihres Vaters. Gute Nacht, Herr Mark.«

»Moment! So warten Sie doch!« Ich versuchte, das Fenster offenzuhalten, das sie schließen wollte. »Die Kiste . . .«

»Nehmen Sie sie wieder mit.«

»Aber ich kann sie nicht schleppen! Sie ist zu schwer!«

»Bitte, gehen Sie«, sagte Lillian, und ihre Augen schlossen sich halb.

»Wirklich, Frau Lombard, ich . . .«

»Sie sollen gehen«, sagte Lillian. »Hübsch ausgedacht. Unter anderen

Umständen würde ich es vielleicht sogar amüsant finden. Wie die Dinge liegen, finde ich es nicht amüsant.« Damit schloß sie das Fenster. Ich hörte, wie ihre Schritte sich entfernten. Dann erlosch das Licht im Treppenhaus. Ich stand im Schnee und fror und trat nach der Kiste und begann zu fluchen. Schließlich läutete ich bei einer anderen Klingel. Über mir öffnete sich ein Fenster, und ein angetrunkener Amerikaner steckte den Kopf heraus.

»What's the matter, bud?«

Ich sagte, ich hätte etwas bei Frau Lombard abzugeben, sie schlafe jedoch offenbar schon. Und ob er so gut sein wolle, mir die Haustür zu öffnen.

»Sure, boy, sure. Just a minute.«

Gleich darauf erschien er, in Hemd und Hose, ein First Lieutenant. Er half mir, die schwere Kiste bis vor Lillians Wohnungstür im Keller tragen. Dann gingen wir beide wieder nach oben. Der First Lieutenant roch nach Bourbon. Ich bedankte mich.

»Don't mention it. Nice kid, that Lombard girl, huh?«

»Mhm«, machte ich.

»Well, so long. And a merry Christmas to you.« Er schloß die Haustür ab, und gleich darauf erlosch das Licht im Treppenhaus wieder, und ich stand neben dem Weihnachtsbaum mit den elektrischen Kerzen, und plötzlich war ich fröhlich. Ich hob den Kopf und blickte in das weiße Gewimmel der Flocken, die aus dem dunklen Himmel auf die dunkle Erde sanken. Flocken trafen mein Gesicht, leise, zärtlich, und ich bildete mir ein, daß es lauter Küsse Lillians wären, zärtliche Küsse.

Langsam ging ich davon, den Weg zur Station zurück. Und immer wieder hob ich den Kopf, damit die Schneeflocken mein Gesicht trafen.

»Aber nicht nur mit dem Doktor Martin Luther stand Hoche in Einklang«, sagte Professor Mohn, »sondern auch mit jenen, die unmittelbaren Kontakt zu Schwachsinnigen hatten. Schon 1920, gleich nachdem um seine Schrift eine heiße Diskussion entbrannt war, verschickte der Direktor der sächsischen Landespflegeanstalt Großhennersdorf zweihundert Fragebogen an die Eltern schwachsinniger Kinder . . .« Mohn holte wieder einen Zettel aus der Tasche. »Die erste Frage auf diesen Bogen lautete: ›Würden Sie auf jeden Fall in eine schmerzlose Abkürzung des Lebens Ihres Kindes einwilligen, nachdem durch Sachverständige festgestellt ist, daß es unheilbar blöd ist?‹«

»Und?« Boris Minskis Gesicht zuckte. Er vermied es, mich anzusehen, und hielt den Blick starr auf Mohn gerichtet. »Wie waren die Antworten?«

Mohn erwiderte: »Von den zweihundert Bogen kamen hundertzweiundsechzig zurück. Ja, einverstanden, sagten hundertneunzehn. Nein, nicht einverstanden, sagten nur dreiundvierzig. Und von den dreiundvierzig Neinsagern schrieben noch vierundzwanzig, daß sie unter gewissen Einschränkungen mit einer Tötung doch einverstanden seien.«

»Niemals hätt ich das erwartet«, sagte Minski.

»Der Direktor der Pflegeanstalt auch nicht«, meinte Mohn. »Er war ein Feind der Ansichten Hoches. Er wollte Material gegen sie sammeln. Aber nach dieser Fragebogenaktion resignierte er. Er sagte genau dasselbe wie Sie, Herr Minski: ›Das hätte ich nie erwartet. Das Umgekehrte wäre mir wahrscheinlicher vorgekommen.‹« Mohn seufzte. »Es ist, ich sagte es schon, furchtbar schwer, hier Entscheidungen zu treffen. Ich meine nicht die Entscheidungen der Nazis: *Die* waren eindeutige Verbrechen. Aber, und das ist das Tragische, hochanständige Gelehrte wie Hoche hatten Männern wie Delacorte die Alibis dafür geschaffen, und sie hatten T 4-Massenmörder wie Delacorte zu ihren begabtesten und gelehrigsten Schülern gehabt. Und Delacorte sah, tagein, tagaus, auf den Stationen Hunderte von wirklich idiotischen Kindern, mit Wasserköpfen und all dem Gräßlichen ... Sie haben so einen Wasserkopf noch nicht gesehen, meine Herren, keiner von Ihnen, nicht wahr? Es ist alles sehr, sehr schwer ...« Mohns Stimme versinterte.

Wieder drang aus der Tiefe der Lärm des Verkehrs zu uns herauf. Ich sah Minski an. Der hatte den Kopf in die Hände gestützt. Ich sah zu Paradin. Dieser stand, die Arme verschränkt, vor der Tafel mit dem Artikel 1 des Grundgesetzes, die Brille auf der Nasenspitze, das längere linke Bein leicht durchgebogen. Er sagte: »Reden Sie weiter, Professor. Wir müssen alles hören, was für Delacorte spricht ... bevor wir sehen, was gegen ihn spricht. Nur so werden wir ihn vielleicht begreifen können als das, was er ist. Was er *wurde*, meine ich ...«

»Nun ja«, sagte Mohn. »Sehen Sie, die genaue Definition des geistigen Todes, die Hoche da aufgestellt hatte und die er in seinen Vorlesungen sowohl mir wie Delacorte wie Hunderten anderer Studenten und junge Ärzte vortrug, diese Definition ließ ihn einen logischen Schluß ziehen, der – da kann man sagen, was man will – in äußerstem Gegensatz zu dem humanen Grundgedanken der Euthanasie, des ›leichten, schönen Todes‹ stand. Hoche erklärte uns in seinen Vorlesungen: Den geistig Toten gegenüber ist Mitleid nichts anderes als der unausrottbare Denkfehler, eigenes Fühlen auf andere zu projizieren. Wo kein Leiden ist wie bei diesen ›geistig Toten‹, predigte er – und Delacorte hörte die Worte oft, und sie blieben ihm haften! –, wo kein Leiden ist, da gibt es auch kein Mit-Leiden.« Darüber hinaus, erzählte Mohn weiter, nannte Hoche stets eine ganze Reihe von sozialen, ökonomischen, ja sogar nationalen Gründen für die Beseitigung dieser ›Ballastexistenzen‹. Damit aber hatte ein wahrhaft großer Wissenschaftler die Verbindung zu dem National-Darwinismus hergestellt, der Hitler und Rosenberg begeisterte, zu ihrem grotesken Rassenwahn, zu ihrem Lieblingsphilosophen Nietzsche und dessen Verachtung für ›das Schwache‹. Ausgerechnet auf einen Nazigegner wie Hoche gingen also die

Argumente der Delacorte und Genossen zurück, als diese ihre T-4-Aktion starteten.

»Neben ökonomischen, nationalen und sozialen Gesichtspunkten«, sagte Mohn, »hatte Delacorte dann die Unverschämtheit, schriftlich und mündlich auch Hoches humanitäre Gesichtspunkte für seine Verbrechen zu beanspruchen. Und viele Ärzte wurden so – in der einen oder anderen Funktion – Delacortes willige Werkzeuge bei der riesigen Mordaktion. Ich meine zum Beispiel jene Ärzte, welche die Fragebogen, die man ihnen schickte, auftragsgemäß und mit aller Sorgfalt, die die kurze Zeit ihnen ließ, ausfüllten – nicht die gewissenlosen Karrieristen.« Mohn hob eine Hand. »Sie sehen, die Nazis suchten sich mit teuflischem Geschick die richtigen Leute. Ich sagte bereits, daß Delacorte einer der begabtesten und fortschrittlichsten Psychiater im damaligen Deutschland war... und eben ein Lieblingsschüler des alten Hoche...«

Eine Stille folgte.

Dann sprach Paradin: »Das wäre also alles, was sich sozusagen *zugunsten* von Delacorte anführen läßt.« Er humpelte zu seinem Schreibtisch, auf dem Akten lagen. In ihnen suchte er. »Zu seinen Ungunsten läßt sich mehr sagen, wir wissen es. Viel mehr. Er machte so schnell Karriere wie Sie, Professor. Aber auch in der Partei. Er entwickelte sich zu einem glühenden Nazi. Er trat in die SS ein. 1940 war er bereits Sturmbannführer, 1943 Obersturmbannführer, 1944 Standartenführer. Man ließ ihn schon 1936 nach Berlin kommen. Der Reichsleiter Bouhler beauftragte ihn bereits damals mit der Durchführung von sogenannten erbbiologischen Untersuchungen in Konzentrationslagern. Das heißt, damals schon durfte Delacorte töten... und er tötete ohne Skrupel, ohne Gewissen! Er schrieb sogar seiner Frau über seine Tätigkeit. Wir haben Briefe bei ihr gefunden. Sie ist ja schon lange tot.« Paradin nahm einige vergilbte Papiere und überflog sie, wobei er einzelne Sätze vorlas: »Aus München, wo er das KZ Dachau durchkämmte: ›Es sind nur zweitausend Mann, die sehr bald fertig sein werden, da wir sie uns am laufenden Band ansehen...‹« Paradin nahm einen anderen Brief. »Aus dem KZ Buchenwald bei Weimar – da war ich schon geflohen, denn ich sah Delacorte dort nicht mehr: ›Sieben Uhr vierzig. Auf geht's zu neuem, fröhlichem Jagen!...‹« Wieder nahm Paradin einen anderen Brief. »Aus Fürstenberg: ›Elf Uhr vierzig. Heißali! Fertig mit allen Fragebögen...‹« Paradin ließ den Brief sinken. »Heißali! Und das alles lange, *bevor* Delacorte als einer der Führer von T 4 mit seinem großen Massenmorden begann! Was diese Tätigkeit angeht, so sieht es aus, als hätte er zu jenem Zeitpunkt alles vergessen, was Hoche ihn lehrte.«

Er sah Mohn an, dieser nahm mehrere Zettel zur Hand und sagte langsam: »Das ist vollkommen richtig. Überhaupt nur ein knappes Viertel aller Euthanasie-Opfer bestand aus Schwachsinnigen, Idiotie schwersten Grades machte darunter weniger als die Hälfte aus, also ein knappes Achtel. Etwas über fünfzig Prozent der Ermordeten waren angeblich schizophren, der Rest andere Geisteskranke, Epileptiker, Taubstumme, alterskrank und Alkoholiker.« Mohn hob die Stimme: »Heute sind wir in der Psychiatrie so weit, daß wir, so wage ich zu sagen, mehr als die Hälfte all dieser Ermordeten, wenn sie noch lebten, heilen und aus den Anstalten entlassen könnten.«

»Sehr schön«, sagte Paradin. »Weiter. Sind alle Selektierten mit Kohlenmonoxyd vergiftet worden, Professor?«

»Nein«, sagte Mohn. Dieses Gespräch in seiner Sachlichkeit gehört zum Grausigsten, das ich je erlebt habe. »Sehr viele Kranke erhielten einfach kein Essen mehr und starben langsam an Unterernährung, darunter viele Kinder. Andere bekamen Einläufe mit Luminal oder Luminalspritzen . . . ebenfalls hauptsächlich Kinder. Die Luminalgaben waren so dosiert, daß sie nicht tödlich wirkten. Die Kranken starben durch Schwächung an Lungenentzündung oder anderen Leiden erst nach längerer Zeit einen scheinbar natürlichen Tod. Unvorstellbare Qualen erlitten jene Opfer Delacortes, die er − noch neben seiner Tätigkeit als Leiter der Aktion T 4 − behandelte.«

»Was für Menschen waren das?« fragte Paradin.

»Delacorte entwickelte den brennenden Ehrgeiz, den Nazis auch als bahnbrechender Entdecker zu imponieren. Anstoß dazu gab ein Gespräch mit Himmler. Dieser hatte ein Problem: in den KZ's lebten Millionen von ›erbuntüchtigen‹ und ›rassisch minderwertigen‹ Häftlingen. Sie sollten zwar für Deutschlands Kriegswirtschaft arbeiten, aber aussterben. Wie? Delacorte begeisterte sich für seine Idee der Röntgenkastration. Diese Behandlungsart mußte . . .« − Mohn sah auf einen Zettel − ». . . billig sein und sich zur Massenanwendung eignen. ›Entsprechendes Material wurde mir im KZ Auschwitz zur Verfügung gestellt‹, so Delacorte in seinem Bericht an Himmler . . .«

In Auschwitz (berichtete Mohn) experimentierte Delacorte mit jungen Juden. Weibliche Patientinnen waren griechische Mädchen zwischen vierzehn und achtzehn Jahren. Unter dem Röntgenapparat erlitten sie so schwere Verbrennungen, daß sie bald darauf starben. Nach einem Monat wurden die Überlebenden operiert − zur Kontrolle. Delacorte operierte bis zu zehn Mädchen in der Stunde, mit unsterilen Instrumenten und ohne Betäubung. Nach Aussagen von Häftlingsärzten gehörten diese Experimente zu den grausamsten, die je angestellt wurden.

»Delacorte rühmt sich in seinem Bericht an Himmler, daß er pro Eingriff jeweils nur sechs Minuten benötigte«, las Mohn von einem Blatt Papier ab. Minski stöhnte.

»Der ersehnte Erfolg war Delacorte jedoch nicht vergönnt. Er kam zu dem Schluß, daß eine Kastration des Mannes auf diesem Wege − ich zitiere − ›ziemlich ausgeschlossen ist oder einen Aufwand erfordert, der sich nicht lohnt‹. Ende des Zitats. Wer alle Torturen überlebte, wurde zuletzt vergast.«

Paradin fragte: »Ist es wahr, daß die Vergasungen aufhörten, als die Bevölkerung unruhig wurde, Professor?«

»Nein. In den KZ's gingen sie in weit größerem Maße weiter. Ansonsten hörten sie weitgehend auf, aber niemals ganz. Geistesschwache Kinder wurden bis 1945 ermordet. Und es gab in vielen Anstalten sogenannte Hungerhäuser, in denen man übriggebliebene Geisteskranke zwei Jahre lang ohne jede Pflege ließ und ihnen in diesem Zeitraum weder Fleisch noch Fett gab. Solche Einrichtungen befanden sich zum Beispiel in der Anstalt Eglfing-Haar bei München. Nach Kriegsende wogen Männer dort im Durchschnitt noch vierzig Kilogramm. 1945 lebten noch fünfundneunzig. Ich erwähne Eglfing-Haar, weil die Amerikaner eine Gruppe deutscher Ärzte, darunter mich, dorthin brachten und uns diese Menschen zeigten, die Delacorte entkommen waren. Lebende Leichname . . .«

Boris sagte erschüttert: »Sie waren auch ein Schüler von diesem Hoche, Herr Professor. Sie haben sich geweigert, Ihre hoffnungslos Kranken den Fliegenden Kommissionen auszuliefern.«

Mohn nickte verlegen.

Minski quälte sich mit seinen Worten ab: »Wie ist das möglich? Sie haben denselben Lehrer. Sie sind beide besonders begabt. Sie hören die gleichen ursprünglich anständigen und vernünftigen Überlegungen. Sie haben beide die gleichen guten politischen Startpositionen. Und der eine von Ihnen verteidigt seine Kranken so weit, daß er das eigene Leben riskiert dabei . . . und der andere läßt Hunderttausend vergasen? Wie gibt's das? Wie gibt's das? Sie sind doch beide Menschen . . . wir sind doch alle Menschen . . . Ich meine . . . wie ist es möglich, daß der eine so und der andere . . .« Minski verhedderte sich und verstummte unglücklich.

»Ich verstehe, was Sie bedrückt«, sagte Paradin. »Es bedrückt auch mich. Früher glaubte ich, die meisten Menschen seien bloß Puppen, die man durch Ziehen an Fäden zu jeder beliebigen Bewegung bringen kann und bei denen die Fäden auch noch überall sichtbar sind, so daß man gleich weiß, wo man anpacken muß. Aber je mehr Menschen ich kennenlerne, um so mehr komme ich zu der Ansicht, daß das nicht stimmt.«

»Es stimmt auch nicht«, sagte Mohn. »Die Menschen sind keine Puppen. Sie sind so etwas wie Automaten . . . jeder mit einem ganz besonderen Uhrwerk im Innern, das seinen ganz bestimmten unabänderlichen Gang geht.«

»Und was ist das für ein Uhrwerk? Warum ist der Gang unabänderlich? Und warum ist er bei jedem Menschen anders?« fragte Paradin.

»Das weiß ich nicht«, sagte Mohn. »Ich weiß nur, daß es zum Beispiel in einem KZ Kolomyja, in dem Ihre Frau war, Herr Minski, einen SS-Rottenführer namens Kleppke gab, der Ihrer Frau einen Kanten Brot schenkte, obwohl ihn das Kopf und Kragen hätte kosten können. Und ich weiß, was der Wiener Psychiater Professor Frankl in seiner ›Psychologie und Psychiatrie der Konzentrationslager‹ schreibt. Frankl war selber lange Jahre im KZ. In der Abhandlung erwähnt er den Lagerführer des KZ's, in dem er zuletzt war und aus dem er befreit wurde.« Mohn hob die Schultern und ließ sie wieder fallen. »Dieser Kommandant war SS-Mann. Nach der Befreiung des Lagers, schreibt Frankl, stellte sich heraus, was bis dahin nur der Lagerarzt — selbst ein Häftling — wußte: Der Lagerkommandant hatte aus eigener Tasche große Geldbeträge hergegeben, um aus der Apotheke eines nahen Marktfleckens Medikamente für seine Lagerinsassen besorgen zu lassen.« Mohn sprach langsam und sehr deutlich wie immer. Wir hörten ihm lautlos zu. Aus der Tiefe drang das Brausen des Nachmittagsverkehrs. »Aber der Lagerälteste in diesem KZ, also ein Häftling, schreibt Frankl, der wiederum war schärfer als alle SS-Wachen des Lagers zusammen! Der schlug die Häftlinge, wann und wo und wie er nur konnte. Der Lagerkommandant hob nach Frankls Wissen niemals auch nur eine Hand gegen einen einzigen Häftling. Frankl schreibt: Auf den Menschen kam es an. Was damals blieb, schreibt er, das war immer nur der Mensch ... Aber was ist der Mensch? Hat er also doch eine Seele?«

»Sie sprachen von einem Uhrwerk«, sagte Paradin.

»Ja«, sagte Mohn, »das tat ich.«

»Warum haben Sie das Wort Seele vermieden?«

»Weil mir das Wort in meinem Beruf zu unheimlich geworden ist«, sagte Mohn.

»Und wer bestimmt, ob einer die Seele ... das Uhrwerk ... eines Satans in sich trägt oder das Uhrwerk eines guten Menschen? Wer?« rief Boris.

»Ich weiß es nicht, Herr Minski«, sagte Mohn. »Niemand weiß es.«

Paradin humpelte hin und her.

»Aber man muß es wissen ... man wird es wissen ... Eines Tages wird man es wissen«, sagte er.

»Wer weiß«, sagte Professor Mohn.

Und wieder, es klingt fast lächerlich, wenn ich es niederschreibe, abstoßend und pervers klingt es, aber es ist die Wahrheit, und nur die Wahrheit soll ich niederschreiben auf diesen Seiten, wieder mußte ich, wie im Zucken eines Blitzes, an Lillian denken.

Ich war inzwischen müde geworden. Die Nacht hatte ich wachend verbracht, ich war einen weiten Weg gefahren, hatte viel erlebt, war geflogen — in der Wärme dieses Zimmers merkte ich, wie Mattigkeit mich überkam. Ich nahm alles noch deutlich und klar zur Kenntnis, aber meine Gedanken flossen leicht und schwerelos, hierhin, dorthin, zu Lillian ...

Es schneite in feinen, harten Flocken in die ausgebrannte dachlose Kirche des Pfarrers Helmut Matern. Alle Kerzen, die man entzündete, verloschen sogleich wieder im Wind oder von Flocken getroffen, und so waren nur der zerstörte Altar, ein roh gezimmertes Kruzifix und der hagere, leicht angetrunkene Pfarrer von zwei kleinen Scheinwerfern angestrahlt. Das große Kirchenschiff, das noch immer nach verbranntem Holz, ausgeglühten Steinen und ausgeglühtem Metall stank, lag in Dunkelheit. Wer weit hinten stand, wie Lillian Lombard und ich, der sah zwischen sich und dem Pfarrer unzählige Menschenköpfe. Die Kirche war zum Brechen voll bei dieser Mitternachtsmette. Lillian trug einen alten Pelz, ich einen blaugefärbten Mantel der US Army. Wir standen dicht aneinandergedrängt und hielten uns an den Händen. Aus unseren Mündern und den Mündern aller Menschen stieg weiß der Atem empor zu dem dunklen Himmel, aus dem weißer Schnee herabrieselte. Es war sehr kalt in jener Nacht.

Am Vormittag des 24. Dezember, zwölf Stunden nachdem ich ihr die Kiste voller Lebensmittel gebracht hatte, war Lillian in der MP-Station erschienen. Meine Schicht hatte um acht Uhr früh geendet, und ich schlief daheim in meinem Zimmer in der Villa an der Richard-Strauss-Allee, denn ich sollte an diesem Heiligen Abend wieder Dienst tun, Doppeldienst für Paradin und unseren dritten Dolmetscher, den ehemaligen Bankier Eugen Reck. Die beiden waren von Recks Schwester zum Fest eingeladen worden. So sprach also Lillian mit Paradin. Sie sagte ihm, daß es ihr leid tue, so schroff zu mir gewesen zu sein, und daß sie mich gerne zum Abendessen eingeladen hätte. Paradin war schon immer ein guter Kamerad. Ich hatte ihm von Lillian erzählt. Mit keinem Wort erwähnte er seine eigene Abendeinladung und versprach, mir Bescheid zu geben. Als er es dann tat, duldete er meinen Widerspruch nicht.

»Unsinn! Ich mache Doppeldienst! Ob ich zu dieser Schwester von Reck gehe oder nicht, ist mir doch so gleich! Ich bin, ganz ehrlich, lieber in der Station. Tiny hat Dienst. Wir werden es uns sehr gemütlich machen. Halten Sie den Mund, Ritchie! Sie gehen zu Ihrer Lillian!«

Und so erschien ich dann, um zwanzig Uhr am 24. Dezember 1947, bei Lillian. Paradin hatte meine gefärbte Uniform gereinigt und gebügelt, ich trug ein neues Hemd und eine neue Krawatte, und Tiny hatte mir ein Paar weiche Slipper besorgt – sein Weihnachtsgeschenk.

Lillian trug ein Abendkleid aus Goldlamé, das nicht neu und nicht modern war, aber sie sah wunderschön darin aus, so schön, daß ich sie immerzu nur ansehen konnte. Ihre kleine Wohnung lag neben dem Keller, in dem der Kessel der Zentralheizung stand, und es war sehr warm bei ihr, denn die amerikanischen Offiziere heizten tüchtig. Sie machten viel Lärm über uns, sie waren betrunken und hatten Gäste, und wir hörten sie schreien und lachen und Mädchen kreischen und Gläser splittern und hämmernde Jazzmusik.

Lillians Wohnung bestand aus zwei kleinen Zimmern, einem kleinen Schlafzimmer – ausgebauten Kellerräumen –, einer Küche, neben der das Badezimmer lag, eine ehemalige Waschküche. Den Rest ihrer antiken Möbel hatte Lillian hier aufgestellt, dunkle Schränke und Truhen, geschnitzte Sessel und einen schweren, runden Tisch, der feierlich gedeckt war. Überall brannten Kerzen in silbernen Leuchtern.

»Es sind noch Kerzen aus der Luftschutzkellerzeit. Blieben massenhaft übrig ... das einzige, was in Massen übrigblieb bei uns«, sagte Lillian. Sie hatte eine großartige Mahlzeit aus den Konserven bereitet, die in der Kiste gewesen waren, und wir saßen einander ganz fein an dem fein gedeckten Tisch gegenüber und aßen wie an einer Königstafel.

Nach dem Essen öffnete Lillian eine Whiskyflasche, und ich ging zu den amerikanischen Offizieren hinauf und bat um Eiswürfel und Sodawasser und bekam beides, und wir tranken ein wenig und drehten einen alten Volksempfänger an und stellten den amerikanischen Soldatensender ein, der Tanzmusik brachte. Wir tanzten zwischen den dunklen Möbeln, im flackernden Licht der Kerzen, und dann saßen wir uns gegenüber und sahen einander an und sagten kaum ein Wort.

»Ich würde gerne in eine Mitternachtsmette gehen«, sagte Lillian endlich verlegen. »Das letztemal war ich vor ... ich weiß nicht mehr wann in einer Mitternachtsmette. Ich glaube, zehn Jahre ist das bestimmt her.«

»Bei mir noch länger«, sagte ich und trank Whisky.

»Sind Sie katholisch?«

»Protestantisch. Aber ich mach mir nichts draus. Und Sie?«

»Ich weiß nicht, was ich bin ... katholisch getauft ... aber sonst ...«

»Kenne ich.«

»Ja, kennen Sie das?« Ich nickte. »Geben Sie mir auch noch etwas zu trinken, bitte.«

Ich füllte ihr Glas. »Worauf trinken wir?«

»Auf den lieben Tiny«, sagte sie.

»Ich trinke auf Lillian«, sagte ich.

»Auf den lieben Tiny.«

»Schön«, sagte ich, »auf den lieben Tiny *und* auf Lillian.«

»Und gehen Sie mit mir in die Mette?«

»Wenn Sie unbedingt wollen ...«

»Sie wollen nicht?«

»Aber ja doch ... gewiß ... wenn Ihnen danach ist ...«

»Ja«, sagte Lillian. »Mir ist danach. Kennen Sie eine Kirche, in die Sie gern gehen würden? Ich kenne keine.«

»Ich weiß was«, sagte ich. Und so führte ich Lillian durch dunkle, zerstörte Straßen und das Schneetreiben zu der ausgebrannten Kirchenruine des armen Pfarrers Helmut Matern, und unsere Schritte waren unhörbar.

Die Mette hatte schon begonnen, als wir kamen, deshalb mußten wir ganz hinten stehen, und ich erinnere mich noch genau daran, daß Matern – seine Predigten waren stets ungewöhnlich – dann den Brief jenes jugoslawischen Partisanen vorlas.

»Ich habe hier einen Brief ...« Er schwankte, kaum merklich, wahrscheinlich nur für mich, der ich auch das gelegentliche Stocken in seiner Stimme wohl als einziger bemerkte – und auch nur, weil er mir sein Geheimnis verraten hatte. »... das heißt, es ist die Übersetzung eines Briefes. Eine junge jugoslawische Mutter, die mit ihrem kleinen Kind noch hier bei uns in Frankfurt lebt, gab mir diese Übersetzung. Das ist ein Brief ihres Mannes ... der letzte. Ihr Mann schrieb den Brief, als die Deutschen ihn gefangen hatten und er wußte, daß er am nächsten Tag erschossen werden sollte. Er gab die Botschaft einem deutschen Soldaten, und der brachte sie dieser Frau, die dann zum Arbeitseinsatz geholt wurde und ihr Kind in Deutschland zur Welt brachte ...« Wieder schwankte Pfarrer Matern, er sah schrecklich aus, ausgemergelt, gelbgesichtig, sein Rock war fleckig, das bemerkte man deutlich im Licht der Scheinwerfer, doch die Menschen lauschten gebannt, und Schnee fiel auf uns, lautlos·und unerschöpflich, so viel Schnee ...

»... an sein ungeborenes Kind schrieb jener Soldat diese Worte: ›Mein Kind, noch schläfst Du im Dunkel und sammelst Kräfte für den Kampf der Geburt: Ich wünsche Dir alles Gute. Du hast jetzt noch keine eigentliche Gestalt, Du atmest nicht und bist blind. Doch wenn Deine Zeit gekommen ist, Deine Zeit und die Zeit Deiner Mutter, die ich von Herzen liebe, dann wirst Du auch die Kraft finden, nach Luft und Licht zu ringen. Es ist Dein Erbe, um Luft und Licht zu ringen und auszuharren, dazu bist Du als Kind, vom Weibe geboren, bestimmt, ohne um das Warum zu wissen ...‹«
Unbeweglich stand die Menge, fester ergriff Lillian meine kalte Hand, und ich dachte, daß diese Szenerie aussah wie eine gewaltige Filmdekoration.
»›Bewahre ...‹«, las Pfarrer Matern leicht stockend, »›... bewahre Dir die Liebe zum Leben, aber wirf die Furcht vor dem Tod von Dir. Man muß das Leben lieben, sonst ist es verloren, aber man soll es nicht zu sehr lieben ...‹«
Und Schnee fiel, fiel auf uns alle, die wir da reglos standen und lauschten in dieser Trümmerkirche.
»›Bewahre‹«, las Pfarrer Matern, »›Deinem Herzen den Hunger nach neuer Erkenntnis, bewahre Dir den Haß gegen jegliche Lüge, und bewahre Dir die Macht, das Schlechte zu verabscheuen. Ich weiß nun, daß ich sterben muß, und Du mußt geboren werden, um auf dem Trümmerhaufen meiner Irrtümer zu stehen. Ich schäme mich, Dir eine unordentliche und unbequeme Welt zu hinterlassen. Ich küsse in Gedanken Deine Stirn, um Dich ein letztes Mal zu segnen. Gute Nacht, mein Kind – guten Morgen, und ein lichtes Erwachen ...‹«

Matern schwieg, ich hatte das Gefühl, daß er mit einem Schwächeanfall kämpfte, dann sagte er: »Niemand weiß, wo der Mann verscharrt liegt, der dies schrieb. Aber das Kind, an das er schrieb, lebt. Es ist unter uns, hier, in dieser Kirche, zusammen mit seiner Mutter. Und wie jener Soldat, so sage auch ich euch allen: Gute Nacht, meine Lieben – guten Morgen, und ein lichtes Erwachen!«

Die Menschen begannen zu singen, und Lillian sah mich an, und wir gingen fort. Wir gingen einen weiten Weg durch Ruinenstraßen und durch Gegenden, in denen es nur Ruinen und gar keine Straßen gab, und überall deckte der Schnee die Trümmer zu wie ein riesiges Leichentuch. Wir kamen zu einer Brücke, die für Fußgänger über einen Bahndamm führte, und in der Mitte dieser Brücke blieben wir stehen und küßten einander. Lillians Atem war rein wie frische Milch, und während wir uns küßten, fuhr unter uns eine Lokomotive vorbei, und wir waren völlig in Rauch gehüllt.

Dann hörten wir den Mann, der um Hilfe rief in schlechtem Deutsch. Es dauerte eine Weile, bis wir ihn fanden. Wir waren ziemlich weit an die Peripherie der Stadt hinausgeraten, wenig Häuser gab es hier nur, und der Mann kniete am Rand einer breiten Straße neben einer zusammengebrochenen Frau.

»Helfen, bitte«, sagte er. Sie sahen beide sehr arm aus. »Helfen.«

Er mußte Jugoslawe sein, dachte ich, oder Bulgare.

»Was ist los?«

»Frau . . . kriegt Kind . . . wollten ins Hospital . . . verstehn? Unterwegs . . . nix Auto . . . garnix . . . leben draußen, in Lager . . .«

Die Frau stöhnte.

»Kann nicht mehr weiter . . . vielleicht du suchen Auto?«

»Ich bleibe hier«, sagte Lillian, die neben der jungen stöhnenden Frau niedergekniet war. »Sieh zu, ob du ein Telefon findest, Ritchie.«

Das war das erstemal, daß sie du sagte.

Ich rannte einen weiten Weg, bevor ich an ein Haus kam. Hier klingelte ich verärgerte Menschen aus dem Schlaf. Es gab ein Telefon. Ich rief die MP-Station an und verlangte Tiny und sagte ihm, er solle sofort kommen. Ich wußte selbst nicht genau, wo ich mich befand, ich sagte ihm nur den Straßennamen, aber Tiny kannte sich in Frankfurt blind aus. Eine Viertelstunde später kam er mit seinem Jeep angerast. Ich wartete vor dem Haus auf ihn. Wir fuhren zu dem Mann und der Frau und zu Lillian, und wir hoben die Schwangere sehr vorsichtig in den Jeep. Sie hatte ein Tuch um den Kopf gewunden und war jung und mager. Der Mann sagte uns, wie wir zum Krankenhaus fahren mußten, und Tiny paßte jetzt auf Schlaglöcher und Steine auf, aber die junge Frau, deren Kopf in Lillians Schoß lag, stöhnte dauernd.

Der Mann und ich saßen neben Tiny, auf einem Sitz.

»Lager nix gut«, sagte der Mann. »Kalt. Viel Menschen. Schmutz. Verstehn?«

»Ja«, sagte Tiny.

Als wir das Krankenhaus erreichten, kümmerten sich Schwestern und Ärzte sofort um die Schwangere. Ihr Mann mußte auf einem Gang warten. Wir blieben noch eine Weile bei ihm, Lillian, Tiny und ich.

Lillian fragte endlich: »Wie heißen Sie?«

»Vlasek«, sagte der Mann.

»Und mit dem Vornamen?«

»Zarko.«

»Und Ihre Frau?«

»Olga«, sagte der Mann verwundert. »Warum?«

»Ich wollte es nur wissen«, sagte Lillian. Sie kramte in ihrem Mantel und fand ein paar Geldscheine und gab sie dem Mann. Er versuchte ihr die Hand zu küssen.

»Gute Nacht«, sagte er. »Glück wünsch ich. Alles Glück!«

»Das wünschen wir Ihnen«, sagte Lillian. »Ihnen und Ihrer Frau und dem Kind. Gute Nacht.«

»Good night«, piepste Tiny und legte dem Mann eine Packung Zigaretten in den Schoß.

Wir gingen zum Jeep zurück, und ich setzte mich mit Lillian nach hinten. Sie schlief sofort an meiner Schulter ein, und als wir wieder in der Stresemannstraße waren, schlief sie so tief, daß sie nicht mehr erwachte. Ich holte vorsichtig die Haus- und Wohnungsschlüssel aus ihrem Mantel, und zusammen mit Tiny trug ich sie in den Keller hinab. Sie murmelte im Schlaf, aber ich konnte nichts verstehen. Wir zogen ihr den Pelzmantel und die Schuhe aus und legten sie auf ihr Bett und deckten sie zu, und dann gingen wir auf Zehenspitzen wieder aus der Wohnung.

Als wir zur Station zurückfuhren, legte Tiny ein verrücktes Tempo vor. Der Jeep sprang und glitt über die Fahrbahn, und Tiny sang so laut er konnte: »Stand still, Jordan . . .«

»Die Gefahr der Methode, die wir hier anwenden, um uns ein wenig Klarheit über das zu verschaffen, was wirklich mit Delacorte los war, bevor und als er seine Verbrechen beging«, sagte Walter Paradin, »liegt auf der Hand. Ich war es, der auf diese Weise ein wenig Klarheit gewinnen wollte . . . ich will es immer und tue es immer so. Aber ich muß dazu etwas erklären: Die ganze uns bekannte Welt besteht aus nicht einmal hundert verschiedenen Bausteinen, Grundstoffen, die wir die Elemente nennen. Fast alles auf dieser Welt, Menschen, Tiere, Blumen, Berge, Meere, sind Verbindungen dieser Elemente. Man kann alles analysieren, das ganz Große und das ganz Kleine, das Schöne und Häßliche, das Wertvolle und Nutzlose, das Herrliche und das Furchtbare. Sehr weit gehen kann man bei einer solchen Analyse. Die Elemente bestehen aus Molekülen. Die Moleküle bestehen aus Atomen. Die Atome bestehen aus Atomkernen, und um diese kreisen Elektronen. Wenn man etwas einmal sozusagen bis zu den Elektronen zerlegt hat, um herauszufinden, wie es eigentlich beschaffen ist, dann gibt es nur noch die Elektronen, nicht mehr das, was man untersucht. Elektronen aber sind sich alle gleich. Mit anderen Worten: Wir haben Delacorte zu analysieren versucht ... schon sehr weitgehend. Wenn wir *noch* weitergehen, wird der Mensch Delacorte und das, was er tat, verschwinden ... und übrigbleiben werden die allen Menschen, guten und schlechten, gemeinsamen Urbestandteile, die *weder* gut noch schlecht, sondern nur eben kleinste Bausteine des Universums sind. Auf diese Weise kann ich auch den unappetitlichsten, stinkendsten, widerwärtigsten Haufen Fäkalien behandeln. Ich kann seine Bestandteile feststellen und diese bis ins kleinste zerlegen, und dann wird sich, akademisch, freundlich, leidenschaftslos demonstrieren lassen, daß der Fäkalienhaufen einfach widerwärtig sein muß, stinken muß, scheußlich sein muß – *er kann nichts dafür*. Und so betrachtet, ist er darum auch nicht mehr scheußlich, stinkt er auch nicht mehr, ist er nur aus aber Trilliarden winziger, *neutraler* Bausteine zusammengesetzt, aus denen auch Orchideen, Weihwasser, der Tau des Himmels und der Staub der Sterne zusammengesetzt sind, die duftende Rose und die goldene Traube, die schönste Frau und der gütigste Mann. Das ist die mörderische Gefahr dieses analytischen Verfahrens ... wenn man vergißt, wovon man ausging, wenn man vergißt, welche Dinge der Gegenstand, den man analysiert, bewirkt oder getan hat. Damit das *nicht* vergessen wird, muß ich Ihnen noch etwas zeigen.«

Paradin ging zu einem Wandpaneel und drückte auf einen Knopf. Ein Teil der Holzverkleidung neben der Tafel mit dem Artikel 1 des Grundgesetzes glitt beiseite und gab eine silberweiße kleine Filmleinwand frei. Paradin humpelte zu einem Regal an der Wand gegenüber und öffnete eine kleine Tür. Dahinter stand in einem Fach ein Vorführapparat für 16-mm-Filme. Paradin schaltete ihn ein, während er sagte: »Delacorte hatte bei vielen seiner Dienstreisen einen Kameramann dabei. Als er bei Kriegsende festgenommen wurde, fand man bei ihm noch zahlreiche Filme. Ich habe hier einen, der aus mehreren Streifen zusammengeschnitten wurde. Sie müssen ihn sehen.«

Auf der Leinwand strahlte blendendweißes Licht auf, dann begann der kleine Apparat zu surren. Paradin löschte das Deckenlicht. Die ersten Bilder erschienen. Sie zeigten einen lachenden Delacorte in feldgrauer ss-Uniform und weißem Ärztemantel, lachend und schenkelschlagend im Kreise von Kameraden. Sie standen in einem Hof. Der Hof hatte hohe Mauern. Vor ihnen wankte eine endlose Schar ausgemergelter Gestalten in gestreiften langen Hemden vorbei. Die Kamera zeigte Großaufnahmen von Gesichtern in Todesangst. Und immer wieder Delacorte – lachend, mit einer Reitpeitsche gegen die Stiefel klopfend, befehlend, selektierend. Delacorte bei einer Parade, Delacorte beim Klavierspiel, Delacorte mit einem Schäferhund. Der Kameramann muß gute Nerven gehabt haben, bessere als ich jedenfalls. Er hatte die Selektionen gefilmt, die Transporte in den Omnibussen, das Eintreffen in den Tötungsanstalten, das Antreten der Todgeweihten, das Ablegen der Kleider, den Marsch in die ›Duschräume‹ und, durch große Bullaugen, dann das, was in den ›Duschräumen‹ vor sich ging, sobald das Gas einströmte.

Ich hielt es fünf Minuten aus. Dann stand ich auf, tastete mich zur Tür und kam eben noch durch das Vorzimmer hinaus und zu einer Toilette. Hier übergab ich mich heftig.

Ich war sehr schwach danach, und ich wusch meinen Mund und mein Gesicht lange mit kaltem Wasser. Dann ging ich auf den Gang zurück und blickte aus dem Fenster, das ich öffnete, um frische Luft zu bekommen. Ich sah über den Dachrändern des Innenhofes ein Stück düsteren, verhangenen Himmel, und ich bemühte mich verzweifelt, an etwas anderes zu denken als an die furchtbaren Bilder, die ich eben erblickt hatte. Und mir fiel ein anderer Film ein, den ich einmal gesehen hatte, zusammen mit Lillian, vor langer Zeit ...

›Heidi‹ hieß dieser Film – gedreht nach dem gleichnamigen berühmten Kinderroman von Johanna Spyri. Ich sah ihn zusammen mit Lillian, in einer Nachmittagsvorstellung. Tiny hatte uns gesagt, daß wir diesen Film unbedingt sehen müßten. Nach jener Weihnachtsnacht trafen wir einander fast täglich, Lillian und ich, täglich, wenn auch nur kurz, denn ich mußte viel arbeiten, Paradin war an Grippe erkrankt. Erst als er wieder Dienst tun konnte, hatte ich einmal einen ganzen Tag und eine ganze Nacht frei, und da ging ich mit Lillian ins Kino.

›Heidi‹ war ein Schweizer Film in deutscher Sprache, Tiny hatte den Dialog ganz gewiß nur zu einem kleinen Teil verstanden.

»Schönster Film von der Welt!« erklärte er mir. Er hatte ihn, zusammen mit der kleinen Mickey, schon dreimal gesehen.

Es stimmte, was Tiny sagte. Bis heute fallen mir nur wenige Filme ein, die mich mehr beeindruckt haben als dieser nach einer altmodischen Romanvorlage gedrehte Film. Autor, Regisseur und Darsteller hatten ein Meisterwerk geschaffen. Es war ein Kinderfilm, doch nicht allein für Kinder, o nein! Aus der sentimentalen Romanvorlage war ein unsentimentaler und zugleich so herzbewegend rührender Film entstanden, daß wir alle, die wir in diesem Kino, in dieser Vorstellung saßen, feuchte Augen bekamen, Kinder und Erwachsene, Lillian und ich. Dabei war es ein ungeheuer lustiger Film.

Aber sein Humor war gütig und leise. Niemand brüllte vor Lachen. Alle lächelten. Mit feuchten Augen.

Die Schöpfer dieses Films hatten es verstanden, ›Heidi‹ zu modernisieren, ohne daß die Patina der Jahrhundertwendenvergangenheit zerstört wurde. Noch heute, zwanzig Jahre danach, erinnere ich mich an Szenen, die mir immer unvergeßlich bleiben werden.

Da ist der Filmbeginn – einer der schönsten, die ich je sah. Die kleine Heidi und ihr kleiner Freund steigen auf einen hohen Berg in Heidis Heimat. Der Freund macht Heidi vor, wie das Echo der anderen Berge seine Stimme zurückbringt. Aber dann, als er eine ungeheuerliche Folge von kindlichen Schweinereien hinausbrüllt, um Heidi zu imponieren, bleibt das Echo aus. Unanständigkeiten geben die Berge nicht zurück, und der kleine Junge muß sich entsetzlich schämen. Doch abends, als Heidi bei ihrem Großvater mit dünner Stimme ein Lied singt, da kommt das Echo als tausendstimmiger Choral von allen Bergen des Landes zurück!

Oder die Geschichte mit den Semmeln.

Bevor sie in die große Stadt fährt, verspricht Heidi ihren Freunden in den Bergen Weißgebäck, weil es so etwas da nicht gibt. In der Stadt angekommen, sieht sie sich beim ersten Frühstück vis-à-vis einem ganzen Körbchen voll dieser hellen, knusprigen Kostbarkeiten. Sie stiehlt ein paar Semmeln – für ihre Freunde. Auch in den folgenden Szenen tut sie das. Dann verlieren wir die Semmelgeschichte für eine Weile aus den Augen, denn nun erzählt der Film von Heidis großer Trauer und ihrem immer schlimmeren Heimweh nach den Bergen und nach daheim. Und zuletzt, als Höhepunkt dieser Trauer und Sehnsucht, öffnet jemand Heidis Schrank, und wie eine ungestüme Tränenflut quellen Hunderte alter, vertrockneter Semmeln aus dem Schrank.

Und dann . . .

So viele Szenen habe ich noch in Erinnerung, so viele.

Als die Vorstellung zu Ende war, nahm Lillian meine Hand, und wir gingen aus dem Kino hinaus ins Freie und eine lange Weile schweigend durch die abendlichen Straßen.

»Einmal«, sagte ich zuletzt, »einmal möchte ich auch so einen Film schreiben . . . etwas so Schönes, so Vollkommenes . . .«

»Einmal«, sagte Lillian, »wirst du einen wunderbaren Film schreiben, Ritchie!«

Das sagte sie wahrhaftig, ich erinnere mich genau. Und es kam die Zeit, da schrieb ich das Buch zu einem Film, der viele Bundesfilmpreise erhielt. Es war ein guter Film, welcher der ganzen Welt gefiel – und mit diesem Film sollte ich mein Schicksal besiegelt haben . . .

Wir erreichten die Friedensbrücke.

Lillian sagte: »Ich möchte, daß du heute bei mir bleibst.«

Viele Menschen eilten an uns vorbei, stießen uns an. Wir bemerkten es nicht.
»Ich hab mich in dich verliebt, Ritchie«, sagte Lillian. »Schrecklich verliebt.
Komm, komm jetzt, schnell . . .«
In dieser Nacht blieb ich bei ihr. Wir schliefen kaum eine Stunde. Wir
liebten uns. Ich habe mit vielen Mädchen vor Lillian geschlafen, mit vielen
nach ihr. Mit keiner war es so, mit keiner wird es je wieder so sein.
Wir hatten nichts getrunken, aber ich glaubte, betrunken zu sein. Unsere
Hände und Lippen und unsere Körper und Zungen bewegten sich wie von
selber, es war, als seien wir für einander geschaffen. Wir liebten uns, und
im Augenblick des Höhepunkts verzerrte sich Lillians Gesicht stets zu einer
schmerzvollen Fratze, vor der ich das erstemal erschrak. Wir lagen nebeneinander und rauchten und redeten leise, und dann regte sich wieder Leidenschaft, und wie die Wogen des Meeres überfiel sie uns von neuem,
immer von neuem. Zuletzt, der Morgen graute schon, schliefen wir ein,
Körper an Körper, Arm in Arm. Lillians Stimme weckte mich, sie sprach,
halb wach, halb im Traum.
»Semmeln«, sagte sie. »Ich werde Semmeln stehlen. Einen Schrank voll. Alle
für dich. Für mein Zuhause . . .«

Das Deckenlicht brannte wieder, das Wandpaneel vor der kleinen Filmleinwand war geschlossen, als ich in Paradins Zimmer zurückkehrte. Bleich
saßen Minski und Mohn da. Als er mich erblickte, sagte Boris: »Tut mir
leid, Ritchie, daß ich dich so angeschrien hab. Du hast recht. Und der Rabbi,
der Kluge, hat unrecht. Man darf nicht die Augen zumachen und tun, als
ob man nichts sieht, und die Ohren zuhalten und tun, als ob man nichts
hört. Das haben alle gemacht, alle in diesem Land, von Anfang an, und was
war die Folge? Haß und Leid, immer neues Leid, immer neuer Haß. Und
wiederkommen, immer wieder, wird die verfluchte Vergangenheit, solange
wir nicht wirklich aufgeräumt haben mit ihr. Wiederkommen wird sie, wie
sie jetzt wiedergekommen ist mit diesem Delacorte. Und wenn wir schon
nicht für uns aufräumen – für *unsere Kinder* müssen wir's tun. Ich seh es
ein. Ich hab schon dem Herrn Staatsanwalt gesagt, was er von mir auch
will . . . ich mach es.«
»Ich danke Ihnen, Herr Minski«, sagte Paradin.
Boris wischte die Worte mit einer Handbewegung weg.
»Meine Frau«, sagte er. »Ich muß mir nur vorstellen, daß der Herr Professor
Mohn gesagt hat, meine Rachel war wahrscheinlich schon im Lager krank.
Wenn ich denk, daß der Delacorte sie da gesehen hätt . . . Genügt schon,
wenn ich denk, wie viele andere er in Lagern gesehen hat. Auf mich können
Sie zählen, Herr Staatsanwalt. Ich schäm mich für mein Benehmen. Ich bin
ein feiger Jud.«
»Reden Sie keinen Unsinn«, sagte Paradin scharf. »Sie sind überhaupt nicht

feige! Sie sind so mutig wie jeder andere. Sie sind nur klüger. Das ist manchmal ein Hemmschuh. Aber das haben Sie nun erkannt. Seien Sie ohne Sorge, Herr Minski. Wir behalten Sie und alle Ihre Angestellten und Ihr Lokal von nun an unablässig im Auge.«

»Ojweh.«

»Nicht so, wie Sie fürchten. Wir belästigen Sie nicht. Wir werden jeden genau unter die Lupe nehmen, der etwa Anzeige gegen eine Ihrer Darbietungen erstattet. Ich glaube übrigens nicht, daß es der Fall sein wird . . .«

»Glaub ich auch nicht«, meinte Minski, plötzlich grinsend. »Wenigstens eine Woche lang nicht.« Er sagte zu mir: »Der liebe Gott ist auf unserer Seite, Ritchie! Hätt sonst Vanessa ihre Sache eine Woche zu früh gekriegt? Corabelle und Annamaria sind harmlos. Die kann man nicht verbieten. Und wer weiß, was in einer Woche ist . . .«

An den Satz sollte ich auch noch denken.

»Also danke für den Schutz«, sagte Minski und verbeugte sich im Sitzen vor Paradin.

Der nickte ihm zu und wandte sich an mich.

»Sie werden nach Treuwall zurückfliegen wollen, wie?«

»Ja«, sagte ich. »So schnell wie möglich.«

»Sie können jederzeit fliegen, Ritchie. Sie sind sich aber klar darüber, was Sie da tun?«

»Ja.«

»Wir können auch in Treuwall auf Sie achtgeben. Eilers und Lansing sind gute Leute, ich kenne beide von einem anderen Fall her. *Wie* sehr man Sie da oben beschützen kann allerdings . . .«

»Ich muß zu Lillian«, sagte ich.

»Ja«, sagte Minski, nun ganz ernst, »du mußt zu Lillian, Ritchie. Ich seh es ein. Bleib oben, bis sie wieder auf den Beinen ist. Ich werd schon allein fertig mit'm Geschäft für die Zeit, die du weg bist. Aber da oben, da geht der Hexentanz doch jetzt erst los! Und du bist mitten drin.« Minskis Stimme hob sich, er redete schneller. »Da oben ist es doch nicht Delacorte allein, der Butter auf'm Kopf hat. Der hat doch überhaupt nur da oben solange sitzen können, weil viele, viele andere mindestens so viel Butter auf'm Kopf haben wie er! Hab' ich recht, Herr Oberstaatsanwalt?«

Paradin nickte.

»So wie Delacorte im Krieg durch seine Skrupellosigkeit Karriere machte«, sagte er, »so konnte er seine zweite Karriere im Nachkriegsdeutschland machen, weil er da im Norden, wohin er ja nicht ohne Grund flüchtete, sehr viele Leute kannte . . . und über sehr viele Leute etwas wußte . . . viel wußte . . .«

Lillians Stimme klang in meinen Ohren: »Er ist so unheimlich . . . er weiß etwas . . . so viele Menschen hier haben Angst vor ihm . . . Politiker . . . die

Polizei ... seine Ärzte ... so viele Menschen ... er könnte mich in dieser Stadt umbringen, und es würde ihm nichts geschehen ... so viel Macht hat er ...«

Paradin sagte: »Ich glaube, wir müssen gleich von Anfang an etwas festhalten. Delacortes engste Mitarbeiter, jene drei Herren, wurden getötet, damit sie nicht auspacken konnten. Ich bin ganz sicher, daß sie im Auftrag und von Spezialisten der ›Spinne‹ getötet wurden.«

»Was ist das, die ›Spinne‹?« fragte Minski.

»Die größte und mächtigste Naziuntergrundbewegung der Welt. Sie hat praktisch auf der ganzen Welt Stützpunkte, Geldgeber, Agenten, Verstecke, Flugzeuge, Schiffe, Sender, Kliniken. Wie ein Spinnennetz überzieht diese Organisation die Erde. Ursprünglich sollte sie nur Kriegsverbrechern aus Deutschland heraushelfen. Dann kamen Österreich und Italien, endlich ganz Europa dazu. Dann begann die ›Spinne‹ auf ihre Weise Justiz zu üben. Wer ihr mißfiel, wurde umgebracht ... und das waren oft genug eigene Leute, große Leute, die eine Gefahr für andere große Leute von gestern darstellten ... wenn sie nämlich erzählten, was sie wußten.«

»Und Sie glauben, daß die Sache mit dem vergifteten Schnaps auch von der ›Spinne‹ ...«, begann Boris.

»Nein«, sagte Paradin. »Ich glaube, hier fing zunächst alles ohne die ›Spinne‹ an. Es war kein Grund vorhanden, gegen Delacorte vorzugehen. Er war untergetaucht, und er schwieg. Ich glaube, daß der Mordversuch an ihm von Leuten arrangiert wurde, als Gemeinschaftsmord sozusagen, die es nicht länger ertrugen, von Delacorte *erpreßt* zu werden ... von honorigen Bürgern Treuwalls und Umgebung also. Erst danach, als der Mordanschlag mißglückte und alles groß ins Rollen kam, griff die ›Spinne‹ ein. Es ist nicht sicher, daß Doktor Hess bereits ein Opfer der ›Spinne‹ wurde. Sein Tod kann auch noch auf das Konto der Treuwaller Verschwörer gehen. Erichsen fiel bestimmt schon der ›Spinne‹ zum Opfer. Geyer gehörte zur ›Spinne‹, davon bin ich überzeugt. Und die ›Spinne‹ ist es, die versucht, Sie durch Terror einzuschüchtern, Herr Minski. Wir müssen, wie Sie sehen, zwei Gruppen unterscheiden, die sich vermutlich nun sehr in die Haare kriegen werden, wenn wir Delacorte erst haben. Und *hier* brauche ich Ihre Mitarbeit, Herr Minski, und auch Ihre, Ritchie. Natürlich wird man Ihnen nicht irgendwelche Geheimnisse auf die Nase binden. Aber Sie sind, ohne es zu wollen, in das Zentrum des Orkans geraten, Sie sind mitten drin in dieser Geschichte. Alles, was Ihnen widerfährt, ist von Interesse für uns. Sie helfen uns, wenn Sie es uns stets sofort mitteilen ... jedes Erlebnis, und sollte es Ihnen noch so unwichtig erscheinen. Wollen Sie das tun?«

»Ja«, sagte Minski. »Ich will alles tun, alles, damit dieser Saustall ausgeräumt werden kann da oben.«

»Und Sie, Ritchie?«

»Ich auch.«

»Danke«, sagte Paradin wieder. »Sie haben recht, Herr Minski, es ist ein Saustall . . . wir wissen nicht, ob er nur so groß ist wie Treuwall. Er kann viel größer sein.« Paradin humpelte wieder hin und her. Er rückte an seiner Brille. »Wir wollen einmal jene vergessen, die Delacorte nach seiner Flucht schützten und ihm weiterhalfen in der ersten Zeit: Ärzte, Juristen, Beamte . . . einfach alle, die damals schon der Ansicht waren, daß man einen Schlußstrich unter die Vergangenheit ziehen müsse. Die vergessen wir einmal, obwohl gewiß viele von ihnen am Start von Delacortes zweiter Karriere standen. Aber zu *so* hohen Ehren, zum Posten eines Klinikchefs, konnte er es nur bringen, indem er sich der Hilfe jener versicherte, die er in der Hand hatte. Nun überlegen Sie einmal, wer da alles in Frage kommt. Was meinen Sie, Professor?«

Mohn sagte: »Bei einer Position, wie sie Delacorte innehat, praktisch Leute in allen möglichen hohen Ämtern. In der Justiz. In der Verwaltung. Im Gesundheitswesen . . . und das hinauf bis in die Ministerien.«

Paradin nickte.

»Bis hinauf in die Ministerien und noch höher«, sagte er. »Sie müssen sich vor Augen halten, daß Delacorte seit seiner Flucht in allen deutschen Fahndungsbüchern steht. *Und* im Bundeskriminalblatt! Mit *Personalbeschreibung und Bild.* Gesucht wegen Mordes. Wenn wir ihn jetzt fassen . . . hoffentlich . . . dann nicht, weil unsere Kriminalpolizei so tüchtig war oder weil uns einer der Eingeweihten einen Hinweis gegeben hat. Sehen Sie jetzt, daß wir erst ganz am Anfang stehen? Ganz am Anfang einer sehr großen und schlimmen Geschichte?«

Am Anfang einer ganz großen und ganz schlimmen Geschichte. Und mitten in ihr befand sich Lillian . . .

Im Januar 1948 übersiedelte ich aus der Villa an der Richard-Strauss-Allee in Lillians Kellerwohnung. Ich nahm nun nicht mehr immer nur Nachtschichten – ich hätte Lillian, die jetzt als Sekretärin bei einem Anwalt arbeitete, ja sonst überhaupt nie gesehen. Nein, Reck und Paradin mußten nun schon einen regelmäßigen Turnus mit mir eingehen, der uns allen die Nachtschichten gleichmäßig bescherte.

Ich schrieb am Tage, wenn ich nachts frei hatte, und nachts, wenn ich Dienst hatte. Die Maschine jenes Nazibonzen, die Tiny geklaut hatte, war ständig unterwegs zwischen der Stresemann- und der Baseler Straße. Hatte ich am Tage frei, brachte ich Lillian morgens ins Büro, bevor ich zu schreiben begann. Ich arbeitete bereits an meinem zweiten Roman, bevor der erste noch erschienen war. Der zweite Roman hieß ›Niemand ist eine Insel‹.

Endete mein Dienst um sechzehn Uhr, dann kam Lillian nach Büroschluß, um siebzehn Uhr, immer zur Station. Ich stand stets schon am Fenster, sofern nicht eben noch etwas zu tun war, und ich wartete, manchmal halbe Stunden lang, darauf, daß sie lachend und winkend auftauchte. Alle Soldaten der Station kannten sie mittlerweile und hatten sie gerne, wenn auch Lillian natürlich Tiny als unseren größten Freund empfand, was er in der Tat war. Hatte ich nachts Dienst, dann verstanden es Tiny und ich sehr oft, uns den Jeep ›auszuleihen‹, rasch zu Lillian zu fahren und ihr Sandwiches, heißen Kakao und Doughnuts zu bringen. Kam ich dann am Morgen heim, war Lillian schon im Büro. Und wenn ich mich in unser gemeinsames Bett legte, um kurz zu schlafen, fand ich stets Kuchen- oder Sandwichkrümel darin vor . . .

Immer holte Lillian mich nachmittags ab, und wir gingen nach Hause, Hand in Hand, durch die zerstörten Straßen, in denen die ›Trümmerfrauen‹ arbeiteten, und am Abend las ich Lillian vor, was ich neu geschrieben hatte. Sehr oft hatte sie Ideen und Einfälle, oder etwas gefiel ihr nicht – ich sah es dann stets an den großen, dunklen Augen, die sich verschleierten. Ich achtete genau auf Lillians Urteil. Ich verbesserte, was ihr mißfiel, ich übernahm, was mir von ihren Einfällen gefiel, und ich habe diese Stunden des Vorlesens heute noch, nach so vielen Jahren, als die glücklichsten jener Zeit in Erinnerung.

Im September 1947 war ›Steh still, Jordan!‹ erschienen.

Ich kann heute noch nicht genau erklären, was den Erfolg dieses Buches verursachte. Ich wage anzunehmen, daß der Roman so viele Menschen ansprach, weil darin von so vielen Dingen die Rede war, die so viele Menschen miterlebt hatten. Aber wahrscheinlich hatte ich nur das Glück, zu den ersten jungen deutschen Autoren zu gehören, die nach dem Krieg ein Buch veröffentlichten – zu einem Zeitpunkt, da alle Bücher, die gedruckt wurden, im Impressum noch die Genehmigungsnummer des Militärregierungsbescheides angeben mußten. ›Steh still, Jordan!‹ wurde ein ›Bestseller‹, ein Wort, das man damals in Deutschland noch nicht kannte. Wir verkauften im Zeitraum von zwei Jahren einhundertzehntausend Exemplare der Originalausgabe, das Buch erschien in elf Sprachen, es wurde für den Rundfunk dramatisiert, und es brachte mir eine Menge Geld, zum kleinen Teil sogar solches, das Wert behielt – weil es nach der Währungsreform in D-Mark hereinkam. Lillian arbeitete weiter als Sekretärin, ich weiter als Dolmetscher, denn *so viel* Geld war es nun auch wieder nicht.

Wir erfuhren nichts über das Schicksal von Lillians Mann, und das war schlimm, denn wir hätten gern geheiratet. Wir waren fast sicher, daß er nicht mehr lebte. Wenn er lebte, dann hätte sich Lillian von ihm scheiden lassen. Aber wir wußten nichts, und darum mußten wir warten – bis zum 8. Mai 1950.

Über meinen Bruder erfuhr ich von Heimkehrern, daß Werner in russischer Gefangenschaft saß und nicht nach Hause schreiben durfte. Ich empfand kein Mitleid mit ihm. Er war mir gleichgültiger als irgendein fremder Mensch geworden, und so sollte es weiter bleiben.

Dachte ich.

1948 lernte ich Boris Minski kennen, Minski und sein abenteuerliches Lokal ›G. I. Joe‹, das immer wieder ›Off Limits‹ geschrieben und immer wieder freigegeben wurde – dank dunkler Beziehungen Minskis zur Militärregierung. Oft, wenn wir – Lillian und ich – von unserer Arbeit heimgingen, besuchten wir Minskis Bar, die zu dieser frühen Abendstunde noch leer war. Minski hatte bereits eine ›Juke-Box‹ erworben, ein Riesending mit fünfundvierzig Platten, die er stets gegen die neuesten Hits austauschte. Woher er die Platten bekam, erfuhr ich nie. (»Freunde«, sagte Minski.)

Ich erfuhr auch nie, woher er den vielen guten Alkohol bekam, den er ausschenkte – Kognak, Whisky, Weine, klare Schnäpse, Bier. (»Freunde«, sagte Minski.)

Mich hatte er sofort gerne. Bei Lillian dauerte es länger. Er blieb stets höflich, aber doch sehr förmlich zu ihr. Ich fragte ihn einmal, ob er etwas gegen Lillian hätte.

»Sie«, sagte er – wir sagten uns noch ›Sie‹, wenn wir uns auch bereits mit Vornamen anredeten –, »Sie haben gern giftige Frauen, Ritchie, nicht? Die sehr schönen, aufregenden Frauen . . . solche wie Lillian.«

»Ja, Boris. Es ist immer derselbe Typ. Aber was heißt giftig?«

»Der Typ. Alle von dem Typ sind giftig«, sagte Minski. »Sie können nichts dafür. Ich weiß auch nicht, ob giftig das richtige Wort ist. Ich nenn sie so. Gibt Orchideen, hör ich, die allerschönsten, die sollen auch giftig sein. Wenn Sie verstehen, was ich meine . . .«

Ein paar Wochen später, als wir wieder einmal zu ihm kamen, nahm er mich beiseite und flüsterte: »Hab mich verrechnet, glaube ich. Sie ist keine von den giftigen. Sie ist okay.«

Als wir dann an unserem Lieblingstisch saßen, jeder ein Glas Whisky vor sich, trat Minski zu der Juke-Box und warf eine Münze ein. Lichter flammten auf, eine Platte senkte sich auf den Teller, und Doris Days Stimme begann zu singen:

»When I hear that serenade in blue . . .«

Ich sah auf. Minski gestikulierte. Er wies auf Lillian, die lächelte.

»Von dir?« fragte ich.

Sie nickte und legte ihre Hand auf meine.

»Aber woher?«

»Tiny«, sagte sie. »Der gute Tiny. Ich habe ihn gebeten, mir die Platte zu besorgen. Das war doch das Lied, das damals, als ich zum erstenmal in deine Station kam . . .«

». . . I'm somewhere in another world with you«, sang Doris Day.

»Unser Lied«, sagte Lillian.

»... just like the theme of some forgotten melody, in the album of my memory...«

»Ja«, sagte ich. »Unser Lied. Prost, Lillian.«

»Prost, Ritchie. Ich bin sehr, sehr glücklich mit dir.«

»Fünfzig Pfennige«, sagte ich streng.

Lillian gab mir reumütig fünfzig Pennige. Das war ein Spiel zwischen uns. Wir hatten uns so oft versichert, wie glücklich wir seien, daß Lillian eines Tages erklärt hatte: »Ich kann dieses Kitschwort nicht mehr hören. Wer es sagt, zahlt fünfzig Pfennig Strafe!«

Seither zahlten wir beide Strafe – oft und oft.

Wir sahen uns an, und tranken den Whisky in kleinen Schlucken und lauschten unserem Lied, und der bleiche Minski mit den schweren Tränensäcken unter den dunklen, feuchten Augen, die niemals mitlächelten, wenn sein Mund lächelte, stand neben dem Musikautomaten und lächelte nur mit dem Mund, und draußen wurde es dunkel. Der Whisky wärmte mich, und ich hob Lillians Hand und küßte sie, und dann griff ich in meine Tasche und holte alle Geldstücke hervor, die ich fand, und legte sie stumm vor Lillian auf den Tisch.

»... and as we danced the night away, I heard you say: ›Forever more‹«, sang Doris Day.

»Forever more«, sagte Lillian leise und hob wieder ihr Glas.

Für alle Zeit...

Die Lufthansamaschine, die mich nach Hannover zurückbringen sollte, startete um 18 Uhr 30. Bevor ich zum Flughafen fuhr, brachte mich Minski in einem Taxi noch zu meiner Wohnung in der Humperdinckstraße. Ich packte in Eile einen Koffer und einen Anzugsack voll. Minski half mir. Wir sprachen kaum. Ich bin abergläubisch wie alle, die an nichts glauben können, das sagte ich schon. Als ich meine Wohnung, in der sich alles befand, was ich besaß, meine Bücher, meine Pfeifen, mein kleiner Utrillo und meine Schallplatten, als ich diese stille Wohnung verließ, hatte ich das Gefühl: Fraglich, mehr als fraglich ist, ob du hier jemals wieder wohnen wirst.

Minski begleitete mich zum Flughafen.

»Du mußt dir aber doch noch Corabelle anschauen.«

»Vanessa schaut sie sich an. Ich hab mit ihr telefoniert und alles erzählt«, sagte Minski.

Als wir den Flughafen erreichten, war noch ein wenig Zeit. Wir gingen in das Restaurant. Ich trank einen doppelten Whisky und dachte, müde und dabei fiebrig überwach, daß ich heute wohl noch einige Whiskys trinken würde. Boris, der Alkohol nie anrührte, trank ein Glas Juice, als plötzlich Vanessa vor uns stand – in einem flaschengrünen Kostüm, einem Nerzmantel und mit einer Nerzkappe auf dem blonden Haar. Sie war sehr schön.

Ehe wir etwas sagen konnten, umarmte und küßte sie uns beide.

»Na!« brummte Minski. »Auch meschugge geworden?«

»Was ist los, Vanessa?« fragte ich.

»Was is mit Corabelle?« fragte Minski. »Und wer is im Laden?« Vanessa öffnete ihre Krokodillederhandtasche und holte einen zusammengefalteten Bogen Papier heraus. Sie öffnete ihn. Ich sah eine schwarzumrandete gedruckte Traueranzeige.

»O Gott, bin ich glücklich . . .«, stammelte Vanessa. Ihre großen Brüste hoben und senkten sich unter dem grünen Kostüm. »Hier!« Sie gab mir den Bogen.

Ich las: ›Le cœur bien gros je vous annonce que ma mère chérie Aglaja Mitsotakis, née Chyranos . . .‹

»Panos' Mutter?« Ich sah auf.

»Ja!« Vanessa nickte. »Sie ist tot! Nach kurzem, schwerem Leiden. Schrecklich für Panos. Aber er schickt mir einen Brief. O Gott, ich bin ja so aufgeregt. Das kam mit der Nachmittagspost. Ich dachte, ich muß es sofort Ritchie zeigen, bevor er wegfliegt. Ich bin hier rausgefahren, so schnell ich konnte. Ich . . . ich muß unbedingt was trinken. Auch Whisky, bitte!«

Ich machte einem Kellner ein Zeichen.

»So viel Glück«, sagte Vanessa. »So viel Glück, nicht? Ich habe schon nicht mehr daran geglaubt . . . und jetzt schreibt er mir doch noch . . .«

»Er schreibt dir nicht«, sagte Boris, der sich gefaßt hatte. »Er schickt dir eine vorgedruckte Trauerkarte.«

»Ja, aber *die* schickt er mir! Würde er doch nicht tun, wenn er gar nicht mehr an mich denkt, nicht? Würde er doch meine Adresse gar nicht mehr haben. Und noch dazu . . . in einem solchen Moment! In einem solchen Moment denkt er an mich! Er hat seine Mutter so geliebt. Nun ist er ganz allein in Paris . . . Meint ihr, ich soll schnell hinfliegen?«

»Du bist verrückt!«

»Wieso? Arbeiten kann ich doch im Moment nicht. Ganz kurz. Ich will ihm nur sagen . . .«

»Vanessa!« Minski hielt sich den Kopf. »Vanessa, nimm dich zusammen! Du kannst doch nicht gleich wegen so was . . . und *wenn* er noch an dich denkt . . . dann doch erst recht nicht! Außerdem darfst du nicht nach Frankreich rein – hast du das vergessen? Du bist doch ausgewiesen worden!«

»Was . . . was soll ich denn aber tun?«

»Schreib ihm. Kondolier ihm. Dann wirst du sehen, ob er wieder schreibt. Und dann . . .«

»Natürlich schreibt er wieder!«

»Na, *so* natürlich . . .«, sagte Minski.

Der Kellner brachte Vanessas Whisky.

Eine Mädchenstimme rief über Lautsprecher die Passagiere des Lufthansa-Fluges 134 nach Hannover auf.

»Boris, du kennst ihn! Hätte er mir das da geschickt, wenn er nichts mehr mit mir zu tun haben wollte?«

»Er *hat* nichts mit dir zu tun haben wollen . . . so lange Zeit nicht.«

»Aber jetzt ist seine Mutter tot. Jetzt ist er ganz allein. Das . . . das hält kein Mensch aus . . .«

»Was?« fragte ich.

»Ganz allein zu sein«, sagte Vanessa. Sie trank. Etwas Whisky floß über ihr Kinn. »Was sagst *du*, Ritchie?«

»Ich glaube, du hast recht«, sagte ich, denn sie tat mir leid, wie stets.

»Da hörst du es, Boris!« Vanessa schlug Minski auf die Schulter, daß der zusammenzuckte.

»Aber Boris hat auch recht. Das mußt du jetzt langsam und vorsichtig anfangen . . . Schreib ihm. Und dann mußt du warten, wie er reagiert. Du darfst nicht noch einmal eine Enttäuschung erleben.«

Vanessa sah mich mit ihren blauen Kulleraugen an.

»Ich schreibe ihm heute noch! Expreß!«

»Nicht immer übertreiben«, sagte Minski leidend. »Immer müßt ihr übertreiben.«

»Wer ist ihr?« fragte ich.

»Schon gut«, sagte Minski. »Ich habe ja gesagt, es tut mir leid, und ich hab mich geirrt, und der Rabbi auch.«

Vanessa bekam das nicht mit, sie küßte mich noch einmal. Nun hatte sie Tränen in den Augen. »Boris hat mir alles erzählt, am Telefon. Du, Ritchie, auf einmal versteh ich dich so gut . . . mit deiner Lillian . . . wirklich . . . Wenn ich etwas für dich tun kann . . . für *euch* tun kann . . . du hast immer so viel für mich getan . . .«

»Eine Himmelsmacht!« sagte Minski und verdrehte die Augen.

»Alles, was du willst, tu ich für dich . . . wo ich dir helfen kann!« Vanessa hielt meine Hand. An diesem Abend wußten wir alle noch nicht, wieviel sie bald schon für mich tun können würde – und es auch tun sollte.

»Das ist sehr lieb von dir, Vanessa.«

»Ich hab das nicht so gemeint, was ich alles über Lillian sagte«, murmelte Vanessa. Sie sah mich mit flackernden Augen an. »Ich habe es natürlich doch gemeint! Aber das war . . .«

»Vorher«, sagte ich. »Komm, wir trinken schnell noch einen.« Und ich machte dem Kellner wieder ein Zeichen.

»Es war nur . . . ich habe dich doch auch lieb, Ritchie . . . Es war . . . Eifersucht war es, sonst nichts.«

»Oj, Überraschung!« sagte Minski.

»Ich sage nichts mehr gegen Lillian«, erklärte Vanessa. »Kein Wort mehr.

Aber paß auf dich auf, Ritchie. Ich habe . . . ich habe so ein scheußliches Gefühl . . .«

Du auch? dachte ich.

». . . daß dir etwas zustößt da oben, wenn du nicht aufpaßt.«

»Ich gebe schon acht«, sagte ich. »Und ich bleibe ja nicht ewig. In ein paar Tagen bin ich hier.«

»Ja«, sagte Vanessa. »Mit Lillian, nicht?«

»Mit Lillian, ja.«

Die Lautsprecherstimme rief jetzt meinen Namen. Ich wurde gebeten, sofort zu meiner Maschine zu kommen. Ich stand auf.

»Zahlen tu ich«, sagte Minski. »Wir bleiben hier. Besser, die Kleine heult sich hier aus, als draußen unter all den Leuten.«

»Ich werde nicht heulen!« rief Vanessa, der schon Tränen über die Wangen liefen.

»Natürlich nicht«, sagte Minski. Er gab mir die Hand. »Und ruf gleich an, wenn du in Treuwall bist, damit ich weiß, wo du wohnst.«

»Ja, Boris.«

»Guter, alter Ritchie«, sagte Minski und boxte mich in die Seite.

»Du blöder Hund«, sagte ich und boxte zurück.

»Ach, er hat's nicht vergessen«, sagte Minski.

Ich umarmte Vanessa, während ich dachte, daß sich so ein Mensch verabschiedet, der auf eine weite Reise geht.

Ihre nasse Wange berührte die meine. Sie küßte mich noch einmal. Dann schlug sie ein Kreuzzeichen auf meiner Stirn und sagte dazu: »Schalom!«

»Und niemand«, sagte Minski, »von der Kultusgemeinde ist da und hat das sehen und hören können!«

›Schalom‹ heißt ›Frieden‹. So grüßt man, so nimmt man Abschied. Lebe in Frieden.

Es sollte der letzte Abend für lange, lange Zeit sein, den ich in Frieden verlebte. Der letzte Abend? Die letzten Stunden dieses Abends sollten es sein.

Das Wetter hatte sich gebessert, der Sturm war weitergezogen. Wir flogen über einer dichten Wolkendecke unter einem klaren Himmel, auf dem viele Sterne leuchteten. Es war ein ruhiger Flug, ich trank ein wenig, und ich dachte, daß ich versuchen wollte, nach meiner Ankunft in Treuwall noch einmal Lillian zu sehen, bevor ich mir ein Hotel suchte. Ich dachte, daß ich nun bei Lillian bleiben würde, immer in ihrer Nähe, wie ich es versprochen hatte, und daß sie zu mir zurückkehren wollte nach so langer Zeit, und natürlich versank ich sogleich wieder in Erinnerungen an meine Welt von gestern . . .

1948, im Frühherbst, erschien ›Niemand ist eine Insel‹, der zweite Roman.

Er brachte mir noch mehr Anerkennung und Erfolg als ›Steh still, Jordan!‹

Nun veränderte sich mein Lebensstil. Mit Hilfe von komplizierten Intrigen, die Tiny einfädelte, gelang es uns, ein Stockwerk in Lillians Villa an der Stresemannstraße freizubekommen, das erste. Nur im zweiten Stock lebten noch amerikanische Offiziere. Wir übersiedelten aus dem Keller nach oben, kauften neue Möbel, ich bekam ein Telefon. Aus dem PX brachte Tiny auf nicht eben legale Weise Kleider und Strümpfe und Kosmetika für Lillian – und Wäsche und Schuhe und Anzüge für mich. Bezahlen konnte ich das alles nun, aber ohne Tiny hätten wir noch keine dieser Kostbarkeiten erhalten.

Immer noch war Tiny seiner Freundin Ellen Herbst treu, der ehemaligen Braut eines SS-Mannes, immer noch wollte er sie heiraten. Die Erlaubnis dazu ließ auf sich warten, aber Tiny war fest entschlossen. Die kleine Mickey sprach bereits besser Englisch als Deutsch.

Im Frühjahr 1949, als feststand, daß auch das zweite Buch ein Erfolg war, gab ich meinen Posten als Dolmetscher auf. Paradin und der Bankier Reck hatten die Station schon vor mir verlassen. Paradin war wieder eingebürgert worden und arbeitete als Staatsanwalt, Reck, der jede Hoffnung verloren hatte, seine Bank jemals wieder in Gang zu bringen, manipulierte in großem Stil mit Sperrmark und machte dabei ein Vermögen.

Tiny kam mich, der ich nun als freier Schriftsteller lebte, oft besuchen – mich und Lillian natürlich, die er sehr verehrte. Er sagte, die neuen Dolmetscher seien alle nichts wert (er drückte sich farbiger aus), der Betrieb würde immer öder, und er erzählte, daß er begonnen habe, bei einem deutschen Kammersänger Gesangunterricht zu nehmen.

»Just for the hell of it«, erklärte Tiny. Weil er sich halt so langweile.

»Der Mann sagt, ich habe Stimme. Junge, ich habe *hundert* Stimmen! Der Mann sagt, aus mir wird mal ein großer Sänger. Junge, stell dir das vor. Tiny Caruso! Aber irgendwas muß man machen, man wird ja sonst stumpfsinnig in der Army, diesem Idiotenverein. Und heim will ich nicht. Auch nicht, wenn es Ellen nicht geben würde. Was mache ich also? Dienst schieben und do-re-mi-fa-so-la!«

Ich besaß genug Geld, ich war glücklich mit Lillian, wir hatten keine Sorgen – und trotzdem fühlte ich mich schlecht. Die allgemeine Entwicklung in der Welt bedrückte mich. Kriege, Revolutionen und Unruhe, wohin man sah. Der kalte Krieg hatte mit aller Schärfe eingesetzt, die Blockade Berlins die Einrichtung einer gigantischen amerikanischen Luftbrücke nötig gemacht, die Differenzen zwischen Sowjets und Amerikanern wurden täglich größer. Und 1949 gab es in der Bundesrepublik bereits wieder rechtsradikale Parteien – vier Jahre nach Kriegsende.

Ich war ein bekannter und beliebter Autor geworden, der seinem Verleger viel Geld brachte und der viel Geld verdiente. Ich gab auch viel aus, nie wußte ich genau, wo all mein Geld geblieben war. Wir lebten eigentlich gar nicht so aufwendig. Oder doch? Natürlich lebten wir wie die Verrückten, aber weil die Zeit eben so verrückt war, fiel mir das nicht auf.

Ich hatte jetzt viel mehr Ruhe zu schreiben. Seltsamerweise schien das nicht gut für mich zu sein. Ich schrieb langsamer und mühevoller als früher. Mit der Arbeit an meinem dritten Roman, für den ich noch keinen Titel hatte, geriet ich mehr und mehr in Verzug. Ich schrieb jeden Tag, regelmäßig, aber immer wieder warf ich, was ich geschrieben hatte, fort. Es war nicht gut. Es war einfach nicht gut.

Vor Lillian spielte ich Theater. Ich sagte, ich wollte erst das halbe Manuskript so haben, daß es mir gefiel, und dann vorlesen. Das hatte ich noch nie getan, ich hatte immer in kleinen Partien vorgelesen – aber Lillian fügte sich.

Immer hatte ich mir einen genauen Fahrplan gemacht für meine Romane – diesmal hatte ich keinen. Immer noch hatte ich, wenn ich schrieb, abends gewußt, wie ich am nächsten Morgen weiterschreiben würde. Diesmal hatte ich kaum je die geringste Ahnung. Auch vor meinem Verleger spielte ich Theater, auch ihm versprach ich die eine Hälfte Manuskript, und dann sofort die andere. Er war ein weiser Mann. Er wußte, er durfte mich nicht noch konfuser machen, als ich war, er durfte mich nicht drängen und nicht irritieren.

Ich war – weiß Gott, wodurch – irritiert genug. Die politische Entwicklung allein konnte es nicht sein, damals bestimmt noch nicht. Viel eher war es Furcht. Ich hatte zwei Bücher geschrieben, die der Kritik und den Lesern gefielen. Nun hielt mich Furcht gefangen. Würde es mir ein drittes Mal gelingen? Ich mußte mein Niveau halten, ich durfte nicht langweilig schreiben, ich durfte keinen Mißerfolg haben. Ja, wahrscheinlich war es die ewige Angst vor einem Mißerfolg, und ganz bestimmt war es ein Gedanke, der immer wieder kam, dieser: Bist du überhaupt ein Schriftsteller? Oder hast du nach dem Krieg einfach nur aufgeschrieben, was Millionen auf der Zunge lag und wozu man kein Schriftsteller zu sein brauchte?

Dann kam der 14. April 1949, ich werde das Datum nie vergessen. Am Nachmittag rief mein Verleger an. Er war außer sich vor Freude: Eine große französische Gesellschaft hatte die Filmrechte von ›Niemand ist eine Insel‹ erworben, zu einem hohen Betrag. Natürlich freute ich mich auch. Lillian war völlig außer sich vor Entzücken. Ein Teil meines Selbstvertrauens kehrte wieder. Lillian hüpfte und tanzte im Zimmer herum. Daß ich heute nicht mehr arbeiten würde, war mir klar.

»Komm ins Bett«, sagte Lillian. »Wir wollen uns lieben und was trinken.« Wir hatten keinen Whisky im Hause, und ich ging fort, welchen zu holen. »Ich mache mich inzwischen ganz schön und ganz aufregend!« rief Lillian mir nach. Sie entkleidete sich, sobald ich gegangen war, zog ein wenig schwarze Unterwäsche an, sehr wenig, und sie schminkte und parfümierte sich, als es an der Wohnungstür läutete.

Lillian, die in ihrer Aufregung meinte, ich hätte die Schlüssel vergessen, lief, wie sie war, auf hohen Stöckeln, in die Diele und öffnete. Sie fuhr mit einem Schrei zurück. Draußen stand ein großer, abgemagerter Mann mit braunem Haar und braunen Augen, schmaler Nase und breitem Unterkiefer. Der Mann trug eine wattierte russische Uniformjacke, russische Uniformhosen und russische Stiefel, und er hielt eine Pelzmütze in der Hand. Über der Schulter hing ihm ein Brotbeutel. Er war einen Moment verblüfft, dann begann er zu grinsen und betrachtete Lillian, die er fast nackt gesehen hatte und die nun versuchte, sich mit einem Vorhang zu bedecken.

»Wer sind Sie?« stammelte Lillian erschrocken.

Seine Antwort hörte ich, der eben, zwei Whiskyflaschen im Arm, die Haustür öffnete, laut und deutlich. »Ich bin Werner Mark.«

»Dieser weinerliche National-Masochismus, dieses ewige Geschrei, daß wir Deutschen die allergrößten Schweine auf der Welt waren, das steht mir bis zum Halse!«

»Uns auch!«

»Halt doch die Fresse!«

»Selber Fresse!«

»Die Versammlung hier hat wenigstens ein Gutes: Endlich lernen wir die Nazis unserer Stadt mal richtig kennen!«

»Ich darf Ihnen antworten auf diese Beleidigung, mein Herr: Sie sind ein Kommunist!«

»Rote Drecksau!«

»Braune Drecksau!«

»Schlag doch einer diesem Ulbricht-Vieh die Schnauze ein!«

»Ruhe! Ich bitte um Ruhe!«

»Wagt euch nur ran, ihr Hunde! Euch fehlen ja nur noch die Schaftstiefel, und alles ist, wie's war!«

»Ich darf Sie, meine Damen und Herren ...«

»Vor zwanzig Jahren ging euch noch der Arsch mit Grundeis!«

»Meine Damen und Herren ... meine Damen und Herren, ich darf Sie bitten, mich fortfahren zu lassen ...«

Aber sie ließen ihn nicht fortfahren, diesen Redner mit der tiefen, männlichen Stimme, der offenbar so vielen aus dem Herzen gesprochen hatte mit seiner Erklärung, daß ihm der weinerliche National-Masochismus bis zum Halse stehe.

»Sehr bald wird *euch* der Arsch mit Grundeis gehen! Euch haben sie vergessen zu vergasen!«

»Das nächstemal vergessen wir keinen!«

Eine scharfe Stimme: »Ich ersuche Sie, augenblicklich zu schweigen. Hier ist keine Versammlung von Nationalsozialisten!«

Brüllendes Gelächter. Das fanden nun viele komisch.

Dieses Gebrüll war so gewaltig, daß eine lange Reihe von Gläsern zu klirren begann. Die Gläser standen auf zwei gläsernen Borden unter einem Regal mit vielen Flaschen, das hinter der Theke der Bar angebracht war. Die Bar befand sich am Ende der großen Halle des Hotels ›Kaiserhof‹ in Treuwall. Das Gebrüll kam aus dem sogenannten Festsaal. Ich wußte nicht, wo der war. Hinter der Reception lief ein langer Gang in das Hotelinnere. Hier stand ein Messingstab mit einer Tafel: ZUM FESTSAAL

Der Mixer stellte ein neues Glas vor mich hin. Es war mein zweiter doppelter Whisky in dieser Bar. Der wievielte an diesem Tage es war, wußte ich nicht mehr. Ich hatte viel getrunken, aber ich fühlte keine Wirkung. Das ging mir immer so, wenn ich aufgeregt oder übermüdet war. Heute abend war ich beides. Außerdem fror ich. Auf der Fahrt von Hannover zurück hierher hatte die Heizung des Thunderbird ausgesetzt. Es war verflucht kalt in der Heide gewesen, ich hatte jämmerlich gefroren. Mit all diesen teuren Superwagen gab es immer Ärger. Ich hatte schon zwei von diesen Schlitten besessen. Mir reichte es nun endgültig mit solchen Angeberautos. Ich wollte mir einen normalen Wagen kaufen – schnellstens.

Aber, dachte ich, meinen Whisky schlürfend, ich werde es ja doch nicht tun. Große Vorsätze. Ausgeführt wurden sie nie. Seit zehn Jahren wollte ich auch sparsamer leben, weniger rauchen und weniger trinken, nicht so herumhuren und versuchen, an etwas zu glauben. Es funktionierte nur einfach nie. Da stimmte eine Menge nicht bei mir, das war klar. Ich fühlte mich immer gleich viel besser, wenn ich mir so richtig klarmachte, daß eine Menge bei mir nicht stimmte. Mehr mußte ich gar nicht tun.

Ich war mir zum Beispiel völlig darüber klar, warum ich immer diese Fünfunddreißigtausend-Mark-Dinger fuhr. Minderwertigkeitskomplexe. Schuldgefühle. Blablabla. Alles völlig einleuchtend. Na also. Nur die Grippe wollte ich nun nicht kriegen. Vielleicht hatte ich mich auch bei Vanessa angesteckt. Also sagte ich zu dem Mixer: »Dasselbe noch mal. Und für Sie auch noch mal . . . was trinken Sie?«

»Kognak, Herr Mark.«

». . . für Sie noch mal einen Kognak.«

»Danke, Herr Mark.«

Im Festsaal brüllten sie immer noch.

»Unser blanker Schild . . .«

»Ach, geh doch scheißen!«

»Merkt denn keiner von euch hier, daß wir schon wieder mal verbraten werden sollen?«

Die scharfe Stimme: »Als Leiter dieser Versammlung *befehle* ich Ihnen zu schweigen. Gleiches Recht für alle! Der Herr Doktor hat das Wort! Sie können sich später melden. Wir leben in einer Demokratie!«

»Ja, leider!«

Dem Beifall nach zu schließen, tat das wirklich vielen Anwesenden leid.

»Herr Doktor, bitte . . .«

Und nun erklang wieder die sonore, fabelhafte Stimme des geschulten Redners: »Ich sprach von Kriegsverbrechen, die angeblich wir Deutschen begangen haben. Ich darf erklären: Wir haben niemals an Kriegsverbrechen teilgenommen. Ich war . . .«

»Ach nee!«

». . . selber vier Jahre Soldat und aufs tiefste erschüttert, als ich mit ansehen mußte, wie polnische Zivilisten Juden zusammentrieben. Aber uns Deutschen hängt man zwanzig Jahre danach immer noch alle Schuld an! Uns diffamiert man noch immer! Mit keinem Asiaten erlaubt man sich das, was man sich mit uns erlaubt!« Tobender Beifall, dazwischen schrille Pfiffe.

Das Hotel ›Kaiserhof‹ war neu erbaut und das größte der Stadt: hundertzwanzig Betten, jedes Zimmer mit Bad. Tiefgarage, Restaurants, Friseur, Parfümerie und Geschäfte im Hause, Bar, Festsäle, Konferenzsäle und so weiter. Es lag am Dolder, der Hauptgeschäftsstraße vor Treuwall, vis-à-vis einer Grünanlage, und es gehörte zu einer großen Hotelkette. Die Einrichtung in all diesen Häusern war gleich. Helle Farben, viel Lack und Chrom, viele Treppen und bequeme Möbel, alles sehr sauber und antiseptisch. Die Bar besaß eine breite und lange Theke, niedrige Hocker, der Boden war hinter der Theke versenkt, so daß man das Gefühl hatte, tief zu sitzen und doch zugleich hoch über dem Mixer. Die Bar war durch viele Gitterstäbe, an denen sich Schlingpflanzen aus Messingkübeln emporwanden, von der Hotelhalle abgesondert und hatte nur eine offene Seite, den Eingang. An einem Metallplafond leuchteten viele kleine elektrische Stecklampen, wie Sterne am Himmel, und erhellten den Raum nur sehr schummrig. Hinter der Theke gab es ein Radio mit Plattenspieler und Tonband-Musikkonserven. Als ich hereingekommen war, hatte Peter Nero gerade das Thema aus dem Film ›Das Appartement‹ gespielt. Es war gemütlich in dieser Bar. Ein Hotel kann noch so unpersönlich sein, die Bar, wenn es eine besitzt, wird immer nett sein. Fast immer.

In der Halle arbeiteten Portiers hinter der Reception und hinter der Barriere gegenüber, zwei Frauen standen in einer Garderobe, ein paar Boys lungerten herum, und ein Mädchen räumte seinen Zeitungsstand auf. Das Licht in der Halle war sehr hell. Die Menschen da draußen taten alle, als hörten sie den Lärm aus dem Festsaal überhaupt nicht. Sie verrichteten ihre Arbeit, redeten leise miteinander, telefonierten und machten gleichmütige, gleichgültige Gesichter.

Der große Platz vor dem Hotel ›Kaiserhof‹ war mit Autos verstopft gewesen, als ich ankam. Wagen stand da an Wagen. Mit Mühe nur war es mir gelungen, meinen unendlich verschmutzten Thunderbird bis zum Aufzug der Tiefgarage zu bringen, wo ihn mir ein Mechaniker abgenommen hatte. Das Gepäck war dann im Keller unten ausgeladen und auf mein Zimmer 311 gebracht worden, dessen Fenster in einen Innenhof ging. Ein ruhiges, sauberes Zimmer mit Stilmöbeln, kleinem Teppich, kleinem Gobelin, vier alten Stichen von Treuwall. Bidet im Badezimmer. In den neuen Hotels gab es jetzt Bidets. In die alten hätte man sie niemals mehr eingebaut, die mußten erst zerbombt werden. Man sieht, wie der Krieg auch auf sanitärem Gebiet segensreich ist. Der Vater der meisten Bidets in Deutschland.

Es mußten sehr viele Leute bei dieser Versammlung im Festsaal sein, ich hatte die verschiedensten polizeilichen Kennzeichen gesehen — von kleinen Städten und Dörfern der Umgebung vermutlich, und natürlich viele Wagen mit Treuwaller Kennzeichen. Es war sehr kalt geworden, aber der Sturm hatte sich gelegt. Am Hoteleingang war mir ein Plakat aufgefallen:

NEUER NATIONALISMUS — EINE GEFAHR FÜR DIE DEMOKRATIE?

Mehr hatte ich nicht gelesen, ich war, nach der verfluchten Fahrt, zu verfroren gewesen. Sie hatten mich freundlich empfangen und mir das Zimmer gegeben, und ich war hinaufgefahren und hatte schnell warm gebadet und ein wenig ausgepackt und einen von meinen Anzügen genommen und wieder eigene Sachen angezogen und die meines Bruders auf den Bügel gehängt. Nach dem Bad hatte ich eine Kleinigkeit auf dem Zimmer gegessen.

Der Kommissar Eilers wollte mich noch sprechen — wegen des Mordes an Dr. Hess und meiner Erlebnisse mit Erichsen und Geyer, und überhaupt. Er hatte gesagt, er sei noch beschäftigt, aber um zweiundzwanzig Uhr würde er ins Hotel kommen. Mir war elend, ich erwärmte mich nicht, und so hatte ich gedacht, daß ich ebensogut in der Bar warten konnte. Da saß ich nun, und ich hatte auch schon drei Cebion-Brausetabletten, in Wasser gelöst, geschluckt, obwohl das, wie ich wußte, viel zu viel auf einmal war. Aber ich hatte so ein Grippegefühl in den Knochen, und ich wollte nicht krank werden, nicht jetzt.

»Was heißt denn das, wir haben keine Kriegsverbrechen begangen? Und der Auschwitzprozeß?« schrie eine junge Stimme.

Der fabelhafte Doktor: »Ich bitte Sie . . . die Zeugen kamen doch alle aus dem Osten!«

Der Junge ließ nicht locker: »Na, woher hätten sie denn sonst kommen sollen?«

»Sie verstehen mich nicht! Es wäre, finde ich, eine Aufgabe von höchster Dringlichkeit für das Statistische Bundesamt, endlich einmal festzustellen, wie viele Juden überhaupt umgekommen sind. Sechs Millionen ... das ist doch kommunistische Propaganda!«

Eine Mädchenstimme: »Für Sie macht das also einen Unterschied, ob sechs Millionen ermordet wurden oder vielleicht nur eine oder drei?«

»Darauf, mein Fräulein, darf ich Ihnen mit größtem Ernst antworten: Jawohl, das macht einen gewaltigen Unterschied! Denn es ist ein gewaltiger Unterschied, ob wir für eine oder für sechs Millionen Juden zahlen müssen!«

Wieder klirrten, ob des gewaltigen Zuspruchs, die Gläser auf ihren Borden. Der Mixer stellte ein neues Glas vor mich hin, hob das seine und sagte:

»Vielen Dank. Ihr Wohl, Herr Mark.«

»Das Ihre, Pierre.«

Ich hatte ihn gleich gefragt, wie er hieß. Das mache ich immer, in jeder Bar. Die allermeisten Mixer sind nett. Natürlich gibt es auch eklige, in ekligen Bars, aber in Hotels sind sie immer nett. Wenn man sie gleich nach ihrem Namen fragt und mit ihnen ein bißchen plaudert, sind sie noch netter und mögen einen. Mixer wissen immer eine Menge, und man kann viel von ihnen erfahren, wenn sie einen mögen.

Ich glaube, Pierre mochte mich von Anfang an. Er war ein untersetzter Mann mit großer Glatze und nur noch sehr wenig schwarzem Haar an den Schläfen. Ich dachte, daß er es wohl färbte. Er achtete auf sich. Ich verstehe etwas von Mixern und Bars, und seine Bar war gut in Schuß, Pierre gab sich Mühe, mehr als manche von den Burschen in unserem ›Strip‹. Aber die waren alle viel jünger. Einen so alten Mixer hätten wir nicht mehr einstellen können. Zu harter Job in einer Nachtbar. Im Hotel ging es eben noch.

Pierres Jackett war blütenweiß und gestärkt, sein Hemd eines von den neumodischen mit langen, spitzen Kragenenden, er trug die schwarze Krawatte zu einem einwandfreien Windsorknoten geschlungen, seine schwarze Hose hatte messerscharfe Bügelfalten, seine schwarzen Schuhe glänzten. Aber er war eben schon alt und wahrscheinlich nicht mehr gesund. Er hielt sich gut, doch man konnte sehen, wie schwer es ihm fiel, sich gut zu halten. Er hatte ein graues, großes Gesicht und schrecklich müde Augen, und wenn er glaubte, daß man ihn nicht beobachtete, sah er traurig vor sich hin und stützte sich auf einen Ellbogen oder sogar auf beide.

Sobald man ihn ansprach oder er merkte, daß man ihn betrachtete, richtete er sich auf und lächelte tapfer. Er war so groß wie ich, aber viel schwerer, und ich dachte, daß er wohl ein Korsett trug. Natürlich hieß er nicht Pierre, das war nur sein Dienstname. Er sprach mit einem süddeutschen Akzent, und ich hatte ihn gleich gefragt, ob er aus Bayern stamme. Er kam aus Ingolstadt, und er hatte lange in München gearbeitet, dann in Düsseldorf und in Hamburg, aber auch in Paris und Rom und vielen anderen Städten, zuletzt in Duisburg, Krefeld, und nun hier. Es war nicht gerade das, was man eine Karriere nennen konnte, aber wie viele Mixer machen schon wirklich Karriere? Die meisten arbeiten wie die Verrückten zehn, zwanzig, fünfundzwanzig Jahre lang, um sich selbständig zu machen, und garantiert kommt in einer so langen Zeit bei den meisten etwas dazwischen, und zuletzt landen sie dann in einem Hotel wie diesem. Es war kein schlechtes Hotel, das größte der Stadt, aber es war eben keine große Stadt mehr.

Pierre – er hieß Max Kramleder – hatte einen sehr großen Plattenspieler neben dem Radio und sehr viele Platten und einen großen Tonbandkoffer mit vielen Musikkonserven. Ich interessiere mich natürlich für all das immer sehr, wo ich es sehe, und ich betrachtete alles ganz genau, nicht nur Pierre. Die großen Apparate waren in die Rückwand der Bar eingebaut, unter den Scheiben für die Gläser, und die Musik kam, wie bei uns im ›Strip‹, aus Stereolautsprechern am Plafond, an dem die vielen Stecklampen wie Sterne leuchteten. Sie waren zu Sternbildern angeordnet.

In der Bar gab es kleine Nischen mit roten Tischen und roten Lederbänken. Die Sitze der Hocker, die auf dicken silbernen Röhren standen, waren ebenfalls mit rotem Leder überzogen und besaßen Rückenlehnen und ließen sich drehen. An den roten Wänden sah ich Phantasieblumen und Phantasietiere und Phantasiemenschen aus dickem Silberdraht gebogen, verrückt, aber auf eine freundliche, unaggressive Weise verrückt. Pierre ließ ein Band mit Musik von Cole Porter und George Gershwin laufen. Er hatte die Musik leise eingestellt und redete nur, wenn ich ihn etwas fragte. Sonst wanderte er immer an das andere Ende der Bar und polierte da Gläser.

Ich war sein einziger Gast. Er hatte mir gesagt, daß das Geschäft schlecht ging – saisonbedingt und weil die Leute, seit das große Fürchten vor der Krise begonnen hatte, viel weniger tranken oder nur billige Sachen und lieber daheim. Es sollte ja auch aller Alkohol teurer werden. Vielleicht, sagte Pierre, daß nach dem Ende dieser Versammlung hier noch ein wenig Betrieb losging. Ich fühlte, wie ich immer müder wurde. Aber ich mußte noch auf den Kommissar Eilers warten, er hatte gesagt, er müsse mich unbedingt noch sprechen, auch wegen meines verhafteten Bruders.

Er war im Kreiskrankenhaus gewesen, als ich ankam.

»Ein Beamter hat ständig Wache vor Frau Lombards Tür«, sagte er mir. Er rauchte wieder unentwegt, und auch er sah erschöpft aus. Das war für ihn ein so langer Tag wie für mich gewesen. »Der Arzt, der sie behandelt, ist einer unserer Polizeiärzte, der zweite sein Assistent. Keine Lebensgefahr mehr. Ein paar Tage . . .«

»Kann ich . . . darf ich Frau Lombard sehen?«

»Natürlich«, sagte Eilers.

Lillian hatte tief geschlafen, mit offenem Mund, leise schnarchend. Ich war eine Weile bei ihrem Bett geblieben und hatte sie angesehen, dann hatte ich ein paar Zeilen auf ein Blatt Papier geschrieben, das der Kriminalbeamte mir gab, der mit ins Zimmer gekommen war. Ich schrieb auf, daß ich im Hotel ›Kaiserhof‹ wohnen und am Morgen vorbeikommen würde und immer telefonisch zu erreichen sei. Und dann schrieb ich noch, daß sie keine Angst mehr zu haben brauche und daß ich sie liebe. Ich genierte mich ein wenig vor dem Kriminalbeamten, der natürlich mitlas, aber dann war es mir egal, und ich hatte den Zettel auf den Nachttisch neben Lillians Bett gelegt und war ins Hotel gefahren.

Drüben im Festsaal bekam jetzt das Fernsehen sein Fett.

»Wir kennen keinen Antisemitismus, meine sehr verehrten Damen und Herren! Wir lehnen ihn scharf ab! Ich darf sagen: Jeder Jude, der ein guter Deutscher ist, ist uns willkommen. Aber was tut unser Fernsehen, eine Anstalt des öffentlichen Rechts? Es zeigt uns dauernd Stücke zur sogenannten Vergangenheitsbewältigung. Darin treten Personen auf, die vor lauter Edelmut kaum laufen können . . . und das sind dann immer Juden. Alle anderen sind fiese Typen, denen man keinen Pfennig anvertrauen möchte . . . und das sind dann deutsche Menschen. Mit solchem Muster, meine sehr verehrten Damen und Herren, das darf ich wohl sagen, züchtet man systematisch neuen Antisemitismus!«

Ich dachte, daß dieser Redner den Bogen fein raus hatte.

»Was ist das für ein Zirkus da drüben, Pierre?« fragte ich. »NPD?«

Er sagte finster: »Das ist eine Veranstaltung von unserer Volkshochschule.«

»Donnerwetter«, sagte ich.

»Es war ein bißchen anders gedacht, wissen Sie.«

»Wie denn?«

Pierre kam zu mir herüber, ich machte ihm ein Zeichen, daß ich noch ein Glas haben wollte, und während er es füllte, sprach er: »Na ja, unsere NPD hier, die hat sich verleumdet gefühlt durch einen Artikel im ›Treuwaller Boten‹, und sie hat gesagt, sie fordert ein Podiumsgespräch. Und das hat dann der Volksbildungsverein arrangiert. Gehen dreihundert Leute rein in den Festsaal. Mindestens vierhundert sind drin. War sofort ausverkauft. Ist Saalschutz drüben und Polizei, falls was passiert. Aber es wird nichts passieren. Sind sich doch einig.«

»Wer?«

»Na, die Podiumsredner.«

»Der da gerade auf das Fernsehen losgeht . . .«

»Das ist der Doktor Römer.«

»Was, der?«

»Kennen Sie ihn?«

»Ihn nicht. Aber die Zeitung, die er herausgibt.« Der Dr. Heribert Römer gab eine rechtsradikale Zeitung heraus, die, wie der gegenwärtige Justizminister und der gegenwärtige Innenminister und ihre beiden Vorgänger und die Vorgänger der beiden Vorgänger immer wieder erklärt hatten, dem deutschen Ansehen im Ausland unermeßlichen Schaden zufüge, weil sie revanchistisch, antisemitisch, nationalistisch und wüst antirussisch sei. Aber, so hatten alle diese Justizminister und Innenminister gesagt, wir seien eine Demokratie, und es gebe da keine Handhabe, jene Zeitung, die dem deutschen Ansehen im Ausland so sehr schade, zu verbieten. Ich wußte, daß der Dr. Römer im Lande umherzog und Reden hielt. Nun hörte ich ihn zum erstenmal. Ein geschickter Bursche.

»Wer sind die Gesprächspartner, Pierre? Ich habe noch keinen gehört, der ihm ordentlich Kontra gab . . . abgesehen von den Zwischenrufern.«

»Seine Gesprächspartner . . .« Pierre grinste. »Da hatten sie zuerst einen ganz berühmten Kulturkritiker. Aber der sagte ihnen in letzter Minute ab, mußte zu einer Preisverteilung nach Capri. Da wird irgendein Lyrikpreis vergeben. An eine junge Deutsche. Ganz wichtige Sache. Konnte einfach nicht kommen, der Kritiker, sitzt in der Jury. Hat ihm wahnsinnig leid getan. Mit Mühe und Not, buchstäblich in letzter Sekunde, hat der Volksbildungsverein dann einen Bundestagsabgeordneten von der CDU und einen von der SPD breitschlagen können, daß sie herkommen. Das sind also jetzt die Gesprächspartner vom Herrn Doktor Römer.«

»Ich höre sie aber nicht.«

»Ah ja«, sagte Pierre, »Sie hören sie schon. Wenn dem Römer mal jemand recht gibt, dann ist es häufig einer von den beiden. Ich kenne die Stimmen. Wenn er ganz wüst wird, protestieren sie auch mal . . . nicht sehr. Sind doch aus der Gegend hier, Hannover und Bremen, da herum. Wenn sie dem Römer zu laut widersprechen, verlieren sie womöglich Wählerstimmen, denken sie.«

»Und denken sie da richtig?« fragte ich.

Pierre sah mich traurig an.

»Zirkus haben Sie vorhin gesagt, Herr Mark.« Er wußte bestimmt, wer ich war und was mich hierher führte. Alle im Hotel wußten das bestimmt, ich hatte es an ihren Gesichtern und ihrem Benehmen gemerkt, bei der Ankunft. Sie waren sehr höflich und sehr zurückhaltend gewesen. Natürlich wußte bereits ganz Treuwall, was sich ereignet hatte. Es war interessant zu sehen, daß niemand, nicht einmal Pierre, mich daraufhin direkt ansprach. Eine Stadt unterm Alpdruck . . .

»Zirkus«, sagte ich, »ja, und?«

»Erinnert mich . . .«

»Woran?«

»An meine Jugend. So in den zwanziger Jahren, da bin ich noch in die Lehr gegangen, in München. Hab viele Freunde gehabt. Andere Lehrlinge. Aber auch Journalisten und Schriftsteller und Schauspieler.« Er bemerkte meine

Verwunderung. »Weil ich nämlich geboxt hab, wissen Sie. Ausgleichssport,
Muß man haben in meinem Beruf. Ich war im Sozialistischen Jungturner-
bund. Da waren aber nicht nur Arbeiter drin, sondern auch Schreiber, und
Schauspieler und Zeitungsleute, lauter junge. Und abends, oft, Geld haben
wir alle nie eines gehabt, da hat einer gesagt, gehen wir in den Zirkus
Krone . . .« Jetzt sah Pierres Gesicht unter dem künstlichen Sternenhimmel
ganz weiß aus. »Der alte Zirkus Krone auf dem Marsfeld, das wissen Sie
nicht, zu jung, der hat sich damals so vermietet wie wir unseren Festsaal
hier. An jede politische Partei. Auch Hitler hat da geredet. Und wenn meine
Freunde und ich kein Geld fürs Kino gehabt haben, dann sind wir zum
Hitler gegangen. Halb tot gelacht haben wir uns, kann ich Ihnen sagen.
Geklatscht und Heil geschrien. Natürlich nur zum Derblecken. Und da
waren Akademiker drunter, Herr Mark, studierte Leute!«
Leise klang Cole Porters ›Begin the Beguine‹ durch die Bar.
Aus dem Festsaal herüber dröhnte es: »Solange die Väter öffentlich und
ungestraft zu Verbrechern gestempelt werden, können ihre Söhne keine
guten Soldaten der Bundeswehr sein!«
»Ja«, sagte Pierre trübe. »Totgelacht haben wir uns beinah, wir Deppen. So
wie die drüben lachen, manche, hören Sie's?«
»Mhm . . .«
»Die größte Gaudi war's! Und dann? Emigrieren haben manche müssen,
andere haben die Nazis eingesperrt und erschlagen, der Rest von uns . . . an
die Front. Verreckt, verschollen, zum Krüppel geschossen. Oder überlebt . . .
wie ich, auch die Gefangenschaft. Dafür hat's meine Frau erwischt und die
Kinder, in unserem Häusel in Giesing. Die, die's überlebt haben und
zurückgekommen sind, haben sich wieder derrappelt . . . manche besser,
manche schlechter, manche sehr gut . . .«
»Ja, das höre ich.«
»Ah nein«, sagte Pierre, der Max Kramleder hieß und aus Ingolstadt
stammte, »ah nein, das, was da drüben sitzt und Hurra schreit, das sind
nicht die Zufriedenen und Ausgefressenen und Erfolgreichen.«
»Wer denn?«
»Nixkönner. Unzufriedene. Solche, die Pech gehabt haben und nichts
erreicht. Aus allen Berufen. Weiber, unbefriedigte, hysterische. Halbe Kinder mit einem Zorn auf alles einfach. So was sitzt da drüben . . .«
Ich dachte, wie seltsam es war, daß Pierre, der doch selbst allen Grund
hatte, mit seinem Schicksal zu hadern, die Schuld für sein tristes Los bei
anderen zu suchen, so sprach. Er hätte, wenn das stimmte, was er sagte, doch
auch in den Festsaal gepaßt!
». . . Zirkus haben Sie gesagt, Herr Mark. Den ganzen Abend muß ich schon
an den Zirkus Krone denken und was dann gekommen ist, danach . . .« Er
drehte sich mit finsterem Gesicht jäh um und steckte eine neue Tonband-

konserve in das Magazin des Geräts. Gleich nach den Eingangstakten des neuen Liedes sagte ich: »Sie werden Ärger kriegen, Pierre!«

Und da sang Marlene Dietrich auch schon: »Sag mir, wo die Blumen sind. Wo sind sie geblieben...«

»Ausgerechnet die Dietrich!«

»Ausgerechnet die Dietrich!« sagte er bockig. »Das ist *meine* Bar.« Er drehte den Ton etwas lauter. »Ich hab sie gepachtet. Ich kann hier spielen, was ich will. Möcht den erleben, der mir einen Wirbel macht. Ich hab das Lied gern. Sie auch?«

»Ja«, sagte ich.

Und dann schwiegen wir beide und lauschten der Dietrich, und Pierre stützte den Kopf in eine Hand und sah in seine dunkle Bar. Er dachte wohl an den Zirkus Krone und an seine Frau und seine Kinder, und vielleicht dachte er auch daran, daß sein Leben anders hätte verlaufen können, wenn er und seine Freunde und sehr viele Menschen in diesem Lande sich in den zwanziger Jahren nicht so herrlich über das amüsiert hätten, was Adolf Hitler im Bau des Zirkus Krone und an vielen anderen Orten herausgebrüllt hatte.

»...was ist geschehn? Sag mir, wo die Blumen sind. Mädchen pflückten sie geschwind. Wann wird man je verstehn? Wann wird man je verstehn...«

»Es muß Schluß gemacht werden mit den einseitigen Prozessen und der Verherrlichung des Landesverrats durch Emigranten!«

»Bravo! Sehr richtig!«

»... sag mir, wo die Mädchen sind, was ist geschehn...«

Ein junger Mann und ein junges Mädchen betraten die Bar. Sie trug einen Lammfellmantel und Stiefel, er einen Dufflecoat. Sie waren sehr jung und sehr verliebt. Sie sahen einander dauernd an. Er war mager und trug eine Brille, sie hatte langes blondes Haar, das ihr über die Schulter fiel, und ein feines, schmales Gesicht, nicht eigentlich schön. Sie hielten sich an den Händen und lächelten beide, und es ging eine Verzauberung von ihnen aus wie von allen Verliebten, die geschützt sind gegen Unheil wie durch einen magischen Kreis.

»Guten Abend, Pierre«, sagte der junge Mann.

»O guten Abend!« Pierre lächelte. Ich lächelte auch und nickte grüßend. Wir lächelten alle vier.

»Noch einen Spaziergang gemacht, die Herrschaften?«

»Ja... aber nicht weit. Es ist zu kalt. Wir gehen nach oben«, sagte der Junge. »Und wir möchten noch etwas trinken. Wir haben etwas zu feiern. Eine Flasche Sekt, Pierre, ja? So wie gestern, dieselbe Marke.«

»Bringe ich sofort hinauf«, sagte Pierre.

»Danke. Gute Nacht, mein Herr«, sagte der Junge zu mir.

»Gute Nacht.«

»Gute Nacht«, sagte auch das Mädchen und lächelte mir zu, jung, entrückt und so verliebt. Sie gingen wieder aus der Bar, hinüber zum Lift, Hand in Hand, aneinandergeschmiegt.

»Nettes Pärchen«, sagte ich.

»Sehr nett«, sagte Pierre. »Hab sie gern. Sind schon eine Woche hier. Bei dem Dreckwetter. Aber denen macht das nichts.«

»Verheiratet?«

»Aber wo. Studenten wahrscheinlich noch. Er jedenfalls. Verliebt. Einfach verliebt. Gefällt ihnen hier, sagen sie. Weil sie hier keiner kennt. Schlafen bis zehn, frühstücken im Bett. Er hat einen vw. Fahren manchmal in die Heide. Oder sie bleiben oben auf dem Zimmer. Und am Abend bestellen sie immer noch was zu trinken... Entschuldigen Sie...« Er nahm eine Flasche Sekt aus dem großen Eisschrank unter der Bar und füllte einen Silberkübel mit Eisstücken und holte Gläser und Servietten und stellte alles auf ein Tablett und verschwand.

»Sag mir, wo die Männer sind. Zogen fort, der Krieg beginnt. Wann wird man je verstehn. Wann wird man je verstehn...«

Ich zog mein Glas näher, und jetzt goß ich etwas Soda in den Whisky und trank wieder, und langsam fühlte ich mich besser, und ich erwärmte mich endlich, und ich lauschte dem Geschrei aus dem Festsaal und der Stimme der Dietrich.

Wir haben es satt, noch länger am Pranger der Welt zu stehen. Sag, wo die Soldaten sind. Es gibt in der deutschen Geschichte Höhen und Tiefen. Immer wird nur von den letzten dreißig Jahren gesprochen. Wir sind nicht die Besten, aber wir sind auch nicht die Schlechtesten. Sag mir, wo die Gräber sind. Wir sind Nationalisten, jawohl. Aber was heißt denn das? Nationalismus heißt lediglich, Politik zum Nutzen des eigenen Volkes zu machen! Sag mir, wo die Gräber sind. Blumen blühn im Sommerwind. Wann wird man je verstehn? Schluß mit der Zahlung von Milliarden an fremde Länder auf fremdes Geheiß! Wann wird man je verstehn? Denn diese Zahlungen dienen weder deutschen noch europäischen Interessen! Sag mir, wo die Blumen sind. Und all unser Tun muß auf das deutsche Volk bezogen sein! Mädchen pflückten sie geschwind. Und deshalb muß auch Schluß sein mit dem verfälschten Bild unserer jüngsten Geschichte, mit der Unmoral der Literatur, des Theaters und des Films, mit der Unmoral der Intellektuellen, die die deutsche Frau zur Dirne machen und alle nationalen, moralischen und sittlichen Werte in den Dreck ziehen! Es muß endlich Schluß gemacht werden mit dieser Nestbeschmutzerei! Wann wird man je verstehn? Wann wird man je...

»Herr Richard Mark?«

»Ja?« Ich drehte mich um.

Vor mir stand ein großer Mann in einem eleganten blauen Wintermantel. Er trug ein weißes seidenes Halstuch. Handschuhe und einen Homburg hielt er in der Hand. Sein sehr helles, fahlblondes Haar war makellos gekämmt. Er wirkte souverän, elegant und wie ein Herr aus einem Modejournal. Seine Brille blitzte im Strahl einer kleinen Lampe am Plafond der Bar auf, der wulstige Schmiß, der sich von seiner Lippe bis zum Backenknochen emporzog, sah aus wie eine schwarze Kordel, der helle Schnurrbart war gepflegt und frisch gestutzt. Helle Augen, eine große, breite Stirn. Ich hatte selten eine imponierendere Erscheinung gesehen als diesen Mann.

»Professor Kamploh . . .«

»Oder Delacorte, wenn Ihnen das lieber ist!« sagte er mit einer leichten Verbeugung. »Ich bin eben in Treuwall angekommen. Ich hörte, daß Sie hier abgestiegen sind. Da fuhr ich schnell hierher, um Ihnen die Hand zu schütteln!« Ehe ich es verhindern konnte, hatte er es getan. Es war ein fester, kurzer Händedruck.

»Hand schütteln . . . wofür?«

»Sie haben herausgefunden, wer ich wirklich bin«, sprach er kraftvoll und gütig. »Sie haben mich angezeigt. Sie sorgten dafür, daß man mich nun verhaften wird. Dafür, lieber Freund, wollte ich mich bedanken. Von ganzem Herzen bedanken. Sie wissen ja nicht, was Sie getan haben.«

»Was habe ich getan?«

»Sie haben mir den größten Dienst erwiesen, den ein Mensch mir erweisen konnte«, sagte der Euthanasie-Massenmörder Professor Dr. Victor Delacorte. »Ich werde ewig in Ihrer Schuld stehen. Sie haben der Frau, die ich liebe, das Leben gerettet, bester Freund. Und Sie retten das meine. Nun werde ich hier Ordnung schaffen.«

Adagio molto e cantabile

Mein Bruder sagte: »Ich habe das Manuskript also gelesen.«
»Und?«
»Willst du es wirklich hören?«
»Hätte ich dir das Zeug sonst gegeben?«
»Du weißt es doch auch so, Ritchie«, sagte Werner.
»Ich will es aber auch von dir noch hören«, sagte ich.
»Na schön«, sagte mein Bruder. »Was du da geschrieben hast, ist Dreck.
Der letzte Dreck. Der allerletzte Dreck. Wenn das irgendwer in die Hand
bekommt, der mit Büchern zu tun hat, bist du erledigt. Aber das weißt du
ja.«
»Das weiß ich«, sagte ich. »Ich wollte es nur auch von dir noch hören.«
Dieses Gespräch fand Anfang Mai 1949 statt, an einem schwülen Nachmittag. Lillian war seit zwei Wochen bei Freunden im Taunus. Die besaßen
da ein Haus. Ich hatte Lillian gebeten, mich allein zu lassen, denn ich war
in einer fürchterlichen Verfassung. Ich schrie jedermann an, ich trank, ich
konnte nicht mehr schlafen.
Mein Verleger hatte nun jede Rücksicht beiseite gelassen, er mußte wissen,
ob er mit dem neuen Romanmanuskript noch für den Herbst rechnen konnte
oder nicht. Ende Juni war der letzte, der allerletzte Ablieferungstermin. Da
kamen wir noch knapp vor Weihnachten auf den Markt, also ohnehin
bereits fast zu spät.
»Ich will Ihnen was sagen«, hatte mein Verleger mir erklärt. »Ich glaube
nicht, daß Sie überhaupt so viel Manuskript haben, wie Sie behaupten. Ich
glaube, daß Sie steckengeblieben sind und nicht weiterkommen. Vielleicht
haben Sie überhaupt nichts.«
Hätte ich ihm bloß gestanden, daß er richtig vermutete! Aber mein Starrsinn
und meine Eitelkeit verhinderten das. Ich beharrte darauf, nicht einen Teil,
sondern das ganze Manuskript liefern zu wollen, ich brüllte herum, schwor,
daß ich den letzten Termin einhalten würde – vorausgesetzt, daß er mich
nicht mehr anrief, bevor ich mich meldete –, wurde beleidigend (ich stand
unter Whisky), pöbelte ihn an, bis er sich – eisig – entschuldigte, legte
dann auf, starrte wieder meine Schreibmaschine an, als sei sie mein Todfeind, und trank, trank, trank – und schrieb nichts, nichts, nichts.
Seit Lillian fort war, tat ich nichts mehr außer trinken. Ich hatte sie fort-

geschickt, weil sie mich unerträglich nervös gemacht hatte mit ihrer wachsenden Besorgnis. Sie sah doch, daß ich mit dem Buch nicht weiterkam! Dazu lagen sich mein Bruder und sie seit der ersten Begegnung andauernd in den Haaren. Lillian behauptete, Werner sei ein schlechter, gemeiner, bösartiger Mensch. Werner behauptete, Lillian sei verlogen und niederträchtig und hetze mich gegen ihn auf. Dazu muß ich bemerken, daß mein Bruder mir in jenen ersten Monaten nach seiner Heimkehr sehr unterwürfig begegnete. Gegen Lillians wütenden Protest hatte ich ihn in der Kellerwohnung einquartiert und ihm Wäsche, Schuhe und einen Anzug besorgt. Er aß mit uns, er besuchte uns abends manchmal in unserer Wohnung im ersten Stock – selten, denn wenn er kam, zog sich Lillian entweder zurück, oder es gab regelmäßig Streit. Wir tranken in jenen Monaten der Spannung alle, wir tranken alle zuviel, und die Zerwürfnisse, zu denen es kam, waren stets lautstark und heftig. Zuletzt verschwand Lillian bereits immer schon, bevor mein Bruder erschien. Ich hatte seinetwegen Streit mit ihr – die ersten Auseinandersetzungen, seit wir uns kannten.

»Wirf ihn raus!« forderte Lillian immer wieder, atemlos, mit gerötetem Gesicht. Ihre Ablehnung Werners erschien mir fast theatralisch. »Er nützt dich aus! Er wird uns auseinanderbringen mit seinen Lügen, mit seiner Hetze! Er haßt mich!«

»Unsinn.«

»Gar kein Unsinn. Ich hasse ihn auch. Und er weiß das. Warum mußtest du ihn hier wohnen lassen?«

»Er hat keine Bleibe. Und er ist mein Bruder, immerhin!« sagte ich zornig, seit einiger Zeit erfüllt von einem perversen Zusammengehörigkeitsgefühl für Werner, der seit frühester Kindheit doch mein Widersacher gewesen war. Nun schien er mir das nicht mehr zu sein. Nun kreiste dauernd der Gedanke ›Er hat dir auch geholfen, damals, als *du* in Schwierigkeiten warst!‹ durch mein Gehirn. Nun fielen mir dauernd alle jene ›Man hat‹- und ›Man muß‹-Maximen meiner Mutter ein, und ich, der so lange nach ihnen zu leben gewöhnt gewesen war, übernahm sie im Falle meines Bruders: Man hat seinen nächsten Angehörigen zu helfen, sich vor sie zu stellen, sie zu verteidigen, sie in Schutz zu nehmen. Er war *mein Bruder* – immerhin! Und also gab ich Lillian deutlich zu verstehen: Mit ihren ewigen Angriffen *bestärkte* sie mich nur in meiner solidarischen Haltung.

»Du wirst schon sehen, wie das endet«, sagte Lillian bei einem solchen nächtlichen Gespräch einmal bitter.

Die ständigen Reibereien zwischen Lillian und Werner hatten mir in meiner Verfassung eben noch gefehlt. Ich schrieb buchstäblich keine Zeile mehr. Kein Tag verging, an dem ich nicht bereits mittags angetrunken und am Abend völlig betrunken war. Ich erhielt immer noch meine Monatsschecks (aus Verkaufserlösen meiner ersten beiden Bücher und aus einem Vorschuß für das neue Buch, mit dem ich nicht weiterkam), ich lebte gut, ich hatte Geld – aber ich wußte, daß all das sehr bald vorbei sein würde. Vorbei für immer. Was tat ich? Trinken. War ich dann voll, abends, dann wußte ich genau, wie ich am nächsten Morgen weiterschreiben mußte – großartig, einmalig gut weiterschreiben. Richtig euphorisch wurde ich stets abends und in den Nächten. Ich trank noch im Bett. Und im Bett machte ich mir Notizen – für den nächsten Morgen. Am nächsten Morgen war mir übel, ich konnte meine Notizen nicht lesen, und wenn ich sie lesen konnte, erwiesen sie sich als sinnloses Geschmiere. Dann quälte ich mich, vor meiner Maschine hockend, wieder durch einen Tag – bis zum nächsten glorreichen Abend voller Hoffart und genialer Einfälle.

Nachdem ich Lillian weggeschickt hatte, rief ich meinen Bruder und trank mit ihm. Werner hatte sich erstaunlich schnell erholt, erzählte von Rußland und von den vielen Erlebnissen, die er gehabt hatte, und von den vielen Ideen zu Büchern, die er mit sich herumtrug. Mein Bruder war durch eine der letzten Spruchkammern in einem Ausnahmeverfahren für Spätheimkehrer verurteilt worden. Vier Jahre Berufsverbot.

Für einen Mann, der ein Leben lang geschrieben hatte, war das eine außerordentlich harte Strafe. Er hatte sie verdient, das sagte er selber. Nicht, daß die Einsicht es leichter für ihn machte. Seine alten Verleger waren entweder gestorben, oder sie hatten ihre Verlage verloren oder durften keinen Verlag mehr führen. Die neuen Lizenzträger schreckten sogar davor zurück, meinen Bruder anonym, heimlich, unter anderem Namen zu beschäftigen – nicht einmal als Lektor.

»Bei dem Schiß, den die haben«, sagte Werner, »wird es sechs, sieben, zehn Jahre dauern, bis einer es wagt, ein Buch von mir zu drucken. Prost, Ritchie!«

So soffen wir uns durch die Tage, durch die Nächte. Dann, in einer Anwandlung von sentimentaler Verbundenheit, gab ich Werner an einem Maiabend das Manuskript des Romans, mit dem ich nicht vorankam. ›Die große Kälte‹ hieß er. Mein Bruder las ihn sofort. Und dann, an jenem Nachmittag, an dem ein schweres Gewitter aufzog und das Licht mehr und mehr verfiel, während wir in Treibhausluft schwitzend auf den ersten Windstoß, den ersten Blitz, das Losbrechen des Unwetters warteten, sagte Werner mir, was er von der ›Großen Kälte‹ hielt.

»Dreck. Der letzte Dreck. Der allerletzte Dreck. Wenn das irgendwer in die Hand bekommt, der mit Büchern zu tun hat, bist du erledigt. Aber das weißt du ja.«

»Das weiß ich«, sagte ich. »Ich wollte es nur auch von dir noch hören.«

Wir saßen einander fast nackt, nur in Shorts, gegenüber in meinem prächtigen Arbeitszimmer mit dem antiken Schreibtisch, der antiken Stillampe, den kostbaren Bücherregalen mit den vielen hunderten Büchern darauf. Ein feines Arbeitszimmer hatte ich. Das Arbeitszimmer eines erfolgreichen Autors, der wußte, daß es mit ihm aus und vorbei war. Wir tranken. Im Zimmer wurde es immer dunkler. Zwischen uns, auf einem Mahagonitisch, lag das Manuskript neben einem Tonbandgerät. Das war ein Riesending, eines der ersten Fabrikate, die damals hergestellt wurden. Es kam aus Amerika. Tiny hatte es mir geschenkt. In Deutschland konnte man noch keine solchen Geräte kaufen. Das Gerät, das Tiny mir schenkte, weil ich ihm gesagt hatte, daß ich, wenn ich arbeitete, gern die allererste Fassung diktierte, hatte ich von einem Elektriker für das deutsche Stromnetz umbauen lassen. Es war ein schönes Tonbandgerät. Ich hatte auch noch Teile der ›Großen Kälte‹ darauf gesprochen, abgehört, niedergetippt auf der Schreibmaschine, die mir Tiny einst schenkte, in einer Zeit, die weit, so weit zurückzuliegen schien, umgetippt, noch einmal umgetippt . . . und es dann aufgegeben. Die Teller mit dem letzten besprochenen Band lagen noch auf dem Apparat.

In meiner guten Zeit hatte ich es mir zur Aufgabe gemacht, täglich zwanzig Seiten Rohmanuskript zu tippen. Ich führte in einem Kalender Buch darüber. Mir selber hatte ich feste Gebote gesetzt: Zwanzig Seiten pro Tag mußten es sein. Weniger niemals. Mehr war erlaubt. Aber keinen Tag durfte ich weniger schreiben als am Tag zuvor. Ich war ein mächtiger Pedant. Ich legte abends abgezählt Papier und Kohlepapier für den nächsten Tag zurecht, trug gewissenhaft die Tagesproduktion ein, trank meinen ersten Schluck Whisky niemals vor Seite 18 des Pensums . . . ja, das alles hatte ich einmal getan. Einmal . . .

»Wann hast du zum letztenmal was auf Band gesprochen?« fragte mein Bruder und goß sein Glas wieder voll. Wir tranken Johnnie Walker. Wir schwitzten beide. Es regte sich noch immer kein Windhauch.

»Weiß ich nicht. Schon eine Weile her. Einige Weile her.« Ich schaltete das Gerät ein. Ich war ziemlich betrunken. Dazu kam noch die schwüle Hitze. Ich ließ das Band ein Stück zurücklaufen, dann drückte ich auf den Wiedergabeknopf, und meine Stimme erklang.

». . . daß es nichts gibt auf dieser Welt, Komma, das ohne Grund und zufällig geschieht, Punkt. Daß hinter allen Dingen ein zweiter Sinn steht, Punkt. Und daß es dieser unsichtbare Sinn ist, Komma, der jene Wahrheit sichtbar werden läßt, Komma, nach der wir alle uns sehnen, Punkt. Gestern war der 6. Februar 1949. Um 18 Uhr Moskauer Zeit gab Josef Stalin dem Direktor der Europa-Abteilung von International News Service ein Interview. Kingsbury-Smith heißt der Direktor . . .«

»Was ist das für ein Quatsch?«

»Sei ruhig«, sagte ich. »Das habe ich damals gerade gehört.«

»Aber warum erzählst du es? Besoffen, was?«

»Ja.«

»Gratuliere«, sagte mein Bruder.

»Dieser Kingsbury-Smith«, fuhr meine Stimme, die aus dem Lautsprecher des Tonbandgerätes kam, leicht lallend fort, »also der stellte dem Stalin ein paar Fragen. Ist die Sowjetunion bereit, über allgemeine Abrüstung zu reden – sofort? Ist sie bereit, die Berliner Blockade aufzuheben? Ist sie bereit, Moment mal ... äh ...«

Ein greller Blitz zuckte, sofort darauf ertönte ein dröhnender Donnerschlag, und dann wurde es Nacht, und Regen begann herabzustürzen, so viel, daß ich den Apparat lauter einstellen mußte.

»Endlich«, sagte mein Bruder, stand auf und trat an das offene Fenster. Regen spritzte auf seine nackte, behaarte Brust.

Ich goß mein Glas wieder mit Johnnie Walker voll und lauschte meiner Stimme, die mir ganz fremd vorkam: »Ja, richtig: Ist die Sowjetunion bereit, mit den USA einen Nichtangriffspakt zu erwägen, der den Frieden ... den Frieden der Welt garantiert? Und ist Stalin schließlich bereit, mit Präsident Truman zusammenzukommen, damit über das alles geredet werden kann?«

Man hörte aus dem Lautsprecher das Klirren von Eiswürfeln in einem Glas. Wieder blitzte es. Das Licht wurde grün. Die Blitze folgten einander unaufhörlich, der Donner riß nicht mehr ab, Hagel stürzte vom Himmel.

»Auf alle diese Fragen antwortete Stalin: Ja. Bereits eine Stunde später sendeten Radiostationen in der ganzen Welt dieses Interview. Seinen Wortlaut, meine ich. Das war gestern. In der vergangenen Nacht meldete INS: Präsident Truman ist bereit, mit Stalin zusammenzutreffen, vorausgesetzt, daß die Begegnung auf amerikanischem Boden stattfindet ...«

»Mensch, mußt du besoffen gewesen sein«, sagte mein Bruder. »Ein Wunder, daß du überhaupt noch reden konntest.« Er stand, vor Nässe glänzend, von Blitzen unaufhörlich beleuchtet, immer noch bei dem offenen Fenster. Der Regen peitschte ins Zimmer.

»Heute mittag nun«, ertönte meine heisere, belegte Stimme aus dem Lautsprecher, »kam eine Meldung. Aus Moskau. TASS. 14 Uhr im Rundfunk. Dem Sinne nach: Stalin äußert seine Freude über die Bereitwilligkeit Trumans, leider aber ist sein Gesundheitszustand so schlecht, daß er unmöglich die weite Reise nach Amerika antreten kann. Er schlägt deshalb als Treffpunkt Moskau, Stalingrad, Leningrad, Odessa und so weiter oder Städte in Polen oder der Tschechoslowakei vor ...«

»Was hast du dir bloß dabei gedacht?« fragte Werner, im Zucken der Blitze, im Krachen des Donners, im Prasseln des Hagelsturmes. »Kannst du mir erklären, was du dir bei diesem Gefasel gedacht hast – mitten im Diktat?«

»Nein«, sagte ich. Ich hätte es ihm schon erklären können. Ich hatte mir eine Menge gedacht, als ich die Worte ins Mikrophon sprach. Voll Ekel und Verzweiflung war mir bewußt geworden, daß sich in kürzester Zeit so also die Welt verändert hatte, von der ich dachte, sie würde eine bessere werden; daß so also die Verbündeten und Freunde von gestern, die Herren der Welt, nun zueinander standen; daß unser aller Zukunft stets von den Herren der Welt abhing, weshalb wir uns am besten gleich begraben lassen konnten; und daß er eben niemals stehengeblieben war, der Strom Jordan, nein, nicht eine Sekunde lang war er stehengeblieben, und alles war vergebliche Sehnsucht und vergebliche Hoffnung gewesen, und alles, was man tat und unternahm, war sinnlos und zwecklos und lächerlich – vor allem dicke Bücher zu schreiben. Solcherlei und mehr hatte ich damals gedacht, in großem Zorn und großer Trauer. Aber nun war ich zu kraftlos, das meinem Bruder zu erklären. Es lohnte auch nicht.

»Jetzt ist es 23 Uhr 15«, ertönte meine Stimme. »Um 23 Uhr habe ich noch mal Nachrichten gehört. Wieder eine Meldung von INS. Ein Sprecher des amerikanischen Außenministeriums hat erklärt: Die USA sind entschlossen, der russischen Einladung zu einem Gipfeltreffen nur Folge zu leisten, wenn das Treffen auf amerikanischem Boden stattfindet. Aus diesem Grunde muß der Vorschlag Stalins abgelehnt werden. Im übrigen ist das Außenministerium der Ansicht, daß die Zeit gekommen ist, in der nicht mehr Worte gelten sollen, sondern Taten . . .« Pause. Dann sagte meine Stimme noch: »Das wäre also dies. Und man kann gar nicht so viel fressen, wie man kotzen möchte.« Danach ertönte, während das Band weiterlief, nur noch ein Summen.

»Kommt nichts mehr«, sagte mein Bruder.

»Nein«, sagte ich. »Da kommt nichts mehr. Ich erinnere mich.« Damit schaltete ich das Gerät ab.

»Das war also am 17. Februar«, sagte mein Bruder. »Weißt du, was du bist?«

»Ja«, sagte ich.

»Dann ist es gut«, sagte Werner. »Wenn du nur weißt, was du bist. Kann ich dir viel leichter helfen.«

»Helfen? Du mir?«

»Ja«, sagte er. »Und ich mir.«

Es blitzte grell, der Donnerschlag machte mich fast taub, ich dachte, daß es in unmittelbarer Nähe eingeschlagen haben mußte. Um ein Haar hätte ich mein Glas fallen lassen.

»Wie willst du uns beiden helfen?« fragte ich.

Mein Bruder kam vom Fenster. Er triefte vor Nässe, hielt mir sein leeres Glas hin und grinste mich an, während ich es füllte. Er neigte sich dicht vor mein Gesicht und sagte: »Du darfst schreiben und kannst nicht mehr. Ich kann schreiben und darf nicht mehr. Kapiert?«

Ich starrte ihn an.

»Einfachste Sache von der Welt. Kannst ruhig noch einen Schuß mehr reingießen«, sagte mein Bruder Werner.

Ich rührte mich nicht. Er nahm die Flasche und goß sein Glas mit Johnnie Walker voll. Dazu sprach er sachlich: »Was ist der äußerste Termin, zu dem du das Manuskript liefern mußt?«

»Acht Wochen ...«

»Bißchen knapp für ein Buch«, sagte er. »Aber es wird gehen. Ich bin ausgeruht. Kannst du Lillian noch so lange fernhalten?«

Ich nickte. Ich wollte gar nicht nicken. Ich war betrunken und ohne eigenen Willen. (Ich sage das nicht zu meiner Entschuldigung.)

»Also dann: Lillian bleibt weg, solange es geht. Wenn es nicht mehr geht, hast du mich als deinen Sekretär angestellt, verstanden? So machen wir es überhaupt in Zukunft. Du sprichst weiter auf Band – was dir so einfällt zum Buch. Damit ich wenigstens eine Ahnung habe. Vielleicht kann ich was brauchen. Du sagst ja, wenn du ganz besoffen bist, hast du prima Einfälle.«

»Habe ich tatsächlich«, hörte ich mich trotzig sagen. Und ich dachte: Wenn er wirklich schreibt. Wenn er es schafft. Acht Wochen. Ein Irrsinn. Aber besonders begabte Autoren haben schon gute Bücher in so kurzer Zeit geschrieben. *Ich* werde in den nächsten acht Wochen keine vernünftige Zeile zustande bringen, das weiß ich. Also wäre ich gerettet. Aber das ist Betrug. Das ist natürlich ausgeschlossen. Das muß ich sofort sagen, daß das ausgeschlossen ist! Ich sagte, betrunken, schwach, weinerlich und in meinen Gefühlen hin und her gerissen zwischen Bewunderung und Haß: »Das kommt überhaupt nicht in Frage, verstanden?«

»Ach, halt doch das Maul«, sagte mein Bruder fast liebevoll. »Kein Mensch erfährt es. Auch nicht Lillian. Für alle Welt bin ich dein Sekretär. Was ich schreibe, kannst du dann noch durchsehen und in deiner Schrift die Tippfehler und Flüchtigkeiten verbessern. Eine Maschine brauche ich natürlich. Papier und so weiter. Ich fange heute nacht an. Sobald du mir erzählt hast, was für eine Art von Buch das überhaupt sein soll ...«

»Ein Antinazibuch. Also eines, das du gar nicht schreiben kannst!«

»Das Buch, das ich nicht schreiben kann, gibt es nicht«, sagte Werner grinsend.

Das Gewitter verzog sich so schnell, wie es gekommen war. Der Wolkenbruch hatte Abkühlung gebracht. Es wurde heller.

»Ich verrate dich nicht. Keine Angst. Es ist nämlich mindestens ebenso scheußlich, nicht schreiben zu können und schreiben zu sollen, wie schreiben zu wollen und nicht zu dürfen. Von allen Honoraren verlange ich fünfzig Prozent. Mein Name darf natürlich nie erwähnt werden. Verträge und so weiter unterschreibst du. Jetzt sauf dich noch ein wenig weiter voll, und dann erzähl schön, Ritchie.«

»Nie«, sagte ich, »nie im Leben geh ich darauf ein!«

Die Wolkendecke war aufgerissen. Ich sah aus dem Fenster. Über den Dächern, im Osten der Stadt, stand ein riesiger Regenbogen.

»Aber ja doch, mein Kleiner«, sagte Werner.

»Geh zum Teufel«, sagte ich.

Acht Wochen später lieferte ich ein fünfhundertachtzig Schreibmaschinen-seiten dickes Manuskript mit dem Titel ›Die große Kälte‹ bei meinem Verleger ab. Er war derart begeistert, daß er die Drucklegung mit großem Elan so schnell vorantrieb, wie es nur ging. Das Buch war Ende Oktober auf dem Markt. Zu Weihnachten hatten wir bereits fünfzigtausend Exemplare verkauft, nach zwei Jahren beinahe eine Viertelmillion. Es wurde der größte Erfolg eines Romans von mir – bis heute. Geschrieben hatte den Roman von der ersten bis zur letzten Zeile mein Bruder Werner. Er schrieb schon an meinem nächsten Roman . . .

»Es gibt doch einen lieben Gott«, sagte Lillian eines Nachts zu mir.

»Wieso?«

»Als ich weg war . . . in deiner schlimmen Zeit . . . da habe ich jeden Tag gebetet . . . daß du wieder schreiben kannst . . . daß er dir hilft . . . daß er uns hilft . . . Und er hat geholfen. Jetzt muß ich an ihn glauben. Und du mußt es auch tun. Versprichst du mir das, Ritchie?«

»Ja«, sagte ich. »Das verspreche ich.«

Unten, in der Kellerwohnung, hörte ich ganz leise die Schreibmaschine klappern, die ich für meinen Bruder gekauft hatte. Er arbeitete stets die Nacht durch. Am Tag schlief er sich aus. Lillian hatte ich gesagt, er tippe meine handgeschriebenen Manuskripte ab.

»Die Selbstbefleckung muß ein Ende haben!«

»Die drei Millionen Deutschen, die dem alliierten Bombenterror zum Opfer fielen, sind keineswegs humaner umgekommen als die Juden!«

Die Herrschaften drüben im Festsaal waren sich vorübergehend fast völlig einig. Ich hörte brüllende Bässe und nur sehr zarte Stimmen von sehr leisen Zwischenrufern. Ich war vom Barhocker geglitten und betrachtete den eleganten Herrn, der sich eben so ergriffen dafür bedankt hatte, daß er von mir angezeigt worden war. Er hielt immer noch meine Hand, der große, imposante Professor Victor Delacorte, er sah mir immer noch fest in die Augen. Die Bar war verlassen, Pierre noch nicht zurückgekehrt. Ich kann nicht eben sagen, daß ich mich wohl fühlte, während ich diesen fabelhaften Redner, den Dr. Römer, hörte: »Ich darf Ihnen von Herzen recht geben, meine Herren! Die Deutschen erinnern mich immer an jene Matrosen, die Hemingway irgendwo beschreibt und die sich für einen Dollar – entschuldigen Sie, bitte, meine Damen –, die sich für einen Dollar in den Bart pinkeln las-sen!« Spitze Schreie, Gekicher, dröhnendes Gelächter. Die fabelhafte Red-nerstimme, laut: »Nur: Wir Deutschen kassieren dafür keinen Dollar! Wir zahlen noch zehn Dollar drauf, damit uns in den Bart gepinkelt wird!« Beifall und dröhnende Heiterkeit.

»Das ist ja widerwärtig«, sagte der Herr im blauen Wintermantel, der Herr mit dem weißen Seidenhalstuch, der Herr mit dem Homburg in der Hand, der Massenmörder Professor Dr. Victor Delacorte, und verzog angeekelt das Gesicht. »Welcher Prolet tobt sich da denn aus, lieber Freund?«

»Das...«, begann ich, aber er unterbrach mich mit strahlendem Gesicht. »Ah, guten Abend, Pierre! Lange nicht gesehen. Wie geht es Ihnen? Das Wetter, nicht wahr, das Wetter. Geben Sie mir doch einen Armagnac, bitte, ja?« Ich drehte mich um. Der dicke Mixer war vom Zimmer der beiden Verliebten, wohin er die Flasche Sekt gebracht hatte, durch die kleine Tür am Ende der Bar zurückgekehrt. Da stand er jetzt, bleich und nervös, und starrte Delacorte an.

»Pierre!« sagte dieser. »Wollen Sie mich dursten lassen?«

»Nein... natürlich nicht... Sofort, Herr Professor«, stotterte Pierre. Er füllte mit unsicheren Händen ein Schwenkglas.

Delacorte ergriff es zärtlich, ließ den Armagnac darin kreisen, roch an ihm und trank endlich, nachdem er das Glas grüßend gehoben hatte.

»Das tut wohl«, äußerte er. »Würden Sie die Freundlichkeit haben, die Polizei anzurufen, lieber Pierre, und sie zu bitten, jemanden herzuschicken?«

Pierre sagte: »Da sind Polizisten...« Er schluckte. »... Polizisten drüben, bei der Versammlung.«

»Nun, würden Sie einen herbitten?«

Pierre hustete hilflos. Dann kam er hinter der Theke hervor und eilte auf unsicheren Beinen durch die Halle zu dem Gang, der in den Festsaal führte.

»Woher...«, begann ich, aber meine Stimme versagte.

»Ja, mein Lieber?«

»Woher wissen Sie, daß ich Sie angezeigt habe?«

»Haben Sie es nicht getan?«

»Doch...«

»Nun also«, sagte er. »Reine Kombination. Heute früh rief mich Doktor Hess an, in München, im Hotel, und sagte mir, was sich nachts hier ereignet hat...« Sein Gesicht wurde plötzlich hart. »Arme Lillian... um ein Haar hätten diese Schufte... Aber nun werde ich abrechnen... mit ihnen allen... Der Anschlag galt mir, das ist klar... deshalb bin ich auch sofort zurückgekehrt, um mich zu stellen... um diesem Spuk ein für allemal ein Ende zu bereiten.«

»Welchem Spuk?«

»Allem, was hier vorgeht. Seit Jahren. Ich habe viel zu lange gewartet.«

»Doktor Hess ist tot«, sagte ich.

Delacorte nickte.

»Ich weiß, ich weiß.« Er bemerkte, daß ich ihn anstarrte, und fügte mechanisch hinzu: »Schrecklich. Diese Verbrecher.«

»Welche Verbrecher?«

»Nun, die ihn ermordet haben.«

»Woher wissen Sie, daß er ermordet wurde?«

»Von Frau Taler. Sie sind durstig, wie?« Er ging schnell hinter die Bar. »Was trinken Sie? Whisky?«

Dieser Mann wurde mir unheimlich.

»Whisky, ja.«

»Welche Marke?«

»Black and White.«

»Black and White.« Er griff nach der richtigen Flasche und goß mein Glas halb voll. »Pierre hat nichts dagegen. Alter Freund von mir.« Er legte Geldscheine auf die Theke. »Wasser? Eis?«

»Beides«, krächzte ich.

Wo blieb Eilers? Wo blieb die Polizei? Wie lange hielt ich das noch aus? Lange nicht mehr. Delacorte, der Herrenmensch. Delacorte, der Massenmörder. Delacorte, der Unbesiegbare. Wie unbesiegbar waren diese Unbesiegbaren? Offenbar ganz und gar. Das erklärte wohl, warum sie sich so gut konserviert hatten, zwanzig Jahre lang. Der da, der hatte sich erstklassig gehalten. Wahrhaftig. Er ließ Eiswürfel in meinen Drink fallen, fand eine Flasche Sodawasser, stellte sie neben das Glas, goß sich einen neuen Armagnac ein. »Prost, lieber Freund.«

»Wer ist Frau Taler?«

»Meine Haushälterin«, erklärte Delacorte lächelnd. Er trank wieder einen Schluck. »Ich rief sie an, sobald ich in Treuwall eintraf. Das heißt: Zuerst rief ich bei mir daheim an, natürlich. Meldete sich niemand. Die Herren von der Polizei, die da auf mich warten, hoben nicht ab, ließen es läuten. Besonders schlau. Damit jeder glaubt, das Haus sei verlassen.« Er lachte, tief und mit sich zufrieden. »Wäre ich nun gleich heimgefahren, hätte man mich verhaftet, und wer weiß, wann ich Sie dann gesehen hätte. Ich wollte Sie noch vor meiner Verhaftung sehen — nicht nur, um Ihnen zu danken für alles, was Sie getan haben, sondern auch, um Sie um etwas zu bitten.«

Ich mußte sehr achtgeben, dachte ich, daß ich nicht den Verstand verlor.

»Bitten?«

»Frau Taler sagte mir, daß Sie im ›Kaiserhof‹ wohnen. Das — um Ihnen eine Frage zu ersparen — hatte ein Kriminalbeamter ihr erzählt. Tja, gesprächige Herren. Erzählten ihr auch sonst noch eine Menge. Und sie mir.«

Ich dachte: Hat Frau Taler dir noch eine Menge erzählt oder ein Kriminalbeamter persönlich? So einer wie Herr Geyer zum Beispiel?

»Sie erzählte mir auch von Ihnen und Ihrem Bruder. Ihr Bruder ist ein Mann, von dem Lillian mir nur das Schlimmste erzählte. Sie hat eine Hölle von Ehe mit diesem Kerl hinter sich. Sie hingegen . . .«

»Ich?«

»Oh, Sie!« sagte er lächelnd, »Sie sind die Jugendliebe meiner Lillian. Nicht doch, Sie werden ja rot!«

Ich glaube, ich wurde es wirklich – vor Wut. Meine Wangen glühten. Aber ich bekam kein Wort heraus.

»Eine wunderschöne Jugendliebe ... Lillian hat mir oft von Ihnen erzählt ... o ja doch, ja doch ... Ich weiß viel über Sie ...« Was hat sie dir vorgelogen? dachte ich. »Ich weiß, daß sie Ihre Telefonnummern auf die Rückseite meines Fotos schrieb ... eines Medaillonfotos ... ich war eine Weile richtig eifersüchtig, wie Sie sich denken können, aber dann ...«

»Ja?«

»Dann merkte ich, daß Sie so etwas wie ein Maskottchen für Lillian sind. Ich habe Sie doch nicht verletzt? Das wollte ich nicht! Ein Maskottchen, ja ... ein Talisman! Lillian hängt an Ihnen wie an ihrer Vergangenheit ... den wilden, schönen Jahren nach dem Krieg ... Ihre Jugend, nicht wahr? Ich verstehe das. Ich habe auch meine Erinnerungen ...« Hast du die, ja? dachte ich voll Haß. »Ich bin eifersüchtig, rasend eifersüchtig, das gebe ich zu! Niemals Ihretwegen – seltsamerweise. Aber da sind andere ... andere Männer ... Ich habe Beweise ...« Er neigte sich zu mir. »Hören Sie: Lillian rief Sie heute nacht an. Widersprechen Sie nicht, Frau Taler hat mir alles erzählt. Sie haben Lillian das Leben gerettet. Nie werde ich Ihnen das vergessen. Sie ahnen nicht, wie sehr ich diese Frau liebe. Ich komme nun ins Gefängnis. Für kurze Zeit, für ganz kurze Zeit, seien Sie beruhigt, lieber Freund.« Er sprach wie ein Feldherr, wie der Sieger einer Wahlschlacht. »Auch in dieser kurzen Zeit muß jemand auf Lillian achten. Ich habe auf der Fahrt nachgedacht ... Dann hörte ich von Ihnen. Sie sind mein Mann! Sie werden auf Lillian achten, nicht wahr? Sie hat doch auch eine Rolle in Ihrem Leben gespielt, einst! Sie werden sie für mich beschützen und vor Unheil bewahren ... darf ich mich darauf verlassen?«

War das Naivität? Nein, nein, nein! Das war die Macht, die unbegrenzte Macht, die er einst gehabt und nie verloren hatte, da stand sie vor mir, diese Macht von gestern. Er meinte es völlig ernst mit dem, was er da sagte. Meine Gefühle interessierten ihn nicht. Niemals hatten diesen Mann Gefühle anderer interessiert. Wahrscheinlich konnte er sich gar nicht vorstellen, daß andere Menschen Gefühle hatten. Nein, gewiß konnte er das nicht. Ich dachte, daß alles, was ungeheuer groß ist, zu Bewunderung zwingt. Auch das Verbrecherische. Wahrhaftig, ich mußte diesen Mann bewundern.

»Sie können sich auf mich verlassen«, sagte ich.

Daraufhin packte er meine Hand und schüttelte sie heftig. So hatte er sicherlich seinen Mitarbeitern bei der Aktion ›T 4‹ die Hand geschüttelt, wenn sie sich als besonders nützlich, als besonders tatenfroh erwiesen.

»Ich danke Ihnen, Herr Mark.«

Ein Alptraum. Ein Nachtmahr. Ja, ein Nachtmahr war das. Nur zu ertragen, wenn ich ständig dachte, daß das alles nicht wirklich war, nicht wirklich passierte. Aber es *war* wirklich, es *passierte* wirklich! Und niemand kam in die Bar. Warum nicht? Was war mit Pierre geschehen? Wo blieben diese verfluchten Polizisten?

Mechanisch fragte ich: »Woher wußten Sie überhaupt, daß Sie verhaftet werden sollen?«

»Radio«, sagte er charmant. »Autoradio, mein Lieber. Ununterbrochen bittet die Kriminalpolizei um Mitarbeit.« Er lachte. »Und dann arbeitet man mit und will helfen — und da steht man dann da und wird nicht mal abgeholt!« Unvermittelt sagte er: »Sie lieben Beethoven.«

»Wie . . .?«

»Die Neunte.«

»Woher . . .« Das hielt ich nicht aus!

»Frau Taler erzählte mir, daß Sie heute früh lange in der Bibliothek waren. Die Kriminalbeamten redeten dann später, als sie Fingerabdrücke von den Plattenumschlägen nahmen, darüber, daß Ihnen die alte Partitur der Neunten aufgefallen sei. Und die fehlende Zeile im Vierten Satz. Also: Sie lieben die Neunte?«

»Ich . . .« Verflucht, ich liebte sie wirklich!

»Stimmt also. Dann habe ich etwas für Sie! Ich schenke Ihnen die Partitur.«

»Das kann ich niemals . . .«

»Keine Widerrede! Natürlich können Sie! Nach allem, was Sie für mich getan haben. Und was Sie noch für mich tun werden.«

»Was heißt das?«

»Nun, Lillian . . . Sie versprachen doch . . .« Er unterbrach sich. Aus dem Gang, der zum Festsaal führte, kamen Menschen, viele Menschen. Sie strömten in die Halle, laut durcheinanderredend, rufend, aufgeregt. Allen voran eilte Pierre mit zwei Polizisten. Nein, sie eilten nicht. Sie wurden geschoben, gestoßen. Die beiden Polizisten waren bleich. Sie sahen aus, als wären sie gerne woanders gewesen. Die Menge randalierte. Ich verstand noch nicht, was einzelne Männer riefen.

»Na endlich«, sagte Delacorte und trank sein Glas leer. Er kam hinter der Theke hervor. Die Halle füllte sich schnell. Ich sah Männer und Frauen, die durcheinanderschrien, Jungen mit schwarzen Cordsamthosen, weißen Kniestrümpfen und schwarzen Hemden. Sie trugen Koppel und lederne Kletterwesten. An den Hemden aufgenäht waren Odalsrunen und weiße Armbinden mit der roten Aufschrift: SAALSCHUTZ. Die kräftigen, großen Jungen mit ihren langen Armen und großen Händen bemühten sich, die Menge in Schach zu halten, indem sie auf die Menschen einbrüllten. Ich sah einen Portier hastig nach dem Telefonhörer greifen. Und immer mehr Menschen aus dem Festsaal drängten in die Halle . . .

Die beiden Polizisten und Pierre wurden nun schon in die Bar geschoben. Beim Eingang hielten die ersten Versammlungsbesucher an. Ihre Gesichter waren erhitzt und von Haß verzerrt, alle. Sie schrien durcheinander.

»Hände weg vom Professor!«

»Wagt es bloß, ihr Schweine, und wir zerlegen euch!«

»Maul halten! Wir sind nicht in Chicago!«

»Sehr richtig! Wenn er was ausgefressen hat ...«

»Verhaftet ihn doch endlich, ihr Hampelmänner!«

»Rührt ihn an, und es kracht!« gellte eine Stimme.

Ich trat zurück. Ich habe mich nie zum Helden geeignet. Pierre glitt neben mich. Er fluchte: »Saustall, verfluchter! Mir muß das passieren! Wie ich die Polizisten angesprochen habe, die Deppen, haben's die andern natürlich g'hört und sind alle mit!«

Die Arme ausgebreitet, groß und gütig, trat indessen Delacorte ganz dicht vor die Polizisten, die ihn unglücklich betrachteten.

»Herr Professor Kamploh ...«, begann der eine, »im Namen des Gesetzes, Sie sind ...«

Er erhielt einen Stoß in den Rücken und stolperte gegen Delacortes Brust. Der Mann hatte genug. Er schrie: »Auseinander! Sofort auseinander! Zurück in den Saal!« Im nächsten Moment hatte ihm jemand gegen das Schienbein getreten. Er knickte zusammen. Das war sein Pech. Sofort warfen sich drei, vier, fünf Kerle auf ihn. Andere sprangen herbei, um ihm zu helfen. Eine Riesenprügelei begann. Männer schlugen sich. Die Jungen vom Saalschutz hatten plötzlich Schlagringe und Holzknüppel. Eine dicke Frau in einem struppigen alten Pelzmantel schwang wie rasend eine riesige Handtasche und ließ sie unterschiedslos auf jeden knallen, der sich in ihrer Nähe befand. Dazu schrie sie gellend: »Unsern guten Herrn Professor, diesen Heiland, wollt ihr verhaften? Gott wird euch strafen!«

»Ruhe!« donnerte Delacorte.

Es wurde tatsächlich ruhig, die Kämpfenden ließen voneinander ab. Ich sah zerrissene Kleider, blutende Nasen, aufgerissene, keuchende Münder und ein wüstes Menschenknäuel auf dem Hallenteppich. Ein schlanker, kleiner Mann mit dem Gesicht einer Ratte drängte sich vor. Als ich seine sonore Stimme vernahm, wußte ich, wer es war: »Herr Professor, ich darf Ihnen versprechen, daß ich diesen ungeheuren Affront gegen Sie in meinem Blatt vor die Öffentlichkeit bringen werde!«

»Wer sind Sie?« fragte Delacorte. Es war auf einmal sehr still geworden.

»Römer. Doktor Heribert Römer. Schriftleiter der ...«

»Oh!«

»Sie wissen?«

»Natürlich. Sehr freundlich von Ihnen, Doktor ...«

»Eine Selbstverständlichkeit, Herr Professor!« Der fabelhafte Versammlungsredner und Herausgeber jener rechtsradikalen Wochenzeitung, die dem deutschen Ansehen im Ausland nach Ansicht der gegenwärtigen und früheren Justiz- und Innenminister so sehr schadete, ohne daß man leider eine Handhabe besaß, sie zu verbieten, nahm Haltung an, legte die Hände an die Hosennaht, und in der plötzlichen Stille hörte ich, wie er die Hacken zusammenknallte.

»Meine Spalten stehen Ihnen zur Verfügung!«

In der Menge entstand Gemurre.

»Ich danke Ihnen, Doktor«, sprach Delacorte. Plötzlich dachte ich, daß er absichtlich hierhergekommen war, daß er diese Situation provoziert hatte – und sie nun genoß. Nur genoß? Oder beabsichtigte er mehr? Delacorte rief laut in die Halle: »Seid friedlich, meine Freunde! Es ist ein Haftbefehl gegen mich erlassen worden. Diese Beamten tun nur ihre Pflicht!«

»Haftbefehl!«

Einer schrie das Wort, und der Hexenkessel brach wieder los.

»Wieso Haftbefehl?«

»Was haben Sie getan?«

»Nichts hat er getan!«

»Unser Professor!«

»Irgendwelche Judenschweine in Frankfurt . . .«

»Frankfurt?«

»Hab was im Radio gehört!«

»Judenschweine?«

»Frankfurt war doch immer das Judennest!«

»Wir sind nicht in Frankfurt! Wir sind in Treuwall! Achtung, Herr Professor, wir holen Sie jetzt raus!

»Keinen Schritt weiter!« bellte der Polizist, der wieder auf die Beine gekommen war. Die Frau in dem alten Pelzmantel traf ihn mit ihrer Riesentasche am Hals. Er flog gegen seinen Kollegen und riß den fast um.

Im nächsten Augenblick sah ich etwas Schwarzes, Rundes an mir vorbei auf die Theke fliegen. Hier explodierte es mit lautem Knall. Es war eine Rauchbombe. Einer der Randalierer hatte sie geworfen. Weißer Qualm wölkte aus ihr in die kleine Bar und aus dieser in die Halle. Pierre schrie auf und hielt die Hände gegen die Augen gepreßt. Auch mir kamen Tränen. Ich würgte und schluckte und versuchte, aus der Bar in die Halle zu entkommen, doch das war umsonst. Die Menschen, die vor mir standen, husteten bereits, auch die Polizisten, aber auch sie kamen nicht von der Stelle, der Druck der hinter ihnen Stehenden war zu gewaltig. Fast blind tappte ich umher, stieß gegen Tische und Hocker, erreichte eine Wasserleitung, tränkte mein Taschentuch und preßte es gegen die Augen, gegen den Mund, die Nase, sinnlos das alles. Dann flog eine zweite Rauchbombe in die Bar, es klirrte, und plötzlich regnete es Glas neben mir. Die zweite Bombe hatte die Flaschen auf der Rückseite der Theke getroffen. Sie stürzten, ganz oder in Scherben, herab, Flüssigkeit spritzte nach allen Seiten. Das gläserne Regal brach. Ich sprang eben noch rechtzeitig zur Seite. Die Flaschen und Gläser von den anderen Regalen kamen herab. Ich hörte wieder Pierre schreien.

Dann fühlte ich mich an der Hand gepackt.

Delacortes Stimme brüllte: »Raus hier! Die bringen uns noch um!«

Er riß mich mit sich. Wieso er noch etwas sah, ist mir heute noch ein Rätsel. Taumelnd, gegen Türpfosten rennend, folgte ich ihm durch den Service-Eingang der Bar zunächst in einen kleinen Lagerraum. Die Tür war aus Eisen. Delacorte schlug sie zu und schob zwei schwere Riegel vor. Fäuste trommelten draußen bereits gegen das Metall. In der Abstellkammer standen Kisten, Flaschen, Konserven. Eine nackte Glühbirne hing von der Decke herab. Auch hier war eine Wasserleitung. Ich drehte sie auf. Das Wasser spritzte. Abwechselnd hielten wir unsere Gesichter unter den eiskalten Strahl.

»Weg hier!« Ich sah, daß Delacortes Gesicht weiß geworden war. Seine Unterlippe zitterte. Den Hut hatte er verloren, ebenso seinen weißen Seidenschal. Bestimmt dachte er jetzt an den vergifteten Armagnac. Ich dachte an ihn. Es gab in Treuwall Leute, die trachteten ohne Zweifel Delacorte nach dem Leben. In dem großen Durcheinander eben hatten sie eine gute Chance gehabt. Delacorte rannte zu einer anderen Tür. Mir wurde klar, daß er flüchtete. Ich vergaß meine Angst. Ich stürzte hinter Delacorte her. Das war ein Gang, grau die Ölfarbe an den Wänden. Eine Tür. Noch eine Tür. Ein Innenhof mit Abfalleimern und Kartons. Kreischend entfloh eine Katze. Wieder ein Gang. Vor mir sah ich Delacortes mächtige Silhouette. Ich stolperte über eine Stufe, stürzte beinahe, kam auf die Beine und erreichte einen Ausgang des Hotels. Es war das Lieferantentor, das in eine schmale Seitengasse mündete. Auch hier standen Wagen. Auf einen von ihnen – einen Opel-Diplomat – rannte Delacorte zu. Er schien sich plötzlich an mich zu erinnern, als er den Schlag aufriß. Er war so viele Jahre älter als ich – aber stärker, wahrhaftig stärker, jedenfalls im Moment. Er packte mich am Jackenkragen und drängte mich in den Wagen. Ich schlug mit der Brust gegen das Lenkrad. Es tat gemein weh.

»Rüber mit Ihnen!« schrie er und stieß mich vorwärts. Ich landete auf dem anderen Sitz. Der Schlag flog zu. Delacorte startete und fuhr los wie ein Irrer. Die Seitengasse führte auf den Platz vor dem Hotel. Delacorte nahm die Kurve ohne zu bremsen, kollidierte um Zentimeter mit einem anderen Wagen, der Opel kippte, wimmerte auf zwei Rädern, fiel mit einem Krach zurück und schoß davon.

Ich richtete mich auf.

Delacorte saß über das Steuer gebeugt. Wir rasten über den noch abendlich belebten Dolder. Die schmale Tachonadel zeigte 80. Sie kletterte weiter 85 ... 90 ... Der Wagen wurde von Delacorte hin und her gerissen. Hupen gellten an uns vorbei. Ich sah Lichter vorüberfliegen. Da war eine Ampel. Sie stand auf Rot.

Delacorte trat auf den Gashebel und drückte den Knopf der Hupe.

Tatsächlich hielt der quer zu uns flutende Verkehr auf der Kreuzung. Wir schossen durch eine Reihe von Wagen. Wieder tanzte der schwere Opel.

»So kriegen sie mich nicht, die Schweine«, zischte Delacorte durch die Zähne.

Die Tachonadel stand jetzt auf 100.

Delacorte troff Speichel aus einem Mundwinkel.

Ich dachte, daß in meinem Hotelzimmer jene beiden Pistolen lagen, die ich auf dem Parkplatz im Hämelerwald den Kriminalbeamten Geyer und Erichsen abgenommen hatte. Die Waffen sollte ich Eilers geben, ich hatte sie für ihn bereitgelegt. Im Patronenrahmen von Erichsens Waffe steckten noch vier Schuß, dachte ich sehnsuchtsvoll. Ich hatte nicht einmal einen Schraubenschlüssel, um diesem Irren über den Schädel zu schlagen. Nichts hatte ich. Nichts konnte ich tun.

»Delacorte!« brüllte ich.

Er reagierte nicht.

Oder ja, doch, er reagierte.

Die Tachonadel stieg zitternd bis auf 105.

»Ja ... ja ... o ja ... da ... mach da weiter ... weiter ... zart ... ja, so ... so ... oh, ist das gut ... ist das wunderbar ...«

Das war Lillians Stimme. Ich hielt den Atem an. Lillians Stimme. Tief, heiser, atemlos. Es war die Stimme, die Lillian stets hatte, wenn wir uns liebten. Wir liebten uns nur nicht. Ich kam zwei Tage früher als vorgesehen von einer Reise heim. Es war fast Mitternacht am 28. April 1950. Leise hatte ich das Haustor aufgesperrt, leise meinen Koffer in den ersten Stock getragen, leise die Wohnungstür geöffnet. Auf Zehenspitzen war ich eingetreten, um Lillian nicht zu wecken. Wir hatten getrennte Schlafzimmer. Im Stiegenhaus hatte kein Licht mehr gebrannt, nur unten, im Keller bei meinem Bruder, der stets nachts zu arbeiten pflegte. Auch im Vorzimmer unserer Wohnung war es dunkel. Die Tür zu Lillians Schlafzimmer war angelehnt, und hier fiel das Licht einer rotbeschirmten Nachttischlampe durch den Spalt.

»Nicht so schnell ... langsamer ... hör auf ... vorsichtig ... sonst ... ich will noch nicht ...« Der Rest war unverständlich.

Ich stellte meinen Koffer hin und schlich zu der angelehnten Tür. Ich sah in das Schlafzimmer.

Auf dem Bett erblickte ich Lillian, vollkommen nackt, beide Hände an die

Brüste gepreßt, die Schenkel gespreizt. Büstenhalter, Höschen, Schuhe und Strümpfe lagen wild verstreut herum, desgleichen der Morgenmantel und ein Pyjama meines Bruders. Er kniete vor Lillian. Ihre Schenkel öffneten und schlossen sich um seinen Kopf. Er war gleichfalls völlig nackt. Die beiden sahen und hörten nichts. Lillians Brüste hoben und senkten sich. Sie zuckte von Zeit zu Zeit zusammen, sie stöhnte, und ihr Gesicht hatte wieder jenen Ausdruck angenommen, den ich kannte. Diesen Ausdruck, als werde sie gefoltert. Jetzt fuhren ihre Hände hinab und verkrallten sich im braunen Haar meines Bruders. Der schrie unterdrückt auf, tief und kehlig, erhob sich und warf sich auf Lillian. Ihre Schenkel schlangen sich um seine Hüften, auch sie schrie, leise und hoch, dann preßten sich ihre Arme um seinen Rücken, und sie wälzten sich auf dem zerwühlten Bett hin und her.

Lillians Haar lag wie ein Riesenfächer auf dem Kissen. Sie stammelte jetzt sinnlose Worte, ihre Finger gruben sich in seine Haut.

»Jetzt . . .« Der Rest war ein Gurgeln. Meines Bruders Körper spannte sich, er stieß den Kopf an Lillians Schulter, dann stöhnte auch er und sank schwer neben sie.

Ich drehte mich um und ging zur Wohnungstür zurück. Da stand mein Koffer. Ich hob ihn auf.

»Um Gottes willen . . .« Das war Lillians Stimme.

»Wer ist da?« Das war die Stimme meines Bruders.

Ich warf die Wohnungstür krachend hinter mir zu.

Im dunklen Stiegenhaus wäre ich fast die Treppe hinabgestürzt, bevor es mir gelang, den Lichtschalter zu finden. Ich torkelte über die Stiege wie ein schwer Betrunkener. Nur ein einziger Gedanke bohrte quälend in meinem Hirn: daß ich nicht weiterleben konnte nach dem, was ich gesehen hatte. Ich wollte mich umbringen. Ich wollte ins Wasser gehen. Ich ging ins Hotel ›Frankfurter Hof‹. Die Portiers begrüßten mich. Ich war schon sehr bekannt geworden. Durch einen weiteren Roman, der mittlerweile erschienen war. Auch ihn, wie jenen zuvor, hatte mein Bruder Werner geschrieben.

Um sechs Uhr früh hatte er mich dann gefunden.

Das Schrillen des Telefons riß mich aus wüsten Träumen.

»Herr Mark, hier ist der Portier. Verzeihen Sie die Störung, Sie sagten, Sie wünschten Ruhe und keinen Anruf, aber hier ist Ihr Herr Bruder und . . .«

»Schicken Sie ihn fort!«

»Er sagt, es sei von größter . . .«

»Das ist mir egal, ich . . .«

Dann war mein Bruder in der Leitung.

»Laß mich raufkommen, Ritchie!«

»Geh weg.«

»Ich muß dich sprechen.«

»Wenn du nicht verschwindest, rufe ich die Polizei . . .«

»Das habe ich schon getan«, sagte seine Stimme klanglos.

»Was?«

»Vor zwei Stunden.«

»Warum?«

»Lillian . . .«

»Was ist mit Lillian?«

»Ich ließ sie allein, um dich zu suchen . . . rief sie an . . . sie meldete sich
nicht . . . Ich raste wieder heim . . . sie . . . sie hatte sich die Pulsadern
aufgeschnitten.«

Ich fuhr im Bett hoch.

»Tot?«

»In Lebensgefahr. Schon im Krankenhaus. Laß mich raufkommen, Ritchie.
Ich muß mit dir reden. Ich muß! Laß mich raufkommen!«

Wachtmeister Stalling ist Mitglied der NPD geworden.

Das hat er mir heute früh mitgeteilt, während ich den Betonboden meiner
Zelle mit Terpentin und Graphit wienerte. Er setzt sich dann immer zu mir
und plaudert ein wenig – über seine Sorgen und Hoffnungen, über alles,
was ihn bewegt.

Heinrich Lübke, unser Bundespräsident, hat in einer Rede vor Offizieren vor
zwei Wochen erklärt: »Der Soldat der Bundeswehr kann in die Lage kommen, einmal gegen seine Landsleute kämpfen zu müssen.«

Damit hat Heinrich Lübke den Wachtmeister Stalling in einen großen
Konflikt gestürzt und ihm mächtig Angst gemacht und schließlich durch
diesen Ausspruch erreicht, daß der Wachtmeister Stalling nach langem Sinnen und Diskutieren mit seinem guten Muttchen also in die NPD eingetreten
ist. Nämlich: Wachtmeister Stalling hat eine Schwester, und Muttchen hat
einen Bruder, und die leben beide in der Zone, die Schwester mit ihrem
Mann und ihrer Familie in Weimar, der Bruder mit seiner Frau und seiner
Familie in Leipzig. Familie, das heißt: Sie haben *Kinder*. Fünf zusammen.
Davon sind vier Jungen. Und in jeder Familie ist einer der Jungen bereits
bei der Nationalen Volksarmee.

»Wenn meiner jetzt zur Bundeswehr muß«, sagt Wachtmeister Stalling,
»dann kann er also in die Lage kommen, auf seine Vettern und die Kusine
und auf seinen Onkel und seine Tanten zu schießen. Und umgekehrt. So
eine Regierung, Herr Mark, wo der Präsident so was sagt, so eine Regierung, die mag ich nicht. Weil, sie ist schlecht. Und warum ist sie schlecht?«

»Warum, Herr Stalling?« frage ich und reibe den Betonboden schwarz und
glänzend.

»Weil sie nicht national ist«, sagt Stalling, der auf meinem Bett sitzt und
die Pappdeckelstücke mit den ausgeschnittenen Schablonen von Rosen und

Tulpen bereithält. Das ist eine Arbeit des Auschwitzprozeß-Angeklagten Jakowski. Der verschönert mit diesen Schablonen seine Zelle, und er leiht mir die Schablonen immer, damit auch ich meine Zelle verschönern kann, ich werde gleich erzählen, wie.

»Nicht einen Funken national! Und das, Herr Mark, das ist ein Verbrechen. Denn warum dürfen wir nicht national sein? Wer verbietet es den Schweden oder den Engländern oder den Franzosen oder den Amerikanern oder den Österreichern? Alle Länder von der Welt dürfen national sein! Im Osten ist das eine Selbstverständlichkeit! Schauen Sie sich die DDR an, wie national die ist! Aber wir? Eine Scheißregierung haben wir. Immer rein ins eigene Nest. Der Führer und die Nationalsozialisten, das waren die ärgsten Verbrecher, die es je gegeben hat! Das erklären unsere Politiker doch wieder und wieder, nicht? Na schön, bitte, sollen sie. Das ist noch nicht das Schlimmste, was mich aufregt, obwohl sie schon schlimm genug ist, diese Nestscheißerei, diese ewige. Aber jetzt kommt's erst! Also, wenn der Führer schon der größte Schuft war und die Nazis die größten Verbrecher, dann, Recht muß Recht bleiben, Herr Mark, dann sind es die *Kommunisten* gewesen, die am meisten gegen ihn und die Nazis gekämpft haben! Ich muß es doch wissen, ich hab sie doch gesehen, hier sitzen. Kommunisten, Kommunisten, sage ich Ihnen! Ganz am Anfang von meiner Dienstzeit war das, aber ich erinnere mich noch deutlich. Heute? Heute sind wir in der Bundesrepublik die Patentdemokraten, und die in der DDR sind antidemokratisch und totalitär und radikal und was weiß ich – warum, *weil* sie Kommunisten sind! Was soll das denn heißen? Meine Verwandten und die Verwandten von meinem armen Muttchen, das sind Seelen von Menschen, Herr Mark! Wenn Sie die kennen würden! So brave Leute. Und auch nie Nazis gewesen und gewiß keine Kommunisten – unterm Tisch ist noch eine dreckige Stelle, ja, da –, aber jetzt haben wir also den neuen Todfeind, und der heißt nicht mehr Hitler, sondern Ulbricht, und der Ulbricht ist mindestens so schlimm wie der Hitler, und die Kommunisten sind so schlimm wie die ärgsten Nazis – so haben wir das hingekriegt! Und das ist zum Kotzen. Habe ich nicht recht?«

»Natürlich, Herr Stalling«, sagte ich. »Kann ich jetzt die Schablonen haben?«

»Rosen oder Tulpen?«

»Zuerst Rosen.«

Also gibt er mir zuerst die Rosenschablone, und die lege ich auf den Boden, und nun fahre ich mit einer alten Zahnbürste über die ausgeschnittene Rosenform. Wenn ich dann den Pappdeckel hochhebe, ist die Rose auf dem Betonboden und dem schwarzen Graphit zu sehen. So mache ich ein paar Reihen Rosen, mit großen Zwischenräumen, denn in die Zwischenräume sollen noch Tulpen kommen, ein richtiges Muster, und während ich in mei-

ner Arbeitskluft auf dem Boden herumrutsche und bürste, spricht Wachtmeister Stalling weiter.

»Der Ulbricht ist ein Über-Hitler, schreien sie. Und die Kommunisten, gegen
die waren die Nazis Engel! Die Kommunisten, die haben ja aus einem
ganzen Land ein KZ gemacht! So reden sie. Das ist Regierungspolitik.
Wiedervereinigungspolitik. Wird aber ganz schnell kommen, die Wiedervereinigung, wenn die solche Töne blasen!«
Ich bürste meine Rosen, eine neben die andere.
»Überhaupt unsere Politik! Was für eine Politik haben wir denn getrieben
in den letzten zwanzig Jahren? Eine für unser Land? Daß ich nicht lache!
Ja, mit ›Ohne uns‹ hat's angefangen. Aber wie lange hat das gedauert?
Schon war die Wiederbewaffnung da, das Verbot der KPD, schon waren wir
mitten drin im Kalten Krieg – als Sklaven der Amis, die uns zuerst hoch-
gepäppelt haben, damit wir stramme Verbündete sind, und die uns jetzt das
Geld wieder abknöpfen, noch und noch, jetzt, wo es uns mies geht, und die
doch nur über uns lachen und mit den Russen packeln und uns im Stich
lassen, wenn's ernst wird. Wirklich hübsch machen Sie das, Herr Mark. Ist
auch eine nette Idee vom Herrn Jakowski, nicht?«
»Ja«, sage ich und fange eine neue Reihe Rosen an.
»Was haben wir gemacht als allen in den Arsch kriechen?« fragt Wachtmeister Stalling. »Einen sozialen Volksstaat hat die CDU einmal machen
wollen. Wo ist der, wenn ich fragen darf? Da sieht es ja drüben – man darf
das gar nicht laut sagen –, da sieht es ja drüben sozialer aus. Und die
Wirtschaft ist gesünder! Weiß Gott. Die Russen haben denen zuerst einfach
alles weggenommen und sie bezahlen lassen für den verlorenen Krieg. Aber
dann haben sie aufgehört und gesagt, so, nun baut euer Land auf. Bei uns?
Bei uns haben sie zuerst gesagt, baut auf, und haben uns Geld gegeben
dafür, und jetzt nehmen sie es uns wieder weg, und das hört nicht auf und
hört nicht auf und wird immer ärger und hat nie ein Ende! Und unsere
Regierung? Erfüllungspolitiker, das sind sie! National? Ans eigene Volk
denken? Ha! Zwanzig Jahre nach Kriegsende noch fremde Truppen im
Land! Und wir *zahlen* dafür, daß sie nur ja bleiben, und haben keinen
Friedensvertrag, was doch das allererste ist, worum ein Land sich kümmern
muß, das ein normales Nationalgefühl hat. Milliarden Devisenhilfe im Jahr
geben wir her, damit sie bei uns bleiben, die fremden Soldaten! National
wäre es, Milliarden dafür herzugeben, daß sie *weggehen!* Was heißt denn,
wir haben einen ›Deutschlandvertrag‹? Das ist doch ein Dreck, ein Gar-
nichts ist das! Ein Besatzungsfortsetzungsvertrag, jawoll! Nun würde ich
mal ein paar Tulpen machen, Herr Mark«, sagt Wachtmeister Stalling und
gibt mir die andere Schablone, und ich mache Tulpen.
»Noch und noch haben wir Bündnisse mit den Siegern, wir sind in der
NATO und was weiß ich und können den Kopf hinhalten, wenn's wieder

losgeht – alles ohne Friedensvertrag. Alles ohne richtige Anerkennung unseres Landes. Jeder kann uns auf den Kopf scheißen, jederzeit, wenn er will. Und auch da, jawohl, auch da ist es drüben besser. Da haben die auch bessere Politik gemacht. Sicherheit des Westens – dafür sind wir gut. Fremdenlegionäre! Söldner der Amis! Aber Wiedervereinigung? Wir hätten sie erzwingen können. Und wenn wir gesagt hätten, wir werden neutral! Aber nein, wissen Sie, was Adenauer gesagt hat, schon 1949? Ich habe es erst gestern gelesen.«

»Was hat er gesagt?«

»Wer Berlin wieder zur deutschen Hauptstadt machen will, der schafft geistig ein neues Preußen! Das hat er gesagt! Der Mann, der unser Regierungschef war. Über die eigene Hauptstadt hat er das gesagt! Wissen Sie was? Für den und seine Leute sind die drüben gar keine Deutschen! Der und seine Leute wollen gar keine Wiedervereinigung, haben sie nie gewollt. Alles nur Gequassel. Auf die drüben schießen – ja, das ist selbstverständlich für den Lübke. Hat wohl keine Verwandten drüben, der Herr. Bißchen kräftiger können Sie aufdrücken mit der Zahnbürste, Herr Mark. Donnerwetter, ist das hübsch, schauen Sie doch bloß, und jetzt die Sonne drauf!«

Es fällt ein wenig Sonnenschein in meine Zelle. Das Blumenmuster ist sehr deutlich zu sehen. Ich betätige mich weiter.

»Es heißt, wir sind ein Naziland. Ich sage, wir sind keins, aber *wenn* wir eins würden – die *Amis* würde es nicht stören, bestimmt nicht! Wir wären nicht ihr einziger Verbündeter, der nach außen hin demokratisch ist und nach innen hin eine Diktatur, eine richtige faschistische. Habe ich nicht recht, Herr Mark?«

»Gewiß, Herr Stalling.«

»Sehen Sie, die NPD, die ist ja im Moment in einer Führungskrise, die macht ihre erste Bewährungsprobe durch. Man weiß noch nicht, wie das alles weitergeht. Aber *gerade da* trete ich ein. Ich warte nicht auf die fetten Jahre, ich sage mir: Wenn man erkannt hat, was man tun muß, dann muß man es gleich tun. Und egal, wie die Führungskrise ausgeht: Die NPD hat den gesunden deutschen Nationalismus ja nicht erfunden! Den hat es schon lange gegeben! Was heißt da: neue Gefahr? Die NPD ist niemals eine Gefahr! Die spricht nur aus, was seit Jahren viele Menschen in Deutschland denken und fühlen! Nur daß sich bisher die Lizenzparteien nicht darum gekümmert haben. Gut, zugegeben, da schwimmen ein paar alte Nazis in der NPD – aber die haben doch keinen *Einfluß*, die spielen doch keine Rolle mehr! Die Jugend spielt eine Rolle in dieser Partei, Herr Mark, die Jugend! Und der Jugend gehört die Zukunft, das war immer schon so. Und deshalb gehört der NPD die Zukunft – oder wie immer die Partei heißen wird, die ans Nationale denkt, endlich wieder an das Nationale und daran, daß wir *ein* Volk sind, *ein* deutsches Volk und nicht zwei, die aufeinander schießen müssen unter Umständen, wenn's nach dem Herrn Lübke geht. Wer bewahrt uns davor? Wer kümmert sich endlich um unsere Kinder? Wer macht noch anständige Menschen aus meinem verfluchten Lümmel, dem Jochen, und aus dieser Schlampe, der Monika? Die NPD, Herr Mark, die NPD ganz allein . . . die letzte Hoffnung für alle anständigen kleinen Leute. Hab ich nicht recht?«

Ach, es ist wahr: Ich rannte kreuz und quer, machte den Narren, den die Welt begafft, verriet mich selbst, gab Teures billig her, schuf neues Leid aus alter Leidenschaft.

In der Gefängnisbücherei gibt es Shakespeares Gesammelte Werke. Seit ich hier bin, habe ich die Königsdramen gelesen, abends vor dem Einschlafen, und im Moment lese ich die Sonette. Was ich da eben niederschrieb, ist der Teil eines solchen Sonetts. Es scheint, daß ich es just zur rechten Zeit gelesen habe. Denn in der Tat verriet ich mich selbst, nachdem ich Lillian und meinen Bruder ertappt hatte, rannte kreuz und quer, machte den Narren, den die Welt begafft, und gab Teures billig her. Das Teure: die Achtung vor mir selbst.

In jener Nacht, da Lillian ihren ersten Selbstmordversuch beging und mein Bruder mich im ›Frankfurter Hof‹ aufstöberte, ließ ich ihn natürlich dann doch zu mir aufs Zimmer kommen. Er sah bleich aus, sein Gesicht wirkte verwüstet. Er konnte nicht ruhig sitzen. Unentwegt lief er vor meinem Bett hin und her.

»Sie wird nicht sterben«, sagte er. »Die Ärzte haben es mir geschworen. Sie hat eine Menge Blut verloren, aber nicht zuviel. Ich brachte sie noch rechtzeitig in die Klinik. Sie kommt davon. Bestimmt, Ritchie, bestimmt.«

Ich saß auf meinem Bett, die Knie an den Leib gezogen, in einem blauen Pyjama, und es machte mich schwindlig, Werner so hin und her rennen zu sehen, aber ich sagte nichts darüber.

Ich fragte meinen Bruder: »Du liebst Lillian?«

Er antwortete: »Ja.«

»Wie lange schlaft ihr schon miteinander?«

»Seit einem halben Jahr . . . etwas länger.«

»Fein.«

»Es ist schlimm für dich, Ritchie, gewiß. Ich kann mir vorstellen, wie schlimm das für dich ist.«

»Gar nicht so arg.«

»Unsinn! Ich weiß, was du leidest.«

»Leiden? Ich?«

»Spiel nicht den Helden! Du bist auch nur ein Mensch. Und du liebst Lillian. Wir haben dich betrogen. Es ist . . . unverzeihlich, was wir getan haben . . . aber . . .« Er unterbrach sich.

»Ja?« sagte ich. Ich war neugierig, was nun kam.

»... aber wir haben uns dagegen gewehrt! Wir haben uns zusammengenommen, unmenschlich zusammengenommen, so lange ... so lange ... Dann ist es doch stärker gewesen ... dann ist es passiert ...«

»Das hast du schön gesagt.«

»Laß diesen Ton! Ich meine es ernst.«

»Ich auch. Ich kotze gleich vor Rührung.«

Er blieb vor mir stehen, er keuchte.

»Weißt du denn, was das bedeutet: unter einem Dach leben mit der Frau, die du willst, die dich haben will, du weißt es genau, du merkst es mit jedem Blick, den sie dir gibt, mit jedem Wort, glaubst du, das ist eine Kleinigkeit?«

»Furchtbar«, sagte ich. »Muß furchtbar gewesen sein. Sauerei, daß ich dir nicht früher Platz gemacht habe.«

»Du bleibst also bei dem Ton«, klagte er.

»Ach, leck mich doch ...!«

»Ich bin dein Bruder! Ich ...«

»Ja«, sagte ich. »Du bist mein Bruder. Genau der passende Moment, mich daran zu erinnern.«

»Ich wollte sagen: Daß du mein Bruder bist, das machte alles noch viel schlimmer ... für sie und für mich. Lillian hat dir vom ersten Moment an gesagt, daß sie mich nicht leiden kann, daß du mich wegschicken sollst. Oder?«

»Ja, das hat sie.«

»Das war Notwehr! Du hast es nur nie begriffen. Du hast gedacht, sie kann mich wirklich nicht leiden. Du hast gedacht, ich sie auch nicht. Du warst blind, Ritchie, blind wie eine Fledermaus. Vom ersten Moment an, vom Moment an, wo ich heimkam und sie nackt sah, an diesem Nachmittag, erinnerst du dich ...?«

»Deutlich.«

»Von diesem Moment an war etwas zwischen uns ... eine Haßliebe ... Wahnsinn ... ich kann keine Worte dafür finden ... Als wir das erste Mal zusammen waren, da brachte sie mich fast um ... führte sich auf wie eine Irre ... Das Ganze ist irre ... Ritchie ... wir sind nur schwache Menschen ... wir konnten nichts dagegen tun ...«

»Ich kotze doch noch.«

»Du machst es dir leicht«, sagte mein Bruder tragisch.

Ich lachte.

»Ja«, sagte ich. »Ich mache es mir leicht. Ihr habt mich also betrogen. Immer, wenn ich fort war.«

»Immer, ja.« Er geriet in Bekenntniswut. »Auch, wenn du nicht fort warst ... Wir trafen uns heimlich ... in Pensionen ... bei Freunden von mir ... in kleinen Hotels ... Wir fuhren in den Wald ...«

»Und für mich hatte sie auch noch Zeit«, sagte ich. »Eine sehr temperamentvolle Dame. Heirate sie doch.«

»Was?« Er blieb neben dem Fenster stehen, vor dem schwere Stores hingen. Schon fiel durch sie das Sonnenlicht eines neuen Tages in den Raum, in dem elektrisches Licht brannte.

»Du sollst Lillian heiraten, wenn es eine so große Liebe ist. Sie *kann* heiraten. In einem Monat. Dann ist die Frist um, dann wird ihr erster Mann für tot erklärt.«

Er kam zu mir und neigte sich über mich.

»Ist das dein Ernst?«

»Ja.«

»Ist dir auch klar, daß du uns dann beide los bist . . . Für immer?«

»Sehr klar. Beeilt euch.«

»Beide habe ich gesagt.«

»Hab's gehört.«

»Auch *mich*, Ritchie.«

»Ja, liebster Bruder, auch dich. Was stellst du dir vor? Daß wir nun glücklich zu dritt weiterleben und ich auch mal darf, wenn du es gestattest und Lillian mal aus Spaß dazu bereit ist?«

»Auf diese zynische Weise . . .«, begann er, aber ich unterbrach ihn.

»Hau ab!«

»Was?« .

»Verschwinde. Ich weiß nicht, ob ich so stark bin wie du. Aber ich werde sonst auf alle Fälle versuchen, dir die Fresse einzuschlagen, du dreckiger Lump, du mieser Scheißkerl. Hau ab! Schnell!«

»Es wird dir noch leid tun, daß du so zu mir gesprochen hast.«

Ich griff nach einem Aschenbecher, der auf dem Nachttisch lag, und schleuderte ihn nach meinem Bruder. Der Aschenbecher verfehlte Werners Kopf um wenige Zentimeter, krachte gegen eine Wand und zersplitterte. Mein Bruder atmete rasselnd.

»Gehst du jetzt, oder soll ich es wirklich versuchen?«

»Versuche es«, sagte er, und seine Zähne entblößten sich.

Ich versuchte es.

Er schlug mich zusammen, bis ich nicht mehr hochkam und blutend, halb ohnmächtig, zusammengekrümmt auf dem Teppich vor dem Bett lag. Er stand dicht neben mir, und er hatte noch immer diese sentimentale Selbstmitleidstimme.

»Ich habe dich gewarnt, Ritchie. Was ich getan habe, tut mir so weh wie dir . . . Ich meine nicht die Prügelei . . . ich meine . . .«

Ich krächzte: »Verschwinde endlich, Mistkerl!«

»Aber ich kann dich doch nicht so . . .«

Ich rollte auf den Rücken und trat nach ihm, aber ich hatte keine Kraft mehr. Ich sagte: »Ich bleibe im Hotel, bis ich eine Wohnung gefunden habe.«

»Aber dein Zuhause . . .«

»Ich komme nie mehr hin«, schrie ich. »Das Haus gehört deiner Lillian. Meine Sachen lasse ich holen. Werdet glücklich. Und wenn du jetzt nicht gehst, rufe ich den Portier, damit er dich rausschmeißt!«

Er ging.

Bei der Tür drehte er sich um und sagte: »Wenn du wüßtest, wie leid du mir tust.«

»Du dreckiges Schwein«, sagte ich. Nachdem er die Tür geschlossen hatte, ließ ich mich auf den Teppich zurückfallen. Durch einen Spalt des Stores kam ein breiter Streifen Sonnenlicht. Er fiel schräg über meinen ganzen Körper, und mein ganzer Körper tat mir weh, höllisch weh. Ich dachte: Sie wird nicht sterben. Die Ärzte haben es Werner versprochen.

In den nächsten zwei Wochen hörte ich nichts, weder von Lillian noch von meinem Bruder. Ich wohnte weiter im ›Frankfurter Hof‹. Am Ende der zweiten Woche rief Lillian ein paarmal aus der Klinik an, und wenn ich im Hotel war und man mich mit ihr verband, legte ich stets den Hörer auf die Gabel zurück, sobald ich ihre Stimme vernahm. War ich nicht da, dann hinterließ sie die Nachricht, ich solle sie sofort anrufen, es sei sehr dringend. Ich rief nie an.

Nachts ließ ich keine Gespräche auf mein Zimmer durchstellen. Ich besoff mich jeden Abend in diesen zwei Wochen – bei Boris, im ›G. I. Joe‹. Ich soff immer mit Tiny, der auf mich achtgab und mich ins Hotel brachte, damit mir nichts zustieß. Auch Minski gab auf mich acht. Sie waren beide sehr bedrückt und versuchten mich zu trösten.

Minski erinnerte mich daran, daß er Lillian immer für ›giftig‹ gehalten hatte, und er erzählte, daß es in Rußland ein Sprichwort gab: Eine Henne ist kein Vogel, und eine Frau ist kein Mensch.

»Und Ihre Frau?«

»Es gibt sehr brave und sehr schlimme Hennen«, sagte Minski.

Tiny riet mir immer wieder, um Lillian zu kämpfen.

»Deinen Bruder schlage ich dir zu Klump! Lillian hat *dich* lieb, ich kenne euch beide doch! Dein Bruder hat ihr bloß den Kopf verdreht. Sag *ein* Wort, und der Kerl hat keinen heilen Knochen mehr im Leib.«

»Nein«, sagte ich. »Das ist sinnlos.«

»Ich weiß, daß sie nur dich liebt! Ich kenne mich aus mit Menschen. Ich beobachte«, sagte Tiny. »Euch beobachte ich schon lange. Sie liebt dich.«

»Ja«, sagte ich, »und deshalb schläft sie seit einem halben Jahr mit meinem Bruder.«

»Wir wollen noch was trinken«, sagte Tiny.

Diese Gespräche waren alle gleich, und sie endeten auch alle damit, daß wir noch etwas tranken. Minski und Tiny waren beide sehr nett zu mir, aber helfen konnten sie mir natürlich auch nicht.

Dann passierte die Geschichte mit der amerikanischen Übersetzung. Mein Verleger kam eines frühen Nachmittags ins Hotel. Er war ein schwerer, dunkelhäutiger Mann mit sehr viel Geduld, voller Weisheit und Nachsicht, denn er war schon lange Verleger, und er kannte Autoren. Wir saßen in der großen Bar des Hotels, an einem Tisch neben der Fensterscheibe aus buntem Glas, mit den vielen Bildern und Schriften, und ich war immer noch in meiner Saufsträhne, und mein Verleger trank mit. Die Bar war zu dieser Zeit noch ganz leer.

Mein Verleger sagte mir, daß der amerikanische Verleger, der die Rechte auf ›Niemand ist eine Insel‹ erworben hatte, an zwei Stellen, die sich mit Ereignissen in den Südstaaten und mit Rassendiskriminierung beschäftigten, Änderungen wünsche — keine großen. Es waren sehr starke Stellen, zu stark für Amerika. Da der amerikanische Verleger ›Steh still, Jordan!‹ sehr gut verkauft und für die ›Insel‹ einen sehr hohen Vorschuß bezahlt hatte und auch bereits auf ›Die große Kälte‹ eine Option besaß, war es klar, daß die beiden Passagen umgeschrieben werden mußten.

Die Zeit drängte — wie immer.

»Das können Sie doch leicht bis morgen hier im Hotel erledigen«, sagte mein Verleger. Er hatte angedeutet, daß er wußte, warum ich ins Hotel gezogen war, und er hatte gesagt, wie leid es ihm tue und wie gut Lillian und ich doch zueinander paßten und daß sich bestimmt alles wieder einrenken werde. Aber in Wirklichkeit interessierte ihn natürlich nur, daß ich die Änderungen schnellstens lieferte. Ich versprach es. Dann zog ich mich mit einer Flasche Whisky auf mein Zimmer zurück. Eine Reiseschreibmaschine und ein Exemplar des Buches hatte ich bei mir. Ich schrieb die beiden gottverfluchten Stellen vielleicht ein dutzendmal um. Jedesmal war das Ergebnis verheerender. Zuletzt konnte ich einfach nicht mehr ansehen, was ich da tippte. Außerdem war ich mächtig besoffen.

Dieses Buch ›Niemand ist eine Insel‹ hatte sogar noch ich geschrieben — und nicht mein Bruder! Doch jetzt, zwei Jahre später, konnte ich nicht einmal mehr zwei kleine Passagen darin ändern, jetzt, zwei Jahre später, bekam ich nicht eine einzige anständige eigene Zeile mehr aus mir heraus. Das war ein hübscher heroischer Kampf zwischen mir, der Maschine und der Flasche.

Daß ich so betrunken war und schon so viele Tage trank, erklärt zum kleineren Teil, was ich tat, aber eben nur zum kleineren. Man ist, trotz allem, zum größten Teil doch immer verantwortlich für das, was man tut.

Gegen vier Uhr früh ließ ich mir ein Taxi kommen und fuhr mit dem verfluchten Buch hinüber in die Stresemannstraße und klingelte meinen Bruder aus dem Bett. Als er mich sah, blickte er mich an wie einen Geist.

Er lachte albern, während er mich in seine Wohnung (oder Lillians Wohnung – oder wessen Wohnung immer das nun war) im ersten Stock eintreten ließ. Mein Bruder hatte viele verschiedene Arten zu lachen, ich kannte sie alle, und nun lachte er aus Angst.

Ich bemerkte, daß die Wohnung unaufgeräumt und schmutzig war.

»Wie lange bleibt Lillian noch in der Klinik?« fragte ich.

»Sie ist nicht mehr in der Klinik.«

»Was?«

»Sie ist schon seit vier Tagen nicht mehr in der Klinik«, sagte mein Bruder und lachte wieder. Angstvoll.

»Wo ist sie?«

»Weg.«

»Was heißt das, weg?«

»Heißt, was es heißt. Kam noch mal her und holte ihre Sachen. Kleider und all das Zeug. Hob Geld ab von eurem Konto. Sagte, sie verreist. Und ist nie mehr wiedergekommen. Sie hat dir ins Hotel geschrieben, aber du hast die Annahme des Briefes verweigert. Sagte sie.«

»Stimmt.«

»Da drüben liegt der Brief«, sagte mein Bruder und wies zu einem Tisch des Wohnzimmers, auf dem schmutziges Geschirr einer Mahlzeit stand, die er sich offenbar selbst zubereitet hatte. »Sie hat ihn dagelassen. Falls du mal kommst, sagte sie.«

Ich öffnete das Kuvert, ein Bogen fiel heraus, und ich las:

›Mein Lieber, ich werde also weiterleben. Wie, das weiß ich noch nicht. Ich gehe weg aus Frankfurt. Ich kann nur weggehen. Du kannst mir nicht verzeihen, was ich getan habe. Und Du sollst mir auch nicht verzeihen. Ich bin schlecht und verkommen und nichts wert.

Tut mir alles sehr leid, Ritchie. Wirklich! Offenbar kann aber kein Mensch anders sein, als er eben ist. Ich wünsche Dir alles Gute und alles Glück. Die Zeit war schön mit Dir. Ich weiß nicht, warum ich so sein muß, wie ich bin. Wenn es einen lieben Gott gibt, wird er wissen, warum er mich so gemacht hat.‹

Einfach hatte sie sich das zurechtgelegt.

›Aber vielleicht gibt es doch keinen. Ich wünschte, es gäbe einen. Ich habe es immer gewünscht. Damals, zu Weihnachten, als wir die Frau im Schnee fanden, als unsere Liebe begann, da hoffte ich so sehr, daß es ihn gibt. Und dann, als Du wieder schreiben konntest, da glaubte ich es wirklich. Jetzt weiß ich es nicht mehr. Ich weiß nur, daß ich Dich liebe, Ritchie. Nur Dich. Und daß ich immer nur Dich lieben werde. Du kannst mich auslachen und

verfluchen und mir den Tod wünschen, wenn Du das liest, und Du kannst
von mir denken, was Du willst, und mich nennen, wie Du willst, und tun,
was Du willst, aber es ist wahr, ich müßte es ja nicht schreiben, diesen
Irrsinn, diesen Irrsinn, der wahr ist: Ich werde immer nur Dich lieben.

Lillian‹

Ich ließ den Briefbogen sinken.

»Hysterische Hure«, sagte ich.

»Das stimmt«, sagte mein Bruder.

»Halt's Maul!« rief ich.

»Aber . . .«

»Du hast das nicht zu sagen.«

»Du sagst es doch selber.«

»Das ist etwas anderes«, sagte ich laut und besoffen.

»Sie hat mich verlassen . . .«

»Sie hat uns verlassen«, sagte ich. Mein Bruder sah mich lange an, dann trat wieder ein Lächeln in sein Gesicht, und diesmal war es kein Lächeln der Angst mehr, sondern ein gemeines Lächeln des Triumphes.

»Da wären wir also allein«, sagte er.

»Ja«, sagte ich.

»Willkommen zu Hause, Ritchie«, sagte mein Bruder.

»Du glaubst, du hast mich in der Hand, was?«

»Na, habe ich das nicht?« fragte er. »Was glaubst du, wie gut und ruhig wir jetzt arbeiten werden. Lillian ist fort. Wir werden sie vergessen. Die Familie muß doch zusammenhalten. Was ist es denn?«

»Was ist was denn?«

»Was dich herbringt? Die amerikanische Übersetzung?«

»Wie kommst du . . .«

»Die Stellen über die Neger? Dachte ich mir gleich, als ich sie las, daß das in den Staaten nicht gehen wird. Soll umgeschrieben werden, wie?«

Ich nickte. Ich war auf einmal sehr betrunken. Jedenfalls redete ich mir das später, wenn ich daran zurückdachte, immer ein. Ich war natürlich nicht mehr betrunken als vorher. Aber dann war es ja mein Alibi. Von da an brauchte ich immer mehr Alibis, damit ich beim Rasieren überhaupt noch in den Spiegel sehen konnte.

»Wann sollst du es abliefern?«

»Morgen spätestens. Also heute.«

»Und du hast es versucht?« Er lächelte nun strahlend.

Ich nickte.

»Und es ging nicht?« fragte er sonnig.

Ich schüttelte den Kopf und warf ihm das Buch hin und setzte mich an den unordentlichen Tisch und stützte den Kopf in die Hände.

»Ich gehe mal schnell runter«, sagte mein Bruder. »Ich habe die beiden Stellen unten liegen.«

»Wieso . . .«

»Ich habe gleich eine zweite Version getippt, damals, als ich das Buch las, weißt du. Weil mir doch klar war, daß wir sie brauchen würden.« ›Wir‹ sagte er. »In Frankreich wird übrigens diese Passage mit de Gaulle nicht gehen. Wirst sehen. Da habe ich auch schon eine veränderte Version vorbereitet . . .« Er ging zur Tür und sagte: »Mensch, bin ich froh, daß wir wieder zusammen sind. Ein Weib wird *uns* doch nicht auseinanderbringen.«

Ich antwortete nicht.

Was für ein Glück, dachte ich, und das war alles, was ich in diesem Moment dachte, was für ein Glück, Werner hat die Stellen bereits fertig. Ich war sehr müde und sehr betrunken und ziemlich glücklich. Ich war auch gerne wieder in der alten Wohnung. Ich legte den Kopf auf die Tischplatte. Als mein Bruder aus dem Keller zurückkam, war ich eingeschlafen. Er ließ mich schlafen. Später erwachte ich – allein. Das Licht brannte im Zimmer, und neben mir lagen die beiden umgeschriebenen Passagen, sauber getippt. Aus Lillians Schlafzimmer hörte ich Werner schnarchen. Ich ging in mein Schlafzimmer, ließ mich aufs Bett fallen und war sehr zufrieden mit allem. Ach, es ist wahr: Ich rannte kreuz und quer, machte den Narren, den die Welt begafft, verriet mich selbst, gab Teures billig her, schuf neues Leid aus alter Leidenschaft.

Welche Poesie, was für ein großer Dichter das doch war.

Was für ein großer Lump, was für ein feiger Schwächling ich doch war.

Die rote, erleuchtete Tachometernadel zitterte bei 105 Stundenkilometern. Die Hupe des Wagens ertönte jetzt fast ohne Unterlaß. Delacorte saß hinter dem Steuer zusammengekrümmt. Ich hielt mich mit beiden Händen am Armaturenbrett fest, das eine Polsterung besaß, aber ich wurde doch wild hin und her geschleudert, wenn Delacorte eine Kurve nahm. Er nahm viele Kurven. Unmittelbar bevor er das Lenkrad einschlug, trat er stets heftig auf die Bremse. Der Wagen rutschte hinten weg, schleuderte, legte sich auf zwei Räder – doch er fuhr immer weiter. Passanten flüchten hinter uns her, andere Hupen ertönten schrill. Delacorte sprach kein Wort mehr. Aus seinem Mundwinkel troff immer noch etwas Speichel. Ich hatte große Angst, und meine Augen brannten noch von dem Rauchgas, und mir war übel, und ich dachte, daß ich Delacorte mit einem Schuh über den Schädel schlagen konnte, sobald er einen Moment auch nur ein wenig langsamer fuhr. Das war ein großes Risiko, doch vielleicht hatte ich Glück und traf ihn richtig, und er kippte um, und ich konnte das Steuer rechtzeitig erwischen und den Wagen zum Halten bringen. Der verfluchte Hund fuhr nur nicht langsamer, kein bißchen, nicht einen Augenblick.

Ich hatte keine Ahnung, wo wir uns befanden. Eine Weile waren wir auf breiten Alleen gewesen, nun rasten wir wieder durch enge Straßen mit viel Verkehr. Hier gab es auch Ampeln. Aber die waren Delacorte völlig egal. Ich hatte auch schon daran gedacht, aus dem Wagen zu springen, aber ich hätte mir das Genick gebrochen. Plötzlich sah ich, wie Delacorte auf die Bremse trat. Im nächsten Moment hatte ich mich gebückt und meinen linken Halbschuh (ich bin Linkshänder) abgestreift. Der Wagen glitt nach rechts auf die erleuchtete Fassade eines altmodischen großen Gebäudes zu. Jetzt trat Delacorte auch auf die Kupplung. Ich schnellte aus meiner gebückten Haltung hoch, den Schuh in der Hand . . .

. . . da sah ich neben dem Portal eine weiße Tafel mit der schwarzen Inschrift:

POLIZEIPRÄSIDIUM

Delacorte sagte: »Ich glaube, ich habe sie abgeschüttelt. Schnell jetzt, bevor etwas passiert.«

Der Wagen hielt. Delacorte sprang heraus. Er ging mit großen Schritten auf den Eingang des Gebäudes zu, in dem noch viele Fenster erleuchtet waren. Den geöffneten Schuh wieder am linken Fuß, eilte ich ihm nach. Vor dem Portal stand ein müder Polizist Posten. Er strahlte auf, als er Delacorte erkannte. »Herr Professor!«

»Guten Abend«, sagte Delacorte nervös.

Der Polizist hielt ihm eine Hand hin, die der große Mann mechanisch schüttelte.

»Herr Professor erkennen mich natürlich nicht mehr . . . Sie haben meine Frau behandelt . . . praktisch war sie schon tot . . . kein Atem mehr, kein Puls . . . tot einfach . . . Da sind Sie zur Rettungsstation gekommen und haben gesagt, Sie übernehmen das . . . Drei Tage lang ist meine Marie künstlich beatmet worden . . . sie hatte ein Hämo . . . ein Hämi . . .«

»Ein Hämangiom«, sagte Delacorte gütig und plötzlich überhaupt nicht mehr nervös. Er nickte dem Polizisten zu, der ihn anstrahlte. »Geschwulst im Gehirn. Angeboren. Selten, Gott sei Dank. Wenn es da mal eine Blutung gibt . . . Herr Groll, nicht wahr?«

»Herr Professor wissen sogar noch meinen Namen!« Der Polizist schluckte ergriffen. »Ohne Herrn Professor wäre meine Marie damals nicht mehr zu retten gewesen!«

Professor für Neurologie und Psychiatrie, dachte ich. Sicherlich ein guter Neurologe.

»Und wie geht es Ihrer Frau?« fragte der gute Neurologe.

»Glänzend, Herr Professor. Keinerlei Beschwerden. Überhaupt keine! Mein Gott, wir sind Herrn Professor ja so dankbar. Ohne Herrn Professor wäre meine Marie längst tot.«

»Ihr Zustand war sehr schlimm, gewiß«, sagte Delacorte, über sein helles Haar streichelnd. »Es freut mich, daß es Ihrer Frau so gut geht, Herr Groll. Grüßen Sie sie herzlich von mir. Würden Sie mir nun bitte sagen, wie ich am schnellsten zur Kriminalpolizei komme? Ich möchte nämlich endlich verhaftet werden.«

Eine Woche, nachdem ich in das Haus an der Stresemannstraße zurückgekehrt war, rief Lillian dann zum erstenmal an, spätnachts. Sie sprach mit schwerer Zunge, sie war recht betrunken, und sie befand sich entweder in einem Lokal oder in einer Wohnung mit vielen Menschen. Ich hörte Stimmen, Gelächter, Geschrei, Lärm und Tanzmusik.

»Verzeih mir, Ritchie«, sagte Lillian. »Es tut mir leid. Schick deinen Bruder weg. Er ist ein schlechter Mensch. Ich bin auch ein schlechter Mensch. Aber ich liebe dich, Ritchie. Schick deinen Bruder weg und sag, daß ich zurückkommen soll.«

»Komm nicht zurück.«

»Bitte. Nur als Versuch. Bitte.«

»Es ist dein Haus. Wenn du kommen willst, komm. Aber dann gehe ich.«

»Es ist nicht mehr mein Haus, Ritchie. Ich habe es verkauft. An eine Maklerfirma. Der mußt du jetzt die Miete zahlen. Die Leute werden sich mit dir in Verbindung setzen. Ich will das Haus nicht mehr. Ich will dich. Dich will ich wieder.«

»Was sind das da für Leute?«

»Freunde. Ein widerliches Pack. Laß mich zu dir kommen.«

»Nein«, sagte ich.

»Auf keinen Fall?«

»Auf keinen Fall. Ich habe genug von dir, Lillian.«

»Das glaube ich nicht«, sagte sie. »Ich komme nicht, wenn du nicht willst. Aber du hast nicht genug von mir. Und ich nicht von dir. Nie werden wir genug haben voneinander. Ich glaube nicht, daß das ein Glück ist.«

»Bestimmt nicht.«

»Es ist ein Fluch.«

»Besoffener Unsinn.«

»Kein Unsinn. Du wirst es sehen. Wir werden . . . werden nicht voneinander loskommen, bis einer stirbt.«

»Leb wohl, Lillian«, sagte ich und hängte ein. Für den Rest dieser Nacht konnte ich nicht schlafen, und in der nächsten Nacht rief sie wieder an, und in der übernächsten auch. Ich beantragte dringend eine Geheimnummer. Damals hatte ich schon einen gewissen Namen, mein Verleger kannte jemanden bei der Post, und ich bekam meine Geheimnummer innerhalb von zehn Tagen. In diesen zehn Nächten rief Lillian fünfzehnmal an. Sie war immer betrunken, sie sagte immer dasselbe, und ich sagte auch immer dasselbe.

Nachdem ich die Geheimnummer hatte, kamen Lillians Briefe. Ich erhielt in einem Zeitraum von einem Jahr gewiß fünfzig Briefe von ihr, aber ich las keinen einzigen, ich schickte sie alle ungeöffnet und sofort zurück – und tat also dasselbe, was Panos Mitsotakis Jahre später mit Vanessas Briefen tun sollte. Die Absenderadressen auf Lillians Briefen waren verschieden: Hamburg, Düsseldorf, Berlin, Rom, Paris, Athen, New York, Belgrad, Los Angeles und München.

Dann gaben mein Bruder und ich das Haus in der Stresemannstraße auf und übersiedelten in eine schöne Villa am Grüneburgpark, in der August-Sie-bert-Straße. Jeder besaß da sein Stockwerk, keiner störte den anderen, und wir hatten jeder unsere Affären. Ich hatte eine ganze Reihe von Mädchen in kurzer Zeit, und nach kurzer Zeit hatte ich sie immer über und warf sie hinaus, oder sie gingen, weil ich mich widerlich betrug. Mein Bruder tat sich weniger munter um. Er arbeitete zu schwer.

Im Herbst 1951 erschien der neue Roman von Richard Mark, den Werner Mark geschrieben hatte, und mein Verleger schickte mich auf eine Lese-tournee durch die Bundesrepublik. Jeden zweiten Abend las ich in einer anderen Stadt aus dem neuen Roman vor. Mittlerweile war mir dieser Zustand schon so selbstverständlich geworden, daß ich kaum mehr eine schlechte Stunde deswegen hatte. Offiziell fungierte Werner als mein Sekretär. Niemand schöpfte den geringsten Verdacht, meine Bücher erschienen fast regelmäßig alle achtzehn Monate, und die Kritik feierte mich als einen der wenigen wirklich erfolgreichen jungen deutschen Nachkriegs-autoren.

Der Saal in Hamburg, den eine große Buchhandlung zur Verfügung gestellt hatte, war voll bis auf den letzten Platz. Ich hatte kaum das Podium betreten und mich gesetzt, da sah ich Lillian. Sie saß in der Mitte der ersten Reihe, direkt vor mir, wenige Meter entfernt. Sie trug ein schwarzes, glän-zendes Seidenkostüm, und sie hatte ihr blauschwarzes Haar hochgekämmt. Lillian war sehr geschminkt, und ihre riesigen dunklen Augen ruhten ernst auf mir und ließen mich nicht los. Das war die ärgste Lesung meines Lebens. Der Schweiß rann mir unter dem Smoking über den Rücken, und mein Hemd hätte man auswringen können. Ich versprach mich immer wieder, ich mußte mich beständig räuspern, und wann immer ich den Blick hob, begegnete ich dem Blick von Lillians schwarzen Augen.

Nach der Lesestunde flüchtete ich ins Freie, wobei ich zum ersten- und letztenmal gegen Menschen unhöflich war, die mir Bücher hinhielten und um Autogramme baten. Ein Taxi kam. Ich hob eine Hand. Der Wagen hielt, ich sprang in den Fond. Das Taxi fuhr sofort wieder an.

»Guten Tag, Ritchie«, sagte Lillian. Im nächsten Moment hatte sie die Arme um mich geschlossen, und ihre Lippen preßten sich auf meine. Wild zuckte Begierde in mir auf, und ich erwiderte den Kuß und spürte, wie ihre Zähne meine Lippen durchdrangen. Ich schluckte Blut. Es schmeckte warm und bitter.

Sie berührte mich, und ich schob eine Hand unter ihre Kostümjacke und bemerkte, daß sie keinen Büstenhalter trug.

»Wohin fahren wir?« fragte ich.

»Zu mir«, flüsterte Lillian und küßte mich wieder.

Sie wohnte an der Adolfstraße, in einem neuen Haus, in dem sie ein kostspielig eingerichtetes Appartement besaß.

»Gehört das dir?« fragte ich, mich umsehend, während sie aus der Küche Gläser und eine Flasche Champagner holte.

»Ja.« Sie reichte mir die Flasche. »Mach auf, bitte.«

Ich öffnete die Flasche und sah, daß in der Wohnung viele rote Rosen und Orchideen standen.

»Wer ist dein Freund?« fragte ich.

»Ein Geldmensch«, sagte sie. »Lebt in Köln. Hat aber immer in Hamburg zu tun. Jede Woche. Dann wohnt er hier. Muß dauernd verreisen. In die ganze Welt. Nimmt mich fast immer mit. Als seine Sekretärin, verstehst du.«

»Ich verstehe«, sagte ich. »Du hast mir aus der ganzen Welt Briefe geschrieben.«

»Ja«, sagte sie. »Von diesen Reisen.« Sie sah noch genauso aus wie einst, nur ihre Stimme hatte sich verändert. Sie war ein wenig brüchig geworden, verraucht und mit gelegentlichen scharfen Tönen.

»Von diesen Reisen«, wiederholte ich, während ich dachte, in welcher Weise ich mich wohl verändert hatte. Der Strom Jordan stand nicht still, nicht eine Minute, nicht eine Sekunde lang.

»Der Mensch muß leben, Ritchie«, sagte Lillian.

»Klar«, sagte ich. »Was ist aus dem Geld geworden, das du für dein Haus bekommen hast?«

»Pech«, sagte sie.

»Wieso Pech?«

»Ich traf da einen jungen Mann. In München. Sah dir ähnlich. Nein, er sah besser aus. Aber im Typ wart ihr euch gleich. So wurde ich mein Geld los. Große Affäre, verstehst du. Ich hatte eine unglückliche Liebe zu vergessen, er auch. Sagte er jedenfalls. Wir schmissen uns zusammen.« Sie hatte sich eine leicht ordinäre Redeweise zurechtgelegt. Manchmal lächelte sie auch zynisch. »Trautes Heim, Glück allein. Er legte mein Geld an, weißt du. Sagte, er versteht was davon. Verstand auch was davon. Es gelang ihm, mit dem ganzen Geld und meinem Schmuck zu verschwinden – ins Ausland. Ich habe keine Ahnung, wo er ist. Der Schmuck, den ich jetzt habe, stammt von Thomas. Dem Geldsack aus Köln. Verheiratet. Zwei Kinder. Liebt mich rasend. All die Blumen sind von ihm. Wunderbar, nicht?«

»Zieh dich aus«, sagte ich.

»Wollen wir nicht vorher was trinken? Der Champagner ist auch von ihm. Bollinger.«

»Ich habe das Gefühl, ich bin ein Zuhälter.«

»Schlimmes Gefühl?«

»Prächtiges Gefühl. Zieh dich aus.«

»Aber wollen wir nicht . . .«

»Dabei«, sagte ich. »Wir trinken dabei.«

Sie ging ins Badezimmer, und ich goß zwei Gläser voll und wartete und sah mir die vielen Blumen und die kostbaren Möbel an, und dann kam Lillian zurück. Sie war vollkommen nackt und so schön, wie ich sie in Erinnerung hatte. Sie lächelte und breitete die Arme aus. Ihre Brüste hoben sich. Sie ging auf hochhackigen Pantoffeln. Sie legte die Arme um meine Schultern und küßte mich wieder und preßte ihren Unterleib gegen den meinen, und ich strich über ihr schwarzes Haar, das sie nun herabgelassen hatte, und dann packte ich sie an diesem Haar und bog ihren Kopf zurück, und mit der Linken, die ich zur Faust ballte, schlug ich ihr ins Gesicht.

Ich traf das rechte Auge. Sie schrie leise auf, taumelte zurück und fiel über einen Sessel. An einer Stehlampe des antik eingerichteten Zimmers gab es eine elektrische Verlängerungsschnur. Die riß ich heraus, nahm die Kontakte in die Hand, und danach begann ich, wie von Sinnen auf Lillian einzuschlagen. Ich schlug, wohin ich traf. Sie krümmte sich und stöhnte und rollte auf dem Teppich herum, aber sie schrie nicht. Zuletzt sackte sie zusammen und rührte sich nicht mehr. Über ihren Rücken zogen sich rote, blutende Striemen. Ich trank beide Gläser Champagner aus, dann nahm ich die Flasche und goß alles, was in ihr war, über Lillian, und dabei beschimpfte ich sie mit den gemeinsten und schmutzigsten Worten, die ich kannte. Sie rührte sich nicht. Ich warf das Kabel weg und ging fort, hinaus ins Vorzimmer. Ich kam bis zur Eingangstür. Dann drehte ich mich um und rannte zurück zu Lillian, die immer noch auf dem Boden lag, und ich kniete neben ihr nieder und streichelte und liebkoste sie und bat sie um Verzeihung, immer wieder um Verzeihung. Sie erhob sich, ohne ein Wort zu sagen, und ging in das Schlafzimmer nebenan und legte sich mit ihrem blutigen Rücken auf das Bett und spreizte die Schenkel. Ich zog mich nicht einmal ganz aus. Ich fiel über sie her wie ein wildes Tier, und wie wilde Tiere betrugen wir uns danach beide, lange Zeit.

Wir schliefen zuletzt, nachdem wir noch viel Champagner getrunken hatten, Arm in Arm ein. Am nächsten Morgen weckte mich Lillian. Sie hatte das Frühstück bereitet. Wir tranken zusammen Kaffee und aßen frische Brötchen mit Butter und Jam. Es war ein sehr schöner Tag, die Sonne fiel in den Raum. Lillians Gesicht war verschwollen, ein Auge fast ganz geschlossen von meinem Faustschlag, und ihr ganzer Körper zeigte gelbe und grüne

Flecken. Auch meine zerbissenen Lippen waren angeschwollen, ich konnte nur mühsam essen und trinken. Nach dem Frühstück badete ich und zog mich an, und Lillian saß die ganze Zeit still am Frühstückstisch und sah aus dem Fenster. Zuletzt trat ich zu ihr, um mich zu verabschieden, aber ich wußte nicht, was ich sagen sollte. Ich stand eine lange Weile neben ihr. Endlich legte sie eine Hand auf meine und nickte. Das war alles. Ich ging zur Tür, fest entschlossen, Lillian nie mehr wiederzusehen. Bei der Tür blieb ich stehen, drehte mich um und sagte: »Laß uns heiraten, Lillian. Sofort. Laß uns heiraten und nie mehr auseinandergehen.«

Der Raum war groß und sehr hell. Hier brannten, wie im Krankenhaus, Neonröhren. Es standen mehrere Schreibtische im Zimmer, Aktenschränke, Büromaschinen, Regale mit Leitzordnern. Die Luft war blau von Zigarettenrauch. Auf den Schreibtischen standen Aschenbecher voller Kippen. Der braunhaarige, schlanke Kommissar Eilers sah verbissen aus, blaß, mit eingefallenem Gesicht und zornigen Augen. Er rauchte andauernd. Seine Fingerspitzen waren gelblichbraun. Er hatte seine Jacke ausgezogen, ebenso wie der blonde, kräftige Inspektor Lansing. Die beiden saßen im Hemd, mit heruntergezerrten Krawatten und geöffneten Kragenknöpfen hinter ihren Schreibtischen, Delacorte und ich saßen vor ihnen. Der Arzt hatte seinen Mantel abgelegt. Er trug einen großartig sitzenden Flanellanzug, eine Seidenkrawatte und ein hellblaues Hemd. Wir saßen seit zehn Minuten hier und warteten auf die Justizbeamten, nach denen Eilers telefoniert hatte. Delacorte bestand darauf, sofort in das Untersuchungsgefängnis der Stadt eingeliefert zu werden. Polizeihaft und Überstellung am Morgen seien ihm zu riskant, sagte er. Das Untersuchungsgefängnis lag, wie ich dem Gespräch entnahm, direkt neben dem Landgerichtsgebäude, und das Landgerichtsgebäude mußte sich in einiger Entfernung vom Präsidium befinden, sonst wären die Justizbeamten schon eingetroffen.
Der blonde Lansing klopfte mit zwei Fingern auf einer Schreibmaschine herum. Er fertigte die Verhaftungs- und Überstellungsformulare aus. Nun zog er das letzte Blatt aus der Walze und reichte es Eilers, der unterschrieb. Der etwa fünfzigjährige Eilers verzog das zornige, blasse Gesicht zu einer Grimasse, während er die Papiere überflog.
»Sie sind also völlig unschuldig, Herr Professor.«
Delacorte schlug ein Bein über das andere.
»Das können Sie sich nicht vorstellen, wie?«
»Aber gewiß doch«, sagte Lansing und kniff die Augen zusammen. »Wir können es uns ganz leicht vorstellen.«
»Es ist mir reichlich gleichgültig, was Sie können oder nicht«, sagte Delacorte hochmütig.
Er hatte eine Erklärung abgegeben, sofort nachdem wir in den Raum

gekommen waren. Nach dieser Erklärung war er nicht nur völlig unschuldig, sondern er hatte – sozusagen als Widerstandskämpfer – verhindert, daß noch viele Tausende Menschen mehr der Aktion ›T 4‹ zum Opfer gefallen waren, er hatte diese Aktion sabotiert, wo er nur konnte, und das alles werde er nun beweisen, wie er behauptete.

»Die Zeugen, die gegen Sie ausgesagt haben ...«, hatte Eilers, blaß vor Wut und Müdigkeit, begonnen, aber Delacorte ließ ihn nicht weiterreden.

»Diese Zeugen *müssen* so aussagen. Glauben Sie, ich konnte *frei* sabotieren? Meinen Sie, ich konnte damals mit *offenen Karten* spielen? Die Zeugen sagen subjektiv richtig aus ... und objektiv falsch.«

»Sie haben also niemals an Selektionen teilgenommen?«

»Doch. Mehrfach. Das mußte ich tun, um nicht aufzufallen. Ich habe dafür aber unzählige Selektionen *verhindert.*«

»Sie haben niemals in KZ's gearbeitet?«

»Niemals!«

»Wir haben Zeugen, die Ihre Eingriffe mit Röntgenstrahlen und die Operationen *beobachteten!*«

»Die Zeugen müssen sich irren. Oder sie lügen mit Absicht. Ich war bei den ... hm ... Behandlungen und Eingriffen zugegen. Um *negative* Gutachten verfassen zu können. Immerhin wurden die Versuche abgebrochen, nicht wahr? Das ist *mir* zu verdanken.«

»Dokumente beweisen das Gegenteil.«

»Damals sind sehr viele Dokumente gefälscht worden. Auch von *mir!* Ich mußte mich schützen. Ich habe ein verflucht riskantes Spiel gespielt.«

Lansing sagte höhnisch: »Wenn Sie also mal mitgemacht haben, dann nur aus Tarnung, wie?«

»Junger Mann, junger Mann ...«, fing Delacorte an, dann machte er eine Handbewegung, als wolle er sagen: Mit Ihnen unterhalte ich mich nicht.

»Die Briefe, die Sie Ihrer Frau schrieben?«

»Ich wußte, daß meine Post geöffnet und zensiert wurde. Dementsprechend faßte ich meine Briefe ab.«

»Die Filme, die man gefunden hat?«

»Ließ ich aus dem gleichen Grund herstellen«, sagte Delacorte unerschütterlich. »Sie haben ja keine Ahnung, wie ich damals lebte. Täglich vom Tode bedroht.«

»Ach.«

»Ja, ach. Ich hatte einen Feind, einen Todfeind. Professor Albricht.«

»Der in Frankfurt im Justizpalast aus dem Fenster fiel.«

»Ja. Rasend ehrgeiziger Mann. Wollte mich abschießen.«

»Wie praktisch, daß er tot ist«, sagte Eilers. Ich hatte ihn noch nie so erbittert gesehen. So wirkte ein Mann, der wußte, daß er gegen einen Gegner kämpfte, der immer der Stärkere sein würde.

Delacorte zuckte nur die Schultern. »*Ihre* Einstellung, Herr Kommissar, ist mir bekannt. Ich lebe lange genug in Treuwall. Sie spielt nur Gott sei Dank keine Rolle, Ihre Einstellung. Über mich werden nun *andere* richten. Ein Glück, daß es nicht Leute mit Ihren Ressentiments sein werden.«

»Der Oberstaatsanwalt Paradin . . .«

»Wird nicht mein Richter sein! Nur mein Ankläger«, sagte Delacorte.

»Bei den Richtern, da sind Sie ganz beruhigt, wie?« fragte Eilers, bebend vor Wut.

»Ganz beruhigt«, sagte Delacorte sanft. »Ich habe Beweise. Zahllose Beweise. Auch ich werde meine Zeugen bringen, die bestätigen, daß Albricht meinen Posten wollte, meinen Kopf, daß er mich denunzierte, daß er – mit vollem Recht!« – behauptete, ich konterminiere die Arbeit der Fliegenden Kommissionen, ich sei ein Gegner des Regimes, ich . . .«

Eilers sagte langsam: »*Sie waren ein Gegner des Regimes?*«

»Gewiß«, sagte Delacorte.

Eilers sah aus, als wolle er sich übergeben.

»Fehlt Ihnen etwas?« fragte Delacorte.

»Mir ist übel«, sagte Eilers. »Nicht erst, seit Sie im Zimmer sind. Mir ist seit Jahren übel in dieser Stadt.«

»Mir auch«, erklärte Lansing. »Obwohl ich sagen muß, daß die Unterredung mit Ihnen sich mir ganz besonders auf den Magen schlägt.«

»Für diese Unverschämtheit werden Sie sich verantworten müssen.«

»Davon bin ich überzeugt«, sagte der junge Lansing grinsend. »Ganz bestimmt werde ich das. Aber ich mußte es aussprechen. Ich wäre sonst erstickt daran. Wir können uns also darauf vorbereiten, von Ihnen zu erfahren, daß der eigentliche Hauptschuldige, der Mann, den Sie unter Einsatz Ihres Lebens bekämpft haben, der so glücklich verunglückte Professor Albricht war – und nicht Sie.«

»Das ist die Wahrheit.«

»So wahr Ihnen Gott helfe, klar ist das die Wahrheit«, sagte Eilers.

»Natürlich glauben Sie mir kein Wort«, sagte Delacorte. »Das ist auch der Grund, warum ich nach meiner Flucht untergetaucht bin. Weil mir ja niemand ein Wort geglaubt hätte. Nun haben Sie mich, meine Herren. Gut, sehr gut. Nun will ich reden . . . über vieles. Wenn ich geredet haben werde, wird vieles anders aussehen . . . nicht nur in Treuwall, das können Sie mir glauben. Es war ja hier nicht mehr zu leben, man konnte ja nicht mehr atmen in diesem Sumpf von Korruption und Lumperei! Sie haben keine Ahnung, Herr Mark, wie die Herren, die hier im Licht der Öffentlichkeit stehen, sich zum Teil entwickelt haben in den letzten zwanzig Jahren.«

»Die Herren, die Sie vor zwanzig Jahren geschützt haben und versteckt und Ihnen falsche Papiere besorgt haben und einen neuen Namen«, sagte Eilers, und sein Gesicht hatte nun wieder den angeekelten Ausdruck.

»Warum taten sie es? Weil ich über sie alle Bescheid wußte! Klein und bescheiden waren sie damals noch. Heute – aber das wird nun anders werden, verlassen Sie sich darauf! Ich packe aus! Sie werden Ihre Wunder erleben. Ich lasse mich nicht einfach umbringen von ein paar Lumpen, denen ich zu gefährlich und zu mächtig geworden bin. Wenn ich zu reden beginne, wird es einen Skandal geben, der die Bundesrepublik erschüttert!«

So hatte er gleich losgelegt, als wir hier ankamen. Nun, da Eilers die Überstellungsformulare unterschrieb, begann Delacorte noch einmal. Es machte ihm sichtlich Freude, Eilers zu reizen.

»Ich hoffe aufrichtig, daß Sie mich von nun an besser beschützen. Bisher haben Sie sich nicht besonders ausgezeichnet, meine Herren.«

Eilers stand auf, und ich dachte, er werde Delacorte schlagen, so rasend vor Wut sah er ihn an.

»Oder sind Sie anderer Ansicht?« fragte Delacorte freundlich. »Was waren das für Nullen von Polizisten im ›Kaiserhof‹? Haben Sie den Mann verhaftet, der die Rauchbomben warf? Oder die Männer? Haben Sie überhaupt jemanden verhaftet?«

»Eine ganze Reihe von Leuten«, sagte Eilers. »Sobald wir den Anruf des Chefportiers erhielten, haben wir zwei Überfallkommandos losgeschickt. Es tut mir leid, daß ich Sie so lange warten lassen mußte, Herr Mark. Ich kam und kam hier nicht weg. Ich wollte Sie gerade anrufen, da rief der Hotelportier an.«

»Und die Täter warteten natürlich, bis die Überfallkommandos eintrafen!« höhnte Delacorte. »Ich danke Ihnen, Herr Kommissar, da bin ich ja beruhigt.« Er sah mich an. »Und auch Herr Mark ist sicherlich sehr beruhigt ... was seine Sicherheit betrifft.«

»Dieser Ton«, sagte Eilers, aber er sagte es traurig, »wird Ihnen noch vergehen, Herr Delacorte.«

»Wir wollen es abwarten, mein Lieber, wir wollen es abwarten. Sie scheinen mir nicht sehr stark auf der Brust zu sein. Erschöpft? Ärger? Ich werde Ihnen noch eine Menge mehr Ärger bereiten, seien Sie sicher. Es ist vielleicht gut, wenn ich gleich einmal anfange ... damit alle hier sehen, daß es mir ernst ist mit meiner Absicht, in Treuwall Ordnung zu schaffen. Wo ist der Hauptkommissar Fegesack?«

»Das geht Sie doch ... woher kennen Sie den Hauptkommissar Fegesack?«
»Wo ist er?«

Lansing kam heran. Er sagte: »An der Autobahn Helmstedt–Hannover. Da ist ein Verbrechen geschehen, und ...«

»Ach so, die Schießerei. Erichsen und Geyer. Ihre Beamten, wie?«
»Wieso wissen Sie ...«

»Ein kleines Vöglein hat es mir erzählt. Meine Herren«, sagte Delacorte, »es ist gewiß längst zu spät, aber ich würde Ihnen doch empfehlen, wenigstens den *Versuch* zu unternehmen, den Hauptkommissar Fegesack zu erwischen, falls er noch in Europa ist ... und in einem Land, das politische Verbrecher ausliefert.«

»Politische Verbrecher?«

»Der Hauptkommissar Fegesack«, sagte Delacorte und zündete sich eine Zigarette an, »heißt in Wahrheit Waldemar Böttger und war ss-Obersturmbannführer im kz Oranienburg.«

Eilers starrte Delacorte an.

Der blies eine Wolke Zigarettenrauch vor sich und lächelte.

»Unterlagen werden in Ludwigsburg liegen«, meinte er. »Bis heute war Böttger unauffindbar. Ausgeschrieben mit Foto und Beschreibung ist er seit 1946 im Fahndungsbuch und im Bundeskriminalblatt.« Delacorte wandte sich an mich. »Fegesack war in meinem Haus, als Sie heute früh hinkamen, nicht wahr, mein Freund?«

»Ja ...«

»Ich nehme an, er sah, wie Sie mein Foto stahlen.«

»Woher ...«

»Sonst wäre er nicht geflohen. Also. Grinste er, als er es sah?«

»Er grinste, ja ...«

»Der alte Böttger! Angeboren, dieses Grinsen, wissen Sie.« Delacorte streifte elegant Asche von seiner Zigarettenspitze. »Menschen grinsen. Menschen lächeln. Verschiedene Arten von Lächeln zu verschiedenen Gelegenheiten.«

Ich dachte an meinen Bruder. Was dieser Delacorte da sagte, stimmte.

»Böttger *mußte* grinsen, wenn er Angst hatte. Je mehr Angst er hatte, desto stärker mußte er grinsen.«

Dann muß er heute früh mächtig Angst gehabt haben, als ich das Foto stahl, dachte ich.

»Ich lernte Böttger in Oranienburg kennen, als ich einmal dahin kam ...«

»Gezwungenermaßen«, sagte Eilers.

»Ihre Ironie ist matt, Herr Kommissar. Das war eine große Gesellschaft, die das kz besuchte. Auch Himmler war dabei. Damals grinste Böttger so sehr, daß ich schon dachte, er würde sich den Kiefer ausrenken ...«

Eilers ging zu einem Regal und entnahm ihm ein dickes Buch, in dem er blätterte, während Delacorte weitersprach: »Unmittelbar bevor wir ankamen, waren zwei Häftlinge in den elektrisch geladenen Stacheldrahtzaun gelaufen. In Böttgers Block. Die Leichen klebten noch, als wir eintrafen. Himmler wurde es übel. Er brüllte Böttger an. Und der, in seiner Angst, grinste wie ein Irrer und stammelte immer nur, daß er nichts für sein Grinsen könne, es sei angeboren ... Schließlich mußte Himmler furchtbar lachen über das alles ...«

»Es stimmt«, sagte Eilers, das geöffnete Buch in der Hand. »Das ist sein Bild, seine Beschreibung. Waldemar Böttger. Besondere Kennzeichen:

Krampfhaftes Grinsen in Erregungszuständen ...« Eilers ließ das Fahndungsbuch sinken und starrte Delacorte an, während Lansing aus dem Zimmer stürzte. Eilers sagte: »War dieser Böttger auch schon in Treuwall, als Sie 1946 ankamen?«

»Eine recht überflüssige Frage«, meinte Delacorte. »Natürlich war er schon hier. Deshalb kam ich ja her. Natürlich war er nicht die einzige derartige Type, die hier gelandet ist. Es gab da eine Menge. Aber wirklich, Herr Kommissar, alle auf einmal möchte ich Ihnen denn doch nicht nennen. Dieses Spiel müssen wir nun schon nach *meinen* Regeln spielen. Und ich habe da ganz bestimmte Vorstellungen, wissen Sie?«

Im Sommer 1952 schickte mein Verleger mich auf eine Weltreise. Damals kam ich zum erstenmal nach Kairo. In Athen, im Hafen von Piräus, lag die Hochseejacht eines bekannten deutschen Tiefseeforschers vor Anker. Er kannte mich dem Namen und meinen Büchern nach, und als er hörte, daß ich in der Stadt war, lud er mich auf sein Schiff. Er gab eine Party für etwa sechzig Menschen – Politiker, Geschäftsleute und Künstler. Auf diesem Schiff traf ich Lillian wieder – an der Seite eines gut aussehenden älteren Mannes, dessen Gesicht von grenzenloser Traurigkeit gezeichnet war.
Lillian war noch schöner geworden, fraulicher, etwas voller. Sie begrüßte mich als alten Freund, und so machte sie mich mit ihrem Begleiter bekannt. Zacharias Damaskinos hieß der Herr mit den grauen Schläfen und den melancholischen Augen, einer der reichsten Reeder Griechenlands. Er kannte, wie ich erfuhr, Lillian seit einigen Monaten, und er war im Begriff, mit ihr eine Kreuzfahrt durch das Mittelmeer zu unternehmen. Lillian war es, die mich einlud, an dieser Reise teilzunehmen. Damaskinos, der Multimillioär, schloß sich dieser Einladung außerordentlich trist und außerordentlich herzlich an. So kam es, daß ich zwei Tage später auf einer Luxusjacht den Piräus verließ – wieder einmal zusammen mit Lillian. Es ist nötig, an dieser Stelle zu berichten, in welcher Weise unsere Beziehung sich mittlerweile weiterentwickelt hatte.
Damals, im Herbst 1951, nach einer Nacht mit ihr in jenem Appartement an der Hamburger Adolfstraße, unmittelbar nach dem endgültigen Abschied, hatte ich, schon bei der Tür, entschlossen, sie nie wiederzusehen, verwirrt und abrupt gesagt: »Laß uns heiraten, Lillian. Sofort. Laß uns heiraten und nie mehr auseinandergehen.«
Ich war schnell zu ihr zurückgegangen, die ruhig an dem großen Frühstückstisch in der Sonne saß. Sie trug einen hellen, bunten Morgenmantel, ihr Gesicht war verschwollen, ich erinnere mich genau.
»Nein«, sagte Lillian freundlich.
»Du willst mich nicht heiraten?«
»Nein«, antwortete sie. »Und du, du willst es auch nicht ...«

»Hätte ich es sonst gesagt?« fragte ich wild. »Ich liebe dich!«

»Du glaubst, daß du es willst. Im Moment glaubst du es.«

»Und daß ich dich liebe – das glaube ich auch nur im Moment?«

»Nein. Du liebst mich wirklich. Ganz bestimmt. Sehr.« sagte Lillian. »Setz dich, Ritchie. Wir können jetzt genauso darüber sprechen wie später.«

Ich setzte mich.

»Später?«

Sie nickte.

»Ja. Denn wir werden nie heiraten, aber wir werden nie aufhören, einander zu verfolgen und zu lieben und zu begegnen. Nie, Ritchie, das weiß ich seit heute nacht.«

»Du bist verrückt!«

»Ja«, sagte sie. »Ich bin ein wenig verrückt. Damit mußt du dich abfinden. Ich wußte es selber nicht. Ich war es auch nicht immer. Ich bin es wohl geworden – seit damals, und in diesem Jahr.«

»Was soll das heißen?«

Sie sagte abwesend: »Aber so wie ich nicht mehr die bin, die du kennst, so hast auch du dich verändert, Ritchie. Wir sind beide anders geworden. Das, was wir aneinander lieben, besonders lieben, das ist das, was wir gestern waren, das ist die Zeit und die Sauberkeit und die Anständigkeit von Gestern ... diese ganzen Jahre, in denen wir so arm und so glücklich gewesen sind: diese Jahre, in denen ich nur einen einzigen Mann hatte und nie einen anderen haben wollte. Diese Jahre, in denen du deine Bücher geschrieben hast ... und nicht dein Bruder.«

Ich erstarrte.

»Woher weißt du ...«

»*Er* hat es mir *nicht* gesagt«, antwortete sie schnell. »Ich bin durch Zufall darauf gekommen. Ich suchte ihn einmal, als du fort warst, unten in seinem Keller. Er war auch nicht daheim. Ich entdeckte ein Schreibmaschinenmanuskript. Ich las eine Weile ... es war ein Stück aus dem neuen Roman von dir, aus dem du gestern abend vorgelesen hast. Dein Bruder schreibt deine Romane, ist das nicht so? Sag es mir, Ritchie. Nie werde ich es verraten. Nie werde ich schlecht von dir denken deshalb. Aber ist es so?«

Ich sagte: »So ist es. Ich ... ich *kann* nicht mehr schreiben.« Mir fiel etwas ein. »In deinem Abschiedsbrief ...«

»Ja?«

»In diesem Brief, da heißt es, du hättest an Gott glauben können, als ich wieder schrieb. Das war dann doch ...«

»Eine Lüge, Ritchie. Eine barmherzige Lüge.«

»Barmherzig für wen?«

»Für uns beide. Ich log, um dich zu beruhigen. Und weil ich selber es damals noch nicht wahrhaben wollte, daß zwei Menschen einander so liebhaben und doch nicht miteinander leben sollen. Ich dachte, ich würde Gott vielleicht so bestechen. Vielleicht war dieses Manuskript, das ich gefunden hatte, doch von dir ... oder es war von deinem Bruder und würde eines Tages von ihm veröffentlicht werden. *Ich wollte es nicht wahrhaben*, verstehst du? Nun muß ich es glauben, ob ich will oder nicht. Du bist nicht mehr der, den ich geliebt habe, Ritchie. Und ich ... ich bin weiß Gott nicht mehr die, die du geliebt hast, nach diesem Jahr.«

Ich schwieg.

»Siehst du«, sagte sie. »Du schweigst.«

Ich sagte: »Wenn du ertragen kannst, was *ich* getan habe – was *du* getan hast, ist mir gleich! Wird mir immer gleich sein, was du auch tust!«

»Deshalb schlägst du mich ...«

»Verzeih mir.«

»Ich habe es verdient. Ich habe viel mehr verdient. Ritchie, wenn wir sofort heiraten ... würdest du dann deinen Bruder hinauswerfen und laut verkünden, wer deine letzten Bücher geschrieben hat ... und nie, nie mehr ein Buch veröffentlichen, weil du nicht mehr schreiben kannst?«

»Natürlich!«

»Ja, das sagst du jetzt. Aber es ist nicht wahr. Du würdest es nicht tun. Ich bin eine Frau. Ich weiß das besser, und ich bin ehrlicher als du. Ich, ich hätte nicht so schnell ja gesagt, wenn du gefragt hättest: ›Wirst du mich nie mehr betrügen mit einem anderen Mann, wenn wir nun heiraten? Wirst du mich nie mehr allein lassen, hintergehen, werde ich dir immer vertrauen können, wie in den alten Zeiten?‹« Sie schüttelte den Kopf. »Wir haben beide etwas getan, das sich nicht ungeschehen machen läßt. Und wir werden es weiter tun – weil wir nicht anders können. Mir scheint, wir haben erst jetzt entdeckt, wie wir wirklich sind. Ich jedenfalls. Es gefällt mir nicht, was ich an mir entdeckt habe. Aber ich kann nichts daran ändern. Ich weiß nicht, ob du dir sehr gefällst, Ritchie.«

»Nicht sehr.«

»Nun, warum hast du dann noch nichts an deinem Leben geändert? Es mußte ja nicht unbedingt mit mir zusammenhängen. Siehst du? Die Welt von gestern, sie ist tot. Es gibt sie nicht mehr. Sie ist so tot wie der gute Wille der Menschen von gestern, der Wunsch zum Leben in Frieden ... Ich habe mir angehört, was du zuletzt auf das Tonband gesprochen hast ... die Geschichte von Truman und Stalin ...«

»Das ist doch alles Unsinn, Lillian ...«

»Nein«, sagte sie hart, »es ist kein Unsinn. Wir haben beide – lach nicht, mir ist zum Heulen –, wir haben beide unsere Unschuld verloren. Wir waren wie Kinder. Jetzt sind wir erwachsen. Wenn einer an den andern denkt, dann wird er sentimental und möchte, daß alles wieder so ist, wie es einmal war ... Aber das denken viele Menschen ... und bei keinem ist es je wieder so, wie es einst war. Das gibt es nicht, Ritchie! Unsere Liebe, das ist die Sehnsucht nach einem Paradies geworden, aus dem wir schon längst vertrieben sind.« Sie strich über mein Haar. »Und deshalb können wir nicht zusammenleben. Weil die Gegenwart stärker ist, als wir es sind. Wir würden so schnell, so schnell wieder auseinandergehen ... im Bösen, und für immer. Das will ich nicht. Ich will dich nicht verlieren, nie! Das kann ich aber nur, wenn ich dich gehen lasse.«

»Lillian, du bist wirklich verrückt.«

»Gewiß. Aber die Verrückten wissen mehr als die Normalen. Glaub mir, Ritchie, so wäre es. So müßte es sein. Ich sehe, du glaubst mir auch ... in deinem Herzen ...«

Und wahrhaftig, ein Zaudern, ein Zögern, ein Zweifeln hatten sich in meinem Herzen festgesetzt. Ich glaubte natürlich nicht, was sie da sagte, aber ...

Ja, aber!

»So, wenn wir einander immer wieder begegnen, wird es uns gelingen, für kurze Zeit immer wieder in die Vergangenheit zu tauchen, zu tun, als wäre die Zeit stehengeblieben und nicht weitergegangen. Als wäre die Vergangenheit die Gegenwart. So können wir uns unsere Liebe bewahren ... für alle Zeit, Ritchie. Ich weiß, wie es mir gehen wird, immer, wenn ich dir begegne. Und ich glaube, ich weiß, wie es dir gehen wird.« Sie hob eine Hand. »Aber nur für eine Weile. Für eine kleine Weile. Und auch nur, wenn wir dann bloß an die schöne Zeit von gestern denken und nicht an all das, was wir sonst voneinander wissen und von uns selber. So etwas kann man tun, ein Leben lang. Aber nicht, wenn man immer zusammenlebt. Ich will dich nicht verlieren, ich will dich lieben, ein Leben lang. In Sehnsucht und in Verlangen und in Erwartung. Und in Erinnerung. Denn das ist unsere Liebe: Erinnerung. Flucht in unsere Jugend. Weit, weit zurück. Unsere Liebe, das ist eine besondere Art von Regression, wenn du willst.«

»Du bist zu verflucht gescheit«, sagte ich.

»Das ist richtig«, sagte Lillian. »Ich wünschte, ich wäre dümmer. Und du auch. Dann ginge es mit uns beiden ... vielleicht. So geht es nur so, wie ich es sage. Ich sage es nicht leicht. Das Herz tut mir weh dabei. Aber ...«

»Aber du willst lieber dein Hurenleben weiterführen als mit mir leben«, sagte ich grob.

»Und du«, sagte sie, »willst lieber dein Falschmünzerleben weiterleben, Ritchie, Liebster.«

»Das ist nicht wahr!«

»Nein? Dann geh jetzt ans Telefon und rufe deinen Verleger an und sage ihm die Wahrheit. Los, geh und sage sie ihm! Sofort danach rufe ich meinen Freund an und sage ihm, daß Schluß ist. Also, vorwärts, geh!«

Ich stand auf und ging schnell zum Telefon. Ich hob ab und wählte das

Fernamt. Dem Fräulein gab ich die Nummer meines Verlegers in Frankfurt. Lillian blickte mich ernst vom Tisch her an. Ich wartete, bis der Verlag sich meldete, dann sah ich plötzlich rote Kreise und Sterne vor den Augen. Ich mußte mich an der Kommode festhalten, auf welcher der Apparat stand, und legte den Hörer wieder hin.

Langsam drehte ich mich um.

Lillian stand vor mir.

Sie umarmte und küßte mich sehr sanft und sagte leise: »Auch dafür liebe in dich. Aber du siehst es nun ein. Nicht wahr, du siehst es nun ein?«

Ich nickte.

»Wir haben den Zeitpunkt versäumt, Ritchie«, sagte Lillian. »Wir lieben uns. Wir werden uns immer weiter lieben. Und wir werden immer weiter unsere Wege gehen — jeder den seinen, den er gehen muß, allein. Feste werden es immer sein, wenn wir uns begegnen. Kurze Feste. Aber denk doch, Feste, die es ein ganzes Leben lang gibt. Eintausend Festtage! Du weißt, es gibt einen Typ Menschen, die wollen, daß immer Feiertag ist.«

»Ja, verfluchte Neurotiker.«

»Und was sind wir, Ritchie?« fragte Lillian. »Ich bin auch noch etwas anderes, wie ich in diesem Jahr bemerken mußte. Und du bist auch noch etwas anderes. Die Hure und der Betrüger. Und beide so zart besaitet . . . beide mit solcher Sehnsucht nach ihrem verlorenen Paradies . . . Neurotiker mit starkem Regressionstrieb.«

»War dein Freund, der dir dein Geld geklaut hat, Medizinstudent?« fragte ich gehässig.

»Ja«, sagte sie lächelnd, »ich wußte, daß du darauf kommen würdest. Er hat mir viel beigebracht. Zum Beispiel die Wahrheit über mich selbst. Geh jetzt, Ritchie. Geh und komm wieder, immer wieder. Bleiben kannst du nie, das weißt du nun, nicht wahr?«

Ich sagte nichts.

Ich ging.

Und so war unsere Beziehung geblieben. Vielleicht ist sie nicht nachfühlbar. Das täte mir leid, denn sie war so, meine Beziehung zu Lillian: voller Unruhe und Spannung, Leidenschaft und Sehnsucht, niemals harmonisch, niemals von Dauer. Wo immer wir uns begegneten — es war das gleiche. Wo immer wir uns begegneten — wir gingen wieder auseinander.

Nun waren wir uns also auf der Jacht eines Millionärs begegnet, und bereits in der ersten Nacht kam Lillian in meine Kabine, und wir ermordeten einander wieder einmal fast mit unseren rasenden Umarmungen. Lillian war völlig skrupellos. Sie hatte keine Angst vor Entdeckung oder Skandal. Mir wurde die Situation unheimlich, bis sie mir Näheres über diesen reichen Griechen erzählte.

»Er will mich heiraten«, sagte Lillian. »Er will mich unbedingt heiraten.«

Sie lag, nackt und müde, auf meinem Bett, und wir rauchten beide. Die Kabine war mit größtem Luxus ausgestattet, die Wände mit teuerster Seidentapete bespannt. Das Bettzeug bestand aus feinstem Leinen. Jedes Stück trug ein Monogramm – ein großes A. In jener Nacht war die Bettwäsche schwarz, und die Monogramme darauf waren golden. In den nächsten Tagen stellte ich fest, daß die Wäsche täglich gewechselt wurde – in immer anderen Farben. Einmal war sie rosa, dann war das gestickte A hellblau, dann war die Wäsche rot und das Monogramm schwarz, dann war sie gelb und das Monogramm blau – und so weiter. Alle Handtücher, Servietten, alle Teller und Tassen und das ganze Besteck an Bord trugen dieses A als Monogramm. Das stellte ich auch in den folgenden Tagen fest. In jener Nacht fragte ich Lillian: »Und du? Willst du ihn nicht heiraten?«

»Ich weiß nicht, ob ich es aushalten würde«, erwiderte sie. »Er ist so entsetzlich depressiv.«

»Verrückt?«

»Vermutlich muß man das schon verrückt nennen. Er spricht tagelang nicht. Er starrt stundenlang vor sich hin. Er sagt, daß er alle Menschen verachtet und daß es nur ein einziges Wesen gibt, das er liebt.«

»Wie heißt dieses Wesen?«

»Aphrodite«, sagte Lillian und lachte hysterisch.

»Und das ist seine Geliebte?«

»Ja.«

»Aber was will er dann von dir?«

»Seine Geliebte ist keine Frau. Seine Geliebte ist eine Ente«, sagte Lillian. »Eine kleine Ente. Da, ihr Monogramm. A. Siehst du. Du wirst es noch überall sehen, das A, überall Aphrodite, die Göttin der Schönheit und der Liebe . . .«

Auch eine große Stadt ist schon die ganze Welt: Aus Athen stammten Zacharias Damaskinos und Panos Mitsotakis. Sie kannten sich nicht, natürlich. Niemand auf der Welt kennt einen anderen Menschen – kennt ihn wirklich.

»Wo ist die Ente?«

»Er kann sie nicht überall bei sich haben, das ist sein großer Kummer.« Lillian sprach affektiert; ich fühlte, daß sie sehr nervös und überreizt war. »Aphrodite wohnt an der Riviera, auf Cap Ferrat. Das Klima bekommt ihr dort am besten. Besser als in Athen. Besser als überall. Sie haben es ausprobiert. Da auf Cap Ferrat hat er eine Villa. Und Aphrodite hat da ihren Pool. Ein Tierarzt und zwei Angestellte kümmern sich um sie. Damaskinos ruft immer auf Cap Ferrat an. Jetzt, auf See, bekommt er häufig Radiogramme.«

»Warum?«

»Er muß immer wissen, wie es Aphrodite geht, wenn er nicht bei ihr sein kann«, sagte Lillian und lachte wieder, und das Lachen gefiel mir nicht. »Er schickt auch dauernd Funksprüche mit Erkundigungen. Auf unserer letzten Reise stand er mitten in der Nacht, nachdem er gerade mit mir geschlafen hatte, auf, ging in die Funkerkabine und schickte einen langen Funkspruch nach Cap Ferrat. Er hatte sich eine neue Speise für Aphrodite ausgedacht.«

»Während er mit dir . . .«

»Vermutlich«, sagte Lillian. Das leise Rauschen des Fahrtwinds und das Klatschen eines sanften Wellengangs drangen zu uns. »Vorher jedenfalls wußte er es noch nicht, sonst hätte er ja vorher gefunkt, nicht?« Sie umarmte mich plötzlich wild und drückte ihren Kopf an meine Brust. »Ritchie«, murmelte sie, »oh, Ritchie, warum mußte uns das bloß geschehen?«

»Ich weiß nicht«, sagte ich.

Sie legte sich auf mich.

»Komm«, flüsterte sie, »komm, es bleibt noch lange dunkel, und er nimmt immer schwerere Schlafmittel . . .«

Zwei Tage später hatte Aphrodite Geburtstag, und Zacharias Damaskinos schickte ein Radiogramm an sie, und am Abend gab er ein Gala-Essen, und danach begann er plötzlich zu weinen und ging in seine Kabine. In dieser Nacht kam Lillian wieder zu mir.

»Ich glaube nicht, daß du das aushalten wirst«, sagte ich.

»Ich kann es ja versuchen«, sagte sie.

In Genua ging ich von Bord. Damaskinos hatte vor, nun nach Cap Ferrat zu fahren, zu Aphrodite. Er wollte sie mit Lillian bekannt machen. Sie waren einander noch nie begegnet, und Damaskinos hoffte, daß Aphrodite Lillian sympathisch finden würde. Es hing so viel davon ab, sagte er mir. Auch mich hätte er gerne noch länger als Gast gehabt, aber ich wollte zurück nach Deutschland. Mein Bruder hatte einen neuen Roman geschrieben, und ich mußte dasein, um ihn als meine Arbeit einzureichen.

Ich gab Lillian zum Abschied meine neue Geheimnummer und sagte ihr, daß sie mich anrufen müsse, wenn sie in Not sei oder mich brauche. Nach jener Reise war mir klargeworden, daß wir wirklich nie mehr voneinander loskommen, daß wir einander immer wieder begegnen und daß dann immer wieder dasselbe geschehen würde – vom Glück der Begegnung bis zur Resignation des Abschieds –, solange wir lebten.

Zwei Wochen später las ich in der Gesellschaftsklatschspalte einer Illustrierten, daß Lillian Lombard, ständige Begleiterin des griechischen Reederkönigs Zacharias Damaskinos, einen Selbstmordversuch mit Schlafmitteln unternommen habe und in einer Klinik in Nizza liege.

Ich fand heraus, welche Klinik das war, und ich rief an und bekam Lillian an den Apparat. Ihre Stimme klang sehr schwach, ich konnte kaum verstehen, was sie sagte, und unser Gespräch war kurz.

»Aphrodite . . .«

»Was?«

»Ich war ihr nicht sympathisch. Sie wollte sich von mir nicht anrühren lassen. Große Tragödie, wie du dir denken kannst. Damaskinos hat mir Szenen über Szenen gemacht. Ich habe versucht zu verschwinden. Da ließ er mich bewachen. Und da . . . da habe ich es getan . . .«

»Und nun?«

»Oh, nun ist er sehr vernünftig. Er kann keinen Skandal brauchen. Er hat mir viel Geld gegeben und die Adresse von Freunden in Rio. Die haben in der Nähe der Stadt eine große Hazienda. Ich soll hinfliegen und mich erholen. Schmuck hat er mir auch geschenkt. Und Geld, viel Geld, wie gesagt. Die perfekte poule de luxe, wie du siehst, mein Lieber . . .«

»Lillian . . .«

»Ich muß aufhören. Ich kriege Kopfschmerzen. Alles Gute, Ritchie. Ich schreibe dir aus Rio. Ciao . . .«

Sie schrieb aus Rio.

Die Karte hob ich lange auf. Sie zeigte die Copacabana, und der Text, in wirren Buchstaben hingekritzelt, lautete: ›Ritchie, Liebling, Rio ist wundervoll.‹

Apotheker Jakowski, im Auschwitz-Prozeß des eigenhändigen Mordes an einhundertvierundzwanzig Häftlingen angeklagt, zu lebenslänglichem Zuchthaus verurteilt, auf das Ergebnis seiner Revision wartend, Untersuchungshäftling gleich mir im Gefängnis in der Rindsgasse, der Mann, der mir den kleinen silbernen Totenkopf von einer SS-Tellermütze geschenkt hat, war heute mit der Essensausgabe dran.

»Wünsche wohl zu speisen, Herr Mark«, hat er gesagt, während er meinen reichlich gefüllten Blechnapf durch das Fensterchen der Zellentür zurückreichte. Und schnell hat er hinzugefügt: »Danke für die neuen Zeitungen. Ich habe die Meldungen über die Berliner NPD herausgerissen und vernichtet – war doch in Ihrem Sinne, nicht wahr? Wachtmeister Stalling würde sich zu sehr kränken.«

»Das ist richtig«, habe ich geantwortet. »Sehr freundlich von Ihnen.«

»Aber ich bitte Sie, Herr Mark! Reine Frage der Menschlichkeit. Herr Stalling darf nicht unter dieser gemeinen Verleumdungskampagne leiden – soweit wir es verhindern können.«

Was Häftling Jakowski da aus reiner Menschlichkeit getan hat, wird Früchte tragen, weil der Wachtmeister Stalling außer meinen Zeitungen, wenn Jakowski sie ihm zurückgibt (er läßt sie diesen zuerst lesen), kaum je andere Zeitungen studiert. Er hat ja mit meinen genug. In einigen Blättern stand gestern eine Notiz über die Berliner NPD. Die scheint permanentes Pech mit ihren Vorsitzenden zu haben. Ihr erster Chef mußte sein Amt aufgeben, nachdem die braven Burschen vom Verfassungsschutz ihn als Hochstapler mit falschem Doktortitel, Sittlichkeitsverbrecher und Agenten des Staatssicherheitsdienstes der Zone entlarvt hatten. Nun ist die Reihe an seinem Nachfolger. Der wurde, wie sich herausstellte, 1937 aus der NSDAP ausgeschlossen — nachdem er, welche Schande, dreimal im Gefängnis gesessen hatte. Wegen Diebstahls. Ein unwürdiger Parteigenosse. Deshalb würde man ihm heute natürlich nicht nachstellen. Nein, heute wirft man ihm andere Dinge vor: 1963 soll er in ein Kuppeleiverfahren verwickelt gewesen sein. Seit 1959 soll er insgesamt dreiundzwanzig ›Hausgehilfinnen‹ beschäftigt haben, von denen sich einige mittlerweile zu stadtbekannten Prostituierten gemausert haben. Nun geht es ihm dieserhalben an den Kragen.

Weil aber Wachtmeister Stalling auf der Suche nach Rettung für Familie, Kinder und Vaterland sich in den Hafen der NPD geflüchtet hat, zu deren programmatischen Zielen unter anderen auch ›Schutz von Ehre und Würde der deutschen Frau‹ gehört, hat Häftling Jakowski mit feinem Takt die Berichte über die Berliner Vorkommnisse aus den Gazetten gerissen, damit Wachtmeister Stalling sich nicht kränkt.

Aus reiner Menschlichkeit hat er das getan, der Jakowski, wahrhaftig, das hat er mir zugeflüstert, heute mittag, beim Essenfassen.

»Verzeihen Sie, wenn ich Sie anspreche«, sagte die junge Frau. Sie war nicht mehr ganz jung, vielleicht Ende Dreißig, recht hübsch, und sie trug einen Stoffmantel mit einem kleinen Pelzkragen. Sie hatte neben mir auf einer langen Bank vor dem Zimmer des Kommissars Eilers gesessen, mit dunklen Ringen um die Augen und fiebrig geröteten Wangen.

Ich wartete auf dieser Bank. Justizbeamte waren endlich gekommen, fünf Mann, bewaffnet, um Delacorte abzuholen und in das Untersuchungsgefängnis zu bringen. Eilers und Lansing waren mitgefahren. Paradin war verständigt, er hatte am Telefon erklärt, er werde gleich am Morgen nach Treuwall kommen. Da Delacorte hier verhaftet worden war, schien Paradin — in Anbetracht der Enthüllungen, die Delacorte in Aussicht gestellt hatte — die Untersuchung von hier aus führen zu wollen.

Erste Nachforschungen über den Verbleib des Hauptkommissars Fegesack waren ohne Ergebnis geblieben. An der Autobahnstelle im Hämelerwald war er nie aufgetaucht.

»Dann werden Sie ihn wohl vergessen müssen«, hatte Delacorte geäußert. Und zu mir gewandt: »Ich verabschiede mich also von Ihnen . . . bis auf weiteres. Nicht wahr, Sie werden auf Lillian achtgeben?«

»Worauf Sie sich verlassen können.«

»Ich danke Ihnen, Herr Mark. Die Partitur ist — wie mein ganzer Besitz — beschlagnahmt, erklärt man mir. Aber Kommissar Eilers weiß, daß ich sie Ihnen geschenkt habe. Sofort nach Freigabe erhalten Sie sie.«

Die Partitur der Neunten Symphonie, die er mir unbedingt schenken wollte – ich hatte sie ganz vergessen und Delacorte verständnislos angestarrt, als er davon sprach. Erst nachdem sie ihn abgeführt hatten, war mir eingefallen, was er meinte. Eilers hatte mich gebeten, auf ihn zu warten. Er wollte nun im Präsidium mit mir reden – vor allem über meinen Bruder, wie er sagte. So hatte ich mich denn auf die Bank vor seinem Zimmer gesetzt, auf der schon jene nicht mehr junge Frau wartete, die nun aufstand und zu mir kam. Ihre Augen waren gerötet und vom Weinen verschwollen, und in ihrem bleichen Gesicht zuckte es andauernd.

»Sie sind Herr Richard Mark, nicht wahr?«

»Ja.«

Sie setzte sich dicht neben mich. Ihr Mantel glitt vor, und ich sah, daß sie schwanger war. Man sah es schon sehr deutlich.

»Ich bin Frau Erichsen«, sagte sie.

Verflucht, dachte ich, auch das noch.

»Sie waren dabei, als Geyer . . . als es geschah, Herr Mark?«

»Ja«, sagte ich. Erichsen hatte mir nicht erzählt, daß er verheiratet war und daß seine Frau ein Kind erwartete. Er hatte keine Zeit mehr dazu gehabt. Nur daß man achtgeben müsse, damit einem nichts geschah, hatte er gesagt. Gewiß hatte er dabei an seine Frau und das ungeborene Kind gedacht. Für sie hatte er vorsichtig sein wollen. Es war ihm nicht gelungen.

»Sie sind ganz sicher?« fragte Frau Erichsen. »Ich meine, ganz sicher, daß Geyer meinen Mann . . .«

Ich nickte.

»Er war wirklich tot?«

»Ja«, sagte ich. Aber erst als ich es zum zweitenmal sagte, konnte man es auch hören.

»Und Geyer? Der hat nur Schüsse in die Schenkel gekriegt?«

»Ja.«

»Aber sie sind beide verschwunden.« Frau Erichsen legte die Hände auf den Leib, und Tränen flossen aus ihren verquollenen Augen.

»Ja.«

»Warum läßt man einen Toten verschwinden? Wozu die Mühe? Wozu, Herr Mark?«

»Ich weiß es nicht.«

»Es ist unmöglich«, sagte Frau Erichsen. »Das gibt es einfach nicht. Geyer und mein Mann waren Freunde. Sie arbeiten schon so lange zusammen. Ich kann das nicht glauben. Ich will das nicht glauben.« Sie sah auf den Kunststoffplattenboden. »Wenn es ein Junge wird, soll er Paul heißen. Nach dem Vater. So ist es besprochen. Wenn es ein Mädchen wird, Gabriele.«

»Nach Ihnen?«

»Nach einer Kusine von Herrn Geyer.« Frau Erichsen sah mich an. Auf der hellen Gesichtshaut hatten sich schon braune Pigmentflecken gebildet. »Eine alte Dame. Lebt in Lüneburg. Besuchte Herrn Geyer oft. Dann kamen sie auch zu Besuch zu uns. Kaffee und Kuchen. Ausflüge haben wir gemacht... wir haben einen vw. Da fuhren wir mal zu den Hünengräbern, oder zum Löns-Denkmal. Die Männer gingen zum Fußball miteinander. Oder zum Skatspielen. Sie waren wirklich gute Freunde... hat mein Mann gedacht. Und ich auch.« Sie sagte verzweifelt: »Nie mehr, in meinem ganzen Leben nicht, glaube ich einem anderen Menschen! Wie soll ich das Kind nennen, wenn es ein Mädchen wird?«

»Vielleicht wird es ein Junge«, sagte ich. Das war alles, was mir an Trost einfiel. Ich dachte: Geyer hat keine Frau. Von einem Jungen hat er erzählt, mit dem es Schwierigkeiten gab. Ein Schwuler also. Schwuler Mörder. Ob es viele schwule Mörder gibt? Und ob sie auch alle Witwen hinterlassen, männliche, die um sie trauern? Oder sind alle Päderastenbeziehungen flüchtig? Nein, ein paar kannte ich, die lebten schon seit Jahrzehnten zusammen. Alte Herren. Wie Ehepaare. Aber ich wußte nichts von ihnen. Ich wußte von verflucht wenigen Dingen wirklich etwas. Wahrscheinlich war es deshalb so rasch mit dem Schreiben bei mir aus gewesen, und ich hatte nie wieder ein Buch zustande gebracht, nie wieder auch nur eine Zeile.

»Dieser Arzt im Krankenhaus...«, sagte Frau Erichsen verloren.

»Was ist mit dem?«

»Den sie erstochen haben. Hess heißt er, nicht? Der war verheiratet. Aber seine Frau ist vor drei Jahren gestorben. Hat keine Verwandten mehr gehabt. Ich bin die einzige... die einzige Ehefrau.« Nach einer Pause sagte sie: »Wenn ich es ganz genau wüßte, daß der Paul tot ist, dann wäre ich auch lieber tot... wie die Frau von dem Doktor.«

»Aber Ihr Kind«, fing ich an.

»Wäre dann auch tot. Ich weiß, ich darf es nicht tun. Ich muß an das Kind denken. Und ganz sicher ist es nicht, geben Sie es zu, Herr Mark, daß es nicht absolut sicher ist!«

»Was?«

»Daß Paul wirklich tot ist. Sie können sich geirrt haben. Sie glauben fest, daß er tot war... aber Sie können sich geirrt haben. Nicht wahr?«

Diesen Blick hielt ich nicht aus. Ich wandte mich ab.

»Solange sie nicht den Leichnam haben, solange ist es nicht sicher. Da können Sie mir erzählen, was Sie wollen. Nicht, daß ich Ihnen nicht traue... aber Sie können sich wirklich geirrt haben! Sie waren aufgeregt. Sie sind kein Arzt. Sie sahen nur das Blut, viel Blut, nicht wahr, und da haben Sie gedacht... ist ja verständlich... aber ganz sicher können Sie nicht sein! Nicht wahr, Herr Mark?«

Zum Teufel, dachte ich, jemand anderer soll es dieser Frau beibringen, nicht ich. Ich kann das nicht. Ich bin zu feige und zu müde und nicht für so etwas gebaut, auch wenn ich munter wäre. Also antwortete ich: »Mit letzter Bestimmtheit kann ich es natürlich nicht sagen.«

Sie griff nach meiner Hand und drückte sie und strahlte über das ganze Gesicht.

»Ich danke Ihnen! Ich habe es ja gewußt! Nicht mit letzter Gewißheit, natürlich nicht. Mein Paul lebt . . . verwundet, sicherlich . . . Aber er lebt . . . sie haben ihn irgendwo versteckt, das habe ich auch dem Kommissar Eilers gesagt . . .« Armer Eilers, dachte ich, was dir Menschen heute schon alles gesagt haben. »Sie haben eine Riesenfahndung gestartet nach Paul und dem Geyer. Sie müssen sie finden, sagt der Kommissar. Nicht wahr, das stimmt?«

»Es kann aber Tage dauern«, meinte ich.

»Sagt der Kommissar auch. Aber vielleicht geht es viel schneller. Ich warte hier.«

»Aber Sie fallen ja fast von der Bank vor Erschöpfung . . .«

»Ach, es geht noch! Gut geht es!«

»Denken Sie an das Kind, Frau Erichsen!«

»Ich denke an das Kind . . . und an Paul . . . jetzt, wo Sie sagen, daß Sie sich vielleicht doch geirrt haben, bin ich überhaupt wieder ganz munter! Und wenn ich müde werde . . . da unten ist ein Zimmer, da steht eine Couch drin. Auf die darf ich mich legen, hat der Kommissar gesagt. Nur solange ich kann, bleibe ich hier sitzen. Er erfährt es doch zuerst, wenn sie Paul gefunden haben, nicht wahr?«

»Ja . . .«

»Hier, in diesem Zimmer erfährt er es. Darum sitze ich vor der Tür. Damit er es mir gleich sagen kann, daß mein Paul lebt. Denn es ist doch ganz leicht möglich, daß er lebt, ganz leicht möglich, wo Sie sich vielleicht geirrt haben, Herr Mark. Nicht wahr?«

»Ganz leicht«, sagte ich und dachte, wie gewissenlos ich eben gewesen war und wie besonders arg es Frau Erichsen treffen würde, wenn sie ihren Mann fanden, ihren toten Mann. Aber meine Gewissenlosigkeit hatte sie glücklich gemacht. Mir fiel ein, was Minski einmal gesagt hatte: »Es ist beinahe so leicht, Menschen glücklich zu machen wie unglücklich.«

Nur daß man sie offenbar, mit guten Mitteln und mit bösen, immer nur für eine kleine Weile glücklich machen kann, und mit anderen Mitteln, mit bösen, unglücklich für immer. Oder jedenfalls für lange Zeit. Und das Verfluchteste ist, daß man sie, alle Menschen, andauernd glücklich oder unglücklich macht, solange man lebt, alle, denen man auch nur das allergeringste bedeutet, ob man will oder nicht. Man muß es einfach tun. Ob die Toten einander in Ruhe lassen?

1955 wurde die Bundesrepublik Mitglied der NATO. Wir hatten wieder eine Bundeswehr, und über dem Gebiet der Bundesrepublik fand das NATO-Luftmanöver ›Carte blanche‹ statt, das den Generälen die Erkenntnis bescherte: ›Der Atomkrieg kennt keine Sieger!‹ Als Folge dieser Erkenntnis wurden in den folgenden Jahren in Ost und West die Vorbereitungen für einen atomaren Krieg fieberhaft vorangetrieben.

1955 mußte ich häufig nach Berlin fliegen. Mein Roman ›Schwarz‹ (den natürlich mein Bruder geschrieben hatte) sollte verfilmt werden. Der Berliner Produzent war ehrgeizig, intelligent und verstand sein Geschäft. Der Roman behandelte die Erlebnisse eines farbigen amerikanischen Soldaten in Deutschland. Mein Produzent verpflichtete einen erstklassigen Regisseur und erstklassige Darsteller – da es sich um einen Stoff handelte, in dem Personen verschiedener Nationalität vorkamen, waren es viele ausländische Schauspieler. Der Regisseur war Amerikaner.

Das Drehbuch sollte ich schreiben. Da ich das natürlich nicht konnte, aber es natürlich auch nicht sagen durfte, mußte ich dauernd nach Berlin. Nach den Besprechungen mit Produzent und Regisseur wußte ich bald, was diese sich vorstellten, und konnte es meinem Bruder sagen, der auf Grund dieser Richtlinien das Drehbuch verfaßte. Es wurde ein Script, von dem Schauspieler, Geldgeber, Produzent und Regisseur gleichermaßen begeistert waren.

In Berlin wohnte ich stets im ›Kempinski‹. Eines Vormittags wurde ich angerufen. Der Portier teilte mir mit, daß eine Dame in der Halle auf mich warte. Vor dem Wort ›Dame‹ machte er eine kleine Pause.

»Wie heißt sie?« fragte ich und wußte es schon, bevor er den Namen nannte.

Ich erschrak, als ich Lillian dann in der Halle wiedersah. Sie wirkte heruntergekommen, ihr Kleid war aus der Mode und saß nicht richtig, ihre Schuhe waren abgetreten, die Haare nicht in Ordnung. Sie machte einen ungepflegten, verzweifelten Eindruck. Die Portiers beobachteten uns unausgesetzt. Ich ging mit Lillian in die leere Bar. Hier war es dämmrig. Ich fragte sie, was sie trinken wolle, und sie verlangte Kognak.

»Ist es nicht noch ein wenig früh für Kognak?«

»Ich trinke jetzt immer so früh«, sagte sie.

»So siehst du auch aus.«

»Na und wenn schon. Ritchie, ich bin pleite. Pleite und schwanger.«

Sie sprach absichtlich hart, ich sah, daß sie sehr nahe den Tränen war. »Ich habe mich ziemlich herumgetrieben in der letzten Zeit. Rio war nicht so... so wundervoll, weißt du. Es gab da einen Skandal wegen einer Frau, der ich angeblich den Mann weggenommen hatte. Weil er Senator war, wurde eine große Sache daraus gemacht, und ich mußte das Land verlassen.«

»Was heißt *angeblich* den Mann weggenommen? Du hast es doch getan!«

»Natürlich. Nun, in Deutschland lernte ich dann noch ein paar Männer kennen, aber die waren alle nichts. Kein Glück. Ich habe kein Glück mit Männern.« Sie nahm das Kognakglas, das der Mixer ihr brachte, kippte es und sagte: »Noch einmal dasselbe.«

»Bitte sehr, gnädige Frau«, sagte der Mixer unerschütterlich höflich.

»Was ich an Schmuck und Geld hatte, ging wieder drauf... bei zwei Kerlen. Ich hatte mir so fest vorgenommen, daß mir das nicht noch einmal passiert. Jetzt ist es mir gleich zweimal passiert. Hier, in Berlin, lernte ich einen Belgier kennen.« Der zweite Kognak kam. Nun trank Lillian langsamer. »Sehr netter Kerl. Sah großartig aus. Du weißt, ich fliege auf großartig aussehende Kerle. Du warst die einzige Ausnahme. Du warst und bist überhaupt die einzige Ausnahme, das weißt du doch, nicht?«

»Ja.«

»Alle anderen Männer sind Schweine. Auch dein verfluchter Bruder. Wie geht es ihm?«

»Danke, sehr gut.«

»Er soll verrecken. Nimm dich in acht vor ihm, Ritchie.«

»Warum?«

»Kann ich nicht sagen, warum. Ein Gefühl. Nimm dich in acht. Bitte. Versprichst du mir, daß du dich in acht nehmen wirst?«

»Ja.«

»Darf ich noch etwas trinken?«

»Du wirst blau werden.«

Ich winkte den Mixer herbei und bestellte zwei Kognaks, damit es weniger peinlich war. Dieser Mixer war nicht aus der Ruhe zu bringen.

»Zwei Kognaks, jawohl, Herr Mark.«

»Doppelte«, sagte Lillian.

»Doppelte, gnädige Frau, sofort.«

»Scheißbelgier«, sagte Lillian. »Hat gesagt, er heiratet mich. Ganz reicher Textilmann, hab mich erkundigt. Junggeselle. Zeit, daß ich unter die Haube komme, nicht? Na, er kam regelmäßig nach Berlin. Geschäfte. Immer kam er zu mir. Große Liebe. Sah wirklich so aus! Redete schon von Heirat und Kinderkriegen und allem. Paßte nicht auf. Ich sagte nichts. Dachte, wenn ich schwanger bin, beeilt er sich. Beeilte sich auch. Sobald ich merkte, daß ich schwanger war, sagte ich es ihm. Seither habe ich ihn nicht mehr gesehen.«

»Er ist weg?«

»Weg nicht. Er kommt sogar noch nach Berlin. Ich habe eine kleine Wohnung hier. Die hat er gekauft. Sie geht auf seinen Namen. Sein Anwalt hatte mir geschrieben, daß ich sie zurückgeben muß. Und ausziehen bis zum Fünfzehnten. Und wenn ich noch einmal behaupte, daß das Kind von ihm ist, wird er mich wegen Erpressung anzeigen. Ich habe keine Chancen, Ritchie... oder?«

»Ich glaube nicht.«

»Dann muß ich das Kind wegmachen. Es geht gerade noch. Ich kenne einen Arzt in der Schweiz, der hat mir schon mal eines weggemacht. Aber ich habe kein Geld.«

»Wieviel brauchst du?«

»Mindestens dreitausend, alles zusammen.«

Ich nahm mein Scheckbuch und schrieb einen Scheck über zehntausend Mark aus.

»Du bist ja irrsinnig!« sagte Lillian atemlos.

»Weißt du das nicht mehr?«

Sie starrte den Scheck an.

»Nie«, sagte sie.

»Nie was?«

»Nie kommen wir voneinander los. Nie. Nie. Nie.«

Der Mixer brachte die doppelten Kognaks. Ich merkte, daß Lillian betrunken war. Ich mußte sehen, daß sie hier verschwand. Sie machte es mir leicht.

»Gehen wir zu mir?« fragte sie.

»Jetzt?«

»Ja. Jetzt. Jetzt gleich. Du mußt dich nicht vorsehen, Ritchie. Ist das nicht wunderbar? Überhaupt nicht vorsehen. Ist das nicht großartig?«

»Ich bringe dich heim«, sagte ich. »Aber ich habe eine Verabredung. Ich kann leider nicht zu dir hinaufkommen.«

»Natürlich kannst du.«

»Nein, wirklich nicht.«

»Aber ja doch.«

»Nein, Lillian.«

Sie lächelte mich an, und in diesem Moment sah sie aus wie eine richtige Hure.

»Wetten daß?« fragte sie.

Wir wetteten nicht. Aber sie hätte die Wette gewonnen.

Es war vollkommen finster.

»Licht!« sagte Eilers' Stimme.

Drei starke Scheinwerfer flammten auf und beleuchteten eine Wand des kleinen verdunkelten Zimmers. Vor der Wand befand sich ein schmaler Podest. An die Mauer waren in roter Farbe zwei Zentimetermaßstäbe gemalt. Auf dem Podest standen neun Männer. Sie waren alle gleich groß – etwa 1,80 Meter, sie hatten alle volles braunes Haar, braune Augen, hohe Stirnen, schmale Nasen, volle Lippen, breite Unterkiefer, und sie waren alle recht kräftig und breitschultrig und so alt wie mein Bruder etwa, also achtundvierzig Jahre. Sie trugen alle blaue Freskoanzüge und kurze, beige-farbene Regenmäntel, die innen mit Lammfell gefüttert waren. Sie hielten

alle die Hände in den Taschen der geöffneten Mäntel und sahen uns an.
Über jedem von ihnen befand sich an der weiß angestrahlten Wand eine
große Nummer, von 1 bis 9. Mein Bruder stand unter der 4.
Zwei Reihen Stühle waren in diesem Raum aufgestellt. Ich saß neben Eilers
und Lansing. Vor uns, in der anderen Reihe, saßen eine ältere Dame mit
einem Kapotthut und ein junger Mann mit vielen Pickeln. Sie sahen die
neun Männer an und schwiegen.
Die neun Männer schwiegen auch.
»Nun«, sagte Eilers nach einer Weile halblaut.
Die alte Dame drehte sich um. »Es tut mir leid«, sagte sie. »Ich erkenne ihn
nicht. Sie sehen sich alle ähnlich.«
»Und Sie?« fragte Lansing den Jungen.
»Dasselbe«, sagte der. »Ich kann es nicht mit Sicherheit behaupten.«
»Heute vormittag haben Sie es aber mit Sicherheit behauptet«, sagte Lan-
sing. »Als unsere Beamten da draußen bei Ihnen in der Waldpromenade
herumfragten und Ihnen den Mann beschrieben, da erinnerten Sie sich beide
daran, ihn gestern gesehen zu haben. Und als wir ihn Ihnen dann vor-
führten, da sagten Sie beide unabhängig voneinander, ja, das ist er.«
Der Junge mit den Pickeln murmelte aufsässig: »Da haben Sie uns den
Herrn aber allein vorgeführt, nicht mit acht anderen!«
»Sehr richtig«, sagte die alte Dame. In der Aufregung war sie an den
Kapotthut gestoßen, und der saß ihr schief und lächerlich auf dem Kopf. Es
war heiß in diesem Raum, und die Luft war schlecht. Eilers rauchte. Die
Asche seiner Zigarette ließ er auf den Boden fallen. Es war fast Mitternacht.
»Hören Sie«, sagte Eilers, der nur noch mit Mühe reden konnte, so erschöpft
und erbittert war er, »hören Sie, wollen Sie behaupten, daß Sie ... wollen
Sie im Ernst behaupten ... daß Sie den Mann, den Sie heute vormittag noch
erkannten und der nun da oben steht, jetzt nicht mehr erkennen?«
»Jawohl«, sagte der Junge kriegerisch.
»Schauen Sie noch einmal hin. Sie *müssen* ihn wiedererkennen!«
»Nein«, sagte die alte Dame, nachdem sie noch einmal flüchtig zu den neun
Männern gesehen hatte. »Nein, ich erkenne ihn nicht wieder. Ich dachte
zuerst, es ist Nummer drei. Aber jetzt glaube ich das nicht mehr.«
»Ich glaubte zuerst Nummer acht. Aber das könnte ich auch nicht
beschwören.«
Die alte Dame sagte: »Sie haben uns 'reingelegt heute vormittag. Sie hätten
uns diesen Herrn überhaupt nicht allein zeigen dürfen. Sondern gleich so,
mit anderen zusammen. Dann hätten wir gleich gesagt, daß wir es nicht
genau wissen.«
»Sie haben aber doch gesagt, Sie hätten gestern einen Mann mit einem
solchen Mantel und mit solchen Haaren und Augen und einer solchen Figur
in der Waldpromenade gesehen.«

»Solche Männer gibt es viele«, sagte der Junge. »Auf mich können Sie nicht rechnen. Ich ziehe meine Aussage zurück. Ich will keine falschen Angaben machen.«

»Ich auch nicht«, sagte die alte Dame. »Ich habe meinen Anwalt gefragt. Sie haben kein Recht, uns zu einer Aussage zu zwingen. Die vom Vormittag können wir jederzeit widerrufen ... Wir sind freiwillig mitten in der Nacht noch einmal hergekommen ... Ihnen zuliebe.«

»Weil Sie nämlich den Mann wieder freilassen müssen, wenn wir ihn nicht erkennen und sonst nichts gegen ihn vorliegt«, sagte der Junge.

»Haben Sie auch Ihren Anwalt gefragt?« erkundigte sich Lansing.

»Das weiß ich auch so«, sagte der Junge, halbfrech.

»Sie weigern sich also, eine Aussage zu machen.«

»Jawohl«, antworteten die beiden gleichzeitig.

»Sie können gehen!« rief Lansing laut.

Die neun Männer verschwanden vom Podium hinter einem schwarzen Vorhang. Gleichzeitig mit ihrem Verschwinden flammte eine Neondeckenbeleuchtung auf. Die Scheinwerfer erloschen.

»Sie haben inzwischen gehört, daß Ihr Nachbar Professor Kamploh ein gesuchter Kriegsverbrecher ist, nicht wahr?« sagte Eilers mühsam freundlich.

»Ja«, sagte die alte Dame.

»Ja«, sagte der junge Mann mit den Pickeln.

»Von wem?«

»Die ganze Nachbarschaft spricht darüber«, sagte die alte Dame.

»Im Radio«, sagte der Junge.

»Hat Ihnen jemand gesagt, daß Sie den Mann nicht wiedererkennen sollen? Hat man Sie bedroht oder Ihnen Versprechungen gemacht?«

»Das ist unerhört!« rief die alte Dame. Sie stand auf, und ich sah, daß sie sehr dick war. »Mein Anwalt heißt Doktor Tarron. Er wird sich mit Ihnen in Verbindung setzen. Ich lasse mir das nicht gefallen.« Sie ging auf eine Tür zur. Der Junge folgte ihr mit faulen, gelangweilten Bewegungen. Er sagte überhaupt nichts mehr.

Wir sahen den beiden nach. Eilers trat seinen Zigarettenstummel aus und zündete eine neue Zigarette an. Lansing fluchte.

»Hören Sie auf«, sagte Eilers zu ihm.

Wir hatten eine lange Unterhaltung in seinem Büro hinter uns. Ich hatte noch einmal genau über meine Erlebnisse mit Dr. Hess im Krankenhaus und mit Erichsen und Geyer auf der Autobahn berichtet. Ein Stenograph nahm meine Aussage auf. Sie wurde abgetippt, morgen früh sollte ich sie unterschreiben. Als wir hier herunter in den Identifizierungsraum gegangen waren, hatte ich vor Eilers' Bürotür wieder Frau Erichsen gesehen. Sie war im Sitzen eingeschlafen.

Eilers gähnte lange.

»Ihr Bruder wird entlassen. Wir haben nichts mehr gegen ihn.«

»Warum haben Sie die Zeugen noch einmal kommen lassen?« fragte ich.

»Ihr Bruder verlangte es. Er hat das Recht zu einer Gegenüberstellung inmitten von anderen. Das war wirklich nicht ganz korrekt, was am Vormittag geschah ... aber unsere Leute hatten es eilig«, sagte Eilers.

»Natürlich haben die beiden ihn wiedererkannt«, sagte ich.

»Natürlich.«

»Sie haben Angst. Sie wollen nichts mit der Sache zu tun haben«, sagte Lansing.

»Die halbe Stadt hat Angst, jetzt wo Delacorte sitzt und man nicht weiß, wen er als nächsten hochgehen läßt.«

»Und man kann nichts dagegen tun, daß die beiden lügen?«

»Nicht das geringste. Ihr Bruder ist schlau«, sagte Eilers bitter.

»Delacorte ist schlau. Geyer ist schlau. Alle sind schlau.«

»Alle nicht«, sagte Lansing.

»Wer nicht?« fragte Eilers trübe.

»Hess. Der war nicht schlau genug.«

»Hess, ja. Der war zu blöde. Aber dieser Pfleger, der kein Pfleger war, der war schlau. Und die, die hinter ihnen allen stehen, sind schlau. Und sie haben Macht und Geld.« Eilers stierte vor sich hin. »Fegesack«, sagte er.

»Fegesack war auch schlau.« Er stand auf. »Ich haue mich jetzt hin«, sagte er. »Wenn was ist, ich liege im Bereitschaftsraum. Ich habe die Schnauze voll. Gute Nacht, Herr Mark.«

»Gute Nacht, Herr Kommissar.«

»Sie bleiben uns ja eine Weile erhalten. Kommen Sie morgen früh her, und unterschreiben Sie Ihre Aussage. Tschüss, Lansing. Kümmern Sie sich um Frau Erichsen. Sehen Sie zu, daß die wenigstens auf die Couch kommt. Holen Sie ihr eine Decke.«

»Wird gemacht.«

»Und morgen kann ich ihr dann sagen, daß ihr Mann tot ist«, murmelte Eilers, zur Tür schlurfend. »Vielleicht erst übermorgen, wenn sie ihn erst übermorgen finden.«

»Vielleicht erst in einer Woche«, sagte Lansing.

»Ja«, sagte Eilers. »Das ist ein Trost. Ich habe mein Leben versaut, verflucht noch mal. Warum war ich kein großer Nazi? Kein deutscher Held? Und Sie, Mark! Und Sie, Lansing! Blöde Hunde waren wir. Stellen Sie sich vor, in was für Positionen wir heute säßen!«

»Vielleicht hinter Gittern, wie Delacorte«, sagte Lansing.

»Mit so viel Wissen, so viel Macht säße auch ich gerne mal hinter Gittern«, sagte Eilers. »Sie und ich, Lansing, wir haben beide einen Webfehler. Wir hassen die Nazis zu sehr. Das ist nicht normal. Normale Menschen tun das schon lange nicht mehr. Wir müßten uns mal psychiatrieren lassen.«

»Ja, von Delacorte zum Beispiel«, sagte Lansing grinsend.

»Im Ernst«, sagte Eilers mit schmalen Lippen. »Irgendwas stimmt nicht bei uns. Sie, Sie haben Ihr Vatertrauma.«

»Und Sie?«

»Ich habe drei Jahre gesessen bei den Kerlen. Aber das haben andere auch. Andere haben viel Schlimmeres erlebt und sind heute ganz weise und abgeklärt. Ich nicht! Ich werde mein Leben lang die Nazis für die größten Verbrecher aller Zeiten halten. In meinem Leben *waren* sie die größten Verbrecher! Aber man kann sich schön kaputtmachen, wenn man so denkt. Sogar meiner Frau ist es oft schon zuviel. Ich schicke gleich noch einen Beamten ins Hotel, der die Pistolen abholt, Herr Mark«, sagte Eilers, wieder mit normaler Stimme. Er fuhr sich mit einer Hand über die Augen, nickte mir zu und ging zur Tür. Hier stieß er mit meinem Bruder zusammen, der sich entschuldigte. Eilers sagte kein Wort und verschwand.

»Hallo, Ritchie«, sagte mein Bruder. Er trug immer noch den pelzgefütterten Regenmantel. »Wir können gehen, wenn du fertig bist. Bist du fertig?«

»Ja«, sagte Lansing.

»Wo wohnst du?«

»Hotel ›Kaiserhof‹.«

»Dann ins Hotel ›Kaiserhof‹«, sagte mein Bruder fröhlich. »Ich bin hundemüde. Nettes Hotel? Sicherlich. Ich werde auch da wohnen.«

Wir fanden ein Taxi und fuhren zusammen ins Hotel.

Das Zimmer neben meinem war noch frei. Werner nahm es. In der Halle herrschte gewaltige Zugluft, alle Durchgänge, Fenster und Türen standen offen, es war sehr kalt, und es roch noch immer nach den Rauchbomben. Putzfrauen und Hoteldiener bemühten sich, die Halle wieder sauber zu bekommen. Ich sah, daß ein Tischchen und Sessel zerbrochen waren. Auch die Teppiche hatten ihren Teil abbekommen. Zwei waren zerrissen, einer wies ein Loch auf.

Pierre, der alternde Mixer, hockte hinter der Bartheke auf der Erde. In Hemdsärmeln, asthmatisch keuchend, las er Scherben von Flaschen und Gläsern auf, die herabgestürzt waren – praktisch alle Gläser und Flaschen. Die Scherben lagen in einem Alkoholsee. Schnäpse und Liköre waren da zusammengelaufen. Es roch sehr stark nach Alkohol in der Bar, stärker als nach den Rauchbomben, man konnte von dem Duft allein betrunken werden. Pierre war es offenbar leicht. Als er mich sah, rief er: »Endlich mal was los, Herr Mark! So einen Umsatz hab ich seit Jahren nicht mehr gehabt. Zahlt alles die Versicherung. Einen Verdienst habe ich dabei null Komma Josef.« Er erhob sich mühsam und holte eine Flasche Johnnie Walker unter der Bar hervor. »Darf ich mir gestatten?«

»Hören Sie, nach allem, was Ihnen passiert ist . . .«

»Grad deshalb!«

»Aber die Flasche müssen Sie doch bezahlen!«

»A wo! Zahlt die Versicherung. Ein paar Flaschen kann ich schon Schmuh machen. Die Portiers haben auch welche gekriegt. Soll mal einer aus den Scherben ausrechnen, wieviel da wirklich draufgegangen ist. Sie beleidigen mich, wenn Sie die Flasche nicht nehmen!«

»Um Gottes willen«, sagte ich und nahm den Whisky. Dann stellte ich meinen Bruder vor.

»Sehr erfreut«, sagte Max Kramleder, genannt Pierre. »Mit Eis und Soda? Die Herren werden auf'm Zimmer trinken müssen. Hier geht es im Moment nicht.«

»Mit Eis und Soda. Auf mein Zimmer«, sagte ich.

»Herr Mark!« rief in diesem Moment einer der Portiers. Wir drehten uns beide um. »Herr *Werner* Mark!« sagte der Portier schnell.

Mein Bruder ging zu ihm. Ich sah, daß ein großer, hagerer Mann in einem schwarzen Ledermantel beim Portier stand, der nun kurz mit Werner sprach. Der nickte und kam dann zu mir zurück. Er wirkte auf einmal so verstört und angstvoll wie am Morgen.

»Was ist los?« fragte ich.

»Muß noch einmal weg«, sagte er hastig. »Wird nicht lange dauern, hoffe ich.«

»Hör mal, es ist Mitternacht vorüber. Was will der Mann?«

»Ich habe etwas mit ihm zu besprechen.«

»Jetzt?«

»Ja, jetzt.«

»Aber . . .«

Mein Bruder sagte: »Warte auf mich. Trink schon was, aber laß was übrig.« Er lachte künstlich. »Du hast den Koffer mit meiner Wäsche. Hier ist mein Zimmerschlüssel. Trag den Koffer 'rüber, bitte. Schlaf nicht ein. Ich muß dir noch was erzählen.«

»Hör mal . . .«, begann ich, doch er ging schon zu dem Mann im schwarzen Ledermantel zurück. Sie verließen eilig die Hotelhalle und verschwanden draußen in der Dunkelheit.

»Ist er krank, der Herr Bruder?« fragte Pierre.

»Nein. Warum?«

»Schaut ganz elend aus, finden Sie nicht?«

Ich schwieg.

»Die Beleuchtung wird's sein«, sagte er schnell. »Hab ich mich geirrt. Ich bring gleich das Eis und das Sodawasser, Herr Mark.«

Ich hatte kaum den Koffer und die Kleidungsstücke meines Bruders in dessen Zimmer getragen, da erschien Pierre auch schon mit einem silbernen Tablett, auf dem mehrere Flaschen Sodawasser und ein großer silberner Eiswürfelbehälter standen.

»Damit es nicht so schnell schmilzt«, sagte Pierre. »Wenn Sie doch auf'n Herrn Bruder warten wollen.«

»Trinken Sie einen mit mir!« Ich holte noch ein Glas aus dem Badezimmer, und wir stießen miteinander an. Dann verschwand Pierre, und ich machte mir einen zweiten Drink und setzte mich in einen gemütlichen Sessel und streifte die Schuhe von den Füßen. Nun war ich plötzlich hellwach. Das ging mir immer so, wenn ich lange sehr müde war und nicht ins Bett kam.

Ich saß vor dem Tisch, auf dem die Whiskyflasche, der silberne Behälter und die Sodawasserflaschen standen, und ich drehte mein Glas in der Hand, und die Würfelchen darin klirrten. Dann rief der Portier an und sagte, ein Kriminalbeamter sei da, der etwas abholen solle. Es war der Beamte, der wegen der beiden Pistolen von Erichsen und Geyer kam, ein junger, eifriger Mann. Er verstaute die Waffen vorsichtig mit einem Taschentuch in zwei Tragtüten. Ich forderte ihn auf, ein Glas mit mir zu trinken, aber er lehnte ab. »Niemals im Dienst«, sagte er und verabschiedete sich höflich.

Ich setzte mich wieder in den bequemen Sessel und rief das Krankenhaus an. Als ich nach Frau Lombard fragte, meldete sich ein Kriminalbeamter. Auf meine Frage, wie es Lillian gehe, sagte er, sie sei einmal aufgewacht und habe meinen Brief gelesen und sich sehr gefreut. Sie lasse mich grüßen und erwarte meinen Besuch. Und es gehe ihr ausgezeichnet.

Ich trank wieder einen Schluck, und dann rief ich im ›Strip‹ an, und Minski meldete sich, und ich sagte ihm, wo ich abgestiegen war. Auf dem Apparat stand die Telefonnummer des Hotels.

»Alles in Ordnung bei euch?« fragte ich.

»Alles in Ordnung. Corabelle wird mit dem fremden Vieh schon hinkommen. Wir fangen um zwei Uhr an, wie gewöhnlich.«

»Gut besucht?«

»Proppenvoll. Kann nicht klagen.«

»Was macht Vanessa?«

»Ist bei Corabelle. Sie üben noch. In Vanessas Garderobe. Dann will sie zu mir kommen, an Panos schreiben. Glücklich ist die! Zwei Kriminalbeamte haben wir da. Arbeiten als Aushilfsmixer. Auf alle Fälle. Was ist bei dir los?«

»Delacorte sitzt.«

Ich erzählte ihm kurz, was passiert war.

»Ritchie«, sagte Minski danach, »wenn ich dich so hör und an uns beide denk, wird mir mies.«

»Mir auch.«

»Tschüss, Kamerad.«

Nach diesen beiden Telefongesprächen saß ich still da und hörte den Nachtwind und ab und zu ein vorüberfahrendes Auto und trank noch ein Glas und dann noch eines und döste so vor mich hin. Um ein Uhr begann ich mir Gedanken darüber zu machen, wo mein Bruder hingegangen war. Um zwei Uhr war ich ziemlich betrunken und mein Bruder immer noch nicht da. Er kam erst knapp vor drei. Um diese Zeit hatte ich die Flasche Whisky fast halb leer getrunken und wäre nun wirklich reif fürs Bett gewesen. Mein Bruder kam herein, ohne anzuklopfen. Sein Gesicht war leichenblaß, es schien, als hätte er die Lippen verloren. Der Mund war nur ein verkniffener Strich. Er warf seinen Mantel auf die Couch und ließ sich in den Sessel mir gegenüber fallen und machte sich einen starken Drink, den er hinunterstürzte. Er machte sich einen zweiten. Dann ließ er sich in seinen Sessel zurücksinken und betrachtete mich brütend.

Wenn ich heute zurückdenke, erscheint es mir seltsam, daß wir damals im Hotel ›Kaiserhof‹ in Treuwall Johnnie Walker zusammen tranken, mein Bruder und ich, damals, als er mich zum erstenmal erpreßte, und daß wir Johnnie Walker zusammen tranken, damals an jenem Gewitternachmittag Anfang Mai 1949 in Frankfurt, als Werner mir den Vorschlag machte, meine Bücher zu schreiben, und daß wir Johnnie Walker tranken zusammen, im Hotel ›Imperial‹ an der Nile Corniche in Kairo, als Werner mich zum letztenmal erpreßte – unmittelbar vor seinem Tod. Immer Johnnie Walker.

»Ritchie, mein Junge«, sagte Werner und legte die Füße auf den Tisch, »dies war eines langen Tages Reise in die Nacht. Und die Reise ist beileibe noch nicht zu Ende. Sie fängt erst an.«

»Was soll das heißen?« Ich kann mich stets auch wieder munter saufen. Ich muß dann ein, zwei Whisky pur trinken. Ich machte mir den ersten pur und trank einen großen Schluck, denn ich hatte das Gefühl, daß es besser war, wenn ich nun wieder nüchtern wurde, und das schnell.

»Nun«, sagte mein Bruder, »Delacorte sitzt also. Sie haben ihn erwischt.«

»Woher weißt du überhaupt, daß er Delacorte heißt?«

»Ich war eine ganze Weile weg, nicht wahr? Ich hatte ein längeres Gespräch.«

»Mit dem Herrn im schwarzen Ledermantel?«

»Mit ihm und anderen. Tja, Ritchie, mein Junge, es tut mir leid, aber das bedeutet Arbeit für dich. Ziemlich viel und ziemlich schwere Arbeit.«

»Ich verstehe nicht.«

»Trink noch einen Schluck. Wirst es brauchen. Ich auch.« Werner trank. »Ich bin in der übelsten Lage meines Lebens. Nur du kannst mir helfen. Und du wirst mir helfen. Du holst mich raus aus dem Loch, in das ich gefallen bin. Indem du Delacorte rausholst.«

Ich stellte mein Glas hin. »Sag das noch mal.«

»Indem du Delacorte rausholst.«

»Wo raus?«

»Aus dem Gefängnis, Idiot. Da muß er nämlich schnellstens wieder ’raus. Allerschnellstens. Und der Mann, der das bewerkstelligen wird, bist du.«

»Ich werde mal nach einem Arzt für dich telefonieren«, sagte ich.

»Ich brauche keinen Arzt, geliebter Bruder. Ich bin ganz gesund und normal. Du wirst genau das tun, was ich dir jetzt sage. Es ist nicht leicht, und ungefährlich ist es auch nicht. Aber nur du kannst es tun. Und du wirst es tun. Denn wenn du es nicht tust, gehst du selber ins Gefängnis. Beziehungsweise ins Zuchthaus. Ja, ja, es wird unbedingt Zuchthaus sein bei dir. Paragraph 263. Schwerer Betrug. Betrug am Staat. Das ist immer schwerer Betrug. Da gibt es immer Zuchthaus, nie Gefängnis. Dazu werden dir die bürgerlichen Ehrenrechte aberkannt. So zwei, drei Jahre, denke ich, wirst du kriegen. War ja Betrug im Wiederholungsfall. Vielleicht kriegst du auch vier Jahre.« In diesem Moment begann das Telefon zu läuten.

> Dieser Pelz sei eine warme Mauer
> gegen kaltes, schlechtes Wetter.
> Mögest du in diesem teuren Bauer
> bitte werden etwas fetter!

Boris Minski betrachtete das Gedicht, das er auf einem Zettel entworfen hatte, wohlgefällig, dann nahm er einen Briefbogen und übertrug es in Schönschrift. Die Spitze seiner Zunge glitt dabei zwischen den Lippen hin und her. Minski saß an seinem altmodischen Schreibtisch in dem häßlichen Hinterzimmer des ›Strip‹ mit den abblätternden Veilchen-Rosen-Vergißmeinnicht-Tapeten, der scheußlichen Sitzgarnitur, dem Pult mit der uralten Remington 1936, den wackeligen Regalen und dem defekten Exhaustor, dessen Ventilator gerade tobte. Auf dem Zehnplattenspieler kreiste eine Floyd-Kramer-Platte. Minski hatte Klaviermusik am liebsten. Leise tönte sie durch den Raum. Im Spiegelzimmer draußen saßen nur wenige Menschen. Man konnte sie durch den Einwegspiegel kaum erkennen, so weit hatte Minski die rote Beleuchtung bereits herabgeschraubt.

Auf dem brüchigen, alten Ledersofa lag ein Nerzmantel – ›Dark Mink‹, das Feinste vom Feinen, Minski hatte fünfundzwanzigtausend Mark dafür bezahlt. Er wußte, der Mantel war das wert. Er wußte auch, daß man im Moment ›Dark Mink‹ kaufen mußte. Vor ein paar Jahren war ›Black Diamond‹ der große Schlager gewesen, aber nur ein Gimpel ließ sich heute noch einen ›Black Diamond‹ andrehen. Minski hatte den Mantel für seine Frau Rachel gekauft – zum fünfundzwanzigsten Hochzeitstag. Am 24. November 1941 war Rachel Litman in Kamenez-Podolsk sein Weib geworden, auf den Tag vor fünfundzwanzig Jahren. Minski hatte die Absicht, im Laufe dieses 24. November 1966 hinaus in die Heil- und Pflegeanstalt Hornstein zu fahren und den Tag festlich mit seiner Frau zu begehen. Sie wünschte sich schon lange einen Nerz. Lange hatte Minski diesen Wunsch nicht zur Kenntnis nehmen wollen.

»Zu was«, hatte er mich häufig gefragt, »braucht Rachel da draußen einen Mink? Kannst du mir einen vernünftigen Grund nennen, dann nenn ihn, und ich kauf ihr sofort einen.«

Ich hatte keinen vernünftigen Grund nennen können. Vanessa war es gewesen, die Minski umgestimmt hatte.

»Es kann und soll nicht für alles vernünftige Gründe geben, Boris. Du hast Rachel lieb. Du hast genug Geld. Sie wünscht sich einen Nerz. Also schenk ihn ihr nicht aus Vernunft, sondern aus Liebe.«

Minski hatte sie auf die Stirn geküßt.

»Mein Mädele! Eine Frau muß man fragen. Und heuer ist unser fünfundzwanzigster Hochzeitstag!«

So kam Rachel Minski nun also doch noch zu ihrem Nerz.

Das Gedicht, das Minski eben verfaßt hatte, gedachte er in einem Kuvert mit einer Stecknadel am Pelz zu befestigen. Rachel Minski hatte in all den Jahren nach dem Krieg niemals mehr ein normales Körpergewicht erreicht, sie war sehr mager geblieben.

Er blickte zufrieden von seinem Papier auf und zu Vanessa hinüber, die an meinem Tisch saß und gleichfalls schrieb – einen ›Larousse‹ neben sich, denn sie schrieb ihrem Panos in französischer Sprache, und sie wollte auch nicht den kleinsten Fehler machen. Minski lächelte mit ernsten Augen. Nur einen kurzen Brief hatte Vanessa zu schreiben vorgehabt – jetzt schrieb sie bereits den fünften Bogen blaues Luftpostpapier voll. Sie trug ein schwarzes, schulterfreies Cocktailkleid und bewegte beim Schreiben die Lippen. Sie war völlig versunken. Ernst setzte sie Wort um Wort, ab und zu blätterte sie in dem dicken Dictionnaire.

Minski kniff die Augen zusammen und sah durch den Ausschnitt in der Wand hinaus in den Spiegelraum. Corabelle tanzte da mit Petra Schalke, dem Kessen Vater. Corabelle sah Vanessa ähnlich, auch sie war groß, blond, blauäugig, und auch sie hatte schöne, große Brüste. Die Brüste waren entblößt. Corabelle trug nur einen schwarzen Seidenrock, der die halben Oberschenkel freiließ. Die Schalke preßte das Mädchen an sich. Ab und zu küßte sie Corabelles Brüste. Ihr hartes, hungriges Gesicht sah aus wie das eines Wolfs.

Corabelle war grenzenlos gutmütig und recht dumm. Man konnte so ziemlich alles mit ihr machen. Immer wenn Vanessa ihre Tage hatte und Corabelle für sie einsprang, vergnügte die Schalke sich mit dem Mädchen, das Vanessa so ähnlich sah. Vanessa hoffte immer noch, daß der Kesse Vater sich in Corabelle verlieben würde, aber da hoffte sie vergebens. Corabelle war nur der schwache Vanessa-Ersatz für die Schalke. Sie griff sie im Lokal ab und tanzte mit ihr, aber das war auch alles. Kaum trat Vanessa wieder auf, war die Schalke wie eine Irre wieder hinter ihrer wahren Liebe her. Corabelle hatte keine Chancen, bei dieser Dame reich und glücklich zu werden.

Die Nummer mit der fremden Pythonschlange war glatt abgelaufen, obwohl
Corabelle, die mit dem Tier völlig nackt arbeitete, und zwar in einer Reihe
von außerordentlich lasziven Posen, nervös gewesen war, weshalb die
Gefahr bestanden hatte, daß sich die Nervosität auf das Tier übertrug. Aber
es war alles gutgegangen. Die Python hatte Corabelle in Vanessas Garderobe zurückgetragen und dort in einen großen Koffer gelegt.
Blieben die Gäste zum Wochenende und an anderen Tagen nach der Zwei-
Uhr-Show länger, so gingen sie Mittwoch nachts immer früh heim. Wir
hatten nie eine Erklärung für dieses Phänomen gefunden, es war einfach so,
jedenfalls bei uns.
Minski sah in die schummerige Ecke, in der Petra Schalkes Freund saß, der
weißblondgefärbte Modeschöpfer für Damen und Herren, der schon geliftet
war und eine intellektuelle schwarze Hornbrille und goldene Kettchen an
den Handgelenken trug. Er und die Schalke waren ideale Stammgäste. Sie
gingen, wenn sie gekommen waren, auch Mittwoch nachts nicht gleich heim.
Heute schon gar nicht. Die Schalke war angetrunken, wie stets um diese
Zeit, sie leckte und lutschte im Tanzen an den Brustwarzen der viel größeren
Corabelle, die sich dabei langsam aufzuregen begann, wie Minski sah.
Der Modeschöpfer mit den Rüschenmanschetten und dem mitternachts-
blauen Smoking hatte zwei Knaben bei sich, einen braunhaarigen und einen
blonden. Die beiden waren ganz sicher noch nicht einundzwanzig, aber
Minski hatte sie trotzdem hereingelassen. Über achtzehn waren sie, sie sahen
recht erwachsen aus. Das schienen neue Freunde zu sein. Minski hatte keinen
von den beiden je zuvor gesehen. Dieser Hundertfünfundsiebziger hieß
übrigens Tonio Prinz. So hieß auch der Salon, der ihm allein gehörte.
Tonio Prinz und seine beiden Knaben saßen dicht beisammen. Sie sprachen
ernst miteinander, das heißt: Prinz redete auf die beiden Knaben ein. Die
sprachen kaum ein Wort, nickten nur, tranken, ließen sich streicheln und
angreifen.
Jetzt stand der Braunhaarige auf und ging zu den Toiletten. Es war 2 Uhr
35, stellte Minski mit einem Blick auf seine Armbanduhr fest. Tonio Prinz
legte einen Arm um die Schulter des blonden Jungen. Danach ging alles sehr
schnell. Wie Tonio später erzählte, hielt er die Situation für reif. Der Blonde
war zusammen mit dem Braunhaarigen an diesem Nachmittag in seinen
Salon gekommen, wo die beiden Krawatten ausgesucht und gekauft hatten
und sich von dem entzückten Tonio zum Abendessen und zu einem Besuch
des ›Strip‹ einladen ließen. Der Blonde schien reichlich betrunken und sehr
freundlich und durchaus nicht abgeneigt zu sein. Tonio legte ihm die freie
Hand auf das Knie. Der Blonde zuckte nicht einmal. Tonios Hand glitt
langsam höher. Er erzählte dem Blonden dabei von den Vergnügungen,
denen sich die Inkas hingegeben hatten. Tonio war ein sehr gebildeter
Mann, und die Wüstenreiche Perus gehörten zu seinen Spezialgebieten.

». . . die Häuptlinge«, sagte Tonio, dessen Hand immer höher glitt, während Petra Schalke, eine Brustwarze der unruhig atmenden Corabelle zwischen den Lippen, an ihm vorübertanzte, »die Häuptlinge, mein Lieber, hielten regelmäßige Festmahle ab. Da traten Sänger, Tänzer und Hanswurste auf« – seine Hand war nun schon sehr weit emporgeglitten, der Blonde rührte sich nicht –, »und auch die rituelle Trunkenheit gehörte zur Unterhaltung. Man erwartete von dem richtigen Indianer, daß er bis zum Exzeß trank. Das bezeugen die Mochika-Keramiken, denn der Töpfer hat da den verblüfften Ausdruck auf dem Gesicht eines betrunkenen Mannes eingefangen, den zwei Jünglinge heim . . .« In diesem Moment stieß Tonios Hand gegen etwas Längliches, erstaunlich Starkes und sehr Glattes. Er packte zu. Was er in der Hand hielt, war eiskalt, fühlte sich schuppig an und machte eine jähe, erschreckende Bewegung. Im nächsten Moment ertönte unter dem Tisch ein lautes Zischen.

Tonio sah zu Boden. Der Anblick erschreckte ihn so, daß er einen gellenden Schrei ausstieß, aufsprang, taumelte und dann besinnungslos zu Boden fiel. Auch der blonde Junge war aufgesprungen. Die Schalke und Corabelle kreischten.

»Um Gottes willen«, rief Minski entsetzt, »was hat der Warme jetzt angestellt?« Er stürzte durch die Tür einer der Spiegelwände in den Vorführraum, während Vanessa auf den Gang eilte und den Griff eines elektrischen Widerstands herabzog, so daß das Licht im Spiegelraum plötzlich sehr hell wurde.

»Die Schlange!« schrie Petra Schalke und flüchtete in Richtung zur Garderobe, wo sie mit einem Mixer zusammenstieß, der sie nicht weiterlaufen ließ. Ein zweiter Mixer tauchte auf. Alle schrien nun durcheinander. Corabelle hielt die Python gepackt, deren Leib sich bedrohlich wand. Die Schlange riß Corabelle mit sich. Die Mixer stürzten herbei und halfen Corabelle.

»Nicht! Lassen Sie mich! Sie verstehen das nicht!« rief Corabelle.

Die beiden Kriminalbeamten in ihren Mixeruniformen machten ziemlich unglückliche Figuren. Minski und die Schalke knieten neben dem reglosen Modeschöpfer. Minski rollte ihn auf den Rücken und gab ihm ein paar Ohrfeigen. Tonio schlug die Augen auf. Farbe kehrte in sein bleiches Gesicht zurück. Der blonde Junge war auf halbem Weg zur Garderobe, als einer der beiden Kriminalbeamten ihn bemerkte.

»Stehenbleiben!« schrie er.

Der Blonde rannte los, der Beamte hinter ihm her. Er erreichte ihn noch in der Garderobe und schlug ihn mit der flachen Hand ins Genick. Der blonde Junge krachte auf den Boden und blieb stöhnend sitzen.

»Wo ist der andere?« schrie Minski.

»Ja, wo ist Detlev?« klagte Tonio. Er sah die Schlange dicht vor sich und stotterte: »Das hatte ich in der Hand . . .« Danach kippte er wieder um und war weg.

»Lassen Sie ihn liegen«, sagte der zweite Kriminalbeamte schnell.

»Der wird schon wieder. Da war noch ein zweiter Junge?«

»Ja«, sagte Minski. »Ein braunhaariger. Er ging raus, gerade vorhin. Ich hab gedacht, er muß pinkeln . . .«

Der zweite Kriminalbeamte rannte schon los, hinaus auf den Gang. Nach kurzer Zeit kam er zurück. »Durchs Fenster von Nummer sieben«, sagte er. »Tür steht offen, Fenster steht offen. Ist abgehauen.«

»Nummer sieben, das ist meine Garderobe!« rief Vanessa.

»Dann weiß ich, wie die Schlange hergekommen ist«, sagte Minski grimmig. »Tür offen, Fenster offen. Kalte Zugluft. Hat sie sich daran erinnert, daß es hier wärmer ist. Feine Schweinerei. Da ist er wieder.«

Er sah Tonio an, der stöhnend den Kopf bewegte.

Der erste Kriminalbeamte, der den Blonden zusammengeschlagen hatte, rief: »Seit wann kennen Sie die beiden Jungen?«

»Heute . . . sie kamen in meinen Salon . . .«

»Wie heißen sie?«

»Detlev und Klaus . . .«

»Wie noch?«

»Das weiß ich nicht«, ächzte der Modeschöpfer, sich aufrichtend und die Schlange anstarrend, die sich unter Corabelles streichelnden Händen langsam beruhigte. »O Gott, ist mir schlecht, Männy, ich flehe dich an, liebe Männy, gib mir etwas zu trinken, schnell!«

Die Schalke goß ein Glas voll Champagner und reichte es ihm. Er trank. Die Hälfte des Champagners floß über seinen Smoking.

Der erste Kriminalbeamte neigte sich vor und zog den Blonden an den Jackenaufschlägen hoch.

»Wie heißt du, mein Junge?« fragte er.

Der Blonde biß die Zähne zusammen.

Der Kriminalbeamte schüttelte ihn und drückte ihn dann energisch gegen die Garderobenbarriere. Der Junge schrie auf.

»Vorsicht!«

Todesangst klang plötzlich in seiner Stimme.

»Was hast du gesagt?« fragte der Kriminalbeamte sehr leise. Er sah seinen Kollegen an. Der war mit zwei Sprüngen bei ihm. Sie mußten nicht lange suchen. Unter dem Garderobentisch, in einer Ecke, fanden sie eine Blechschachtel. Und in der Schachtel tickte es. (Es war, wie sich dann herausstellte, eine äußerst moderne kleine Zeitbombe mit Plastiksprengstoff, das Werk war auf vier Uhr eingestellt.)

»Wenn das losgeht, ist von Ihrem Lokal nur noch wenig da«, sagte der erste Kriminalbeamte, packte die Schachtel und rannte mit ihr in den Hof.

»Habt ihr das reingebracht?« fragte der zweite Beamte.

Der Junge schwieg.

»Wohnt noch jemand im Haus?«

»Nein, das sind lauter Büros... doch, ja... drüben wohnt ein Hausmeister!«

Der andere Beamte kam zurück, stürzte zum Telefon in unserem Büro und begann wild zu wählen.

Der zweite Beamte fragte den Blonden wieder: »Habt ihr das reingebracht?«

Der Blonde schwieg böse.

»Ich sterbe«, sagte Tonio. »Ich sterbe, Männy. So wahr mir Gott helfe, ich sterbe auf der Stelle.«

Die Schalke streichelte ihn. Corabelle streichelte die Schlange.

»Wenn einer bei der Explosion noch hier gewesen wäre, er wäre sicher draufgegangen, wie?« fragte Vanessa.

»Ziemlich sicher«, sagte der Kriminalbeamte, der den Blonden festhielt. »Das wird dir noch leid tun, mein Jüngelchen.«

Minski sagte: »Und ich hab den ›Dark Mink‹ hierlassen wollen. Fünfundzwanzigtausend Mark. Und noch nicht versichert.«

Der zweite Beamte sagte zu dem Blonden: »Wenn du nicht sofort zugibst, daß ihr das reingeschleppt habt, wirst du einiges erleben.«

Der Blonde sagte: »Das Schwein ist getürmt und hat mich hier allein gelassen. Das verfluchte Schwein, das hundsgemeine.«

»Dein Freund?«

»Ich sage nichts.«

»Wir kriegen es auch so raus. Also!«

»Ich sage nichts.« Der Blonde straffte sich. Sein Gesicht wurde hart.

»Na schön«, sagte der Beamte und ließ ihn los – nur einen Moment.

Der Blonde versuchte davonzurennen. Das hatte der Beamte beabsichtigt und erwartet. Er packte den Jungen an der Schulter und riß ihn herum und schlug ihm die Faust auf die Nase. Der Blonde jaulte auf.

Tonio Prinz, auf dem Boden des Spiegelzimmers, jaulte gleichfalls. »Männy... Männy... das ist ja furchtbar, Männy...«

Der Blonde hielt sich die Nase.

Der Kriminalbeamte sagte: »Das war Verhinderung eines Fluchtversuchs. Die Herrschaften haben es alle gesehen. Hast du genug, oder muß ich noch einen Fluchtversuch verhindern?«

Aus Minskis Büro hörte man den anderen Beamten telefonieren. Er forderte ein Sprengkommando und Verstärkung an. Der Blonde sackte plötzlich zusammen und fiel gegen die Wand der Garderobe.

»Wie heißt du, Kleiner?« fragte der Beamte, der ihn wieder an der Jacke gepackt hielt.

Der Blonde sagte schluchzend: »Hans Eilers.«

»*Eilers?* Ist dein Vater nicht in diese Geschichte . . .«

Das Gesicht des Blonden verzog sich haßerfüllt.

»Ja«, sagte er, »mein Vater ist Kriminalkommissar in Treuwall.«

». . . er hat gesagt, er ist der Sohn von einem Kriminalkommissar Eilers aus Treuwall«, rief Minski atemlos. Er hatte, fast ohne zu unterbrechen, beinahe zehn Minuten lang gesprochen. Ich hatte mehrmals in dieser Zeit den Telefonhörer in die andere Hand genommen und an das andere Ohr gehalten. Mein Bruder hatte sich zweimal neue Whiskys gemacht. Er saß geduldig da und sah mich nachdenklich an. Über ihm, an der Wand, hing ein alter Stich von Treuwall. Minskis Anruf hatte mich, trotz des vielen Alkohols, den ich an diesem Tag und in den letzten Stunden getrunken hatte, wieder völlig nüchtern gemacht.

»Aus Treuwall«, wiederholte Minski. »Eilers. Kennst du den?«

»Ja.«

»Ist der wirklich bei der Polizei?«

»Ja.«

»Aber . . . aber wie erklärst du dir so was?«

»Gar nicht«, sagte ich. »Ich kann es mir nicht erklären.«

Mein Bruder grinste – kein Grinsen der Angst, ich kannte mich bei ihm genau aus, und mir fiel der Hauptkommissar Fegesack alias ss-Obersturmbannführer Waldemar Böttger ein, der Mann mit dem angeborenen Grinsen. Mein Bruder sagte, sich räkelnd: »Du mußt nicht so vorsichtig antworten, mein Bester. Dein Freund schreit so, daß ich jedes Wort verstehe. Außerdem wußte ich schon, bevor er anrief, was da passiert ist.«

»Schon vorher . . .«

»Na klar. Hast du gedacht, der Herr im Ledermantel holt mich ab, um mir die Schönheiten Treuwalls zu erklären? Ich habe einiges erfahren.«

»Wer ist bei dir? Wer spricht da?« fragte Minski beunruhigt.

»Mein Bruder.«

»Um diese Zeit?«

»Ja.«

»Sag ihm, er soll endlich Schluß machen. Ich habe mit dir zu reden«, forderte Werner.

»Hör mal, Boris, wir müssen Schluß machen. Mein Bruder . . .«

»Ist was nicht in Ordnung?«

»Hm«, sagte ich.

»Du kannst nicht reden?«

»Nein.«

»Gott, ist das eine Geschichte. Wenn du hier wärst . . . Kriminaler, wo man hintritt . . . den Bengel haben sie weggebracht . . . Kommt nicht mal vor ein richtiges Gericht, das Schwein. Jugendgericht! Ist erst achtzehn. Hör mal, Ritchie, ich hab Angst.«

»Ich auch.«

»Schluß«, sagte mein Bruder.

Ich sprach nun schnell. »Ich rufe dich morgen an. Vielleicht komme ich auch runter, und wir besprechen alles. Ich habe eine Idee, und wenn die richtig ist . . .«

»*Aus jetzt!*« sagte mein Bruder scharf.

»Gute Nacht, Boris«, sagte ich und legte auf.

Ich starrte meinen Bruder an.

Er grinste und prostete mir zu.

»Santé, mon petit frère!«

»Du hast gewußt, daß . . .«

Er nickte.

»Kleine Warnung. Im richtigen Augenblick, verstehst du. Damit du siehst, daß sie es ernst meinen. Sollte natürlich funktionieren und nicht so danebengehen. Diese Milchkinder. Morgen früh hättest du deinen Schreck kriegen sollen. Na, so hast du ihn jetzt. Stell dir wirklich vor, Minski hätte da übernachtet. Oder sonst wer.«

»Mord ist ein Witz für deine Freunde, was?«

»Ich fürchte«, sagte Werner. »Ich fürchte, mein Kleiner. Und nun wollen wir uns über dein Problem unterhalten. Du wirst Delacorte aus dem Gefängnis holen oder selber ins Zuchthaus gehen. Du weißt, warum du ins Zuchthaus gehen wirst.«

»Ja«, sagte ich. »Aber wenn ich gehe, dann gehst du auch.«

»Das ist mir egal«, sagte er. »Mir ist überhaupt alles egal geworden. Ich befinde mich in einer ausweglosen Situation. Wenn du jetzt nicht spurst, bist du erledigt. Und ich bin es auch. Aber ich bin es schon jetzt. Und deshalb befinde ich mich in der besseren Situation, denn ich habe keine Wahl mehr. Kapiert?«

»Nein. Wer erpreßt *dich*? Womit?«

»Das erzähle ich dir später. Kapierst du, daß du tun mußt, was ich von dir verlange, weil ich dich sonst ohne die geringsten Bedenken ins Zuchthaus bringe . . . sofort?«

»Ja, das kapiere ich.«

»Du weißt, daß ich das kann.«

»Das weiß ich«, sagte ich und machte mir einen neuen Whisky.

Im Grunde hatte ich immer damit rechnen müssen, daß er mir einmal die Rechnung präsentiert. Er hatte sich lange Zeit gelassen. Nun präsentierte er sie, die Rechnung.

Wenn man will, kann man sagen, daß die ganze Geschichte mit meinem alten Freund Tiny begann, im Jahre 1953. Damals hatte Tiny schon seine große Liebe, die blonde Ellen, geheiratet und war ein ›Regular Army Man‹ geworden. Er lebte mit Frau und Stieftochter in einer amerikanischen Siedlung im Westen Frankfurts. Seine Dienststelle lag in der City. 1953 war er bereits perfekt ausgebildeter Bariton. Die Amerikaner in Frankfurt wußten das, er sang oft auf ihren Veranstaltungen und Parties, immer noch »just for the hell of it«, wie er sich ausdrückte.

Nun, in Frankfurt lebte zu dieser Zeit ein elfjähriges Mädchen namens Irmgard Heim. Der Vater war Chemiker bei den Farbwerken Hoechst. Die kleine Irmgard litt seit ihrem vierten Lebensjahr an einer der schlimmsten Krankheiten der Welt, an Multipler Sklerose. Die letzten Jahre hatte sie nur noch im Bett verbringen können, und im Hochsommer 1953 stand es für die Ärzte fest, daß Irmgard das Weihnachtsfest nicht mehr erleben würde.

Durch einen unglücklichen Zufall erfuhr Irmgard davon. Sie zeigte sich völlig gefaßt – weil sie noch so klein war, hatte sie keine sehr klaren Vorstellungen vom Tode –, sie begann nur sofort darüber zu klagen, daß sie durch ihr Ableben vor Weihnachten um das Christfest gebracht werden würde. Das bereitete ihr schrecklichen Kummer. Da beschlossen die Eltern, für die kleine Irmgard Weihnachten einfach vorzuverlegen. Jeder Tag, der verstrich, ließ Irmgrad mehr verfallen und dahinsiechen, kein Tag war zu verlieren, und so beeilten sich die Eltern sehr. Sie wollten schon am 1. September Weihnachten feiern. Sie kauften Geschenke und verpackten sie in Weihnachtspapier vom vergangenen Jahr, das die Mutter aufgehoben hatte, der Vater besorgte einen Weihnachtsbaum, und zuletzt gab es nur noch ein einziges Problem – das Weihnachtslied.

Die kleine Irmgard hatte in den Jahren ihrer Krankheit, ans Bett gefesselt, mehr und mehr gelähmt, eine große Freude gehabt: den Radioapparat. Sie liebte Musik. Die meiste Musik brachte der amerikanische Soldatensender. Er brachte auch aufregende Hörspiele und wahnsinnig komische Sendungen. Die kleine Irmgard sprach fließend Englisch, sie hatte es sich in all den Jahren sozusagen selber beigebracht. AFN Frankfurt, das American Forces Network, sendete jeden Nachmittag – mit Ausnahme von Samstag und Sonntag – eine ganze Stunde Wunschkonzert. Das war eine Sendung, in der man, auch wenn man nicht Amerikaner war, sich ein Lieblingslied bestellen durfte. Man mußte dem Sender nur eine Postkarte mit Namen und Adresse schreiben, und in den nächsten Tagen wurde dann das Lied, das man sich gewünscht hatte, gespielt.

Die kleine Irmgard war schon lange Stammkundin bei dieser Sendung des AFN geworden. Da sie die Finger nicht mehr bewegen konnte, schrieb ihre Mutter die Postkarten mit den immer neuen Plattenwünschen an die Station, und immer wieder präsentierte der Disk-Jockey dann ein neues Lied »For Irmgard, with our best wishes«.

Die best wishes halfen leider nicht. Die Männer von AFN wußten das, und es überraschte sie denn auch nicht, als sie am 25. August 1953 einen Brief von Irmgards Eltern erhielten, in dem diese darum baten, aus Gründen, die sie näher erklärten, für Irmgard in der Nachmittagssendung vom 1. September das Lied ›I'm dreaming of a white Christmas‹, gesungen von Bing Crosby, zu spielen. Ein ziemlich ungewöhnlicher Wunsch, das mußte man zugeben, solch Weihnachtslied im September, aber die Männer von AFN waren sich sofort darüber einig, daß sie den Wunsch erfüllen mußten, und sie riefen Irmgards Mutter an und versprachen es. Sie holten aus ihrem großen Plattenarchiv eine Aufnahme des Liedes, gesungen von Bing Crosby, und legten sie bereit. Irmgard durfte ihre drei besten Freundinnen zu der vorverlegten Weihnachtsfeier einladen, und die Mutter buk Weihnachtsplätzchen. Es war alles sehr verrückt und sehr traurig, und die kleine Irmgard war sehr aufgeregt und sehr glücklich.

Kam der 1. September, ein strahlend schöner Spätsommertag. Am Nachmittag erschienen Irmgards beste Freundinnen in ihren feinsten Kleidchen. Im Krankenzimmer waren die Jalousien geschlossen worden, damit die Sonne nicht hereinschien, und nach einer großen Bescherung, bei der alle Lichter des Baumes brannten – es war sehr heiß im Zimmer –, gab es Schokolade mit Sahne zu trinken und Kuchen und Weihnachtsgebäck, und die Freundinnen futterten drauflos, und Irmgards Mutter fütterte ihre kleine Tochter, die ihre Arme schon lange nicht mehr bewegen konnte und gefüttert werden mußte. Und näher und näher kam der Zeitpunkt, da die Wunschmusiksendung von AFN Frankfurt beginnen sollte.

Dort war inzwischen ein Malheur passiert. Jemand hatte die Platte mit der Crosby-Aufnahme fallen lassen und war aus Versehen darauf getreten. Die Platte hatte das nicht ausgehalten, sie war zerbrochen. Eine zweite Aufnahme von Bing Crosby ließ sich nicht so schnell auftreiben. Da fiel einem der Ansager Tiny ein, Tiny, der gewaltige Neger mit der mächtigen Stimme, der dazu noch so großartig alle Stimmen nachahmen konnte.

Die Männer von AFN handelten schnell. Sie riefen Tiny in seiner Dienststelle an und erklärten ihre Notlage. War er bereit, sofort ins Studio zu kommen und anstelle von Bing Crosby als Bing Crosby zu singen?

»Sure, boys, sure«, sagte Tiny, der große Tiny mit dem großen Herzen. Die Männer von AFN riefen mit derselben Schnelligkeit die Band eines amerikanischen Nachtklubs zusammen. Es blieb den Musikern und Tiny noch eine knappe Viertelstunde zu einer Verständigungsprobe. Die Wunschmusiksendung lief bereits, als sie zu proben begannen. Und dann war es soweit. Die Band setzte ein, und Tiny begann zu singen – in einer Nachahmung von Bing Crosby, einer großartigen Nachahmung! Aber das Tollste, was er sich leistete, war, daß er, bevor er zu singen begann, mit verstellter Stimme sagte: »This is Bing Crosby. I am now going to sing especially and only for Irmgard Heim of Frankfurt, Germany, ›I'm dreaming of a white Christmas . . .‹«

Als die kleine Irmgard das hörte, fuhr sie in ihrem Bett richtig zusammen, und ihre Augen wurden riesengroß, und sie sagte: »Für mich, *für mich* singt Bing Crosby! Habt ihr das gehört? Habt ihr das gehört?«

Und ihre kleinen Freundinnen waren so aufgeregt wie sie und standen ganz dicht um den Radioapparat, und Irmgards Eltern standen in einer Ecke des Zimmers und sahen sich nicht an, sondern an die Wände. Sie sahen zu den Wänden, damit ihre Tochter nicht sah, daß sie weinten, doch Irmgard war viel zu aufgeregt, um etwas zu bemerken. Übrigens war Tiny genauso aufgeregt. Er sang sehr schön, aber er schwitzte mächtig dabei, er mußte die ganze Zeit an Irmgard denken und daran, wie bald sie sterben würde, und so passierte ihm zuletzt etwas, was ihm noch nie passiert war: Seine Stimme versagte. Nur für einen Augenblick. Aber einen Augenblick lang bekam Tiny keinen Ton heraus.

Er machte, daß er aus dem Studio kam, sobald das Lied zu Ende war, denn er wollte schnell etwas Stärkendes trinken, er brauchte es nötig, da lief ein Sprecher ihm auf dem Gang nach und sagte, er möge sofort zum Leiter des Senders, einem Captain Everett, kommen. Bei Captain Everett saß ein kleiner, dürrer Mann mit mächtigem Schädel. Der Captain stellte ihn als alten Freund vor, der zufällig zu Besuch im Sender war und Tiny zufällig gehört hatte. Und zufällig war der kleine Mann Opernregisseur, verpflichtet an der Berliner Oper, die damals noch ›Städtische Oper‹ hieß und heute, in ihrem Neubau, ›Deutsche Oper Berlin‹.

»Hätten Sie Interesse daran, professionell zu singen?« fragte der kleine Mann. »An einer Oper, zum Beispiel?«

Das war der Beginn von Tinys gewaltiger Karriere.

Über diese soll hier nicht gesprochen werden.

Gesprochen werden mußte über die Geschichte der todkranken kleinen Irmgard Heim, denn sie bildete den Anstoß zur Entstehung des Romans ›Schwarz‹, den mein Bruder schrieb, nachdem ich ihm Irmgards Geschichte erzählt hatte. Der Roman schilderte das Leben und die Abenteuer eines farbigen amerikanischen Soldaten in Deutschland. Es war jener Roman, der 1955 in Berlin verfilmt wurde. 1956, Tiny war bereits an die ›Städtische Oper‹ engagiert und hatte seine ersten großen Erfolge als Rigoletto, Jago und Papageno erlebt und die Ruine und das Grundstück seines zukünftigen schönen Hauses im Grunewald gekauft, war der Film fertig. Bei den alljährlichen Festspielen im Sommer dieses Jahres ging ein wahrer Regen von Bundesfilmpreisen über ›Schwarz‹ nieder. Der Regisseur, zwei Hauptdarsteller, der Kameramann, der Komponist, der Produzent, der ganze Film wurden ausgezeichnet – und der Drehbuchautor. Der Drehbuchautor hieß Richard Mark, der das Filmscript nach seinem gleichnamigen Roman geschrieben hatte.

Es war eine sehr schöne Feier in der ›Filmbühne Wien‹. Bundesinnenminister Schröder hielt eine Rede, und danach wurden die Filmpreise verteilt, die in jenem Jahr auch mit Geldpreisen verbunden waren. Tiny und seine Frau saßen im Parkett und klatschten wie toll, als ich meinen Preis erhielt. Noch jemand klatschte begeistert – er saß weiter hinten, aber ich sah ihn genau. Es war mein Bruder Werner.

Die Geldprämie für das ›Beste Drehbuch‹ betrug zwanzigtausend Mark. Ein Jahr später erhielt ich für ›Schwarz‹ den Bundesverdienstpreis für Literatur, in, wie es in der Urkunde hieß, ›Anerkennung großer Verdienste um Humanität und Völkerversöhnung‹. Dieser Preis war mit vierzigtausend Mark dotiert. Ich nahm ihn in Darmstadt entgegen.

»Also gleich zweimal hast du den Staat betrogen, Ritchie, mein Kleiner, 1956 und 1957«, sagte Werner, sein Whiskyglas schwenkend. »Mit der Verjährungsfrist kommen wir noch prima hin. Sie beträgt zehn Jahre. Ja, ja, Paragraph 263, besonders schwerer Betrug im Wiederholungsfall. Vermögensbeeinträchtigung des Staates wird außerdem immer strenger bestraft als private Vermögensbeeinträchtigung, das weißt du. Ich kann jederzeit beweisen, daß ich alle deine Bücher mit Ausnahme der allerersten geschrieben habe . . . und das Drehbuch. Ich besitze noch alle Manuskripte. In *meiner* Handschrift. Nein, nein, das gibt auf jeden Fall Zuchthaus.«

»Für uns beide«, sagte ich. Ich hatte, seit vielen Stunden, das Gefühl, daß der Boden, auf dem ich mich befand, unter mir vibrierte, schwankte, bebte und sich plötzlich aufrichten oder unter mir wegrutschen oder sich umkehren würde, so daß ich von ihm herunterfiel – ins Nichts, ewig stürzend.

»Für uns beide«, sagte mein Bruder freundlich. »Aber in diesem Fall für mich noch fünfzehn Jahre bis lebenslänglich dazu.«

»Was hast du getan?« fragte ich. (Der Boden schwankte, pulsierte, bebte.)

»Im eingeschlossenen Berlin«, sagte mein Bruder, und seine Stimme klang verträumt, »kam ich in Kontakt mit einer Widerstandsbewegung unter den PK-Berichtern. Ein paar von ihnen hatten Zugang zu den Bonzenbunkern. Es bestand ein Plan, die Führung zu erledigen. Als ich das heraushatte, ließ ich die Gruppe hochgehen. Dreiundzwanzig Mann wurden gehängt. Mit Fernsprechdraht. Befehl des Führers. Mich ließ der SD meine Anzeige schriftlich machen – um mich ganz fest in der Hand zu haben. Die Anzeige kam dann in andere Hände. Nicht in russische. In deutsche. Weißt du, was die ›Spinne‹ ist?«

»Ja«, sagte ich.

»Die ›Spinne‹ hat meine handschriftliche Anzeige von 1945. Die ›Spinne‹ hat viel derartiges Material über viele Leute, und wenn sie es für richtig hält, setzt sie es ein. Bei mir hat sie es im Fall Delacorte für richtig gehalten.«

Mein Bruder füllte unsere Gläser wieder.

»Nicht mehr viel Eis da«, sagte er. Es war fast halb vier Uhr früh. Draußen hatte es wieder zu regnen begonnen, ich hörte, wie die Tropfen gegen die Fensterscheiben schlugen. »Du wirst verstehen«, sagte mein Bruder, »daß ich nur sehr ungern für lange Zeit – oder den Rest meines Lebens – ins Zuchthaus gehen möchte. Was ich da 1945 verfaßt habe, war eine sehr ausführliche Anzeige. Würde jedem Gericht genügen.«

»Seit wann erpreßt man dich?«

»Seit etwa einem halben Jahr.« Er trank. »Siehst du, Delacorte wurde hier in der Stadt immer unmöglicher. Er ist größenwahnsinnig. Er denkt, daß er sich mit dem, was er über das Gesindel hier weiß, alles erlauben darf. Folge? Sahen wir eben. Das Gesindel hat sich zusammengetan, um ihn umzubringen. Ging leider daneben, das löbliche Experiment. Hätte uns beiden viel Kummer erspart. Jetzt wird Delacorte natürlich versuchen, seine intimen Feinde dahin zu bringen, ihn aus dem Gefängnis zu holen, indem er ihnen zu verstehen gibt, daß er sonst auspackt. Diesen Fegesack hat er bereits hochgehen lassen. Damit alle sehen, er meint es ernst. Nun, Ritchie, mein Freund, du wirst viele willige Helfer haben. Du und ich und die ›Spinne‹.«

»Moment mal«, sagte ich. »Was war denn ursprünglich deine Aufgabe? Was wollten sie ursprünglich von dir?«

»Daß ich eine Entführung Delacortes vorbereite. Ich war der geeignete Mann dafür. Ich kannte Lillian. Das wußte jeder. Ich mußte nur wieder anfangen ihr nachzulaufen, zu behaupten, daß ich sie heiraten will, mich mit ihr treffen – dann konnte ich auch ab und zu in Treuwall gesehen werden, wenn ich hier zu tun hatte. Das ging alles auf das Konto meiner neu entflammten Liebe zu Lillian.«

»Und die war Theater?«

»Reines Theater.«

»Wirklich?«

»Ehrenwort.« Er lachte. »Du hast mit ihr gesprochen ... im Krankenhaus. Glaubt *sie*, ich will sie wirklich wieder haben?«

»Sie glaubt, daß du lügst ... daß du andere Gründe hast, ihr nachzulaufen ...«

»Schlaues Kind.«

»Du warst gestern also doch in Treuwall.«

»Natürlich.«

»Und die beiden Zeugen, die dich zuerst erkannt haben und dann umgefallen sind?«

»Hat man ein wenig eingeschüchtert.« Ich zuckte die Schultern. »Die Herren haben sehr effektvolle Methoden. Du wirst sie nicht kennenlernen, diese Methoden ... hoffentlich.«

»Ich lerne sie gerade kennen.«

»Du . . . ich, das bin immer noch *ich*, mein Kleiner. Die würden *anders* mit dir reden! Ganz anders. Die würden überhaupt nicht so lange reden. Die würden was *tun*. So wie sie in den letzten Stunden eine Menge getan haben. Genügt es dir nicht? Und das ist erst der kleine Anfang.«

»Was hast du in Treuwall gemacht?«

»Nichts. Ging alles schief.«

»Was solltest du machen?«

»Sie hatten rausgekriegt, daß vergifteter Armagnac an Delacorte unterwegs war.«

»Wer hat den geschickt?«

»Das haben sie mir nicht auf die Nase gebunden. Ich halte es für den Versuch eines Gemeinschaftsmordes. Sie tun das auch.«

»Wer ist ›sie‹?«

»Mehrere Männer. Ich weiß nicht, wie sie wirklich heißen. Sie haben mich erpreßt, das ist alles. Wechseln auch dauernd. Haben mir mein handschriftliches Protokoll gezeigt. Genügt dir das?«

Ich nickte. Komischerweise kam mir nicht einen Moment lang der Gedanke, er könne lügen. Er sprach sehr ernst und nervös, man sah ihm an, daß er wirklich in Panik lebte – seit langem.

»Ich sollte Delacorte, der sich beharrlich weigerte, Deutschland zu verlassen – die ›Spinne‹ will ihn wegbringen –, ich sollte Delacorte an Hand des vergifteten Armagnacs vor Augen führen, in welcher Gefahr er sich befand. Ihn endlich weich kriegen.«

»Dann hat vielleicht die ›Spinne‹ den Armagnac geschickt?«

»Das dachte ich zuerst auch. Aber die hätten dann besser Bescheid gewußt. Zum Beispiel darüber, daß Delacorte früher zu dem Kongreß fuhr. Und auch, daß Lillian früher zurückkam. Wenn die was tun, wissen sie verflucht gut Bescheid. Aber da klappte nun gar nichts. Delacorte war nicht mehr da, der Schnaps noch nicht, Lillian auch noch nicht.«

»Warum hattest du die Koffer und die Anzüge im Wagen?«

»Die habe ich schon die ganze letzte Zeit drin. Seit ich Delacorte bearbeite. Für die Polizei.«

»Verstehe ich nicht.«

»Kann ich immer behaupten, ich bin unterwegs nach Eckernförde, wenn meine Herumfahrerei auffällt. Ich will da arbeiten.«

In Eckernförde hatte mein Bruder sich eine alte Kate ausbauen lassen. Er schrieb sehr oft dort.

»Du kannst dir vielleicht vorstellen, wie ich mich fühlte, als dann nachts deine . . . Stripperin anrief und mir sagte, Lillian hätte sich vergiftet.«

»Man hat es dir noch angesehen, als du in das Krankenhaus kamst«, sagte ich. »Man sieht es dir jetzt noch an.«

»Aber jetzt hat es nichts mehr mit Lillian zu tun«, sagte er. »Es ist die

Hölle, Ritchie. Die Hölle. Ich würde nicht zu solchen Mitteln greifen, ich würde nicht meinen Bruder erpressen, wenn ich noch einen anderen Ausweg wüßte. Grins nicht so blöd, Mensch! Oder grins meinetwegen. Solange ich dich in der Hand habe, wirst du tun, was ich sage. Du mußt es tun. Ich kann es nicht tun. Auf mir liegt immer noch so viel Verdacht. Ich werde ganz bestimmt auf Schritt und Tritt verfolgt und beschattet. Du bist sauber. An dich denken sie zuletzt. Paradin ist dein Freund. Für dich wird es eine Kleinigkeit sein, Delacorte herauszuholen.«

»Wie soll ich das machen?«

»Das erfährst du noch in allen Einzelheiten.«

»Und das ist alles? Daß ich ihn aus dem Gefängnis hole?«

»Das ist alles.«

»Er soll aber doch aus Deutschland raus?«

»Das ist dann wieder meine Sache. Da übernehme ich ihn.«

»Und ich bin frei?«

»Du bist frei. Im gleichen Moment, wo Delacorte in einem Versteck ist, bekommst du von mir alle Buchmanuskripte und hast deine Ruhe. Das Weitere muß ich erledigen. Ich bekomme mein Protokoll erst, wenn Delacorte in . . . in Sicherheit ist.«

»Und wer garantiert mir, daß du die Wahrheit sagst? Daß alles so gehen wird? Daß ich die Manuskripte dann gleich kriege?«

»Vielleicht denkst du einen Moment nach. Wenn ich dir die Manuskripte dann nicht gebe, kannst du – und *wirst* du – mich doch anzeigen. Verzweiflung. Rache. Vor allem Rache natürlich. Zu dieser Zeit ist Delacorte aber noch in Deutschland. Ich würde mir mein eigenes Grab schaufeln. Die ›Spinne‹ besteht darauf, daß du die Manuskripte kriegst. Viel zu gefährlich, sie dir nicht zu geben. Ich bin doch kein Idiot!«

Es klang einleuchtend. Trotzdem sagte ich: »Das garantierst du mir also?«

»Ich garantiere dir überhaupt nichts. Eine Panne kann es immer geben, trotz bestem Willen. Ich verspreche es dir. Garantieren kann ich es nicht. Garantieren kann ich dir nur, was passiert, wenn du mir nicht hilfst. Das heute bei euch im ›Strip‹ war der Anfang, wie gesagt. Noch etwas kann ich dir garantieren, Kleiner: Wenn ich morgen den Kerlen erklären muß, daß du dich weigerst, dann lebst du und dein Freund Minski keine Woche mehr. Das glaubst du mir hoffentlich – nach dem, was mit Erichsen und mit diesem Idioten von Doktor, dem Hess, passiert ist. Glaubst du es mir?«

»Ja«, sagte ich. Es bestand kein Grund, hier ungläubig zu sein. »Wer hat Hess erstochen? Dieser Pfleger, der keiner ist?«

»Vermutlich.«

»Warum?«

»Ich höre, Hess wollte aussteigen, nachdem du ihm entkommen warst.« Er sah mich an. »Also?«

»Wenn ich erwischt werde bei dieser Befreiung, kriege ich auch Zuchthaus.«
»Du wirst nicht erwischt.«
»Und wenn doch etwas schiefgeht? Deine Mission in Treuwall gestern, die ist ja auch schiefgegangen.«
»Kleiner Betriebsunfall.«
»Kleiner Betriebsunfall genügt. Was dann?«
»Dann hast du Pech gehabt«, sagte er. »Wenn du nicht mitspielst, ist gleich Feierabend.« Er sah mich an und fragte noch einmal: »Also?«
Ich nahm mein Glas und trank ein paar Schlucke. Dabei überlegte ich eine Menge.

Meine Herren Richter, Herr Oberstaatsanwalt Paradin, Herr Verteidiger!
Es ist klar, daß ich nun den kritischen Punkt meines Berichts erreicht habe. Ich habe bisher die Wahrheit niedergeschrieben, und ich werde das weiter tun – bis zum Schluß. Ich lüge nicht, ich beschönige nichts, ich wasche mich nicht rein. Zu vieles liegt hinter mir, zu vieles habe ich erlebt, als daß ich jetzt noch nach Alibis, nach Entschuldigungen, nach gewitzten Erklärungen für das suchen könnte, was ich getan habe.
Ich habe es getan. Verdammen Sie mich dafür. Versuchen Sie, mich zu verstehen. Verachten Sie mich. Verurteilen Sie mich. Ich weiß, daß keiner von Ihnen mich wirklich, auch wenn er es wollte, von der Schuld freisprechen kann, die ich auf mich geladen habe.
Sie verlangten die Wahrheit zu hören. Hier ist sie.

Während ich mehrere Schlucke Whisky trank, überlegte ich dies: Auf keinen Fall darf ich meine Hand dazu hergeben, daß ein Massenmörder wie Delacorte, einmal gefaßt, wieder in Freiheit kommt und flüchten kann.
Auf keinen Fall darf Lillian, Minski, Vanessa oder mir selber ein Unheil zustoßen, wenn ich etwas tun kann, das zu verhindern.
Auf keinen Fall will ich für den literarischen Betrug, den ich begangen habe, ins Zuchthaus. Auf keinen Fall darf mein Bruder Anzeige gegen mich erstatten. Wenn er es tut, darf ich nie mehr in die Schweiz, denn dann bin ich vorbestraft. Dann läßt mich überhaupt kein anderes Land der Welt mehr herein. Dann sind alle Pläne, die Minski und ich gemacht haben, hinfällig. Dann werde ich nicht, wie ich es wünsche, endlich mit Lillian zusammenleben können. Dann wird die Öffentlichkeit Bescheid darüber wissen, wer meine Bücher – mit Ausnahme der allerersten – geschrieben hat, und kein anständiger Mensch wird mir dann auch nur noch die Hand geben.
Schluck.
All das steht fest. Es steht nur alles in Widerspruch zu dem Ersten und Wichtigsten, was nicht geschehen darf: daß ich nämlich einem Massenmörder zur Flucht verhelfe.

Das bedeutet: Ich muß einen Weg finden, den ich gehen kann, ohne eines dieser Gebote zu verletzen. Es wird schwer sein, einen solchen Weg zu finden. Ich glaube nicht, daß es unmöglich sein wird. Und wenn ich mich Minski anvertraue, wenn ich Minski alles gestehe und ihn um Rat und Hilfe bitte! Wenn irgend jemand, dann wird Minski wissen, wie ich mich verhalten muß. Aber mit dem kann ich nicht sofort sprechen. Mein Bruder verlangt meine Entscheidung sofort. Und das bedeutet also: Ich muß zunächst einmal ja sagen, um Zeit zu gewinnen.

Schluck.

Zeit, um nachzudenken. Darf ich Minski ins Vertrauen ziehen? Er ist klug. Aber darf ich ihn belasten? Und wie wird seine Reaktion sein? Ich *habe* betrogen. Darf ich mich auch nur *einem* Menschen anvertrauen? Zeit. Zeit brauche ich.

Schluck.

Die ideale Lösung wäre: Ich tue, als ginge ich auf die Forderung meines Bruders ein; tue alles, damit Delacorte aus dem Gefängnis fliehen kann; dann habe ich meinen Teil der Aufgabe erfüllt und bekomme von Werner die Manuskripte, die mich so belasten und an die ich idiotischer Idiot niemals als Belastung, als Bedrohung gedacht habe; *danach* verhindere ich die Flucht Delacortes auf eine Weise, die den Eindruck entstehen läßt, als hätte *mein Bruder* versagt. *Ich* darf in den Augen der ›Spinne‹ nicht schuld daran sein. Schuld daran muß mein Bruder sein. Mein Bruder, der mich erpreßt. Mein Bruder, der selber erpreßt wird. Mein Bruder, der dann, mit dem Belastungsmaterial der ›Spinne‹, vor Gericht käme und verurteilt würde, zu fünfzehn Jahren, wie er sagt, oder zu lebenslänglich.

Schluck.

All das ist im Moment noch Wunschdenken, aber es wird nicht Wunschdenken bleiben. Es mag durchaus sein, daß ich alles so arrangieren kann, wie es der ideale Plan verlangt. Ganz gewiß ist das möglich, wenn ich nur Zeit habe, in Ruhe darüber nachzudenken, wenn ich es nur klug genug, gerissen genug, mutig genug anfange – und wenn ich Glück habe. Natürlich, Glück muß man auch haben bei so etwas.

Schluck.

»Na?« sagt mein Bruder.

Natürlich darf ich auch nicht zu schnell ja sagen.

»Das ist doch unmöglich, Werner! Das . . . das kann ich einfach nicht tun!«

»Dann mußt du ins Zuchthaus, tut mir leid.«

Spiel den Verzweifelten. Ring die Hände. Spring auf. Lauf im Zimmer herum.

Los!

Ich tue das alles.

Ich flehe meinen Bruder an, ich bettele, ich drohe, mich und ihn augenblicklich anzuzeigen – immer moderiert, niemals so, daß er denken kann, ich spiele ihm Theater vor.

Er denkt es nicht.

Er geht zum Telefon und hebt den Hörer ab, er will eine Verbindung mit der Polizei für mich herstellen. Im letzten Moment schlage ich ihm den Hörer aus der Hand.

Wir trinken.

Wir streiten.

Endlich steht er auf.

»Also gut«, sagt er. »Wir lassen es. Was weiter geschieht, wirst du früh genug erfahren.« Und er geht zur Tür. Ich sage mir, daß ich ihn den ganzen Weg gehen lassen muß, und sehe mit Herzklopfen und Freude, daß er immer langsamer und langsamer geht. Ruhig, ganz ruhig. Noch nicht. Jetzt greift er die Klinke an. Jetzt drückt er sie herunter. Warten. Noch warten. Jetzt öffnet er die Tür. Jetzt sage ich . . .

»Moment!«

Er dreht sich um. Schweiß steht auf seiner Stirn. Schön. Auf meiner Stirn steht auch Schweiß. Er rinnt mir in die Augen. Es brennt.

»Was ist?«

Ich sage: »Einverstanden.«

Ich hoffe, ich habe es nicht zu spät und nicht zu langsam gesagt, und nicht zu früh und nicht zu schnell, und als mein Bruder nun zurückkommt, da sehe ich ihm ins Gesicht und versuche, darin zu lesen, aber Werners Gesicht ist glatt und unbewegt wie eine Maske, verschlossen und ernst, und ich sehe, daß ich da eine große Aufgabe vor mir habe, die größte meines Lebens, gewiß.

»Du wirst natürlich versuchen, mich zu betrügen«, sagt er.

Darauf antworte ich nicht, sondern starre ihn nur an und schüttle den Kopf.

»Und wenn du den Kopf drei Stunden schüttelst«, sagt er, »natürlich wirst du es versuchen. Ich würde es auch versuchen. Jeder würde es versuchen. Du hast jetzt zuerst einmal auf alle Fälle ja gesagt, um Zeit zu gewinnen. Zeit zum Nachdenken. Zeit, einen Ausweg zu finden. Um mit Minski zu reden. Spar dir die Mühe. Es gibt keinen.«

Das wollen wir erst einmal sehen!

»Für dich und für mich gibt es keinen. Das wirst du noch merken. Und Minski auch, falls du den ins Vertrauen ziehst. Ein falsches Wort von dem, und ihr seid beide geliefert. Glaubst du, ich mache das alles gerne, was ich machen muß?«

Keine Antwort geben.

»Natürlich«, sagt er, »will man sich deiner versichern. Für alle Fälle. Für die Zeit, wo Delacorte aus dem Gefängnis, aber noch nicht aus Deutschland raus ist. Für die Zeit, in der *ich* meine Arbeit leisten muß.«

»Versichern? Wie?«

»Du hast doch früher immer auf Tonband gesprochen – als du noch schriebst. Ich meine: in jener kurzen Zeit, in der du selber schriebst.«

Nicht reizen lassen. Ruhig bleiben.

»Nun, du wirst dir bestimmt wieder ein Tonbandgerät kaufen, ein neues, kleineres.«

»Ich habe ein neues.«

»Um so besser. Du wirst dir Bänder kaufen. Und auf die Bänder wirst du sprechen. Du wirst alles berichten, was geschehen ist und geschieht und was du getan hast und was du tun willst und tust. *Alles*, verstanden? So ausführlich wie möglich. Damit es ein vollkommenes Geständnis ist. Ich verlange *Bänder* von dir und nicht, daß du es *aufschreibst* . . . ich muß nicht erklären, warum.«

Still. Nicht hinreißen lassen. Außerdem hat er recht. Könnte ich etwas aufschreiben? Nicht einen Satz.

»Die Bänder lieferst du an mich ab. Regelmäßig. Du erzählst ausführlich. Wenn du es nicht tust, kriegst du das Band zurück. Wenn du zweimal nicht spurst, lasse ich dich hochgehen. Vergiß nicht: Mehr als lebenslänglich kann ich nicht kriegen. Und damit rechne ich schon mehr oder weniger. Das ist wirklich nur noch ein letzter Versuch. Also: Du gibst mir die Bänder, klar?«

»Klar.«

»Ich bringe dich mit einem Mann zusammen, der von da an dein Chef ist. Was er sagt, hat zu geschehen. Was er befiehlt, hast du zu tun. Klar?«

»Klar. Was ist das für ein Mann? Wann wirst du . . .«

»In ein paar Stunden geht es los. Du führst ein Doppelleben von jetzt an, das ist dir auch klar?«

Ich nickte.

»Du arbeitest für diesen Mann . . . und du lebst so weiter, wie du ohne ihn leben würdest. Du hast einen Grund, hier zu sein: Lillian. Du hast einen Grund, nach Frankfurt zu fliegen: deine Bar. Das ist äußerst wichtig. Du hast deine guten Beziehungen zu Paradin und zur Polizei. Auch das ist nützlich. Pflege deine Beziehungen und Freundschaften.«

»Was machst du?«

»Weiß ich noch nicht. Ich erhalte meine Befehle auch erst in den nächsten Stunden. Im übrigen darf es dich nicht kümmern, was ich tue. Und wenn es noch so unbegreiflich sein sollte – alles, was von nun an passiert –, eines vergiß nicht: Das, was wir eben besprachen, habe ich im Ernst gesagt, das ist so, wie es ist. Verstanden?«

Ich antworte: »Verstanden.«

Ich denke: Ich werde erst meinen Frieden haben, wenn du tot bist, Bruder, wenn du tot bist.

Er sagt: »Wir sitzen in einem Boot, Ritchie . . . wie immer. Die unzertrennlichen Brüder.« Das sagt er, und sein Mund verzieht sich dabei zu einem Grinsen, einem Grinsen der Angst.

Kain aber sprach zu seinem Bruder Abel: ›Komm, wir wollen aufs Feld gehen . . .‹

Ich sage: »Dann wollen wir aber auch sehen, daß wir das Beste aus dieser Sache machen.«

Als sie aber auf dem Felde waren, da stürzte sich Kain auf seinen Bruder Abel und erschlug ihn . . .

Wo ist das Feld? Wo werde ich es finden?

Das, meine Herren Richter, Herr Oberstaatsanwalt Paradin, Herr Verteidiger, das habe ich gedacht. Das habe ich getan. Ich kann es nur noch wahrheitsgetreu berichten. Ändern kann ich es nicht mehr.

Ich habe es gedacht. Ich habe es getan. Damit muß man sich abfinden.

Eben war Wachtmeister Stalling bei mir. »Adenauer ist tot!« hat er gerufen. Es ist jetzt 13 Uhr 32 am 19. April 1967. Um 13 Uhr 21 soll Adenauer gestorben sein. Es wird, hat Wachtmeister Stalling gesagt, für ihn das größte Staatsbegräbnis seit dem Tode Bismarcks geben. Denn er war einer unserer größten Politiker, und er hat unserem nach dem Krieg gehaßten und verachteten, zerstörten und verelendeten Land wieder Wohlstand und eine neue Blütezeit beschert und ihm einen wohlgeachteten Platz in der Familie der Völker der freien Welt verschafft.

»Und du bist auch ganz sicher, daß es im Winter am Lago Maggiore kalt genug für einen Nerz ist?« fragte Rachel Minski besorgt.

»Bin ich ganz sicher«, sagte Boris, ihre Hand streichelnd.

»Es wäre doch schrecklich, wenn ich jetzt einen Nerz habe, und ich kann ihn nicht tragen.«

»Du kannst ihn tragen. Da ist es im Winter so kalt, du wirst dich wundern«, sagte Minski. »Außerdem, die feinen und reichen Leute, die gehen im Winter weg vom Lago Maggiore, hinauf nach Sankt Moritz. Wenn du willst, gehen wir auch hinauf, Rachele. Und da brauchst du ihn unbedingt.«

»Sind viele Leute in Sankt Moritz?«

»Na ja«, sagte Minski beklommen, »das schon . . .«

»Dann werde ich mich nicht hintrauen.«

»Mit'm Herrn Professor zusammen!«

Rachel nickte ernst.

»Ja«, sagte sie, »wenn der Herr Professor mitkommt, dann traue ich mich.«

»Siehst du«, murmelte Minski. Er lächelte sein trauriges Lächeln, sooft er Rachel ansah, aber sonst war sein Gesicht düster. Er hatte viele Sorgen, er machte sich schwarze Gedanken, und er nahm sich mächtig zusammen, um hier, vor seiner Frau, den Ruhigen und Zufriedenen zu spielen.

Die beiden wanderten langsam durch den großen Garten der Heil- und Pflegeanstalt Hornstein. In allen Farben des leuchtenden Sommers hatte dieser Garten geblüht, als Minski zum erstenmal hier angekommen war, rot, blau, gelb, golden, weiß und violett waren die Blumenbeete gewesen, und blaue, rote und gelbe Früchte hatten an den Sträuchern und Obstbäumen gehangen. Frauen, leicht gekleidet, hatten bei leichter Arbeit das Lied vom Heideröslein und vom Lindenbaum gesungen, damals, im Sommer des Jahres 1948. Vor achtzehn Jahren . . .

Nun war Rachel Minski geistig gesund, wenn auch nicht fähig, fern von ›ihrem‹ Professor Mohn zu leben – im wüsten, wilden Getriebe der Großstadt. Aber sie war völlig klar, lebhaft und fröhlich, ihre Zähne hatte man in Ordnung gebracht, sie trug elegante Kleider, und der Ausdruck von panischer Angst war aus ihren großen, hellen Augen gewichen. Nur ihr normales Gewicht hatte sie nie mehr erreicht. Sie war außerordentlich zart und mager geblieben, und mit ihren achtundvierzig Jahren sah sie aus wie sechzig. Vorsichtig schritt sie an der Seite ihres Mannes, auf nassem, faulem Laub, unter kahlen Bäumen, über schmale Wege, die an manchen Stellen schneebedeckt und hartgefroren waren. Klar und kalt wehte ein leichter Ostwind an diesem Vormittag, der Himmel war hoch und grau, und schwarze Vögel kreisten krächzend über Hornstein.

Rachel Minski trug eine glatte Frisur, ihr weißes, sehr feines und eher dünnes Haar war bläulich getönt. Ein Friseur, der regelmäßig in die Anstalt kam, hatte das Kunstwerk zur Feier des Tages geschaffen – Rachel wagte nicht, zu einem Friseur in den Laden zu gehen. Sie hatte sich auch ein wenig geschminkt, und sie trug Seidenstrümpfe und neue schwarze Schuhe.

»Mein Nerz!« sagte sie, das Fell streichelnd. »Jetzt habe ich ihn doch gekriegt. So lange hab ich ihn mir gewünscht.«

»Es ist ein besonders schönes Stück«, sagte Minski.

»Sicher wahnsinnig teuer«, sagte Rachel.

»Hm«, machte Minski.

Sie gingen die schmalen, langen Wege zwischen den Beeten entlang, Minski führte Rachel vorsichtig um Pfützen und Schnee herum. Immer wieder streichelte er die knöcherne Hand seiner Frau. Sie hatte ihm zum Hochzeitstag auch ein Geschenk gemacht: ein großes Kissen, darauf war in liebevoller, mühseliger Petit-point-Stickerei ein bunter Schmetterling zu sehen – ein Admiralsfalter (Vanessa atalanta), denn Minski liebte den Admiralsfalter besonders. Professor Mohn hatte Rachel das Standardwerk ›Die Schmetterlinge Mitteleuropas‹ geliehen, darin gab es eine große Abbildung des Tieres, und nach dieser hatte Rachel gestickt. Minski war zu Tränen gerührt gewesen über das Kissen.

»Boris?«

»Ja?«

»Wann gehen wir weg aus Deutschland?« fragte Rachel.

»Bald«, sagte Minski, und sein sorgenvolles Herz klopfte unruhig. »Bald«, wiederholte er und lächelte Rachel an.

»Es ist schon alles vorbereitet, ja?«

»Alles, mein Herz«, sagte Minski. Er dachte angsterfüllt an die Ereignisse der letzten beiden Tage, aber er bemühte sich verzweifelt um ein optimistisches Gesicht. »Sobald der Herr Professor pensioniert ist, verschwinden wir – in die Schweiz.«

»Ich glaube, wir sollten schnell gehen«, sagte Rachel Minski.

Minski nickte nachdrücklich. »Ich geb schon acht, Rachel. Wenn man so viel Glück gehabt hat im Leben wie wir, dann muß man ganz verflucht aufpassen, daß einem nicht zuletzt noch was Böses zustößt.«

»Ja«, sagte Rachel, »wir haben sehr viel Glück gehabt, Boris, nicht? Viel mehr als Millionen andere Menschen.«

Boris nickte. Er dachte an die Zeitbombe . . .

»Ich war noch nie in der Schweiz«, sagte Rachel.

»Wird dir gefallen. Es ist wunderschön am Lago Maggiore, Rachele. Sollst auch zunehmen dort. Die Luftveränderung.«

»Ich eß schon, soviel ich kann, Boris. Aber es hilft nichts. Ich bleib dünn.«

»Ja, hier«, sagte er. »Aber in der Schweiz . . .«

»Buon giorno, come stai?« sagte Rachel.

»Was ist los?« fragte Minski.

»Grazie, non c'è male! E te?«

»Was heißt das?«

»Wie geht es?« sagte Rachel strahlend. »Danke gut. Und dir? Ich lerne Italienisch. Jeden Tag. Ich hab Bücher gekriegt, vom Herrn Professor. Ich bereit mich vor auf den Lago Maggiore. Ich kann schon eine Menge. Willst noch was hören?«

Minski nickte. So viel Freude, dachte er, und so viele Sorgen . . .

»Guido va nel gabinetto da bagno e prende una doccia fredda«, sagte Rachel stolz. »Das ist schon ein langer Satz, was? Verstehst du nicht!« Sie lachte. »Ich werde mit allen Leuten reden können am Lago Maggiore, und du?«

»Sie sprechen auch Deutsch.«

»Alle sicher nicht«, sagte Rachel. »Viele reden auch Französisch. Das kann ich. Jetzt lern ich noch Italienisch. Ich will mit *allen* Menschen reden können! Die meisten verstehen Italienisch.« Und schnell fuhr sie fort: »Il sapone di Guido è profumato alla lavanda. L'accappatoio è di spugna. Si spalma il viso con la crema per la barba. Cambia la lametta al rasoio. Si rade. Si asciuga il viso con un . . .«

»Rachel, hör auf! Das ist ja unheimlich! Das alles kannst du schon?«

»Ich kann noch viel, viel mehr! In die Schweiz, Boris, laß uns in die Schweiz gehen. Ich hab solche Sehnsucht nach dem Lago Maggiore . . .«

».. . und Italienisch kann sie schon, stell dir das vor, Ritchie!« Minski warf nervös die kurzen Arme in die Luft. »Heimlich gelernt seit einem halben Jahr. Will nur noch weg, weg, weg. So glücklich ist sie. Natürlich hab ich mir nichts anmerken lassen . . .« Er lief in unserem Büro im ›Strip‹ hin und her, er machte seine Grimassen und schnaubte durch die Nase wie immer, wenn er aufgeregt war. »Da draußen in der Anstalt ist eine Ruhe, sag ich dir, Ritchie, eine Ruhe — wie im Paradies. Und wir hier in unserem Riesenschlamassel . . . Bin neugierig, was jetzt geschieht . . .«
Du wirst es gleich zu hören bekommen, dachte ich bedrückt.
»Eine Ruhe, ein Frieden . . . wie ich da in dem Garten rumgegangen bin mit meiner Rachele, da hab ich mir, Gott soll verzeihen, einen Moment richtig gewünscht, ich wär meschugge. Sind die glücklicheren Menschen, Ritchie, glaub mir . . . so zufrieden . . . und wir? Es ist natürlich alles der Einfluß vom Herrn Professor. Er hat Mittag gegessen mit Rachel und mir. Richtige kleine Festmahlzeit. Rührend, Ritchie, rührend. Das ist der größte Mann, den ich kenn. Mit Gold kann man den nicht aufwiegen, nicht mit Brillanten! Er und Rachel, die haben auf Italienisch Konversation gemacht, ich hab kein Wort verstanden natürlich, und er hat gesagt, sie hat eine erstklassige Aussprache. Na, sie war ja immer schon so sprachbegabt, auch in Kamenez-Podolsk. Und gerade jetzt sitzen wir im Dreck! Hoffentlich geht alles gut . . .«
Hoffentlich, dachte ich.
»Stell dir vor, es passiert uns was, jetzt noch, wo Rachel doch schon Italienisch kann und den Tag nicht erwarten, wo wir abhauen! Aber wenn wir klug sind . . . wir müssen furchtbar klug sein jetzt, Ritchie . . .«
Ja, dachte ich, das müssen wir jetzt sein. Furchtbar klug. Furchtbar, wie klug wir jetzt sein müssen.
Immer wieder blieb Minski vor dem Kissen mit dem gestickten Schmetterling stehen, das er auf das alte, brüchige Ledersofa gestellt hatte, und rückte es zurecht. Elektrisches Licht brannte in dem fensterlosen, häßlichen Raum. Es war erst halb vier Uhr nachmittags. Wenn man ganz still war, konnte man draußen, in den vorderen Räumen, die Kriminalbeamten herumgehen und miteinander reden hören, die das ›Strip‹ nun unablässig bewachten — vier Mann. Sie wechselten sich ab, nette, junge Männer, die mir auch mit den Reportern geholfen hatten. Diese Reporter waren eine richtige Pest.
Ich war schon um drei Uhr hier eingetroffen, und ein halbes Dutzend Zeitungsmenschen, darunter ein hübsches Mädchen, hatte vor dem geschlossenen Lokal gewartet und war über mich hergefallen, ehe ich durch den Hintereingang verschwinden konnte. Die Presse war alarmiert seit heute nacht. Hier in Frankfurt hatten Reporter den Polizeifunk abgehört und von dem vereitelten Sprengstoffattentat auf das ›Strip‹ Kenntnis erhalten, als die Zentrale ein paar Funkstreifenwagen zu uns schickte. In

Treuwall waren die ersten Reporter am Morgen erschienen, Vertreter der großen Nachrichtenagenturen. Die Justizpressestelle der Frankfurter Staatsanwaltschaft hatte, noch nachts, die Verhaftung des gesuchten Kriegsverbrechers Delacorte bekanntgegeben, der unter dem Namen Kamploh Leiter des Kreiskrankenhauses von Treuwall gewesen war. Mein Name wurde in dem Bericht nicht erwähnt, aber bereits der erste Journalist, der in Treuwall eintraf, hatte von dem ersten Hotelangestellten, mit dem er sprach, erfahren, welche Rolle ich in der Affäre spielte. Das war der Nachteil einer kleinen Stadt. Aber wahrscheinlich hätte man es auch in Frankfurt nicht geheimhalten können.

Ich war den Journalisten nicht entkommen, obwohl ich mich geweigert hatte, ihre Fragen zu beantworten. Sie hatten Fotografen dabei, und auch vom Fernsehen und von der Wochenschau waren Männer da, und so machten sie eben Aufnahmen von mir und von Paradin und dessen Mitarbeitern, als die ankamen und im ›Kaiserhof‹ abstiegen, und von meinem Bruder natürlich auch, und sie waren mir bis ins Kreiskrankenhaus gefolgt, als ich Lillian besuchte, und später bis zum Flughafen Hannover, als ich nach Frankfurt geflogen war. Sie waren dauernd hinter mir her. Die Mittagszeitungen in Hamburg und Frankfurt brachten bereits Bilder von mir und meinem Bruder, von Paradin und Delacorte, und im ganzen Land brachten Mittagszeitungen die Meldung, die mittlerweile um die ganze Erde lief. Es war doch eine ziemlich fette Meldung. In allen Nachrichtensendungen der Rundfunkstationen wurde sie verlesen.

Die Reporter vor dem ›Strip‹, die über mich hergefallen waren, als ich ankam, fotografierten auch sofort. Die Verbindung zwischen Euthanasie-Massenmord und Strip-Tease-Milieu war genau das, was sie brauchten, besonders die Massenblätter und die Illustrierten. Die Reporter zogen mich an den Mantelärmeln hin und her, sie überbrüllten einander mit Angeboten für eine Exklusiv-Story, und ich brüllte auch, recht ordinär, daß sie sich zum Teufel scheren sollten, und so, brüllend, mit aufgerissenem Mund und drohend erhobenen Fäusten, fotografierten sie mich natürlich. Ich schlug einem von ihnen die Kamera aus der Hand, und es wäre zu einer regelrechten Prügelei gekommen, wenn mir die Kriminalbeamten nicht zu Hilfe geeilt wären. Sie brachten mich in Sicherheit, in das ›Strip‹ hinein. Die Meute blieb – zum Teil, zum Teil zog sie los, um Vanessa zu suchen, von der große Fotos in den Schaukästen des Lokals hingen. Ich hatte Vanessa sofort angerufen.

»Laß sie kommen, Ritchie«, hatte Vanessa am Telefon gesagt. »Darauf habe ich doch gewartet! Denen werde ich jetzt eine hübsche Geschichte erzählen . . . ich, *Britt Rending!*«

»Was versprichst du dir davon?«

»Daß mein lieber Vater krepiert daran.«

»Und Panos? Eben hast du ihm geschrieben. Morgen kann er dann lesen, was du im ›Strip‹ machst ... Die Burschen sind nicht feinfühlig. Am besten, du gibst ihnen ein paar saftige Fotos.«

»Ach so ...« Ihre Stimme hatte hell und erschrocken geklungen. »Daran habe ich gar nicht gedacht. Verflixt, ist das eine Situation. Da wäre einmal die Gelegenheit ...«

»Ja, alles auf einmal hat man eben nie. Du schmeißt die Brüder also raus, wie?«

»Natürlich, Ritchie. Ich ... ich danke dir auch ...«

»Es ist schlimm für dich«, hatte ich gesagt. »Wenn das zwei Tage früher passiert wäre, was?«

»Der Mensch hat wenig Glück«, hatte Vanessa geantwortet.

Minski war ins Haus gekommen, ohne von den Reportern, die sich draußen noch herumtrieben, erkannt zu werden. Ich hatte ihn zuerst von seinem Besuch bei Rachel erzählen lassen. Er war zu aufgeregt, es hätte keinen Sinn gehabt, mit meinen eigenen Sorgen herauszurücken, bevor er sich ein wenig beruhigt hatte.

Der Exhaustor schaltete sich ein, der Ventilator schepperte und dröhnte, und Minski überschrie ihn: »Also, was ist jetzt? Du hast gesagt, du glaubst nicht, daß hier noch was passiert, wir können ruhig weitermachen.«

»Glaube ich, ja«, schrie ich zurück. Ich mußte einen neuen Exhaustor kaufen, nun nahm ich es mir zum fünfzigsten Male vor.

»Glauben genügt nicht. Für glauben kann ich mir nichts kaufen.«

»Also gut, ich *weiß* es. Es wird nichts passieren, wenn ...«

»Wenn?«

Der Exhaustor schaltete sich ab.

Es war auf einmal sehr still in dem kleinen, häßlichen Büro. Leise hörte ich die Kriminalbeamten miteinander sprechen, draußen, in der großen Bar.

»Wird dir nicht gefallen, was ich zu erzählen habe.«

»Erzähl schon.«

»Eine böse Sache, Boris. Ich hätte schon lange mit dir darüber reden müssen, aber ich hatte nie den Mut. Ich spiele eine sehr üble Rolle in dieser Geschichte, die jetzt auf mich zurückgefallen ist. Auf mich und auf dich und auf uns alle.«

Minski sah mich ernst an.

»Noch mehr Zores«, sagte er. »Fein. Schön. Hat man sich ja ausrechnen können. Also, was ist?«

Das Telefon begann zu läuten.

Ich fuhr zusammen.

»Deine Nerven sind aber ganz im Eimer«, sagte Minski, während er abhob und sich meldete. »Vanessa«, sagte er dann. »Ja, mein Gutes, was ist los?«

Er lauschte.

Sie erzählte ihm, daß Reporter bei ihr gewesen seien und daß sie sie hinausgeworfen habe. Minski lobte sie dafür. Ich saß in dem alten Stuhl hinter meinem alten Schreibtisch, meine Handflächen waren feucht, und ich hatte den Schreck noch nicht überwunden, der mir in die Glieder gefahren war, nachdem ein anderes Telefon zu läuten begonnen hatte, vor vielen Stunden, an diesem Morgen. In Treuwall war das gewesen, im Kreiskrankenhaus, gegen neun Uhr früh. Ich hatte in einem Geschäft neben dem Hotel einen großen Strauß rote Rosen gekauft und war zur Klinik gefahren, um Lillian zu besuchen. Ihrer Zimmertür gegenüber befand sich der große Lastenaufzug, mit dem Dr. Hess und jener negroide Pfleger mich in den Leichenkeller befördert hatten. Neben dem Lift gab es einen kleinen Raum, in dem die Schwestern Tee kochten. Die Tür stand offen. Ein Kriminalbeamter, älter, grauhaarig und rundlich, saß hier, rauchte Pfeife und ließ Lillians Zimmertür nicht aus den Augen. Er heiße Ring, sagte er mir; vor zwei Stunden habe er seinen Kollegen vom Nachtdienst abgelöst.

»Wie geht es Frau Lombard?«

»Immer besser. Unser Arzt ist sehr zufrieden. Er hat sie sich um acht Uhr angesehen. Außer jeder Gefahr. Allerdings soll man sie nach Möglichkeit noch nicht aufregen. Wir haben ihr also gesagt, daß Professor Kamploh verhaftet worden ist ... ganz allgemein aus politischen Gründen. Nazivergangenheit. Nichts von Euthanasie, nichts von Delacorte. Das sollen Sie ihr auch noch nicht erzählen, läßt der Doktor Ihnen sagen.«

»Ist gut. Wie hat sie die Nachricht von Kamplohs Verhaftung aufgenommen?«

»Erstaunlich.«

»Was heißt das?«

»Na, sie war richtig erlöst, man konnte sehen, wie sie aufatmete. Komisch, nicht? Immerhin war sie zwei Jahre lang seine Geliebte. Entschuldigen Sie.« Er nahm erschrocken die Pfeife aus dem Mund. Er hatte sie die ganze Zeit, während er sprach, zwischen den Zähnen gehalten. »Taktlos von mir. Ich dachte nicht daran, daß Sie ...«

»Schon gut.« Ich sagte: »Sie müssen das verstehen ... Frau Lombard hatte Angst vor Kamploh, sie dachte, er wollte sie vergiften, und sie wollte ihn doch verlassen ...«

Er sah mich seltsam an.

»Natürlich«, sagte er. »Daran muß man denken. Und dann, überhaupt, wer von uns kennt schon wirklich die Reaktionen einer Frau, nicht wahr?«

Diese Antwort gefiel mir nicht.

»Wie meinen Sie das?«

»Wie ich es sage. Wir Männer werden nie ...«, begann er, und dann läutete das Telefon. Der Apparat stand hinter ihm auf dem Fensterbrett des schmalen Raums. Er hob ab, meldete sich und sagte dann: »Ja, der ist gerade

hier. Einen Moment, Herr Minski.« Er hielt mir den Hörer hin. »Für Sie.
Ihr Kompagnon aus Frankfurt. Möchte Sie sprechen.«
Ich drängte mich an ihm vorbei – diese Teeküche war verflucht eng – und
nahm den Hörer. Er ging zur Tür, um die Tür Lillians im Auge behalten
zu können. Ich stand in einiger Entfernung von ihm beim Fenster. Es
regnete, dünn, kalt und stetig. Die Wolken waren dunkel und hingen tief.
Ich sah Wiesen, Felder und schwarzen Wald vor dem Fenster, das an der
Rückseite des Krankenhauses lag. Auch den angeschwollenen kleinen Fluß
und die Pappelallee, die ich tags zuvor entlanggerannt war, erblickte ich.
Mit einem sehr unguten Gefühl sagte ich in den Hörer: »Hier ist Mark.«
Es war sehr unwahrscheinlich, daß Minski mich hier anrief.
Er rief auch nicht an. Eine Stimme, die ich schon einmal gehört hatte, ohne
daß mir einfiel, wo das gewesen war, erklang: »Wenn ich jetzt mit Ihnen
rede, werden Sie ab und zu Boris zu mir sagen, oder diese Geschichte ist
aus, bevor sie angefangen hat. Verstanden?«

22. April 1967.
Vorgestern hat Apotheker Jakowski mir beim Mittagessen den Blechnapf
nicht allein mit dem üblichen »Wünsche wohl zu speisen, Herr Mark« durch
das Fensterchen in der Zellentür gereicht, sondern mit einem dazugeflü-
sterten »Führergeburtstag!« Und nach dem Blechnapf hat er ganz schnell
noch etwas hereingereicht – ein Stück Milchschokolade. Die Verpackung
war recht schmuddelig und abgegriffen, die Schokolade schon bröckelig und
alt. Apotheker Jakowski muß den Riegel lange Zeit für diesen großen
Festtag aufgehoben haben. »Sie ein Drittel, Karger ein Drittel, ich ein
Drittel«, hat er geflüstert. »Wir wollen es alle nach dem Lichtaus essen, ja?«
»Ja«, habe ich gesagt.
Heute hat Apotheker Jakowski mit dem Eßnapf ein aus einer Zeitung
gerissenes Stück Papier in meine Zelle befördert. Er verkündete dazu
gedämpft: »Sie sehen, wir sind nicht allein!«
Auf dem Papier stand eine Meldung, die ich beim Überfliegen der Zeitung
nicht bemerkt hatte. Sie stammte von Associated Press. Danach ist es zwischen Bewohnern deutscher und jüdischer Herkunft in dem Johannesburger
Vorort Hillbrow zu einer Schlägerei gekommen, an der schätzungsweise
zweitausend Personen beteiligt gewesen waren. In einem vorwiegend von
Deutschen besuchten Bierlokal wurde von mehreren hundert Deutschen am
20. April ›Deutschland, Deutschland über alles‹ gesungen und im Chor ›Heil
Hitler‹ und ›Sieg Heil‹ gerufen. Etwa fünfzig Juden stürmten in den Keller
und wurden verdroschen. Daraufhin versuchten etwa tausend Juden, in das
Lokal einzudringen. Die Polizei verwendete Knüppel, Hunde und Tränengas,
um sie zu vertreiben. Danach war es zu einer Massenprügelei gekommen.
»Sie sehen, wir sind nicht allein«, hat Apotheker Jakowski gesagt.

»Wenn ich jetzt mit Ihnen rede, werden Sie ab und zu Boris zu mir sagen«, befahl die Stimme, die ich schon einmal gehört hatte, ohne daß mir einfiel, wo das gewesen war, »oder diese Geschichte ist aus, bevor sie angefangen hat. Verstanden?«

Der Kriminalbeamte Ring stand drei oder vier Meter von mir entfernt, am anderen Ende des handtuchschmalen Raums, rauchte Pfeife, was gewiß verboten war, und starrte Lillians Tür an.

»Tag, Boris«, sagte ich.

Die Stimme sagte: »Ihr Bruder hat Ihnen angekündigt, daß sich jemand melden wird, der Ihnen erklärt, was Sie zu tun haben, oder?«

»Ja.«

»Ja, *Boris*.«

»Ja, Boris.«

Rings Pfeife war ausgegangen. Er stocherte in ihr herum.

Das war eine gute Idee, mich hier anzurufen, dachte ich. Diese Leitung wurde gewiß nicht abgehört. Im Hotel wäre es zu gefährlich gewesen. Außerdem bewies der Anruf, daß ich unablässig beobachtet wurde. Das wollten die Brüder gleich zu Beginn einmal demonstrieren.

»Gut«, sagte der Mann. Die Stimme. Ich kannte die Stimme. Woher nur? Es fiel mir nicht ein. Ring zündete seine Pfeife wieder an. »Ihr Bruder hat Ihnen auch gesagt, daß Sie widerspruchslos zu tun haben, was wir anordnen, andernfalls . . .«

»Ja, das hat er auch gesagt.«

Ring drehte sich kurz um, nickte mir lächelnd zu und sah dann wieder auf den Gang hinaus. Der Regen floß über die Fensterscheibe.

»Sie wissen natürlich nicht, wo das Schwarze Tor liegt.«

»Nein.«

»Das ist ein Hünengrab in der Heide. Südlich der Stadt. Sehr einsam. Liegt offen in der Ebene. Gut zu beobachten. Führt eine Straße vorbei. Kaufen Sie sich einen Plan. Da finden Sie alles. Sie lassen den Wagen auf der Straße stehen. Zum Grab gehen Sie zu Fuß. Kapiert?«

»Ja.«

»Ja, *Boris*, verdammt noch mal!«

»Ja, Boris.«

»Um 21 Uhr heute abend sind Sie da. Wir erwarten Sie. *Allein* kommen Sie, das ist klar, und ohne Waffe natürlich.«

»Ja, Boris.«

»Wir beobachten Sie unausgesetzt. Sie reden auch mit keinem Menschen darüber und bitten keinen Menschen, Ihnen zu folgen, in einiger Entfernung oder so. Das schlagen Sie sich gleich aus dem Kopf. Wir wissen, ob Sie allein kommen oder ob Sie quatschen und mit wem, und ob Sie versuchen, uns reinzulegen. Wir wissen das alles immer so schnell, daß Sie sich wundern werden, wie schnell Sie im Kittchen sind, wenn Sie wirklich versuchen, uns zu betrügen. Glauben Sie mir das?«

»Jedes Wort, Boris.«

»Sie sind gewarnt. Noch eine Warnung kommt nicht. Apropos Boris. Sie werden den lieben Boris doch heute in Frankfurt besuchen, was?«

»Ich weiß noch nicht . . .«

»Quatschen Sie nicht kariert. Klar wissen Sie es. Damit haben wir gerechnet, daß Sie den einweihen. Auch auf ihn passen wir auf. Also sprechen Sie sich ruhig aus. Beichten Sie ihm alles. So schlau er ist – diesmal wird er sich nichts ausrechnen können.« Die Frechheit, dachte ich, und ich dachte es bewundernd. Die Seelenruhe, mit der dieser Kerl sich unterhält. Dieser Kerl . . . ich kenne ihn. Ich kenne seine Stimme. Es fällt mir nur nicht ein, wo ich sie schon einmal gehört, wo ich diesen Kerl schon einmal gesehen habe.

»Sie können dieselbe Maschine nehmen wie gestern. Lufthansa. 13 Uhr 30. Dann nehmen Sie auch dieselbe Maschine zurück. Wieder Lufthansa. 18 Uhr 30 ab Frankfurt. Sie fahren nicht mehr ins Hotel, Sie fahren überhaupt nicht mehr nach Treuwall, sondern gleich zum Schwarzen Tor.«

»Und dann?«

»Dann werden Sie schon sehen. Denken Sie an das, was auf dem Spiel steht. Für Sie und Ihre Lillian und Ihren Freund Minski . . . und viele andere Menschen.«

Ich antwortete nicht. Auf dem Gang draußen gingen zwei Ärzte vorbei. Ring nahm verschämt die Pfeife aus dem Mund und hielt sie auf dem Rücken. Kaum waren die Ärzte fort, steckte er sie wieder in den Mund.

»Haben Sie verstanden?«

»Ja, Boris.«

»Gut. Also dann bis 21 Uhr. Seien Sie pünktlich. Und verabschieden Sie sich jetzt auch richtig.«

»Also dann, Boris«, sagte ich.

Die Verbindung war unterbrochen. Ich legte den Hörer in die Gabel.

»Hatte Ihnen viel zu erzählen, Ihr Freund, was?« meinte der rundliche Ring.

»Ja«, sagte ich.

»Von der Zeitbombe heute nacht, nicht?«

»Ja«, sagte ich. »Von der Zeitbombe.«

Er lächelte freundlich.

»Gehen Sie immer schon zu Frau Lombard hinein«, sagte der Kriminalbeamte Ring, während er das Einpackpapier von den Rosen wickelte und mir den Strauß überreichte. »Ich rufe eine Schwester und sage ihr, daß sie eine Vase suchen soll.«

»Es ist alles Unsinn.«

»Was?«

»Was ich je gesagt habe. Dummheit und Unsinn.«

»Ich verstehe nicht . . .«

»Daß wir nicht zusammenbleiben können. Und zusammenleben. Und glücklich sein zusammen . . . für immer«, sagte Lillian Lombard. Sie war noch sehr blaß, aber ihr Gesicht hatte die gelblich-weiße Farbe verloren, sie konnte die Augen wieder offenhalten, ohne Schmerz zu empfinden, und die Pupillen waren groß und glänzten. Ihr Haar war gekämmt, ihre Lippen waren geschminkt.

Es mußte ihr schon wieder gutgehen, wenn sie ihre Lippen schminkte. Ich hatte zu Gott gebetet, daß er sie am Leben ließ, daß er sie beschützte. Während ich Lillian nun ansah, dankte ich Gott dafür, daß er sie beschützt hatte. Ganz ernst und innig dankte ich ihm in Gedanken. Es ist zum Kotzen, wie fromm ich in diesen gewissen Momenten werde.

»Natürlich war es Unsinn«, sagte ich. »Verfluchter Unsinn. Vergiß es. Vergiß alles. Jetzt ist das alles vorbei.«

»Ist es vorbei? Wirklich?«

Ich nickte.

»Du kannst alles vergessen . . . alles, was ich dir angetan habe?«

Ich nickte.

»Auch, daß ich Werner geheiratet habe?«

»Wir wissen doch beide, warum du das getan hast«, sagte ich. »Und außerdem ist es schiefgegangen.«

»Ist er noch hier, Ritchie?«

»Ja.«

»Ich will ihn nicht sehen.« Ihre Stimme hob sich, die großen Augen wurden noch größer. »Ich will ihn auf keinen Fall sehen! Hier nicht und überhaupt nicht. Nie mehr!«

»Schon gut«, sagte ich, gleichermaßen überrascht und befriedigt von der Heftigkeit ihres Ausbruchs. »Schon gut, Lillian, du mußt ihn nicht sehen. Du mußt niemanden sehen, den du nicht sehen willst. Auch Kamploh nicht mehr.«

»Kamploh«, sagte sie klanglos. Danach schwieg sie eine Weile, und ich hörte den Regen an die Fensterscheiben ihres Zimmers klopfen, und ich dachte daran, was mir bevorstand, heute abend um 21 Uhr da in der Heide, bei diesem Hünengrab, das ›Schwarzes Tor‹ genannt wurde. Ich hatte große Angst, aber ich wollte sie vor Lillian nicht zeigen. »Kamploh«, sagte sie noch einmal. »Ich war die Geliebte eines Naziverbrechers. Das ist er doch, nicht?«

»Es scheint so«, sagte ich vage. »Deshalb hat man ihn verhaftet.«

»Man wird ihn nicht mehr freilassen?«

»Gewiß nicht.«

»Ich habe Angst vor ihm . . . nach dem, was er getan hat.«

»Getan hat . . .?«

»Der Armagnac.«

»Ach so. Es ist nicht sicher, daß er es getan hat. Es kann auch so gewesen sein, daß jemand versucht hat, *ihn* zu vergiften.«

»Wer?«

»Das weiß ich nicht. Einer von den vielen Menschen, die ihn haßten, weil er sie terrorisierte . . . Du hast doch selber gesagt, er hat so viel Macht über so viele Menschen . . . Vielleicht sind es auch ein paar gewesen, die sich zusammengetan haben.«

»Das glaube ich nicht, Ritchie.«

»Die Polizei glaubt es.«

Die Tür ging auf.

Gefolgt von dem Kriminalbeamten Ring kam eine Schwester ins Zimmer. Sie brachte eine Vase, in die sie die Rosen gesteckt hatte, und stellte die Blumen auf ein Tischchen, in die Nähe des Bettes. Sie war sehr freundlich zu Lillian und bewunderte die Rosen.

»Ja«, sagte Lillian und berührte meine Hand, »sie sind herrlich.«

Die Schwester ging wieder. Ring folgte.

»Wie lange wirst du noch hierbleiben müssen?« fragte ich. Die Chromstange für die Tropfinfusionen und die anderen Geräte, die gestern noch an ihrem Bett gestanden hatten, waren fort.

»Ein paar Tage, sagen die Ärzte. Zur Sicherheit. Nicht mehr lange. Werde ich noch die ganze Zeit bewacht werden?«

»Ich denke schon.«

»Warum eigentlich?«

Ja, warum eigentlich noch, überlegte ich. Delacorte war verhaftet. Was bewog Paradin, die Kriminalbeamten hier zu belassen? Ich wollte ihn fragen, nahm ich mir vor.

»*Willst* du nicht bewacht werden?«

»Doch . . . es ist mir angenehmer so. Ich frage mich nur, was die Polizei sich denkt.«

»Es ist wahrscheinlich noch nicht alles klar, obwohl Kamploh sitzt. Sie wollen dich schützen so gut sie können, nach dem, was passiert ist.«

»Wenn ich hier herauskomme, passen sie dann immer noch auf mich auf?«

»Ich glaube nicht.« Ich glaubte es schon.

»Ein paar Tage bleibe ich noch hier. Was mache ich dann, Ritchie?«

Ich hatte keine Ahnung, was in ein paar Tagen sein würde. Vielleicht saß ich in ein paar Tagen hinter Gittern. Vielleicht war ich in ein paar Tagen tot. Ich sagte munter: »Dann kommst du sofort zu mir. Ich meine . . . nachdem du deine Sachen aus der Villa geholt hast.«

»Zu dir nach Frankfurt?«

Ich nickte.

»Hast du etwas?«

»Ich . . . wieso?«

»Bedrückt dich etwas?«

»Was sollte mich bedrücken?«

»Du siehst aus, als ob du eine Menge Sorgen hättest. Hast du Sorgen?«

»Überhaupt keine«, sagte ich. »Ich bin glücklich, daß wir nun endlich wieder zusammen sind. Daran muß ich dauernd denken. Es ist ein sentimentaler Gedanke.«

»Alter lieber Ritchie«, sagte sie.

»Liebe alte Lillian«, sagte ich.

»Ich werde dir eine gute Frau sein. So gut ich kann. Das schwöre ich dir.«
Sie nahm meine Hand und legte sie an ihre Brust.

Immer wieder mußte ich an das Telefongespräch denken, immer wieder überflutete mich Furcht in mächtigen, breiten Wellen. Ich *durfte* nicht daran denken! Ach, S. Kaczmarek . . .

Denk an was Schönes, denk an Engel!

Ich sagte eifrig: »Weißt du, wir werden nicht in Frankfurt bleiben. Wir verlassen Deutschland.«

»Bald?«

»Ja, bald.«

Sie holte tief Atem.

»Wohin willst du gehen?«

»In die Schweiz. An den Lago Maggiore. Minski auch. Alter Plan von uns. Wir übersiedeln. Ich habe genug Geld, sei ohne Sorge. Wir werden ein schönes Leben haben in der Schweiz.«

»Am Lago Maggiore?«

»Ja. Willst du da nicht hin?«

»Ich will überall hin, wohin du willst, Ritchie«, sagte Lillian. »Mein Gott, Lago Maggiore . . . wie wunderbar. Und bald, sagst du?«

»Sehr bald«, sagte ich.

»Wann?«

»Nächstes Jahr, vielleicht schon im Sommer, es hängt ein wenig von den politischen Ereignissen ab. Aber im Herbst bestimmt. Vor Neujahr 1968. Wegen der Steuer.«

Ich wunderte mich darüber, wie leicht mir die Worte über die Lippen kamen. Wer konnte jetzt noch sagen, ob es mir jemals gelingen würde, die Schweiz zu erreichen? Wer konnte sagen, ob mein Plan gelang? Was war das überhaupt für ein Plan? Eine Fülle wilder, wirrer, ungeordneter Gedanken war das, Phantastereien, kein Plan. Und *falls* ich Delacorte aus dem Gefängnis herausbekam – würde mein Bruder mir die Originalmanuskripte, wenn überhaupt, nicht *selbstverständlich* erst geben, sobald Delacorte *außer Landes* war? Mußte ich also deshalb nicht selbstverständlich *sofort* Paradin und die Polizei verständigen? Wenn es mir gelang, die Flucht zu vereiteln, wenn es mir gelang, meines Bruders habhaft zu werden, dann gab es natürlich einen Prozeß. *Was* für einen Prozeß? Einen, in dem man mir großmütig meine *ganze* Schuld vergab und nur meinen Bruder bestrafte? Oder viel eher uns beide? Und wenn man mich wirklich kaum oder gar nicht bestrafte, würde sich dann nicht die ›Spinne‹ an mir rächen? All diese Gedanken und noch hundert andere dazu hatten mich in meine schlimmen Träume hinein verfolgt, verfolgten mich unablässig weiter. Vielleicht kennen Sie das Gefühl, das einen leicht in solchen Situationen überfällt: Man beträgt sich grenzenlos gleichmütig und ist maßlos erregt, man spürt das Fieber und die Verzweiflung des Glücksspielers, der weiß, daß er zuletzt auf alle Fälle verlieren muß; man wird heiter, albern wird man dabei — und nur von Zeit zu Zeit meint man, daß einem vor Entsetzen das Herz stehenbleibt. So ging es mir, seit vielen Stunden. Und noch stand mir Minski bevor. Was würde Minski sagen?

»Ich möchte schon in der Schweiz sein«, sagte Lillian sehnsüchtig. »Mit dir. Im Süden. Wo es warm ist. Am Wasser. Weit, weit weg von all dem hier.«

»Wir werden bald dort sein«, sagte ich und dachte an das Schwarze Tor. »Sehr bald werden wir dort sein. Du mußt nur Vertrauen zu mir haben, Lillian.«

Zur gleichen Zeit etwa sprach auch Boris Minski mit seiner Frau über das schöne Leben, das sie am Lago Maggiore führen wollten — im kahlen Garten der Pflegeanstalt Hornstein, während krächzend große schwarze Vögel über sie hinwegflogen.

Ich hatte den Thunderbird in der Hotelgarage gelassen und war mit einem Taxi zum Krankenhaus gefahren, denn mein Wagen war noch nicht ganz fertig gewesen. Ich hatte am Abend zuvor darum gebeten, daß sie ihn wuschen und einsprühen und das Öl wechselten und die Heizung reparierten und ihn abschmierten, und das hatten sie noch nicht ganz geschafft gehabt. So fuhr ich mit einem Taxi in den ›Kaiserhof‹ zurück. Bei dem Zeitungsstand in der Halle kaufte ich einen Plan von Treuwall und Umgebung. Gerade als ich bezahlte, kamen die beiden jungen Verliebten durch die Halle. Das zarte Mädchen mit dem blonden Haar, das über die Schultern fiel, trug ein blaues Kostüm; der junge Mann, der so mager war, daß die Hornbrille in seinem schmalen Gesicht viel zu groß wirkte, trug einen Flanellanzug und einen schwarzen Rollkragenpullover. Sie hielten einander wieder an den Händen und lächelten, und wieder empfand ich die Verzauberung, die von allen Verliebten ausgeht, empfand ich den Kreis des Schutzes, der sie umgibt, sie alle, die lieben.

Ich grüßte.

»Schauderhaftes Wetter«, sagte ich zu dem Jungen. Regen rann mir über das Gesicht, und mein schwerer Kamelhaarmantel war feucht, ich kam direkt von draußen. Er sah durch die gläserne Drehtür.

»Ach«, sagte er, »wir finden es sehr gemütlich. Wir bleiben im Hotel. Wenn der Regen nicht aufhört, werden wir am Nachmittag schlafen. Und abends werden wir wieder einen kleinen Spaziergang machen.«

»Im Regen?«

Das Mädchen sagte mit zarter Stimme: »Es ist schön, im Regen spazieren-zugehen, finden Sie nicht?«

»Na, ich weiß nicht . . .«

»Wenn man sich warm anzieht und einen Schirm nimmt.«

»Ja«, sagte ich, »dann natürlich.« Ich lächelte, und sie lächelten auch beide, und sie kauften viele Zeitungen und Zeitschriften, und ich sah ihnen dabei zu. Sie grüßten höflich und gingen Hand in Hand, die Zeitschriften unter dem Arm, wieder zum Lift zurück und fuhren nach oben.

Die Bar war noch immer geschlossen, sah ich. Dicke Vorhänge verdeckten die Gitterstäbe und die Schlingpflanzen, und ich hörte Männer reden und Hämmern und Sägen und Gelächter. Sie brachten Pierres Theke wieder in Ordnung, da hinter dem Vorhang.

»Ach, Herr Mark!« Einer der Portiers kam auf mich zu. »Herr Oberstaats-anwalt Paradin hat nach Ihnen gefragt.«

»Wann?«

»Vor zehn Minuten.«

Paradin war früh am Morgen gekommen und, gleich mir, in der Hotelhalle von Reportern überfallen worden. Nun hatten die Reporter den ›Kaiser-hof‹ verlassen, um Nachrichten über Delacorte zu erhalten. Die meisten waren wohl bei Gericht oder im Gefängnis oder in Delacortes Villa. In der Halle sah ich nur einen Fotografen und zwei Journalisten sitzen. Sie küm-merten sich nicht um mich. Sie hatten sich schon um mich gekümmert.

»Was will der Oberstaatsanwalt?«

»Sie möchten ihn anrufen, wenn Sie kommen. Er ist noch auf seinem Zimmer. 412.«

Also ging ich in eine Telefonzelle und ließ mich mit 412 verbinden und hörte Paradins Stimme: »Ritchie, kommen Sie doch bitte zu mir herauf.«

»Ich will nach Frankfurt fliegen.«

»Ja, eben. Es dauert nur einen Moment.«

»Gut. Ich bin gleich da.«

Ich trat wieder in die Halle und fragte den Portier: »Ist mein Bruder im Haus?«

Er blickte hinter sich auf das Schlüsselbrett.

»Nein, ausgegangen, Herr Mark.«

»Hat er eine Nachricht hinterlassen?«

»Keine Nachricht, nein.«

»Danke«, sagte ich und ging zum Lift. Den Plan, den ich gekauft hatte, steckte ich in eine der großen Innentaschen meines Mantels. Ich mußte den Aufzug erst herunterholen. Er befand sich im dritten Stock. Dorthin hatte er die beiden glücklichen Verliebten gebracht.

Die Luft im Salon von Paradins Appartement war blau von Zigarettenrauch. Ich sah, daß er Besuch hatte, als ich eintrat. Der Kriminalkommissar Eilers und ein junger Mann mit blondem, widerborstigem Haar erhoben sich aus ihren Sesseln, während der kleine Paradin auf mich zuhinkte und mir die Hand schüttelte.

»Schön, daß Sie so schnell kommen, Ritchie. Wie geht es Frau Lombard?«

»Gut«, sagte ich, irritiert durch die Anwesenheit der beiden Männer. Der große Eilers sah elend aus, so, als hätte er die Nacht in den Kleidern verbracht und keine Minute geschlafen. Sein Gesicht war grau, unter den braunen Augen lagen schwarze Schatten, und der Aschenbecher, der vor ihm auf dem Tisch stand, war voll. Eine Zigarette hielt Eilers zwischen zwei gelb verfärbten schmalen Fingern. Er begrüßte mich gleichfalls. Sein Händedruck war schwach – ganz im Gegensatz zu dem des jungen blonden Mannes.

»Olsen«, stellte er sich vor.

»Mark«, sagte ich. Der junge Mann hatte ein sympathisches, offenes Gesicht mit klugen grauen Augen.

»Hermann Olsen ist einer meiner Leute«, erklärte Paradin. »Kriminalassistent. Gehört zu der Abteilung, mit der ich immer zusammenarbeite. Sehen Sie ihn sich gut an, Ritchie. Und Sie, Olsen, sehen Sie sich Herrn Mark gut an. Olsen wird von nun an auf Sie achtgeben.«

»Ich bin Ihr Schatten«, sagte Olsen und zwinkerte mit den Augen.

»Sehr erfreut.«

»Sie werden mich von jetzt an häufig bemerken, nehme ich an«, sagte der blonde Olsen. Er wandte sich an Paradin. »Brauchen Sie mich noch, Chef?«

»Nein, Sie können gehen.«

Olsen hob eine Hand und winkte uns in einer allgemeinen Bewegung flüchtig zu. Er ging elastisch und schnell aus dem Zimmer.

»Also, Sie wollen nach Frankfurt fliegen, Ritchie?« sagte Paradin.

»Ja«, sagte ich. »Zu Minski. Ich muß mit ihm reden. Wegen des Lokals. Er macht sich viele Sorgen.«

»Das ist nur verständlich«, sagte Eilers tonlos.

Ich sah im ganzen Zimmer Leitzordner und Akten herumliegen: auf Tischen, Sesseln, dem Fensterbrett, auf dem Fußboden. Ich wußte, daß Paradin in Begleitung von zwei Untersuchungsrichtern erschienen war – mit drei Schrankkoffern voller Akten. Hier lag ein Teil davon. Die beiden

Richter wohnten gleichfalls im Hotel. Später am Tag würde das Material sicher in das Landgerichtsgebäude geschafft werden.

»Fahren Sie mit dem Wagen bis Hannover, Ritchie?« fragte Paradin.

»Ja.«

»Würden Sie dann Herrn Eilers mitnehmen? Er muß auch nach Frankfurt.«

»Gerne, natürlich.«

»Danke«, sagte Eilers mit gesenktem Kopf.

»Oh, natürlich, Ihr Sohn . . .«, begann ich schnell und brach ab. »Entschuldigen Sie!«

»Keine Ursache«, sagte er. Ich hatte Angst, daß der große Mann zu weinen beginnen würde. Mit hängenden Schultern und grauem Gesicht stand er da, den Blick gesenkt.

»Wir können losfahren, wann immer Sie Zeit haben«, sagte ich.

»Ich habe jetzt immer Zeit«, sagte er, kaum hörbar.

»Was heißt das?«

»Das heißt«, sagte Paradin, »daß Herr Eilers von der Bearbeitung des Falles Delacorte beurlaubt worden ist.«

»Durch wen?«

»Durch den Polizeipräsidenten«, sagte Eilers bitter.

»Und das war eine richtige Entscheidung«, äußerte Paradin nachdrücklich.

»Unter den gegebenen Umständen sind Sie psychisch viel zu belastet, um überhaupt richtig arbeiten zu können . . . im Moment.«

»Lächerlich! Ich . . .«

»Lächerlich? Sehen Sie sich einmal Ihre Hände an. Sie können ja nicht mehr Ihre Zigarette ruhig halten.« Das stimmte. »Wann haben Sie zuletzt etwas gegessen? Haben Sie heute nacht geschlafen? Na also. Es tut mir wahnsinnig leid für Sie, Eilers, aber der Polizeipräsident hat richtig entschieden. Außerdem heißt das ja nicht, daß Sie *überhaupt* beurlaubt sind. Sie können jederzeit, wenn Sie aus Frankfurt zurückkommen, weiterarbeiten, das wissen Sie. An jedem Fall.«

»Aber nicht am Fall Delacorte.«

»Eilers«, sagte Paradin, absichtlich brutal, »jetzt hören Sie endlich auf! Sie zwingen mich, es auszusprechen: Ich könnte Sie in Ihrer Verfassung überhaupt nicht brauchen. Ich werde mit Lansing arbeiten, und wenn der nicht genügt, mit noch einem anderen Beamten. Sie sind im Augenblick unfähig, gute Arbeit zu leisten.«

»Ich bin . . .«

»Sie sind ein Wrack. Am besten würden Sie um Urlaub einkommen. Sie waren schon vorher überarbeitet. Ich brauche mir nur anzusehen, wie Sie ausschauen und was Sie rauchen, seit Sie hier sind . . . das sind nicht nur die Folgen dieser einen Nacht. Aber jetzt . . . ein Mann, dessen Sohn im Gefängnis sitzt, dem die Frau davongelaufen ist . . .«

»Ihre Frau ist fort?« fragte ich erschrocken.

Eilers wandte sich ab.

»Ja«, sagte Paradin. »Er hat viel Unglück erleben müssen, der arme Teufel. Deshalb habe ich Sie heraufgebeten, Ritchie. Fahren Sie mit ihm nach Hannover. Fliegen Sie mit ihm nach Frankfurt. Reden Sie ein bißchen mit ihm. Sie haben selber Sorgen, ich weiß. Aber ich . . . ich möchte nicht, daß Eilers in den nächsten Stunden ganz allein ist. Er soll jemanden haben, mit dem er reden kann. Jemanden, den er gern hat. Sie hat er gern. Ich muß hierbleiben. Wollen Sie sich ein wenig um Eilers kümmern?«

»Klar«, sagte ich. Ich kam mir vor wie ein dreckiger, gemeiner Verräter. Ich hatte bisher nicht gewußt, wie man sich fühlt, wenn man ein gemeiner, dreckiger Verräter ist, dem seine Freunde vertrauen. Jetzt wußte ich es. Ein niederträchtiges Gefühl ist das. Man denkt, daß man gezeichnet ist, deutlich gezeichnet für jedermann. Man denkt, daß jeder den Verräter doch erkennen muß an diesem Zeichen, aber keiner erkennt einen, jedenfalls nicht sofort. Und wenn man ein guter Verräter ist, dann nie. Ich mußte ein verflucht guter Verräter werden, dachte ich . . .

Jochen, der achtzehnjährige Sohn des Wachtmeisters Stalling, hat einem Freund gegenüber vor einer Woche den Eintritt seines Vaters in die NPD mit den Worten kommentiert: »Mein Alter wird doch tatsächlich immer noch blöder. Nicht zu fassen. Ich habe schon gedacht, blöder geht es nicht mehr. Geht immer noch! Jetzt ist er doch tatsächlich in diese Kackpartei rein.«

Der Freund hat gesagt: »Über solchen Vater muß man sich ja schämen.«

»Ich schäme mich ja auch«, hat Jochen geantwortet. »Der dämliche alte Sack. Na, ich lasse es ihn spüren, was ich von ihm halte. Ich beachte ihn überhaupt nicht mehr. Der hütet sich auch, mir was zu sagen von wegen faul oder frech oder schlecht in der Schule. Angeblich will er meine Mutter nicht aufregen durch Krach mit mir. In Wahrheit ist es natürlich sein schlechtes Gewissen. Wenn ich Geld hätte, wäre ich längst abgehauen von daheim. Mir steht es bis zum Halse, Mensch. So ein Vater, und meine Mutter . . . ewig krank, ewig im Bett, eine einzige Jammerei. Zum Kotzen. Ich drücke mich, wo ich kann, bin so selten daheim wie möglich, und solange mein Alter mir gegenüber seine Pflicht erfüllt, seh ich mir das noch an. Aber es ist schon eine Scheiße, wie unsere Eltern sich aufführen, Mensch.«

Der Freund hat dieses Gespräch nicht für sich behalten. Als er mit seinen Eltern Streit bekam, hat er Jochen zitiert. Seine entsetzten Eltern haben Wachtmeister Stalling angerufen. Man hat beratschlagt, was man tun könne, um diese Flegel von Söhnen in Schach zu halten. Bei der Beratung ist nichts herausgekommen, erzählte mir Wachtmeister Stalling. Nur um eines hatte er gebeten: daß die anderen Eltern seinem Muttchen nichts von Jochens Redereien erzählen. Weil die doch so ein schwaches Herz hat.

Dieser achtzehnjährige Jochen würde sich, was die Beurteilung seines Vaters angeht, großartig mit dem achtzehnjährigen Hans Eilers verstehen, dem Sohn des Kriminalkommissars Ernst Eilers. Er könnte von Hans sogar noch einiges lernen. Hans Eilers verachtete seinen Vater nicht nur seit früher Kindheit, er haßte ihn auch. Wenn von seinem Vater die Rede ist, dann pflegt Hans Eilers seit Jahren, ganz gleich zu wem, ganz gleich, ob die Gefahr besteht, daß jener es erfährt, zu sagen: »Mein Alter? Dieser verkalkte Trottel! Krank macht der einen mit seinem ewigen Antinazigeschrei, richtig krank. Kotzen könnte man, dauernd kotzen. Einfach nicht zum Anhören. Für mich ist der Mann gestorben. Meinetwegen soll er lieber heute verrecken als morgen. Mutter kriegt eine sehr anständige Pension. Kein Vermögen natürlich, aber wir könnten davon leben, bis ich selber was verdiene. Und das Haus haben wir. Und eine private Lebensversicherung ist auch da, ziemlich hoch. Scheißkerl, mein Alter! Dieser antifaschistische Kotzproppen!« So sprach der achtzehnjährige Hans Eilers über seinen Vater.

Der Kriminalkommissar Ernst Eilers, der 1967 einundfünfzig Jahre alt wird, hat im Dritten Reich seine ganze Familie und alle seine Freunde verloren. Den Vater und einen Onkel köpften die Nazis 1943, nach langer Haft und einem großen Prozeß, als Mitglieder einer sozialdemokratischen Widerstandsgruppe. Zwei Brüder von Ernst Eilers fielen an der Ostfront. Seine Schwester und seine Mutter wurden in Hamburg von Bomben erschlagen. Ein Vetter wurde wegen Wehrkraftzersetzung hingerichtet. Eilers' beste Freunde fielen entweder, oder sie wurden gleichfalls hingerichtet – sie waren Mitglieder jener Widerstandsgruppe gewesen, der Eilers' Vater angehört hatte.

Der Hamburger Kriminalassistent Eilers, der 1942 als Soldat an der Ostfront kämpfte, wurde verhaftet, nachdem man seinen Vater verhaftet hatte. Obwohl ihm eine Beteiligung an der Verschwörung niemals nachgewiesen werden konnte – er hatte tatsächlich nichts mit ihr zu tun –, wurde er als wehrunwürdig aus der Wehrmacht ausgestoßen und zu fünfzehn Jahren Zuchthaus verurteilt. Von 1942 bis 1945 saß er in der Strafanstalt Hamburg-Wandsbek ein. Da er nicht zum Tode verurteilt war, wurde er bei Fliegeralarm nicht in den Luftschutzkeller geführt, sondern blieb, wie alle Häftlinge seiner Art, in der Zelle. Eilers' Zelle lag im vierten Stock. Die eingeschlossenen Gefangenen heulten wie wilde Tiere vor Angst, wenn die Bomben fielen, manche verloren den Verstand, andere wurden durch den Luftdruck explodierender Bomben gegen die Wände geschmettert und dadurch schwer verletzt oder getötet. Viele Häftlinge kamen um, als die Strafanstalt Treffer erhielt. Eilers blieb unverletzt. Allerdings mußte er nach 1945 für ein Jahr ein Sanatorium aufsuchen, wo die Ärzte seine völlig zerrütteten Nerven behandelten. Es ist nicht unverständlich, daß Ernst Eilers die Nazis haßte und daß er seinen Haß nicht und nie vergessen konnte.

Dieser Umstand machte aus Ernst Eilers' Leben eine Tragödie.

1947 heiratete er Carla Zantow, eine Pflegerin des Sanatoriums, das sich in der Nähe von Lüneburg befand. Carla stammte aus Treuwall, wo die Eltern ihr ein schönes Haus hinterlassen hatten, an dem sie sehr hing. Die Ärzte rieten Eilers ab, wieder in dem hektischen Hamburg zu arbeiten. Deshalb, ließ Eilers sich zur Kripo Treuwall überstellen und zog in Carlas Elternhaus ein. Sein Gesundheitszustand besserte sich stetig, aber nur langsam, und so kam es, daß er zuletzt gar nicht mehr daran dachte, wie er nur vorübergehend in Treuwall hatte arbeiten und dann nach Hamburg zurückkehren wollen. Eilers liebte die Heide, er war nicht mehr gern in großen Städten, und während der ersten Jahre seines Aufenthalts in Treuwall war er richtig glücklich. 1948 gebar seine Frau einen Sohn, 1952 wurde Eilers Kommissar. Zu diesem Zeitpunkt beobachtete er bereits mit steigender Erbitterung die Situation in Treuwall. Er hatte sich gut genug eingelebt, um zu wissen, wie viele ehemalige Größen des Dritten Reiches hier untergetaucht waren, ohne daß man sie namentlich anprangern und vor Gericht bringen konnte. Eilers sah seine Aufgabe darin, aus Treuwall eine Stadt zu machen, in der nicht mehr »alte Nazis den Ton angeben« – Worte, mit denen er diesen Zustand unentwegt beschrieb. Indessen blieben alle Versuche, die er in dieser Richtung unternahm, erfolglos.

Eilers war ein ausgezeichneter Beamter, von seinen Vorgesetzten geschätzt und geachtet – deshalb verzieh man ihm auch seine immer heftigeren und erbitterteren Reden über die alte und die neue braune Pest, die er überall auftauchen sah. Kollegen und Vorgesetzte gewöhnten es sich an, diese Reden zu überhören oder Witze über Eilers zu machen – gutmütige Witze. Der arme Kerl, er hatte schließlich eine Menge mitgemacht ...

In der Stadt bekam er den Ruf eines Sonderlings. Noch war mit dem Wort Mitleid verbunden, noch hatten viele Menschen Eilers gern, wenn sie auch keine Möglichkeit sahen, in herzlichen Kontakt mit ihm zu gelangen. Es waren nicht gleich fast alle Menschen gegen Eilers, es lehnten ihn nicht gleich fast alle ab – wie dann zuletzt.

Bald vereinsamte Eilers gesellschaftlich. Das war ihm recht so, er legte keinen Wert auf Einladungen, Skatrunden, Stammtische und die Gemeinschaft der Bürger seiner kleinen Stadt. Seine Familie genügte ihm. Allerdings genügte der Familie das Eremitenleben, zu dem er Frau und heranwachsenden Sohn verurteilte, nicht. Carla litt unter der freiwilligen Isolation, in die Eilers sich begeben hatte. Sie hätte gern Freundinnen gehabt – aber da Eilers nun schon den Ruf eines leicht streitsüchtigen Eigenbrötlers besaß, wurde auch Carla von Treuwalls Bürgern eher gemieden, und ähnlich erging es dem kleinen Hans, der, kaum in der Schule, bereits mit der Nachricht heimkam: »Du bist ein Kommunist, Vati!«

»Wer sagt das?«

»Der Hinrichs hat es gesagt, und alle anderen haben es auch gesagt. Sie haben gesagt, der Hinrichs hat recht. Was ist das, ein Kommunist?«

»Das kann ich dir nicht erklären. Dazu bist du noch zu klein. Außerdem bin ich keiner.«

»Der Hinrichs hat es aber gesagt.«

»Sag dem Hinrichs, wenn er es noch einmal sagt, werde ich mich mit seinen Eltern unterhalten.«

»Von denen hat er's ja. Die sagen es auch.«

»Dann werde ich *gleich* mit seinen Eltern reden.«

»Da kannst du aber auch gleich mit den Eltern von allen anderen Kindern reden, Vati. Die sagen es nämlich auch alle«, antwortete der kleine Hans.

Eilers brachte die Sache auf der nächsten Elternversammlung zur Sprache – mühsam beherrscht und ruhig. Die anderen Eltern zeigten sich empört über die Behauptung des kleinen Hans. Sie sprachen Eilers ihre Hochachtung aus. Die Lehrer meinten, man müsse den kleinen Aufschneider und Lügner wohl ein wenig härter anfassen. Das tat Eilers nicht. Er wußte, was er von dieser Versammlung und ihrer einmütigen Freundlichkeit zu halten hatte. Der kleine Hans wurde von seinen Kameraden unbarmherzig verdroschen, weil er gepetzt hatte, und ›damit er es sich merkt‹.

Der kleine Hans merkte es sich. Von nun an erzählte er daheim nichts mehr, was er in der Schule und anderswo über seinen Vater hörte, den Meckerer, den Roten, den Verleumder, den Spinner, der ja mal in einer Klapsmühle gewesen war, den harmlosen Narren, den Ehrabschneider, den Lumpen, das arme Würstchen. Mit neun Jahren sagte der kleine Hans in der Schule, als wieder einmal von seinem Vater die Rede war, mit Überzeugung: »Ach was, mein Vater! Mein Vater – der Arsch!«

Das Schimpfwort, von den Kindern eben zum Modewort erhoben, führte er nun beständig im Munde, wenn von seinem Vater die Rede war. Er wurde daraufhin freundlich behandelt, in Ruhe gelassen, ja, bedauert. Er ließ sich gern bedauern.

Das war in der Zeit, in der Carla darauf kam, daß sie ihren Mann nicht mehr liebte. Sie wußte, er hatte recht mit allem, was er sagte. Sie wußte, was ihm und seiner Familie und seinen Freunden widerfahren war im Dritten Reich. Aber sie konnte es nicht mehr hören. *Sie konnte es nicht mehr hören!*

Sie hörte es immer weiter.

Eilers fand – endlich! – einen Gesinnungsgenossen in einem jungen Kriminalbeamten, der von Hannover nach Treuwall versetzt wurde, dem Inspektor Lansing. Lansing war ein noch größerer Nazihasser als Eilers.

»Dabei haben die Polen seinen Vater ermordet, das erzählt er selber. Eine Schande ist das«, sagten so manche Leute in Treuwall.

Lansing war das egal, er wußte, was so manche Leute über ihn sagten. Er war allein und hatte keine Familie. Oft kam er zu den Eilers zu Besuch. Das heißt: Er kam zu seinem Kollegen Eilers, der ihn immer wieder bat zu kommen. Frau Eilers hätte ihn nicht gebeten.

Der Sohn, zu feige, weiterhin gegen den Vater frech zu sein, ließ seinem Zorn nun in Frechheiten gegen die Mutter freien Lauf. Er wurde ein schlechter und fauler Schüler. Er war Anführer einer Bande, die immer neue Übeltaten ausheckte. Natürlich war er der Anführer: Er mußte den anderen doch beweisen, daß er ein ganzer Kerl war – *trotz* eines solchen Vaters.

Immer wieder wurde Eilers in die Schule gerufen, weil sein Sohn etwas angestellt hatte. Immer wieder mußte er sich bei anderen Leuten für Hans entschuldigen, mußte er von Hans angerichteten Schaden bezahlen.

»Was kann so einer schon für einen Sohn haben«, sagten viele Leute in Treuwall. Sie sagten es hinter Eilers' Rücken, denn sie fürchteten ihn natürlich auch. Seiner Frau kam das Gerede oft zu Ohren, und sie grämte sich. »Die arme Frau«, sagten die Leute und redeten weiter.

Lansing und Eilers saßen nächtelang zusammen und politisierten, Lansing brachte Hans Bücher über das Dritte Reich und erzählte ihm von den Verbrechen, die sein, Lansings, Vater begangen hatte, von den vielen und großen Verbrechen. Lansings Vater erschien Hans bereits im verklären Licht eines Abenteurers großen Stils, der ein Märtyrerende genommen hatte.

Mit vierzehn Jahren bat Hans Eilers dringend, in ein Internat geschickt zu werden. Es gab drei, nicht mehr als zwanzig Kilometer im Umkreis von Treuwall, in der Heide. Der Vater war gegen diesen Wunsch. Hans schmierte mit weißer Ölfarbe ungelenke und zum Teil verkehrte Hakenkreuze an die Mauern des Schulhofs, wurde ertappt (weil er sich ertappen lassen wollte), und seinen Vater stellte man vor die Wahl, den Jungen von der Schule zu holen (in welchem Falle man die Angelegenheit vertuschen wollte) oder ein Disziplinarverfahren gegen den Sohn in Kauf zu nehmen, das auch die polizeiliche Anzeige einschloß. So erreichte Hans Eilers, daß er in ein Internat kam, weg von dem verhaßten Zuhause. Die Mutter litt sehr unter seinem Fortgang. Zu ihrem Mann sagte sie: »Daran bist nur du schuld.«

Im Internat entwickelte Hans sich zum Guten. Er wurde einer der besten Schüler der Klasse, alle Lehrer lobten seinen Fleiß, seine Ehrlichkeit, seinen Mut und seine Kameradschaftlichkeit. Er war bei Lehrern und Schülern außerordentlich beliebt. Nie gab es Klagen. Doch immer neue Ausreden erfand Hans, um in den Ferien und zu den Feiertagen nicht nach Hause fahren zu müssen.

Dem Vater sagte der Direktor, als er sich einmal darüber beklagte: »Sie sollten nachdenken, wieweit Sie schuld an dieser Haltung Ihres Sohnes sind, lieber Herr Eilers. Er muß doch einen Grund haben, auf keinen Fall heim zu wollen.«

Darauf schwieg Eilers – schuldbewußt zum erstenmal.

In der Nacht vom 23. zum 24. November 1966 kam es dann zu der großen Auseinandersetzung der Eheleute. Nachdem man Eilers telefonisch im Präsidium von der Verhaftung seines Sohnes in Frankfurt verständigt hatte, war der Kommissar heimgefahren, um die unfaßbare Nachricht seiner Frau zu überbringen. Sie schlief. Er weckte sie und erzählte ihr, was Hans getan hatte.

»Das gibt es nicht!« rief Carla.

»Leider doch. Er sitzt im Gefängnis.«

»Aber wie soll er das denn gemacht haben? Wie ist er denn aus dem Internat herausgekommen?«

»Das wissen wir noch nicht. Feines Internat. Wie oft er wohl schon einfach ausgerissen ist und was er wohl schon angestellt hat – ohne erwischt zu werden, der kleine Dreckskerl!«

»Sag nicht Dreckskerl!« rief Carla. »Das ist mein Sohn!«

»Und meiner!« sagte Eilers, übermüdet, mit brennenden Augen, von rasender Wut erfüllt. »Ein feiner Balg, den wir da haben! Ein Mörder . . . um ein Haar!«

»Und wer hat ihn dazu gemacht?« kreischte Carla plötzlich los mit der angestauten Bitterkeit vieler Jahre. »Du! Du mit deinem ewigen Antinazigerede, mit dem du auch unsere Ehe zerstört hast . . .«

»Carla!«

». . . Ehe zerstört hast, jawohl, glaubst du, du bedeutst mir auch nur noch soviel? Glaubst du, ich habe meinen Mund gehalten, weil ich deiner Ansicht war? Den Sohn hast du mir genommen! Ins Internat ist er gegangen, weil es ihm daheim unerträglich war, weil er kein Zuhause mehr hatte! Ich, ich habe auch keines, schon lange nicht mehr! Allein, ganz allein bin ich auf der Welt . . . durch deine Schuld, durch deine Schuld!«

»Bist du verrückt geworden? Wie redest du mit mir? Wir haben heute einen der größten Naziverbrecher verhaftet, die noch gesucht werden . . .«

»Naziverbrecher!« äffte sie ihn nach, mit wirrem Haar und verrutschtem Nachthemd im Bett sitzend, welk und faltig die Haut des Gesichts, erloschen die Augen, haßverzerrt der dünne Mund. (Ist sie häßlich! dachte er erschrocken.) »Einer der größten Naziverbrecher! Das ist alles, was dich interessiert! Ich will dir mal was sagen! Weißt du, wer ein Verbrecher ist, wer es so weit gebracht hat, daß unser Sohn jetzt eingesperrt wird? Nicht dieser Kerl, den ihr verhaftet habt. Nicht mein kleiner Hans. Nein, du, du, du!«

Er starrte sie verblüfft an.

»Du verfluchter Halbirrer!« kreischte sie.

Da schlug er ihr ins Gesicht. Sie flog im Bett zurück. Sie sagte: »Das ist das Ende. Ich lasse mich scheiden.«

»Jaja«, sagte er.

»Das ist mein Ernst!«

»Jaja«, sagte er. »Ich muß zurück ins Präsidium. Und morgen kann ich runter nach Frankfurt und versuchen, dem kleinen Schwein von Sohn, das ich habe, zu helfen. Es tut mir leid, daß ich dich geschlagen habe. Aber du hast mich herausgefordert.« Er sah sie an, sie drehte den Kopf fort. Da ging er.

Als er eine Stunde später zu Hause anrief, weil er sich noch einmal entschuldigen wollte (in einem nahen Zimmer stöhnte Frau Erichsen, auf einer Couch schlafend, in wirren Träumen), meldete sich niemand. Unruhig fuhr Eilers heim. Er fand die Wohnung verlassen, ein paar Schränke geöffnet, Unordnung überall, hier einen Schuh, da ein Kleid auf dem Boden. In der Küche fand er einen Zettel:

›Ich fahre zu meiner Schwester nach Hamburg. Ich habe mit ihr telefoniert. Ich kann bei ihr und ihrem Mann wohnen, bis die Scheidung ausgesprochen ist. Wenn ich mich beeile, erreiche ich noch den 4-Uhr-55-Zug. Es hat keinerlei Zweck, daß Du versuchst, mich zurückzuholen. Ich komme nie mehr. Carla.‹

»Sie ist wirklich in Hamburg bei ihrer Schwester«, sagte Eilers, der neben mir in der Lufthansamaschine saß, die uns nach Frankfurt brachte. Wir flogen über den Wolken, in strahlendem, blendendem Sonnenschein. Schräg hinter mir in der Maschine saß der blonde Kriminalassistent Olsen.

Eilers hatte stundenlang gesprochen, auf der Fahrt von Treuwall nach Hannover, dann im Flugzeug, Er hatte unentwegt geraucht. Er sah erschreckend verfallen aus. Ich hatte kaum ein Wort gesagt und ihn reden lassen. In einer Viertelstunde würden wir in Frankfurt landen. Ich wußte nun so viel über Eilers, aber helfen konnte ich ihm nicht. Kein Mensch kann einem anderen jemals wirklich helfen, das sah ich wieder einmal. Mir konnte auch keiner helfen. Es wäre heiter gewesen, wenn ich Eilers nun mein Herz ausgeschüttet hätte.

»Ich habe heute früh angerufen. Carla hat gesagt, sie geht schon heute zum Anwalt. Was kann ich tun, Herr Mark?«

»Nichts, fürchte ich.«

Der Ventilator des alten Exhaustors tobte. Boris Minski kaute an seiner Unterlippe, während er beharrlich den Kopf schüttelte. Ich saß ihm gegenüber auf dem alten Ledersofa und sah ihn an. Ich hatte ihm in der letzten Viertelstunde alles erzählt, was es zu erzählen gab. Ich hatte eine Generalbeichte abgelegt. Ohne mich ein einziges Mal zu unterbrechen, hatte Boris mir zugehört. Doch nun, da ich fertig war, schüttelte er den Kopf, ernst und unerbittlich. Der Exhaustor schaltete sich endlich ab.

»Nein«, sagte Boris Minski. »Nein, Ritchie. Das kannst du nicht machen.«

Er sprach freundlich, aber mit sehr fester Stimme, und nun sah er mich an. Die Tränensäcke unter seinen feuchten, traurigen Augen waren schwarz. »Und wenn dein Bruder dich zehnmal erpreßt ... das, was er von dir verlangt, kannst du nicht tun. Darfst du nicht tun. Das ist unmöglich.«

»Aber dann zeigt er mich an und ...«

»Und du kommst vor Gericht. Ja. Und? Andernfalls verhilfst du einem tausendfachen Mörder zur Flucht. Das sind zwei Dinge, die in keinem Verhältnis zueinander stehen, Ritchie. Ich bin kein Moralprediger, das weißt du. Aber es gibt Dinge, die sind einfach unmöglich, die *darf* ein anständiger Mensch nicht tun. Das, was man von dir verlangt, das gehört zu diesen Dingen.«

»Du hast leicht reden«, sagte ich. »Du wirst nicht bedroht. Dir steht nicht Zuchthaus bevor. Für dich ist das alles fremd und neu. Du hast bis zu dieser Stunde nicht mal gewußt, daß mein Bruder meine Bücher geschrieben hat.«

»Natürlich hab ich das gewußt«, sagte Minski. »Hältst du mich für einen Vollidioten? Das hat man sich doch ausrechnen können. Bestseller-Autor schreibt von dem Tag, an dem sein Bruder wieder schreibt, keine Zeile mehr. Jammert dauernd herum, daß er nie mehr schreiben wird. Tut sich mit mir zusammen und führt eine Bar ... Wofür hältst du mich eigentlich?«

»Wenn du es dir schon ausgerechnet hast, warum hast du dann nie mit mir darüber geredet?«

»Weil ich dich gern hab, Ritchie«, sagte Minski, und sein Mund lächelte, während die Augen ernst und traurig blieben wie stets. »Weil ich dich nicht in Verlegenheit hab bringen wollen. Du wirst es noch nicht gemerkt haben, aber ich bin ein Mensch, der Gefühle hat. Gerade darum sag ich dir aber auch: Unmöglich, daß du diesen Delacorte rausholen hilfst. Absolut unmöglich. Ich könnt kein Wort mehr mit dir reden, wenn du es doch tust. Ich könnt nicht mehr mit dir verkehren.«

Ich ging zu dem alten Wandbord, auf dem die Flaschen standen, und goß puren Whisky in ein nicht ganz sauberes Glas.

»Könnte mal Staub gewischt werden hier«, sagte ich idiotisch. Dann trank ich einen großen Schluck und begann im Büro auf und ab zu gehen. »Was soll ich also deiner Ansicht nach tun, he?«

»Erst mal nicht so laut reden. Muß ja nicht unbedingt jeder Beamte draußen hören, nicht? Dann nicht auf *mich* wütend sein. *Ich* hab dir nichts getan.«

»Verzeih.«

»Und setz dich wieder hin. Du machst mich ganz meschugge mit dem Gerenne.«

Ich setzte mich wieder.

»Also!«

»Also, eines ist dir doch hoffentlich klar: daß alles, was dein Bruder dir erzählt hat, niemals stimmen wird! Der ist doch kein Idiot. Der gibt doch nicht Manuskripte aus der Hand, solange du ihm noch was tun kannst! Seine Auftraggeber sind keine Idioten! Die lassen keine Stunde vergehen zwischen dem Moment, wo du Delacorte aus dem Gefängnis raus hast, und dem Moment, wo sie ihn aus dem Land rausschaffen. Du glaubst doch hoffentlich nicht die Kindermärchen, die dir dein Bruder erzählt.«

Na also, da hatte er es gesagt . . .

»Natürlich nicht«, murmelte ich.

»Nu und?«

»Was, nun und? Ich habe dich gefragt, was ich *deiner* Ansicht nach tun muß. *So* einfach ist das natürlich nicht.«

»Nicht einfach? Du gehst zur Polizei . . . oder zu deinem Freund Paradin, und erstattest eine Selbstanzeige.«

»Du bist ja . . .«

»Laß mich reden. Du sagst, wie das mit den Büchern war und daß du den Staat betrogen hast bei den beiden Preisverteilungen und daß dein Bruder dich jetzt damit erpreßt und was er von dir verlangt. Wird doch, nebbich, das schlimmste Gericht von der Welt dazu bringen, dir mildernde Umstände zu geben. Man muß doch deinen guten Willen anerkennen. Das ist die Lösung. Sauf nicht soviel.«

»Einen Dreck ist das die Lösung!« schrie ich.

»Schrei, Trottel, schrei«, sagte Minski zornig. »Ich kann die Herren von der Polizei aber auch gleich hereinbitten. Dann mußt du dich nicht so strapazieren. Wieso ist das einen Dreck die Lösung?«

»Weil ich das zwar erzählen kann, aber weil ich keine *Beweise* für meine Behauptungen habe. Nicht einen! Glaubst du, daran hätte ich noch nicht gedacht? Eine solche Sau bin ich auch nicht, daß ich gleich auf so was eingehe! Aber ich kann nichts beweisen, kapierst du nicht? Ich kann ohne die Hilfe meines Bruders nicht einmal beweisen, daß er die Romane geschrieben hat! Er hat die Originalmanuskripte, nicht ich! Und er wird sich hüten, sie zu zeigen! Er wird sagen, daß ich spinne, daß das irgendeine Art von Rache ist, daß ich ihm was anhängen will, daß ich . . . was weiß ich . . . daß ich den Verstand verloren habe!« Ich trank mein Glas leer, stand auf, holte die Flasche von dem alten Regal und ging zum Tisch zurück, wo ich das Glas wieder füllte.

»Du sollst nicht . . .«

»Und weiter?« Ich trank. »Die Erpressung? Mein Bruder würde selbstverständlich leugnen, daß er mich erpreßt hat. Das ist doch wohl klar, wie? Und die ›Spinne‹ würde, wenigstens für den Moment, davon absehen, ihn hochgehen zu lassen. Was habe ich sonst zu bieten? Nichts! Na, wie gefällt dir das?«

Minski sah mich traurig an und antwortete nicht.

»Ich hab dich was gefragt!«

»Ich denk nach. Ist was dran an dem, was du sagst.«

»Und ob da was dran ist.«

»Trotzdem«, sagte Minski, »trotzdem. Der Arzt ist umgebracht worden. Die beiden Kriminalbeamten sind verschwunden. Du hast selber gesehen, wie der eine den anderen erschossen hat. Mich hat man telefonisch bedroht. Eine Zeitbombe haben sie uns ins Lokal gelegt. Außerdem . . .«

Ich winkte ab.

»Das beweist alles nur, daß es Leute gibt, die an Delacorte sehr interessiert sind . . . und das weiß Paradin seit zwanzig Jahren. Und dann beweist es noch, daß diese Leute auf mich – und auf dich als meinen Geschäftspartner – böse sind, weil ich Delacorte angezeigt habe. Aber kann ich sagen, *wer* diese Leute sind? Diese Leute von der ›Spinne‹, die meinen Bruder angeblich erpressen, so daß er mich erpressen muß? Nicht einen einzigen Namen kann ich nennen. Nicht einen einzigen Beweis habe ich.«

»Hm«, machte Boris. Er sah niedergeschlagen aus.

Ich sagte: »Das ist ja die Falle, kapierst du? Erst wenn ich mich schuldig gemacht habe, erst wenn ich mit den Brüdern gearbeitet und Delacorte rausgeholt habe, erst dann werde ich – mit Glück – Beweise haben, die Schufte kennen, sie anzeigen können. Erst dann. Nicht vorher. Nicht, wenn ich nicht mitarbeite. Wenn ich nicht mitarbeite, zeigt mein Bruder mich an, wie er es angedroht hat. Dann kann ich erzählen, was ich will, beweisen werde ich es nie können. Und man wird natürlich annehmen, daß ich mich an meinem Bruder nur rächen will. Nein, nein, nein, und wenn du moralisch hundertmal recht hast – ich weiß genau, daß du *tausendmal* recht hast! –, egal, ich muß wenigstens so tun, als ob ich mitspiele, sonst komme ich nie aus diesem Teufelskreis heraus.«

Wieder schwieg Boris lange.

Dann sagte er: »Ich fürchte, das stimmt. Die haben sich alles fein und richtig überlegt. Es wird sehr schwer sein, sich alles noch feiner und richtiger zu überlegen. Hoffentlich kann man das überhaupt.«

»Man muß es können!«

»Laß die Sprüche. Wenn die Brüder dir schon freistellen, mit mir zu reden, müssen sie ihrer Sache verflucht sicher sein. Natürlich rechnen sie damit, daß du alles versuchen wirst, um seine Flucht aus Deutschland zu verhindern. Das hat dir ja sogar dein eigener Bruder bestätigt, daß man mit so was rechnet. Was ich im Moment noch nicht kapier, ist, wieso sie vor *mir* keine Angst haben.«

»Vor dir?«

»Na, sie müssen doch – wenigstens theoretisch – damit rechnen, daß ich so empört über das bin, was du mir erzählst, daß ich von mir aus, trotz unserer Freundschaft, zur Polizei geh und alles anzeig. Ich bin ein Jud. Ich war im KZ, meine Frau auch. Daß ich Nazis nicht liebe, werden die Herren sich denken können. Und trotzdem lassen sie dich ruhig mit mir über alles reden.« Minski seufzte schwer. »Da kommt noch was nach«, sagte er. »Da muß noch was nachkommen, kann man sich doch ausrechnen. Die haben auch mich in der Hand, ich weiß bloß noch nicht wie.« Er zuckte die Achseln. »Also gut, ich geb nach, du hast recht. Du kannst im Moment nur so tun, als ob du mitspielst. Ritchie, Ritchie, werden wir aufpassen müssen, daß uns der Delacorte nicht durch die Lappen geht, wenn du ihn 'raus hast, daß du ihn noch zur rechten Zeit hochgehen lassen kannst! Stell dir vor, er entkommt. Dann sind wir beide Schwerverbrecher . . . aber echte, wirkliche.«

»Wir sind zu zweit«, sagte ich. »Du bist schlau, Boris. Ich tu nichts ohne dich. Wir sind in ständiger Verbindung . . .«

»Wenn man uns nicht trennt.«

»Wie soll man uns trennen?«

»Man kann mich umlegen, zum Beispiel.«

»Herrgott, du wirst bewacht!«

»Ja.« Er grinste traurig.

»Mach nicht alles noch schlimmer! Natürlich müssen wir Glück haben bei der Sache. Ich bin auch nicht von gestern. Ich schaffe es, sie alle hochgehen zu lassen. Und dann zeige ich mich an! Und dann kriege ich mildernde Umstände . . . vielleicht! Dann . . .«

Das Telefon auf Minskis Schreibtisch läutete wieder.

Er hob ab und meldete sich. Ich sah, daß er erschrak.

»Herr Professor! Ist was mit Rachel . . .«

Ich sprang auf.

Er winkte mir, ruhig zu bleiben.

Sein bleiches Gesicht wurde leichenfahl. Er atmete unruhig und wischte sich Schweiß von der Stirn, während er lauschte.

»Ja«, sagte er. »Ja . . . nein . . . nein . . . ja . . . Bestimmt unverletzt? Sie geben mir Ihr Ehrenwort? . . . Natürlich reg ich mich auf! . . . Nein, nein, ich glaube Ihnen . . . Ja, ja, ich bin schon wieder . . . Ja, ja . . . Ich danke Ihnen, Herr Professor . . . ich danke Ihnen . . . danke . . . danke . . .« Er ließ den Hörer in die Gabel fallen und sah mich an.

»Was ist los, Boris?«

»Die Schweine«, sagte er. »Die verfluchten, dreckigen Schweine.«

»Wer? Was ist geschehen? Nun rede schon!«

»Jetzt weiß ich, warum sie dich zu mir gelassen haben«, sagte Minski. »Jetzt weiß ich, womit sie mich in der Hand haben.«

»Boris! Willst du mir endlich sagen, was los ist?«

»Das war der Herr Professor. Er hat gesagt, daß sie meine Rachel gefunden haben. Vor einer halben Stunde. Im Anstaltsgarten. Bewußtlos. Zusammengeschlagen.«

»Was?«

»Zusammengeschlagen, ja.« Minski atmete mühsam. Er preßte eine Hand an die Wange. »Jemand hat ihr über den Kopf gehauen, da war sie gleich weg. Sie kann sich an nichts erinnern. Nur daß jemand von hinten an sie 'rangekommen ist . . .«

»Im Garten?«

»Na ja doch! Sie hat noch mal spazierengehen wollen mit dem neuen Nerz. Sie darf doch gehen, wohin sie will. Und wie sie da so allein hinten im Garten, unter den Bäumen, herumgewandert ist, da hat dieser Hund sie überfallen.«

»Aber wer? Wer kann das getan haben?«

»Der Herr Professor sagt, das ist ja das Verfluchte. Praktisch kann es jeder Besucher getan haben. Vom großen Park führt doch ein Weg in den Garten. Also jeder Mensch, der in die Anstalt kommt und angeblich jemanden besuchen will, kann auch in den Garten. Und Rachel macht immer Spaziergänge da, jeden Tag, das ist bekannt. Es kann aber auch ein Patient gewesen sein. Einer von den leichten Fällen, der den Auftrag dazu gekriegt hat. Leichte Fälle gibt's massenweise da draußen. Nichts ist leichter zu arrangieren als ein Überfall in einer Heil- und Pflegeanstalt, sagte der Herr Professor.«

Das stimmt, dachte ich. Und nicht nur in einer Heil- und Pflegeanstalt war so etwas ungemein leicht möglich, nein, auch in einem normalen Krankenhaus, ich hatte es erlebt.

»Und schließlich — aber das glaubt der Herr Professor nicht — kann es wer vom Personal getan haben. Der Herr Professor hält das für ausgeschlossen, er kennt seine Leute. Trotzdem hat er eine strenge Untersuchung angeordnet und die Polizei verständigt. Herauskriegen . . .« Minski zuckte die Achseln. »Er sagt, da sieht er ganz schwarz.«

»Ist deine Frau schwer verletzt?«

»Gott sei Dank nicht. Fleischwunde. Blutverlust. Schock natürlich. Und mindestens eine halbe Stunde hat sie auf der eiskalten Erde gelegen . . . Der Herr Professor kümmert sich persönlich um sie. Er hat mir sein Ehrenwort gegeben, daß es nicht schlimm ist. In ein paar Tagen schon darf Rachel wieder aufstehen. Aber was ist dann? Was passiert ihr dann, wenn ich nicht auch mitmache?« Boris stöhnte laut. »Ich bin also genauso drin wie du, Ritchie, genauso.«

»Mehr«, sagte ich.

»Mehr, ja . . . wenn ich nicht mitspiele, bringen sie mir meine Rachel um . . . da hilft mir keine Polizei der Welt . . . Das ist ihre große Idee gewesen. Wenn ich ein bissel länger nachgedacht hätte, wär es mir eingefallen, daß es so sein muß . . . kann man sich ja . . .« Er sprach den letzten Satz nicht zu Ende, sondern starrte mich hoffnungslos an. »Und er hat doch recht, der Rabbi, der kluge. Er hat doch recht. Niemals hätten wir uns einmischen dürfen in diese Sache. Niemals! Wir haben's getan. Jetzt kriegen wir die Strafe dafür.«

Muttchen Stalling hat gestern fast – Gott sei Dank nur fast! – wieder einmal einen Herzanfall erlitten. Diesmal indessen nicht als Folge von Aufregungen oder Ärger oder mörderischem Rhein-Main-Wetter, sondern als Folge übergroßer Freude.

»Von sieben bis elf Uhr in der Nacht sind wir vor dem Fernseher gesessen«, sagt Wachtmeister Stalling. »Um halb zwölf habe ich dann den Arzt rufen müssen, daß er Muttchen eine Spritze gibt. Nur noch japsen hat sie können – so glücklich war sie. Schon blau im Gesicht. Nach der Spritze ist alles bald wieder gut gewesen, und heute fühlte sie sich prächtig. Am Abend macht sie mir Königsberger Klopse, das ist mein Lieblingsgericht, und ihres auch. Zwei Flaschen Wein habe ich gekauft, die trinken wir dazu. Heute feiern wir, Herr Mark. Haben wir nicht recht?«

»Vollkommen recht«, sage ich. Ich schneide meine Finger- und Fußnägel, es ist wieder einmal Zeit, und wie immer, wenn ich meine Nägel schneide, muß Wachtmeister Stalling auf mich aufpassen. Die Schere, die kleine, niedliche, gehört ihm, er bringt sie immer mit in die Zelle, auch eine Feile und einen Silbergriffel zum Wegschieben der Haut, die über die Nägel gewachsen ist. Richtig luxuriös ist Wachtmeister Stalling ausgestattet. Ich schneide erst einmal die Nägel der rechten Hand. Solange ich die Schere in der linken Hand halten kann, geht es leicht.

»Wir haben uns vielleicht aufgeregt vor dem Fernseher«, sagt Wachtmeister Stalling. »Ich meine: Wir waren ja *überzeugt*, daß unsere Partei es schafft, aber wo der Thielen doch diese Krise heraufbeschworen hat, nicht wahr, da hat man doch mit allem rechnen müssen. Aber nein, gut ist es gegangen, nichts ist passiert, wir sind drin, Herr Mark, gleich in den Landtagen von *zwei* neuen Bundesländern!«

Jetzt nehme ich mir meinen rechten Fuß vor. Ich sitze auf dem Bett, ohne Schuhe und Socken. Wachtmeister Stalling strahlt. Wie schön, einen glücklichen Menschen zu betrachten.

Wachtmeister Stalling ist so glücklich über den Ausgang der Landtagswahlen in Schleswig-Holstein und Rheinland-Pfalz, die gestern stattfanden. Heute ist Montag, der 24. April 1967. Und die NPD ist erstmals sowohl in den Landtag von Schleswig-Holstein wie in den von Rheinland-Pfalz eingezogen. Mit 5,8 beziehungsweise 6,9 Prozent der gültigen Stimmen hat sie jeweils vier Mandate erhalten, in Schleswig-Holstein somit ebenso viele wie die FDP.

»Wenn der Adenauer nicht gewesen wäre, ich meine, wenn er nicht gestorben wäre, vier Tage vor der Wahl, und wenn unsere Partei nicht gerade ihre Bewährungsprobe durchmachen würde, dann hätten wir überall doppelt soviel Stimmen und Mandate gekriegt«, sagt Wachtmeister Stalling. »Also, davon bin ich felsenfest überzeugt, und das haben auch die Sprecher im Fernsehen gesagt. Haben die nicht recht?«

»Ganz bestimmt«, sage ich. Sie haben meiner Ansicht nach wirklich recht. Boris Minski hat sich — damals, als er die Vorhersage für den Wahlausgang in Bayern aufstellte — nicht verrechnet. Ich erinnere mich noch an seine durchgepauste Deutschlandkarte und die einfach, doppelt und dreifach schraffierten Gebiete, die kleinen, größeren und großen Punkte, mit denen er Gegenden und Orte markierte, in denen die NSDAP bei den Wahlen von 1930 besonders viele Stimmen bekam. Ich habe Wachtmeister Stalling gefragt, und ich habe Minskis Karte noch gut in Erinnerung. Seine Methode hat sich glänzend bewährt! Wiederum bewiesen jene Gegenden, die schon einmal so schön braun gewesen sind, daß sich in ihnen nichts verändert hat. Im Norden erreichte die NPD ihre Stimmspitzen in Süddithmarschen, und da waren die Nazis schon 1930 am stärksten. Und in der rheinland-pfälzischen Gemeinde Homberg, wo die NSDAP 1932 auf 89 Prozent der Stimmen gekommen ist, kam die NPD auf 57 Prozent. Ich schließe die Augen und sehe genau die dick schraffierten Gebiete auf Minskis Karte vor mir — auch den großen Punkt bei der Stadt Pirmasens. Da haben jetzt, wie die Morgenzeitungen melden, 13,9 Prozent für die NPD gestimmt.

»Es ist ein ganz großer Sieg«, sagt Wachtmeister Stalling. »Warten Sie, Herr Mark, geben Sie mir die Schere. Sie sind doch Linkshänder. Die Nägel links schneide ich Ihnen lieber, sonst pieken Sie sich noch.« Und er setzt sich dicht neben mich und maniküre und pediküre mich weiter, weil ich mit der rechten Hand wirklich sehr ungeschickt bin.

»Hart sind Ihre Nägel, Herr Mark«, sagt Wachtmeister Stalling. »Und brüchig. Sehen Sie mal, wie die splittern. Ob Sie genug Kalk haben? Muß das bei der nächsten Arztvisite dem Herrn Medizinalrat melden. Nein, Sie können sich nicht vorstellen, was für eine Freude wir gehabt haben, Muttchen und ich. Ich bin doch nun in der Partei, nicht? Aus Idealismus reingegangen — in der Krisenzeit. Nicht erst jetzt, nach den beiden neuen Siegen. Auf alle Fälle habe ich noch eine niedrige Mitgliedsnummer. Und auch das Eintrittsdatum zeigt, daß ich es aus Überzeugung getan habe und nicht aus Spekulation. Was meinen Sie, wie sich das später einmal auszahlen wird! Wenn Sie jetzt den linken Fuß auf meine Knie legen wollen, Herr Mark. Ich danke auch schön.« Wachtmeister Stalling schneidet geschickt meine Fußnägel. Die linken sind viel schöner geschnitten als die rechten.

»Jetzt natürlich, jetzt machen sie uns alles nach«, sagt Wachtmeister Stalling. »Kunststück! Aber wer hat den Mut gehabt, zuerst von dem neuen Nationalismus zu reden, den wir brauchen? Wir . . . nicht die! Die wollen nun bloß mitschwimmen auf unserer Suppe.«

»Wer ist die?«

»Warten Sie noch einen Moment, Herr Mark, nur bis ich die kleine Zehe
... so, fertig!« Er setzt mein Bein zu Boden, greift in die Tasche und zieht
eine Zeitung hervor. Seit kurzem liest nämlich Wachtmeister Stalling Zeitung – selbstverständlich eine Zeitung seiner ›Weltanschauung‹.

»Ich hab' es mir angestrichen«, sagt er. »Die haben da Zitate gesammelt,
von den anderen. Ich lese sie Ihnen vor, und Sie raten dann immer, wer das
gesagt hat, ja?«

»Gut, Herr Stalling.«

»Die Wiedergeburt des deutschen Nationalgefühls«, liest Wachtmeister
Stalling, »ist so unausweichlich, wie die Sonne morgen aufgehen wird.« Er
schaut mich erwartungsvoll an. »Na?«

»Keine Ahnung.«

»Das hat Willy Brandt gesagt«, erklärt er triumphierend.

»Donnerwetter.«

»Ja, Donnerwetter. Die gute alte SPD, was? Na, mal weiter. Hören Sie: Der
produktive Kern eines deutschen Nationalbewußtseins ist das von innen her
kommende, freie, tatkräftige Engagement für das Vaterland. Hm?«

»Rate ich nie.«

»Eugen Gerstenmaier, CDU. Ich sage ja, jetzt nichts wie 'rauf auf unsere
Suppe!« Wachtmeister Stalling hat die Zeitung auf mein Bett gelegt. Er muß
die Hände freihaben, aber er ist weitsichtig, und mit einer Nickelbrille, die
er aufgesetzt hat, kann er prima lesen.

»Bitte sehr: Der Atomsperrvertrag ist ein neues Versailles von kosmischen
Ausmaßen!«

»Franz-Josef Strauß«, sage ich, »CSU, das habe ich schon woanders gelesen.«

»Ist schon ein Ding, der Ausspruch, was? Na, und zuletzt, weil es doch von
jeder Partei einer ist: Ein gesundes Nationalbewußtsein beinhaltet, daß man
nicht im Büßergewand der Geschichte einhergeht.«

»Mende. FDP!«

»Richtig. Der darf nicht fehlen, wie? Wohin Sie schauen – alle 'rein in
unseren ... entschuldigen Sie, Herr Mark, aber es ist doch wahr, oder habe
ich nicht recht? Ich will den Herren gar nicht unlauteren Wettbewerb
vorwerfen ... i wo, die haben nur ganz einfach gemerkt, daß es eben gute
und schlechte Deutsche gibt, aber nur *ein* Vaterland – und in diesem Punkt
einfach keine Parteien mehr, sondern nur die *eine Idee*. Aber die haben
wir zuerst ausgesprochen! Mit der marschieren wir zum Sieg! Jetzt können
Sie Ihre Socken wieder anziehen, Herr Mark«, sagt Wachtmeister Stalling.
»Ich lasse Ihnen die Zeitung da. Hochinteressant.«

Ich habe heute auch schon meine eigenen Zeitungen gelesen – Berichte über
die Wahl und anderes. Die AEG wird in diesem Jahr in einem ihrer Berliner
Werke fünfhundert Arbeiter entlassen müssen, weil die Aufträge für Elek-
trogroßmaschinen so sehr zurückgegangen sind. Ebenso wie im Volkswa-

genwerk wird im Mai auch in den Werken der Auto-Union Kurzarbeit eingelegt werden müssen. Über den Umfang der Ruhezeiten in den beiden Firmen ist noch nicht endgültig entschieden worden. Die ersten Kurzarbeitstage werden in beiden Werken der 10., 11. und 12. Mai sein. In der vorigen Woche, am Freitag, haben einundsiebzigtausend Bergarbeiter auf sechsunddreißig Schachtanlagen von insgesamt elf Bergwerksgesellschaften eine Feierschicht einlegen müssen. Durch diese wegen Absatzschwierigkeiten notwendige Pause ist den Bergleuten ein Lohnausfall von rund 2,5 Millionen Mark an einem einzigen Tag entstanden. Für die mehr als dreitausend Angehörigen der Schachtanlage Westfalen in Ahlen (Kreis Beckum) war das bereits die siebente Feierschicht im Jahr 1967. Und endlich ist der jüdische Gedenkstein im Dauchauer Friedhof auf dem Leitenberg geschändet worden. Unbekannte Täter haben über den Zionstern des Denkmals ein Hakenkreuz geschmiert und ›Heil Hitler‹ darunter geschrieben – mit roter Ölfarbe.

»Freu mich schon so auf heute abend«, sagt Wachtmeister Stalling, seine Geräte wegpackend. »Einen Frankenwein habe ich ausgesucht, erste Klasse, was ganz Hervorragendes. Und es gibt nichts, was mein Muttchen so gut macht wie Königsberger Klopse. Wird auch wieder deutsch, Königsberg, warten Sie es nur ab, Herr Mark, warten Sie es nur ab.«

»Herr Richard Mark, soeben gelandet mit Lufthansa aus Frankfurt, bitte kommen Sie umgehend zum Informationsschalter«, klang die Mädchenstimme aus vielen Lautsprechern. Ich hatte gerade die Ankunfthalle des Flughafens Hannover betreten. Über der Schulter trug ich eine blaue Leinentasche, an der eine breite Schlaufe angenäht war. In der Tasche befanden sich ein kleines, sehr leistungsfähiges Tonbandgerät und zehn Tonbänder in roten Kassetten. Es waren BASF-Fabrikate der Type PES 18, ein jedes 730 Meter lang, beidseitig und vierspurig besprechbar. Die Bänder waren Musikkonserven, ich hatte sehr vielen langsamen Jazz auf ihnen gespeichert – für Verwendung im ›Strip‹. Dort, im Hinterzimmer in meinem Schreibtisch, war auch der Platz der blauen Tasche, der Bänder und des Geräts gewesen. Nun brauchte ich das Magnetophon für meine Berichte an Werner. Ich wollte keine neuen Bänder kaufen, sondern die alten neu besprechen.

Der Kriminalassistent Olsen blieb bei einem Zeitungsstand stehen, während ich zu dem Informationsschalter eilte. Er strich sich durch das blonde, widerborstige Haar und gähnte lächelnd.

Beim Auskunftschalter arbeiteten drei Stewardessen und ein Mann. Sie unterhielten sich mit Fluggästen, ein Mädchen sprach in ein Mikrofon, eines telefonierte. Es war hier sehr laut.

»Ich heiße Mark. Ich soll . . .«, begann ich, da hielt der Mann in der blauen Uniform mir schon einen Telefonhörer hin.

»Gespräch für Sie, Herr Mark!«

Ich nahm den Hörer. Menschen drängten an mir vorbei, sprachen mit den Stewardessen, andere Telefone klingelten, aus den Lautsprechern kam die Stimme des Mädchens vor dem Mikrofon.

»Mark«, sagte ich.

Sogleich ertönte die Männerstimme, die ich schon heute morgen im Krankenhaus gehört hatte, jene Stimme, die mir so bekannt vorkam, ohne daß mir einfiel, woher ich sie kannte: »Gut gelandet? Sehr schön. Herr Minski auch beruhigt? Ausgezeichnet. Jetzt ist es halb acht. Sie können Ihr Rendezvous beim Schwarzen Tor bequem einhalten.«

Eine dicke Dame neben mir stritt mit einer Stewardeß.

»Es ist ein vollkommen zahmer Pudel, sage ich Ihnen!«

»Gnädige Frau, wir *dürfen* Hunde nur in Kisten befördern. Ich kann bloß wiederholen, was man Ihnen schon im Flugbüro sagte.«

»Im Frachtraum? Mein Hund? Niemals!«

»Es geht nicht anders, gnädige Frau . . .«

»Aber wie soll ich dann Putzi nach Wien bringen?«

»Das mit dem Rendezvous wird nicht so einfach sein«, sagte ich.

»Wieso nicht?«

»Ich bin nicht allein.«

»Oh, Sie meinen den Herrn, der Ihnen zur Begleitung gegeben wurde. Der stört nicht. Das ist ein Herr von uns.«

Ich hielt mich an der Theke des Schalters fest. Mir war auf einmal sehr elend. Das ist ein Herr von uns. Aus dieser Geschichte komme ich nie mehr heraus. Ich bin so allein und so schwach, die anderen sind so viele und so stark. Ich kann nicht gewinnen gegen sie – niemals. Und wenn es mir gelingt, sie einmal zu überlisten, dann bedeutet das gar nichts. Dann werde ich dafür die Rechnung präsentiert erhalten. Sofort. Immer. Da wird es kein Verzeihen, kein Vergessen geben. Ich bin schon jetzt ein Mann ohne Zukunft, ob ich gewinne, ob ich verliere. *Gewinne!* Ich kann, kann, kann nicht gewinnen! Aber darf ich dann noch andere Menschen mit ins Unglück ziehen – Lillian, Minski, Minskis Frau, Vanessa? Was soll ich tun? Aufgeben? Zur Polizei, zu Paradin gehen, alles erzählen? Das habe ich schon einmal alles durchdacht. Einmal? Hundertmal! Das bedeutet doch auch nur, daß Schluß ist mit mir. So habe ich vielleicht noch eine Chance, eine kleine Chance . . . Habe ich eine? Es sieht nicht so aus. Es sieht so aus, als wäre ich gefangen in einem Netz, aus dem ich nicht entkommen kann.

Aber ich gebe nicht auf! dachte ich in plötzlicher wilder Wut. Noch nicht! Nicht so leicht! Wenn es schon aus ist mit mir, dann kann ich genausogut versuchen, noch ein paar von diesen Burschen zu erledigen, ja, das kann ich versuchen, das will ich versuchen!

»Antworten Sie! Wie soll ich Putzi nach Wien bringen?«

»Mit der Bahn, gnädige Frau.«

»Mit der Bahn! Mein Putzi hält Bahnfahrten nicht aus!«

»Dann wird er aber auch Flugreisen nicht . . .«

»Was sagten Sie eben?«

»Ich sage, der Mann gehört zu uns. Glauben Sie, wir sind Dilettanten?« Ich sah zu dem blonden jungen Kriminalassistenten Olsen. Er kaufte eben ein ›Hamburger Abendblatt‹.

»Der Mann steht beim Zeitungsstand, nicht wahr?«

»Ja.«

»Und kauft soeben ein ›Hamburger Abendblatt‹.«

»Ja.«

»Na also.«

»Das genügt mir nicht. Das kann Zufall sein. Vielleicht stehen Sie hier in der Halle. In einer Zelle. Und sehen alles.«

»Und was hätte ich davon?«

»Ein Skandal ist das! Wenn irgendein Filmstar seinen Hund befördern will, dann geht es! Dann wird der sogar eingeschläfert und was weiß ich noch alles! Aber bei unsereinem . . .«

»Auch bei einem Filmstar nicht. Wir haben unsere Vorschriften. Wir können nicht . . .«

»Ach was, können nicht! Sie *wollen* nicht!«

»Achtung, bitte. Pan American World Airways geben Abflug ihres Fluges 512 nach Berlin bekannt. Passagiere werden durch Flugsteig zwo an Bord gebeten. Attention, please. Pan American World Airways announce the departure of flight 512 to Berlin . . .«

»Also, was soll ich tun?«

»Sie sprechen ihn an.« Olsen kam nun langsam, in der Zeitung lesend, näher. Es waren sehr viele Menschen in der Halle. »Sie stellen ihm eine Frage.«

»Welche?«

»Erzählen Sie mir nichts! Die Katzen von O. W. Fischer wurden jedesmal eingeschläfert und mitgeflogen, das habe ich x-mal gelesen!«

»Der Professor fuhr gestern abend noch zu Ihnen ins Hotel, um Sie zu begutachten. Er stellte die Bedingung, persönlich kurz mit Ihnen zu sprechen, bevor . . . Er wollte sich einen eigenen Eindruck von Ihnen bilden. Wenn er zufrieden war, so hatten wir verabredet, würde er Ihnen ein Geschenk machen. Als Erkennungszeichen. Nun, er hat Ihnen ein Geschenk gemacht, nicht wahr?«

»Die Katzen von Herrn Fischer kamen auch in Kisten.«

»Das ist nicht wahr! Das ist nicht wahr!«

»Gnädige Frau, bitte, nicht so laut . . . der Herr telefoniert . . .«

»Ach was! Ich verlange . . .«

»Hat eine Besonderheit, das Geschenk!« Die Stimme, die mir so bekannt vorkam, lachte kurz. »Fehlt eine Kleinigkeit. Dadurch wird das Geschenk noch wertvoller, wie? Sie fragen Ihren Reisegefährten nach den Worten, die fehlen, verstanden? Er wird sie Ihnen nennen. Das ist der Name, den wir dem Unternehmen gegeben haben. Wenn er die richtigen Wörter nennt, tun Sie, was er sagt. Schluß jetzt, Ende.«

Es klickte in der Leitung, dann war die Verbindung unterbrochen. Ich reichte dem Mann in der blauen Uniform den Hörer zurück und bedankte mich. Die dicke Frau war nun violett vor Wut im Gesicht. Zwei Stewardessen versuchten sie zu beruhigen. Ich sah mich nach dem Pudel um, aber ich konnte keinen erblicken. Das schien wirklich nur ein Informationsgespräch zu sein. Der blonde Kriminalassistent Olsen kreuzte meinen Weg, das ›Hamburger Abendblatt‹ aufgeschlagen.

Ich sagte halblaut zu ihm: »Welche Wörter fehlen?«

»Alle Menschen werden Brüder«, antwortete er sofort, ohne eine Miene zu verziehen. »Gehen Sie vor mir her. Wir treffen uns draußen, auf dem Parkplatz. Bei Ihrem Wagen. Meiner steht ganz in der Nähe.«

Ich ging wie auf einem dicken Watteteppich. Das gibt es nicht, sagte ich zu mir, das gibt es nicht. Offensichtlich gab es das jedoch sehr wohl. Ich trat ins Freie. Kalter Wind schlug mir entgegen. Ich klappte den Kragen meines blauen Kamelhaarmantels hoch und ging zu dem Platz hinüber, auf dem viele Wagen parkten. Als ich die Tür des Thunderbird öffnete, trat Olsen neben mich. Hinter ihm erhob sich die erleuchtete Fassade des Flughafengebäudes und die dunkle des Tower, auf dem ein in den schwarzen Himmel hinein gerichteter Scheinwerferstrahl kreiste.

»Kennen Sie irgendwelche Restaurants in Hannover?« fragte mich Olsen.

»Nein.«

»Hotels?«

»Das ›Intercontinental‹.«

»Gut. Ich muß mich alle sechs Stunden melden.«

»Bei wem?«

»Bei Paradin. Ich rufe ihn noch an und sage, daß Sie in die Stadt ’reinfahren. Dort haben Sie im ›Intercontinental‹ gegessen. Und waren noch ein wenig in der Bar. Sie kommen ja spät heim.« Er reichte mir ein Paket. »Stullen. Sie werden Hunger kriegen.«

Ich nahm das Paket.

»Und Sie?«

»Ich habe gegessen. Wissen Sie, wie Sie zum Schwarzen Tor kommen?«

»Ja.« Ich hatte mir den Weg auf der Karte, die ich am Morgen kaufte, mittlerweile angesehen.

»Sie können nicht bis ’ran. Sie müssen auf der Straße bleiben. Lassen Sie den Zündschlüssel stecken, und ich bringe den Wagen fort.«

»Wohin?«

»Wo ihn niemand sieht. Keine Angst. Wenn Sie zurückkommen, steht er wieder da.«

»Was heißt zurückkommen?«

Er lachte.

»Sie steigen da um, beim Schwarzen Tor. Machen eine kleine Spazierfahrt. Ich warte so lange auf Sie. Dann kommen wir gemeinsam in Treuwall an. Alles bestens.« Er wollte zu seinem Wagen gehen.

»Moment!«

Er blieb stehen.

Ich fragte: »Und Sie hält Paradin also für seinen Mann?«

»Mhm.«

»Wie lange arbeiten Sie schon für ihn?«

»Drei Jahre.«

»Immer gegen ihn.«

»Immer«, sagte er freundlich. »Ist nie der Schatten eines Verdachtes auf mich gefallen.«

»Nur aus persönlichem Interesse«, sagte ich, »eine Frage: Warum tun Sie das?«

Darauf gab er eine Antwort, die mich noch eine Weile beschäftigen sollte:

»Die Tschechen haben meinen Vater aufgehängt. Als angeblichen Kriegsverbrecher.«

Eine ähnliche Antwort hatte ich von dem Kriminalinspektor Robert Lansing erhalten. Bei dessen Vater waren es die Polen gewesen.

Olsen sagte noch: »Ich wollte sühnen, erklärte ich, als ich mich um die Anstellung bewarb. Sühnen, was geschehen ist. Das machte allen mächtigen Eindruck.«

»Achtung!« gellte eine helle Stimme.

Neun Jungen im Alter zwischen etwa sechzehn und achtzehn Jahren, die auf Bänken um einen langen, viereckigen Tisch gesessen hatten, fuhren empor und standen stramm, als ich mit meinem großen, baumstarken Begleiter den Bunkerraum betrat, in dem drei Petroleumlampen blakten.

Mein Begleiter nahm gleichfalls Haltung an, riß den rechten Arm hoch und rief: »Deutschland!«

Neun Arme flogen empor. Neun Stimmen riefen: »Deutschland!«

Meine Augen gewöhnten sich langsam an das flackernde Licht. Die Bunkerwände waren grau oder schwarz, verwittert, alt. An der Stirnseite des Raums hingen zwei Fahnen, welche die Odalsrune und stilisierte Falken zeigten. Darüber stand, mit gotischen Buchstaben in weißer Ölfarbe an die Betonwand gepinselt:

UNSERE EHRE HEISST TREUE

Ich sah, in einer Ecke, mehrere Landsknechtstrommeln, hoch und schmal, schwarz und weiß und rot in einem züngelnden Muster bemalt. Die Jungen trugen Pullover, Lederjacken, kurze Mäntel, dicke Monteuranzüge, feste Hosen und feste Schuhe. Zwei trugen Brillen. Ein paar hatten noch Pickel. Mein Begleiter trug eine schwarze Lederkombination, wie die Polizisten der Funkstreife.

»Kameraden«, sagte mein Begleiter, »das ist Herr Richard Mark, von dem ich euch erzählt habe. Ihr wißt, warum er hier ist. Wir begrüßen Herrn Mark!«

Die neun am Tisch schrien: »Heil!«

Ich nickte.

»Setzen!«

Die neun setzten sich geräuschvoll.

»Heimabend schon begonnen?« Mein Begleiter hatte sich eine eigene Art zu sprechen zugelegt.

»Jawoll, Horstführer!« rief ein Junge.

»Unterbrechen. Herr Mark soll gleich sehen, wie bei uns mit Verrätern und Feiglingen verfahren wird.« Der Horstführer brüllte: »Hippel!«

Ein Junge schnellte hoch, ein hübscher Kerl mit lockerem braunem Haar. Er war auffallend bleich und schien große Angst zu haben. Seine Mundwinkel zitterten.

Mein Begleiter erkundigte sich schneidend: »Was bist du, Hippel?«

»Ich bin eine feige Sau, Horstführer.«

»*Lauter!*«

»Ich bin eine feige Sau!« rief der Junge, der Hippel hieß, den Tränen nahe.

»Was verdient eine feige Sau?«

»Strafe, Horstführer.«

»Und?«

»Ich bitte um die Strafe«, schrie der braunhaarige Hippel mit der Kraft der Verzweiflung.

Es roch plötzlich verbraucht und stickig im Raum. Nicht nur modrig. Modrig hatte es schon zuvor gerochen. Der Geruch, den die Jungen nun auszuströmen schienen, hatte etwas Süßliches, Gärendes. Die Gesichter hatten sich verändert. Sie zeigten einen verlegenen und zugleich gespannten, lüsternen und gierigen Ausdruck.

»Das ist die feige Sau, die unsern Kameraden Hans Eilers gestern nacht in Frankfurt im Stich ließ, wie ihr alle wißt«, sagte der schwarzgekleidete Horstführer, der wohl auch nicht älter als achtzehn Jahre war. Die Jungen schwiegen. Die dumpfe, erregte Stimmung verstärkte sich. »Hosen runter!« befahl der Horstführer.

Der braunhaarige, bleiche Hippel öffnete den Gürtel. Seine Hose glitt herab.

»Unterhose auch!« Die Unterhose folgte. Jetzt war es so still, daß man die

Jungen unruhig atmen hörte. »Auf den Tisch!« Folgsam legte sich Hippel bäuchlings auf den Tisch. »Festhalten!« Erregt sprangen die Jungen auf. Sie hielten Hippel an den Hand- und Fußgelenken fest. »Die Dose und die Bürsten!« befahl der Horstführer.

Dieser Horstführer besaß ein überschmales Gesicht mit Augen, die sehr nahe beieinander lagen, eine hohe Stirn und dünne Lippen. Er hatte mich beim Schwarzen Tor erwartet. Die Straße dort lief in einer Entfernung von etwa einem halben Kilometer an dem Hünengrab vorüber, das mitten in einer baum- und strauchlosen Ebene, auf Heideboden, stand. Auf der anderen Straßenseite war dichter Wald mit zahlreichen Schneisen. Ich hatte meinen Thunderbird von der Fahrbahn rechts herunter in einen flachen Graben gefahren, die Lichter gelöscht und den Zündschlüssel steckenlassen – wie mein Bewacher Olsen mir aufgetragen hatte. Auf der Fahrt über die Autobahn und die B 4 hier herauf hatte ich immer wieder die Scheinwerfer seines Wagens im Rückspiegel gesehen; nun schien er zurückgeblieben zu sein.

Es war ganz still und dunkel, als ich von meinem Wagen fort auf das Hünengrab zuging. Der Wind hatte sich gelegt, schwarze Wolken verdeckten den Himmel, und ich roch wieder, wie schon einmal, Brackwasser, Torf und Moor.

Das Schwarze Tor bestand aus drei riesigen Megalithsteinen, zwei waren in den Boden gerammt, der dritte, länger als die anderen, ruhte in waagerechter Lage auf ihnen. Während ich auf dieses Tor zuschritt, sah ich mich für einen Augenblick in der Finsternis (meine Augen waren nach der langen Autofahrt im Scheinwerferlicht noch irritiert) selber, wie in einer Filmaufnahme – einer Weitwinkelaufnahme aus großer Entfernung und großer Höhe: Winzig klein ging ich in die Heide hinein und auf das Grab zu. Ich berührte den waagrechten Stein. Er war eiskalt und feucht. Ich stand da und wartete. Vögel schrien im Wald. Ich sah angestrengt umher, aber ich konnte in der Dunkelheit nichts erkennen. Dementsprechend erschrocken fuhr ich zusammen, als plötzlich dicht hinter mir eine Stimme erklang: »Stehenbleiben! Nicht umdrehen! Hände heben!«

Ich folgte.

Der Mann hinter mir öffnete meinen Mantel und tastete mich genau nach einer Waffe ab. Erst dann war er zufrieden. »Sie können die Arme runternehmen und sich umdrehen.«

Ich drehte mich um.

Vor mir stand ein junger Mann in einer schwarzen Ledermontur, der mich ironisch-neugierig betrachtete.

»Pünktlich«, sagte er.

»Sie wissen, wer ich bin«, sagte ich. »Wer sind Sie?«

»Nennen Sie mich Horstführer.«

»Wie?«

»Horstführer. Das bin ich. Mein Name tut nichts zur Sache. Er ist für Sie unin . . . Hinlegen!« sagte er schnell. Wir warfen uns hinter den Steinen auf den feuchten Heideboden. Oben auf der Straße ertönte Motorengeräusch, dann wanderten Scheinwerfer durch die Finsternis, und ich sah die Silhouette des Thunderbird. Der Wagen meines Beschützers Olsen tauchte auf und hielt hinter dem meinen. Die Scheinwerfer erloschen. Wir sahen Olsen aussteigen. Das heißt: Wir sahen nur seine schattenhafte Gestalt, die sich hinter das Steuer meines Wagens setzte und mit diesem losfuhr. Erst im Fahren schaltete Olsen die Scheinwerfer ein.

»Wohin bringt er meinen Wagen?«

»Runter von der Straße. In eine Schneise. Seinen auch. Sie werden ihn nachher schon wieder hier vorfinden. Kommen Sie jetzt«, sagte der Junge in der schwarzen Lederkleidung. Er ging mit mir über die Heide – ein weites Stück. Nach etwa einer Viertelstunde kamen wir zu einem kleinen Wäldchen. In ihm stand ein Jeep mit aufgeschlagenem Verdeck.

»Setzen Sie sich vorn rechts hin«, sagte der Junge. Er holte ein breites schwarzes Tuch aus der Tasche, faltete es mehrmals und erklärte: »Ich muß Ihnen jetzt die Augen verbinden. Das ist kein Indianerspiel. Sie dürfen nicht wissen, wohin ich Sie jetzt bringe. Versuchen Sie ja nicht, die Binde runterzuschieben. Ich beobachte Sie genau.«

Danach verband er mir die Augen und verknotete das Tuch. Ich hielt mich am Sitz fest, als er losfuhr. Der Jeep holperte, schlingerte und rutschte. Der Junge fuhr wie ein Wilder. Auf Straßen fuhr er nicht. Ab und zu krachte der Wagen in Löcher oder gegen Steine, daß ich von meinem Sitz hochgerissen wurde. Diese verrückte Reise dauerte etwa zwanzig Minuten, dann blieb der Jeep stehen.

»Wir sind da«, sagte der Junge und nahm mir die Binde ab. Ich sah, daß der Jeep vor einem alten, verfallenen Flakbunker gehalten hatte, der in dichtem Wald stand.

»Folgen Sie mir«, sagte der Junge. Ich stolperte, über Steine und Wurzeln, hinter ihm her zum Eingang. Gleich darauf befand ich mich in dem Raum, in dem die neun Jungen warteten, die bei unserem Eintreten hochfuhren. Ich hatte draußen, an Bäume gelehnt, ein paar Mopeds und Fahrräder gesehen. Nun stand ich da und sah den Knaben Hippel, der, mit nacktem Hintern, bäuchlings der Länge nach auf dem großen Tisch lag, an Händen und Füßen von Kameraden festgehalten. Mein Turnlehrer Armin Knäblein, die Versenkung der ›Hood‹, das Engelland-Lied und jene Turnstunde mit dem unglücklichen dicken Grönke fielen mir ein, und ich dachte, daß es geradezu eine Lieblingsbeschäftigung des Lebens ist, Ereignisse zu wiederholen oder nachzuahmen. Danach wurde mir schnell klar, daß sich hier etwas anderes abspielte.

Zwei Jungen hatten große Schuhbürsten hervorgeholt, zwei andere eine
Riesendose schwarze Schuhcreme. Der Horstführer trat an den Tisch. Mit
einem flachen Stück Holz beschmierte er den Hintern Hippels dick und
breitflächig voll Schuhwichse. Er verteilte sie liebevoll, langsam und
gleichmäßig. Wieder roch ich die widerliche, stickig-süßliche Luft im Raum,
hörte das unruhige Atmen der Jungen, deren Gesichter nun einen halb
erschrockenen, halb faszinierten Ausdruck trugen. Ich sah, daß es Bürsten
mit ziemlich weichen Borsten waren.
»Vorwärts!« befahl der Horstführer. Seine Lippen waren noch dünner
geworden, sie bildeten nur einen Strich. Die Augen hatten sich halb
geschlossen.
Zwei Jungen begannen, Hippels Hintern zu bürsten. Sie bürsteten über die
schwarze Schuhcreme.
»Fester!« sagte der Horstführer.
Hippel stöhnte.
»Noch fester und gleichmäßiger«, sagte der Horstführer.
Die beiden Jungen mit den Bürsten strengten sich an, sie begannen schwer
zu atmen. Der Junge auf dem Tisch wimmerte.
»Ablösung!«
Zwei andere Jungen arbeiteten weiter.
Hippels Hintern begann zu glänzen. Er weinte jetzt.
»Halt die Fresse«, sagte der Horstführer. »Solange du auch nur einen Mucks
von dir gibst, geht das weiter. Immer noch zwei Minuten dazu. Als
Draufgabe. Nun laßt mich mal.« Er ergriff beide Bürsten und begann
barbarisch Hippels Hinterteil zu bearbeiten. Hippel wimmerte wieder.
»Hast du nicht verstanden, feige Sau?«
Hippel verstummte.
Der Horstführer bewegte die Bürsten rhythmisch und schnell. Die Jungen
standen um ihn herum, ohne sich zu rühren. Ihre Gesichter hatten sich
gerötet.
»So«, sagte der Horstführer. »Ich denke, das bleibt der feigen Sau ein
Weilchen erhalten.« Er legte die Bürsten fort und holte etwas aus der Tasche.
Ich sah, daß es eine Rolle Leukoplastband war, etwa zehn Zentimeter breit.
Der Horstführer löste ein langes Stück von der Rolle.
»Richtig festhalten!« befahl er.
Die Jungen packten zu.
Der Horstführer klebte den Anfang des Leukoplastbandes in Hippels
Rückenmitte an und zog es dann nach unten, über beide Backen des Hintern
hinweg, wobei er dafür sorgte, daß die Backen aneinandergepreßt waren
und das Band beide bedeckte, Haut und Haare. Es mußte ungemein
schmerzhaft sein, das Band zu entfernen. Der Horstführer klebte Hippel
richtig zu, er ließ das Band bis zwischen die Beine durchlaufen. Dann zog

er einen Fahrtendolch hervor, schlitzte die Leukoplastbahn auf, klebte ihre Enden an den Innenseiten der Oberschenkel fest, wo besonders viele Haare wachsen, schnitt es ab. Dann schlug er Hippel mit der flachen Klinge des Dolches auf den Hintern.

»So, feige Sau«, sagte er. »Steh auf!«

Der Junge glitt vom Tisch herab. Er taumelte.

»Was hast du zu sagen?« forschte der Horstführer.

Weinend stammelte Hippel: »Ich danke für die verdiente Strafe. Ich bitte um einen Auftrag, bei dem ich beweisen kann, daß ich keine feige Sau mehr bin.«

»Den Auftrag wirst du bekommen«, sagte eine Stimme, die mir bekannt vorkam.

»Achtung!« schrie der Horstführer.

Wieder standen die Jungen stramm.

Ich drehte mich um.

Auf einen zehnten Jungen gestützt, kam ein schwerer Mann mit Hornbrille und in einem grauen Anzug die Treppe herab, die in das Obergeschoß des Bunkers führte.

»Deutschland!« schrie der Horstführer.

»Deutschland!« schrien die Jungen, auch der noch immer nur halb bekleidete Hippel.

»Deutschland!« rief der Kriminalinspektor Geyer, der seinen Kollegen Paul Erichsen erschossen hatte, und humpelte, gestützt auf den Jungen, weiter die Betontreppe herab.

Das war ein glühend heißer Tag im Sommer 1956, ein Dienstag, ich erinnere mich noch genau. Wir hatten unsere Hemden ausgezogen, mein Bruder und ich, und ich fuhr ohne Schuhe und Strümpfe, die nackten Sohlen auf den Pedalen meines Lincoln. Damals hatte ich gerade einen Lincoln. Wir waren auf der Rückfahrt von der Bundes-Filmpreisverteilung in Berlin. Golden leuchtete das Getreide auf den Feldern der Zone, in riesigen Flächen blühte roter Mohn.

Die Luft flimmerte, über der Autobahn schien sie zu kochen. Wir hatten alle Fenster des Wagens geöffnet. Mein Bruder döste vor sich hin, bis wir zur Elbe kamen, an jene Brücke, die nur auf einer Seite befahrbar war und auf deren anderer Seite schwitzende Männer an riesigen Maschinen arbeiteten. Massig und häßlich erhob sich der große Turm zu unserer Rechten. Das Rattern der Preßluftbohrer und das Getöse der Dampfhämmer weckten meinen Bruder auf. Er grunzte, wischte sich den Schweiß mit einem Tuch aus Gesicht und Nacken und rülpste laut.

»Verdammter Sekt«, sagte er. »Ich habe Kopfweh.«

»Ich auch«, sagte ich.

Wir hatten in der vergangenen Nacht ziemlich viel getrunken und waren spät ins Bett gekommen. Mein Bruder drehte sich um und holte aus einer Reisetasche, die im Fond stand, eine Flasche Bier, einen großen Thermosbehälter mit Eiswürfeln und zwei Becher. Er gab Eis in jeden, dann goß er Bier hinzu. Er reichte mir einen Becher.

»Ich werde besoffen bei der Hitze«, sagte ich.

»Nicht von einem Glas«, sagte mein Bruder. »Trink!«

Ich trank. Er leerte seinen Becher auf einen Zug und füllte ihn nach.

»Ein, zwei Flaschen, und es wird mir bessergehen«, sagte er. »Dann kann ich vielleicht auch etwas essen, wenn wir aus der Zone raus sind. Mein Magen ist total verkleistert. Tja, Ritchie, mein Junge, nun heißt es Abschied nehmen.«

»Abschied?« Ich fuhr jetzt an saftigen Wiesen vorüber. Im Schatten weniger Bäume lagen faul und schwer schwarzweiße Kühe.

»War eine schöne Zeit«, sagte mein Bruder, Bierschaum vom Mund wischend und wieder rülpsend. »Aber alles geht einmal vorbei. Das ist sozusagen unsere Abschiedsfahrt. Leb wohl, Brüderchen, mach's gut. So gut, wie du kannst. Ich wünsche dir Glück.«

Ich sah ihn schnell an, und dabei erblickte ich in der Ferne hinter staubbedeckten Bäumen die hohen Schlote des Kraftwerks Elbe vor einem tiefblauen Himmel. Schwarzer Rauch quoll aus ihnen.

»Ist das ein Witz, den ich nicht verstehe?«

»Kein Witz.« Mein Bruder schüttelte den Kopf.

»Oder bist du noch besoffen?«

»Auch nicht. Die Toten haben keine Tränen.«

»Was?«

»Die Toten haben keine Tränen. Ist das ein guter Titel? Ich weiß nicht. Alle sagen es. Ich bin nicht sicher. Was sagst du?«

»Wovon redest du eigentlich?«

»Von meinem Buch«, antwortete Werner und goß wieder Bier in seinen Becher, nachdem er eine zweite Flasche geöffnet und Eis in den Becher geworfen hatte. »Heißt so. Ich habe viele Titel vorgeschlagen. Bessere, meiner Ansicht nach. Aber an diesem haben sie einen Narren gefressen. Alle. Verleger. Lektoren. Vertreter. Buchhändler. Mensch, paß doch auf!«

Ich hielt das Steuerrad mit beiden Händen umklammert und ging vorsichtshalber auf fünfzig Stundenkilometer herunter.

»Du hast ein Buch geschrieben?« fragte ich und erkannte meine eigene Stimme nicht.

»Sage ich doch. Ich habe gedacht, ich rede am besten auf dieser Fahrt mit dir ... nach deinem großen Erfolg in Berlin und bevor wir nach Frankfurt zurückkommen und du das ›Börsenblatt‹ siehst.«

Das ›Börsenblatt‹ ist die Zeitschrift des deutschen Buchhandels.

»Da ist nämlich in dieser Woche das erste Inserat drin«, sagte mein Bruder. »Die wollen eine wilde Reklame machen. Ich weiß ja nicht, ob das gut ist. Mein Verleger sagt ja. Der neue Werner Mark – nach so langer Zeit. Wird eine Sensation, sagt er. Mit *dem* Thema. Der erste wirklich objektive deutsche Kriegsroman. Sagt er. Die Leute wollen so was. Sagt er. Müßte es eigentlich wissen. Groß genug ist er.«

»Wer?« fragte ich und bemühte mich angestrengt, den Wagen ruhig auf der Bahn zu halten. Die Luft über dem Beton schien zu quirlen und Blasen zu schlagen. Ich nahm die Sonnenbrille ab, die ich getragen hatte, und legte sie auf das Armaturenbrett. Jetzt war das Licht sehr grell und blendete mich, aber ich fühlte mich etwas sicherer.

Mein Bruder nannte den Namen seines Verlegers. Es war wirklich ein sehr großer Verleger.

»Er meint, die Zeiten haben sich geändert. Werner Mark ist wieder salonfähig. Ein Paukenschlag wird das, sagt er. Warte mal ab, was er an Inseraten und sonst an Werbung losläßt. Ein Vermögen investiert er. Er ist so verflucht sicher, daß es gut geht. Ist auch ein gutes Buch, also das kann ich selber ruhig sagen. Das kann ich beurteilen. Ich habe zwei Jahre daran geschrieben.«

»Wann?«

»Na, neben deinem Roman. Ich war fleißig. Verdammt fleißig. Ich bin schon mitten im zweiten Roman.« Werner sprach freundlich und ein wenig besorgt. »Tut mir leid, Ritchie, aber ewig konnte das ja nicht so weitergehen, nicht wahr? Und wenn sich die Zeiten wirklich geändert haben – sie müssen es getan haben, sonst gäbe es nicht plötzlich einen Haufen Verleger für mich . . .«

»Einen Haufen?«

»So viele ich will. Ich konnte mir den besten aussuchen – den besten für mich. Also, wenn das schon so ist, und ein Mann ist Schriftsteller, dann muß er doch auch wieder schreiben. Selber schreiben, meine ich. Unter seinem Namen. Für sich. Nicht für jemanden anderen und heimlich. *So* schön war das nämlich auch nicht, weißt du?«

Auf einer riesigen roten Tafel stand in riesigen weißen Buchstaben etwas über den Weltfrieden, aber ich las zu langsam, die Tafel war schon vorübergeflogen. Das Steuerrad schien zu beben und zu zittern, und ich hatte die Zwangsvorstellung, daß das linke Vorderrad sich lockerte und gleich abspringen würde. Das war natürlich Unsinn, ich kämpfte gegen den Gedanken an, und dieser Kampf ließ mir den Schweiß über die Stirn rinnen, die Wangen herab, auf den Hals, auf die Brust.

Mein Bruder füllte seinen Becher wieder mit Bier.

»Wenn du willst, fahr ich nach einer Weile für ein, zwei Stunden«, sagte er. »Dann kannst du was trinken.«

»Es geht schon«, sagte ich. Kleine Mädchen standen am Rand der Bahn und winkten. Wir winkten nicht zurück. »Also, es ist aus.«

»Leider, Ritchie, leider. Schau mal, wenn ich jetzt richtig loslege, gehen natürlich *meine* Arbeiten vor, nicht? Und ich habe eine Menge nachzuholen . . . so viele verlorene Jahre . . . Die junge Generation kennt meinen Namen gar nicht mehr . . . Ich habe dir sehr lange geholfen, das mußt du zugeben. Ich war dir ein guter Bruder – oder?«

»Du warst mir ein guter Bruder«, sagte ich.

»Ich ziehe aus unserer Wohnung aus.«

»Wann?«

»In den allernächsten Tagen. Mein Verleger hat mir was sehr Hübsches besorgt . . . in Bremen.«

Wieder flog eine riesige rote Tafel mit weißer Schrift vorüber, wieder konnte ich nicht richtig lesen, was auf ihr stand. Etwas über Kriegshetzer und friedliebende Völker. Dann kam eine gelbe Tafel. Bis nach Bitterfeld waren es noch 15 km.

Der Kriminalinspektor stützte sich schwer auf den Jungen, der ihn führte. Das war ein starker Kerl mit mächtigen Händen und Füßen und einem breiten, einfältigen Gesicht, vielleicht achtzehn Jahre alt. Geyer hatte den linken Arm sanft um seine Schulter gelegt, zärtlich fast, als wolle er ihn streicheln. In der rechten Hand hielt er einen dicken Stock. So bewegte er sich langsam durch den Raum und betrachtete aufmerksam den nackten Hippel, zuerst von hinten und dann auch noch von vorn.

»Gute Arbeit«, sagte er. »Zieh dich an.«

Hippel beeilte sich, wieder in seine Hosen zu kommen. Er schluchzte ein wenig, er hatte Schmerzen. Die anderen Jungen standen weiter stramm.

»Guten Abend, Herr Mark«, sagte Geyer und grinste mich an.

»Guten Abend«, sagte ich.

»Wie Sie sehen, habe ich Glück gehabt. Glatte Durchschüsse. In beiden Beinen. Keine Muskeln, keine Ader verletzt, kein Knochen, kein Nerv. Glück, weiß Gott. Und ein guter Arzt.«

»Muß ein verdammt guter Arzt sein«, sagte ich. »Haben Sie hier Telefon?«

»Ob ich hier . . . ach so, Sie erkannten meine Stimme wieder, als ich mit Ihnen telefonierte!«

»Ja.«

»Feine Ohren! Ja, das war ich. Ich . . . hm . . . leite das kleine Unternehmen. Die Jungen hier stehen ab sofort und jederzeit zu unserer Verfügung. Mit ihnen gemeinsam . . . das erkläre ich Ihnen später. Nein, hier gibt's kein Telefon. Aber mit Hilfe meines braven Jens« – er strich dem Jungen, der ihn stützte, liebevoll mit der linken Hand über die Wange – »und mit Hilfe eines Jeeps geht es auch so. In der Heide liegen viele einsame Höfe, wissen

Sie. Die Leute kennen uns. Gute Freunde. Und da gibt's Telefone . . .« Er strahlte mich wieder an. Seine moderne Hornbrille hatte ich zertreten, im Schnee auf dem Parkplatz im Hämelerwald. Nun trug er eine andere, altmodische, mit runden Gläsern und heller Fassung. Er schien ziemlich kurzsichtig zu sein, die Gläser zeigten silberne Kreise, und die Augen quollen hinter ihnen aus den Höhlen wie bei einem Frosch. »Setzen!« kommandierte er. Die Jungen setzten sich.

»Das macht Spaß«, sagte Geyer. »Endlich wieder mal etwas, das Spaß macht. Erinnert mich an die alten Zeiten, Gott, ist das lange her, als ich die österreichische HJ aufbaute, illegal, 1936 bis 38.« Er sah zu den Jungen. »Die Burschen kennen viele Geschichten aus dieser Zeit meines Lebens. Die Arbeit war abenteuerlich und gefährlich. Illegal eben. Nur Idealisten. Die feinsten Jungen von Wien, wahrhaftig! Zäh wie Leder, hart wie Kruppstahl, flink wie Windhunde. Nach dem Anschluß wurde das Ganze fade Routine. Machte noch zwei, drei Jahre mit – als Bannführer, dann hatte ich genug und meldete mich freiwillig an die Front.«

Mir fiel ein, daß Eilers gesagt hatte, Erichsen sei achtundvierzig Jahre alt gewesen und Geyer neunundvierzig. Wenn er nach dem Anschluß Österreichs noch zwei, drei Jahre als Bannführer mitgemacht hatte, war er zweiundzwanzig, dreiundzwanzig oder vierundzwanzig Jahre alt gewesen, als er sich freiwillig meldete, dachte ich. Viele seiner wesentlich weniger begeisterten Altersgenossen waren da bereits für Führer, Volk und Reich gefallen. Rechnete das niemand von den Jungen nach, wenn er es erzählte? Oder konnte man diesen Jungen einfach alles erzählen? Offenbar. Sie hingen an seinen Lippen.

»Und jetzt – wie in alten Zeiten!« Geyer beleckte seine Lippen. »Bin stolz und glücklich. Jungens, eine große Aufgabe wurde uns gestellt! Der Horstführer hat euch informiert. Hat jeder verstanden?«

»Jawoll!« brüllten die Jungen, auch der geschändete Hippel. Seine Augen waren rot und verschwollen.

»Sind die Wachen draußen?«

»Jawoll!« meldete der Horstführer.

»Dann mach mit dem Heimabend weiter«, sagte Geyer. »Ich werde Herrn Mark seine Aufgabe erklären. Wir kommen wieder.« Er machte mir ein befehlendes Zeichen mit dem Kinn. Der Junge, der ihn führte, geleitete ihn zu der Betontreppe zurück, die er mühsam emporzusteigen begann. Sein schwerer Knotenstock klopfte dabei auf die Stufen. Ich folgte.

Der Horstführer sagte: »Wir singen ›Flamme empor‹.« Die Jungen schnellten wieder auf. »Und eins, und zwei, und drei . . .«

Gedämpft begannen die Jungen zu singen: »Flamme empor! Flamme empor! Steige mit loderndem Scheine von den Gebirgen am Rheine glühend empor, glühend empor . . .«

Geyer erreichte eine Metalltür am oberen Ende der Treppe und stieß sie auf. Er hinkte mit dem kräftigen Jungen in einen fensterlosen Raum, in dem gleichfalls eine Petroleumlampe brannte. Ich folgte.

»Siehe«, sangen unter mir die Jungen, »wir stehn, siehe, wir stehn treu in geweihtem Kreise, dich zu des Vaterlandes Preise brennen zu sehn, brennen zu sehn.«

Ich trat in den fensterlosen Raum. Hier standen ein Tisch, zwei Stühle, ein Feldbett. Auf dem Tisch lagen Papiere und Lebensmittel. Auf der Erde standen Bier- und Schnapsflaschen. In einer Ecke lehnten zwei Maschinenpistolen. Auf dem Feldbett saß ein Mann, der mir grinsend entgegensah. Es war ein Riese von Mann, mit eingeschlagener Nase, dicken Lippen, schwarzem Kraushaar und brutalem, negroidem Gesicht. Er trug einen blauen Anzug, ein weißes Hemd und eine sehr bunte Krawatte. Die Jacke besaß eckige Schultern, die wattiert waren. Er hatte sich fein gemacht für den heutigen Abend, der Kerl, mit dessen Hilfe mich der Dr. Hess in den Leichenkeller des Kreiskrankenhauses Treuwall hinunterbefördert hatte, dieser Pfleger, der keiner war.

»Tag«, sagte der Kerl.

»Tag«, sagte ich. »Haben Sie den Doktor umgebracht?«

Er nickte und grinste über das ganze Gesicht. Ein paar von seinen Zähnen waren nicht in Ordnung.

»Umgebracht«, wiederholte er, »umgebracht, jawoll, Herr. Mit einem von diesen Messern. Ritsch. Ging 'rein wie Butter. War gleich weg. Umgebracht, aber ja doch, umgebracht, hahaha.« Er lachte glucksend.

»Hören Sie auf, Scherr!« sagte Geyer scharf. Der Kerl, der Scherr hieß, verstummte und legte erschrocken eine Hand auf den Mund.

»Mach doch bitte die Tür zu, Jens«, sagte Geyer mit einem weichen Ton in der Stimme. Der Junge, der ihn führte, schloß die Tür hinter uns. Aus der Tiefe drang der Gesang nun sehr leise herauf: ». . . Heilige Glut, heilige Glut! Rufe die Jugend zusammen, daß bei den lodernden Flammen wachse der Mut, wachse der Mut . . .«

An einem sonnigen Nachmittag im November 1956 ging ich sehr lange und sehr weit durch Frankfurt. Die Luft war kalt und klar, und die Sonne, die während meiner Wanderung tiefer und tiefer sank, blendete, wenn sie mir ins Gesicht schien, derart, daß ich die Augen schließen mußte. Hatte ich die Sonne im Rücken, dann sah die ganze Stadt vergoldet aus, in der Luft funkelten Millionen leuchtende Staubteilchen, Häuser, Autos, Straßenbahnen und Menschen schienen in dieser Beleuchtung unwirklich, unirdisch.

Ich hatte das Gefühl, in einer fremden Stadt zu sein, aber gleichzeitig war ich erfüllt von der Erinnerung an viele Dinge, die ich in dieser Stadt erlebt hatte. Ich ging meiner Vergangenheit nach an diesem Nachmittag, an dem

Frankfurt in Goldlicht getaucht war und alle Dinge bizarre Schatten warfen, ich selber auch. Manchmal warf ich überhaupt keinen Schatten. Das war, wenn ich an Auslagenscheiben vorbeikam, die das Licht der Sonne gleißend reflektierten.

Ich ging in die Barerstraße und suchte nach dem ehemaligen Möbelgeschäft, in dem die MP-Station untergebracht worden war. Jetzt waren hier schon wieder sehr viele Häuser aufgebaut, auch dieses, und in den Räumen der MP-Station befand sich ein Spielzeuggeschäft. Vielerlei Kriegsspielzeug füllte das Schaufenster.

Ich ging hinunter zum Ufer des Mains und sah in die trüben Fluten. Ich suchte die Stelle zu finden, an der ich die Brille meiner Mutter und die alte Porzellantaube der S. Kaczmarek und die vielen Artikel meines Bruders und die wenigen Frontberichte von mir, die man bei meiner toten Mutter im Luftschutzkeller fand, in den Fluß geworfen hatte, aber ich konnte die Stelle nicht finden. Es gab hier keine Trümmer mehr, alles war verändert.

Ich ging über die Friedensbrücke, und hier blendete das Sonnenlicht sehr stark. Ich ging in die Stresemannstraße, zu dem Haus, in dem ich so lange mit Lillian gewohnt hatte. Da, wo verbrannte Baumstrünke gestanden hatten, waren neue junge Bäume gesetzt worden, die Häuser, soweit sie noch existierten, waren frisch gestrichen, und es wurde sehr viel gebaut. Ich sah halbfertige Gebäude und Gerüste, und ich hörte viele laute Baumaschinen. Ich las fremde Namen auf dem Klingelbrett neben dem Eingangstor, und ich ging in den Flur hinein und in den Keller hinunter zu der Tür, die einmal zu Lillians Wohnung geführt hatte.

Zwei kleine Mädchen und ein kleiner Junge spielten hier im Dämmerlicht; als sie mich erblickten, erstarrten sie vor Schreck und sahen mich lautlos und entsetzt an. Da drehte ich mich um und verließ das Haus wieder, und als ich ins Freie trat, blendete mich diese grelle, kalte Sonne, und Tränen traten in meine Augen.

Ich ging zur Kirche des Pfarrers Matern, denn ich hatte auf einmal das dringende Bedürfnis, mit ihm zu sprechen. Die Kirchenruine gab es nicht mehr, ein neues, modernes Gotteshaus stand an ihrer Stelle, häßlich und glatt. Auch die Ruine daneben, in deren Keller Matern gelebt hatte, war verschwunden und hatte einem rosarot gestrichenen Mietshaus Platz gemacht. Ich betrat es und fragte die Portiersfrau nach Pfarrer Matern.

»Der ist tot«, sagte sie. »Vorige Woche gestorben. Im Krankenhaus.«

»Schnaps?«

»Ja«, sagte sie. »Der arme Herr. Der Schnaps hat ihn umgebracht. Ein De . . . ein Deril . . .«

»Delirium.«

»Ja, das soll er gekriegt haben. Daran ist er gestorben. Soll schrecklich gewesen sein, sagen die Leute, drei Tage hat es gedauert, Gott hab ihn selig, er war ein guter Mensch. Wenn er nur nicht so furchtbar gesoffen hätte. Das letzte halbe Jahr hat er nur noch im Bett rumgelegen und gar nicht mehr predigen können. Ist ein neuer Pfarrer da, schon lange. Wollen Sie vielleicht den sprechen? Pramitz heißt er. Zweiter Stock links.«

»Nein, danke«, sagte ich und gab der Portiersfrau etwas Geld, und dann ging ich in die häßliche Kirche, aber es hatte keinen Sinn, ich machte bald, daß ich wieder ins Freie kam.

Ich suchte und fand die Fußgängerbrücke, die über den Damm der Vorortbahn führte, jene Brücke, auf der Lillian und ich uns zum erstenmal geküßt hatten in jener Heiligen Nacht des Jahres 1947, und ich wartete lange darauf, daß ein Zug kam und die Lokomotive mich in Dampf einhüllte, wie damals, doch es kam kein Zug. Auch hier blendete mich die Sonne heftig, und zuletzt ging ich weiter und suchte nach der Stelle, an der wir den jugoslawischen DP und seine schwangere Frau im Schnee gefunden hatten, aber damals war hier alles zerstört gewesen, nun gab es so viele Neubauten und neue Straßen, ich fand die Stelle nicht mehr. Es war ein sehr weiter Weg, den ich an diesem Nachmittag ging, aber ich merkte es gar nicht. Ich kehrte nun in die City zurück.

Zehn Tage nach unserer Rückkehr aus Berlin war mein Bruder ausgezogen, seither lebte ich allein in dem Haus am Grüneburgpark, in der August-Siebert-Straße. Mein Bruder lebte in Bremen, ich hatte seine Adresse, aber seit er ausgezogen war, hatten wir weder miteinander telefoniert noch hatten wir einander geschrieben. Werners Roman war erschienen – und eine Sensation geworden. Die Buchhandlungen, an denen ich, nun wieder in der Innenstadt, vorüberkam, hatten ›Die Toten haben keine Tränen‹ alle in ihren Auslagen, viele Exemplare und neben manchen sogar ein großes Foto meines Bruders. ›In sechs Wochen verkauft: 50 000 Exemplare!‹ verkündeten Plakate. Auf anderen stand ›Das Buch des Jahres‹. Das Buch des Jahres versprach dieser Roman tatsächlich zu werden. Die Kritiker waren einhellig begeistert gewesen, enorme Werbung tat das übrige. Bis Weihnachten würden weitere 50 000 Exemplare verkauft sein, dachte ich. Von mir war in diesem Herbst kein Roman mehr erschienen.

Ich ging in die Taunusstraße und blieb vor Boris Minskis ›G. I. Joe‹ stehen, aber das Lokal war noch geschlossen, vor den Scheiben und der Glastür hingen Vorhänge. Ich drückte die Klinke der Tür herab. Sie war versperrt. Der Vorhang hatte sich auf der Innenseite etwas verschoben. Damals ging eine Bartheke noch bis nahe zum Eingang, und so sah ich die Beine einer Frau, die auf einem Barhocker saß. Ihr Rock war hochgerutscht. Sie hatte die schönen Beine gekreuzt, ein Schuh balancierte auf den Zehenspitzen. Undeutlich hörte ich sie lachen und mit einem Mann sprechen. Ich überlegte, wer das sein konnte, obwohl es völlig gleichgültig war, und dann dachte ich natürlich wieder an Lillian, an die ich in den ganzen Stunden gedacht hatte, in denen ich durch Frankfurt gelaufen war, und ich drehte mich schnell um und ging von Minskis Lokal fort durch die unwirklichen goldenen Straßen dieser goldenen unwirklichen Stadt.

Nun schmerzten meine Füße, und ich fror, und ich dachte, daß ich diesen Spaziergang nicht hätte unternehmen sollen. Ich setzte mich in ein Taxi und gab meine Adresse an. Die Sonne stand schon sehr tief, als ich heimkam. Ich bezahlte den Chauffeur. Er fuhr ab. Ich ging auf mein Haus zu, vor dem ein italienischer Sportwagen parkte. Das letzte Licht der sinkenden Sonne fiel auf ihn, und Lillian saß am Steuer. Ich sah, daß sie rauchte, und trat neben sie und legte ihr eine Hand auf die Schulter. Sie zuckte nicht zusammen. Sie sah langsam zu mir auf, und das verrückte Licht dieses Tages ließ ihre Augen verrückt aufleuchten.

»Hallo, Ritchie«, sagte Lillian.

»Hallo«, sagte ich. »Wartest du schon lange?«

»Sehr lange«, sagte sie. »Aber das macht nichts. Wo warst du, Ritchie?«

»Spazieren.«

»Ich muß mit dir sprechen«, sagte sie. »Deshalb bin ich nach Frankfurt gekommen. Ich muß es dir unbedingt persönlich sagen. Und erklären. Damit du es verstehst.«

»Was verstehe?«

»Warum ich deinen Bruder heiraten werde«, antwortete Lillian.

»Auf allen Höhn, auf allen Höhn leuchte, du flammendes Zeichen«, tönte leise der Gesang der Jungen unten in dem Bunkerraum zu uns herauf in die fensterlose Kammer, in deren Wände Entlüftungsklappen eingebaut waren, »daß alle Feinde erbleichen, wenn sie es sehn, wenn sie es sehn . . .«

Der Riesenkerl, der auf dem Feldbett saß, sah mich blinzelnd an und sagte zu Geyer: »Der hat mir ein Stemmeisen über den Schädel geschlagen!«

»Mich hat er getreten«, sagte Geyer. »Aber das war gestern, Scherr. Inzwischen tut es Herrn Mark sehr leid, daß er Sie über den Schädel geschlagen und mich getreten hat, nicht wahr?«

Ich schwieg.

»Da sehen Sie, wie leid es ihm tut, Scherr«, sagte Geyer. »Sie dürfen nicht mehr daran denken. Sie dürfen Herrn Mark nicht böse sein. Herr Mark kämpft jetzt auf unserer Seite. Er ist ein Kamerad. Haben Sie das verstanden?«

Der Riese glotzte mich an.

»Wenn Sie es sagen, Herr Geyer«, murmelte er und zerrte an seiner bunten Krawatte. Er hatte schwarzbehaarte Hände. Ohne Zweifel war er ein wenig schwachsinnig. Aber bärenstark. Genau das, was Geyer und seine Leute brauchten, dachte ich. Daraufhin war dieser Kerl ausgesucht worden.

»Warum haben Sie den Doktor erstochen?« fragte ich.

»Notwehr«, sagte der weiße Neger mit dem blauen Anzug. »Wie Sie abgehauen sind, hat er zur Polizei rennen wollen. Das war ja nun nicht gut möglich, he? Ich hab ihn festgehalten. Er hat zu toben begonnen. Schlechte Nerven. Dazu dauernd die Klingelei vom Lift. Die haben den Kasten oben gebraucht. Der Doktor hat zuerst nach einem von diesen dünnen Messern gegriffen. Da hab ich schnell auch eines nehmen müssen und...«

»Schon gut, Scherr«, sagte Geyer. »Das genügt. Es war praktisch dasselbe wie bei mir und dem armen Erichsen. Der schoß auch zuerst auf mich.«

»So kann man es auch sehen«, sagte ich. »Wo ist übrigens die Leiche? Wo ist der Mercedes?«

»Sie stellen zu viele Fragen«, sagte Geyer.

»Leuchtender Schein, leuchtender Schein...«, klang es von unten herauf.

Geyer tätschelte sanft die Hand des kräftigen Jungen, der neben ihm stand.

»Geh mal 'runter, Jens, mein Junge«, sagte er liebevoll. »Ich brauche dich im Moment nicht.«

»Jawoll!«

Der stramme Jens verschwand. Als er die Tür öffnete, ertönte der Gesang lauter: »... siehe, wir singenden Paare schwören am Flammenaltare, Deutsche zu sein, Deutsche zu sein...«

Geyers Jens schloß die Eisentür hinter sich. Wir waren nun zu dritt.

»Wo ist Erichsen?« fragte ich wieder.

»Verschwunden«, sagte Geyer. »Gut verschwunden. Ich glaube nicht, daß man ihn finden wird.«

»Seine Frau erwartet ein Kind«, sagte ich.

»Ich weiß«, sagte Geyer und griff nach einem belegten Brot, das auf dem Tisch lag. Er biß herzhaft hinein und redete kauend weiter. »Haben Sie Hunger? Bedienen Sie sich. Nein, nicht? Tja, traurig für die Frau. Aber was sollte ich machen?«

»Das war Ihr guter Freund Paul Erichsen.«

»Meinen Sie, ich habe ihn gern erschossen? Meinen Sie, das liegt mir nicht im Magen?« fragte Geyer, während er ein Stück Wurst, das vom Brot glitt, in den Mund stopfte. Er aß mit Appetit. »Ich bin überhaupt nicht für so was gebaut. Einen Freund erschießen. Schweinerei! Aber mir blieb keine Wahl.«

»Und wie haben Sie den Parkplatz so spurensauber gekriegt?«

»Sind Sie aber neugierig. Na schön, ich will's Ihnen verraten. Zwei Laster. In den einen kamen Erichsen und ich und der Mercedes. Der zweite Laster hatte eine Schneefräse und eine Menge Schnee drin. Nachdem unsere Freunde die Radspuren von Ihnen und mir beseitigt hatten und auch die Fußspuren und den blutigen Schnee, ließen sie aus der Fräse neuen Schnee über den ganzen Platz regnen – von der Bahn her. Ganz einfach. Und dann nichts wie weg. Wir hatten vereinbart, daß es im Hämelerwald passieren würde... daß ich Ihnen da das Foto wegnehmen sollte, meine ich.«

»Und die Laster waren in der Nähe. Falls Sie einen oder beide von uns erschießen mußten, was?«

Der riesenhafte Scherr mit den wulstigen Lippen und dem schwarzen Kraushaar lachte meckernd. Er war glänzend aufgelegt. Seine Augen leuchteten verdächtig. Betrunken war der nicht.

»Bereit sein ist alles«, sagte Geyer ruhig. »Wenn Sie jetzt mit mir arbeiten, werden Sie sehen, wie gut wir auf alle Eventualitäten vorbereitet sind. Ich zum Beispiel, ich muß untertauchen, nicht? Nun, der Horstführer ist ein Freund von mir. Stellte mir sofort den Bunker hier zur Verfügung. Und alle Jungens seines Horstes. Ich bin Ehrengast hier, verstehen Sie. Wie Scherr. Nur daß ich dazu noch Dauergast bin.«

Scherr meckerte wieder.

»Natürlich verwenden wir nicht von vornherein Jungen für so große Unternehmen. Aber sie und ihre Bünde stehen uns jederzeit zur Verfügung, wenn wir sie brauchen. Jetzt brauchen wir sie. Was wir von ihnen verlangen – sie werden es tun. Das ist alles durchorganisiert bis zum letzten. Prima Jungens. So greift das alles ineinander, sehen Sie.«

». . . Höre das Wort! Höre das Wort!« erklang es von unten. Ob auch der malträtierte Hippel mitsang, der um Strafe gebeten hatte, weil er eine feige Sau war, die Strafe verdiente?

»Sie und Scherr werden nun zusammenarbeiten«, sagte Geyer. »Ganz eng. Also keine Feindschaft, ja? Scherr, haben Sie verstanden?«

Der Riese nickte und grinste.

»Was haben Sie denn dem gegeben?« fragte ich.

»Etwas Gutes. Nicht wahr, Scherr, Sie fühlen sich doch prima?«

»Prima . . . prima . . .«

»Scherr darf uns jetzt nämlich nicht nervös werden. Muß immer bei Laune sein. Und ganz ruhig. So wie früher. Da war er auch immer ganz ruhig und gut aufgelegt. Zu gut aufgelegt, was, Scherr, oft waren wir zu gut aufgelegt.«

»Haha.«

»Wann?« fragte ich. »Wo?«

»Vater! Auf Leben und Sterben, hilf uns die Freiheit erwerben . . .«

»Im Untersuchungsgefängnis von Treuwall«, sagte Geyer. »Da ist Scherr nämlich Aufseher.«

Verblüfft starrte ich Scherr an und sagte: »Dann müssen ihn doch aber die Kriminalbeamten kennen. Das sind doch keine Idioten. Ich habe denen den falschen Pfleger doch beschrieben. Und die Kripo kommt sicher oft ins Gefängnis. Hatte denn bisher niemand die Idee, *Sie* könnten der falsche Pfleger gewesen sein?«

Scherr erlitt wieder einen Lachanfall. Er konnte nicht reden, so sehr lachte er.

Statt seiner sprach Geyer: »Selbstverständlich kamen die Herren auf die Idee. Sehr bald. Sie ließen Herrn Scherr kommen.«

»Und?«

»Herr Scherr hat für die fragliche Zeit ein *gußeisernes* Alibi. Dafür haben wir natürlich gesorgt.«

»Was für ein . . .«

»Sie fragen *wirklich* zuviel! Ein Alibi, sage ich. Das muß ihnen genügen. Es hat immerhin auch der Polente genügt. Völlig. Obwohl . . .«

»Obwohl was?«

»Obwohl ich annehme, daß man Herrn Scherr auch noch Ihnen vorführen wird – ganz zwanglos –, um zu sehen, wie Sie reagieren. Sie werden verblüfft von der Ähnlichkeit sein. Aber auch *ganz* sicher, daß Herr Scherr *nicht* der Mann gewesen ist, der Sie im Krankenhaus in den Keller beförderte. Dieser Mann sah doch anders aus. Nicht *so* kräftig, nicht *so* negroid, vor allem war sein Haar nicht *so* gekräuselt. Klar?«

». . . sei unser Hort! Sei unser Hort!« sangen die Jungen unter uns.

»*Was* wirst du tun?« fragte ich und hielt mich am Wagenschlag von Lillians Auto fest.

»Deinen Bruder heiraten«, antwortete sie ruhig.

»Aha«, sagte ich. Ein Flugzeug brauste über uns hinweg, die Motoren dröhnten, es flog schon sehr tief, vor der Landung. Ich sah zum Himmel auf, der hell und silbern war, und nur im Westen, wo die Sonne eben unterging, blutigrot. Es war ein sehr großes Flugzeug, die Räder hatte es schon ausgefahren.

»Können wir nicht ins Haus gehen?« fragte Lillian.

»Aber natürlich«, sagte ich. »Klar. Selbstverständlich. Entschuldige, daß ich nicht sofort daran dachte.« Ich half ihr aus dem schicken Sportwagen. Sie trug einen weißen Automantel aus einem rauhen Stoff mit aufgesteppten Taschen, Achselstücken und einem breiten Gürtel. Ich schloß die Gartentür auf und ging vor Lillian her zur Villa. Die Bäume hatten schon fast all ihr Laub verloren, wir wanderten über einen weichen Teppich bunter Blätter, die zum Teil faulten. Im Haus war es dämmrig. Seit Werners Auszug stand das obere Stockwerk leer. Wir gingen in meine Wohnung, die zu ebener Erde lag. Ich wollte die Vorhänge schließen und das elektrische Licht andrehen, aber Lillian sagte: »Laß.«

»Willst du nicht deinen Mantel ausziehen?«

»Mir ist kalt.«

Es war warm in der Wohnung, die Heizung arbeitete schon.

»Willst du etwas trinken?«

»Nein, danke.«

Sie setzte sich auf die breite Couch vor dem Kamin im Wohnzimmer, zog die Beine an den Leib und begann nervös zu rauchen. Ich warf meinen Mantel über einen Sessel und setzte mich dann neben Lillian.

»Ich kann Feuer im Kamin machen«, sagte ich.

»Nein, laß«, sagte sie. Sie wollte unter keinen Umständen den Mantel ausziehen. Ich dachte, daß sie vielleicht Angst vor mir hatte. Aber wäre sie dann überhaupt gekommen, ins Haus herein noch dazu?

»Du warst drei Monate nicht da«, sagte Lillian. »Drei Monate und eine Woche warst du für niemanden zu erreichen. Auch nicht für mich.«

»Das stimmt«, sagte ich.

Ich war drei Monate unterwegs gewesen – in Madrid, Nizza, Rom, Kairo, Dakar und auf Capri. Ich war, einen Tag nachdem mein Bruder auszog, auf Reisen gegangen. Ich hatte mich nirgends sehr lange aufgehalten, denn ich hatte es nirgends sehr lange ertragen. Ich hatte meinen Verleger gebeten, meine Adressen niemandem bekanntzugeben, und ich hatte auch dem Postboten nichts gesagt.

Dennoch war Lillian dahintergekommen, wo ich mich jeweils aufhielt. Sie hatte meinem Verleger erklärt, unbedingt mit mir in Verbindung treten zu müssen, und so die erste Adresse, das ›Castellana Hilton‹ in Madrid, erhalten. Von da hatten die Hotels sie weitergeleitet. Ich war gewiß ein dutzendmal von Lillian angerufen worden in diesen drei Monaten, und sie hatte mir Telegramme und Briefe geschickt. Ich glaube nicht, daß ich in diesen drei Monaten einen einzigen Tag lang nüchtern gewesen bin. Die Briefe hatte ich alle ungelesen weggeworfen, die Telegramme hatten mich alle nur aufgefordert, sofort heimzukehren oder Lillian zu mir kommen zu lassen. Ich hatte nicht auf sie geantwortet, und auch am Telefon hatte Lillian mir stets nur gesagt, daß ich entweder sofort nach Frankfurt kommen oder daß sie zu mir kommen müsse. Aber ich hatte keine Lust gehabt, sie zu sehen oder zu hören, was ihr schon wieder zugestoßen war.

In diesen Wochen war ich nicht bei Sinnen. Ich blieb Nächte hindurch auf und schlief tagelang, verbrüderte mich in Spelunken mit Fremden, fühlte mich zu der Masse in den Revuetheatern, Stierkampfarenen und Spielsälen hingezogen und entwickelte zur gleichen Zeit erstmals im Leben ein Gefühl von Platzangst, das mich an manchen Tagen jede Menschenansammlung ängstlich meiden ließ, mich dazu brachte, Lokale mitten während des Essens zu verlassen, in Flugzeugen Torturen auszustehen, und das mir erhalten bleiben sollte. Die schlimmste Zeit meines Lebens waren diese drei Monate, nachdem mein Bruder mich verlassen hatte. Mir war einfach alles egal, sogar Lillian. Das wollte sie natürlich nicht glauben.

»Eine andere Frau ... da steckt eine andere Frau dahinter«, beharrte sie bei einem Anruf.

»Nein.«

»Was ist dann mit dir los?«

»Frag meinen Bruder«, sagte ich und gab ihr die neue Adresse. Von diesem Tag an erhielt ich keinen Anruf, kein Telegramm, keinen Brief mehr.

Jene Reise war ein alkoholischer Alptraum. Zuletzt nahm ich auch noch Pervitin und üblere Dinge. Ich schlief mit ein paar Frauen in ein paar Städten, aber ich erinnerte mich an keine einzige mehr, und auch an manche Städte erinnerte ich mich nicht mehr, und an sehr viele Stunden nicht und an viele Tage. Ich wußte einfach nicht, was ich an diesen Tagen gemacht hatte, und nur nach Hotelrechnungen oder Flugtickets konnte ich später feststellen, wo ich überhaupt gewesen war. Auf Capri bekam ich dann einen Herzanfall – den ersten meines Lebens –, und das ließ mich zur Vernunft kommen. Ich fuhr nach Hause . . .

Asche fiel von Lillians Zigarettenspitze auf ihren Mantel. Sie merkte es nicht. Sie sagte: »Du konntest dir natürlich denken, daß mir schon etwas ziemlich Arges passiert sein mußte, wenn ich so hinter dir her war, nicht?«

»Hätte ich mir denken können, ja«, sagte ich. »Ich glaube, ich habe es mir auch gedacht.«

»Aber es war dir egal.«

»Mir war auch gerade etwas ziemlich Arges passiert, wie du weißt.«

Sie nickte.

»Schicksal«, sagte sie.

»Was?«

»Es muß Schicksal gewesen sein, daß uns das beiden zur gleichen Zeit passierte.«

»Ja, ja«, sagte ich. »Klar war das Schicksal. Alles, was uns passiert, ist Schicksal. Wir sind etwas ganz Besonderes, zwei Auserwählte.«

Ich stand auf und ging zum Fenster, das in einen tristen Garten hinausführte, in dem es schon dämmerte, und dann ging ich zu dem kleinen Utrillo, der über dem Kamin hing und den ich sehr liebte. Ich hatte ihn vor ein paar Jahren gekauft. Er war ziemlich teuer gewesen, aber er hatte mir so gut gefallen in seiner naiven Sachlichkeit und dem Reiz seiner stimmungsvollen Farben. Es war ein Bild, das die Kreuzung von zwei alten Straßen des Montmartre zeigte, mit ein paar Frauen und Hunden darauf und mit zwei kleinen spielenden Mädchen. Diesem Maurice Utrillo, dem unehelichen Sohn der Suzanne Valadon, die selber Malerin und zuvor Putzmacherin, Akrobatin und Modell gewesen war, hatte immer schon meine Sympathie und seinen Bildern meine große Liebe gehört. Ein Säufer, wie man ihn sich nicht einmal im Traum so arg vorstellen konnte, war Utrillo gewesen, nach jahrzehntelangen allnächtlichen Exzessen unzählige Male Insasse von Asylen, Heimen und Irrenanstalten, ein Mann, der alle Qualen des Alkoholikers durchlitten und daneben seine wunderbarsten Bilder gemalt hatte. Gegen Ende seines Lebens, nach einem langen Aufenthalt in einer geschlossenen Anstalt, hatte er mit dem Trinken Schluß gemacht –

und da war nach Ansicht vieler Experten auch Schluß mit seiner großen Begabung gewesen. Ich muß nicht weiter ausführen, warum ich mich zu diesem Mann derartig hingezogen fühlte, seit so langer Zeit. Das kleine Bild war mein kostbarster Besitz. Ich sah es jetzt an, unverwandt, während ich Lillian den Rücken wandte.

»Du weißt doch, ich war die Freundin von diesem Herfeld.«

Das wußte ich. Karl Herfeld war einer der reichsten Männer des Ruhrgebiets, ein Stahlfabrikant.

Es gab stets einen Punkt bei derartigen Gesprächen, da wandte ich Lillian den Rücken. Ich kannte sie nun schon sehr gut. Sie war nicht einmal ganz außergewöhnlich abenteuerlich verworfen und verkommen, ach nein, sie wollte es nur *sein*. Sie wollte unter allen Umständen anders sein als andere Frauen, es drängte sie danach, im Mittelpunkt der Aufmerksamkeit zu stehen, weil sie vermutlich sehr einsam war. Endlos über ihre Erlebnisse zu diskutieren mit anderen, sich anzuklagen, Entschuldigungen nicht zu akzeptieren, dann wieder in Selbstmitleid zu baden, ihr Verhalten zu analysieren oder, noch schöner, ihre Triebe, ihre Taten von anderen analysieren zu lassen, das brauchte sie einfach. Sie konnte nichts dafür, es mußte wirklich eine große Verlassenheit und Leere in ihr sein, daß sie sich so verzweifelt immer wieder in Szene zu setzen suchte. Ich wußte das alles seit langem. Machte es mir etwas aus? Störte oder verkleinerte es meine Liebe? Ach . . .

»Herfeld wollte sich scheiden lassen und mich heiraten.«

Ich sah die beiden kleinen Mädchen auf meinem Utrillo an und dachte, daß ich gerade versucht hatte, es diesem Maler gleichzutun, aber daß ich trotz allen Saufens, weder betrunken noch gar nachher, eine einzige Zeile geschrieben hatte, die brauchbar gewesen wäre, und das war es, was diese irre Reise so schrecklich gemacht hatte, so bis an den Rand gefüllt mit Qual, daß ich keine Kraft für die Sorgen anderer Menschen, nicht einmal für die Lillians mehr besessen hatte.

»Hörst du mir überhaupt zu?«

»Gewiß, Lillian.«

Es wurde immer dämmriger im Raum.

Ich drehte mich noch immer nicht zu ihr um.

Sie sagte: »Ich werde dreißig. Ich kann nicht immer so weitermachen. Das ist doch klar, nicht?«

»Ganz klar. Was ist dazwischengekommen?«

»Seine Frau«, sagte Lillian. »Bevor er noch mit Scheidung anfangen konnte, hatte sie die Scheidung schon eingereicht . . . und mich als Scheidungsgrund genannt, als Ehebrecherin angezeigt.«

»Nein!« sagte ich verblüfft und drehte mich um. Es wirkte immer wieder.

»Ja«, sagte Lillian.

»Aber so etwas . . .«

»Geschieht ganz selten, stimmt. Fast nie. Besonders selten bei so feinen
Leuten. Nun, Frau Herfeld ist nicht so fein, siehst du. Auf Ehebruch, der zur
Scheidung führt, steht Gefängnis ... und außerdem hätte ich den Mann
später niemals heiraten dürfen.«
»Böse«, sagte ich.
»Das passierte gerade, als du abflogst. Das wollte ich dir erzählen, in
Madrid und anderswo, aber du hast mir ja nicht zugehört.«
»Nein.«
»Ich nahm mir einen Anwalt, aber der war natürlich starr vor Schreck, als
er hörte, mit wem er es da zu tun hatte, und dann machte er Unsinn, und
ich nahm mir einen anderen Anwalt, und der war auch nichts wert, und
Herfeld verlor den Kopf und empfahl mir einen *seiner* Anwälte, und das
bekam die Frau heraus, und da gab es einen neuen Skandal – ich kann mein
Leben lang nicht mehr nach Düsseldorf –, und das alles wollte ich dir
erzählen, deshalb rief ich dich an und schrieb dir und telegrafierte dir. Und
du, du hast nie mit einer einzigen Zeile geantwortet, du hast mir nie auch
nur eine Minute lang wirklich zugehört.«
»Das tut mir leid«, sagte ich.
Ich dachte, daß sie mir gerade das nicht verzeihen konnte, nie würde
verzeihen können: daß ich einmal, *einmal!* nicht sogleich zur Stelle gewesen
war, als sie nach mir rief. Das hatte überhaupt nichts mit ihrer Situation zu
tun. Sie ertrug es nicht, daß ich nicht sofort dagewesen war. Sie war meiner
absolut sicher gewesen, immer, zu Recht, bis jetzt. Sie hätte es abgeleugnet,
und deshalb sagte ich es auch nicht, aber genauso war es.
»Du hast mir nur die Adresse deines Bruders gegeben.«
»Ja.«
Wir sprachen miteinander, wie zwei Menschen miteinander telefonieren,
obwohl wir uns so nahe waren. Ein seltsamer Zustand. Ich streichelte den
Rahmen des Utrillo. Ein wenig hielt ich mich auch an ihm fest.
»Und dein Bruder hat mir geholfen«, sagte Lillian mit metallener Telefon-
stimme, die auch in meinen Ohren erklang, wenn ich redete. Es war, als
führten wir ein Transatlantikgespräch über ein Weltmeer hinweg.
»Wie hat er dir geholfen?« fragte ich.
»Er hat mir einen neuen Anwalt verschafft und durch diesen erklären lassen,
daß das Ganze ein Mißverständnis und eine Kette von Lügen und Ver-
leumdungen ist, daß ich niemals Herfelds Ehe gestört hätte, sondern im
Begriff sei, ihn, einen alten Freund, zu heiraten. Das war seine Bedingung,
weißt du, Ritchie. Er sagte, er würde mir helfen, wenn ich ihn heirate. Er
sagte, er liebt mich. Er liebt mich, sagte er, seit er mich zum erstenmal sah.
Und jetzt, sagt er, *kann* er mich auch heiraten, jetzt hat er die Mittel und
die Freiheit dazu ... du verstehst, wie er das meint. Ich wußte ja nicht, daß
ihr euch getrennt habt. Erst als sein Buch solchen Erfolg hatte ...«

»Ja«, sagte ich, »ja, natürlich.«

»Ich sage nur die Wahrheit. Wir sagen uns immer die Wahrheit. Das haben wir uns doch versprochen, nicht? Werner sagte, er wüßte, daß ich ihn nicht lieben würde. Vielleicht würde ich es lernen. Er ... er ist sehr großzügig. Ich habe jede Freiheit, ich kann tun, was ich will ... solange ich ihn heirate und nicht verlasse. Er weiß, daß ich jetzt bei dir bin. Er hat mich sozusagen hergeschickt. Er meinte, ich müßte mit dir persönlich reden über alles.«

»Ich kann mir vorstellen, daß er das meint«, sagte ich.

»Du bist zynisch und bitter«, sagte sie. »Aber wenn du dagewesen wärest ...«

»Ja?«

»Wäre das alles nicht passiert.«

»Natürlich nicht«, sagte ich. »Dann hätten wir beide geheiratet. Du und ich. Was wir nie tun können und nie tun wollen. Dann hättest du mich geheiratet, gerade jetzt, wo ich erledigt bin, erledigt für immer.«

»Du bist gemein«, sagte sie.

»Du auch«, sagte ich. »Deshalb lieben wir uns. Erzähl weiter, Lillian. Der Trick wirkte also.«

Sie drückte ihre Zigarette aus. Es war mittlerweile so dämmrig geworden, daß ich sie nur noch als Silhouette erkennen konnte.

»Herfeld sah ein, daß er keine Chancen hatte. Daß ich keine Chance hatte. Daß seine Frau alle Chancen hatte. Es war ein wenig schwierig, die Klage zurückzuziehen ... aber mit Herfelds Beziehungen und mit meinem Anwalt gelang es. Herfeld bleibt bei seiner Frau. Ich heirate Werner. Am 5. Dezember. In Bremen.«

»Gratuliere«, sagte ich. »Der Wagen draußen ... ist der noch von Herfeld oder schon von Werner?«

»Von Herfeld. Mußt du so reden?«

»Ja«, sagte ich. »Werner ist eine Kanone im Bett, was?«

»Er ist großartig«, sagte sie prompt.

»Und er verdient jetzt Geld, und er wird noch viel mehr verdienen.«

»Viel mehr«, sagte sie, und ich dachte, wie sehr sie diese Szene genoß, ganz gewiß, sie konnte nichts dafür, so war sie eben, keiner von uns kann etwas dafür, nein, keiner, man muß alles und alle entschuldigen, und wenn man erst damit anfängt, kann man sich auch gleich erschießen. Oder sich bloß verachten. Ich würde mich nie erschießen, dachte ich.

»Während meine Zukunft trübe aussieht«, sagte ich.

»Sehr trübe, Ritchie.«

»Eine Frau braucht Sicherheit«, sagte ich. »Sie muß einen Mann haben, auf den sie sich verlassen kann. Im Bett. Und finanziell. Nicht einen, der nicht mehr arbeiten kann und nicht weiß, wie er weiterleben wird, und der säuft, in der Welt herumzieht und nicht angerannt kommt, wenn Frauchen pfeift.«

»Du Schwein«, sagte sie, und auf einmal war das kein Telefongespräch mehr, auf einmal waren wir zwei Menschen in einem einsamen Haus, in einem großen, warmen Zimmer an einem Herbstabend, ein Mann und eine Frau, »du Schwein, du weißt genau, ich werde immer nur dich lieben, und diese Ehe wird eine Farce werden, ist eine Farce vom ersten Moment an!« Sie war aufgesprungen und hatte ihren Mantel aufgerissen. Jetzt streifte sie ihren Rock und das Höschen darunter ab und ließ sich wieder auf die Couch fallen. »Komm zu mir, Ritchie, komm, damit ich es dir beweise, was für eine Farce das ist.«

Mit drei Schritten war ich bei ihr.

Wir zogen uns nicht aus. Wir taten es in den Kleidern, wieder und wieder. Es wurde dunkel im Zimmer. Wir zündeten kein Licht an. Wir hielten einander umklammert, und wir taten es noch einmal und noch einmal. Dann glitt Lillian unter mir fort und ging im Dunkeln hinaus auf den Gang, und ich hörte sie im Badezimmer, während ich reglos auf der Couch liegenblieb, zu Tode erschöpft, mit hämmerndem Herzen und hämmernden Schläfen. Ich hörte Wasser rauschen, dann hörte ich Schritte, und dann fiel eine Tür zu und noch eine, die Haustür. Die Schritte entfernten sich über den Kiesweg des Gartens. Ich hörte einen Wagenschlag, das Starten eines Motors und das Abfahren seines Autos. Sie hatte mir nicht Lebewohl gesagt.

Am 5. Dezember 1956 heiratete sie in Bremen dann meinen Bruder, und als ich die Zeitungsnotiz über die Heirat des bekannten Schriftstellers Werner Mark las, dachte ich, wie sehr ich Lillian liebte und wie sehr sie mich liebte, und war ganz ruhig.

Wer immer Sie sind, der diese Zeilen liest: Es ist mir gleichgültig, von Herzen gleichgültig, was Sie nun über mich denken. Es gibt sehr viele Arten von Liebe, und ich schreibe hier unsere auf, die Liebe, die Lillian und mich verband.

An der Betonwand, über den beiden Maschinenpistolen, stand in gotischen Buchstaben: DEUTSCHLAND, HEILIGES WORT, DU VOLL UNENDLICHKEIT! Der Kriminalinspektor Geyer sagte: »Das Untersuchungsgefängnis in Treuwall schließt sich direkt an das Gebäude des Landgerichts an. Sie werden in den nächsten Tagen ohne Zweifel ein paarmal aufs Landgericht gerufen werden. Einvernahme durch Paradin und seine Untersuchungsrichter. Bei der Gelegenheit können Sie sich den Bau genau anschauen.« Er wies auf den Tisch. »Da liegt auch ein Plan, den können Sie studieren.« Aufseher Scherr lachte wieder. Was sie dem wohl für ein Mittel geben? dachte ich. Das war sicherlich der beste Anzug, den er besaß. Richtig fein gemacht hatte der Mann sich.

»Wir werden uns noch öfter sehen«, erklärte Geyer. »Die Jungen dieses Horstes stehen uns, wie gesagt, zur Verfügung.«

»Was heißt *dieses*? Gibt es noch andere?«

»Klar gibt es noch andere. Zum Beispiel den Horst, zu dem Hans Eilers gehört. Aber da sind zu viele Jungen aus seinem Internat drin. Der wird jetzt stillgelegt für eine Weile, die Jungen werden sicherlich beobachtet.«

»Woher kommen die Jungen unten?« fragte ich.

»Aus allen möglichen Kreisen und einem anderen Internat. Der Horstführer hat da Freunde unter den Erziehern und Lehrern. Gibt drei Internate hier in der Umgebung.«

»Ich weiß.«

Von unten drang jetzt undeutlich die Stimme des Horstführers zu uns empor, der eine Ansprache hielt.

»Die Jungen werden uns helfen, wenn wir Delacorte herausholen«, sagte Geyer. »Vorbereiten bis ins letzte müssen *wir* diese Befreiung. Zunächst einmal Sie beide. Sie, Herr Mark, haben das Vertrauen Paradins und der Polizei. Scherr hat schon einen Plan. Roh. Er wird ihn gleich erläutern. Dann müssen wir sehen, wie er sich realisieren läßt. Das wird beim nächsten Treff besprochen werden. Treffs werden stets telefonisch vereinbart. Über mich. Ich erreiche Sie überall, zu jeder Zeit. Und natürlich tun Sie dann, was ich anordne. Klar?«

Ich nickte.

»Klar, Scherr?«

»Jawoll!« sagte der und stand auf. Er nahm sogar Haltung an.

»Ihr Freund Minski wird Ihnen sicher eine Menge jüdische Lotzelachs mit auf den Weg gegeben haben«, sagte Geyer genußvoll. »Können Sie alle vergessen. Alles Unsinn. Geht ganz anders zu bei uns, als Minski sich das vorstellt . . . als alle es sich vorstellen.«

›Lotzelachs‹ sind im Jiddischen Erklärungen, die man sich aus den Fingern saugt, Ammenmärchen, wertlose oder unrichtige Behauptungen, die man nicht zur Kenntnis nehmen sollte, etwa das, was man in Wien ›Gschichterln‹ nennt. Das wußte ich. Es war unnötig, aber für Geyer bezeichnend, daß er ›*jüdische* Lotzelachs‹ und nicht nur ›Lotzelachs‹ sagte. Daß er ›Minski‹ sagte und nicht ›Herr Minski‹.

»Sie erfahren nun, wie es wirklich zugeht bei uns«, sprach der Herr mit der dicken Brille und der Vorliebe für illegale Jugendarbeit. »Wir haben keine Geheimnisse voreinander. Man weiß, was ich getan habe. Man weiß, was Sie getan haben, Herr Mark. Sie wissen, was Scherr getan hat. Da wissen Sie allerdings noch nicht alles. Ich will Ihnen alles sagen. Sehen Sie, hier im Gefängnis wird eine häßliche Geschichte untersucht . . . seit ein paar Monaten. Da gibt es eine Beruhigungszelle für tobende Häftlinge. ›Krug‹ heißt die. Im ›Krug‹ sind ein paar Häftlinge gestorben. Drei im Laufe von eineinhalb Jahren. Andere waren schwer verletzt nach Strafhaft im ›Krug‹. Gab schließlich Skandal. Das Justizministerium ordnete eine Untersuchung an. Kommt nicht weiter, die Untersuchung. Die Häftlinge haben Angst, die Aufseher halten eisern zusammen. Waren ein paar von ihnen, die die Toten auf dem Gewissen haben. Der Wildeste von allen war unser lieber Scherr. Wir haben Beweise dafür, nicht wahr, Scherr?«

»Jawoll«, sagte der Riese in dem blauen Sonntagsanzug, der immer noch stramm stand, und grinste angstvoll.

»Schöne Beweise, was, Scherr?«

»Schöne Beweise, jawoll, Herr Inspektor.«

»Wie gegen Sie, Herr Mark, wie gegen Sie. So funktioniert das, sehen Sie?«

»Ich sehe.«

»Helfen Sie mir mal zum Tisch hinüber«, sagte Geyer. Scherr sprang vor und stützte ihn. Den Stuhl zog er mit. Geyer setzte sich an den Tisch, schob Konserven und Bierbüchsen zur Seite und rollte einen Plan auf, der den Grundriß von zwei Gebäuden zeigte, die miteinander verbunden waren.

»Sehen Sie«, sagte Geyer, »das ist das Landgericht, und das ist das Gefängnis. Hier geht es von einem zum andern. Und nun wird der liebe Scherr uns einmal an Hand des Plans erläutern, was für eine Idee er hat.«

Scherr begann zu sprechen — langsam und umständlich. Er war wirklich schwachsinnig, aber er war auch gerissen und auf eine primitive Art schlau, und seine Idee hatte viel für sich, wenn sie auch ein paar große Haken besaß. Er brauchte eine kleine Ewigkeit, um sich auszusprechen, dieser Aufseher, und er empfand seine große Bedeutung in dieser Stunde. Im wesentlichen lief das Ganze auf ein kleines Kunststück mit vier Schlüsseln hinaus.

Knapp vor Mitternacht war ich in meinem Hotel in Treuwall. Der Horstführer hatte mir zuletzt wieder die Augen verbunden und mich in dem geländegängigen Jeep zurück zum Schwarzen Tor gebracht. Dort stand am Straßenrand mein Thunderbird. Der Zündschlüssel steckte. Einige Zeit nachdem ich losgefahren war, tauchten im Rückspiegel die Lichter eines anderen Wagens auf. Mein Beschützer Olsen war wieder da.

Die Hotelhalle lag verlassen, Pierre schloß eben seine Bar.

»Soll ich Ihnen noch etwas nach oben bringen?« fragte er freundlich. Trotz des zweiten langen, anstrengenden Tages — oder gerade seinetwegen — war ich überwach.

»Ja«, sagte ich, »bitte, Pierre. Dasselbe wie gestern nacht.«

Also brachte er Whisky und Eis und Soda und trank ein Glas mit mir und sagte dann gute Nacht. Ich riß den Umschlag auf, den mir der Portier gegeben hatte. Ein Brief war für mich gebracht worden. Ich erkannte Lillians Handschrift. Der Brief war kurz: ›In Sehnsucht und Liebe — Lillian.‹

Ich las den Satz ein paarmal, dann holte ich das Tonbandgerät aus der blauen Tasche, öffnete es und machte es aufnahmebereit. Ich legte das erste der zehn Bänder auf einen der beiden Teller, mixte mir einen großen Whisky, zog die Krawatte herab, die Jacke und die Schuhe aus, öffnete den Kragenknopf, setzte mich in einen bequemen Sessel und legte die Füße auf einen anderen. Dann schaltete ich das Gerät ein. Die Teller begannen zu kreisen. Ich nahm das Mikrophon in eine Hand, das Whiskyglas in die andere, lehnte mich in meinem Sessel zurück und begann zu reden. Ich weiß noch genau, was ich als erstes sagte: »Heute ist Donnerstag, der vierundzwanzigste November 1966, null Uhr dreißig. Mein Name ist Richard Mark. Ich spreche in meinem Zimmer im Hotel ›Kaiserhof‹ in Treuwall. Was ich nun zu erzählen beginne, ist die genaue Geschichte und Vorgeschichte des Verbrechens, das ich begehen werde ...«

Da existiert ein Manuskript, das ist achthundertsechsundachtzig Schreibmaschinenseiten lang. Es liegt in dem alten Geldschrank, Herstellungsjahr 1909, im Hinterzimmer des ›Strip‹ eingeschlossen, und niemand außer Minski und mir hat es jemals gesehen. Dieses Manuskript ist insofern eine Rarität, als es aus zweiundzwanzig durchschnittlich vierzig Seiten langen Anfängen zu immer dem gleichen Roman besteht, die Seite zu dreißig Zeilen beschrieben, der Rand nur mäßig breit. Alle Seiten sind bis zur Unleserlichkeit mit Verbesserungen, Streichungen, Umstellungen und zwischen die Zeilen geschmierten Sätzen, Zeichen und Zahlen bedeckt. Einer der zweiundzwanzig Anfänge ist schlechter als der andere, der zweiundzwanzigste ist gewiß der allerschlechteste.
Diese monströse Arbeit stammt von mir, ich habe von Dezember 1956 bis Dezember 1957 gebraucht, sie herzustellen, und ich habe schwer dabei gearbeitet, tags und oft auch nachts, sonn- und feiertags.
Ich habe immer wieder einsehen müssen, daß das, was ich geschrieben hatte, nichts taugte, und ich habe einen Winter, einen Frühling, einen Sommer und einen Herbst lang immer wieder versucht, einen neuen, guten Anfang zu schreiben. Ich habe dabei unmäßig geraucht und unmäßig getrunken und andere Dinge im Unmaß getan und bin bei dieser Arbeit fast verreckt. Immer nach rund vierzig Schreibmaschinenseiten begann ich von neuem. Nach vierzig Seiten kann man schon ziemlich sicher übersehen, ob ein Anfang gut ist und das Buch gut weitertragen wird oder nicht.
In dem Jahr, das mich diese vergebliche Arbeit kostete, magerte ich stark ab, vernachlässigte und verlor ich fast alle meine Freunde, hörte ich kein Wort von Lillian oder meinem Bruder, kam ich kaum an die frische Luft und wurde um ein Haar verrückt – *richtig* verrückt. Zuletzt hatte ich schon Halluzinationen.
Ich versuchte, Utrillo nachzuahmen und soff mich Nacht um Nacht voll, meistens bei Boris Minski, zog dann mit irgendeinem Mädchen ab, erwachte sehr häufig in einem fremden Bett, ohne die geringste Erinnerung an das,

was vorgefallen war, schleppte mich an meinen Schreibtisch und versuchte zu arbeiten. Als ich sah, daß ich das nicht aushielt, trank ich weniger und blieb zu Hause, und was ich schrieb, war noch schlechter.

Hätte ich kein Geld gehabt, dann hätte ich mir dieses Jahr nicht leisten können und mir viel erspart. Das Teuflische war jedoch, daß Geld das einzige blieb, was ich besaß – die Bücher, die mein Bruder schrieb, hatten uns beiden viel Geld gebracht und brachten immer noch neues. Da ich es in der großen Villa am Grüneburgpark nicht mehr aushalten konnte, übersiedelte ich in eine komfortable Etagenwohnung in einem stillen Haus am Park Luisa in der Humperdinckstraße. Ich lebte – abgesehen von meinen alkoholischen Exzessen – bedürfnislos, ich brauchte gar nicht soviel Geld, es war immer noch eine Menge da – auch im Dezember 1957.

Im Dezember 1957 erzählte man sich in der Branche, ich sei ein ausgebrannter, ausgeschriebener Autor. So etwas gibt es viel häufiger, als die meisten Menschen wissen. Verleger rechnen stets damit, daß ihren Schriftstellern dieses Malheur zustößt. Sie sind dann so traurig wie die Schriftsteller, wenn sie mit diesen Schriftstellern Geld verdient haben, und mein Verleger war sehr traurig. Er tröstete mich mit herzlichen Worten und oft. Aber er hatte mich längst abgeschrieben, und alle anderen Verleger hatten das auch getan. Schriftsteller ist ein sehr unsicherer Beruf, das heißt, eigentlich ist er natürlich überhaupt keiner, und ganz typischerweise wird ein Autor sehr schnell vollkommen vergessen, wenn er auch nur eine Weile nichts mehr publiziert hat.

Im Herbst 1957, so beim siebzehnten oder achtzehnten Anfang für meinen Roman, verlor ich meine Selbstachtung. Ich gewöhnte mir an, am späten Nachmittag, solange es bei Minski noch leer war, ins ›G. I. Joe‹ zu gehen und Whisky zu trinken. Wenn dann die ersten Gäste kamen, verschwand ich, denn andere Menschen machten mich nervös. Meine hysterische Platzangst war in dieser Zeit besonders stark. Solange ich allein war, spielte ich mir Platten aus der großen Juke-Box vor, natürlich meistens die eine von Doris Day, und wenn ich betrunkener wurde, spielte ich sie mehrmals hintereinander.

Eines Tages warf ich, während die Platte lief, mein schweres Whiskyglas in den Aufsatz des Musikautomaten. Der zerbrach, und die Box war kaputt. Minski sagte kein Wort. Er brachte mir persönlich einen neuen Whisky und nickte stumm mit dem Kopf. Ich holte ein Scheckbuch hervor und schrieb einen Scheck aus, um den Schaden zu decken, aber in Wirklichkeit schrieb ich drei Schecks aus, bis mir einer so gelang, daß Minski ihn auch vorlegen konnte. Dann ging ich heim und schlief ein paar Stunden, und mitten in der Nacht stand ich auf und setzte mich an den Schreibtisch und begann mit einem neuen Anfang. Mit diesem amüsierte ich mich drei Tage, dann stellte ich fest, daß er ebenfalls nichts wert war.

Ich hatte gerade festgestellt, daß der zweiundzwanzigste Anfang nichts taugte — an einem kalten Vormittag, an dem die Straßen von dickem Glatteis überzogen waren —, als es klingelte und Minski zu Besuch kam. Er war sehr verlegen und stotterte eine ganze Weile herum, während er gramvoll die Unordnung in meiner Wohnung betrachtete. Zuletzt wurde ich grob und fragte ihn, was er eigentlich wolle. Da sagte er, er könne es nicht länger ansehen.

»Was können Sie nicht länger ansehen?«

»Wie Sie sich kaputtmachen, Ritchie«, sagte er, und seine langbewimperten schwarzen Augen glänzten feucht.

»Ich mach mich nicht kaputt.«

»Nein, nein, Sie erfreuen sich bester Gesundheit«, sagte Boris Minski, »es ist alles okay. Noch so ein Jahr, und Sie sehen die Radieschen von unten.«

»Und wenn? Wen geht's was an? Wer schert sich drum?« fragte ich ebenso aggressiv wie weinerlich.

»Ich«, sagte Boris Minski.

»Sie? Warum, zum Teufel, Sie?«

»Weil ich Sie gern hab«, sagte Minski. »Fragen Sie mich nicht, warum ich Sie gern hab. Der Teufel soll mich holen, wenn ich es weiß. Hören Sie, Sie Gewittergoj«, fuhr er fort, »ich werd nicht mit ansehen, wie Sie sich zugrunde richten. Ich bin gekommen . . .«

»Wie haben Sie mich genannt? Gewittergoj?«

»Beleidigt. Tut mir leid.«

»Ich bin nicht beleidigt. Der Ausdruck gefällt mir.«

»Freut mich. Wieviel Geld haben Sie noch? Oder wissen Sie das nicht?«

»So siebzig- bis neunzigtausend werden es immer noch sein«, sagte ich.

»Geht noch eine Weile. Warum?«

»Weil ich nicht als barmherziger Samariter zu Ihnen komm. Ich komm mit einem Vorschlag.«

»Nämlich?«

»Mein Lokal ist zu klein und zu mies. Muß umbauen. Was Feines, Großes. Hab schon Geld aufgenommen. Will nicht zuviel aufnehmen. Kann auch nicht mehr allein den neuen Laden führen. Such einen Kompagnon, der sich finanziell am Umbau des Lokals beteiligt. Was ist, wollen Sie mein Kompagnon werden?«

»Ob ich Ihr Kompagnon . . .«

»Ist das etwas Ehrenrühriges? Was schaun Sie mich so an? Sie! Ich hab Sie was gefragt! Was schaun Sie mich so an?«

Ich sagte: »Ist es schon soweit, daß ich den Leuten leid tue?«

»Sie tun keinem Menschen leid. Nur sich selber«, sagte Minski. »Aber das mächtig. Also, was ist? Wollen Sie einsteigen mit Ihrem Geld oder nicht? Ich hab nicht viel Zeit. Wenn Sie nicht wollen . . .«

»Warum bieten Sie mir das an? Doch nur aus Mitleid!« sagte ich böse.

»Noch so eine Bemerkung, und ich bin draußen«, sagte Minski. »Warum biete ich Ihnen das an? Weil ich Sie kenn, weil ich Sie gern hab.«

»Einen Gewittergoj.«

»Einen Gewittergoj, ja. Ist übrigens auch gar nicht mehr so gut, wenn ein Jud allein ein Nachtlokal hat, ein großes. Ich möcht einen *arischen* Kompagnon! Schon lange mein Wunschtraum. Sie sind so ein fescher, großer Arier, mit Ihnen könnt ich richtig protzen, und . . .«

»Wissen Sie was, Minski?«

»No?«

»Mich sollen alle am Arsch lecken! Ich geb meinen Beruf auf! Ich nehme Ihr Angebot an.«

»Na endlich«, sagte Minski. »Heut abend setzen wir uns zusammen, und ich zeig Ihnen die Pläne, und gleich im neuen Jahr können wir mit dem Umbau anfangen . . . und das Lokal auf uns beide schreiben . . . und all das. Unter einer Bedingung.«

»Und die ist?«

»Daß Sie ab sofort keine einzige Zeile mehr schreiben«, sagte Minski. »Sie packen noch heut Ihre Sachen, und morgen, wenn ich Ihnen die Pläne gezeigt hab, fahren Sie nach Bayern, irgendwo in den Schnee und erholen sich über die Feiertage. Ich will kein Gespenst im Geschäft haben, wenn die schwere Arbeit losgeht.«

Ich fuhr nach Garmisch-Partenkirchen. Ich schlief viel, und ich lief Ski und lag in der Sonne und erholte mich. Ganz braun gebrannt und ausgeruht kam ich Anfang Januar 1958 nach Frankfurt zurück. Am ersten Abend, den ich wieder in meiner Wohnung verbrachte, läutete das Telefon. Ich hob ab und meldete mich.

»Ritchie, endlich erreiche ich dich!« sagte Lillians Stimme.

»Hier ist Ihre Partitur«, sagte der Oberstaatsanwalt Paradin. »Inspektor Lansing hat sie mir gegeben. Er braucht sie nicht mehr. Ich sehe auch keinen Grund, sie zurückzuhalten. Bitte sehr, das Geschenk Professor Delacortes.« Mit diesen Worten überreichte er mir den alten, in Leder gebundenen Erstdruck, und ich empfand ein Gefühl des Ekels, des Ekels vor mir selber, oben in der Kehle. Ich schluckte heftig.

»Setzen Sie sich, Ritchie. Ich möchte etwas mit Ihnen besprechen.«

Ich setzte mich in einen Holzstuhl mit Armlehnen und hoher, geschnitzter Rückenlehne, der vor einem geschnitzten Schreibtisch stand. Man hatte Paradin im Gebäude des Landgerichts ein schönes, großes Zimmer mit dunklen, alten Möbeln zugewiesen. Es gab einen Teppich, eine Ecke mit Zimmerpflanzen und Vorhänge an den großen Fenstern, durch die man – das Büro lag im vierten Stock – über die Dächer der anliegenden Häuser hinwegsehen konnte – auf die Neubauten und Barockgebäude und Kirchen von Treuwall. An diesem Vormittag schien eine kalte Sonne.

Der kleine Mann mit dem weißen Haar war wie stets dunkel gekleidet, und er hinkte im Raum hin und her. (»Man muß immer in Bewegung bleiben.«)

»Haben Sie schon Tiny gesehen?«

»Nein. Ist er angekommen?«

»War bereits hier, hat Delacorte identifiziert und seine Aussage gemacht.«

»Wo wohnt er?«

»Auch im ›Kaiserhof‹. Kam gestern nacht. Sie waren noch nicht zurück. Er möchte mit Ihnen zu Mittag essen, soll ich Ihnen sagen. Er erwartet Sie in der Hotelbar. Um zwölf.«

Paradin schob seine goldgefaßte Brille die Nase hinauf. Sie glitt sofort wieder herunter.

»Vielleicht bin ich verrückt«, sagte er, »aber ich habe so ein bestimmtes Gefühl. Ich hatte es gleich nach dem erstenmal, als ich mit Delacorte sprach.«

»Was für ein Gefühl?«

»Daß er damit rechnet, befreit zu werden«, sagte Paradin. Er sah mich mit seinen Kinderaugen an dabei, und ich erwiderte den Blick ruhig und hielt nur die Partitur fest, die mir beinahe von den Knien geglitten wäre.

»Aus dem Gefängnis befreit?« fragte ich mit gespielter Verblüffung.

»Natürlich nicht nur das. Raus aus dem Knast und raus aus Deutschland. Das ist mein Gefühl.«

»Wie kommen Sie darauf?«

»Durch sein Verhalten. Er ist von einer sagenhaften Unverschämtheit. Superman. Allmächtiger. Ich bin ein kleiner Köter, der ihn ankläfft. So ungefähr. Zunächst einmal weigerte er sich, allein vor mir auszusagen. Verlangte, daß ein Untersuchungsrichter dabei war. Das ist sein Recht, und er kennt es. Ändert überhaupt nichts an seiner Lage. Meine Fragen muß er so oder so beantworten. Seine Antworten, das sind Frechheiten, Witze, Sticheleien. Sonst nichts. Verteidigung wie erwartet: Alles Belastungsmaterial gegen ihn ist gefälscht, größtenteils von ihm selber, denn er war ja ein Widerstandskämpfer. Das haben Sie schon auf der Polizei gehört, nicht?«

Ich nickte.

»Er schindet Zeit, das ist mein Eindruck. Und so frage ich mich: Warum schindet er Zeit? Wenn er wollte, könnte er doch wirklich weiß Gott wen alles hochgehen lassen!« Paradin blieb vor mir stehen. In seinen Kinderaugen war nicht die Spur von Mißtrauen, nicht die kleinste Spur. »Wissen Sie, daß Delacorte seit vielen Jahren Gutachter bei allen in Frage kommenden Behörden war?«

»Nein.«

»Einer der gefragtesten Gutachter! Es steht fest, daß der inzwischen verstorbene Direktor Winzer vom Landessozialgericht Delacorte 1949 hier etabliert hat... neue Praxis, etcetera. Also, *der* Mann wußte genau, wer Delacorte war, und Delacorte wußte genau, wer *Winzer* einmal gewesen war. Der erste, den er im großen Stil erpreßte. Winzer allein genügte Delacorte natürlich nicht. Und *ein* Mann konnte wirklich nicht für alles sorgen. Jetzt ging die Lawine los, Ritchie! Delacorte fand Hilfe. Bei Ämtern und Gerichten. Also waren da auch Leute, über die er was wußte. Er wurde einer der beliebtesten Gutachter. Wer forderte ihn an? Die Herren von diesen Ämtern und Gerichten ... lauter Leute, die Delacorte *zwang*, ihn anzufordern. Und diese Leute, Ritchie, arbeiten alle Hand in Hand. Und immer mit den Gerichten direkt um die Ecke. Fein, was?«

»Sehr fein«, sagte ich und überlegte, ob das eine Falle war.

»Und da gibt es noch einen zweiten Kreis, einen viel gewichtigeren: die Männer, die Delacorte zum Leiter des Krankenhauses machten, des alten, und vor allem des neuen. Stadtväter sind da, Abgeordnete, Politiker, das geht bis in die Ministerien, da sind ganz große Tiere dabei. Ohne ihre Zustimmung hätte Delacorte nie das neue Krankenhaus gekriegt! Die Zustimmung war hundertprozentig. Also weiß Delacorte auch über diese Herren etwas. Kann einem ganz hübsch schwindlig werden, wenn man das so hört, wie?«

»Ja«, sagte ich, »ganz hübsch schwindlig.«

Paradin hinkte weiter.

»Und? Und zuerst spuckt unser Mann ganz große Töne von wegen Ordnung machen und Saustall ausräumen ... und nun plötzlich nichts! Hinhalten, verschleppen. Darauf spekulieren, daß ich die Nerven verliere und einen Fehler begehe. Ich verliere nicht die Nerven, Ritchie. Da hätte der Herr früher aufstehen müssen. Aber ich habe eben das Gefühl, daß er dieses Theater so lange spielen wird, wie seine Freunde brauchen, um ihn rauszuholen. Was meinen Sie zu meiner Theorie?« Er fragte ohne jede Betonung. Ich mußte mich zusammennehmen. Ich durfte keine Gespenster sehen. Paradin vertraute mir. Verflucht, ja, ausgerechnet mir vertraute Paradin. Das war ein Gespräch unter Freunden. Unter Freunden ...

Ich sagte: »Die Erfahrungen, die Sie mit Delacortes Kollegen gemacht haben, lassen Sie natürlich besonders vorsichtig und ängstlich sein.«

»Das auch«, sagte er. »Aber ich behaupte, daß an meiner Vermutung wirklich was dran ist.«

»Wer sollte ihn rausholen?« fragte ich. »Wirklich rausholen, meine ich, wenn das technisch überhaupt möglich ist, was ich bezweifle ...«

»Dazu kommen wir noch«, sagte Paradin.

»Wozu?«

»Ob es technisch möglich ist. Reden Sie weiter.«

Ich holte Atem.

»Also, wer soll ihn rausholen, Ihrer Ansicht nach? Die Kerle, die Angst vor ihm haben?«

»Schwer zu sagen. Im Grunde müßten es natürlich Spezialisten sein. Und die hat nur die ›Spinne‹.«

»Na also.«

Paradin sagte: »Ich nehme an, daß sich die Verhältnisse da mittlerweile sehr verfilzt haben. Beide Gruppen haben nun das gleiche Interesse. Die ›Spinne‹ will Delacorte vermutlich aus dem Land haben, seit die Reibereien hier begannen. Jetzt natürlich erst recht. Und jene, die Butter auf dem Kopf haben, die natürlich auch jetzt erst recht. Dürfte also, wenn überhaupt, eine Gemeinschaftsaktion sein. Denn ich bin fest davon überzeugt, Delacorte hat alle wissen lassen: Wenn ihr mich nicht rausholt, und das schnell, *dann packe ich aus!* Wissen Sie, wer mich im Grunde auf diese ganze Theorie gebracht hat, Ritchie?«

»Wer?«

»Sie.«

»Ich?«

»Ja«, sagte er und lächelte, heiter und freundlich wie ein Kind mit seinem rosigen Kindergesicht, seinen Kinderaugen hinter der ewig rutschenden Brille. »Sie, Ritchie. Denn mit Ihnen stimmt da doch einfach überhaupt nichts.«

Was hätten Sie getan? Ich spielte ein bißchen mit der alten Partitur und erwiderte Paradins lächelnden Blick und fragte lächelnd: »Also mit mir stimmt überhaupt nichts?«

»Haben Sie das selbst noch nicht festgestellt?« fragte der kleine Mann mit dem gütigen Gesicht, mein Freund seit zwanzig Jahren, ein Mann, der mich gern hatte, ein Mann, den ich betrog, belog, verriet. »Schauen Sie mal, das war doch ein einziges verlogenes Theater.«

»Was?«

»Was Delacorte mit Ihnen aufführte. Kommt noch mal ins Hotel vor seiner Festnahme, um sich bei Ihnen zu bedanken. Wofür? Dafür, daß Sie ihn angezeigt hatten?«

»Dafür, daß ich seiner Lillian das Leben gerettet habe.«

»Ach, hören Sie auf. Mieses Melodram. Der reinste Hohn. Hat sie auch noch Ihrer Obhut anvertraut, nicht wahr?«

»Ja . . .«

»Weil er so viel Vertrauen zu Ihnen hat. Er, der auf Männer eifersüchtig ist, die überhaupt nichts mit Lillian zu tun haben. Er, der weiß, wie lange Sie Lillian schon kennen.«

»Er sagte, sie hätte ihm erzählt, ich sei eine Jugendliebe, eine sentimentale Erinnerung, sonst nichts . . .«

»Ja, und *Ihre* Telefonnummer trug sie in dem Medaillon mit sich herum. *Sie* hat sie angerufen, als es ans Sterben ging. Sentimentale Erinnerung. Der Mann ist doch kein Narr! Ich glaube schon, daß Lillian ihm solche Sachen erzählte, ganz bestimmt, aber daß er sie *geglaubt* hat – *nie!*«

»Welchen Grund sollte er gehabt haben ...«

»Er hat einen Grund gehabt«, sagte Paradin verbohrt. »Einen guten Grund. Ich weiß, das klingt irre, aber wenn ich die Partitur da sehe, dann könnte ich schwören, es hatte auch einen guten Grund, daß er Ihnen das Ding schenkte. Ich kenne ihn nicht, den Grund ...« Ich kenne ihn, dachte ich, und du bist verflucht nahe an der Wahrheit, mein Lieber. ». . . aber ich könnte schwören, da ist auch einer! Der Mann tut nichts Unüberlegtes! Der Mann ist ein Genie der Planung, der Beherrschung und der Überlegung! Wenn ich nur Genaueres wüßte. Das einzige, was ich, glaube ich, genau weiß, ist, daß er Lillian liebt. Aber das hilft uns nicht weiter.«

Mir fiel etwas ein.

»Warum lassen Sie Lillian immer noch bewachen?«

»Warum lasse ich *Sie* bewachen, Ritchie?« fragte er. »Ihr seid mir zu wertvoll, Ihr beide. Euch darf nichts passieren. Als seine Freundin ist sie ebenso in Gefahr wie Sie, der ihn angezeigt hat.«

»Ich verstehe.«

»Wie sind Sie übrigens mit Olsen zufrieden?«

»Sehr.«

»Netter Kerl, nicht?«

»Sehr netter Kerl«, sagte ich.

»Wie war das Essen im ›Intercontinental‹?«

»Ausgezeichnet.«

»Das«, sagte er, »ist auch so ein Gefühl, das ich habe, Ritchie. Wir werden noch darauf kommen, daß man Sie – ausgerechnet Sie, der Teufel soll mich holen, wenn ich sagen kann, warum! – auserkoren hat, eine Schlüsselrolle in dieser Geschichte zu spielen. Der Teufel soll mich auch holen, wenn ich sagen kann, welche. Aber alles deutet darauf hin. Sie müssen doch zugeben, daß Delacortes Verhalten mehr als seltsam war, wie?«

»Ja«, sagte ich und sah Paradin an. »Allerdings, das muß ich zugeben.«

»Olsen paßt schon auf Sie auf. Aber das genügt nicht. Sie müssen selbst auf sich aufpassen, Ritchie. Bei der ersten Kleinigkeit, die Sie bemerken, verständigen Sie mich sofort! Versprechen Sie mir das?«

»Ja.«

»Es müßte nämlich jetzt etwas passieren.«

»Wieso?«

»Weil ich jetzt etwas geändert habe«, antwortete Paradin. »Das übrigens zu Ihrer Frage von vorhin, ob es technisch möglich ist, hier jemanden aus dem Gefängnis rauszuholen.«

»Sie haben also im Gefängnis was geändert«, sagte ich und überlegte, daß ich ruhig, aber neugierig aussehen mußte, und ich bemühte mich, neugierig und ruhig auszusehen.

Paradin sagte: »Ich war gestern drüben. Mit meinen beiden Richtern und einem halben Dutzend Kriminalbeamten. Habe mir den Bau angeschaut, von unten bis oben. Die Dienstordnung. Die Dienstpläne. Die Zellen. Das Gebäude innen und außen. Halb tot habe ich die Aufseher gefragt. Nach den Kontrollen, den Rundgängen, den Schlüsseln, wie viele jeder hat, was für welche, wie lange, wo. Wann die Aufschlußzeit ist, die Einschlußzeit, welche Alarmanlagen es gibt. Einfach alles. Drei Stunden war ich da.«

»Und?«

Er hob die Achseln. »Tadelloser Laden. Die sind mächtig auf Draht, gerade jetzt, wo die Untersuchung läuft.«

»Was für eine Untersuchung?«

»Na, da gab es eine üble Sache vor einiger Zeit. Häftlingsmißhandlung mit Todesfolge und so weiter. Eine Reihe von Beamten wurde suspendiert. Was jetzt Dienst tut, ist sicherlich in Ordnung.« Gott schütze dich, dachte ich. »Also, eine Entführung ist *eigentlich* unmöglich. *Einen* schwachen Punkt allerdings habe ich entdeckt.«

»So.«

»Da gibt es einen linken und einen rechten Trakt, verstehen Sie. Delacorte sitzt im linken. Nachts haben zwei Mann Dauerdienst, und zwar innen *und* außen. Jeder von ihnen hat vier Schlüssel. Damit kommt er aus. Die trägt er aber *bei sich!* Und er geht mal raus und mal rein in den Bau. Mit den Schlüsseln. Das ist zu gefährlich. Wenn einer von den beiden mal draußen ist, und er wird überfallen, dann sind vier Schlüssel weg ... und man kann einen Gefangenen rausholen, klar?«

»Klar«, sagte ich. So hatte mir Aufseher Scherr das in jenem verlassenen Luftschutzbunker auch erklärt. Was war von Paradin nun geändert worden?

»Ab sofort«, sagte Paradin, »sind Innendienst und Außendienst streng getrennt. Bei Tag und bei Nacht. Bei Tag haben noch mehr Aufseher Dienst, natürlich. Die beiden Männer von der Nachtschicht teilen sich nun die Arbeit. Einer bleibt stets *im* Bau, einer bleibt stets *draußen.* So muß der draußen nicht mit vier Schlüsseln rumlaufen. Nur mit einem für die Pforten in der Gartenmauer. Damit er seine Runde machen kann. Die anderen Schlüssel bleiben im Bau. Einfach, nicht? Aber so, glaube ich, habe ich das Ganze narrensicher gemacht.«

»Das glaube ich auch«, sagte ich. »Da kann nun aber wirklich nichts passieren.«

»Und deshalb, Ritchie, habe ich das bestimmte Gefühl, daß mit Ihnen etwas passieren wird ... wenn die Brüder nicht weiterkommen nämlich. Dann schreien Sie Feuer, aber sofort, verstanden?«

»Ja«, sagte ich und dachte: Von dieser Innendienst-Außendienst-Teilung muß ich schnellstens Geyer verständigen.

Es tut mir leid, Herr Oberstaatsanwalt Paradin, aber das war wirklich alles, was ich in diesem Moment denken konnte.

Nein, noch etwas!

Ich dachte außerdem: Ein verfluchtes Glück, das ich habe – eigentlich gar nicht zu fassen!

Ich aß mit Tiny im ›Kaiserhof‹.

Der größte Teil der Reporter war zurückgekommen, im Speisesaal war es laut. Meinen Bruder hatte ich bei der Heimkehr ins Hotel wieder nicht angetroffen. Wo der sich herumtrieb?

»Ich möchte gern noch Lillian sehen«, sagte Tiny. »Aber ich muß heute nacht schon wieder nach Berlin fliegen.«

»Na, dann fahren wir am Nachmittag zusammen in die Klinik«, sagte ich. »Ist dir das recht?«

Er nickte. Er sah großartig aus in seinem blauen Anzug mit den feinen weißen Nadelstreifen, dem weißen Hemd und der blauen Krawatte mit den roten Punkten; aber ich dachte, daß dies nicht mehr der alte Tiny war, nicht einmal mehr der Tiny von vor drei Monaten, als ich ihn zum letztenmal in Berlin gesehen hatte. Stets fröhlich war sein Gesicht gewesen, solange ich ihn kannte, immer hatte er Lust zu einem Scherz, zu Schabernack verspürt. Diesmal sah er müde, ernst und abwesend aus.

»Was ist los mit dir, Tiny?« fragte ich ihn.

»Sieht man es mir an?«

»Ja.«

Er schnitt auf amerikanische Art sein Fleisch klein, aß, schluckte und ließ sich Zeit, während ich ihn betrachtete, den Mann, der als Negerjunge in der von weißem Mob verhetzten Stadt Birmingham im Bundesstaat Alabama Vater und Mutter bei einem Bombenanschlag verloren, der als einfacher Soldat im Zweiten Weltkrieg gekämpft hatte und der nun einer der großen Sänger unserer Zeit geworden war, ein Mann, in der ganzen Welt daheim, in der ganzen Welt bekannt, ein genialer Mann, ein reicher Mann – kein glücklicher offenbar.

»Ich hatte einen Freund«, sagte Tiny endlich. »Einen guten Freund. Du kanntest ihn nicht. Wir waren im Krieg zusammen in derselben Einheit, bis ich zu den MP's kam. Jerome Kingston. Aus meiner Stadt, Ritchie, aus meiner Straße. Junge aus dem nächsten Block. Seine Eltern kamen damals auch ums Leben, als sie die Bombe in die Kirche legten. Jerome wurde schwer verletzt, aber sie flickten ihn zusammen. Hatte keinen einzigen Verwandten mehr, ich kümmerte mich immer ein wenig um ihn, weißt du.«

Tiny ließ Messer und Gabel sinken und sagte leise: »Vor einem Monat ist er gefallen. In Vietnam. Bis zum Major hat er es gebracht. Fiel da in der Kampfzone D. Weil er doch keine Verwandten hatte, nur mich als alten Freund, bekam ich die Benachrichtigung vom Verteidigungsministerium. Nach Berlin.«

»Das tut mir leid, Tiny«, sagte ich lahm. Was sagt man bei solchen Gelegenheiten schon, verdammt noch einmal.

»Mir auch«, sagte Tiny, »mir auch. Heißt in dem offiziellen Schreiben, er fiel bei einem Sturmangriff auf eine Vietcong-Stellung. Aber ich habe einen Brief von einem seiner Leute gekriegt. Weißt du, wie er verreckt ist? Er hat Artillerieunterstützung angefordert für seine Einheit. Hat sie auch bekommen. Mitten rein in die eigenen Leute hat die Artillerie geschossen. Sechsunddreißig Mann waren tot, bevor sie es merkten. Ich habe Angst, Ritchie, große Angst vor dem Krieg da unten.«

Ein Ober kam und servierte nach. Tiny wartete, bis er gegangen war.

»Der Krieg da unten«, sagte er dann, »das ist der Anfang vom dritten Weltkrieg, fürchte ich. Ich habe eine wahnsinnige Angst, daß wir dabei sind, in den dritten Weltkrieg . . . in den richtigen großen . . . hineinzuschlittern. Es ist nicht, weil ich deprimiert über Jeromes Tod bin. Ich komme doch viel herum, ich rede mit vielen Menschen. Ich höre viel, und in letzter Zeit immer wieder dasselbe. Von Amerikanern und von Russen. Ich habe doch gerade Opern gesungen in Moskau. Dasselbe Gerede, Ritchie. Aber nicht, daß du glaubst, die sind froh darüber. Die sind so unglücklich über diesen Scheißkrieg, den wir da in Vietnam führen, wie Millionen von Amerikanern. Unsere idiotischen Spezialisten mit ihrer vierundvierzigstufigen Eskalationsleiter! Mit ihren Wahnsinnsideen von einem gelenkten Krieg! So wie es da unten aussieht und wenn es da unten so weitergeht, und es wird so weitergehen, kann nur ein Wunder verhindern, daß wir eines Tages mit den Chinesen zusammenkrachen. Und daß ein Krieg China–USA nicht auf diese beiden Länder beschränkt bleiben würde, das ist doch wohl klar, nicht?«

»Das glaubst du wirklich?«

»Das glauben heute viele intelligente Militärs und Politiker auf der ganzen Welt, wenn sie es auch nicht sagen.« Tiny seufzte lange. »Mein Gott, Ritchie, und als wir zwei uns kennenlernten vor zwanzig Jahren, da haben wir gedacht, es wird nie mehr Krieg geben. Da haben wir gedacht, es fängt eine gute neue Zeit an . . . erinnerst du dich noch?«

»Deutlich«, sagte ich.

»Was ist denn mit *dir* los? Du wirkst auch . . . hast du Sorgen?«

»Ich? Überhaupt keine«, sagte ich.

»Aber du schaust so aus . . .«

»Unsinn«, sagte ich. »Das kann nur die Beleuchtung sein. Eine Beleuchtung ist das in diesem Speisesaal . . . wie in einer Morgue.«

»Na ja, also dann prost, Ritchie«, sagte Tiny und hob sein Glas Wein. »Auf den dritten Weltkrieg!«

»Daß er nicht kommt«, sagte ich und hob mein Glas.

»Ach, er kommt schon«, sagte Tiny. »Sei glücklich, mein Junge, sei glücklich mit deiner Lillian, und laßt euch nicht mehr einen Augenblick allein.«

»Wir bleiben jetzt zusammen.«

»Das ist schön.«

»Und wir gehen weg aus Deutschland«, sagte ich, als ob ich durch dauernde Wiederholung dieses Wunschtraums erreichen könnte, daß er Wirklichkeit wurde. »Wir gehen in die Schweiz.«

»Weshalb?«

»Ich will in Sicherheit leben.«

»Sicherheit!« sagte Tiny traurig. »Sicherheit, die wird es nicht mehr geben das nächstemal. Für keinen und nirgendwo. Sicherheit... damit ist es vorbei. Darum bleibe ich auch in Berlin. Es ist ganz egal, wo du das nächstemal sein wirst, Ritchie, ganz egal. Guter Wein. Ich denke, wir genehmigen uns noch ein Fläschchen, was?«

»Das denke ich auch«, sagte ich. »Früher hast du immer so komisch gepiepst, wenn du von noch einem Fläschchen sprachst.«

»Ja, früher«, sagte Tiny.

Die Marienkirche von Treuwall besitzt einen mächtigen Turm mit patinagrünem Dach. Ursprünglich war sie eine dreischiffige gotische Hallenkirche. Gegen Ende des vierzehnten Jahrhunderts wurde sie um zwei Seitenschiffe erweitert, und auf jeder Seite kamen noch ein paar Kapellen dazu, so daß die Kirche heute fast ebenso lang wie breit ist, gewiß fünfzig Meter.

Aus dem sechzehnten Jahrhundert stammt die Orgel mit Barockprospekt, aus dem fünfzehnten Jahrhundert der große Flügelaltar mit Schnitzereien und Gemälden, die zu den wertvollsten niedersächsischen Malereien aus dieser Zeit gehören. Die Sakristei besitzt einen Reliquienschrein in Form einer gotischen Kapelle aus vergoldetem Silber. Es gibt zwei Taufbecken, spätgotische Leuchter und ein reichgeschnitztes Chorgestühl. In den Seitenschiffen ist es dunkel.

»Also haben Sie alles genau verstanden?« fragte ich den Horstführer, der neben mir saß. Er trug heute einen dunklen Regenmantel. Seinen Namen hatte er mir noch immer nicht genannt.

»Alles kapiert«, sagte der Horstführer. Es waren nur sehr wenige Menschen in der großen Kirche. Schritte schlurften, Schatten bewegten sich. Hallend fiel irgendwo eine Tür zu. Durch die bunten Glasscheiben der hohen Spitzbogenfenster kam letztes Tageslicht. Die Organisation des Unternehmens ›Alle Menschen werden Brüder‹ funktionierte großartig. Um Zeit zu sparen, hatte ich meinem Bewacher, dem Kriminalassistenten Olsen, direkt gesagt, daß ich eine wichtige Nachricht für Geyer hätte. Eine Stunde später war Olsen zu mir gekommen, der ich gerade nach dem Essen mit Tiny im Hotel auf mein Zimmer gegangen war, um mich ein wenig hinzulegen. Ich hatte die Tür absichtlich nicht versperrt, so konnte er eintreten.

»Na?«

»Um 15 Uhr 30 in der Marienkirche«, hatte er gesagt. »Zweite Bankreihe hinten ganz links vom Eingang. Der Horstführer wird dasein.«

Er war dagewesen.

»Es geht also nur, wenn Scherr nachts Außendienst hat«, sagte ich. »Das ist Ihnen ganz klar?«

»Das ist mir ganz klar.«

»Ich konnte mit Scherr natürlich nicht persönlich sprechen.«

»Das dürfen Sie auch nicht.«

»Dann müssen *Sie* feststellen, was für eine Diensteinteilung er nun hat. Es sind ziemlich viele Beamte. Aber auf eine Nacht, in der er draußen ist, müssen wir warten. Vorher können wir keine Einzelheiten festlegen.«

»Sie haben gute Arbeit geleistet. Mein Kamerad wird zufrieden sein.«

»Ich will das so schnell wie möglich hinter mich kriegen«, sagte ich und dachte, daß meine Arbeit nun erst begann.

»Meinen Sie, wir nicht?« Der Horstführer legte den Kopf auf die verschränkten Hände, die auf der Banklehne vor ihm ruhten, denn ein Mann und eine Frau gingen vorüber. Dann richtete er sich wieder auf. »Sie erhalten Bescheid. Telefonisch oder über Olsen – den können Sie übrigens immer als Anlauf benützen, läßt Ihnen Kamerad Geyer sagen – oder auf andere Weise. Das ist alles für den Moment. Gehen Sie erst zehn Minuten nachdem ich weg bin.«

Damit erhob er sich, trat aus der Bank und ging zum Ausgang. Ich wartete zehn Minuten und dachte an alles, was ich nun tun mußte, und hatte große Angst. Als ich die Marienkirche endlich verließ, kam ich im Mittelschiff an einer Bank vorbei, in welcher eine Frau saß, schwerfällig nach vorn gebeugt. Sie sah starr zu dem großen Flügelaltar, über ihr Gesicht flossen Tränen, und ihre Lippen bewegten sich lautlos. Es war Frau Erichsen. Ich überlegte, daß ihr Mann nun schon weit über fünfzig Stunden tot war und was sie wohl wirklich mit seiner Leiche gemacht hatten.

»Ritchie, endlich erreiche ich dich!« Lillians Stimme war es, die an jenem Abend im Januar 1958 aus meinem Telefonhörer klang.

»Was heißt endlich?« fragte ich, während ich fühlte, wie mir das Blut zu Kopf stieg.

»Ich versuche es schon seit drei Tagen. Aber es meldete sich niemand.«

»Ich war verreist.«

»Kann ich zu dir kommen?«

»Wo bist du?«

»Hier in Frankfurt. Im Hotel.«

»Allein?«

»Ja.«

»Wo ist Werner?«

»In Hollywood.«

»Was?«

»Schon seit einem Monat. Und er bleibt noch einen Monat. Sein letzter Roman wird doch verfilmt. Er schreibt das Drehbuch.«

»Und da hat er dich nicht mitgenommen?«

»Nein.«

»Warum nicht?«

»Unsere Ehe war kein Erfolg, Ritchie.« Lillian lachte heiser. »Wir haben beschlossen, uns für einige Zeit zu trennen und es dann noch einmal zu versuchen. Wenn es wieder nur Streit gibt, lassen wir uns scheiden.«

»Wer ist schuld?«

»Wir beide«, sagte Lillian. »Ich habe ihn geheiratet, ohne ihn zu lieben . . . weil er es verlangte. Und er hat es nur verlangt, um dir etwas anzutun. Er haßt dich.«

»Ach nein!«

Ironie war an Lillian stets verschwendet gewesen.

»Ihr seid zwei Brüder, die sich hassen. Ihr werdet euch immer hassen. Keiner von euch kann je vergessen, was er wegen des anderen getan hat. Werner wollte mich dir nur wegnehmen, deshalb bestand er auf einer Heirat. Jetzt weiß ich es. Ach, Ritchie, warum warst du damals bloß nicht für mich da?«

»Ja«, sagte ich. »Zu schade, nicht?«

»Sei nicht zynisch. Ich bin eigens nach Frankfurt gekommen, weil ich . . .« Sie stockte.

»Warum?«

»Weil ich es nicht mehr aushielt . . . weil ich dich wiedersehen muß . . . laß mich zu dir kommen, Ritchie.«

»Du bist wohl verrückt. Du glaubst wohl, du kannst mit mir alles machen!«

»Kann ich das nicht?« fragte sie leise.

Ich warf den Hörer in die Gabel.

Eine halbe Stunde später klingelte es.

Ich wußte genau, wer das war, und deshalb öffnete ich nicht.

Es klingelte immer weiter, vielleicht eine Viertelstunde lang. Dann öffnete ich. Lillian trug einen Chinchillamantel, sie hatte ihr blauschwarzes Haar hochgekämmt, und sie war sehr geschminkt.

»Scher dich weg«, sagte ich.

Sie trat in die Diele.

»Du sollst verschwinden! Wenn du nicht machst, daß du wegkommst ...«
»Ja?« sagte sie, ließ den Mantel auffallen und lächelte träge. »Was ist dann?
Schlägst du mich dann ... so wie damals, erinnerst du dich noch?«
Ich starrte sie an und antwortete nicht.
»Was für eine Gelegenheit, dich an deinem Bruder zu rächen«, sagte Lillian.
Sie trug ein graues Kostüm mit einem weiten Faltenrock. Ich ging zur
Wohnungstür und öffnete sie.
»Raus!« sagte ich, mich umdrehend.
»Schau«, sagte Lillian. Sie hatte den Faltenrock ergriffen und sehr hoch
gehoben. Sie trug nur Strümpfe und einen Halter, sonst nichts. Sie lächelte,
und sie sah aus wie die Mutter aller Huren der Welt. Ich schloß die Tür
wieder.
Als ich am nächsten Morgen mit schmerzendem Schädel erwachte – wir
hatten sehr viel getrunken in dieser Nacht –, war Lillian verschwunden.
Auf dem Nachttisch lag ein Zettel, darauf stand mit Lippenstift: ›So lange
wir leben ...‹
Das Kopfkissen duftete noch nach Lillians Haut, ihrem Haar und nach
›Arpège‹, ihrem Lieblingsparfüm. Plötzlich schlug ich auf das Kissen ein
wie ein Wahnsinniger, mit beiden Fäusten, laut fluchend.

»Ich bin so froh, daß ihr beide wieder zusammen seid«, sagte Tiny. Wir
saßen in Pierres Bar im Hotel ›Kaiserhof‹ und tranken Whisky. Es war 20
Uhr 30. Um 23 Uhr 15 ging von Hannover die Maschine nach Berlin, die
Tiny nehmen mußte. Ich hatte versprochen, ihn zum Flughafen zu bringen.
Wir hatten zu Abend gegessen, und am Nachmittag waren wir bei Lillian
gewesen, vor deren Krankenzimmer, in der kleinen Teeküche, immer noch
ein Kriminalbeamter wachte.
Tiny hatte von Paradin die Erlaubnis erhalten, Lillian zu besuchen. Er hatte
ihr ein halbes Dutzend Langspielplatten und einen kleinen Plattenspieler als
Geschenk mitgebracht. Es gab ein großes Plattengeschäft in Treuwall. Eine
der Platten hieß ›Doris Day's Sentimental Journey‹, und darauf waren alle
alten Lieder, die Doris Day gleich nach dem Krieg, als sie noch mit Orchestern herumzog und nicht als Filmstar berühmt war, gesungen hatte: ›At
Last‹, ›I'll never smile again‹, ›It's been a long, long time‹, ›Sentimental
Journey‹, und, natürlich, ›Serenade in Blue‹. Wir hatten den Plattenspieler
in Lillians Krankenzimmer angeschlossen – es ging ihr schon sehr gut, sie
konnte im Bett sitzen und alles essen und sogar ein wenig herumgehen –,
und dann hatte Tiny die Nadel bei der ›Serenade in Blue‹ eingesetzt, und
es war sehr still gewesen, während Doris Day sang, und Tiny hatte uns
beide angestrahlt mit seinem schwarzen glänzenden Gesicht, den schwarzen
glänzenden Augen und den großen glänzenden weißen Zähnen.
»Das ist ein wunderbares Geschenk, Tiny«, hatte Lillian zuletzt gesagt.

»War eine wunderbare Zeit.« Tiny sprach mittlerweile fast fließend und ohne Akzent deutsch. »Ich denke oft an sie. Ich träume von ihr ... von der MP-Station ... den Ruinen ... den kleinen Kindern, denen ich Schokolade brachte ... unseren Patrouillenfahrten. Ritchie, weißt du noch, wie ich deine Schreibmaschine requirierte? Und wißt ihr noch, wie wir damals, zu Weihnachten, die schwangere Frau ins Hospital brachten? Und wißt ihr noch ...«

Er hatte weitergesprochen, lächelnd, aber mit ernster Stimme, und ich hatte gedacht, daß er von einem verlorenen Paradies sprach.

»Ich denke auch oft daran«, sagte ich. »Und ich träume auch immer noch oft davon.«

»Ich auch«, sagte Lillian. »›Heidi‹, und die Konserven, die ihr mir gebracht habt ... und die Mitternachtsmette in der zerstörten Kirche mit diesem seltsamen Pfarrer ... was wohl aus ihm wurde?«

»Er ist tot«, sagte ich. »Und die Kirche ist wiederaufgebaut.«

»Das kleine Kind«, sagte Lillian. »Das kleine Kind dieser Jugoslawin, erinnerst du dich? Der Vater schrieb ihm – es war noch ungeboren – einen Brief in der Nacht, bevor er von den Deutschen erschossen wurde. Der Pfarrer las den Brief damals vor, und die Mutter mit dem Baby war in der Kirche. Jetzt muß das schon ein großer Junge sein. Ob er in Jugoslawien ist? Ob seine Mutter noch lebt?«

»Ob er noch lebt?« sagte ich.

»Aber hör mal, das ist doch noch ein Junge ...«

»Man kann nie wissen im Leben«, sagte ich.

»Ja«, sagte Tiny, »das stimmt. Man kann nie wissen. Nie und überhaupt nichts. Ihr habt euch immer wieder verloren, ihr zwei. Nun dürft ihr euch nicht mehr verlieren. Nun müßt ihr zusammenbleiben – darum bitte ich euch, ein alter Freund. Ihr gehört zusammen. Das habe ich immer gesagt. Ich weiß, alle anderen sagten das Gegenteil. Aber ich habe recht. Der Liebe Gott will, daß ihr zusammenbleibt. Hätte er euch sonst immer wieder zueinandergebracht?« Tiny strich mit einer Hand über Lillians Haar. »Ein blaues Kleid hatte sie an, und ein Band im Haar, als sie zum erstenmal in die MP-Station kam. Mit ihrem Fahrrad. Ich weiß es noch genau. Damals schrieb Ritchie seinen ersten Roman. Heute hat er so viele geschrieben. Heute ist er ein berühmter Mann.«

»Der nicht mehr schreibt.«

»Du wirst wieder schreiben, jetzt, wenn Lillian bei dir bleibt. Geh weg aus diesem Land, schnell, wie du es vorhast, Ritchie. Geh in die Schweiz. Aber verlaßt euch nie mehr! Wer weiß, wie lange ...« Tiny brach ab.

»Wie lange was?« fragte Lillian.

»Nichts«, sagte Tiny. »Wirklich nichts. Ellen und ich, wir wollen uns auch nie trennen. Nur wenn ich beruflich weg muß, verlasse ich sie. Sonst bleiben wir immer zusammen. Das sind unruhige Zeiten. Nur jetzt nicht weggehen von dem Menschen, den man liebhat. Wie lange mußt du noch hierbleiben?« fragte Tiny Lillian. Zum erstenmal sagte er ›Du‹, es klang ganz selbstverständlich.

»Nur noch ein paar Tage.«

»Dann aber weg hier!«

»Ich muß meine Sachen aus Kamplohs Villa holen«, sagte Lillian. »Die Möbel, alles.«

»Laß die Möbel da«, sagte Tiny. »Laß alles da. Nimm nur Kleider und was in Koffer geht, und verschwindet hier . . . schnell.«

Die Ärzte hatten gesagt, wir sollten Lillian immer noch nicht die ganze Wahrheit über Delacorte mitteilen, und so wußte sie noch nicht Bescheid. Sie hatte angstvoll sofort wieder gefragt, wo mein Bruder sei, als wir kamen. Er war nach Bremen gefahren, und das sagte ich ihr auch. Er hatte in Bremen zu tun, aber er mußte wiederkommen. Paradin brauchte ihn noch. Das sagte ich Lillian nicht.

»Spiel noch einmal das Lied«, bat Lillian, und Tiny spielte es. Doris Days Stimme klang durch das Krankenzimmer, sehnsüchtig, wehmütig, heimwehkrank, und wir lauschten ihr. Es war wie die Minute eines Abschieds für immer, und ich dachte, daß niemand wußte, was geschehen, ob ich Tiny je wiedersehen, wie lange ich noch mit Lillian zusammensein könne, was mir und uns allen widerfahren würde, schon in der nächsten, allernächsten Zeit, und ich empfand plötzlich jenes Unbehagen, das man empfindet, bevor eine schwere Krankheit ausbricht. Man hat sich bereits angesteckt, doch noch ist die Krankheit nicht ausgebrochen. Kennen Sie dieses Gefühl?

Nun saßen wir in Pierres Bar. Sie war, wie die Halle, ziemlich stark besucht, es hielten sich immer noch viele Journalisten in der Stadt auf, die laut redeten und eine Menge tranken. Pierre hatte viel zu tun. Kurzatmig eilte er hin und her, es strengte ihn an, so schwer zu arbeiten, aber er hielt sich großartig wie stets. Wenn er an unserem kleinen Tischchen vorüberkam, lächelte er mir zu.

»Was hast du, Tiny?« fragte ich. »Immer noch die Angst vor dem großen Krieg?«

»Ja.«

»Hallo, Mister Barlow!« Ein Mann in unserem Alter, mit amerikanischem Bürstenhaarschnitt, war an den Tisch getreten. Tiny stand auf. Sie unterhielten sich kurz und herzlich miteinander, dann stellte Tiny den Mann vor: »Das ist Clark Watts, Ritchie. Korrespondent vom ›American Press Service‹ in Bonn. Clark, das ist Ritchie Mark, ein ganz alter Freund von mir.« Wir schüttelten uns die Hände.

»Clark war in der Army mit mir«, sagte Tiny. Er lachte. »Ritchie auch! Als Dolmetscher . . . in meiner MP-Zeit.«

»Hallo, Alliierter«, sagte Clark.

»Hallo«, sagte ich.

»Wenn ich mal etwas für Sie tun kann ... APS Bonn, Anruf genügt«, sagte der Korrespondent.

»Sehr freundlich von Ihnen.«

»Tinys Freunde sind meine Freunde. Guten Flug, Tiny.«

»Danke.«

»Nächste Woche bin ich in Berlin. Dann komm ich zu dir, und wir trinken einen in deiner Genickschußbar.«

»Okay, Bruder«, sagte Tiny. Clark Watts ging an einen anderen Tisch. Wir setzten uns wieder. Ich sah in die Halle hinaus, und da, in einer entfernten Ecke, saß der junge Olsen, las Zeitung und trank einen Schoppen Wein.

Tiny sagte: »Vergiß meine Angst. Vielleicht irre ich mich auch. Hoffentlich. Pierre, noch zweimal dasselbe, bitte!«

Der dicke Pierre brachte die neuen Whiskys.

Tiny bedankte sich freundlich.

»Trinken Sie auch einen, Pierre«, sagte Tiny. »Auf unser aller Wohl. Wir können es brauchen.«

»Da ham S' recht«, sagte Pierre, der Max Kramleder hieß. »Ich dank auch schön. Also auf uns alle werd ich trinken.« Und er eilte wieder fort in seinem Korsett und auf seinen Plattfüßen, die ihn gewiß schmerzten, untadelig gekleidet wie immer, der perfekte Mixer.

»Skol, Ritchie«, sagte Tiny. Er sang: »Wer weiß, wann wir uns wiedersehn am grünen Strand der Spree ...«

Ein Page mit einer Tafel ging durch die Bar.

Mein Name stand auf der Tafel.

»Was ist los?« fragte ich den Pagen.

»Telefon, Herr Mark.«

»Entschuldige«, sagte ich zu Tiny. Die Telefonistin hatte das Gespräch in eine Zelle der Halle gelegt. Es war heiß in der Zelle. Ich nahm den Hörer des schrillenden Wandapparates ab und meldete mich. Vanessas atemlose Stimme erklang: »Ritchie! Ritchie! Ich bin so aufgeregt, ich kann gar nicht richtig reden ... ich ... o Gott ... nein, daß so etwas noch möglich ist ...«

»Nun beruhige dich schon!«

»Du bist der erste, dem ich es sage! Ich habe noch nicht einmal Boris angerufen.«

»Wo bist du?«

»Zu Hause. Ich habe doch meine ... ich arbeite doch noch nicht. Und vor fünf Minuten ist das Telegramm gekommen. Aus Paris! Von Panos! Er hat meinen Brief erhalten, telegrafiert er. Und er telegrafiert, daß er nach Frankfurt kommt!«

»Was?«

»Da bist du auch sprachlos, wie? Er hat hier an der Uni etwas zu erledigen, nächste Woche, und da will er mich unbedingt sehen . . . er kommt Dienstag . . . mit der Air France um 18 Uhr 45 . . . Ritchie! Ritchie! Panos kommt zu mir!«

»Das ist schön«, sagte ich. »Das freut mich für dich.«

»Ich besaufe mich heute nacht vor Glück. Ich habe ja gewußt, daß es doch noch einmal gut gehen wird mit Panos und mir, ich habe es ja gewußt!«

Ich sagte noch ein paarmal, wie sehr ich mich für sie freute, und Vanessa sagte auch immer wieder dasselbe, und wieder fühlte ich mich so, als stecke mir bereits eine schwere Krankheit in den Knochen. Ich hängte endlich ein und ging zu Tiny zurück, und dabei traf ich beim Eingang der kleinen Bar die beiden Verliebten. Das junge Mädchen mit dem langen blonden Haar trug an diesem Abend ein braunes, kleines Cocktailkleid, der hagere Junge einen dunklen Anzug und eine silberne Krawatte.

Sie waren beide sehr schüchtern.

»Herr Mark«, sagte der Junge, »verzeihen Sie bitte die Störung . . .«

»Was gibt es?«

»Das ist doch Homer Barlow, mit dem Sie da zusammensitzen, nicht wahr?«

»Ja.«

»Wir haben ihn in Berlin gehört. Und wir haben viele seiner Platten. Wir . . . glauben Sie, wir dürfen ihn bitten, uns ein Autogramm zu geben?«

»Klar«, sagte ich und führte die beiden zu Tiny, der aufstand und sich verbeugte. Natürlich gab er ihnen ein Autogramm — auf eine Getränke- karte, die Pierre brachte.

Die beiden bedankten sich überschwenglich. Sie gaben uns artig die Hände, und dann verließen sie die Bar, wobei der Junge Pierre ein Zeichen machte.

»Was bedeutet das?« fragte Tiny.

»Sie trinken am Abend immer noch eine Flasche Sekt auf dem Zimmer. Pierre bringt sie ihnen hinauf.«

»Nett«, sagte Tiny und winkte den beiden Verliebten nach, die Hand in Hand zum Lift gegangen waren und nun begeistert zurückwinkten. »Sehr nett, nicht?«

»Ja«, sagte ich.

»So jung«, sagte Tiny. »So freundlich. So verliebt. So unschuldig noch.«

»So glücklich«, sagte ich.

»Ja«, sagte Tiny. »Sie sollen auch zusammenbleiben, und nichts soll sie trennen in der kleinen Weile, die ihnen noch bleibt. Die uns allen noch bleibt.«

Tinys Maschine startete pünktlich.

Ich stand auf dem Parkplatz vor dem Flughafengebäude und sah den roten und weißen Positionslichtern der Maschine nach, die in steiler Bahn nach oben zog und dabei eine Kurve beschrieb. Ich war bis zum letzten Moment mit Tiny zusammengeblieben, und seine bedrückte Stimmung hatte sich auf mich übertragen. Er hatte das bemerkt und Witze gerissen, aber ich war deshalb nicht fröhlicher geworden. Und mit beklommenem Herzen sah ich nun die zuckenden Lichter der Maschine, die Tiny nach Berlin brachte, in den nächtlichen Wolken verschwinden.

Ich öffnete meinen Wagenschlag, und dabei sah ich Olsen auf mich zukommen, der mir natürlich auch hierher gefolgt war.

»Hinter Gifhorn liegt auf der rechten Straßenseite ein einzelner Bauernhof«, sagte er freundlich, als wäre das Verhältnis, wie es sich zwischen uns eingespielt hatte, die natürlichste Sache von der Welt. »Wenn Sie den erreichen, fahren Sie sechzig, genau sechzig. Und zählen bis sechzig. Dann bleiben Sie stehen und warten.«

»Auf wen?«

»Auf den Chef«, sagte er. »Der will Sie sprechen.« Damit ging er schon zu seinem Wagen zurück. Während ich in den Thunderbird stieg und den Motor startete, fiel mir ein, was Lillian einmal geschrieben hatte, damals in Frankfurt, als sie zum erstenmal fortging.

›Offenbar kann kein Mensch anders sein, als er eben ist. Ich weiß nicht, warum ich so sein muß, wie ich bin. Wenn es einen Lieben Gott gibt, wird er wissen, warum er mich so gemacht hat . . .‹

Wenn es einen Lieben Gott gab, dachte ich, über das Steuer meines Wagens gebeugt, die Scheinwerfer von Olsens Wagen im Rückspiegel, dann hatte Er es so eingerichtet, daß Olsen ein Verräter ist. Und wenn Olsen die Wahrheit sagte, hatte Er es so eingerichtet, daß Olsens Vater ein Kriegsverbrecher gewesen und von den Tschechen erhängt worden war und Olsen deshalb beschlossen hatte, den Vater auf seine Weise zu sühnen. Wenn Olsen log, dann ließ Er ihn lügen, wenn es Ihn gab. Es sah eher aus, als ob es Ihn gäbe, denn es war unwahrscheinlich, daß so viele Abermillionen von Ereignissen blind und zufällig abrollten. Es lag schon eine Konstruktion, irgendein noch so seltsamer Plan hinter dem allem. Wäre Olsen kein Verräter gewesen, dann wäre es *mir* nicht so leicht geworden, einer zu sein. Aber dann hätte sich gewiß ein anderer Weg gefunden, dachte ich. Wenn ich nun einmal diese Rolle spielen sollte, weil Er es so wünschte, dann würde ich sie auch spielen.

Und ich dachte, daß ich es mir bereits genauso leicht machte, wie Lillian es sich leichtgemacht hatte, damals. Es ist wohl das größte Zeichen von Verworfenheit und Schwäche, wenn man anfängt, derartige Gottesbeweise zusammenzudenken . . .

Um Mitternacht war ich noch auf der verlassenen Autobahn. Ich schaltete das Radio ein, suchte eine deutsche Station und hörte Nachrichten. Delacorte und seine Verhaftung waren bereits ganz nach hinten gerutscht, unmittelbar vor die Wettervorhersage. Es gab eben im Moment nichts Neues in diesem Fall, und außerdem wies Paradin alle Journalisten ab. Plötzlich waren die Länderminister für Steuererhöhungen und hatten dem Bundesrat Vorschläge für Ausgabenkürzungen und Mehreinnahmen unterbreitet. Die Volkswagenaktie hatte am Donnerstag einen neuen Tiefstand erreicht, und auch fast alle anderen Papiere hatten mit niedrigsten Notierungen geschlossen. Und dann meldete der Sprecher, wie bestellt nach meinem Gespräch mit Tiny, daß in Vietnam neue schwere Kämpfe im Gange seien.

Ich dachte wieder an Tiny, der durch die Nacht nach Berlin flog, und ich dachte an seine Worte: »Sicherheit? Die wird es nicht geben das nächstemal. Nirgends wird es die geben.«

Also auch nicht in der Schweiz.

Aber da wollte ich hin! Und wußte nicht, wie ich dahin kommen würde, ob überhaupt jemals im Leben. Dauernd redete ich davon, dachte ich an die Schweiz, und das war natürlich nur ein seelischer Halt, den ich mir selber gab. Eine Illusion, sonst nichts. Wie sehr wir doch alle an einem Leben in Frieden, am Leben überhaupt hängen, dachte ich. Was wir doch alle bereit sind, dafür zu tun – an Unrecht, an Unrecht. Wie viel Unrecht war ich bereit zu tun! Und wenn ich es getan hatte, dann erst kam das Schwerste für mich. Dann mußte ich alles versuchen, um Delacorte wieder hinter Gitter zu bringen, ihn Paradin in die Arme zu treiben. Und dann? Dann kam ich vor Gericht, wenn kein Wunder geschah und die Anklagen niedergeschlagen wurden – die Anklagen wegen Beihilfe zur Flucht und Betrug am Staat. *Vielleicht* wurden sie niedergeschlagen. Wenn es mir gelang, das Komplott aufzudecken und Delacorte auszuliefern. Und wenn mir das *nicht* gelang? Nicht daran denken. Nicht daran denken. Ich konnte nun nichts anderes mehr tun, als ich tat – und hoffen.

Ich fuhr jetzt die B 4 gegen Norden. Wind rüttelte an meinem Wagen. Ab und zu sah ich im Dunkeln des Waldes die Augen irgendwelcher Tiere aufleuchten. Die Straße lag bereits verlassen, die Orte, durch die ich kam, waren menschenleer. Alles schien schon zu schlafen. Da war Gifhorn. Da war der einsame Bauernhof. Ich ging auf sechzig Stundenkilometer herunter und begann zu zählen. Die Scheinwerfer von Olsens Wagen verschwanden aus dem Rückspiegel.

... 58 ... 59 ... 60.

Ich hielt und zündete eine Zigarette an.

Ich hatte noch keine zwei Züge getan, da hörte ich hinter mir Schritte. Ich drehte mich um. Den kräftigen Jungen, den Geyer Jens genannt hatte, erkannte ich zuerst im roten, schwachen Schein der Rücklichter. Er stützte Geyer. Beide trugen dunkle Ledermäntel. Ich öffnete den rechten vorderen Schlag. Geyer ließ sich neben mich gleiten. Er roch parfümiert.

»Folge mit dem Jeep«, sagte er zu dem Jungen.

»Jawoll!« Jens verschwand.

»Fahren Sie weiter«, sagte Geyer, der nicht gegrüßt hatte, zu mir. »Immer sechzig.«

Ich fuhr weiter.

»Das haben Sie fein rausgekriegt«, sagte Geyer. »Das mit der Aufteilung in Innen- und Außendienst.«

»Guten Abend«, sagte ich.

»Guten Abend«, sagte er, überrascht.

»Wie geht es Ihren Beinen?«

»Zwei, drei Tage, und ich brauche nur noch den Stock. Kompliment, wirklich prima gemacht haben Sie das. Wissen Sie, ich blühe richtig auf. Kam mir schon ganz verkalkt vor. Jetzt ... zusammen mit diesen Jungens ... wirklich wie in der guten alten Wiener Zeit vor dem Anschluß! Wie finden Sie Jens?«

»Kann ich nicht sagen.«

»Der großartigste Junge, der mir je begegnet ist. Treu wie Gold. Und so ergeben wie ein Hund. Wunderbar ...« Geyer räusperte sich. »Wir hatten inzwischen Kontakt mit Scherr. Die neue Einteilung ist bekanntgegeben worden. Tagdienst hat Scherr schon übermorgen wieder. Dann, am Montag, da hätte er Nachtdienst, aber das ist zu früh für uns. Wir müssen noch unsere Vorbereitungen treffen.«

»Hören Sie, heute ist Freitag! Was heißt zu früh? Wie lange wollen Sie noch warten?«

»Wir müssen unsere Vorbereitungen treffen«, wiederholte Geyer verärgert. »Stellen Sie keine dummen Fragen. Wir wissen schon, was wir tun. Schneller geht es nicht. Richten Sie sich darauf ein, daß Sie auch noch eine Menge zu erledigen haben werden.«

»Was?«

»Nicht so neugierig. Werden Sie schon sehen.« Er grunzte. »Das nächstemal Nachtdienst hat Scherr von Donnerstag auf Freitag, also in einer Woche. Fängt am Spätnachmittag an, hört am nächsten Morgen auf. Um 21 Uhr 30 wechselt er mit dem Kollegen vom Innen- zum Außendienst. Genau wie wir es brauchen. Das ist die Nacht, in der es passieren wird. Nacht vom 1. zum 2. Dezember.«

Die Straße beschrieb eine ziemlich große und weite Kurve. Plötzlich wurde es vor uns hell. Ich trat auf die Bremse und bemerkte dabei, wie die Lichter des Wagens, der uns nun folgte – ich nahm an, es war der Jeep mit dem Knaben Jens am Steuer –, ein paarmal aufzuckten, aber diese Warnung war ganz vergebens. Was hätte ich tun sollen? Ich kam aus der Kurve heraus, und auf einmal war es sehr hell vor uns. Ich erblickte in meiner Fahrtrichtung, aber auf der falschen Straßenseite, einen Wagen. Seine Scheinwerfer strahlten zwei Männer in weißen Mänteln an, die mitten auf der B 4 standen. Die Männer trugen weiße Polizeimützen und Koppel mit Pistolentaschen, und der eine von ihnen hielt eine rotumrandete weiße Kelle hoch.

»Verflucht!« sagte Geyer.

Mein Herz klopfte mir im Hals. Der Polizist winkte. Ich sollte halten.

Aus, dachte ich. Jetzt ist es aus.

Dann dachte ich: Und wenn du auf's Gas trittst, so fest du kannst? Und wenn du jetzt losrast? Zur Seite springen können die beiden immer noch. Es ist eine Chance. Es ist eine Chance.

Mein rechter Fuß preßte sich auf das Gaspedal. Ich trat die Kupplung durch und stieß den dritten Gang in den Wagen und ließ die Kupplung wieder herausgleiten. Der Thunderbird schoß vor. Im nächsten Moment griff Geyer nach dem Zündschlüssel und drehte ihn um. Der Motor starb ab. Ohne Antriebskraft rollte der schwere Wagen aus. Direkt vor den beiden Polizisten.

VIERTER SATZ

Presto

Mein Bruder sagte: »Du siehst erbärmlich aus, Ritchie. Angst und schlechtes
Gewissen stehen dir im Gesicht geschrieben. Das ist nicht gut. Du mußt dich
zusammennehmen.«

»Du siehst auch nicht so prima aus«, sagte ich.

Am Morgen, nachdem Tiny nach Berlin geflogen war, hatte ich Werner
wieder in der Hotelhalle erblickt. Er war aus Bremen zurückgekehrt. Paradin
hatte ihn dann stundenlang verhört. Gegen Mittag war Werner wiedergekommen. Ich hatte mich in meinem Zimmer eingeschlossen und auf Band
gesprochen, als der Portier anrief und sagte, mein Bruder wünsche mich zu
sehen. Ich hatte gesagt, er solle herauskommen, und hatte schnell das
Magnetophon weggeräumt.

Werner machte einen elenden Eindruck. Trotzdem war er es, der mein
Aussehen beanstandete. Ich sagte ihm, daß er selbst auch nicht so prima
aussehe.

»Ich weiß«, antwortete Werner. »Paradin sagte es ebenfalls. Er mag mich
nicht. Dich mag er, Ritchie. Aber Vertrauen hat er, scheint es, zu uns beiden
kaum.«

»Kaum.«

»Wie ich höre, wird man in deinem Fall etwas unternehmen, um diesen
Zustand zu ändern?«

»Ja«, sagte ich und dachte an meine nächtliche Autofahrt mit dem Kriminalinspektor Geyer. Ich werde gleich noch einmal von dieser Autofahrt
berichten.

»Was ist mit den Tonbändern?«

»Ich habe schon damit angefangen.«

»Laß mal hören.«

Ich versperrte das Zimmer wieder, holte das Tonbandgerät und spielte
meinem Bruder den Anfang des ersten Bandes vor. Schon nach kurzer Zeit
machte er eine Bewegung des Unmuts. Ich schaltete den Apparat ab.

»Was ist los?«

»Das ist kalter Kaffee«, sagte Werner böse. »Kürzer geht es nicht, was? Du
hast offenbar nicht verstanden, wozu ich dich sprechen lasse. Die Bänder
sollen verhindern, daß du zu Paradin gehst und etwas verpfeifst. Kapiert?«

»Kapiert.«

»Deshalb muß auf diesen Bändern alles drauf sein, was du getan und warum du es getan hast und wie ... nicht nur das jetzt, auch alles frühere! Die Geschichte mit den Büchern, die ich für dich geschrieben habe, der Schwindel, daß du Schriftsteller bist, der Schwindel von Anfang an – von den PK-Mann-Zeiten her. Sprich dich richtig aus, nicht so verschämt. Sprich aus, daß du nie selbst geschrieben hast.«

»Ich habe selbst geschrieben«, sagte ich erbittert. »Ohne dich. Ganze Romane ohne dich.«

»Wie viele? Sag das auch. Sag auch, wie es dann nicht mehr ging. Wie ich für dich weitergeschrieben habe. Wie das war. Und wie das war, als ich nicht mehr für dich weiterschrieb. Sag alles. Meine Auftraggeber haben die besten Erfahrungen mit möglichst ausführlichen Schuldbekenntnissen gemacht ... und mit möglichst umfangreichen Dossiers«, sagte Werner. »Denk an meinen Fall. Die Berliner Geschichte. Das Protokoll, das ich damals für die Gestapo schrieb, war auch recht umfangreich. Und welche erstklassigen Dienste leistet es den Herren heute! Du hast jetzt Zeit ... mehr als genug. Also erzähl ausführlich, verstanden?«

»Meinetwegen so ausführlich, daß du danach einen Roman schreiben kannst«, sagte ich, und das erheiterte ihn. Übrigens wurde ich im Folgenden bei meinen Tonbanderzählungen tatsächlich fast so ausführlich, wie ich es nun hier, in dieser Niederschrift, geworden bin. Es beruhigte mich paradoxerweise, genauestens zu erzählen – auch über sehr viele Dinge, die nicht in unmittelbarem Zusammenhang mit dem Verbrechen standen, das ich begehen sollte. Dieser Monolog auf Band füllte die Leere, die vibrierende Monotonie vieler ereignisloser Stunden und vieler Nächte, in denen ich, nachdem ich überlange schlaflos gelegen hatte, endlich schwitzend Licht machte und aufstand ...

Was sich bisher ereignet hatte, war alles andere als schön. Was sich später noch ereignete, war grausig. Trotzdem: Am ärgsten von allem erscheinen mir heute, in der Erinnerung, jene Tage vor der Befreiung Delacortes, diese gottverfluchten Tage, in denen wir darauf warten mußten, daß der Aufseher Scherr Nachtdienst hatte. Das war die Zeit, die wirklich an den Nerven zerrte, die Zeit, in der ich manchmal dachte, es nicht durchhalten zu können. Mein Bruder fragte: »Weshalb hast du eigentlich so viele Tonbänder mitgebracht?«

»Sie gehören alle in die Tasche. Sie waren drin, und ich habe sie drin gelassen.«

»Da muß dein Unterbewußtsein gearbeitet haben«, bemerkte er grinsend. »Der Drang zu beichten. Beichte, Ritchie, beichte. Ist diese Tasche verschließbar?«

»Ja.«

»Ich möchte die Bänder haben, sobald sie vollgesprochen sind. Halbvolle

Bänder sollen hier nicht rumliegen. Man kann nie wissen. Es genügt, wenn du zwei Spuren besprichst. Alle vier, das würde zu lange dauern. Und wir haben ja genug.«

Also sprach ich in der Folgezeit die Bänder immer nur beidseitig voll, und gleich danach gab ich sie meinem Bruder, eines nach dem andern. Wären sie mir, als ich aus Kairo floh, nicht gestohlen worden, dann müßte ich jetzt nicht diesen Bericht schreiben, dann hätte die Nachrichtenagentur ›American Press Service‹ ihre Sensation gehabt – und ich säße nicht in Untersuchungshaft, sondern als freier Mann mit falschem Paß in Buenos Aires. Das war ja mein Plan gewesen. Leider war er mißglückt. Wer immer die Bänder heute besitzt, besitzt sehr viel Macht – allerdings nicht mehr lange. Denn mit diesem Bericht kann Paradin ebensoviel anfangen, wenn nicht mehr, wie mit den Bändern, die ich vollsprach.

Sie hätten mich damals umbringen müssen, als ich floh. Sie hätten verhindern müssen, daß ich noch einmal zum Sprechen oder Schreiben kam. Sie hatten großes Pech. Denn sie gaben sich gewiß alle Mühe, mich umzubringen. Und zwar wirklich – nicht nur zum Schein, wie sie es in Treuwall taten. Da hatten sie meine Ermordung auf Samstag, den 26. November, vormittags 10 Uhr 42 festgesetzt und mir aufgetragen, auf die Minute pünktlich zur Stelle zu sein, damit auch alles klappte. Eindringlich aufgetragen hatte mir das der Kriminalinspektor Geyer in jener Nacht.

Breitbeinig standen die beiden Polizisten in weißen Mänteln mitten auf der Fahrbahn, angestrahlt von den Scheinwerfern ihres Autos, das auf der falschen Straßenseite parkte. Ich hatte diese Sperre hinter einer Kurve der nächtlich leeren B 4 mit Vollgas durchfahren wollen, aber der Inspektor Geyer hatte mit einem einzigen Handgriff den Zündschlüssel im Schloß umgedreht.

Der Motor setzte aus. Ohne Antriebskraft, gehemmt noch durch den Gang, der im Getriebe steckte, rollte der Wagen auf die beiden Polizisten zu. Ich brauchte gar nicht zu bremsen, der Thunderbird hielt von selbst. Einer der Polizisten blieb vor dem Wagen stehen, der andere kam heran. Ich kurbelte das Fenster an meiner Seite herab und dachte, daß nun wenigstens alles vorüber war. Aus und vorbei. Warum hatte Geyer den Motor abgedreht? Wir wären durchgekommen, vielleicht. Ich konnte nicht richtig denken.

»'n Abend«, sagte der Polizist. Er hatte ein langes, mageres Gesicht und oben vorne viele goldene Zähne.

»Abend, Kamerad«, sagte Geyer. »Gut gemacht. Auf die Minute.«

»Ihr seid ja auch pünktlich auf die Minute!«

Der Polizist, der keiner war, sah mich neugierig an.

»Wollte durch, was?« fragte er Geyer.

»Ja«, sagte der. »Das ist ein ganz Wilder, ist das. Ausgezeichnet. Wirklich«, sagte Geyer und klopfte mir auf die Schulter, »das war ganz ausgezeichnet. Das Verkehrteste natürlich, was Sie normalerweise hätten tun dürfen. Aber mit *mir* im Wagen . . . und als impulsive Reaktion . . . Wir können zufrieden sein mit Ihnen, sehr zufrieden.« Er sagte zu dem falschen Polizisten: »Nun zieht die Mäntel aber schnell wieder aus und haut ab hier.«

»Ist gut. Tschüss einstweilen.«

Der Polizist ging von meinem Wagenfenster weg und zog sich im Gehen den weißen Mantel aus. Er trug einen braunen alten Anzug darunter. Die Hosenbeine steckten in Stiefeln. Auch der zweite Polizist zog den Mantel aus. Er trug Breeches und eine Kordsamtjacke, und er hatte den schweren Quadratschädel eines Bauern. Die beiden stiegen in ihren Wagen und fuhren sofort los. Der am Steuer hupte kurz.

»Also weiter«, sagte Geyer und lachte amüsiert.

»Sehr komisch«, sagte ich, den Thunderbird startend.

»Notwendiger Test. Schließlich müssen wir ja vorher wissen, wie Sie reagieren, nicht?« Er holte tief Luft. »Wirklich, ich fühle mich zwanzig Jahre jünger. Gott, haben wir in Wien Dinger gedreht!«

Ich fuhr nun wieder, und im Rückspiegel tanzten wieder die Lichter eines Wagens – vermutlich war Jens aufgetaucht.

»Verflucht viele Helfer haben Sie«, sagte ich.

»Ah ja«, sagte Geyer. »Massenhaft, mein Lieber. Seien Sie ohne Sorge. Wird ein Kinderspiel, das Ganze. Behalten Sie nur die Nerven. Beziehungsweise verlieren Sie sie immer so in diesen kleinen Kurzschlußreaktionen. Dann kann nichts schiefgehen.«

»Wenn Paradin uns nicht reinlegt«, sagte ich.

»Was heißt das?«

Ich berichtete von meinem Gespräch mit dem Oberstaatsanwalt. Geyer hörte aufmerksam zu. Das weiße Band der Straße flog uns entgegen, ich fuhr nun wieder schneller, und da war rechts der dichte Wald, und da waren links Wacholdergestrüpp und Moor und Torf und Brackwasser, ich konnte es riechen, und ich dachte, was sich alles ereignet hatte, seit ich das erstemal im Schneegestöber diese Straße nach Norden hinaufgefahren war, und wie wenig Zeit dazwischenlag, wie wenig Zeit. Tiny war nun schon in Berlin gelandet. Zeit, dachte ich, ist eine unheimliche Sache.

»Also Paradin meint, es müßte Ihnen nun irgend etwas zustoßen, nachdem er den Dienstplan verändert hat«, sagte Geyer, als ich mit meinem Bericht fertig war.

»Ja.«

»Sie meinen, daß er Sie verdächtigt?«

»Ich bin nicht sicher. Wir kennen uns lange. Aber es ist möglich. Immerhin, was Delacorte da getan hat, das war ja wirklich ungewöhnlich.«

»Sollte es auch sein.«

»Was heißt das?«

Geyer lachte wieder.

»Na, wir *wollten* natürlich Aufmerksamkeit und Verdacht ein wenig auf Sie lenken. Es ist nie gut, wenn eine Person in einer solchen Geschichte außerhalb *jedes* Verdachts steht. Dazu ist Paradin viel zu gerissen. Jetzt müssen wir den Verdacht, den er gegen Sie hat, nur noch entkräften.«

»Wie wollen Sie das tun?«

»Na, es *wird* Ihnen eben etwas geschehen«, sagte Geyer. Er kurbelte das Fenster an seiner Seite herab und holte tief Atem. »Diese Luft«, sagte er, »wie ich diese Luft liebe. Wunderbare Landschaft, die Heide, wirklich wunderbar.«

»Was wird geschehen? Woran denken Sie?«

»An einen Mord«, sagte Geyer träumerisch, »Mord hat etwas unerhört Überzeugendes.«

Die Stadt Treuwall liegt auf fünf Hügeln. Der Gebäudekomplex des Amts- und Landgerichts, zusammen mit dem Untersuchungsgefängnis, erhebt sich auf einem von ihnen. Das Gerichtsgebäude war im Mittelalter einmal Rathaus, es besitzt prächtige gotische Tore und Giebel, an den Fassaden zahlreiche Wappen und Figuren, und im Erdgeschoß offene Säulenhallen, kleinen Lauben ähnlich – darinnen wurde einst Gericht gehalten, wie man mir erzählte. Das Gefängnis ist ein Bau aus dem 19. Jahrhundert. Vor dem Landgericht steht ein Springbrunnen aus dem 16. Jahrhundert, der in der Manier der Frührenaissance verschiedene Bronzegestalten und skurrile Wasserspeier zeigt. Die Straße fällt hier stark ab, sie besitzt Katzenkopfpflaster und ist nicht sehr breit. Entsprechend dicht ist ständig der Verkehr. Gegenüber dem Landgerichtsgebäude hat man in einem schönen alten Haus mit Staffelgiebel die Ratsbücherei untergebracht, die achtzigtausend Bände umfaßt, darunter etwa vierzehnhundert Inkunabeln und dazu beinahe neunhundert Handschriften, sehr wertvolle auf Pergament, aus dem 11. bis 15. Jahrhundert.

An diesem Samstag war das Wetter klar und kalt. Nordwind wehte, und eine kraftlose Sonne schien. Alle Dinge hatten feste, scharfe Umrisse. Ich kam die Heiligengeiststraße – so heißt die Straße zwischen Ratsbücherei und Landgericht – zu Fuß herauf. Durch die Altstadt konnte man so den Weg vom Hotel sehr abkürzen. Aus einer öffentlichen Telefonzelle hatte ich die Zeitansage angerufen und danach meine Armbanduhr gestellt. Um 10 Uhr 40 erreichte ich die Ratsbücherei. Hier bückte ich mich und machte mir an einem Schuhband zu schaffen, das ordnungsgemäß geknüpft war. Aber ich mußte noch eine Minute hinbringen. Um 10 Uhr 41 überquerte ich die Heiligengeiststraße, passierte den Brunnen mit seinen Wasserspeiern, die kein Wasser mehr spien, weil es schon zu kalt dazu war, ließ Autos an mir vorüberrollen – hier herrschte viel Verkehr – und erreichte den Gehsteig an der Fassade des Landgerichts fünfzehn Sekunden vor 10 Uhr 42. Ein grauer Peugeot mit gänzlich unleserlich verdreckten Nummernschildern glitt aus einer Parklücke und rollte mir mit aufheulendem Motor entgegen. Das Fenster neben dem Fahrer war herabgelassen. Als ich den Peugeot sah, ging ich noch drei Schritte, dann warf ich mich blitzschnell zu Boden – im gleichen Moment, in welchem aus dem an mir vorbei talwärts fahrenden Wagen drei Feuerstöße aus einer Maschinenpistole abgegeben wurden. Obwohl ich darauf vorbereitet gewesen war, hatte ich doch ein verflucht ungemütliches Gefühl, als ich die Detonationen und das Einschlagen der Geschosse in die Mauer neben mir hörte. Steinbrocken fielen auf mich herab. Männer schrien durcheinander, Frauen kreischten, Hupen ertönten. Aus einer Seitengasse glitt, wie ich auf dem Boden liegend sah, ein riesiger Möbeltransportwagen und versperrte fast die ganze Straße. An eine Verfolgung des Peugeot war nicht zu denken. Ich ließ mich auf das Gesicht fallen. Soweit war wieder einmal alles gutgegangen.

Eine halbe Stunde später saß ich dann Paradin gegenüber.

Ein Arzt hatte mich angesehen und unverletzt gefunden – bis auf den Schock natürlich, aber der war nicht allzu schlimm. Es wäre zu anstrengend gewesen, einen allzu schweren Schock zu simulieren, und Geyer hatte auch nicht genau gewußt, wie man das tut und was man dann tut. So klapperte ich von Zeit zu Zeit mit den Zähnen, zitterte und bewegte ruhelos die Hände. Dann und wann zuckte ich auch mit dem ganzen Körper. Ich hoffe, daß das genügte.

Außer Paradin und mir befanden sich noch der Kriminalassistent Olsen und der kräftige Inspektor Lansing in dem komfortabel eingerichteten Büro des Oberstaatsanwalts. Andere Kriminalbeamte vernahmen die wenigen aufgeregten und verschreckten Bürger, die Zeugen des Anschlags gewesen waren. Eine Handvoll Kugeln hatte man aus der Fassade gekratzt und Aufnahmen vom Tatort gemacht, und Polizisten hatten mir viele Fragen gestellt.

Olsen sprach jetzt. Seine Aussage war so unbefriedigend wie meine eigene. Er war, hinter mir her, die Heiligengeiststraße heraufgekommen und wollte eben, mir nach, den Damm überqueren, als auf der anderen Straßenseite ein Peugeot vorbeifuhr. Aus diesem Wagen wurden die Schüsse abgegeben. Zwei Männer waren im Auto gewesen, glaubte Olsen. Er hatte nicht gut in den Peugeot hineinsehen können – der blendenden Sonne wegen. Die Nummernschilder waren vollkommen verschmutzt gewesen.

»Die Burschen haben ohne Zweifel auf Herrn Mark gewartet«, sagte Olsen. Er sprach aufgebracht und so, als wäre ein Mordversuch an ihm begangen worden, nicht an mir.

»Regen Sie sich nicht so auf, Olsen«, sagte Paradin.

»Entschuldigen Sie! Das ist das erstemal, daß mir so etwas passiert, seit ich für Sie arbeite! Ich wollte dem Wagen in die Reifen schießen, aber das ging nicht – zu viele Passanten. Verfluchtes Pech. Tut mir wirklich leid.«

»Schluß damit«, sagte Paradin. »Noch Fragen, Lansing?«

»Ja, eine«, sagte der Inspektor. Er wandte sich an mich. »Wann warfen Sie sich zu Boden? Ich meine: in welchem Moment?«

»Ich sah, wie sich der Lauf einer Waffe aus dem offenen Fenster des Peugeot schob. Da warf ich mich hin.« Geyer hatte mir gesagt, daß ich mich in diesem Moment hinwerfen müsse, weil der Horstführer unmittelbar danach dreimal schießen werde. Wer am Steuer des Wagens gesessen hatte, wußte ich nicht. Den Horstführer hatte ich erkannt.

»Sahen Sie den Schützen?«

»Nein.«

»Sie waren sehr geistesgegenwärtig, Herr Mark«, sagte Lansing.

Ich antwortete gereizt: »Wäre es Ihnen lieber gewesen, wenn ich langsamer reagiert hätte?«

»Entschuldigen Sie«, sagte Lansing sanft. »Sie sind immer noch sehr erregt, wie ich sehe. Keine Fragen mehr.«

»Dann möchte ich Sie bitten, mich mit Herrn Mark allein zu lassen«, sagte der zierliche Paradin. »Wie er erklärte, hat er mir etwas mitzuteilen. Sie bleiben in der Nähe, Olsen.«

»Jawohl, Chef.« Der junge Mann erhob sich. »Es tut mir wirklich verflucht leid«, sagte er.

»Nun hören Sie schon auf«, sagte ich, »Sie können doch überhaupt nichts dafür.«

Die beiden so verschiedenen jungen Männer, deren Väter als Kriegsverbrecher von Polen und Tschechen gehängt worden waren, verließen gemeinsam den Raum.

»Nun?« Paradin betrachtete mich unausgesetzt. Die Brille saß auf seiner Nasenspitze, doch diesmal schob er sie nicht zurück, sondern sah mich eulenhaft über die Gläser hinweg an. »Was haben Sie mir zu sagen, Ritchie?«

Ich hatte unterdessen auf meine Armbanduhr gesehen und festgestellt, daß es mittlerweile 11 Uhr 07 geworden war. Paradin sollte erst um 11 Uhr 10 seinen Anruf erhalten, also mußte ich die Sache noch etwas hinziehen.

»Mir ist schlecht. Kann ich ein Glas Wasser bekommen, bitte?«

Ich bekam ein Glas Wasser und trank langsam, in kleinen Schlucken.

11 Uhr 08.

»Also, Ritchie?«

»Ja, also, ich wurde heute vormittag angerufen. Im Hotel.«

»Von wem?«

»Das weiß ich nicht. Er hat seinen Namen nicht genannt.«

»Also eine fremde Stimme?«

»Fremde Stimme, ja.« Es war die Stimme des Horstführers gewesen. »Der Mann sagte, ich hätte durch meine Anzeige Delacortes ein schweres Verbrechen begangen. Ich würde den Tod verdienen. Ich könnte ihm nur entgehen, wenn ich ...«

Das Telefon läutete.

11 Uhr 10, genau. Auf die Burschen war Verlaß.

Paradin hob ab und meldete sich. Gleich darauf verengten sich seine Augen zu Schlitzen. Er schob die Brille hoch und reichte mir den Hörer, während er einen zweiten nahm und ans Ohr hielt.

»Ja?« sagte ich.

Die Stimme des Horstführers erklang: »Na, haben wir Ihnen zuviel versprochen? Sie sind also zu Gericht gegangen. Wollten alles erzählen. Haben bereits alles erzählt, wie? Sie brauchen nicht zu antworten. Ist ja klar. Und auch egal. Hören Sie, Mark, geben Sie sich keinen Illusionen hin. Wir haben nicht danebengeschossen, vorhin. Wir hätten Sie sehr wohl auch treffen können. Das sollte nur unsere Warnung von heute früh unterstreichen. Von der Sie Paradin bereits erzählt haben.«

»Ich habe nichts erzählt«, sagte ich mühsam. Ich gab mir Mühe, es besonders mühsam zu sagen, mit Schlucken und Atemholen.

»Aber Sie werden es noch tun. Paradin hört dieses Gespräch ab, klar. Mark, es ist uns heilig Ernst damit! Richten Sie sich danach ein, wenn Sie noch ein Weilchen leben wollen. Das nächstemal schießen wir nicht daneben. Herr Paradin mag inzwischen immer schon sein Testament machen. Bis später.«

Die Leitung war tot.

Paradin und ich legten die Hörer hin.

»Also, was war das heute früh?« fragte der kleine Mann und begann im Raum herumzuhinken. Er sah mich immer noch unentwegt an, und das war mir nicht angenehm.

»Der Kerl, der da eben anrief, hat auch im Hotel angerufen«, sagte ich.

»Und?«

»Und er sagte: Dafür, daß ich Delacorte angezeigt habe, verdiene ich ...«

»Das sagten Sie schon. Weiter.« Seine Stimme gefiel mir gar nicht.

»Und dann sagte der Kerl: Sie können sühnen.«

»Sühnen ... das Wort sagte er?«

»Ja.« Er hatte es wirklich gesagt.

Paradin lachte.

»Ich finde es gar nicht so komisch«, sagte ich aufgebracht.

»Entschuldigen Sie.«

»Auf Sie ist nicht eben geschossen worden! Aber warten Sie ab. Sie stehen auch auf der Liste der Brüder! Sie vor allem! Warten Sie ab, bis es Ihnen an den Kragen geht! Dann werden Sie nicht mehr lachen!«

»Um mich machen Sie sich keine Sorgen. Ich bin solche Anrufe gewöhnt ...

seit zwanzig Jahren. Natürlich, für Sie war das was Neues. Also, Sie können sühnen.«

»Ja.«

»Wie?«

»Das sagte der Kerl nicht. Ich soll mich bereit halten. Sie haben eine Aufgabe für mich, hat er gesagt. Wenn ich die erfülle . . . und Ihnen kein Wort davon sage, daß ich angerufen wurde . . .« Ich warf den Kopf zurück. »Sie sehen, ich halte mich genau an das, was der Kerl mir aufgetragen hat. Wir haben auch schon die ersten Resultate. Aber Sie prophezeiten mir ja so was«, fügte ich unauffällig hinzu. Ich hoffte, daß ich es unauffällig hinzufügte.

»Sie meinen, ich habe prophezeit, daß etwas passieren wird, jetzt, wo ich den Dienstplan geändert habe?« fragte Paradin.

Ich nickte und trank wieder Wasser und fuhr mir mit einem Tuch über die Stirn.

»Prompt ist etwas passiert«, sagte Paradin und nickte. »Sehr prompt.« Er sah mich lange an. »Man könnte fast sagen: zu prompt.«

Jetzt mußte ich wütend werden.

Ich sprang auf.

»Was wollen Sie damit sagen? Ich bringe Sie auf die Spur von diesem Delacorte . . . und jetzt verdächtigen Sie mich? Das ist unglaublich! Das ist . . .«

»Setzen Sie sich«, sagte Paradin, sehr leise. Er sah mich so merkwürdig an, daß ich mich setzte. »Und brüllen Sie hier nicht herum. Dazu besteht kein Anlaß.«

Danach war es eine Weile still in dem schönen Zimmer, aus dessen großen Fenstern man über die Häuser von Treuwall hinwegsah, bis hin zu den sanften Hügeln der Heide und den beiden Bergen in der Ferne, die im Sonnenlicht lagen.

Es klopfte.

»Ja!« rief Paradin.

Der negroide Aufseher Scherr, in Uniform, kam herein. Er trug eine Akte. Ich hatte stets damit gerechnet, daß man ihn so ganz unauffällig einmal hier hereinkommen lassen würde, wenn ich da war, und darum erschrak ich auch nicht. Ich betrachtete Scherr, der mich keines Blickes würdigte, mit aufgerissenen Augen und so, wie Geyer es mir empfohlen hatte.

»Das Verhör mit dem Häftling Delacorte von gestern, Herr Oberstaatsanwalt«, meldete Scherr stramm. »Der Herr Untersuchungsrichter hat gesagt, Sie wollen es gleich haben.«

»Danke sehr, mein Lieber. Legen Sie es auf den Schreibtisch.«

Scherr salutierte.

»Wiedersehen, Herr Oberstaatsanwalt!«

»Wiedersehen.«

Scherr marschierte an mir vorbei zur Tür. Ich sah ihm nach. Die Tür schloß sich.

»Was ist los? Haben Sie einen Geist gesehen, Ritchie?«

»Dieser Mann . . .«

»Aufseher im Gefängnis drüben. Halber Neger.«

»Ja . . . eben . . .«

»War es etwa der Mann, der Sie überfallen hat? War es *Ihr* halber Neger?«

Ich schüttelte den Kopf.

»Bestimmt nicht?«

»*Ganz bestimmt nicht*«, sagte ich. »Mein Mann war nicht so groß und nicht so breit. Und sein Haar war auch nicht lockig. Er hatte ein *schmales* Gesicht. Nein, er war es auf keinen Fall. Ich bin nur so erschrocken, weil da plötzlich wieder so eine Type auftauchte. Ich bin anscheinend wirklich noch nicht auf dem Damm . . .«

»Jaja«, sagte Paradin. Dann entstand wieder eine lange Pause.

»Ritchie«, sagte Paradin endlich, »ich bin Ihr Freund. Ich glaube, im Moment haben Sie keinen größeren.«

»Sie verdächtigen mich«, sagte ich bockig. »Weshalb? Warum?«

»Weil vieles seltsam ist, was um Sie herum geschieht. Darüber sprachen wir schon einmal . . . Ritchie, in Erinnerung an unsere alte Freundschaft, und bevor es zu spät ist: Haben Sie mir nichts zu sagen?«

»Zu sagen?«

»Bedrückt Sie etwas? Werden Sie erpreßt?«

»Wie kommen Sie darauf?«

»*Werden* Sie erpreßt?«

»Natürlich nicht. Bedroht, aber das wissen Sie ja.«

»Das meine ich nicht.«

»Dann verstehe ich Sie nicht.«

Er kam nahe heran und sah mir ins Gesicht. Weil er so klein war, mußte er sich kaum bücken.

»Das ist hier eine einzige große Theatervorstellung«, sagte Paradin. »Ich weiß nicht, welche Rolle Sie in ihr spielen. Ich fürchte, keine schöne. Ritchie, haben Sie in der Vergangenheit irgend etwas getan, womit man Sie erpressen *könnte?*«

»Nein.«

»Bestimmt nicht?«

»Bestimmt nicht!«

»Und Sie wollen mir keine Erklärung für Delacortes seltsames Verhalten Ihnen gegenüber geben?«

»Wollen? Ich kann nicht!«

Der Plan dieses verfluchten Geyer war gut, dachte ich. Ich mußte jetzt verdächtiger denn je erscheinen. Verdächtig hatte ich für Paradin von Anfang an sein müssen. Ich, sein Freund. Ich, bei dem er sich kein Motiv für einen Verrat zu denken vermochte. (Obwohl er mit seinem »Könnte man Sie erpressen?« ganz nahe an die Wahrheit herangekommen war.) Ich, der Delacorte angezeigt hatte. Darum Delacortes ›Theater‹, wie Paradin es nannte. Der Besuch im ›Kaiserhof‹. Die Danksagung. Das Schenken der Partitur. Auf mich sollte sich die ganze Aufmerksamkeit konzentrieren. So war ich einerseits an Geyer gefesselt, und andererseits konnte so der Plan ungestört ablaufen. Alles, was zu besprechen gewesen war, jede Einzelheit, hatten Geyer und ich in jener Nacht, da ich Tiny zum Flughafen gebracht hatte, miteinander besprochen. Und als Verbindungsmann gab es immer noch Olsen, falls sich in letzter Minute etwas änderte. Ich würde nun – bis knapp vor Beginn der Aktion – gänzlich isoliert und inaktiv bleiben, mit dem ganzen Verdacht Paradins und der Polizei auf mir. Kein schlechter Plan, wirklich nicht. Mein Bruder konnte inzwischen ungestört seine Vorbereitungen treffen. Alle konnten ihre Vorbereitungen treffen.

»Ich habe Sie sehr gerne, Ritchie«, sagte Paradin seufzend, und dabei nahm er seine Humpelwanderung wieder auf. »Es tut mir sehr leid, daß Sie . . . daß Sie in eine solche Lage gekommen sind. Noch könnte ich Ihnen helfen, wenn Sie sich entschließen würden, mir alles zu erzählen.«

»Ich habe Ihnen alles erzählt«, sagte ich böse.

»Schade«, sagte Paradin und zuckte die Schultern. »Sehr schade. Es ist Ihnen doch klar, daß es später für mich zu spät sein wird, Ihnen zu helfen.«

»Ich weiß nicht, wovon Sie reden«, sagte ich zornig.

»Nein, natürlich nicht«, sagte Paradin, und sein schmales Gesicht trug plötzlich einen müden, angewiderten Ausdruck. Er wandte sich ab und stand reglos da, klein, gebrechlich, mit gesenktem Kopf.

»Wenn ich wieder angerufen werde, wenn die Kerle irgend etwas von mir verlangen, melde ich es Ihnen natürlich sofort«, erklärte ich trotzig.

»Ja«, sagte Paradin, mir den Rücken wendend, »natürlich, Ritchie. Sie melden mir alles sofort. Auf Sie kann ich mich verlassen, das weiß ich. Jetzt weiß ich es genau.«

Ich dachte erbittert: Eine große Idee ist das, die Geyer und seine Freunde da hatten. Allen Verdacht, alle Aufmerksamkeit, alles Mißtrauen auf mich! Ich war für diese Rolle die geeignetste Figur im Spiel. Ich war – in meiner Wut und Bewunderung, meiner Benommenheit und Angst fiel mir aus meiner Dolmetscherzeit zuerst das englische Wort ein – the bait.

The bait war ich, sollte ich sein.

Der Köder. Der Lockvogel. Der Angelwurm.

The bait eben.

Am Samstag morgen wurden Vanessa fünfundzwanzig rosa Nelken gebracht. Es war ein Fleurop-Auftrag aus Paris. Die Frankfurter Blumenhandlung hatte noch eine Nachricht des Absenders notiert: ›Très cordialement, Panos.‹

Mit diesem Blumenstrauß tanzte Vanessa – das alles erfuhr ich später – vor Glück durch ihre ganze Wohnung. Sie lachte und weinte. Dann rief sie Minski an und erzählte ihm außer Atem von den Blumen, die Panos geschickt hatte. Minski sagte, er freue sich sehr mit ihr. (»Aber ich hab mir natürlich gleich ausgerechnet, daß sie uns Schwierigkeiten machen wird«, sagte er mir, als wir uns dann wiedersahen. »Und prompt hat sie ja auch gleich darauf welche gemacht.«) Nach Minski rief Vanessa mich in Treuwall an, aber ich war nicht mehr im Hotel, ich war schon unterwegs zum Landgericht, vor dem pünktlich um 10 Uhr 42 ein Mordanschlag auf mich ausgeführt werden sollte.

Vanessa verbrachte eine halbe Stunde damit, die Nelken zu beschneiden, zu bewundern, eine passende Vase und einen besonders schönen Platz in der Wohnung für sie zu suchen. Vanessa war so aufgeregt, daß ihr Herz schmerzhaft klopfte. Sie trank niemals am Tag, aber an diesem Samstag brach sie mit jahrelangen Gewohnheiten und öffnete eine halbe Flasche Sekt. Als sie das zweite Glas getrunken und sich ein wenig beruhigt hatte, klingelte es. Vanessa, noch im Morgenrock und ungeschminkt, öffnete. Vor ihr stand eine attraktive brünette und grünäugige junge Frau, deren Gesicht einen katzenhaften Ausdruck besaß. Yvonne Rending, die zweite Frau von Vanessas Vater, hatte sich kaum verändert, seit Vanessa sie zum letztenmal gesehen hatte. Sie machte einen bittenden und verstörten Eindruck.

»Guten Tag, Britt«, sagte sie. »Entschuldige den Überfall. Darf ich hereinkommen?«

Vanessa war überrumpelt. Sie war auch ein klein wenig beschwipst und immer noch außer sich vor Glück über die Nelken, die Panos geschickt hatte und die nun auf einem Tischchen im Wohnzimmer standen.

»Bitte«, sagte sie verwirrt, »komm herein ... entschuldige, ich bin noch nicht angezogen ... Was ist passiert? Etwas mit Vater?«

»Ja«, sagte die zweite Frau Rending.

»Was?«

»Er ist gestern nachmittag mit einem totalen Nervenzusammenbruch in eine Hamburger Klinik eingeliefert worden.« Yvonne Rending betrat die Wohnung und glitt dabei aus ihrem Ozelotmantel, den sie über einen Stuhl fallen ließ. Sie trug ein zyklamenfarbenes Kostüm. Jetzt erst bemerkte Vanessa, daß ihre Stiefmutter sehr bleich unter dem sorgfältigen Make-up war und daß ihre Hände zitterten. Yvonne Rending setzte sich auf eine Couch im Wohnzimmer, kreuzte die schönen Beine, holte eine Zigarette aus einem goldenen Etui und zündete sie mit zitternden Fingern an.

»Nervenzusammenbruch?« wiederholte Vanessa, überrascht darüber, daß die Mitteilung sie doch erschreckte.

»Es ging ihm schon die ganze letzte Zeit über elend ... wie du dir wohl denken kannst. Er hatte viel mitzumachen. Ich auch. Aber das weißt du ja. Das hast du ja gewollt.« Yvonne blies Zigarettenrauch aus. »Du hast genau gewußt, was du wolltest. Nun, du hast es erreicht.«

Vanessa sagte stockend: »Wie ist es passiert?«

»Reporter«, sagte ihre Stiefmutter. »Die Reporter wichen nicht mehr von seiner Seite. Sie verfolgten ihn ins Büro, sie fuhren mit ihm mit, wenn er heimkehrte, sie lauerten vor unserer Villa. Sie fotografierten uns andauernd. Es werden dieselben gewesen sein, die auch schon bei dir waren.«

»Ich habe alle hinausgeworfen.«

»Das haben wir auch getan. Aber sie erschienen immer wieder. Sie riefen an. Sie baten und drohten. Zuletzt bekam einer schweren Streit mit deinem Vater ... gestern. Er sagte, er hätte genügend Fotos, um eine Skandalgeschichte loszulassen, auch wenn wir ihm kein Wort erzählen ... und du auch nicht. Ein Mann von einer Illustrierten. Nachdem er gegangen war, eine Stunde später ... hatte dein Vater dann den Zusammenbruch.« Yvonne fuhr sich mit einer Hand über das Gesicht, es wirkte wie eine theatralische Geste, aber sie hatte wirklich Tränen in den Augen. »Britt, der Reporter sagte, er hätte auch Fotos von dir ... er hat sie in den Schaukästen vor diesem Lokal fotografiert! Wenn die Geschichte erscheint, sind wir erledigt. Vollkommen erledigt! Dann spricht kein Mensch in Hamburg mehr auch nur ein Wort mit uns. Dann hast du uns auf dem Gewissen!«

»Darauf habe ich lange warten müssen«, sagte Vanessa. »Jetzt ist es soweit.«

»Aber wenn ich dich bitte ... wenn du an deinen schwerkranken Vater denkst ... weitere Aufregungen können sein Tod sein ... Britt, sei doch ein Mensch!«

Vanessa schwieg.

Yvonne rang die Hände.

»Es kann dir doch nicht gleich sein, was mit deinem Vater geschieht. Ich will nicht von mir oder meinem Sohn reden, ich weiß, du haßt uns beide, aber dein Vater, Britt, dein Vater ...«

»Den hasse ich auch.«

»Er ist nur noch ein Wrack! Nur noch ein Wrack, verstehst du? Meinst du, es hat sich nicht längst in Hamburg herumgesprochen, was du treibst und daß dein Vater es nicht unterbindet? Daß er dazu schweigt? Meinst du, da kursieren nicht bereits seit langem die bösartigsten Gerüchte?«

»Keine Gerüchte, die Wahrheit«, sagte Vanessa. Sie sah ihre schöne Stiefmutter an. So lange hatte sie sich auf diese Stunde gefreut, hatte sie diese Begegnung herbeigesehnt, und nun, da es soweit war, fühlte sie sich unsi-

cher und ängstlich. Sie blickte zu den rosa Nelken. Am Dienstag kam
Panos . . .

»Du sagst, von mir werden auch Fotos erscheinen?« fragte Vanessa.

»Selbstverständlich! Damit starten sie die Geschichte doch überhaupt! Du
bist der Schlager! Ein fast nacktes Mädchen . . . so nackt, wie es eben noch
erlaubt ist . . . und Thomas Rending!«

Auf einmal kam Panik über Vanessa.

»Wann kommt die Illustrierte heraus?«

»Weiß ich nicht. Sie werden das natürlich so schnell wie möglich bringen . . . nächste Woche vielleicht schon . . .«

»Wie kann man verhindern, daß diese Reportage erscheint?« fragte Vanessa. In ihrem Gesicht zuckte es.

»Was?« Yvonne starrte sie an.

»Wie kann man es verhindern?«

»Ich . . . *willst* du es denn verhindern?«

»Ja.«

Yvonne sprang auf, eilte zu Vanessa und versuchte, sie zu umarmen und zu
küssen. Vanessa stieß sie brutal fort. Sie warf sich mit einer wilden Bewegung die blonden Haare aus der Stirn.

»Rühr mich nicht an! Ich tue es nicht für euch! Ich tue es für mich! Los, wie
kann man es verhindern? Du warst doch sicher schon bei euerm
Anwalt . . .«

»Ja . . .«

»Und was sagt der?«

Yvonne stammelte: »Er sagt, man kann es nur verhindern, wenn der Veranstalter protestiert.«

»Wenn *wer* protestiert?«

»Der Veranstalter . . . der Mann, der dich engagiert hat . . .«

»Minski. Und wogegen soll der protestieren?«

»Dagegen, daß deine Bilder veröffentlicht werden . . .«

»Das kann er doch nicht!«

»Das *kann* er! Nach dem neuen Urheberrecht kann er das, sagt mein
Anwalt. Du hast diesem Mann, diesem . . .«

»Minski.«

»Du hast diesem Minski deinen Körper verkauft. Oder vermietet. Entschuldige, so hat der Anwalt sich ausgedrückt. Nun hat Minski das Recht,
zu verbieten, daß ohne seine Zustimmung dein Körper auf Bildern oder
Fotos oder in Filmen gezeigt wird . . . Dazu mußt du ihn bringen . . . du
mußt es versuchen, bitte, bitte! Du kannst von mir haben, was du willst,
Britt . . meinen ganzen Schmuck . . . meine Pelze . . . Geld . . . ich verzichte
auf meinen Erbteil . . . alles kannst du haben . . . aber, ruf diesen Minski
an . . . Wenn er protestiert, können sie deine Fotos nicht bringen . . . dann

fällt die Reportage ins Wasser . . . Aber das muß schnell gehen . . . schnell, sonst ist es zu spät, hörst du?«

»Halt den Mund«, sagte Vanessa heiser.

Panos, dachte sie. Er darf mich nicht so in einer Zeitschrift sehen. Ich darf jetzt überhaupt nicht mehr auftreten. Daß ich daran noch nicht gedacht habe. O Gott, hoffentlich versteht Minski das alles . . .

Vanessa sprang auf und stürzte zu dem weißen Telefon, das auf einer Kommode neben dem Tischchen mit den rosa Nelken stand.

Sieben Tage habe ich mit einer fiebrigen Grippe im Revier gelegen. Nun bin ich, noch etwas klapprig, wieder auf den Beinen und in meiner Zelle. Wachtmeister Stalling hilft mir, das Bett frisch zu überziehen, und dabei macht er seinem betrübten Herzen Luft.

Nämlich: Gestern, am Mittwoch, dem 10. Mai, hätte in Nürnberg, in den Messehallen, eine außerordentliche Bundesversammlung der NPD stattfinden sollen. In der Versammlung wollte man unter anderem einen neuen Vorstand wählen, nachdem der bisherige Vorsitzende Thielen freiwillig ausgetreten ist und eine neue Partei, die Nationale Volkspartei (NVP), gegründet hat. Rund zweieinhalbtausend Mitglieder aus allen Teilen der Bundesrepublik kamen nach Nürnberg. Die Messehallen-GmbH hatte ihnen den Versammlungsort bereits vermietet. Auf Beschluß des Nürnberger Stadtrats, der Mehrheitsgesellschafter der Messehallen ist, wurde der Vertrag jedoch gekündigt. Dagegen hat die NPD protestiert. Eine Einstweilige Verfügung, die Hallentore zu öffnen, hat die GmbH mißachtet und lieber viertausend Mark Strafe bezahlt. Verhandelt über einen neuerlichen Widerspruch der NPD soll am 22. Mai werden. Adolf von Thadden mußte die zweitausendfünfhundert erbosten Anhänger, die stundenlang in der heißen Sonne ausgeharrt haben, wieder nach Hause schicken. Die Bundesversammlung konnte nicht stattfinden. Und so eine Blamage nach den letzten großen Siegen!

Wachtmeister Stalling ist sehr böse. Weil viele Zeitungen das Ereignis von Nürnberg zum Anlaß genommen haben, gleich wieder einmal vom ›Zerfall der NPD‹, vom ›Ende der NPD‹ und von einem ›lächerlichen Schauspiel‹ zu schreiben, das eine ›zerfallende Partei‹ geliefert hat.

»Was heißt hier zerfallende Partei, wenn die in Nürnberg sich einfach über das Gesetz hinwegsetzen?« sagt Wachtmeister Stalling bitter. »Schauen Sie mal, so müssen Sie das mit dem Laken machen, Herr Mark, da knuddelt es nie!« Er knüpft geschickt vier große Knoten in die Enden des Bettuchs. Die Laschen streift er über die Matratze. So ist das Laken nun natürlich mächtig gespannt und kann nicht rutschen. Während ich Wachtmeister Stallings Tun bewundere, den Deckenüberzug umstülpe und die Hände hineinstecke, damit ich die Decke halten kann, die mir Stalling gleich geben wird, fährt dieser empört fort: »Muttchen, die hat natürlich gleich wieder Angst gekriegt und gesagt, wenn sie nun wirklich zerfällt, die NPD, dann stehen wir aber schön doof da mit meiner niedrigen Mitgliedsnummer. Hat sie ja auch recht, nicht? Nun wollen wir mal die Decke.« Er hält mir die Deckenecken hin, die ich durch den Überzug ergreife, und danach streift er schnell und geschickt den Überzug die ganze Decke herunter, während ich die Ecken hochhalte. Blauweiß gestreift ist der Überzugsstoff, UNTERSUCHUNGSGEFÄNGNIS FRANKFURT – RINDSGASSE steht darauf. Auf der Decke auch. Und auch auf der Matratze und auf dem Laken, einfach auf allem.

»Aber wenn Sie glauben, ich bin deprimiert – nicht die Spur! Zum Glück habe ich nämlich heute morgen den alten Grieben getroffen. Das war mein Vorgesetzter hier, als ich anfing, wissen Sie. Schon in Pension, an die Siebzig wird der gehen. Heute morgen hat er zu einem Amt gemußt. Zufällig waren wir beide in derselben Straßenbahn. Da haben wir uns dieserhalben ausgesprochen. Nun die Knöpfe zumachen.«

Wir machen die Knöpfe des Überzugs zu.

»Grieben, der ist auch in der NPD. Aus Berlin stammt der. Hat schon einmal alles mitgemacht. Die Kampfzeit, damals, wissen Sie. Nun ja, und Grieben sagt, was bist du so niedergeschlagen, Mensch, und ich sage, na ja, weißt schon, und da sagt er, daß ich nicht lache, sagt der Grieben. Die NSDAP, die ist bis 1933 auch alle Nase lang zerfallen, und das, sagt der Grieben, das war's ja gerade, worin sich alle getäuscht haben. Festhalten die Enden und ordentlich durchschütteln jetzt, Herr Mark!«

Schütteln wir die Decke also ordentlich durch, damit sie schön glatt wird unter dem großen Überzug, und dann nehmen wir uns jeder einen kleineren Überzug für die beiden Kopfkissen und drehen ihn um.

»Aber es hat wirklich so ausgesehen, sagt der Grieben. Ich hab aufmerksam zugehört. Ich war ja noch zu jung für das damals, aber der Grieben war alt genug, und er hat ein prima Gedächtnis. Ich auch. Ich habe mir alles gemerkt, was er gesagt hat. Also, sagt der Grieben, damals, da hat's die Deutschvölkischen gegeben und die Deutschsozialen und die Revolutionären Nationalsozialisten, und die vom Werwolf, und einen Kapitänleutnant Mücke, der hatte auch eine nationalsozialistische Partei, aber gegen Hitler. Was sagen Sie, wie ich mir das merke? Na ja, wenn mich was interessiert! Jetzt das Kissen packen und . . . Kriegen Sie den Überzug selber runter, Herr Mark?«

»Ja, Herr Stalling.«

»Gut. Feste ziehen. Na, da haben sie doch den schwulen Röhm gehabt in der NSDAP, nicht, und dem seine Briefe haben sie veröffentlicht, und alle, sagt Grieben, alle haben geschrien: Jetzt zerfällt die Nazipartei! Denkste. Dann hat die SA gemeutert unter einem, der hieß Stennes, Vornamen habe ich nun doch vergessen, und wieder: Jetzt zerfällt die NSDAP! Denkste. Einer, der hieß . . . Otto Strasser hieß der Mann, der hat gegen den Führer geputscht, richtig geputscht, und natürlich wieder: Hurra! Jetzt zerfällt die NSDAP!

Dann war da ein ganz großer Klimbim ... ein Jahr vor der Machtergreifung ... Kommen Sie auch mit dem Kissen zurecht, Herr Mark, ja, dann ist es gut ... ein Jahr vor der Machtergreifung, nämlich mit dem Reichswehrminister Schleicher und dem Gregor Strasser, das war ein Bruder von diesem Otto, ein Riesenskandal, sagt der Grieben ... *Jetzt zerfällt die* NSDAP! Ja Scheiße, wenn Sie den Ausdruck entschuldigen wollen, Herr Mark, ich bin so aufgeregt, ja Scheiße. Jetzt zerfällt die NSDAP! Zwei Monate später war der Führer Reichskanzler, und auf einmal, sagt der Grieben, auf einmal war all das Gequatsche von ›zerfällt die Partei‹ vorbei, und alle, alle haben sich eingereiht in die von unserem geliebten Führer endlich geeinte Nation. Ironisch sagt der Grieben das, Sie verstehen.«

»Ja, Herr Stalling.«

»Aber so war es wirklich. Die Schweine! Da standen ihnen dann die Schlabberschnauzen still! Da war dann Ruhe. So ist das gewesen mit dem Zerfall, sagt der Grieben. Sei ganz ruhig, Stalling, sagt er, diesmal wird es genauso sein, wirst sehen. Jetzt sind wir erst mal in Schwung gekommen, wir Nationalen. Nur Tritt gefaßt haben wir noch nicht ganz richtig. Ist ja auch klar bei einer so jungen Partei. Ist ja auch schwer. Aber das kommt ganz schnell. Wie es der Grieben ausgedrückt hat: Da muß nur noch einer die richtige Melodie pfeifen ... und dann fallen auch alle in Tritt. Glaub einem alten Papa, der das alles schon einmal erlebt hat, sagt der Grieben zu mir, genauso wird es kommen. Ein Schuft, der jetzt kneift. Das sage ich, nicht der Grieben. Habe ich nicht recht?«

»Vollkommen, Herr Stalling.«

»Die werden alle noch ihre blauen Wunder erleben, die! Mit ihrem ›Die NPD zerfällt!‹ Idioten! Ich bin ja so froh, daß ich den Grieben getroffen hab. War eine Fügung des Schicksals, muß man schon sagen, nicht? Wo ich doch so erschüttert gewesen bin über so viel Bösartigkeit. Denn das ist doch nix wie Bösartigkeit und Schadenfreude und Neid auf unsere Erfolge. Habe ich nicht recht, Herr Mark?«

»Absolut.«

»So, das wäre das Bett, haben wir prima hingekriegt zusammen. Ich freu mich immer, wenn ich mit Ihnen sprechen kann. Sie haben so viel Verständnis für alles, nein, also wirklich. Heute abend kann ich nun Muttchen beruhigen. Die kennt den Grieben. Hält viel von ihm. Und wenn wir noch hundertmal zerfallen ... am Ende steht der Sieg, wie schon einmal. Das ist doch klar, nach dem, was der Grieben da erzählt hat. Oder?«

»Vollkommen klar, Herr Stalling«, habe ich gesagt. Dann habe ich, bevor ich weiterschrieb, noch rasch die Zeitungen überflogen. Bundesjustizminister Heinemann hat erklärt: Von den rund 74 000 Personen, gegen die seit Mitte Mai 1945 wegen Naziverbrechen Verfahren anhängig gewesen sind, wurden bis heute 6179 rechtskräftig verurteilt. Also nicht einmal zehn Prozent.

»Jetzt, wo die Nelken gekommen sind, ist es ganz aus. Völlig meschugge geworden, das Mädel. Ich frage sie, was sind Nelken? Kann sich um eine kleine Aufmerksamkeit handeln, sage ich. Sagt sie nein, das ist mehr, viel mehr. Und gleich hat sie wieder Tränen in den Augen. Blumen! Was Blumen bei einer Frau anrichten! Es ist nicht zu fassen . . .«

Boris Minski fuhr sich nervös über die bleiche Stirn. Seine Tränensäcke waren violett, er hatte, nach einer turbulenten Nacht im ›Strip‹, überhaupt nicht geschlafen, sondern nur heiß gebadet und sich umgezogen und war gleich losgeflogen. Wir saßen im Flughafenrestaurant von Hannover und frühstückten ausgiebig. Hermann Olsen saß an einem Tisch in der Nähe und frühstückte gleichfalls. Und es waren noch andere Männer in dem großen Raum. Ich wußte nicht, ob es nicht noch andere Bewacher unter ihnen gab, und was für welche. Boris mußte bald wieder nach Frankfurt zurück. Wir hatten nachts telefoniert und festgestellt, daß wir uns einiges zu sagen hatten.

»Ich kann nicht zu dir kommen, ich bin hier festgehalten«, hatte ich gesagt.

»Komm rauf, ich erwarte dich.«

»Ist gut, Ritchie.«

So war ich, gefolgt von Olsen, sehr zeitig in Treuwall losgefahren. Es war noch dunkel gewesen, als ich die Stadt verließ. Langsam wurde es hell an diesem Sonntagmorgen. Der Tag war mild und schön für November. Von Zeit zu Zeit brach Sonnenschein durch eilig wandernde Wolkenwände.

Minski bestellte eine dritte Portion Kaffee.

Olsen tat, als lese er Zeitung. Es saßen viele Männer in diesem Restaurant, die Zeitung lasen.

»Glaubst du, Panos kommt wirklich wegen Vanessa nach Frankfurt?«

»Es sieht jedenfalls so aus, nicht?« antwortete ich und blickte mich im Lokal um. Ich sah die vielen schweigsamen Männer mit ihren Zeitungen und dachte, daß ich mich im Krieg oft so gefühlt hatte wie an diesem Morgen — im Krieg, wenn eine Nacht vollkommen ruhig war und ich doch wußte, daß zu einer bestimmten Stunde im Morgengrauen der Angriff beginnen würde. Dieses Warten. Diese nervenzermürbende, fiebrige Zeit des Wartens. Ich wartete nun auf Donnerstag nacht, die Nacht, in der es passieren sollte. Und jetzt war erst Sonntag morgen.

»Tja, ich sag mir ja auch, daß es so *aussieht*. Vanessa schwört darauf! Sie schwört so sehr darauf, daß sie der Frau von ihrem Vater versprochen hat, daß sie nicht mehr auftritt bei uns . . . aber das hab ich dir schon am Telefon gesagt. Danke sehr.« Der Kellner hatte Minski den Kaffee gebracht. »Ich versteh Frauen nicht. Die halbe Nacht hat sie mir was vorgeheult. Daß wir sie aus dem Vertrag entlassen müssen. Auf der Stelle. Sie zahlt jede Konventionalstrafe. Wir können Geld haben, was wir verlangen. Aber sie macht den candle-act nicht mehr. Nie mehr.« Minski schnaubte durch die Nase; er genierte sich dafür, daß er Gefühl besaß. »Man kann es ja verstehen. Deshalb hab ich auch nicht das Herz gehabt, nein zu sagen.«

»Du hast *ja* gesagt?«

Boris seufzte tief und nickte.

»Ich hab ja gesagt. Genauso, wie ich meinen Anwalt alarmiert und der Illustrierten ein Telegramm geschickt hab, daß ich dagegen protestiere, daß sie Fotos von Vanessa bringen. Sie tun es nicht, sie lassen die Sache sein. *Die* Sorge ist Vanessa los. Und wir sind Vanessa los.«

Ich sagte, mit meinen Sorgen beschäftigt: »Du wirst nach Paris fliegen und was Neues finden. Du hast immer noch was Neues gefunden.«

»Ja, sicherlich«, sagte Minski trübe.

»Was ist mit Corabelle?«

»Die können wir in der Zwischenzeit haben. Annamaria wird in zwei Tagen wieder garantiert dicht sein. Aber was ist Annamaria gegen den candle-act? Ritchie, ich komm mir vor, als wär mir das eigene Kind gestorben.«

»Ja, es ist böse. Aber wenn Panos Vanessa nun wirklich haben will, dann kann sie doch bei uns tatsächlich nicht mehr auftreten.«

»Darum hab ich ja auch ja gesagt. Sie ist mir um den Hals gefallen und hat mich geküßt, und ich soll dich küssen, und was weiß ich, aber wir sind sie los, Ritchie.« Er neigte sich vor und duftete nach ›Yardley‹ und sagte traurig: »Alles fällt auseinander. Ich spür es. Da kommt nichts Gutes. Unglück und Aufregungen kommen, ich fühl es. Ich hab eine Nase für so was. Alles, was wir uns aufgebaut haben, Ritchie ... ich seh es zusammenfallen. Und ich seh uns alle in Gefahr. So war es in Kamenez-Podolsk, schon Monate bevor die Deutschen gekommen sind. Die anderen haben noch gesagt, es wird so schlimm nicht werden ... ich aber, Ritchie, ich hab gewußt, es wird schlimm werden, ganz schlimm, und so ist es dann auch geworden. Und ich hab nichts tun können dagegen, mich nicht wehren, nicht flüchten, nichts.«

»So wie jetzt«, sagte ich leise und dachte wieder an jene so friedvollen Kriegsnächte vor den morgendlichen Feuerüberfällen.

»Ein bissel was können wir tun. Müssen wir tun. Damit wir nicht alle zugrunde gehen. Diesmal ist da eine Möglichkeit«, sagte Minski. »Aber darüber will ich nicht hier reden.«

»Da hast du recht. Hier geht das nicht.«

»Fahren wir irgendwohin. An die frische Luft. Ich brauch sowieso frische Luft. In unserem Kaff wird man ja lungenkrank von dem ewigen Mief.«

Also verließen wir das Restaurant, gefolgt von Olsen und ein paar Herren, die gleichfalls gingen. Es herrschte viel Betrieb in dem Lokal, ich konnte nicht sagen, ob die anderen Männer uns nachkamen oder nicht. Ich fuhr ein Stück über die Autobahn südlich bis zur Ausfahrt Hannover-Anderten, und dann bog ich rechts ein in die Hannoversche Straße, die zum Tiergarten führt. Unterwegs erzählte ich Minski alles, was mir zugestoßen war, und im Rückspiegel sah ich Olsens Wagen und auch andere Wagen, die ich nicht kannte. Minski wurde bei meinem Bericht immer ernster. Ein paarmal seufzte er tief.

Dann gingen wir auf dem breiten Weg zwischen dem Wildschwein- und dem Damwildgehege des Tiergartens spazieren, aber wir sahen kein einziges Tier. Viele Menschen, Ehepaare mit großen und kleinen Kindern, waren hier unterwegs. Die Kinder hatten Bälle und Roller und anderes Spielzeug und lachten und schrien und waren vergnügt. In gebührender Entfernung trottete Olsen hinter uns her, und einzelne Männer marschierten vor und hinter ihm, und ob das auch Bewacher waren, wußte ich nicht. Hören konnten sie jedenfalls nicht, was wir nun sprachen.

Minski sagte: »Faul ist das alles, oberfaul. Wir sind in einer bösen Lage. Ich fühl mich scheußlich.«

Minski war viel zu klug, sich anders zu fühlen, dachte ich. Und unter diesen Umständen würde er seine Vorbereitungen treffen, wenn es ganz schlimm kommen sollte.

»Wie geht es Rachel?«

»Viel besser. Schnupfen hat sie sich geholt da im Garten. Aber sonst nichts. Da ist nun auch Polizei draußen, die aufpaßt. Alle passen auf Rachel auf. So sehr sie können. Die größten Sorgen machst im Moment du mir. Ich hab mir schon ausgerechnet, daß sie dich absichtlich belasten und in eine miese Situation bringen werden, damit du, wenn es passiert ist, gleich ganz bedreckt dastehst.«

The bait.

The scape-goat.

Der Sündenbock . . .

Ein kleiner Junge rannte wuchtig in Minski hinein, sah ihn erstaunt an, lachte, lief weiter bis zu seiner Mutter, und als er dort angekommen war, begann er bitterlich zu weinen.

»Hör zu, und erschrick nicht. Ich seh für uns alle nicht sehr rosig, aber für dich schon gar nicht. Und darum, Ritchie, mußt du dich mit dem Gedanken anfreunden, daß alles schiefgeht.«

»Ja«, sagte ich, »daran habe ich auch schon gedacht.«

Nun schien plötzlich wieder einmal kurz die Sonne. Alle Bäume waren kahl, das Gras der Wiesen war braun und gelb und faulte.

»Dann mußt du verschwinden.«

»Wohin?«

Minski blieb stehen, nahm seinen Hut ab und kratzte lange seinen Kopf.

»Wenn mir einer gesagt hätte, daß ich hier herumlaufen werde mit dir, am ersten Advent, und solche Gespräche führe, wenn mir das einer gesagt hätte, noch vor einer Woche, ich hätte mir gedacht, er spinnt.« Boris setzte den Hut wieder auf. »Wir müssen ruhig und vernünftig bleiben. Die rechnen doch damit, daß wir die Ruhe und die Vernunft verlieren, die Schweine. Paß auf, was ich mir ausgedacht hab für den äußersten Notfall. Nur für den äußersten. Wenn wir geschickt genug sind, überlisten wir sie doch noch. Aber wenn wir Pech haben – jeder kann Pech haben –, dann mußt du raus aus Deutschland mit Lillian . . . wenn du sie mitnehmen willst.«

»Ohne Lillian mache ich überhaupt nichts!« sagte ich laut.

»Leiser glaub ich es auch«, sagte Minski und sah argwöhnisch die Spaziergänger an. »Also, dann müßt ihr vorbereitet sein . . . auf alles.«

»Wie?«

»Ritchie, das ist eine Geschichte, bei der du Zuchthaus riskierst . . . viele Jahre. Wenn du Pech hast. Das weißt du.«

»Du bist auch nicht so fein dran.«

»Kann man nicht vergleichen. Ich tu nichts Aktives. Mir können sie höchstens vorwerfen, daß ich ein Verbrechen nicht verhindert hab, daß ich dich nicht gehindert hab, es zu begehen . . . Aber dazu müssen sie mir erst nachweisen, daß ich von allem gewußt habe. Und das können sie nicht, wenn du mir nicht von allem erzählt hast. Du hast mir also von nichts erzählt, um mich nicht mit reinzuziehen.«

»Das ist klar«, sagte ich.

»Siehst du. Aber deshalb bist du um so mehr drin. Deshalb wirst du nicht glauben, daß ich zu viele Krimis lese, wenn ich sag: Für alle Fälle brauchst du einen falschen Paß. Du und Lillian. Damit ihr verschwinden könnt, wenn es schiefgeht.«

Er hatte recht. Er hatte immer recht.

»Wo bekomme ich falsche Pässe her?«

»Die besorg ich. Ich kenn wen in Frankfurt. Der macht aus abgelaufenen echten Pässen neue, gültige. Dazu brauche ich Fotos. Von dir und Lillian. Ich hab eine Kamera mitgebracht. Wir machen dann Aufnahmen. Im Wagen. Oder auf der Autobahn. Wenn wir einmal einen Moment deinen Gorilla los sind. Die Kamera laß ich dir da. Du mußt auch noch Lillian fotografieren. Sofort. Und dabei wirst du ihr die Wahrheit sagen müssen. Traust du dich das?«

Ich nickte und schluckte.

»Kannst du Lillian trauen? *Vollkommen?*«

Wieder nickte ich.

»Wenn nicht, dann ist nämlich Feierabend. Das weißt du. Das macht mir die allergrößten Sorgen. Das macht mich ganz krank. Wir wissen, wie sehr du dich bisher immer auf sie hast verlassen können.«

»Jetzt ist das anders.«

»Wieso?« fragte Minski.

»Weil sie jetzt wirklich zu mir will. Ich hab auch ein Gefühl für so was!«

»Ja, hast du?«

»Boris, ohne Lillian kannst du deine ganze Idee mit der Flucht vergessen. Und wenn ich mich getäuscht habe in ihr, dann gehe ich ins Zuchthaus! Dann ist mir alles gleich!«

»Geschwätz«, sagte Minski.

»Entschuldige«, sagte ich. »Ich halte es nur nicht aus, wenn jemand an Lillian zweifelt.«

»Ritchie«, murmelte Boris, »du bist ein armer Hund. Ich sag schon nichts mehr. Entweder ihr kommt beide durch, oder ihr geht beide drauf, oder . . .«

»Oder nur ich geh drauf und Lillian nicht, was?« fragte ich wild. »Das wolltest du doch sagen?«

Ein Mann und eine Frau sahen mich an, als wir an den beiden vorbeikamen.

»So geht das nicht«, sagte ich. »Rede weiter, Boris. Ich hab wirklich schlechte Nerven.«

»Das ist die ideale Voraussetzung«, sagte er trist. »Also gut. Lillian muß mit. Lillian kann man vertrauen. Dann fotografierst du sie heute noch. Den Film mußt du mir heute noch schicken. Expreß. Vom Bahnhof aus. Der hat immer einen Postschalter offen. Der Mann braucht für zwei Pässe drei Tage, hat er gesagt. Mit Visa. Für Ägypten und noch ein Land, das nicht ausliefert in solchen Fällen, hab ich mir gedacht. Damit du eine Auswahl hast.«

»Argentinien?«

»Argentinien ist gut. Braucht ihr auch Seuchenpässe. Daß ihr geimpft seid. Besorgt der Mann euch auch. Woran denkst du?«

»An nichts«, sagte ich, und das war eine Lüge. Ich hatte daran gedacht, ob ich Lillian wirklich und hundertprozentig trauen konnte, und daß ich es nun tun wollte, auf jeden Fall.

An diesem Nachmittag durfte Lillian zum erstenmal für ein paar Stunden richtig aufstehen – nicht nur das Bett verlassen, nein, auch sich frisieren, schminken und anziehen. Man hatte ihr Wäsche und Garderobe aus Delacortes Villa gebracht. Sie trug ein Kostüm aus silbern glänzendem Lurex-Stoff. Ich alberte eine Weile herum, dann sagte ich, daß ich unbedingt ein paar Erinnerungsfotos noch im Krankenhaus machen wollte, und holte Minskis Kamera hervor. Das war ein teures, einfach zu bedienendes Modell mit aufgebautem Blitzlichtgerät. Minski hatte mir zwei Schächtelchen voller Speziallämpchen gegeben. Ich konnte Lillian mit dem Blitzlicht großartig fotografieren. Ich machte zur Sicherheit vier Aufnahmen, während ich auf Schritte lauschte, denn draußen, in der kleinen Teeküche gegenüber, saß ein Kriminalbeamter und hielt Wache. Nachdem ich den Apparat wieder verpackt und eingesteckt hatte, erkundigte sich Lillian mit völlig natürlicher Stimme: »Du glaubst also, wir werden flüchten müssen?«

Ich starrte sie an und schluckte mühsam.

»Was soll das heißen?«

Ich hatte nicht den Mut gehabt, ihr auch nur ein Wort von dem zu erzählen, was ich mit Minski besprochen hatte. Ich war entschlossen gewesen, das erst später zu tun. Nun ...

Nun sagte Lillian: »Leg eine Langspielplatte auf.«

»Warum?«

»Damit wir Musik haben. Bei Musik können wir uns ohne Sorge unterhalten. Da versteht man die Stimmen nicht.«

»Was willst du mir sagen?«

»Einiges«, antwortete sie.

Also ging ich zu dem Plattenspieler, dem Geschenk Tinys, der auf einem Tischchen beim Fenster stand, schaltete ihn ein, legte eine Barbra-Streisand-Platte auf und setzte die Nadel ein. Die schöne Stimme erklang — ziemlich laut.

Ich ging zurück zu Lillian, die mich ernst ansah, und fragte leise: »Also?«

Ebenso leise erwiderte sie: »Du rechnest doch zumindest damit, daß wir flüchten müssen, wenn du uns falsche Pässe besorgst.«

»Falsche Pässe ...«

»Laß das, Ritchie. Das dauert zu lange. Du hast mich doch fotografiert, weil du ein Bild für den falschen Paß brauchst.«

»Wie kommst du auf diese Idee?«

»Paradin hat mich besucht.«

»Schon wieder?«

Seit drei Tagen besuchten Paradin und seine Untersuchungsrichter Lillian immer wieder im Krankenhaus und verhörten sie. Sie wollten keine Zeit verlieren. Ich hatte eigentlich gedacht, daß sie schon mit ihr fertig seien.

»Ja, schon wieder. Er kam allein und unterhielt sich mit mir. Über dich.«

»Was wollte er wissen?«

»Er wollte wissen, ob ich es für möglich halte, daß du aus irgendeinem Grund bei einem Versuch mithelfen wirst, Kamploh aus dem Gefängnis zu befreien. Wollte meine Meinung dazu hören«, sagte Lillian Lombard. »Hast du kein Feuer für meine Zigarette, Ritchie?«

Ich lese, was ich eben geschrieben habe, und es fällt mir auf, daß ich bei den meisten Personen dieses Berichtes mitgeteilt habe, woher sie kamen, was sie hinter sich hatten an Erziehung, Erlebnissen, Erfahrungen und Umwelt, durch die sie gebildet wurden. Bei allen wichtigen Personen habe ich das getan — nur Lillian, die wichtigste, blieb ohne diesen Hintergrund.

Es gibt eine sehr einfache Erklärung dafür. Bis zum heutigen Tage weiß ich nichts von Lillians Herkunft, ihrer Kindheit, ihrem Elternhaus, den Ereignissen, die ihre Kindheit, ihre Jugend, ihr frühes Leben formten. Diese erschreckende Tatsache kam mir, seltsamerweise, zum erstenmal erst jetzt, an dieser Stelle meines Berichts, zu Bewußtsein.

Gewiß wäre viel zu erfahren gewesen, Wahrheit und Lüge, wenn ich Lillian gefragt hätte. Doch ich fragte sie nie, und sie erzählte nie. Wo wuchs sie auf? Wie? In welchen Verhältnissen? Welchen Beruf hatte ihr Vater? War sie ein einziges Kind? Starb ein Bruder, eine Schwester? Wie sah ihr erster Mann aus? Wie sah sie als junges Mädchen aus? Ist ihre Mutter schön gewesen? Nicht einmal Fotos der kleinen Lillian oder ihrer Familie hatte ich je zu Gesicht bekommen. Nichts sah ich, nichts erfuhr ich. Ob ich mich unbewußt davor gescheut habe, etwas über Lillians Vergangenheit und Herkunft zu erfahren, und wenn ja, dann warum? Wäre es nicht erstrebenswert gewesen, gerade über die Frau, die ich liebte, so viel wie nur möglich zu wissen, um so gut wie nur möglich begreifen zu können, weshalb sie so war, wie sie war?

Was wußte ich von ihr, was ich noch nicht auf diesen Stenoblockseiten niedergeschrieben habe?

Nur dies: Daß ihre Ehe mit Werner aus ihrem Alleinverschulden 1958, im Herbst, geschieden wurde. Daß sie noch im gleichen Herbst zu mir nach Frankfurt kam und sich alles genauso abspielte, wie es sich stets abgespielt hatte, wenn wir uns trafen. Daß sie mir sagte, Werner sei ein Teufel und ich der einzige Mensch, den sie liebe. Um, nachdem sie das gesagt hatte, wenige Stunden später sich von mir an die Bahn bringen zu lassen, zum Schlafwagen nach Rom, wo ein Graf sie erwartete, den sie kennengelernt hatte und der sie heiraten wollte. Der Graf hatte sie nach Rom eingeladen. Sie war ein Jahr in Rom geblieben, dann hatte sie mich wieder besucht. Mit dem Grafen war es aus. Sie hatte eine Woche, eine ganze Woche, bei mir in Frankfurt gelebt, dann war sie nach London geflogen. Zu einem Freund, wie sie sagte. Diesmal war sie sogar eineinhalb Jahre fortgeblieben, und ich hatte in dieser Zeit sehr viele Briefe von ihr erhalten, aus sehr vielen verschiedenen Städten. Und dann, eines Tages, war sie wieder hiergewesen, in Frankfurt, so, als sei sie nie fortgefahren. Und ich, wie ein Narr, hatte eilends die Beziehung zu einem guten Mädchen abgebrochen und war wieder nur für Lillian dagewesen, nur für sie – einen Monat lang, bevor sie im ›Strip‹ einen reichen Spanier kennenlernte, mit dem sie nach Spanien ging.

Ich mache hier Schluß, denn diese Grundsituation wiederholte sich noch einige Male. In den letzten beiden Jahren hatte ich Lillian aus den Augen verloren – nicht ganz, aber ziemlich, sie hatte mich nur einige wenige Male angerufen und nicht geschrieben und mir nicht gesagt, was sie trieb. Deshalb hatte ich auch nichts von Delacorte gewußt.

So sieht das also aus, und man kann sagen, daß nicht nur Lillian, sondern auch ich eine reichlich gestörte Persönlichkeit gewesen sein muß, um eine solche Verbindung aufrechtzuerhalten und gar noch zu pflegen. Man mag das wohl und sehr zu Recht sagen. Es ist mir klar, daß ich hier keine alltägliche, keine normale Liebesgeschichte zu Papier bringe. Doch daß ich so gar nichts über Lillian weiß, nichts Wirkliches, nichts Wichtiges, das kam mir eben jetzt erst, seltsamerweise, richtig zu Bewußtsen. Ich sitze vor dem großen Tisch in meiner Zelle, und ich habe die Verblüffung, die mich ergriff, noch nicht überwunden. Sie tut weh, diese Verblüffung.

»Hast du kein Feuer für meine Zigarette?« fragte Lillian.
Ich riß ein Streichholz an und hielt es ihr hin. Sie inhalierte den Rauch der Zigarette und blies ihn dann durch die Nase aus. Sie sagte: »Paradin hat mir auch gesagt, daß Kamploh in Wahrheit Delacorte heißt und wer Delacorte ist.«
Ich zuckte zusammen, denn das Streichholz hatte meine Finger verbrannt. Ich ließ es fallen und trat schnell darauf. Lillians Gesicht war gelassen, ihre Stimme beherrscht: »Ich habe es nicht gewußt, Ritchie. Ich schwöre, ich hatte keine Ahnung. Paradin glaubte mir das. Glaubst du, daß Paradin es glaubte?«
»Ich weiß nicht, was Paradin glaubt. Du siehst ja, wie er ist. Aber ich, ich glaube dir, Lillian!«
»Das weiß ich«, sagte sie und lächelte.
»Es muß schrecklich für dich gewesen sein, zu erfahren . . .«
»Ziemlich schrecklich.« Sie nickte. »Obwohl Paradin es mir sehr schonend beibrachte. So schonend, wie er eben ist. Er kam dann gleich auf dich zu sprechen. Ich glaube, er leidet.«
»Was?«
»Er hat dich sehr gern. Und er hat dich sehr in Verdacht.«
Ich erinnere mich noch, daß mir bei dieser Stelle unseres Gesprächs kurze Zeit unheimlich vor Lillian war. Konnte sie sich derart beherrschen? War sie derart kaltblütig?
Eine Frau, die jahrelang mit einem Massenmörder als dessen Geliebte zusammengelebt hatte, saß da vor mir. Und wie war das gewesen, als man es ihr sagte?
»Ziemlich schrecklich . . .« So war das gewesen.
»Lillian«, begann ich, »du bist natürlich vollkommen durcheinander, seit Paradin hier war. Ich kann das verstehen. Wann war er übrigens hier?«
»Heute vormittag. Ich hatte genügend Zeit, mich auszuheulen, Ritchie. Ich werde Kamploh nie mehr sehen . . . außer vor Gericht, als Zeugin, wenn das sein muß. Ich werde von ihm träumen, und es wird schlimm sein, wenn ich an ihn denke. Aber ich komme schon darüber hinweg.« Das sagte sie zu schnell, fand ich, zu routiniert, zu sehr so, wie eine Schauspielerin ihren Rollentext spricht. Aber vielleicht, dachte ich behende und sofort auf der

Suche nach einer Entschuldigung für das, was Lillian tat (wie stets, wie stets!), aber vielleicht war das nur Selbstschutz, Selbstverteidigung. »Kamploh, das liegt hinter mir. Du, du sitzt vor mir. Mit dir will ich zusammen leben. Du bist jetzt wichtig für mich, nur du.« Da ist etwas daran, dachte ich. »Sag mir, Ritchie, Paradin hat dich mit Recht in Verdacht, nicht wahr?«

»Where am I going?« sang die Streisand.

Ich dachte, daß ich es Lillian ebensogut jetzt wie später sagen konnte. Wenn sie mich verriet – aber da klickte es in meinem Gehirn, und ich konnte nicht weiterdenken. Ich konnte mir einfach nicht vorstellen, daß Lillian mich verraten könnte, jetzt noch, in dieser Lage noch. Nein! Sie hatte mich gerufen, als sie im Sterben lag. Sie liebte nur mich, nun hatte ich den Beweis, trotz allem, was geschehen war. Nein, ich konnte, nein, ich mußte mich ihr anvertrauen.

»Mit Recht hat er mich in Verdacht«, sagte ich. Dann stand ich auf, drehte die Platte um, setzte die Nadel wieder in der äußersten Rille ein und wartete, bis die Stimme der Streisand ertönte: »Yesterdays...«

Ich ging zurück zu Lillian, die auf einem Sofa saß, das einen weißen Überzug trug, und ich setzte mich neben sie und erzählte ihr alles. Ich sprach schnell und berichtete nur das Wichtigste, knapp und konzentriert. Trotzdem mußte ich einmal unterbrechen und eine andere Platte auflegen. Lillian rauchte und hörte zu, ohne zu fragen. Ab und zu nickte sie, als hätte sie sich alles so vorgestellt, und darum fragte ich sie einmal: »Hast du dir das so vorgestellt?«

»Ich hatte lange Zeit, über alles nachzudenken, seit ich hier bin, Ritchie... So ähnlich jedenfalls mußte es sein...«

»Aber du kannst mich verstehen? Du kannst begreifen, wie ich in all das hineingeraten bin?«

»Ich kann alles begreifen. Ich kann alles verstehen. Du doch auch«, sagte sie. »Paradin hat auch lange Zeit gehabt, über alles nachzudenken. Er ist zu ganz ähnlichen Ergebnissen gekommen. Er meint, du würdest von irgend jemandem erpreßt... mit irgend etwas.«

»Sagte er, von wem? Womit?«

»Nein. Ich fragte ihn, aber er sagte, er wisse es nicht. Es sei nur eine Vermutung. Er wollte meine Meinung hören. Ich sagte, daß ich völlig außer mir sei – wegen Kamploh – und daß er Gespenster sehe, was dich angeht. Er war sehr höflich und bat um Entschuldigung dafür, daß er mich aufregen mußte. Und dann sagte er mir natürlich, was mich erwarte – und dich auch –, wenn du wirklich an einem Versuch, Kamploh zu befreien, beteiligt bist und ich davon weiß und dich decke. Ich wußte da noch nichts davon, also konnte ich das beschwören. Und da gab er dann auf. Nicht daß er damit wohl zufrieden ist oder mir glaubt.«

»Und was wirst du tun?« fragte ich heiser. »Was wirst du nun tun, wo du alles weißt?«

»Dummkopf. Ich werde zu dir halten, natürlich. Ich werde alles tun, was du von mir verlangst. Hoffentlich geht alles gut. Aber wenn es nicht gutgeht . . . ich bleibe bei dir, und ich gehe mit dir, wohin du gehst, Ritchie.«

»Weißt du, was du sagst? Wir werden vielleicht auf der Flucht sein . . . Wochen . . . Monate . . . gejagt . . . in Angst . . . in Verstecken . . . wirst du das aushalten?«

»Es gibt nichts, das ich nicht aushalte, wenn du bei mir bist«, sagte Lillian. Dann nahm sie meinen Kopf in beide Hände und küßte mich auf den Mund. Sie ließ mich los und sah mich mit ihren riesigen Augen ernst an. »Was sollte ich denn jetzt noch anderes tun? Kannst du mir das sagen?«

»Ohne mich leben. In Frieden«, sagte ich.

»Es gibt keinen Frieden mehr ohne dich«, antwortete sie. Soweit war ich noch bei Sinnen, daß ich fand, dies sei ein recht pathetischer Satz. Aber er tat mir wohl. Und in manchen Situationen, dachte ich, ist man eben pathetisch.

Wieder küßten wir uns, und in der Süße des Kusses vergaß ich alle Angst und alle Sorge und dachte, daß vielleicht wirklich alles gutgehen werde, alles, alles gut . . .

Ich öffnete die Augen und sah zur Tür.

Olsen stand dort. Er machte ein freches Gesicht.

Ich stand schnell auf und schnauzte ihn an: »Was fällt Ihnen ein, hier einfach reinzukommen? Können Sie nicht klopfen?«

»Ich habe geklopft. Sie haben es nicht gehört. Verzeihung, gnädige Frau.« Er verbeugte sich vor Lillian.

Ich kniff die Augen zusammen.

»Was machen Sie überhaupt hier oben?«

»Ich vertrete den Kollegen. Der ging nur mal schnell Kaffee trinken. Er bat mich, solange da drüben zu sitzen. Na, und ich habe doch nichts zu tun . . .«

»Und deshalb kommen Sie hier herein?«

»Telefon für Sie, Herr Mark. Verzeihen Sie bitte noch einmal, gnädige Frau.« Er lächelte Lillian charmant an. Sie nickte nervös.

Ich ging auf Olsen zu, der die Tür für mich aufhielt und hinter mir schloß. »Wer?« fragte ich. Er grinste nur.

Ich nahm den Telefonhörer ans Ohr, nachdem ich in die kleine Teeküche gekommen war.

»Mark!«

Geyers Stimme ertönte: »Na, alles schön gebeichtet?«

»Ich habe überhaupt nichts . . .«

»Ach, hören Sie auf.« Seine Stimme klang scharf und gefährlich. »Vormittags sind Sie stundenlang mit Minski zusammen und lassen sich Eitzes geben. Paradin ist stundenlang bei Ihrer Geliebten. Jetzt machen Sie in dem Zimmer ein wenig Musik. Damit man nicht hören kann, worüber Sie reden. Hören Sie, Mark, was immer Sie mit Ihrem Freund Minski und mit Ihrer Geliebten besprochen haben . . . sobald es im geringsten mit unseren Plänen kollidiert, sind Sie geliefert. Und nicht nur Sie. Auch Frau Lombard. Das nächstemal wird sie nicht nur ein wenig Gift trinken und mit dem Leben davonkommen. Das nächstemal geht sie drauf. Ist das klar?«

»Ja.«

»Ja, *Boris*.«

»Ja, Boris.«

Ich hörte ihn lachen.

»Und sollten Sie auf die glänzende Idee gekommen sein, die Sache zu verraten und, wenn das schiefgeht, zu flüchten . . . allein oder mit Ihrer Geliebten . . . dann werden Sie noch das Wunder Ihres Lebens erleben, verlassen Sie sich darauf!«

Ich schwieg.

»Sie fahren jetzt zurück ins Hotel«, sagte Geyers Stimme. »Gehen Sie auf Ihr Zimmer. Ihr Bruder hat mit Ihnen zu reden.«

»Worüber?«

»Das werden Sie schon erfahren«, sagte Geyer. Dann war die Verbindung unterbrochen. Ich legte auf. Zu diesem Zeitpunkt konnte ich mir nicht vorstellen, daß mir tatsächlich noch das Wunder meines Lebens bevorstand.

Mein Bruder sagte: »Bisher haben sie dich allein arbeiten lassen, Ritchie. Jetzt beginnt schon meine Rolle.«

Werner rauchte hastig, wie stets, wenn er erregt war, und er sah blaß und krank aus. Er saß auf einem Stuhl meines Hotelzimmers. Es war mittlerweile dunkel geworden. Das elektrische Licht brannte.

»Man hat mir aufgetragen, dir zu erklären, wie es nun weitergehen wird«, sagte Werner. Er drückte plötzlich seine halbgerauchte Zigarette aus und zerfaserte sie zwischen den Fingern.

»Hast du Angst?«

»Ja. Du nicht?« Ich schwieg. »Nur Idioten haben in einer solchen Situation keine Angst«, sagte Werner und zündete eine neue Zigarette an. Ich dachte, daß es gut gewesen wäre, wenn ich ihn nicht in den letzten zwei Jahren gemieden hätte. Dann hätte ich genauer über ihn Bescheid gewußt: Was echt an dieser Furcht war und was gespielt.

Den Grund für den Abbruch unserer Beziehungen hatte der vorletzte Roman meines Bruders geliefert. Es war ein Buch mit unverhüllt nationalistischen und neonazistischen Tönen gewesen, das erhebliches Aufsehen erregt und sich großartig verkauft hatte. Kein Wunder angesichts der Entwicklung in Deutschland.

Journalisten waren zu mir gekommen und hatten mich um meine Meinung zu diesem Roman gefragt. Ich hatte sie ihnen unverblümt mitgeteilt, und so war sie in einem Nachrichtenmagazin abgedruckt worden.

»Alles nur Reklame für deinen Bruder«, hatte Minski damals gesagt, und das hatte natürlich gestimmt. Es war reine Reklame. Doch Werner, der große Autor, brauchte keine Reklame mehr. Er war mir bitterböse gewesen – und es geblieben. Nach Ansicht des über mich verärgerten Minski waren auf Grund des Interviews mit meinen Mißfallensäußerungen gewiß zwanzigtausend Exemplare des Romans mehr verkauft worden.

»Aber nur nicht denken, bevor man die Schnauze aufreißt!« hatte Minski gesagt. Jetzt fiel es mir wieder ein. Ich hätte doch besser die Schnauze gehalten, als die Journalisten kamen, dachte ich. Dann wäre es nicht zum Bruch mit Werner gekommen, dann hätte ich ihn jetzt besser beurteilen können. So war er ein fast fremder Mensch mit seinen Geheimnissen für mich geworden in diesen zwei Jahren. Hatte er wirklich Angst? Es sah so aus. Aber er war schon immer ein großer Schauspieler gewesen.

»Also: In der Nacht von Donnerstag auf Freitag holen sie Delacorte raus«, sagte Werner. »Du wirst jetzt hoffentlich nicht so idiotisch sein, mich zu fragen, wie sie das tun werden.«

»Ich habe eine ungefähre Vorstellung«, sagte ich. »Scherr. Die vier Schlüssel. Geyer und der Horstführer mit seinen Jungen. Du brauchst mir nichts zu erzählen. Was habe ich zu tun?«

»So ist es brav«, sagte Werner. »Immer folgsam. Also: Am Dienstag wird Lillian entlassen.«

»Woher weißt du das?«

»Weißt du es noch nicht? Paradin ist fertig mit ihr. Hat man es ihr noch nicht gesagt? Donnerwetter, die haben wirklich ihre Leute *überall* sitzen! Beruhigt natürlich, wenn man sieht, wie viele Freunde man hat.«

Ja, dich beruhigt es, dachte ich.

»Nach der Entlassung kümmerst du dich um Lillian. Hilfst ihr, Kleider und so weiter aus der Villa zu holen. Dann verlaßt ihr beide Treuwall und fahrt nach Frankfurt. Paradin verdächtigt dich. Deshalb mußt du dich zur Fluchtzeit in Frankfurt aufhalten, weit weg von hier. Da unten sollen sie dich ruhig beschatten. Werden es sicher tun. Und sich auf dich konzentrieren und nicht auf das Gefängnis und auf mich.«

»Wieso bist du Paradin eigentlich nicht verdächtig?«

»Ich *bin* ihm verdächtig! Aber ich bin ihm *zu* verdächtig. Verstehst du? Gegen mich spricht zu viel, als daß er sich vorstellen könnte, ich hätte *noch* was vor. Du bist für ihn ein Rätsel. Das hast du doch schon gemerkt, oder?«

Ich nickte.

»Also, du bringst Lillian in deine Wohnung. Donnerstag nacht bist du im ›Strip‹. Um 21 Uhr 30 wechseln die Aufseher Innen- und Außendienst ...«

»Ich weiß.«

»Um 22 Uhr ist Delacorte draußen, wenn alles glattgeht. Ich erfahre es telefonisch und . . .«

»Wo?«

»Was wo?«

»Wo erfährst du es telefonisch?«

»Na, in Bremen. In meiner Wohnung. Ich muß auch aus Treuwall weg. Mich beschatten sie doch auch. Erst wenn Delacorte raus ist, muß ich Bremen verlassen und tun, was meine Aufgabe ist. Die Schatten hängen unsere Freunde ab, alles besprochen. Nur zur Fluchtzeit darf ich nicht in der Nähe von Treuwall sein. Ich werde aber in der Nähe eines Telefons sein. Und so kann ich den Mann in Frankfurt verständigen, der die Manuskripte bringt. Im ganzen sechs. Fünf Romane und das Drehbuch. Stimmt's?«

»Stimmt.«

»Ganz schön dicker Brocken. Wenn ich meinen Mann anrufe, bringt er dir das Zeug in die Bar.«

»Das fällt doch auf.«

»Das wird nicht auffallen. Er kommt mit einem Kombiwagen. Champagner. Euch ist der Champagner ausgegangen. Die Lieferung hat sich verspätet. In einem Karton werden die Manuskripte sein. Du kannst sie sofort ansehen und feststellen, ob sie echt und vollständig sind.«

»Und wenn sie es nicht sind?«

»Sie werden es sein.«

»Jaja. Und wenn nicht?«

»Dann kannst du Alarm schlagen, Paradin anrufen und so weiter. Zu der Zeit haben wir Delacorte bestimmt noch nicht aus Deutschland raus. Du kannst Paradin anrufen, wenn du bis 22 Uhr 30 die Lieferung noch nicht erhalten hast. Aber das würdest du ja auf jeden Fall tun, wie?«

»Auf jeden Fall.«

Mein Bruder stand auf und begann hin und her zu laufen. Zigarettenasche fiel dabei auf den Teppich. Er bemerkte es nicht.

»Du bist fein raus Donnerstag nacht. Für mich fängt dann überhaupt alles erst an! Verglichen mit dem, was du zu tun hattest und noch zu tun hast, steht mir die Hölle bevor.« War das Theater? War das echt? Werner stolperte über eine Teppichkante. Es schien echt zu sein.

»Und was geschieht«, sagte ich, »wenn ich Paradin verständige, nachdem ich die Manuskripte richtig erhalten habe?«

Er blieb stehen. Seine Lippen verzogen sich zu einem Grinsen.

»Wenn du das tust, Brüderchen«, sagte Werner, »wirst du nicht mehr lange leben. Gar nicht mehr lange. Darauf kannst du Gift nehmen. Ich würde dir dringend davon abraten. Denn auch Lillian käme dann an die Reihe. Sie zuerst. Damit du noch etwas davon hast. Es würde schnell gehen. Ganz schnell. Das soll ich dir ausrichten, weil man annimmt, daß du vielleicht auf die Idee kommen könntest. Nach allem, was du bisher erlebt hast, glaubst du mir hoffentlich ... oder?«

»Ja«, sagte ich.

Und ich muß es trotzdem tun, dachte ich. Trotzdem und auf alle Fälle muß ich es tun. Aber ich werde es so tun, daß es aussieht, als hätte mein Bruder versagt, als trüge er allein die Schuld daran, daß das ganze Unternehmen zusammenbricht. Unbedingt so würde ich es anstellen, und ich hatte auch schon eine Vorstellung davon, wie ich es anstellen würde.

»Wie geht es Lillian?« fragte mein Bruder.

»Gut.«

»Erklärt sie noch immer so leidenschaftlich, mich unter keinen Umständen sehen zu wollen?«

»Ja.«

Mein Bruder schnitt eine Grimasse.

»Der böse, böse Werner.« Er kratzte sein Kinn. »Wenn ich nur wüßte, warum sie sich so vor mir fürchtet.«

»Fürchtet?«

»Nun ja«, sagte er, »denk nach. Das ist doch die einzige Erklärung. Furcht hat sie vor mir. Warum bloß?«

Bald darauf ging er. Ich holte das Tonbandgerät hervor, und während ich es aufnahmebereit machte, dachte ich, daß ich wirklich tat, was menschenmöglich war, damit Lillian und mir und Minski und Rachel, uns allen, nichts geschah, damit wir heil davonkamen. Wenn alles schiefging, wenn ich ganz großes Pech hatte, dann gab es immer noch die Flucht. Den Film aus Minskis Kamera hatte ich am Bahnhof aufgegeben, noch ehe ich ins Hotel zurückgekommen war. In dem Postamt dort gab es wirklich einen Schalter, der Tag und Nacht geöffnet blieb. Die Filmrolle war schon unterwegs nach Frankfurt.

Mit ein wenig Glück würde ich nicht zu flüchten brauchen, dachte ich in einer plötzlichen Anwandlung von Optimismus. Mit ein wenig Glück ging alles gut. Ich kann nicht erklären, wieso ich plötzlich so hoffnungsfroh war. Vielleicht kam es daher, daß ich eben Werner in Angst erlebt hatte. Das muß mich beruhigt haben. Wirkliche, einleuchtende Gründe für meine Zuversicht gab es weiß Gott nicht.

Ich sprach etwa zwei Stunden lang meine Bänder voll, ausführlich, breit, wie Werner es wünschte, dann verpackte ich alles wieder, verschloß die Tonbandtasche und sperrte sie noch einmal in einen Koffer, steckte den Schlüssel ein und verließ mein Zimmer. Ich wollte etwas essen. Im Lift, mit dem ich hinunter in die Halle fuhr, traf ich die jungen Verliebten. Sie hielten sich an den Händen wie immer, und sie lächelten wie immer.

Sie wollten ins Kino gehen, sagten sie mir, und ich sah ihnen nach, wie sie durch die Halle zum Ausgang wanderten, eng aneinandergeschmiegt. Er hatte einen Arm um ihre Schulter gelegt. Ich bemerkte, daß alle Menschen, welche die beiden sahen, auch lächelten.

»Herr Mark!«

Ich drehte mich um. Es war Pierre, der Mixer, der mir aus seiner Bar zuwinkte. Ich ging zu ihm. Er hatte einige Gäste, die sich leise unterhielten, und leise Musik erfüllte den dämmrigen Raum.

Pierre strahlte.

»Was haben denn Sie?« fragte ich.

»Kommen Sie mal mit«, sagte er. »Ich muß Ihnen etwas zeigen.«

Am frühen Vormittag dieses Sonntags hielt ein blauer Volkswagen vor einem Haus in der Gurlittstraße in Hamburg, nahe der Außenalster. Eine etwa vierzigjährige Frau ging hier mit einem Terrier auf und ab, der an Laternenpfählen schnupperte, aber sich vorläufig noch nicht entscheiden konnte. Die Frau hatte ein hübsches Gesicht, blondes Haar und sah sehr traurig aus.

Aus dem Volkswagen zwängte sich ein beleibter Mann mit großem, breitem Gesicht und großer Glatze. Er hatte nur noch wenig schwarzes Haar an den Schläfen und sehr müde Augen. Er war tadellos gekleidet und ging aufrecht und mit energischen, schnellen Schritten auf die Frau zu.

»Verzeihen Sie«, sagte Pierre, »Sie sind doch Frau Carla Eilers, nicht wahr?«

Im Turm der nahen Kirche begannen die Glocken zu läuten.

Die Frau mit dem Terrier nickte. Sie hatte verweinte Augen.

»Kramleder«, stellte Pierre sich vor. »Max Kramleder. Ich komme aus Treuwall. Ist das ein Glück, daß ich Sie gleich hier herunten treff. Wär mir schon ein bissel peinlich gewesen, raufzugehen und bei Ihrer Schwester zu läuten. Sonntag vormittag. Fremde Leute.«

»Ich führe ihren Hund spazieren.«

»Ja ... Darf ich ... darf ich ein bissel mit Ihnen reden?« Pierre war verlegen. Er lächelte, und die Tränensäcke unter seinen Augen verzogen sich zu vielen dunklen Falten.

»Worüber?«

»Über Ihren Mann, Frau Eilers.«

Das Läuten der Glocken hatte aufgehört. Nun erklang verwehter Gesang. Die Sonne schien an diesem Vormittag in Hamburg, eine kalte, sehr grelle Sonne.

»Hat er Sie geschickt?« fragte Carla Eilers, zurückweichend. Ihr Gesicht wurde hart.

»Nein«, sagte Pierre schnell, »nein, Frau Eilers. Er hat keine Ahnung, daß ich hier bin, das schwör ich Ihnen, wirklich. Ganz heimlich bin ich hergefahren heut früh.«

»Warum?« Der Terrier zog an der Leine. Carla Eilers wurde zwei Schritte seitlich geschoben. Da war nun ein Laternenpfahl, der dem Hund zusagte. »Ich mag das nicht mit ansehen«, sagte Max Kramleder. Und als hätte er Angst, Carla Eilers könne ihn unterbrechen oder ihm fortlaufen, sprach er schnell weiter: »Ich bin Mixer im ›Kaiserhof‹. Wenn ich zumach in der Nacht, dann bin ich noch zu überdreht, um gleich schlafen zu gehen. Ich setz mich dann immer noch eine halbe Stunde oder so in den ›Pugelatz‹. Kennen Sie das Lokal?«

Carla nickte.

»Das ist eine Kneipe für Nachtarbeiter«, sagte Pierre. »Taxichauffeure und Schauspieler und Artisten und vor allem wir Mixer und Kellner, wir kommen da noch zusammen. Hat die ganze Nacht offen, der ›Pugelatz‹. Ich treff mich da immer mit meinen Freunden und red mit ihnen und trink noch was. Zum Entspannen, bis ich müde werde, nicht?« Der Terrier hatte sein Geschäft erledigt, er bellte vergnügt. Aus der Kirche erklang noch immer Gesang. Nun läuteten auch die Glocken wieder.

»Frau Eilers«, sagte Pierre, »die letzten Nächte habe ich mich nicht mit Kollegen unterhalten. Sondern mit Ihrem Mann. Der sitzt dort nämlich rum und säuft. Entschuldigen Sie, aber trinken kann man das nicht mehr nennen. Ich kümmer mich um ihn und paß auf, daß er gut nach Hause kommt, aber schon wenn ich auftauch, ist er so voll, daß er kaum noch laufen kann. Ich fahr ihn dann immer. Im Wagen schläft er mir ein. Und noch im Schlaf redet er dauernd von Ihnen. Immer so, als ob Sie da wären. Als ob ich Sie wäre, verstehen Sie.«

In Carlas einfachem Gesicht zuckte es. Sie preßte die Lippen zusammen.

»Hat er es Ihnen erzählt . . .«

»Er hat es mir erzählt, aber ich hab es schon früher gewußt. Bei uns im Hotel wohnen jetzt doch die Herren aus Frankfurt, vom Gericht. Und auch dieser Herr Mark, der den Professor angezeigt hat . . . vielleicht wissen Sie, von wem ich rede . . .«

Carla nickte. Der Terrier zog wieder an der Leine. Sie gab nach und begann die Gurlittstraße hinunterzugehen. Pierre folgte ihr und redete eindringlich weiter auf sie ein.

»Da habe ich natürlich alles mögliche gehört. Besonders von Herrn Mark. Frau Eilers, Sie haben einen guten Mann. Sie dürfen sich jetzt nicht von ihm trennen! Der geht zugrund ohne Sie. Jetzt, wo auch noch das mit dem Buben passiert ist.«

Sonntäglich leer war die Straße . . .

»Ich kann das Elend nicht mit ansehen«, sagte Pierre. »Es geht mich das alles überhaupt nichts an, ich weiß, Sie können mir sagen, ich soll mich um meinen eigenen Dreck kümmern. Trotzdem bin ich heraufgefahren. Weil es mir keine Ruhe läßt. Wie Ihr Mann ausschaut! Essen tut er nicht. Nur rauchen wie ein Verrückter und trinken. Ganz zerdrückt war sein Anzug heute nacht, auch sein Hemd. Ich weiß nicht mal, ob er sich auszieht, wenn er sich ins Bett legt. Rasiert hat er sich bestimmt schon zwei Tage lang nicht...«

Sie erreichten nun die Straße An der Alster, und vor ihnen lag, leuchtend im Sonnenschein, die große Wasserfläche. Der kleine Terrier bellte erfreut. Carla sagte erstickt: »So läuft er herum?«

»Nur in der Nacht, höre ich. Am Tag geht er nicht aus dem Haus. Da verkriecht er sich. Die Fensterläden sind geschlossen, hab ich gesehen. Und wenn man klingelt – ich hab es ein paarmal getan –, dann öffnet er nicht. Erst wenn es finster wird, kommt er heraus. Aber dann landet er gleich beim ›Pugelatz‹. Viele Leute haben ja was gegen ihn, sagt mir Herr Mark. Wegen seinen politischen Ansichten. Aber beim ›Pugelatz‹ tut er allen, die ihn da so sitzen sehen und wissen, daß Sie ihn verlassen haben und sich scheiden lassen wollen, also denen tut er allen leid.«

»Das wissen die Leute, daß ich mich scheiden lassen will?«

»Unsere kleine Stadt, Frau Eilers. Es spricht sich doch alles so schnell herum. Sie dürfen das nicht tun, Frau Eilers. Er geht zugrunde daran!«

Das Wasser der Alster leuchtete wie Gold. Carla starrte es an.

»Und ich?« sagte sie. »Und ich? Glauben Sie, ich gehe nicht zugrunde, wenn ich bei ihm bleibe? Ich halte das nicht mehr aus, wie er sich Feinde macht, und alle sind Nazis, und diese Rederei! Keinen Freund haben wir mehr in der Stadt... nur er hat noch diesen Lansing, der ist genauso schlimm wie er... Niemand gibt mir ein freundliches Wort. Und nicht schlafen kann ich mehr vor Angst.«

»Angst?«

»Na ja, natürlich! Wen werden sie denn als ersten abholen kommen, wenn es mal anders wird? Ihn doch! Und ich werde auch leiden müssen! Geträumt habe ich schon davon, daß sie kommen und uns verhaften und einsperren und quälen, Nacht für Nacht. In Schweiß gebadet aufgewacht bin ich, übel war mir, das Herz hat mir weh getan. Ist das ein Leben? Das ist kein Leben mehr. Er zerstört alles, einfach alles hat er zerstört zwischen uns. Und nicht nur zwischen uns! Jetzt hat auch der Junge das noch angestellt... aus Protest und aus Rache und weil er seinen Vater haßt!«

»Das ist mir alles klar, Frau Eilers«, sagte Pierre beruhigend und hängte sich im Gehen in sie ein. »Und ich hab es auch Ihrem Mann klargemacht in den letzten Nächten.«

»Was?«

»Daß er schuld an allem ist. Und er sieht es auch ein, er...«

Carla blieb stehen.

»Er sieht es ein?« wiederholte sie ungläubig.

»Ja!« Pierre redete jetzt laut und schnell. »Er sieht es ein. Daß er schuld hat. Daß es keinen Sinn hat, auf die Nazis zu schimpfen und dauernd den Helden zu spielen und so . . . Man muß sein wie die anderen Leute, wenn man mit ihnen leben will. Sonst muß man weggehen aus diesem Land. Das will er nicht. Er hat es gern, das Land, sagt er. Dann, sag ich, muß er aber auch den Mund halten und darf nicht schimpfen und sich empören. Dann werden die Leute ihn auch wieder anschauen und mit ihm reden, und er wird einer von ihnen sein. Und das hat er mir versprochen, daß er das tun wird! Darauf hat er mir sein heiliges Ehrenwort gegeben, Frau Eilers! Daß er Ruhe geben wird von jetzt an. Er hat gesagt, er hat nur den einzigen Wunsch, daß Sie zurückkommen. Er möchte Ihnen das alles selber sagen, was er mir versprochen hat, aber er traut sich nicht her, und anrufen traut er sich auch nicht. Er ist ganz fertig und mutlos vom Schnaps und keinem Schlaf und nichts Ordentlichem im Bauch und dem Kummer mit dem Jungen . . . Kommen Sie zurück! Bitte, kommen Sie gleich jetzt mit mir zu ihm zurück. Sie werden sehen, wie selig er ist. Und Sie werden wieder glücklich werden mit ihm . . .«

Carla schwieg lange. Tränen rannen über ihr Gesicht.

Pierre gab ihr ein Taschentuch. Carla blies laut hinein. Der Terrier bellte, und über dem Wasser flogen kreischende Möwen hin und her . . .

»Da drüben, schauen Sie«, sagte Pierre nun, am Abend dieses Tages, zu mir. Wir standen am Eingang zum großen Speisesaal des Hotels. An einem entfernten Tisch saßen Carla und Ernst Eilers. Carla trug ein blaues Kleid und ein wenig Schmuck, Eilers einen dunklen Anzug, ein weißes Hemd und eine silberne Krawatte. Er sah noch sehr bleich und übernächtig aus, aber er war rasiert und ordentlich frisiert. Die beiden aßen. Sie bemerkten uns nicht. Sie sahen einander an und lächelten, und ab und zu sagte er ein paar Worte zu ihr oder legte seine Hand auf die ihre.

»Sie sind wieder beisammen«, sagte Pierre und strahlte mich an, Pierre, der alternde Mixer mit dem modernen Hemd, dem vorbildlichen Windsorknoten in der Krawatte, dem blütenweißen Jackett, den messerscharf gebügelten Hosen, Pierre, der ein Korsett trug und müde war, so müde. »Er hat mir noch einmal in die Hand versprochen, daß er das mit der Politik jetzt läßt, wie ich ihm seine Frau zurückgebracht hab«, sagte Max Kramleder aus Ingolstadt. »Schauen Sie sich bloß an, wie selig die beiden sind. Gehören doch zusammen. Jetzt ist alles gut.«

»Alles ist gut«, sagte ich. »Und Eilers wird nichts mehr gegen die Nazis sagen.«

»Nichts mehr. Das ist doch ein gescheiter Mensch. Hat sich nur verrannt gehabt. Aber nun ist er daraufgekommen . . . so wie Sie und ich daraufgekommen sind irgendwann einmal, gelt, daß es doch keinen Sinn mehr hat. Man macht sich nur lächerlich damit oder unglücklich. Es ist doch längst zu spät für das alles, das alles stimmt doch auch nicht mehr und ist nicht wahr.«

»Es ist nicht wahr, daß es Nazis gibt in diesem Land?«

»Aber ich bitte Sie, Herr Mark«, sagte Pierre. »Wer redet denn davon? Es ist nicht wahr, meine ich natürlich, daß man noch irgend etwas dagegen tun kann, daß es so ist.« Er lächelte mich müde an. »Habe ich das nicht fein hingekriegt? Zwei glückliche Menschen.«

»Drei«, sagte ich. »Sie vergessen sich selber.«

»Ja richtig.« Er nickte. »Wenn sie gegessen haben, kommen die beiden noch in die Bar und trinken etwas, haben sie mir versprochen. Essen Sie schnell, Herr Mark, und kommen Sie auch, ja?«

»Gern.«

»Da feiern wir dann ein bissel«, sagte Pierre.

»Das Happy-End.«

»Na, wenn das keines ist«, sagte Pierre.

In dieser Nacht konnte ich nicht schlafen, und ich sprach viele Stunden auf Band. Ich sprach noch, als es schon hell wurde.

Sie hatte vorgehabt, ihm entgegenzulaufen, ihn zu umarmen, an sich zu pressen und zu küssen, wenn er die Halle betrat, doch als er nun auf sie zukam, bemerkte Vanessa, daß sie sich nicht von der Stelle bewegen konnte. Reglos stand sie da, die blauen Augen unnatürlich weit geöffnet. Sie trug einen Leopardenmantel und ein sandfarbenes Jerseykleid, Lackschuhe mit hohen Absätzen und breiten Schleifen darauf und ein Krokodillederköfferchen. Sie war beim Friseur gewesen, weich und in schönen Wellen fiel ihr blondes Haar auf die Schultern. Panos Mitsotakis trug einen grauen Flanellanzug und einen gefütterten blauen Regenmantel. Er war in dem Jahr, das vergangen war, seit Vanessa ihn zuletzt gesehen hatte, hagerer geworden, aber er sah gepflegter und besser gekleidet aus. In seinen schwarzen Augen stand ein Ausdruck großer Verlegenheit. Vanessa verzerrte die bebenden Lippen zu einem Lächeln. Da lächelte auch er. Nun stand er vor ihr. Vanessa warf die Arme um ihn und preßte den Kopf an seine Brust. Er strich über ihr Haar und nannte ihren Namen, und dann sahen sie einander an und bekamen kein Wort heraus. Vanessa fürchtete, weinen zu müssen. Da begann sie zu lachen, ein hysterisches, stoßweises Lachen, und so lachte auch er, unnatürlich, mühsam, nervös. Sie nahm seine Hand, und zusammen gingen sie zur Gepäckausgabe und holten seinen Koffer ab. Es waren viele Menschen in der großen Halle, aber Vanessa hatte das Gefühl, allein zu sein mit Panos. Sie gingen ins Freie und zu Vanessas Wagen. Immer noch sprachen sie nicht miteinander. Sie fuhren los – Vanessa am Steuer –, und Panos räusperte sich, rückte an seiner Krawatte, strich sich durch das dichte schwarze Haar. Zuletzt sagte Vanessa, und jetzt war ihr Lächeln natürlich: »Aufgeregt?«

»Ja«, sagte Panos.

»Ich auch. So aufgeregt wie ich kannst du gar nicht sein. Hast du in der Maschine gegessen?«

»Nein.«

»Wunderbar. Ich habe ein Abendessen für uns vorbereitet!«

»Das hättest du nicht tun sollen. In einem Restaurant . . .«

»Restaurant! Bist du verrückt? Du kommst zu mir! Ich habe eine kleine Wohnung, Panos . . . sie wird dir gefallen.« Langsam fand Vanessa die Sprache wieder. Sie sah Panos von der Seite an. »Du siehst gut aus.«

»Britt! Paß auf! Der Omnibus!«

»Du siehst ganz großartig aus«, sagte Vanessa. »Noch viel besser als vor einem Jahr. Was macht die Sorbonne? Geht es gut? Sicherlich geht es sehr gut.« Sie kamen im abendlichen Verkehr nur langsam vorwärts. Vanessa mußte sich auf das Fahren konzentrieren.

»Wohnst du noch in unserem Hotel?«

»Nein . . .«

»Aber du hast doch meinen Brief bekommen?«

»Ja, natürlich. Sie . . . schicken mir die Post nach.«

»Ich bin so froh, Panos, so froh, daß du endlich da bist. Ich habe schreckliche Sehnsucht nach dir gehabt!«

Er sagte verlegen: »Du mußt mir verzeihen, Britt . . .«

»Aber ich habe dir doch längst verziehen!«

»Das meine ich nicht . . . Ich war . . . Ich habe . . . es ist . . . Ich muß dir das alles erklären . . . so viel erklären . . .«

»Später«, sagte Vanessa, und ihre Augen leuchteten vor Glück, »später wirst du mir alles erklären, Panos. Wir haben Zeit. Wir haben jetzt so viel Zeit . . .«

Er schwieg.

Vanessas Wohnung war modern eingerichtet. Ich hatte ihr seinerzeit noch bei der Auswahl der Möbel, der Teppiche, der Vorhänge geholfen. Im Wohnzimmer gab es eine kleine Bar. Vanessa machte Martinis. Dann bat sie Panos, sich einen Moment zu setzen. Sie hatte das Abendessen schon vorbereitet und mußte es nun nur noch fertigstellen. Sie eilte in die kleine Küche, nachdem sie einen Radioapparat eingestellt hatte, der leise, zärtliche Musik übertrug. Panos saß unter einem Bücherbord und trank seinen Martini. Er machte sich noch einen zweiten und einen dritten, während Vanessa, einen weißen Kittel über dem sandfarbenen Kleid, das ihren Körper modellierte, in der Küche hantierte.

»Es gibt Sahnegulasch mit frischen Champignons!« rief sie durch eine halb geöffnete Tür. »Gulasch hast du doch gern, nicht wahr?«

»Sehr!« rief Panos.

»Alle Männer haben Gulasch gern. Dazu gibt es grünen Salat und vorher Schildkrötensuppe. Und Reis zum Gulasch!«

Panos hörte Vanessa mit Töpfen und Löffeln klappern. Dann erschien sie wieder, erhitzt, ohne den Kittel, mit einem Knicks.

»Monsieur, est servi!«

Sie hielt Panos beide Hände entgegen und führte ihn in das kleine Speisezimmer, das ganz in den Farben Weiß und Rosa gehalten war. Weiß und rosa waren die Tapeten, weiß die Möbel, der Tisch und die Stühle, rosa ihre Bezüge, das Tischtuch, die Servietten und die Vorhänge. Auf einem kleinen Tischchen stand ein Silberkübel mit einer Champagnerflasche.

»Machst du sie auf, bitte?« Vanessa hatte rote Flecken auf den Wangen.

»Ich konnte mein Leben lang keine Champagnerflasche öffnen.« Sie reichte Panos eine Serviette. Er öffnete die Flasche, aber er tat es ungeschickt, etwas Schaumwein spritzte über das Glas, das Vanessa ihm hinhielt, hinweg und traf ihr Kleid. Vanessa lachte entzückt.

»Du kannst es ja auch nicht!«

Dann prosteten sie einander zu und tranken stehend. Panos füllte die Gläser nach, während Vanessa sich schon setzte. Die Schildkrötensuppe aßen sie schweigend. Vanessa huschte in die Küche. Sie verbot Panos, ihr zu helfen. Sie brachte die Schüsseln und die angewärmten Teller selbst herein, sie trug Panos und sich auf.

Panos lobte das Gulasch.

Vanessa strahlte ihn an.

Panos aß etwa den halben Teller leer, dann ließ er Messer und Gabel sinken.

»Was hast du? Ist dir nicht gut?« fragte Vanessa alarmiert.

Er schüttelte den Kopf.

»Was ist es dann? Schmeckt dir das Essen nicht?«

»Doch, sehr, aber ich . . .«

»Ja?«

Panos sagte: »Ich hätte nicht hierherkommen dürfen. Ich hätte es dir auf dem Flughafen sagen müssen. So hatte ich es mir vorgenommen. Es war ein Fehler, mit dir zu kommen. Es macht alles noch einmal so schwer.«

»Was macht es noch einmal so schwer?«

Er antwortete nicht.

»*Panos!*«

Er stürzte ein Glas Champagner hinunter.

»Es ist alles ein Irrtum«, sagte er heiser. »Ein schrecklicher Irrtum. Ich . . . ich kann nichts dafür, Britt . . . oder ja, doch . . . Ich bin extra hergekommen, um dir alles zu erklären . . .«

»Erklären, was?«

»Britt, die Todesanzeige meiner Mutter . . .«

»Was ist mit der? So sprich doch!«

»Die hast du irrtümlich erhalten . . . du hättest sie gar nicht bekommen sollen . . .«

»Warum hast du sie mir dann geschickt?«

»Ich habe sie nicht geschickt?«

»Wer dann?«

»Georgette.« Panos sah Vanessa mit flackernden Augen an.

»Wer ist Georgette?«

»Meine Frau«, sagte Panos Mitsotakis.

Etwa zu dieser Zeit traf ich mit Lillian in Frankfurt ein, in der Humperdinckstraße. Ich führte sie zu meiner Wohnung hinauf, und als ich diese wiedersah und in ihr meine Schallplatten, Bücher, Pfeifen und den kleinen Utrillo, da fiel mir ein, was ich gedacht hatte, als ich die Wohnung zum letztenmal, gemeinsam mit Minski, verließ, um nach Treuwall zu fahren.

Fraglich, sehr fraglich, hatte ich da mit einem argen Vorgefühl gedacht, ob du jemals wieder hier wohnen wirst.

Nun war ich heimgekehrt. Meine bösen Gefühle hatten sich nicht erfüllt. Alles wird gutgehen, dachte ich, alles wird ein gutes Ende finden. Pfeifend begann ich, die vielen Gepäckstücke Lillians aus dem Thunderbird in die Wohnung hinaufzubringen.

In der stillen Straße bemerkte ich einen Wagen, der etwa dreißig Meter hinter meinem parkte. Zwei Männer saßen darin. Ich hatte diesen Wagen schon auf der Autobahn bemerkt. Die Männer hatte ich auch gesehen, solange es noch hell war. Ich kannte sie beide nicht. Das waren also neue Bewacher. Olsen schien im Moment nicht im Dienst zu sein. Oder er war es, und ich sah ihn nur nicht. Daß Paradin neue Männer eingesetzt hatte, freute mich. Er konnte nicht nur Verräter um sich haben. Und es war mir jetzt sehr wichtig, daß keine Verräter wie Olsen, sondern zuverlässige Beamte uns bewachten — Lillian und mich.

Vor meiner Abreise war ich, tags zuvor, noch einmal zu Paradin gerufen worden . . .

»Frau Lombard wird morgen aus dem Krankenhaus entlassen«, sagte der kleine Mann mit dem weißen Haar, in seinem Büro umherhinkend. »Ich nehme an, sie will gleich hier fort.«

»Ja.«

»Wohin?«

»Ich habe ihr versprochen, sie vorläufig nach Frankfurt zu bringen. In meine Wohnung. Wenn Sie nichts dagegen haben.«

»Was sollte ich dagegen haben?«

»Nun, Sie könnten Frau Lombard ersuchen, noch hierzubleiben, weil Sie ihr Fragen zu stellen haben . . .«

»Ich habe mich oft und ausführlich mit Frau Lombard unterhalten. Auch noch am Sonntag«, sagte Paradin.

»Ich weiß«, sagte ich.

Er trat nahe an mich heran und sah mir in die Augen. Ich erwiderte den Blick fest und ruhig. Das ist ein Trick, man muß ihn nur können. Ich kann ihn.

»Ritchie«, sagte der kleine Mann, »das ist jetzt die *letzte* Gelegenheit, sich alles von der Seele zu reden. Wir haben gerade noch die Ruhe vor dem Sturm. Lange kann es nicht mehr dauern, bevor etwas geschieht... und dann ist es zu spät. Dann kann ich Ihnen nicht mehr helfen. Also...«

»Also was?«

»Also reden Sie. Ich verspreche Ihnen, daß ich alles, was in meiner Macht steht, tun werde, um Sie trotzdem zu schützen oder Ihnen zu helfen, was immer Sie getan haben. Hören Sie, Ritchie, ich verspreche es Ihnen!«

»Ich habe Ihnen nichts zu sagen.«

»Ritchie, wir kennen uns so lange. Ich... ich habe Sie gern... Seien Sie vernünftig... kommen Sie auf meine Seite...«

»Ich bin nicht auf der anderen! Daß sich unser Verhältnis getrübt hat, tut mir genauso leid wie Ihnen, Doktor... aber ich kann nichts dagegen tun. Sie vergessen, daß ich es war, der Sie überhaupt auf Delacortes Spur brachte...«

»Das vergesse ich nicht«, sagte er leise. »Daran denke ich dauernd. Daraus ließen sich Entlastungsgründe konstruieren, wenn Sie unter der Anklage stehen, an der Vorbereitung einer Flucht Delacortes beteiligt gewesen zu sein...«

»Das glauben Sie noch immer?«

»Davon bin ich mehr denn je überzeugt.«

Ich sagte heftig: »Ich habe jetzt genug! Können Sie mir auch nur das geringste nachweisen?«

»Nein. Leider.«

»Dann will ich in Frieden gelassen werden, hören Sie! Ich habe auch von Ihrem Schnüffler, diesem Olsen, genug. Ich will nicht immer weiterbewacht werden! Das ist ja zum Kotzen!«

»Wie lange Sie überwacht werden, müssen Sie schon mir überlassen«, sagte Paradin.

Und damit wußte ich, was ich wissen wollte.

»Dann kann ich also jetzt gehen?«

»Sie können gehen«, sagte Paradin und wandte mir den Rücken.

Ich ging. Paradin war genau in der Verfassung, in der Geyer und dessen Auftraggeber ihn haben wollten, dachte ich.

Den Rest dieses Montags (an dem es übrigens wieder in Strömen regnete) verbrachte ich im Hotel. Ich sprach auf Band, stundenlang. Das war gut gegen meine Nervosität, und ich mußte auch mit dieser Arbeit fertig werden. Sechs Bänder hatte ich Werner schon gegeben, am Montagabend gab ich ihm die restlichen vier. Die hatte ich auch zweispurig besprochen, nur das zehnte Band war nicht mehr voll geworden. Trotzdem hatte Werner da eine Riesenbeichte in der Hand. Ich gab ihm auch das Tonbandgerät und die blaue Tasche. Er machte ein paar Stichproben mit den Bändern und zeigte sich zufrieden.

»Also, du haust morgen ab. Mit Lillian. Glücklicher Ritchie. Bin neugierig, was du dir ausgedacht hast, um mich noch hereinzulegen.«

»Laß die Manuskripte am Donnerstag um halb elf noch nicht im ›Strip‹ sein, und du wirst es schnell erfahren.«

»Ach«, sagte er lachend, »du verstehst mich schon richtig. Du hast dir doch für alle Fälle etwas ausgedacht. Es wird nur nicht klappen, Ritchie.«

»Wenn ihr mich in Ruhe laßt, lasse ich euch in Ruhe«, sagte ich kurz.

»Es wäre gut, wenn du es tätest, mein Kleiner. Du bist den Brüdern nicht gewachsen. Sieh es ein. Auch mir bist du nicht gewachsen. Das weißt du. Schön still sein – das wäre die Rettung für dich. Aber ich kann dir natürlich keine Vorschriften machen.«

Als ich ging, lachte er noch immer. Ich kenne alle seine Arten zu lachen, das sagte ich schon. Da war wieder Angst in seinem Lachen.

»Meine ergebenen Grüße an Lillian«, rief er mir nach.

Ich ging in die Bar hinunter und trank noch einen letzten Whisky mit Pierre. Dies war ein Abschied, der mir ein wenig naheging. Ich glaube, er merkte es, denn er sagte: »Ich werde oft an Sie denken, Herr Mark. Ich habe mir heute ein Buch von Ihnen gekauft und schon angefangen zu lesen. Prima!«

»Wie heißt es?«

»›Schwarz‹«, sagte er prompt. »Dafür haben Sie einen Preis gekriegt, gelt? Und für den Film auch? Den Film hab ich gesehen, seinerzeit. Prima, also wirklich!«

Ich schlief tief und traumlos in dieser Nacht. Am nächsten Morgen packte ich meine Sachen, bezahlte meine Rechnung und verteilte Trinkgelder – keine zu großen, denn ich hatte nicht die Absicht, noch einmal hierherzukommen. Als ich in meinen Wagen stieg, traten die jungen Verliebten aus dem Hotel. An diesem Tag regnete es nicht, es war nur sehr windig. Die beiden hatten sich warm angezogen, dicke Mäntel und Hosen und feste Schuhe, er trug eine Mütze, sie ein Tuch auf dem Kopf. Ich winkte ihnen zu. Sie kamen heran, und ich verabschiedete mich auch von ihnen. Sie sagten, sie wollten noch eine Weile bleiben.

»Es ist so wunderschön hier«, sagte das Mädchen. »Noch nie habe ich mich an einem Ort so wohl gefühlt.«

Der Junge sagte: »Wir wünschen Ihnen eine angenehme Fahrt.«

»Danke«, sagte ich. »Sie machen wohl einen Ausflug?«

»Ja, in die Heide. Wir wollen weit hinausfahren und ordentlich herumlaufen heute.«

»Und dann am Abend wieder eine Flasche Sekt auf dem Zimmer trinken.«
Sie lachten beide, und ich beneidete sie. Als ich losfuhr, standen sie noch
lange da und winkten mir nach, ich sah es im Rückspiegel. Ich steckte die
linke Hand aus dem Fenster und winkte zurück.

Ich holte Lillian im Krankenhaus ab und erledigte auch hier alle Formali-
täten, und dann fuhren wir in die Waldpromenade. Der Kriminalbeamte,
der vor Lillians Tür Wache gehalten hatte, fuhr mit. Er besaß die Haus-
schlüssel, die man bei Lillian gefunden hatte, als man sie in das Krankenhaus brachte. In der Villa war es kalt. Ich half Lillian ein paar große Koffer
packen. Das dauerte doch eine ganze Weile. Sie hatte viele Kleider und
Mäntel, und viel Wäsche und Schuhe und anderen persönlichen Besitz. Sie
nahm nicht alles mit. Der Kriminalbeamte stand immer in ihrer Nähe und
half und sprach kaum. Er war ein kleiner Mensch. Es machte mich rasend
nervös, Lillian beim Packen zuzusehen, obwohl ich wußte, daß das unge-
recht war, denn sie beeilte sich, sosehr sie konnte, aber die liebevolle Art, mit
der sie ihren Besitz verstaute, ärgerte mich. Ich versuchte, ein Gespräch mit
dem Kriminalbeamten anzufangen. Er blieb sehr einsilbig, und bald wußte
ich auch, was ihn bedrückte. Er war mit Paul Erichsen befreundet gewesen.
»Wie geht es Frau Erichsen?«
»Sie wird darüber hinwegkommen.«
»Immer noch keine Spur von ihrem Mann?«
»Nicht die geringste. Ich glaube auch nicht, daß wir ihn noch finden werden«, sagte der kleine Kriminalbeamte. »Ich kümmere mich um seine Frau.
Ich habe eine Schwester. Die ist jetzt zu ihr gezogen und paßt auf, daß sie
anständig ißt und so.«
Der Thunderbird war schwer beladen, als ich endlich abfuhr, der Gepäck-
raum ließ sich eben noch schließen, und auch im Fond lagen Koffer. Auf der
Autobahn schlief Lillian hinter Hildesheim ein und wachte erst knapp vor
Kassel wieder auf. Ich hatte mir im Hotel einen Korb mit belegten Broten
packen lassen und auch eine große Thermosflasche mit heißem Kaffee mitgenommen. So hielt ich – es war inzwischen schon dunkel geworden, und
wir hatten beide seit dem Frühstück nichts mehr gegessen – auf einem
Rastplatz und öffnete das Körbchen. Ich hatte kaum Hunger, Lillian auch
nicht, aber ich sagte, daß wir trotzdem etwas essen müßten. Nach dem
heißen Kaffee fühlten wir uns besser. Wir parkten auf dem verlassenen Platz
zwischen kahlen Bäumen, der Wind rüttelte am Wagen, und ich ließ den
Motor laufen, damit die Heizung weiter funktionierte und uns nicht kalt
wurde. Wir saßen nebeneinander und aßen die Sandwiches und tranken den
heißen Kaffee in kleinen Schlucken, und einmal kam ein Reh aus dem Wald
und betrachtete den Wagen mit den abgeblendeten Lichtern. Es war ein
junges, zartes Tier, das plötzlich mit großen Sprüngen wieder in die Dunkelheit hinein davonstürmte.

Ich fuhr weiter, und als ich beim nächsten Parkplatz vorüberkam, rollte dort der Wagen unserer Beschützer hervor, sobald ich die Stelle passiert hatte, und sie folgten – in großem Abstand. Als wir das Stadtgebiet von Frankfurt erreichten, glaubte ich zweimal, Olsens Wagen zu erkennen. Er hatte ja gewußt, daß wir nach Frankfurt fahren würden, und er konnte also berechnen, wann etwa wir eintreffen mochten. Er hätte nur beim Ende der Autobahn warten müssen. Wenn er es wirklich war, hatte er es auch getan. Nun, da ich Lillians viele Koffer aus dem Thunderbird in meine Wohnung hinauftrug, sah ich Olsens Wagen aber nicht. Nur der andere, mit den beiden anderen Beamten, parkte ein Stück weiter die Straße hinunter. Es war auch in Frankfurt sehr windig, aber nicht kalt. Ich räumte den ganzen Wagen aus – bis auf zwei Koffer, die ich im Gepäckraum ließ und einschloß. Einer gehörte mir, einer Lillian. Es waren die Koffer, die wir mitnehmen wollten, wenn wir flüchten mußten. Wir hatten uns beide genau überlegt, was wir in diese Koffer packten. Dann war ich endlich in meiner Wohnung. Lillian sprach wenig. Wenn sich unsere Blicke trafen, lächelte sie, und sie schien glücklich zu sein. Sie sagte, der Tag habe sie sehr ermüdet. Ich kochte noch einmal heißen Kaffee, und wir tranken ihn und aßen die restlichen Brötchen dazu, denn ich hatte keine Lebensmittel im Hause, und Lillian wollte nicht noch einmal fortgehen und in einem Restaurant essen.

»Ich muß ins Geschäft«, sagte ich. »Was wirst du machen?«

»Ein warmes Bad nehmen«, sagte Lillian. »Und dann schlafen.«

Ich hatte ein breites französisches Bett, aber wir überzogen auf alle Fälle noch ein zweites Kissen und eine zweite Decke, damit ich Lillian, wenn ich heimkehrte, nicht weckte.

»Wann wirst du kommen, Ritchie?«

»Spät wahrscheinlich. Sehr spät.« Ich mußte vieles mit Minski besprechen. »Ich lasse dir Haus- und Wohnungsschlüssel da. Schließ dich richtig ein, aber zieh die Schlüssel ab, damit ich hereinkann. Öffne keinem Menschen. Geh auch nicht ans Telefon. Wenn ich anrufe, dann lasse ich es zuerst dreimal läuten, hänge dann ein und rufe wieder an.«

Lillian nickte gähnend.

»Mach wirklich, daß du ins Bett kommst.«

»Ich werde morgen auspacken«, sagte Lillian. »Morgen . . . übermorgen ist Donnerstag. Glaubst du, wir werden . . .«

»Nein«, sagte ich.

»Aber du bist nicht ganz sicher?«

»Nein.«

»Mach nicht so ein Gesicht, Ritchie. Hast du denn Angst?«

»Ein wenig doch.«

»Ich nicht. Jetzt, wo ich bei dir bin, habe ich gar keine Angst. Werden wir die Pässe bekommen?«

»Bestimmt.«

»Dann soll geschehen, was will. Es ist mir egal. Solange wir zusammen sind, ist mir alles egal. Weißt du, daß wir es nun zum erstenmal wirklich sind seit so vielen Jahren ... wirklich zusammen?«

Ich nickte.

»Küß mich, Ritchie.«

Ich küßte sie lange, und ihre Lippen waren weich und warm und wunderbar, und sie drückte ihren Körper an meinen.

»Sag, daß du mich liebst«, flüsterte sie.

»Ich liebe dich.«

»Und ich dich«, flüsterte sie. »Ich liebe dich, ich liebe dich, ich liebe dich.«

Ich zog meinen Smoking an, nachdem ich kurz gebadet hatte, verabschiedete mich und versperrte das Yaleschloß der Eingangstür von außen. Dann ging ich hinunter und trat auf die Straße hinaus. Der Wagen mit den beiden Männern war immer noch da. Als ich in den Thunderbird stieg, trat einer der Männer ins Freie und begann langsam auf und ab zu gehen. Der andere fuhr hinter mir her. Am Ende der Humperdinckstraße erblickte ich dann Olsens Wagen. Im Vorbeifahren sah ich ihn am Steuer sitzen. Bei der nächsten Verkehrsampel, die auf Rot stand, konnte ich beide Autos im Rückspiegel erkennen.

»Wer ist Georgette?« fragte Vanessa.

»Meine Frau«, antwortete Panos Mitsotakis.

Sie saßen einander an dem liebevoll gedeckten Tisch in Vanessas rosa und weiß eingerichtetem kleinen Speisezimmer gegenüber, und nun ließen sie beide Messer und Gabel sinken und sahen sich an. Nachtwind rüttelte ein wenig an einem Fensterladen irgendwo in dem großen Haus, es war ein leises Geräusch.

»Schrecklich«, sagte Panos unglücklich. »Es ist ganz schrecklich, was da passiert ist. Deshalb bin ich zu dir gekommen. Um es dir zu erklären. Um zu erklären, wie das passieren konnte. Wirklich, Britt, ich wollte dir doch nicht weh tun. Als ich es erfuhr, war es schon zu spät und ...«

»Als du was erfuhrst?«

»Daß Georgette dir eine Todesanzeige geschickt hatte. Darauf kam ich erst, als ich deinen Brief erhielt.«

»Geor ... *deine Frau* hat mir die Anzeige geschickt? Nicht du?«

»Ich war doch nicht da. Ich flog nach Athen, zum Begräbnis meiner Mutter, und in der Zwischenzeit verschickte Georgette die Anzeigen. Ich war so verzweifelt ... Ich habe meine Mutter sehr geliebt ... ich wußte in diesen Tagen überhaupt nicht, was geschah und was ich tat ...« Panos redete jetzt französisch und schnell.

Der Fensterladen klapperte.

»Georgette ließ die Anzeigen drucken, dann stellte sie aus allen meinen alten Notizbüchern eine Liste zusammen und zeigte sie mir und fragte nur, ob sie an alle diese Adressen Karten schicken sollte. Ein Teil der Karten war griechisch, weißt du — für meine Freunde in Athen. Der andere Teil war französisch. Man hat doch viel mehr Freunde und Bekannte, als man glaubt, und Georgette sagte, man müsse allen Karten schicken... Sie ist sehr fromm...«

»Wie kam deine Frau zu meiner Adresse?« fragte Vanessa. Ihre Stimme war nun ruhig und gefaßt. »Du hast doch meine Briefe immer zurückgeschickt.«

»Das ist richtig... aber damals, in den ersten Wochen, da wollte ich dir immer wieder schreiben... Ich war damals so unglücklich, nachdem du mich verlassen hattest... sehr unglücklich... Ich konnte dir nicht schreiben... ich wollte mit dir nichts zu tun haben... ich haßte dich dafür, daß du weggegangen warst... und gleichzeitig sehnte ich mich nach dir... Das ist verrückt, ich weiß...«

»Es ist gar nicht verrückt«, sagte Vanessa leise. Sie schenkte sich noch ein Glas Champagner ein. »Willst du auch?«

»Nein, danke.«

»Schade«, sagte Vanessa. »Schade um das Essen. Wenigstens der Champagner soll nicht verkommen.« Sie trank ihr Glas leer und füllte es wieder. »Und so hast du meine Adresse aufgeschrieben?«

»Ja... in ein Notizbuch... da fand Georgette sie... und setzte sie auf die Liste... Ich... ich sah mir die Namen auf dieser Liste überhaupt nicht richtig an, verstehst du... Ich sagte, es sei schon alles gut so... ich konnte nur an meine tote Mutter denken...«

»Also das war die Schrift deiner Frau«, sagte Vanessa. »Natürlich. Deine Schrift kenne ich gar nicht, habe ich ja nie gesehen. Wie lange bist du schon verheiratet?«

»Seit Mai.«

»Seit sechs Monaten schon?«

»Ja. Ich... ich hielt das Alleinsein nicht mehr aus. Ich lernte Georgette im Winter kennen... da kam sie an die Sorbonne. Sie stammt aus Nancy, weißt du... vorher ging sie dort zur Universität... Ihr Vater ist Arzt...«

»Wo wohnst du jetzt?«

»Georgette hatte eine kleine Wohnung am Quai d'Orléans... auf der Ile Saint-Louis... ganz vorne, an der Inselspitze, gegenüber der Cité und Notre-Dame...«

»Das ist eine sehr gute Gegend...«

»Ja.«

Vanessa sah ihn an.

»Du fährst nicht mehr Taxi, wie?«

Panos errötete.

»Die Wohnung gehört einer Tante von Georgette, die gestorben ist ... Sie hat sie geerbt ... sie ist nicht reich, wenn du das meinst ...«

»Aber auch nicht arm.«

»Nein, das auch nicht ... Ihr Vater hat eine gutgehende Praxis ... er schickt ihr jeden Monat einen ziemlich großen Scheck ... Aber ich lebe nicht von ihr, Britt! Ich verdiene selbst Geld! Ich gebe Nachhilfeunterricht in Physik und Chemie und Mathematik ... ich habe viele Schüler ... ich verdiene gut, wirklich ...«

»Das freut mich«, sagte Vanessa. »Warum hast du mir die Nelken geschickt?«

»Ich ... ich wollte etwas Nettes tun ... Ich schämte mich so ... und auch Georgette war ganz unglücklich, als sie erfuhr, was geschehen war ... Sie ist nicht eifersüchtig ...«

»Das braucht sie ja auch nicht zu sein.«

»Sie sagte, ich müsse das in Ordnung bringen ... Es tut ihr auch so leid ... ich soll dich grüßen ... sie bittet um Entschuldigung ...«

»Wofür?« fragte Vanessa und trank wieder Champagner.

»Nun, wir haben ... sie hat ... Wir haben dich doch verletzt ... dir weh getan ... mein Gott, du mußt doch gedacht haben, daß ich ...«

»Ja, das habe ich tatsächlich gedacht«, sagte Vanessa. Sie lächelte. »Aber nun weiß ich ja Bescheid.«

»Du bist tapfer«, sagte er.

»Wenn du wüßtest, wie feige ich bin ... zu feige zum Weinen ... Hast du hier an der Universität zu tun? Ist das wahr? Oder bist du extra meinetwegen hergekommen?«

Panos sagte: »Nein, das ist wahr. Man hat mich ausgesucht, um morgen hier einen Vortrag zu halten ... über ... das spielt keine Rolle. Eine Arbeit, mit der ich mich seit zwei Jahren beschäftige ... ich habe darüber geschrieben ... Professoren hier haben es gelesen ... Sie waren so beeindruckt, daß sie mich einluden, in der Universität zu sprechen ... Das ist eine große Ehre, nicht wahr?« Panos sprach nun deutsch und französisch durcheinander. Er fühlte sich grenzenlos erleichtert. Sie macht mir keine Szene, dachte er. Sie weint nicht. Sie schreit nicht. Sie ist ein gutes Mädchen. Und ich bin ein anständiger Kerl. Ich habe mich nicht vor dieser Begegnung gedrückt ...

»Die Universität hier hat mir den Flug bezahlt ... und ein Zimmer in einem Hotel reservieren lassen ... Ich müßte vielleicht einmal in diesem Hotel anrufen und sagen, daß ich gelandet bin ... damit sie das Zimmer nicht weggeben ... Dürfte ich kurz telefonieren, Britt?«

»Natürlich«, sagte Vanessa. »Und ruf dir auch gleich ein Taxi, das dich hinbringt. Du wirst müde sein. Und du mußt dich ordentlich ausschlafen ... für deinen Vortrag morgen.«

»Er sah sie unsicher an.

»Du willst, daß ich schon gehe?«

»Ja«, sagte sie, »das will ich. Es wäre sehr lieb von dir, wenn du jetzt gehen würdest, Panos. Du kannst nichts dafür ... für nichts ... Ich verstehe dich gut ... es war sehr ... sehr lieb von dir, mich zu besuchen und mir alles zu erklären ... Aber jetzt ... jetzt wäre es mir angenehm, wenn du gehen würdest ... Das Telefon ist nebenan. Ein Telefonbuch auch.«

Er ging in das Wohnzimmer und telefonierte mit seinem Hotel und mit einem Taxistand. Dann ging er in den Vorraum und zog seinen Mantel an. Den Koffer in der Hand, kam er in das Speisezimmer zurück, wo Vanessa immer noch vor ihrem halbvollen Teller saß.

»Leb wohl, Britt«, sagte Panos.

Er hielt ihr eine Hand hin.

Sie ergriff sie kraftlos.

»Leb wohl, Panos«, sagte Vanessa, ohne ihn anzusehen. »Alles Gute für dich. Und grüß deine Frau von mir. Alles Gute auch ihr. Und ich halte dir morgen die Daumen für deinen Vortrag.«

Er küßte ihr Haar, strich darüber und ging dann leise zur Tür, die hinter ihm zufiel. Vanessa rührte sich nicht. Nach langer Zeit erhob sie sich und begann den Tisch abzudecken. Sie trug Teller und Schüsseln und Besteck in die kleine Küche zurück. Die Schüssel mit dem Sahnegulasch entglitt ihren Händen und zerbrach. Der Inhalt spritzte über den Küchenboden. Da begann Vanessa zu lachen.

»Na ja«, sagte Minski, »und das wäre dies.«

Wir hockten in unserem Büro im ›Strip‹, und er hatte mir eben die Geschichte von Panos und Vanessa erzählt, so wie Vanessa sie ihm erzählt hatte, eine Stunde zuvor. Jetzt saß sie draußen, im Spiegelraum, neben der Schalke. Der Kesse Vater war außer sich vor Aufregung und Glück, weil Vanessa sich von ihr streicheln und angreifen und küssen ließ, und Vanessa war betrunken, aber sehr manierlich; wenn Minski es mir nicht gesagt hätte, wäre es mir nicht aufgefallen. Sie trug ein schulterfreies, sehr tief dekolletiertes schwarzes Kleid, und die Schalke griff ihr immer wieder an den Busen. Sie war heute allein gekommen, Tonio Prinz fehlte. Offenbar saß ihm noch der Schreck seines Erlebnisses mit der Pythonschlange in den Knochen.

Diese Schlange hatte übrigens Corabelles eigener Python, der guten Annamaria, die krank gewesen war, Platz gemacht. Mit Annamaria führte die große blonde Corabelle ihre Nummer vor. Zu Musik von Mantovani und seinem Orchester. Das war die Musik, die sie bevorzugte. Durch den Einwegspiegel konnten wir der Vorführung zusehen. Der Raum war wieder in rotes Licht getaucht, voll bis auf den letzten Platz, und Corabelle machte ihre

Sache sehr gut. Es war auch eine recht aufregende Nummer mit der Pointe, daß Annamaria eine außerordentlich zärtliche Python war. Sie schubberte ihren Kopf über Corabelles ganzen nackten Körper, wobei sie bei den Ohrmuscheln anfing, und dann machte sie eine Menge mit ihrem Schlangenschwanz, eigentlich die Hauptsache. Mit dem Schwanz streichelte sie Corabelle zärtlich – die Hüften, die Brustwarzen, den Bauch und endlich, gegen Ende der Nummer, den Unterleib, vorn und hinten. Die Nummer dauerte an die zwanzig Minuten, und Corabelle spielte das Mädchen, das sich unter den Liebkosungen der Python mehr und mehr aufregte, mit Zucken, Wippen, Biegen, Gliederverrenken und Stöhnen. Gegen den candle-act war es nur eine zweitklassige Sache, natürlich, aber eine sehr gute zweitklassige Sache.

»Und sie hat darüber gelacht?« fragte ich Minski und betrachtete Vanessa, die sich von Petra Schalke streicheln ließ. Die Schalke machte alles nach, was die Python bei Corabelle machte – soweit das ging. Es ging sehr weit, denn das Licht war sehr gedämpft draußen im Spiegelraum. Wir hatten die Außenlautsprecher eingeschaltet. Die Geigen von Mantovanis Orchester schluchzten.

»Dauernd gelacht«, sagte Minski. »Hysterie natürlich. Und Alkohol. Eine Menge Alkohol.«

»Armes Ding.«

»Armes Ding, nebbich!« sagte Minski erregt. »Was hat sie sich vorgestellt, frag ich dich? Einen Tag und eine Nacht – nicht mal einen *ganzen* Tag! – verbringt sie mit dem Kerl. Prima Nacht, meinetwegen. Hat es geschnackelt. Schön. Aber dann? Alle ihre Briefe schickt er zurück. Ein Jahr läßt er nichts von sich hören. Dann kommt eine Traueranzeige. Was ist eine Traueranzeige? Das kann sich doch jeder normale Mensch ausrechnen, daß da was nicht stimmt!«

»Vanessa ist aber kein normaler Mensch«, sagte ich. »Wir kennen sie. Du weißt so gut wie ich, was sie hinter sich hat, daß sie gestört ist. Gestört und allein. Verlassen. Immer Pech mit Männern. Ihr Vaterhaß. Und da kam dieser eine Mann, bei dem sie glücklich war. Daß sie hier überhaupt aufgetreten ist, ein Mädchen wie sie, ist mindestens so verrückt wie das, was sie nun von Panos erwartet hat.«

»Mit fünf Groschen Verstand hätte sie sich aber doch sagen müssen . . .«

»Das hat mit Verstand überhaupt nichts zu tun. Sicherlich gibt es Frauen, haufenweise, die hätten anders reagiert als Vanessa! Nüchterner, logischer. Was willst du? Vanessa ist immer noch ein halbes Kind . . . und sie wird immer eines bleiben. Sie wird nie richtig erwachsen werden wie andere Menschen. Das weißt du. Tu jetzt nicht so. Wenn du es nicht wüßtest, warum hast du sie dann immer behandelt wie unser Kind? Warum hast du sie aus dem Vertrag entlassen? Ich will dir mal was sagen, Boris: Wenn du

ganz ehrlich bist ... für *möglich* gehalten hast du es auch, daß Panos zu
Vanessa zurückkommt. *Möglich* wäre es gewesen!«

»Möglich ... dafür kann ich mir nichts kaufen! Ich an Vanessas Stelle ...«
Er brach ab. »Ist gut, Ritchie. Du hast recht. Was wissen wir von Frauen?
Nichts. Überhaupt nichts! Ich sag nichts mehr. Es ist scheußlich für die
Kleine. Hat sie nicht verdient ...«

»Was wird sie jetzt machen?«

»Hat sie nicht gesagt. Aber wenn ich mir anschau, was sie da draußen
aufführt ...«

»Betrunken.«

»Sag das nicht. Irgendwas ist anders bei Vanessa. Sie hat einen Knacks
weggekriegt fürs Leben, heute abend. Was soll ich damit machen?« Er tippte
auf die alte Partitur der Neunten Symphonie. Die hatte ich in meinem
Thunderbird, auf dem Rücksitz, gefunden, als ich den Wagen in den Hof
fuhr. Sie war mir beim Auspacken entgangen.

»Steck sie in den Geldschrank«, sagte ich. »Sie ist ziemlich wertvoll, und ich
will sie nicht in der Wohnung herumliegen lassen. Vor allem wenn ich nicht
weiß, wie lange ich in der Wohnung bleiben kann. Apropos ...«

Mantovani spielte ›C'est si bon‹, und Annamarias Schwanz strich Corabelle über das Rückgrat, hinauf und hinunter. Sehr hoch hinauf, sehr tief
hinunter. Sie wandte und drehte sich.

»Apropos ist alles in Ordnung. Ich hab mit dem Mann gesprochen. Morgen
hat er beide Pässe. Werden erste Klasse, sagt er. Kostet was. Aber alles, was
gut ist, kostet was. Wird übrigens nicht ganz ungefährlich sein, wenn ihr
abhauen müßt ... auch mit noch so erstklassig gefälschten Pässen.«

»Wieso?« fragte ich und ließ noch ein paar Platten auf den Dorn des
eingeschalteten Plattenspielers gleiten, wo sie sich stapelten, und sah durch
den Spiegel, wie die Schalke eine Hand in Vanessas Ausschnitt verschwinden
ließ und wie Vanessa auf sie einredete. Die Schalke nickte dauernd mit dem
Kopf.

»Wegen der Grenzkontrollen. Und den Kontrollen auf den Flughäfen.
Paradin wird natürlich aufpassen, wer jetzt ins Ausland fährt oder fliegt.
Dazu kommt, daß ihr vielleicht ganz schnell wegmüßt, und dann geht
gerade kein Zug oder keine Maschine, die ihr brauchen könnt. Müßt ihr
eben mit dem Wagen los. Aber der Wagen ist bekannt. Also ein Leihwagen.
Gibt auch da noch eine Menge Schwierigkeiten.« Er hatte den alten Geldschrank geöffnet und legte die Partitur auf das Riesenmanuskript mit den
unzähligen schlechten Anfängen zu meinem letzten Buch, das nie geschrieben worden war.

Annamarias Schwanz glitt jetzt zwischen Corabelles Schenkeln durch und
tat ihr vorne wohl, und Corabelle schloß die Augen und wiegte sich in den
Hüften und neigte sich so weit zurück, daß sie fast schon eine Brücke

machte. Sie war eine erstklassige Akrobatin. Ich sah wieder zu der Schalke und zu Vanessa, und ich dachte, daß ich in meinem Leben noch nie ein so verklärtes Gesicht wie das des Kessen Vaters erblickt hatte. Ihre zweite Hand verschwand unter dem Tisch.

Minski sah ebenfalls durch den Spiegel.

»Das Mädel hat genug«, sagte er. »Hat die Nase voll. Als sie kam, ist sie in ihre Garderobe gegangen und hat alle Fotos von Griechenland und Paris und die Kinoplakate und die Bilder aus den Zeitschriften von den Wänden genommen und in kleine Stücke gerissen. Das hier hat sie uns geschenkt, zur Erinnerung. Weil sie uns doch jetzt verläßt.« Von seinem vollgeräumten Schreibtisch hob Minski den Zettel hoch, auf den Panos vor langer Zeit in griechischen Buchstaben den Satz Einsteins geschrieben hatte:

DER MENSCH HAT WENIG GLÜCK

»Sie hat gesagt, sie hat genug von Männern«, erklärte Minski betrübt, während draußen, im Spiegelsaal, die üppige, große Corabelle mit Annamaria zu einem sehr intimen Endspurt ansetzte. »Die Schalke hat also doch gewonnen. Ist immer alles nur eine Frage der Geduld.«

»Vanessa geht wirklich zu ihr?«

»Ja. Das hat sie jedenfalls gesagt. Und dann hat sie was Komisches gesagt...« Minski kratzte seinen Schädel.

»Was?«

»Daß wir warten sollen, bis sie zu uns kommt, nachher. Sie hat noch eine Überraschung für uns.«

Etwa eine halbe Stunde später kam Vanessa dann.

»Ich habe nicht viel Zeit«, sagte sie.

Corabelle und Annamaria waren verschwunden, draußen wurde getanzt und getrunken. Die Schalke saß allein an ihrem Tisch und lächelte. Lächelte sehr glücklich, wie jemand, der sich seinem Ziel sehr nahe weiß.

»Ich darf Petra nicht zu lange warten lassen«, sagte Vanessa. Ihre Stimme klang heiser, sie war sehr betrunken, aber sie konnte sich fabelhaft beherrschen. »Gebt einem braven Mädchen was zu trinken. Whisky.«

Ich stand auf und machte ihr einen Whisky; sie schüttete ihn hinunter und hielt mir das Glas wieder hin, und ich goß es wieder halb voll.

»Ich brauche eine Menge, versteht ihr, Jungens?«

»Du mußt es nicht tun, Vanessa«, sagte Minski. »Du sollst es nicht tun. Schlaf dich aus. Es wird vorübergehen.«

»Was?«

»Dein Kummer.«

»Was für ein Kummer?« fragte Vanessa.

»Wegen Panos.«

»Wer ist Panos?« fragte Vanessa. »Ich mach eine Reise, Boris. Eine weite Reise. Eine Weltreise. Nächsten Monat. Wir haben schon alles besprochen. Ich werde ein halbes Jahr weg sein. Mindestens. Wir nehmen die Yacht von Petra. Die schöne Yacht. Die wunderbare Yacht. Es wird eine wunderbare Reise werden. Ich muß gleich wieder zu Petra zurück. Wißt ihr, sie ist eigentlich sehr nett. Wirklich. Dumme Vorurteile, die ich da gegen schwule Weiber gehabt habe. Ganz dumme Vorurteile.« Sie schwankte ein wenig. »Darf sie nicht warten lassen. Ich komme also gleich zur Sache, Boris, du mußt mir verzeihen.«

»Was?« fragte der gramvoll.

»Gestern, als dieser Mann da war, da habe ich an der Tür gehorcht.«

Minski wurde blaß. Meine Hände wurden feucht.

»Welcher Mann?«

»Hör auf«, sagte Vanessa. »Keine Zeit für den Unsinn. Der Mann, der Ritchie und Lillian die falschen Pässe macht.«

»Wirklich, Vanessa . . .«, begann ich, aber Minski winkte ab.

»Laß sie reden«, sagte er. »Na und, mein kleiner Schmetterling?«

»Du bist mir nicht böse, daß ich gehorcht habe? Ich habe es nur aus Angst und aus Sorge um dich und Ritchie getan. Weil ihr doch in dieser Geschichte so drinsteckt.«

»Es war sehr lieb von dir, zu horchen«, sagte Minski. »Zeigt, was du für eine treue Seele bist. Wirklich, ich bin sehr traurig darüber, daß du uns verläßt. Könntest du nicht . . .«

»Nein«, sagte Vanessa schnell und hart. »Hört weiter zu. Der Mann – nie werde ich euch natürlich verraten –, der Mann hat doch gesagt, es wird riskant sein für Ritchie und Lillian, wenn sie flüchten müssen. Die Kontrollen und so. Auf den Flughäfen und an den Grenzen. Auch wenn sie im Auto fahren, nicht?«

»Ja, und?« sage Minski. Er war jetzt ganz ruhig.

»Ritchie«, sagte Vanessa und goß selber ihr Glas wieder voll, »du weißt, wie gern ich dich habe. Wir hätten uns vielleicht sogar lieben können. Aber das ist eine andere Geschichte, wie Kipling sagt. Gebildet bin ich, was? Du weißt, daß ich nicht mehr eifersüchtig bin, Ritchie. Ich will, daß ihr glücklich seid und glücklich bleibt, Lillian und du. Und daß euch nichts passiert. Und da habe ich eine Überraschung für euch. In ihrem großen Glück hat Petra gesagt, ich darf mir wünschen, was ich will. Ich hab mir auch was gewünscht. Sie war ganz weg vor Rührung darüber, daß es ein so kleiner Wunsch ist. Und sie hat ihn mir sofort erfüllt.«

»Was für einen Wunsch?« Boris schrie plötzlich, um den Ventilator des Exhaustors zu übertönen, der sich wieder einmal scheppernd und tobend eingeschaltet hatte.

Schattenhaft glitten draußen die tanzenden Paare vorbei, ›Blueberry Hill‹ spielte Mantovani, verklärt ins Leere blickte die Schalke an ihrem Tischchen . . .

»Petra hat doch ein Flugzeug, nicht?« schrie Vanessa. Sie trank einen Schluck. Etwas Whisky floß über ihr Kinn. »Eine Bonanza. Eine große. Ganz modernes Modell. Und einen Piloten.«

»Ja, und?«

»Und da habe ich ihr gesagt, ich will, daß sie mir die Bonanza und den Piloten gibt. Nicht als Geschenk. Nur als Spielzeug, wißt ihr. Ich habe gesagt, ich fliege so gern. Ist gar nicht wahr, aber sie glaubt es. Ich habe gesagt, ich will manchmal, ganz plötzlich, fliegen. Ich bin ein bißchen verrückt, habe ich gesagt. Ich bekomme solche Ideen. Und ob ich dann immer die Bonanza und den Piloten sofort haben kann. Und auch Freunde mitnehmen. Und ob ich die Maschine auch guten Freunden mal leihen darf, wenn die wohin müssen. Ich will angeben, als hätte *ich* die Bonanza, habe ich gesagt. Sie war entzückt. Kindchen nennt sie mich. Ihr Kindchen. Ihr kleines, süßes Kindchen.« Vanessa lachte. Dann wurde sie wieder ernst. »Sie hat gesagt, alle Polizisten und Zollbeamten auf dem Flughafen kennen ihren Piloten. Wohl heißt der. Und die Bonanza und der Wohl stehen ab sofort mir und allen meinen Freunden, Tag und Nacht, jederzeit zur Verfügung. Ein Anruf genügt, und Wohl ist in einer Stunde auf dem Flughafen. Wohnt da draußen. Die Bonanza ist immer startklar. Ich muß Wohl nur anrufen. Seine Nummer habe ich auch schon.« Vanessas Stimme war jetzt ein wenig verschmiert, der viele Alkohol begann sich doch bemerkbar zu machen, aber sie war immer noch klar im Kopf und wußte, was sie sagte. Sie sprach nur schneller. »Wenn ich nicht fliegen will, sondern Freunde von mir, muß ich das Wohl bloß sagen. Ihm ist es egal. Alles, was die Freunde brauchen, sind Pässe. Da fliegt er sie hin, wohin sie wollen. Petra, die Gute, hat ihn gleich informiert. Der ist froh, daß er mal was zu tun kriegt, glaube ich. Hoffentlich wird er ja nichts zu tun kriegen, aber wenn doch . . . du mußt es mir nur sagen, Ritchie. Nur sagen mußt du es mir. Und eine Stunde später könnt ihr abhauen, du und deine Lillian. Auf die bequemste und sicherste Weise. Das ist eine große Maschine. Sechs Personen. Kann Lillian sogar noch eine Menge Gepäck mitnehmen. Na, wie bin ich zu dir?«

»Großartig«, sagte ich.

Sie kam zu mir und küßte mich auf den Mund.

»Nicht wahr, ich bin großartig«, sagte sie. »Ich bin das großartigste Mädchen von der Welt. Petra sagt es auch . . .« Sie nahm ihre Nerzstola auf. »Ich muß wieder zu ihr. Lebt wohl, ihr Knaben.«

Sie verschwand schnell und ganz sicher auf den Beinen.

»Was hast du?« fragte Minski mit unsicherer Stimme. Er sah mich an.

»Woran denkst du?«

»Damals«, sagte ich, »in der Nacht, in der Lillian hier anrief, als alles begann, da war die Schalke bei Vanessa in der Garderobe und jammerte ihr was vor, wie üblich. Ich lauschte an der Tür. Und hatte das Gefühl, daß sie noch eine Rolle in meinem Leben spielen würde. Komisch, was man manchmal für Gefühle hat, nicht?«

»Sehr komisch«, sagte Minski. »Gott soll geben, daß nicht alle Gefühle, die man hat, in Erfüllung gehen. Ich hab auch welche, weißt du . . .«

In dieser Nacht kam ich spät heim, es war fast vier Uhr.

Lillian war munter. Sie habe kurz geschlafen, sagte sie, dann sei sie aufgewacht und habe nicht mehr einschlafen können. Ich zog mich aus und erzählte von Vanessa und dem Flugzeug, das uns nun stets zur Verfügung stand, und von den falschen Pässen, die wir bekommen sollten, und Lillian war sehr aufgeregt.

Ich ging ins Bad und duschte, und dabei dachte ich an die beiden Kriminalbeamten in dem Wagen, der wieder vor meinem Haus parkte. Ich konnte ihn sehen, wenn ich aus dem Wohnzimmerfenster sah. Es war jetzt ein anderer Wagen, und es waren andere Beamte. Sie lösten sich ab. Den Wagen Olsens sah ich nicht.

Ich ging nackt zurück zum Schlafzimmer, und wir liebten uns – nach mehr als zwei Jahren liebten wir uns wieder, und es war, als schliefen wir zum erstenmal zusammen. Wir waren voller Zärtlichkeit zueinander, es hatte sich sehr viel Leidenschaft angesammelt, und wir waren noch wach, als es hell wurde. Erst gegen acht Uhr morgens schliefen wir ein, Arm in Arm, eng aneinandergeschmiegt, Wange an Wange, Körper an Körper. Das war am Mittwoch, dem 30. November.

Wir verbrachten den größten Teil des Tages daheim und gingen nur essen. Von einem Restaurant aus rief ich Vanessa an. Es war mir klar, daß mein Anschluß abgehört wurde und ich ihn also kaum benützen konnte. Ich hatte Glück: Vanessa war daheim. Sie sagte, sie habe, um den Piloten zutraulich zu machen, schon am Morgen einen Rundflug über Frankfurt mit ihm absolviert.

»Wunderbare Maschine, Ritchie. Und dieser Wohl ist ein prima Kerl. Lustig und gescheit. Ich fliege gleich wieder mit ihm. Es macht Spaß! Wirklich. Ich habe Wohl schon gesagt, daß auch meine Freunde mit ihm fliegen werden. Er freut sich darauf. Bekommt er endlich was zu tun. Petra hat immer ein bißchen Angst.«

»Flieg auch morgen wieder mit ihm.«

»Das habe ich sowieso vor. Übrigens, ich übersiedle morgen zu Petra.« Sie gab mir die Adresse und die Telefonnummer ihrer neuen Freundin. Ich schrieb alles auf. »Ich fliege am Vormittag. Weiter diesmal. Aber ab Mittag kannst du mich erreichen.«

»Ist gut, meine Alte. Tschüss.«

»Leb wohl, Ritchie. Alles Gute für dich . . . und Lillian.«

Lillian und ich fuhren nach dem Essen wieder heim und schliefen ein wenig, und abends machte ich mich auf den Weg ins ›Strip‹. Vanessa und die Schalke waren nicht da.

Ich kam früher nach Hause, und alles, was wir in der Nacht zuvor erlebt hatten, wiederholte sich, und ich glaube, ich war zum erstenmal seit vielen Jahren ein wirklich glücklicher Mensch. Ich hatte von Minski die falschen Pässe erhalten. Sie waren großartig, mit Visa für Ägypten und Argentinien versehen. Dazu hatten wir noch zwei Seuchenpässe. Lillian hieß in den gefälschten Dokumenten Angela Dirksen, ich hieß Peter Horneck.

Der Donnerstag verlief sehr ruhig und friedlich, ohne Anrufe oder Aufregungen. Es war ein windstiller Tag, mit winterlich grauem Himmel, gar nicht kalt, und am Nachmittag machten Lillian und ich einen Spaziergang. Von unterwegs rief ich, aus einer Telefonzelle, Vanessa bei Petra Schalke an. Wenn uns jemand beschattete, so konnte ich ihn jedenfalls nicht sehen, und ich glaube auch nicht, daß die Kriminalbeamten uns folgten. Die Villa in der Humperdinckstraße besaß, nach hinten hinaus, einen großen Garten, der hatte eine kleine Pforte, die in die Grünanlagen des Parks Luisa führte, der hier bis zur breiten Forsthausstraße reichte. In den Garten kam man durch eine Tür in der Hinterfront des Hauses. Sie war, wie die Gartenpforte, versperrt, aber jeder Mieter hatte Schlüssel. Wenn man also nicht gerade *vor* dem Haus parkte und mit dem Wagen wegfahren wollte, konnte man seine Wohnung auch so verlassen. Die Grünanlagen waren recht groß und nachts kaum erhellt. Unbegreiflicherweise wurde die Rückseite des Hauses nicht bewacht. Diesen Eindruck bekam ich jedenfalls, nachdem ich die Villa mehrmals durch den Hintereingang verlassen hatte, ohne einen Menschen im Park oder auch nur vorn an der Forsthausstraße zu sehen. Ich hatte immer wieder Stichproben gemacht. Das Haus schien, so unglaublich das klingt, tatsächlich nur von vorn bewacht zu sein. Ich konnte mir lange Zeit kaum vorstellen, daß die Polizei so einfältig war; aber dann nahm ich diese Einfalt dankbar zur Kenntnis.

Auch jetzt war ich wieder versuchsweise mit Lillian durch den Garten und den Park fortgegangen und hatte den Wagen vorn stehen lassen. Es schien großartig zu funktionieren. Wieder war weit und breit kein Mensch zu sehen, der die Villa beobachtete. Wen die Götter verderben wollen, heißt es, den schlagen sie mit Blindheit. Sie hatten es auf mich abgesehen, die Götter, wahrhaftig. Ich sollte noch erfahren, *wie* diese Villa bewacht wurde – aber dann sollte es zu spät sein. An jenem Nachmittag jedenfalls war ich noch vollkommen beruhigt, besonders im Hinblick auf die kommende Nacht.

Dieser Nacht wegen rief ich auch Vanessa an.

»Hör mal, es könnte sein, daß ich heute, spät noch, das Flugzeug brauche. Ein paar Freunde von mir wollen vielleicht in die Schweiz fliegen. Nach Zürich vermutlich. Sie wissen noch nicht genau wann, und ich weiß auch noch nicht genau, ob sie überhaupt fliegen werden. Aber ich wäre dir sehr dankbar, wenn du dem Piloten . . . wie heißt er?«

»Wohl.«

»Wenn du Herrn Wohl sagen würdest, er möchte doch ab einundzwanzig Uhr auf dem Flughafen sein.«

»Klar, Ritchie. Wie viele Passagiere werden es sein, oder weißt du das auch noch nicht?«

»Zwei«, sagte ich. »Ein Mann und eine Frau.«

»Er ist nicht neugierig. Er wird keine Fragen stellen. Wenn nur die Pässe in Ordnung sind . . .«

»Sie sind in Ordnung.«

»Fein . . .«

»Sollte bis Mitternacht – oder sagen wir: bis ein Uhr früh – niemand gekommen sein, dann kann er wieder heimfahren. Ist das eine große Zumutung?«

»Aber wo. Er sagte mir heute beim Fliegen – es war übrigens herrlich! –, sein ganzes Leben bestehe aus Warten. Er wartet gern. Wenn er wartet, denkt er nach, sagt er. Er ist ein Philosoph. Wir verstehen uns sehr gut. Für mich tut er alles, hat er gesagt.«

»Also ich kann mich darauf verlassen?«

»Bombensicher.«

»Und wie geht es dir sonst?«

»Wundervoll, Ritchie, ganz wundervoll«, sagte Vanessa.

Ich hängte ein und trat aus der Zelle.

»Nun?« fragte Lillian.

»Ab neun Uhr abends steht eine Maschine für uns bereit«, sagte ich. Sie hatte sich in mich eingehängt. Nun drückte sie meinen Arm ganz fest an sich.

Gegen 20 Uhr verließ ich sie dann, um ins ›Strip‹ zu fahren. Die Koffer mit unserer Garderobe lagen noch immer im Wagen. Wir machten aus, daß Lillian mich sofort im ›Strip‹ anrufen sollte, wenn das Geringste nicht in Ordnung war oder ihr verdächtig vorkam. Und zwar sollte sie dann das Haus durch den Hintereingang und den Park verlassen und von der Telefonzelle aus anrufen, die an der Forsthausstraße stand. Die Situation war ein wenig grotesk: Boris und ich *wußten*, daß man unsere Anschlüsse im ›Strip‹ nicht abhören konnte. Einer der Kriminalbeamten, die als Aushilfsmixer arbeiteten, hatte Minski das in aller Unschuld vor einigen Tagen verraten.

»Wir wollten natürlich die Leitungen hier anzapfen«, hatte der Mann dem verblüfften Boris vollkommen zutraulich und harmlos anvertraut. »Aber das geht nicht. Und wissen Sie, warum nicht? Weil das ein altes Haus ist. Da laufen noch alte Kabel. An die kommen die Jungens vom Abhördienst nicht ran. Gibt in Deutschland nicht mehr viele solche alten Kabel, die intakt sind. Aber wer an so einem Ding hängt, der kann nicht abgehört werden.«

»Aha«, hatte Minski gesagt.

Die Telefone im ›Strip‹ waren also sicher.

Ich gab Lillian wieder ein zweites Paar Wohnungsschlüssel und Schlüssel für die hintere Haustür und die Gartenpforte. Dann verließ ich meine Wohnung auf dem normalen Weg und stieg in der Humperdinckstraße in den Thunderbird. Ein neuer Kriminalbeamter folgte mir mit einem neuen Wagen, und ein neuer Kriminalbeamter blieb in der Humperdinckstraße zurück. Die arbeiteten natürlich in Schichten, sie mußten ja einmal schlafen. Gewiß wurde auch Olsen regelmäßig abgelöst. Ich hätte gerne gewußt, ob er heute nacht Dienst hatte. Zu sehen war er nicht.

So früh am Abend war das ›Strip‹ noch fast ganz leer, nur vorn in der großen Bar tranken ein paar Leute Martinis, bevor sie irgendwohin essen gehen wollten. Ich saß mit Minski in unserem Büro und wartete. Um 21 Uhr 30 sagte ich: »Jetzt geht es da oben also los.«

»Mit Gott«, sagte Minski.

Um 21 Uhr 20 am 1. Dezember 1966, zwanzig Minuten nachdem das Deckenlicht in seiner Zelle erloschen war, schuf der Untersuchungsgefangene Professor Dr. Victor Delacorte mit Hilfe seines Eßgeschirrs, eines Haarnetzes und eines Pyjamas den Eindruck, daß jemand unter der zusammengeknüllten Decke seines Bettes ruhte. Delacorte war zivil gekleidet, wenn er auch keine Krawatte und keine Schnürsenkel trug. Seine Zelle hatte die Nummer 19 und lag im Erdgeschoß des linken Traktes des alten Gefängnisses.

Alles, was ich hier berichte, erfuhr ich zu einem späteren Zeitpunkt von Delacorte.

Ohne Ungeduld wartete der Gefangene dann, bis um 21 Uhr 24 seine Zellentür von dem Aufseher Scherr geöffnet wurde. Scherr, der zu dieser Zeit noch den Innendienst versah, befand sich im Besitz von drei Schlüsseln. Der erste davon war der Zellenschlüssel. Die Männer sprachen nicht miteinander. Delacorte glitt, die Schuhe in der Hand, auf Socken aus seiner Zelle, deren Tür Scherr geräuschlos wieder hinter ihm abschloß. Im Gefängnistrakt brannte gleichfalls schon die Nachtbeleuchtung. Die beiden Männer eilten nun einen Gang entlang bis zu einer Gittertür im Innern des Gebäudes. Diese Gittertür öffnete Aufseher Scherr mit dem zweiten Schlüssel, den er besaß, und er verschloß sie wieder, nachdem er und Delacorte das Gitter passiert hatten.

Am Ende des schummerigen Flurs lag eine schwere Eisentür. Sie führte in das Freigelände, das in den Anstaltsgarten überging. Hier wurden die Untersuchungsgefangenen tagsüber spazierengeführt. Die schwere Eisentür öffnete der Innendienstler Scherr mit dem dritten Schlüssel. Er ließ Delacorte schnell an sich vorbei ins Freie eilen und zischte ihm zu: »Im Schatten warten!«

Daraufhin preßte sich Delacorte in eine finstere Mauerecke.

Innendienstler Scherr versperrte die Eisentür von innen, ließ sich durch die Gittertür wieder in das Gefängnisinnere ein, versperrte die Gittertür und eilte in den ersten Stock und daselbst in den großen, turmförmigen Mittelteil des Doppelgebäudes, wo sich eine gläserne Aussichtskanzel befand. Scherr traf genau um 21 Uhr 30 hier ein.

In der Kanzel waren der diensttuende Hauptwachtmeister Kleist und Scherrs Kollege, der Aufseher Peltzer, der schon auf ihn wartete. Peltzer hatte bislang Außendienst getan. Ein Kollege hatte ihn beim Hauptportal eingelassen, denn Peltzer besaß nur einen einzigen Schlüssel – jenen, der eine Pforte in der hohen Mauer öffnete, welche Freigelände und Anstaltsgarten umgab. Auf der anderen Seite dieser Mauer war das Sperrgebiet zu Ende, man befand sich auf einem freien Platz, der Auffahrt zum Hauptportal. Diesem vorgelagert war lediglich eine Mauer, die den ganzen Gefängniskomplex umgab und, dem Hauptportal vis-à-vis, in dieser Mauer eine Pförtnerloge mit einem gewaltigen Tor daneben, durch das auch große Lastwagen ein- und ausfahren konnten.

Jeder Trakt des Gefängnisses besaß eine solche Pforte, die vom Freigelände und den Anstaltsgärten vor das Hauptportal führte. Oberstaatsanwalt Paradin hatte angeordnet, daß die Außendienstler nur den Schlüssel zu den Pforten bei sich tragen sollten. So mußten Scherr und Peltzer, die nun Dienst wechselten, auch ihre Schlüssel wechseln. Der negroide, kraushaarige Scherr gab dem hageren, leberkrank aussehenden Peltzer vor den Augen des über seine Zeitung hinwegsehenden Hauptwachtmeisters Kleist den Generalzellenschlüssel, den Schlüssel für das Zwischengitter im Erdgeschoß und den Schlüssel für die Eisentür zum Freigelände. Peltzer übergab Scherr den Schlüssel zu den beiden Gartenpforten.

Beide Aufseher hatten dem Hauptwachtmeister keine besonderen Vorkommnisse gemeldet. Hauptwachtmeister Kleist ließ knatternd einen fahren und erkundigte sich danach, ob seine Kollegen auch so unter den Bohnen zu leiden hätten, die es zu Mittag gegeben hatte. Diese Frage verneinten Peltzer und Scherr. Während Peltzer zurückblieb, um den geblähten und verärgerten Hauptwachtmeister durch die Rezitation einiger Wirtinnenverse zu erheitern, marschierte Scherr, nun Außendienstler, nachdem er einen warmen Mantel angezogen hatte, hinab zum Hauptportal und ließ sich von dem Aufseher, der Peltzer eingelassen hatte, die Tür ins Freie öffnen. Er ging hier, auf dem Vorplatz des Gefängnisses, ein paarmal auf und ab, sah, daß der Portier in seinem Spitzhäuschen vor sich hin döste, und eilte dann zur Gartenpforte des linken Gefängnistraktes, die er öffnete. Er trat ein und verschloß die Tür wieder.

Die Nacht war dunkel, und das war gut so für Scherr und Delacorte. Scherr durchquerte den Garten und einen Teil des Freigeländes und pfiff zweimal kurz. Aus seiner Mauerecke löste sich Delacorte und kam über den Betonboden zu ihm gehuscht. An die Hausmauer gedrückt, eilten die beiden nun zu der Gartenpforte zurück, die Scherr neulich öffnete. Er ließ Delacorte auf den Vorplatz treten, der sehr groß und von Flutlicht angestrahlt war. Nun folgten einige unangenehme Minuten. Das Licht der starken Lampen erhellte fast den ganzen Vorplatz — nur im Mauereinlaß zur Pforte gab es Schatten. In diesen preßte sich Delacorte, unruhig atmend, während Scherr, neben ihm, flüsterte: »Es muß sofort losge . . .«

Er hatte das Wort noch nicht ausgesprochen, als sich auf der Luisenstraße, die an dem Gefängnis vorbeiführte, lauter Lärm erhob. Das Gefängnis war durch seinen Mitteltrakt mit dem Landgericht verbunden. Die Gebäude standen Rücken an Rücken. Die Front des Landgerichts lag zum Ratsherrenplatz, gegenüber dem alten Springbrunnen und dem schönen Haus mit dem Staffelgiebel, in welchem die Ratsbücherei untergebracht war. Das war der Ort, wo man auf mich geschossen hatte: die Heiligengeiststraße.

Auf der Rückseite des Gebäudekomplexes, beim Ausgang des Gefängnisses und bei dem Pförtnerhäuschen, lag also die Luisenstraße, im allgemeinen sehr ruhig, mit alten Bäumen an den Fahrbahnrändern und kleinen Häusern gegenüber.

Auf den Lärm von der Straße hin eilte der schon bejahrte Pförtner Seidel ungehalten ins Freie. Er sah eine Schar von etwa zehn Halbwüchsigen, die sich eine lautstarke Prügelei lieferten.

»Ruhe!« schrie der Pförtner Seidel. »Schert euch weg hier! Wollt ihr wohl machen, daß ihr weiterkommt!«

Die Jungen kümmerten sich nicht um ihn, sondern fuhren fort, zu toben und sich zu schlagen. Ergrimmt stürzte sich Seidel in das Kampfgewühl, wobei er mit einem Gummiknüppel, den er vorsorglich mitgenommen hatte, auf die Kampfhähne eindrosch. Das wirkte. Die Jungen zogen sich, allerdings immer noch lärmend, zurück. Pförtner Seidel verfolgte sie, fluchend und knüppelschwingend.

Der Kampflärm drang gedämpft in den Vorhof.

»Los!« flüsterte Scherr.

Über den angestrahlten Platz rannte er mit Delacorte auf das Pförtnerhaus zu. Sie passierten schnell den schmalen Gang, durch den jeder gehen mußte, der das Gefängnis verließ oder betrat. Nun waren sie auf der Luisenstraße. Zu ihrer Linken verfolgte Pförtner Seidel immer noch die johlenden

Jugendlichen. Zu ihrer Rechten sahen Delacorte und Scherr in einiger Entfernung einen geschlossenen Lieferwagen stehen, welcher, der Aufschrift nach, der Dampfwäscherei Oskar Hippel gehörte. Zu diesem Wagen rannten die beiden Männer.

Scherr erreichte ihn zuerst und öffnete die hinteren Türen. Delacorte sprang auf die Ladefläche. Scherr folgte. Es war ein VW-Kombi. Hinter dem Steuer saß der braunhaarige Hippel, der in jenem alten Bunker für seine Feigheit bei dem Unternehmen in Frankfurts ›Strip‹ von dem schmallippigen Horstführer auf so barbarische Weise bestraft worden war. Ein zweiter Junge saß im Fond des Busses, wo, auf Bänken, Anzüge, Schuhe, Wäsche und Mäntel lagen.

Im Augenblick, da Scherr auf die Ladefläche gesprungen war, verriegelte der zweite Junge die Türen von innen, während Hippel den Wagen startete und die Scheinwerfer einschaltete. Die Straße fiel, wie jene vor dem Landgericht, hier steil ab. Hippel fuhr los. Der Lieferwagen war verschwunden, noch ehe Pförtner Seidel die tobenden Jungen für seinen Geschmack weit genug davongejagt hatte. Außer Atem blieb er stehen, fluchte und ging schnell zu seinem Häuschen zurück, in dem ein Telefon schrillte. Seidel hob ab. Er vernahm die Stimme des Hauptwachtmeisters Kleist: »Was ist denn das für ein Krach bei Ihnen da vorne?«

Pförtner Seidel erstattete Bericht.

»Haben Sie das Pack verjagt?«

»Jawohl, Hauptwachtmeister!«

»Na, dann ist es ja gut«, sagte Kleist in seiner gläsernen Kanzel und legte den Telefonhörer hin. Aufseher Peltzer war noch immer bei ihm. Kleist grinste, besserer Laune. »Dann ging das kleine, kluge Tier im nahen Wald spazieren ... Ganz komisch. Habe ich noch nicht gekannt.« Er erleichterte sich wieder. »Wissen Sie noch einen, Peltzer?«

Der VW-Kombi erreichte den Mühlenweg, eine stille Seitenstraße des Dolder. Hier hielt er hinter dem schwarzen, geschlossenen Sargtransportwagen eines Begräbnisinstitutes. Aus dem VW kletterten Delacorte und Scherr. Sie trugen beide gutsitzende Anzüge, Halbschuhe, Wintermäntel und Hüte. Die Kleidungsstücke, die sie am Leib gehabt hatten, blieben in dem Kombiwagen zurück, der sofort weiterfuhr. Die hinteren Türen des Leichenwagens öffneten sich.

»Heil!« flüsterte ein Junge, der im Innern des Wagens saß. Ein zweiter, älterer, saß hinter dem Steuer.

Auch der Bestattungswagen fuhr sogleich los – in südlicher Richtung, der Peripherie zu. Der Junge, der Delacorte und Scherr die Türen geöffnet hatte, knipste eine Taschenlampe an. Er sprach ehrfurchtsvoll: »Bisher scheint alles gutzugehen. Der Horstführer erwartet Sie beim Schwarzen Tor. Wir

bringen Sie bis dorthin. Hier, bitte, das soll ich Ihnen geben.« Der Junge
überreichte den beiden Männern verschiedene Dokumente, darunter zwei
Pässe und zwei Seuchenpässe. Delacorte betrachtete alles sehr genau.

»Ausgezeichnet«, lobte er dann.

»Danke«, sagte der Junge. Er überreichte ferner zwei Kuverts, in denen sich,
in Noten, D-Mark, Schweizer Franken und ägyptische Pfunde befanden.
»Und hier«, sagte er, »sind zwei Koffer. Der da ist für Sie.« Er sah Delacorte an. »Alles drin, was Sie für die Reise brauchen. Kamm, Taschentuch,
Brieftasche, Kugelschreiber, Notizbuch und Kleingeld liegen in Nylonsäcken
obenauf. Wenn Sie die Sachen bitte in Ihre Taschen stecken wollen.«

Die Männer öffneten die Koffer.

Der Junge am Steuer fuhr vorschriftsmäßig und sehr sicher.

Es war 21 Uhr 46.

Hinaus in die Heide ging die Fahrt.

Rasch glitten die Scheinwerfer des Bestattungswagens über die riesigen
Megalithsteine des Hünengrabes hinweg, das in der dunklen Ebene lag.
Nach ein paar Metern hielt der Wagen. Wieder kletterten Delacorte und
Scherr ins Freie.

»Wiedersehen, Jungs. Und vielen Dank«, sagte Delacorte.

»Heil«, sagte der Junge, der im Fond saß. Der Wagen fuhr an. Die Männer
liefen auf eine nahe Waldschneise zu, in der einmal kurz Autoscheinwerfer
aufgeflammt waren. Hier stand ein Mercedes. Der linke vordere Schlag
öffnete sich. Gleichfalls in Zivil, mit einem Trenchcoat, erschien der
Horstführer. Er hob schweigend eine Hand.

»Lassen Sie den Quatsch!« keuchte Delacorte, dessen Koffer ziemlich schwer
zu sein schien. Dem riesigen Aufseher bereitete sein Gepäck keine Belastung.
Er war nicht außer Atem.

»Habt ihr fein gemacht«, sagte er. »Prima, prima.«

»Nicht verschreien«, sagte der Horstführer. Er riß den Schlag des Fonds auf.
»Bitte sehr.«

Delacorte strich über sein helles, gepflegtes Haar, während er einstieg.

»Kommt uns Mark entgegen?«

»Nein, wir müssen nach Bremen.«

»Nach Bremen? Aber . . .«

»Der Plan wurde geändert«, sagte der Horstführer.

Da war es 22 Uhr 07.

22 Uhr 28.

»Noch zwei Minuten«, sagte ich. »Dann rufe ich Paradin an.«

»Nicht so hastig«, murmelte Minski und wischte sich Schweiß von der Stirn.
»Nicht immer gleich so stürmisch. Mußt dem Champagnermann doch
wenigstens zehn Minuten Zeit lassen. Wer weiß, wo der sich verspätet hat.

Paradin kannst du noch früh genug anrufen. So schnell kriegen sie den Kerl nicht aus Deutschland raus. Nicht einmal dein fabelhafter Bruder.«

»Wenn der mich reinlegen will . . .«

»Na, du willst ihn doch auch reinlegen!«

». . . dann gehen wir eben beide hoch. Mir ist das jetzt egal. Ich habe auch nur Nerven. Das halte ich nicht mehr aus. Ich . . .«

Das Telefon auf meinem Schreibtisch läutete.

Ich riß den Hörer hoch.

»Ja?«

»Ritchie!« Lillians Stimme klang atemlos.

»Was ist los?«

»Bitte, komm sofort. Der Mann ist jetzt da . . . mit dem Paket . . .«

»Wieso ist er bei dir? Wieso nicht hier?«

»Er sagt, er konnte nur hierher kommen. Du sollst auch herkommen. Er will dir das Paket geben. Du mußt es dir anschauen. Ich weiß doch nicht, ob . . . ob es das richtige ist.«

»Von wo sprichst du?«

»Aus der Telefonzelle. Der Mann ist bei mir. Wir sind durch den Park . . .«

Ich hörte Geräusche, dann meldete sich Olsens Stimme.

»Abend, mein Lieber.«

»*Sie* sollen das erledigen?«

»Sie halten uns immer noch für Idioten, Herr Mark«, klagte er. »Natürlich wird Ihr Haus von *allen* Seiten bewacht. Auch von der Parkseite her. Die Seite habe *ich* übernommen. Mit einem Kollegen. Heute nacht bin *ich* dran. So kam ich ins Haus rein. Ich habe ein paar Dietriche. Der Bulle vorn hat keine Ahnung. Deshalb müssen Sie auch herkommen.«

»Weshalb?«

»Wegen der Bullen bei Ihnen im Laden. Ich kann da nicht auftauchen. Ich habe hier zu sein. Sie gehen jetzt durch den Hof hinten raus, nehmen ein Taxi und kommen auch durch den Park. So schütteln Sie meinen Kollegen ab, und keiner sieht was. Sie schauen sich das Paket an, ob es in Ordnung ist. Beeilen Sie sich. Ich möchte das gern hinter mir haben.«

Was er sagte, klang vernünftig. Aber es gefiel mir trotzdem nicht, daß hier etwas gegen die Abmachung geschah. Und es gefiel mir überhaupt nicht, daß Olsen in meine Wohnung hineingekommen war. Wieso eigentlich? Die hatte doch ein Yaleschloß!

»Wie kamen Sie in die Wohnung?«

»Ich habe geläutet. Die Dame hat mir gleich geöffnet. Sie weiß doch, wer ich bin. Wir sahen uns schon ein paarmal, und Sie haben ihr gesagt, daß ich als Kriminalbeamter arbeite.«

Das stimmte, das hatte ich getan. Ich hatte Lillian allerdings nicht gesagt, *wie* Olsen als Kriminalbeamter arbeitete.

»Ich habe erklärt, wir hätten das Paket erwischt. Da war sie beruhigt. Jetzt ist sie wieder etwas beunruhigt.« Das konnte ich mir vorstellen.

»Geben Sie sie mir.«

Lillians Stimme meldete sich.

»Sei nicht ängstlich. Alles ist in Ordnung. Ich erkläre es dir.«

»Aber Ritchie . . .«

»Später, später erkläre ich es dir. Gib mir den Mann wieder.«

Olsen meldete sich.

Ich sagte: »Geht in die Wohnung zurück.« Mir war nicht wohl bei der Sache, gar nicht wohl, aber ich mußte die Manuskripte haben! »Geht in die Wohnung. Ich komme so schnell ich kann. Hören Sie, und wenn der Dame das Geringste passiert . . .«

»Sind Sie verrückt? Was heißt passiert? Ich habe meinen Auftrag, und wenn ich den endlich erledigt habe, werde ich mich wesentlich besser fühlen!«

»Bis gleich«, sagte ich und hängte ein.

»Was ist?« fragte Minski besorgt. Ich erzählte ihm kurz alles. »Gefällt mir nicht«, sagte er prompt.

»Mir auch nicht, aber was soll ich machen?«

»Jetzt mußt du hinfahren, das ist klar. Man muß sich auch in die Lage der anderen versetzen. Natürlich ist es ungefährlicher, noch dazu für einen Kriminaler und mit so einem Haus, wo man auch hinten reinkommt. Muß nichts Schlimmes zu bedeuten haben, Ritchie. Das Wichtigste ist jetzt, daß du feststellst, ob es wirklich die Manuskripte sind. Und es ist natürlich auch gut, daß du schneller zu Lillian kommst. Und bei ihr bist. So kann man es auch sehen. Wie verbleiben wir?«

Ich sah auf meine Armbanduhr.

»Jetzt ist es 22 Uhr 35. Wenn ich bis 23 Uhr – nein, das kann etwas länger dauern –, wenn ich bis 23 Uhr 30 nicht bei dir angerufen und gesagt habe, daß alles in Ordnung ist, ich oder Lillian, egal, egal wer, einer von uns, wir müssen jetzt damit rechnen, daß ich mich um Olsen kümmern muß und nur Lillian zur Telefonzelle laufen kann . . . also wenn du bis halb zwölf weder von Lillian noch von mir die Nachricht kriegst, daß ich die Manuskripte habe und Paradin verständigt ist, dann rufst *du* ihn an. Sofort, verstanden? Du hast die Nummer?«

»Ja.«

»Was ist?«

»Vergiß nicht, daß ich immer nur sehr wenig informiert erscheinen darf . . . wenn es schiefgeht, oder wenn es gut geht. Damit ich *halbwegs* draußen bleibe.«

»Du rufst Paradin nur an und sagst, daß du beunruhigt bist. Daß irgendwas mit mir nicht in Ordnung zu sein scheint . . . du kannst ab halb zwölf auch ruhig in meiner Wohnung anrufen, denn dann ist was passiert . . . Du sagst

Paradin nur, du hast Angst, daß mir etwas zugestoßen ist . . . das genügt.«
Ich war aufgestanden und hatte meinen blauen Kamelhaarmantel angezogen. »Wenn Paradin das hört, schlägt er Alarm. Aber ich glaube nicht, daß etwas passiert. Die brauchen jetzt Ruhe und Zeit.«
Ich gab Minski die Hand.
»Masseltoff«, sagte er leise.
Es war 22 Uhr 38.

Ich kam durch unseren Hinterhof und den Keller eines Hauses und einen zweiten Hof und eine Großgarage von der Taunusstraße fort und tauchte in der Elbestraße wieder auf. Hier lief ich vor bis zum Bittersdorferplatz und nahm ein Taxi. Kein Wagen folgte mir. Die Flucht schien gelungen. Das Taxi brachte mich in die Forsthausstraße. Ich ließ den Fahrer an der Kreuzung Niederräder Landstraße halten, zahlte, lief ein Stück zurück und in die Grünanlagen hinein. Das Gras war naß, in meinen dünnen Lackschuhen bekam ich feuchte Füße. Da war der Gartenzaun, da war die Pforte. Ich schloß auf und lief auf den Hintereingang zu. Er war versperrt. Ich öffnete ihn, trat ein und sperrte wieder ab. Es war sehr still im Haus. Ich bewegte mich leise. An meiner Wohnungstür klopfte ich. Ich wollte in keine Falle laufen.
Sofort öffnete Lillian.
»Gott sei Dank, daß du so schnell kommst.«
»Ist etwas . . .«
»Gar nichts. Ich bin nur froh, daß du da bist.«
Im Wohnzimmer stand ein etwas nervöser Olsen. Er trug einen dunklen Anzug und einen dunklen Mantel. Die dicken Vorhänge waren zugezogen. Ich löschte das Licht, ging an ein Fenster, das zur Humperdinckstraße führte, schob den Vorhang etwas zur Seite und sah hinaus. Unten wanderte ein einsamer Mann auf und ab.
Ich ließ den Vorhang zurückfallen und drehte das Licht wieder an. Auf dem Teppich lag ein ziemlich großes Paket.
»Das haben Sie allein geschleppt?«
»Ja. Von einem Wagen auf der Straße drüben bis hierher. Verflucht schwer«, sagte Olsen. Er griff in die Tasche und holte ein Klappmesser hervor, das er mir reichte. Ich kniete nieder, schnitt die Verschnürung des Pakets auf und riß das Papier auseinander. Da lagen die Manuskripte. Sie waren in Schnellheftern geordnet und sehr dick. Ich erkannte die Handschrift meines Bruders, seine ordentliche, winzig kleine Handschrift. Die Zeilen liefen alle völlig gerade und mit den gleichen Abständen voneinander, die zahlreichen Verbesserungen waren methodisch und deutlich lesbar angebracht. Ja, das waren die Originalmanuskripte!
Ich sah zu Lillian auf und lächelte.

Dann sah ich auf meine Armbanduhr.

23 Uhr 07.

Hastig blätterte ich die Manuskripte durch. Da war ›Die große Kälte‹. Da war ›Schwarz‹. Da war das Drehbuch zu ›Schwarz‹ ... vier ... fünf ... sechs ... Es waren alle Manuskripte in dem Paket. Mein Bruder hatte Wort gehalten. Nun konnte ich ihn schnellstens verraten, dachte ich. Lillian stand vor mir und sah zu, wie ich in den Ordnern blätterte. Olsen lächelte.

»Zufrieden?« fragte er.

Ich nickte.

»Fein«, sagte er und holte ein Paket Zigaretten aus der Tasche. Er offerierte es Lillian, die eine Zigarette nahm, und mir.

»Nein, danke«, sagte ich.

Olsen griff wieder in die Tasche, er wollte Lillian offenbar Feuer geben. Ich neigte mich über die Manuskripte und war erfüllt von einem ersten großen Gefühl der Erleichterung. Dann ging alles sehr schnell. Olsen zog beide Hände blitzschnell aus der Tasche. Ich sah noch, daß er in der einen Hand eine Flasche hielt und in der anderen ein großes weißes Tuch. Aus der Flasche goß Olsen eine erstickend süß riechende, wasserhelle Flüssigkeit auf das Tuch.

Ich kam taumelnd auf die Beine, aber nicht mehr schnell genug. Olsen trat mir gegen die Knie, und ich stürzte auf den Teppich. Sofort war er über mir. Das weiße, feuchte Tuch preßte sich auf meinen Mund, meine Nase. Ich rang verzweifelt nach Luft und atmete nur um so kräftiger das Chloroform ein. Ein paar Sekunden später hatte ich das Bewußtsein verloren. Unmittelbar bevor ich es verlor, spürte ich noch den kurzen Schmerz eines Nadelstichs in meinem rechten Oberschenkel.

Als ich wieder zu mir kam, schmerzte mein Schädel zum Zerspringen, und ich hatte das Gefühl zu verdursten. Ich lag noch immer auf dem Teppich. Vorsichtig öffnete ich ein Auge und stöhnte, denn im Zimmer brannte elektrisches Licht, und durch meinen Kopf schoß ein dröhnender Blitz. Ich schloß das Auge wieder. Die Zunge in meinem Mund erstickte mich fast. Ich öffnete nun beide Augen, aber langsam, millimeterweise, um den Kopfschmerz ertragen zu können. Meine Glieder schienen sich in Gummi verwandelt zu haben. Es dauerte endlos, bis ich schließlich wenigstens saß. Da fuhr der Raum dann Ringelspiel mit mir, so daß mir auch noch übel wurde. Ich hielt mich tatsächlich mit beiden Händen auf dem Teppich fest. Das Schwindelgefühl ging ein wenig zurück. Ich hörte ein leises, klopfendes Geräusch. Nach einer Ewigkeit angestrengten Nachdenkens fiel mir ein, daß das Regentropfen waren, die gegen die Fenster schlugen. Nun riskierte ich einen Blick auf meine Armbanduhr.

3 Uhr 47.

Ich hatte vier Stunden dagelegen.

Vier Stunden. Wo war . . .

Es brachte mich fast um, daß ich heftig den Kopf wandte. Ich preßte beide Hände an die Schläfen und versuchte, nach Lillian zu rufen. Ich bekam nur ein heiseres Lallen heraus, bei dem ich sabberte. Ich versuchte aufzustehen. Nachdem ich dreimal umgefallen war, begann ich mich auf allen vieren zu bewegen. In der ganzen Wohnung brannte Licht. Ich kroch von einem Zimmer ins andere. Lillian war nicht da. Im Gästezimmer, wo wir ihre Koffer hingebracht hatten, sah es wüst aus. Wäsche, Kleider, Schuhe und Mäntel waren durcheinandergeworfen. Es kam mir vor, als ob zwei Koffer fehlten. Die Panik, die nun in mir hochstieg, gab mir Kraft. Lillian war verschwunden. Olsen hatte mir den chloroformierten Lappen aufs Gesicht gepreßt und mir irgendeine Betäubungsspritze gegeben, die wirkte, bevor ich aus meinem Chloroformrausch erwachte. Und dann . . .

Und dann?

War er allein gewesen?

Wahrscheinlich zuerst allein in der Wohnung, aber wer sagte mir, wie viele Kerle dann noch aus dem Park heraufgekommen waren? Sie mußten Lillian wie mich betäubt und mit sich geschleppt haben, als Geisel . . .

Diesmal kam ich auf die Beine. Ich stolperte ins Badezimmer, wobei ich mich an Möbeln anschlug, und im Badezimmer steckte ich den Kopf unter das kalte Wasser. Ich drehte den Hahn ganz auf, das Wasser spritzte alles voll. Ich wandte den Mund nach oben und trank, und dann erbrach ich mich plötzlich, nur Wasser und Galle, und dann trank ich wieder und ließ mir das Wasser über den Kopf schießen. Das half ein wenig.

Taumelnd riß ich mir alle Kleider vom Leib. Aus der Hausapotheke holte ich ein Röhrchen mit Alka-Seltzer-Tabletten, löste zwei in einem Glas Wasser auf und trank das Glas leer. Dann stolperte ich nackt in die Küche und setzte einen Topf voll Wasser auf dem elektrischen Herd auf und füllte einen Filter mit gemahlenem Kaffee.

Während das Wasser heiß wurde, holte ich neue Wäsche und einen Flanell-anzug hervor und begann mich anzuziehen. Das war eine entsetzlich schwere Arbeit. Ich schwitzte. In Hemd und Hose, auf Socken, taumelte ich in die Küche zurück und goß Wasser in den Filter. Ich machte den Kaffee so stark, wie ich noch niemals Kaffee gemacht hatte, und ich trank in kleinen Schlucken die bittere Brühe, die so heiß war, daß ich mir die Lippen verbrannte.

Von Zeit zu Zeit regte sich der Brechreiz, aber ich trank immer weiter. Die Tasse hielt ich in den zitternden Händen, und nach der ersten trank ich eine zweite und dann eine dritte. Es half endlich. Ich bekam etwas Kraft in meine Glieder und konnte wieder klarer denken.

Sie hatten mich also hereingelegt. Mit der Tasse in den Händen wanderte ich in das Wohnzimmer. Die Manuskripte lagen noch auf dem Teppich. Sie hatten mir die Manuskripte gebracht und Lillian genommen. Sie hatten das verflucht geschickt angestellt. Sie besaßen einen Vorsprung von vier Stunden. Vier Stunden! Wenn sie Delacorte planmäßig herausgeholt hatten, war der Vorsprung noch zwei Stunden größer. Wo waren sie jetzt wohl schon? Wo war Lillian?

Der Gedanke an Lillian raubte mir fast den Verstand.

Ich ließ die Tasse fallen. Sie zerbrach.

Ich humpelte in die Küche, nahm eine neue und füllte sie. Jetzt schüttete ich noch eine Menge Zucker in den Kaffee. Ich mußte telefonieren. Nicht von hier aus. Ich mußte nun fort aus Frankfurt. Fort aus Deutschland. Ich mußte vor allem herauskriegen, wo Lillian war.

Lillian!

Ich zog mich fertig an und wollte die falschen Papiere und die D-Mark und Dollarnoten holen, die ich für den Fall der Flucht in meinem Schreibtisch bereitgelegt hatte. Der war abgeschlossen gewesen, den Schlüssel hatte ich bei mir getragen. Lillians falsche Papiere hatte ich ihr gegeben. Sie waren weg, so wie Lillian weg war. Mein Paß, der Seuchenpaß und das Geld waren noch da, wie ich entdeckte, als ich die Lade aufsperrte. Ich steckte alles ein. Dann packte ich ohne nachzudenken einen großen Reisesack voll mit Anzügen, Wäsche und Schuhen. Von Zeit zu Zeit mußte ich aufhören und mich schnell hinsetzen.

4 Uhr 05.

Ich ließ alle Lichter brennen, als ich die Wohnung verließ. Leise schlich ich die Treppen hinab zum Hinterausgang. Es regnete ziemlich heftig, der Boden war aufgeweicht und schlammig, und ein kalter Wind trieb mir die Tropfen ins Gesicht. Der Wind war gut für mich und meinen Kopf. Ich schleppte den Reisesack mühsam durch den Garten und den Park bis zur Forsthausstraße und zu der Telefonzelle. Ich sah keinen Menschen. Ich trat in die Zelle, suchte die Nummer des Flughafens und rief dort draußen an. Eine müde Männerstimme meldete sich.

»Ich möchte eine Auskunft über eine Privatmaschine.«

»Was für eine Privatmaschine?«

»Eine Bonanza. Sie gehört Frau Petra Schalke. Der Pilot heißt Wohl. Er wollte heute nacht mit ein paar Freunden von mir einen Flug unternehmen, und ich möchte gern wissen, ob er abgeflogen ist.«

»Moment.«

Das wurde ein verflucht langer Moment.

Zuletzt meldete sich eine andere Stimme: »Flugabfertigung, Hortig. Sie wollen wissen, ob die D-AO 3425 abgeflogen ist?«

»Die Bonanza von Frau Schalke . . .«

»Ja, die ist abgeflogen.«

Ich hielt mich an einer Zellenwand fest, und der Schweiß floß mir von der Stirn, über die Hand und den Hörer.

»Mit Herrn Wohl als Piloten?«

»Natürlich. Er hat sich noch von mir den Flugplan geben lassen.«

»Wohin ist er geflogen?«

»Zuerst rauf nach Bremen und dann nach Zürich.«

»Waren . . . waren alle meine Freunde an Bord?«

»Woher soll ich das wissen?«

»Wie viele . . . wie viele Passagiere hatte Wohl?«

»Zwei. Eine Dame und einen Herrn.«

»Wie sahen die aus?«

»Hören Sie . . .«

»Wie sahen sie aus, *bitte!*«

»Die Dame war dunkel . . . Der Herr jünger . . . blondes Haar . . .«

Lillian und Olsen.

Ich würgte, aber es passierte nichts.

Also hatte Lillian mich verraten, zuletzt. Sie hatte gewußt, daß Wohl mit der Bonanza da draußen auf dem Flughafen wartete. Sie war gemeinsam mit Olsen losgeflogen, freiwillig, nicht betäubt. Aber warum hatte sie das getan? Warum? Weshalb? Für wen? Wo war da noch Logik, wo war da noch Vernunft?

»Zuerst nach Bremen?«

»Hören Sie, mit wem spreche ich eigentlich?«

»Mit einem Freund. Ich will nur wissen . . .«

»Wenn Sie noch etwas wissen wollen, kommen Sie her!«

Klick!

Die Verbindung war unterbrochen.

Lillian. Ich stöhnte laut. Sie hatte mich betrogen und belogen, die ganze Zeit. Aber das gab es nicht! *Das gab es nicht!* Dazu hatte sie keine Ursache, keinen Grund! Sie hatte mich doch angefleht, sie zu mir zu nehmen, sie nicht mehr allein zu lassen . . . Vielleicht war sie nur unter Drohungen geflogen. Olsen hatte gewiß eine Pistole. Vielleicht flog auch Wohl unter Zwang, eine Pistole im Kreuz . . .

Blödsinn!

Das war Blödsinn. Das gab es nicht! Aber wo war dann die Erklärung?

Ich fuhr zusammen. Mit heulender Sirene und zuckendem Blaulicht raste eine Funkstreife auf die Telefonzelle zu. Aber sie raste weiter, die Sirene verklang.

Ich rief im ›Strip‹ an.

Minski meldete sich.

»Hier ist Ritchie . . .«

Keine Antwort.

»Herrgott, hörst du mich nicht?«

Er sagte mühsam: »Von . . . wo sprichst du? Aus Zürich?«

»Zürich, Scheiße! Ich bin hier! Hier in Frankfurt.«

»O Gott.«

»Was hast du?«

»Was hat *du*?« Er kam etwas in Fahrt. Ich vernahm leise Musik im Hörer. Es schienen immer noch Gäste dazusein. »Wieso bist du noch da? Lillian hat doch angerufen und gesagt, ihr fliegt eben ab, du bist schon in der Maschine.«

»Das hat sie *gesagt?*«

»Ja. Sie hat also gelogen. Fein.«

»Sei ruhig! Wann hat sie angerufen? Na los!«

»Knapp nach Mitternacht. Ich soll mir keine Sorgen machen, ihr schafft es schon; ihr fliegt nach Zürich. Die Entführung da oben ist schiefgegangen, sie haben sich diesen Geyer und ein paar andere geschnappt, und die haben gequatscht. Darum müßt ihr weg. Olsen hat euch das erzählt. Er erfuhr es über Funk. Ihr nehmt ihn mit bis Zürich, hat Lillian gesagt. Damit er wenigstens noch eine Chance hat. Um Gottes willen, Ritchie, was ist wirklich passiert?«

»Ich bin überfallen und betäubt worden. Von Olsen! Als ich zu mir kam, waren Olsen und Lillian weg. Olsen ist mit Lillian losgeflogen. Zuerst nach Bremen, dann nach Zürich. Leb wohl, Boris.«

»Moment! Bist du meschugge? Wo willst du hin?«

»Ich muß zu Lillian. Ich muß wissen . . .«

»Das weißt du doch so auch schon.«

»*Nein, ich weiß es noch nicht!*« schrie ich verzweifelt.

»Wer schreit, weiß«, sagte Minskis Stimme. »Vergiß Lillian. Vergiß das verfluchte Luder. Du darfst jetzt nur an dich denken. Wenn du das nicht tust, bist du erledigt.«

»Sie können Lillian vielleicht gezwungen haben . . .«

»Hör endlich mit Lillian auf!« kreischte er. »Hast du noch immer nicht genug?«

»Nein, ich habe noch immer nicht genug! Jetzt geht es erst los!« Brennend heiße Wut erfüllte mich. »Jetzt muß ich wissen, was wirklich mit ihr los ist!«

»Er hat den Verstand verloren! Er ist nicht mehr bei Trost«, jammerte Minski.

»Halt den Mund!«

»Aber das ist Wahnsinn! Ritchie! Hör auf mich! Ich war immer wie ein Vater zu dir. Du kannst doch jetzt nicht hinter Lillian her . . .«

»Ich kann. Ich werde. Ich muß weg, das ist doch wohl kar, was?«

»Und Paradin?«

»*Nichts Paradin!*«

»Du hättest noch eine Chance, wenn du . . .«

»Und wozu hast du mir dann all das Zeug besorgt?«

»Also du willst nichts tun?«

»Nein, nichts. Zu riskant.«

»Und was mach ich?«

»Sind noch viele Gäste da?«

»Ziemlich viele. Wird eine lange Nacht werden heute.«

»Gut. Du wartest, bis du die letzten weg hast. Dann sagst du zu dem Beamten im Lokal und dem, den du draußen findest, daß ich verschwunden bin. Sag, ich sei so gegen zwei mal weggegangen und hab gesagt, ich käme wieder. Vergiß nicht, daß du nicht zuviel wissen darfst. Du mußt der Doofe bleiben, sonst schnappen sie dich.«

»Ja . . .«

»Sieh zu, daß du es ihnen so spät wie möglich sagst, damit ich den größtmöglichen Vorsprung habe.«

»Wie höre ich von dir, Ritchie?«

»Ich rufe dich . . . nein, ich schicke ein Telegramm. Paß auf: Wenn es mir gut geht, heißt der Text ›Gut gelandet stop *Gruß* Ritchie‹. Wenn es mir schlecht geht, telegrafiere ich ›Gut gelandet stop *herzliche Grüße* Ritchie‹. Gruß und herzliche Grüße. Merkst du dir das?«

»Idiot. Hör auf mich! Gib es auf und stell dich Paradin.«

»*Nie!*«

»Mein Gott . . . und wann . . . wann kriege ich das Telegramm?«

»Das weiß ich doch jetzt noch nicht. Sobald ich weiter bin. Gruß ist gut, und herzliche Grüße ist schlecht. Okay?«

»Okay, fragt er! Wie soll ich dir helfen bei herzliche Grüße? Wie soll ich . . .«

»Ich muß Schluß machen. Leb wohl, Boris«, sagte ich und hängte ein. Ich rief eine Funktaxizentrale an und bestellte einen Wagen.

Da war es 4 Uhr 25.

Es regnete immer weiter.

Im Flughafengebäude war es still. Viele Schalter hatten geschlossen. Auf den Lederbänken der Wartehallen saßen oder lagen einzelne Passagiere. Sie schliefen. Eine Afrikanerin in einem farbenprächtigen, kostbaren Kleid stillte ihren Säugling. Sie hatte eine pralle kaffeebraune Brust mit sehr großem rosigem Warzenhof ganz freigelegt. Mir wurde auf einmal wieder schwindlig, und ich mußte mich setzen. Plötzlich war mir alles egal. Sollten sie mich hier fassen. Und wenn schon. Und wenn schon. Lillian hatte mich verraten. Das war mein letzter Gedanke, dann war ich eingeschlafen. Mein Reisesack stand neben mir. Ich erwachte um 5 Uhr 30. Nun war schon mehr

Betrieb hier. Es erstaunte mich, daß ich nicht von der Bank gefallen war. Ich hatte ganz manierlich im Sitzen geschlafen. Auf der Bank gegenüber saß die Negerin mit dem Baby. Sie lachte mir zu. Ich lächelte verkrampft, stand auf und schleppte mich bis zu einer großen Tafel mit den Ankunfts- und Abflugzeiten der Maschinen. Eine Swiss-Air-Maschine, die um 6 Uhr aus New York kam, flog um 6 Uhr 30 weiter nach Zürich.

Das war meine Maschine!

Ich ging mit bleischweren Gliedern zum Swiss-Air-Schalter, der eben geöffnet wurde. Sauber, jung und ausgeschlafen strahlte eine hübsche Stewardeß mich an. »Bitte, mein Herr?«

Zehn Minuten später hatte ich mein Ticket, das Gepäck war aufgegeben, und ich saß im Restaurant, wo ich heißen Kaffee trank und an einer Buttersemmel herumwürgte. Es saßen außer mir noch sieben Menschen in dem Restaurant. Und es regnete noch immer. Die Swiss-Air-Maschine landete pünktlich. Sehr viele Passagiere verließen das Flugzeug hier.

Um 6 Uhr 10 wurden die Fluggäste nach Zürich zur Paß- und Zollkontrolle gerufen. Womit immer ich betäubt worden war – nun zeigte sich die gute Seite des Mittels. Ich war ruhig und gleichmütig wie seit Jahren nicht. Ich war ganz sicher, daß mir nichts geschehen konnte. Es geschah auch nicht das geringste. Die Beamten waren sehr höflich. Die Negerin mit ihrem Baby stand in der kurzen Reihe der Passagiere vor mir. Während wir im Transitraum darauf warteten, daß wir zur Maschine hinausgefahren wurden, erzählte die junge Mutter mir, daß sie aus dem Kongo stamme. Sie lebe in Leopoldville. Ihr Mann sei ein hoher Regierungsbeamter. Er hatte sie nach Deutschland geschickt, zu einem berühmten Professor, um ihr Kind zu bekommen. Der Professor besaß ein Sanatorium in der Nähe von Frankfurt. Da hatte die schwarze Dame, die, wie ich jetzt sah, eine Menge wertvollen Schmuck trug, das letzte Vierteljahr verbracht. Nun flog sie heim. Sie reiste über Zürich, weil der Professor ihr eine berühmte Pflegeschwesternschule in Zürich empfohlen hatte, wo auch farbige Mädchen ausgebildet wurden. Ein solches Mädchen wollte die Dame noch engagieren. Sie hätte lieber ein weißes Mädchen gehabt, aber, wie sie traurig sagte: »Weiße wollen nicht zu uns kommen. Ich verstehe das nicht. Es ist doch so schön bei uns.«

In der großen Düsenmaschine gab es wieder Frühstück. Ich dachte, daß ich gar nicht genug Kaffee bekommen konnte, und trank noch einmal eine Portion. Unterwegs wurde das Wetter besser. Als wir in Zürich landeten, wehte nur kalter Wind, und es regnete nicht. Ich stand eine Weile auf dem Flugfeld und sah mich nach einer Privatmaschine mit dem deutschen Kennzeichen D-AO 3425 (das Kennzeichen hatte sich mir sonderbarerweise trotz meiner Benommenheit eingeprägt) um, aber ich entdeckte sie nicht. Der Pilot hatte wohl sofort den Rückflug angetreten, dachte ich endlich. (Das war ein richtiger Gedanke, wie ich später von Delacorte erfuhr.)

Im Flughafen Kloten war schon lebhafter morgendlicher Betrieb. Die Einreiseformalitäten gingen hier mit größter Höflichkeit vor sich.

Ich stellte fest, daß eine halbe Stunde, bevor wir gelandet waren, ein KLM-Clipper nach Kairo gestartet war, und eine Viertelstunde vor unserer Landung eine PAA-Maschine nach Südamerika, erster Stop drüben Recife, mit Weiterflug nach Rio und Buenos Aires.

Ich ging zuerst zum KLM-Schalter und fragte, ob eine Frau Angelika Dirksen mit der Frühmaschine geflogen sei.

Die Stewardeß sah auf einer Liste nach.

»Ja«, sagte sie dann.

»War sie in Begleitung?«

»Das kann ich nicht sagen, mein Herr. Wir hatten hier ziemlich viel Betrieb, die Maschine war fast ausgebucht.«

Aber was ich nun wußte, genügte mir. Allein war Lillian gewiß nicht nach Kairo geflogen.

»Wann geht die nächste Maschine?«

»Heute um 20 Uhr 30.«

Ich fragte bei anderen Schaltern.

Eine Sabena-Maschine flog um 10 Uhr 30. Ich buchte einen Platz. Ich vermag nur schwer zu erklären, weshalb ich all das nun tat, was ich noch tat. Es gab zwei Motive. Man kann das alles wahrscheinlich überhaupt nur verstehen, wenn man mir glaubt, daß ich Lillian trotz allem immer noch mehr liebte als mein eigenes Leben, so aberwitzig das klingt – denn daß sie mich verraten hatte, stand inzwischen selbst für mich fest.

Da war eine fixe Idee, die in meinem Gehirn brannte: Sie hat mich unter Zwang verraten. Sie liebt mich trotz allem. Sie wird bedroht. Sie wird erpreßt. Sie hat irgendein dunkles Geheimnis. Ich muß ihr helfen. Sie ist in Not. Sie braucht meine Hilfe. Ich muß zu ihr. Das war das erste Motiv. Das zweite: maßloser Zorn, maßlose Wut, maßlose Erbitterung. Ich konnte mir nicht erklären, weswegen Lillian mich verraten hatte. Für wen. Was sie zu dieser Gemeinheit getrieben hatte. Das mußte ich herausfinden, und wenn es mich das Leben kostete! Das mußte ich noch erfahren – von ihr, aus ihrem Mund! Ich hatte nur diese Gedanken in meinem Kopf: Wir zwei sind noch nicht fertig miteinander. Die große, die letzte Auseinandersetzung steht uns noch bevor. Du willst dich vor ihr drücken, Lillian, aber das gibt es nicht. Das gibt es nicht!

Niemand und nichts hätte mich davon abbringen können, sie weiterzuverfolgen. Ich war taub und blind für jede vernünftige Überlegung. Ich konnte überhaupt nicht mehr überlegt reagieren, nur noch impulsiv. Und da war ein einziger, ungeheuer starker Impuls in mir: Ich mußte noch einmal Lillian sehen, sie zur Rede stellen, ihre Antwort hören, ihre Erklärung für alles.

So stand es um mich.

Ich weiß nicht, ob Sie, bei aller Bemühung, das noch verstehen und nachfühlen können, meine Herren Richter. Ich bezweifle es. Aber so, genau so war es.

Der ägyptische Zollbeamte in der Ankunftshalle des Flughafens Heliopolis war ein echter Fellache: überdurchschnittlich groß und kräftig, aber keineswegs fett, mit gelbbrauner Gesichtsfarbe, welligem blauschwarzem Haar und mandelförmigen Augen, die von dichten Wimpern schwer umschlossen wurden. Tief eingesenkt war die Nasenwurzel unter der niederen Stirn, breit traten die Backenknochen hervor, der ebenfalls breite Mund hatte dicke Lippen. Das Kinn war nur schwach entwickelt.

Dieser Zollbeamte ließ sich Zeit. Ich mußte meinen Reisesack öffnen, und er durchstöberte mit unfaßbarer Langsamkeit alles, was sich darin befand. Hinter mir stand eine schimpfende Menschenmenge. Dem Fellachen war das egal. Er sprach englisch mit schwerem Akzent.

»Open this, please.«

Das war mein Waschbeutel. Ich öffnete ihn. Er untersuchte meine Toilettengegenstände umständlich. Die Passagiere, die hinter mir standen, wies er grob zur Ruhe. Es fiel mir auf, daß er ab und zu über meine Schulter in die Flughafenhalle hineinblickte. Ich drehte mich einmal sogar um, aber ich konnte nichts sehen, was das Interesse dieses Fellachen erregte. Es herrschte sehr viel Betrieb in der Halle, Menschen eilten durcheinander, und es war sehr laut. Es war auch sehr warm in Ägypten, ich hatte den falschen Anzug an. Meinen Kamelhaarmantel trug ich über dem Arm, und dort, wo ich ihn trug, waren Jackenärmel und Hemd feucht von Schweiß. Der falsche Paß lag vor dem Zollbeamten. Plötzlich, von einem Moment zum anderen, schien er jedes Interesse an mir verloren zu haben.

»All right, you can go.«

Ich packte hastig meinen Besitz ein und zog den Reißverschluß des großen Reisesacks, in dem auch Anzüge hingen, wieder zu. Die Polizeikontrolle hatte ich schon hinter mir. Da war es ganz schnell gegangen. Ich schleppte mein Gepäck zum Ausgang, denn ich konnte weit und breit keinen Träger erblicken. Es war mein Plan, nach Kairo zu fahren und dort zunächst in einem Hotel abzusteigen. Dann wollte ich systematisch vorgehen. Polizei. Meldeamt. Hotels und Pensionen. Irgendwo mußte ja auch Lillian abgestiegen sein. Es war natürlich möglich, daß sie überhaupt nicht nach Kairo hineingefahren war, sondern sich ganz anderswo aufhielt mit ihren Reisebegleitern — wer immer die waren. Delacorte gehörte gewiß zu ihnen. Auf dem Flughafen würde ich nichts erfahren, das war mir klar. Und irgendwo mußte ich mit meiner Suche beginnen. Es war immer noch am wahrscheinlichsten, daß Lillian und Delacorte sich zuerst nach Kairo begeben hatten.

Ich erreichte den Ausgang der Flughafenhalle. Draußen schien eine trotz der späten Jahreszeit noch sehr heiße Sonne. Plötzlich waren sie neben mir.

»Tag«, sagte Geyer. Er ging am Stock und hinkte noch ein wenig.

»Beinahe hätten wir Sie verfehlt«, sagte der blonde Kriminalassistent Olsen mit dem widerspenstigen Haar. »Wir haben drüben, bei der Fremdenpolizei, auf Sie gewartet.« Er ging sehr nahe an meiner linken Seite. Mit der linken Hand nahm er mir den Reisesack ab. Die rechte Hand hielt er in der Jackentasche seines dünnen Sommeranzugs. Etwas Hartes preßte sich gegen meine Rippen. »Aber unser Freund vom Zoll hat sein Schmiergeld verdient«, fuhr Olsen fort. »Hielt Sie so lange zurück, bis wir endlich aufgetaucht sind. Guter Mann. Sie können sich vorstellen, daß das kein Riegel Schokolade ist, den Sie da in den Rippen haben?«

»Ja«, sagte ich.

»Fein«, sagte Olsen. »Gehen Sie weiter. Nicht zu schnell. Rechts rüber jetzt, zum Parkplatz. Da steht ein gelber Plymouth, Sie sehen ihn. Aber machen Sie keine Sachen. Ich bin schrecklich nervös. Das Ding geht so leicht los, wissen Sie.«

Ich sah mich um. Wir standen allein da. Erst in einiger Entfernung parkten Busse, gingen Menschen. In zu großer Entfernung.

Geyer trat plötzlich sehr dicht neben mich, und ich fühlte auch in der rechten Rippenseite etwas Hartes.

»Wir sind unter uns, und wir wollen es bleiben«, sagte Geyer. »Also gehen Sie schön weiter. Gleichmäßig und ruhig.«

Ich ging weiter zwischen ihnen und zwischen zwei Pistolen, ruhig, nicht zu schnell, gleichmäßig. Wir marschierten auf den großen gelben Plymouth zu. Die Sonne brannte, und mir rann der Schweiß über den Körper. Kein Windhauch regte sich. Schlaff hingen die Wedel der vielen Dattelpalmen, die den Platz einsäumten, herab. Schlaff und staubig.

»Wir haben es geschafft! Wir haben es wieder geschafft, Herr Mark!« Mit diesem Jubelruf stürmte Wachtmeister Stalling heute früh in meine Zelle. Er wollte mich zum Friseur holen. Alle drei Wochen ist Haareschneiden. Heute war ich wieder dran. Es wurde auch schon Zeit.

Stalling kommt zu früh. Ich bin mit dem Rasieren noch nicht fertig. Ich habe mich eben gewaschen. An diesen Tagen, an denen die Friseure im Bau arbeiten, geht immer alles durcheinander. Das Frühstück kam gleich nach dem Wecken. Angezogen bin ich auch noch nicht. Ich kann nichts dafür.

Es ist Montag, der 5. Juni 1967.

»Lassen Sie sich Zeit. Nicht Ihre Schuld, Herr Mark. Das sind die Aufseher, die machen immer den gleichen Mist an den Friseurtagen, ich weiß auch nicht, was das ist. Rasieren Sie sich man in Ruhe zu Ende, ich warte. Beim Friseur werden Sie noch viel länger warten müssen. Was der Kunden hat!«

Ich besitze einen elektrischen Rasierapparat mit Batterieantrieb, den darf ich benützen. Damit kann ich mir nicht das Leben nehmen. Während ich mich also vor dem Spiegel über dem Waschbecken zu Ende rasiere, höre ich durch das sanfte Summen des Apparates, was Wachtmeister Stalling, mir zuliebe mit lauter Stimme, bekanntgibt.

»Wir stürmen von Sieg zu Sieg! Die Krise in der Partei ist endgültig überwunden! Trotzdem daß der Thielen raus ist und eine eigene Partei gegründet hat, mitten im Wahlkampf, haben wir es geschafft. Auch in Niedersachsen, Herr Mark! Zweihundertfünfzigtausend Stimmen! Sieben Prozent! Mehr als die FDP! Zehn Sitze im Landtag! Wir sind die drittstärkste Partei im Land, Herr Mark! Da an der Unterlippe ist noch was. Die drittstärkste Partei, jawohl! Bei den Landtagswahlen 1963, da gab es uns überhaupt noch nicht, und bei der Bundestagswahl 1965, vor ein bißchen mehr als anderthalb Jahren, da hatten wir nur zweieinhalb Prozent. Und jetzt in Niedersachsen fast das Dreifache! Wenn das kein Sieg ist, Herr Mark! Oder habe ich nicht recht?«

»Völlig recht, Herr Stalling.«

»Ein Bundesland nach dem andern! Jetzt sind wir durch! Jetzt haben wir Zeit, die Partei neu aufzubauen, einig und fest, und dann wird das was geben bei der nächsten Bundestagswahl! Was glauben Sie, wie gewisse Leute sich jetzt schon an uns ranschmeißen. Sie wissen, wen ich meine.«

»Ja, Herr Stalling.«

»Von wegen: Die NPD zerfällt! Also, da ersticke ich ja noch vor fröhlichem Gelächter! Diese Idioten! So lange werden wir zerfallen, bis wir an der Macht sind, wirklich an der Macht! Und dann wird sich so manch einer wundern, aber so manch einer! Habe ich nicht recht?«

»Vollkommen«, sage ich, verwahre meinen Rasierapparat und ziehe mich eilig an.

Die NPD hat es wiederum geschafft. Es läuft alles genau so, gespenstisch genau so, wie Boris Minski es sich im November 1966 ausgerechnet hat.

»Und das war ein *großes* Land, Herr Mark! Ein Sozi-Land. Die Sozis haben ganz schön Prozente verloren. Natürlich auch Mandate. Sieben! Fein für ein Sozi-Land, was? Folge der Großen Koalition. Habe ich gleich gewußt, daß die SPD sich damit kaputtmacht. Warum? Weil das vielen Genossen einfach zu weit gegangen ist. Jetzt kriegen sie die Quittung dafür, die Sozis, noch und noch, überall. Das wird was werden bei der nächsten großen Wahl! Die SPD rutscht, die FDP ist nur noch ein trauriger Witz ... was bleibt übrig, Herr Mark, was bleibt übrig? CDU/CSU und NPD.«

Ich ziehe mein Hemd an.

»Wir sind im Kommen, Herr Mark, wir sind im Kommen. Wenn sich die Krise so weiterzieht ... und das tut sie doch, da können die von konzentrierter Aktion ...«

»Konzertierter.«

»Ja, natürlich. Da können die von diesem Zeug reden, bis ihnen der Mund fusselig wird, das macht das Kraut nicht fett! Die Krise geht weiter, die Unzufriedenheit weiter, die Unsicherheit und die Angst bei den kleinen Leuten weiter ... die Zeit arbeitet für uns, Herr Mark. Genau wie das letztemal! Ich meine: Noch kann man das nicht miteinander vergleichen, und wir sind ja auch weiß Gott nicht die neue Nazipartei, aber man muß doch aus der Geschichte lernen. Na, und hat es das letztemal genauso angefangen, oder habe ich nicht recht?«

Ich ziehe meine Jacke an und sage: »Völlig recht, Herr Stalling.«

»Meinem Muttchen geht es so gut wie schon lange nicht mehr. Sagt auch der Arzt. Die wird mir noch wieder ganz gesund! Wissen Sie, oft denke ich, seit ich in die Partei eingetreten bin, da liegt so was wie ein Segen auf uns. Klingt blöd, ich weiß. Aber ich muß es immer wieder denken. Wenn man was Gutes tun kann, dann muß man es eben tun, das ist die Moral. Die Belohnung kommt dann von selber, nicht? So, nun wollen wir mal los zu unserem Figaro. Vorsicht mit dem, übrigens. Das ist ein Sozi. Sauer heute.«

Olsen saß am Steuer, Geyer, eine Pistole auf den Knien, saß neben mir im Fond des gelben Plymouth. Wir fuhren durch eine im Sonnenglast liegende endlose Ebene. Die Straße war breit und gut, aber sehr staubig, unser Wagen wirbelte eine riesige Wolke hinter sich auf. Olsen fuhr schnell. Am Straßenrand standen ab und zu Eukalyptusbäume, und in der Ferne sah ich von Zeit zu Zeit Lehmhütten und auch größere Gehöfte. Einmal sah ich ein Dorf.

Auf den Feldern arbeiteten Männer, Frauen und Kinder, in Lumpen, tief gebückt. Die meisten von ihnen benützten Geräte, wie die Ägypter sie wahrscheinlich schon vor fünftausend Jahren benützt hatten: kurze Handhacken, mit denen sie alle möglichen Tätigkeiten verrichteten, eiserne Igel, die als Eggen dienten, und spitzwinkelige, zweisternige Pflüge der Form, die bei der Erfindung der Schrift wohl bereits das Bild für die Hieroglyphe abgegeben hatte. Männer und Frauen führten die Eggen und die Pflüge; gezogen wurden sie von mageren alten Wasserbüffeln.

Heliopolis lag bereits etwa dreißig Fahrminuten hinter uns, der Flughafen und seine Gebäude waren nicht mehr zu sehen. Dreißig Minuten lang hatte keiner von uns gesprochen. Alle Fenster des Wagens waren geöffnet, dennoch drückte die Hitze. Ich hatte nun auch meine Jacke ausgezogen. Das Hemd klebte mir am Leib.

»Winterkultur«, sagte Geyer plötzlich.

»Was?«

»Die bauen die Winterkulturen an. Weizen, Gerste und Klee. Das Land ist fruchtbar. Hier wird dreimal im Jahr angebaut, und dreimal gibt es Ernten.

Ich war mal bei einer Zuckerrohrernte dabei«, sagte Geyer. In Ägypten ist der Bursche also auch schon gewesen, dachte ich, wahrscheinlich gleich nach Kriegsende.

»Wohin bringen Sie mich?«

»Werden Sie schon sehen.«

»Sie mußten uns ja nachfliegen«, sagte Olsen, am Steuer.

»Er ist der Typ«, sagte Geyer zu Olsen, während er mit der Waffe spielte und mich lächelnd ansah. »Der leidenschaftliche Typ, der den Kopf verliert. Ich habe es gleich gesagt. Sein Bruder auch. Ihr habt es nicht glauben wollen. Wer hatte recht?«

»Schwer vorzustellen, daß einer so idiotisch ist«, brachte Olsen, quasi zu seiner Entschuldigung, hervor.

»Wo ist mein Bruder?«

»Jaja«, sagte Geyer.

»Wo ist mein Bruder? Wo ist Frau Lombard? Wo ist Delacorte?« fragte ich und fühlte mich schwach und elend, und Schweiß überströmte meinen Körper.

»So viele Fragen, tck, tck, tck!« Geyer schüttelte tadelnd den Kopf. Seine dicken Brillengläser funkelten. »Immer mit der Ruhe, mein Lieber, immer mit der Ruhe. Sie werden alles erfahren. Aber lassen Sie sich um Himmels willen Zeit. Seien Sie nicht ungeduldig. Behalten Sie die Nerven. Das ist jetzt das Wichtigste, verstehen Sie.«

Olsen knurrte: »Haben Sie das gehört, Mark? Nerven behalten. Ist wirklich das Wichtigste. Geyer hat was gegen Leute, die schlechte Nerven haben und sie verlieren. So wie Scherr.«

»Was ist mit dem?« Den geistesschwachen negroiden Gefängnisaufseher hatte ich völlig vergessen.

»Tot ist der«, sagte Olsen. »Weil er so schlechte Nerven hatte. Wollte doch glatt ausreißen ... zur Polizei, was weiß ich wohin, bloß weil die Bonanza nicht auf die Minute pünktlich kam und er ein wenig warten mußte. Die mußten alle warten, da vor dem Wäldchen beim Bremer Flughafen. Die haben auch alle gewartet. Auf Frau Lombard und mich. Wir kamen nicht zum Spaß zu spät. Mußten nochmal umkehren und in Frankfurt landen, weil eine Tür nicht richtig eingerastet war.«

Vor uns, im Sonnenglast, tauchte ein Palmenhain auf. Wir fuhren direkt auf ihn zu.

Ich sagte zu Olsen: »Sie kamen mit Frau Lombard raufgeflogen?«

»Na ja klar, wer denn sonst? Idiot, dieser Scherr. Alles in bester Ordnung. Jedermann hatte seinen prima falschen Paß bekommen. Bessere falsche Pässe, als wir hatten, gibt es nicht. Frau Lombard brachte sogar noch einen mit. Den gaben Sie ihr freundlicherweise. Also hatte sie zwei.«

»Welchen nahm sie?«

»Ihren. Das Foto darauf war besser.«

»Und was geschah mit Scherr?«

»Wurde unruhig«, sagte Geyer. »Wurde laut. Wollte türmen. Blieb mir nichts übrig.« Er hob die Pistole und ließ sie wieder sinken.

»Sie haben ihn erschossen?«

»Natürlich«, sagte Geyer. »Was hätte ich tun sollen?«

»Wir hatten so mehr Platz in der Bonanza«, bemerkte Olsen. »Wäre fast zu voll gewesen mit dem Halbidioten. War so voll genug. Fünf Personen. Sechs mit dem Piloten. Dazu das Gepäck.«

»Wo haben Sie Scherr erschossen?« fragte ich.

»In dem Wäldchen. Man wird ihn bald finden. Ich habe ihn nur ein wenig eingescharrt und Laub und Äste über ihn gelegt. Gott hab ihn selig, er war ein wirklicher Schwachkopf. Werde es nie fassen, daß er Delacorte so glatt aus dem Knast rausbrachte. Hatte da immer die größten Bedenken.«

»Der Knast war sein Heim«, sagte Olsen. Der Palmenhain war sehr nahe gekommen. Ich sah viele blühende Sträucher zwischen den Bäumen. »Da mußte er sich einfach auskennen. Was mich verblüfft hat, das war, wie er den Doktor im Krankenhaus erledigte. Da gehörte doch was dazu.«

»Reine Reflexe, sonst nichts. Das blöde Schwein«, sagte Geyer. »Und dabei haben wir ihm versprochen, daß wir ihn hier unterbringen. Wäre glänzend aufgehoben gewesen.«

»Wo wollten Sie ihn unterbringen?« fragte ich.

Geyer überging die Frage.

»Besser, er ist tot. Immer eine Belastung so was. Und schließlich, er war ein Mörder. Ein zweifacher, nicht? Den im Gefängnis, den hatte er doch auch auf dem Gewissen, diesen U-Gefangenen.«

Ich dachte, daß der Kriminalinspektor Geyer auch ein zweifacher Mörder war, aber ich sagte nichts.

Wir hatten nun den Hain erreicht. Plötzlich wurde es kühler. In dem Dattelpalmenwäldchen standen ein paar weiße Villen in großen Gärten. Hier schienen reiche Leute ihre Landsitze zu haben, es sah nach Geld und Luxus aus. Blumen blühten in leuchtenden Farben.

Wir bogen von der Hauptstraße in einen asphaltierten Weg ein, der auf ein gelbgestrichenes Haus mit grünen, geschlossenen Fensterläden und flachem Dach zulief. Auf dem Dach mußten Gartenschläuche liegen, denn von oben floß Wasser über die Mauern des Hauses und färbte das helle Gelb dunkel. Das Grundstück war von einer hohen Mauer umgeben. Der Weg führte zu einem schmiedeeisernen Tor, durch welches man die Villa sah. Olsen hupte kurz. Aus einem Häuschen neben dem Tor, drinnen im Park, kam ein Araber in Hemd und Hose und öffnete. Wir fuhren weiter. Der Araber grüßte. Der Weg beschrieb einen Bogen zu einer Auffahrt unter einem Säulenvorbau, auf dem ein Balkon ruhte. Olsen hielt.

»Raus«, sagte Geyer. Er stieß mir die Pistole in die Seite. Ich kletterte aus dem Wagen. Die grüngestrichene Eingangstür öffnete sich. Ein weißhäutiger junger Mann stand uns gegenüber.

»Das ging ja fein«, sagte er in akzentfreiem Deutsch. Er trug einen Khakianzug und ein offenes Hemd. Im Innern des Hauses war es dunkel. Elektrisches Licht brannte in einer großen Halle, in der es viele Teppiche und alte europäische Möbel gab.

»Wohin mit ihm?« fragte Geyer.

»In den Salon«, sagte der junge Mann und wies mit dem Kinn zu einer seitlichen Tür. Geyer gab mir wieder einen leichten Stoß mit der Pistole. Ich marschierte auf die Tür zu. Der junge Mann ging voraus, klopfte und öffnete. Er ließ uns in einen Raum treten, der mit Chippendale-Möbeln eingerichtet war. Hier brannte ein Kronleuchter. Die Fensterläden waren geschlossen. Vor einem Kamin gab es eine große Sitzgarnitur mit Stühlen, einer langen Rohrgeflechtbank und einem Tisch, der eine Marmorplatte besaß. Teegeschirr stand auf diesem Tisch. Neben dem Kamin erblickte ich einen Mann, untadelig gekleidet in einen weißen Tropenanzug, das fahlblonde Haar makellos gekämmt, elegant und souverän, mit hoher Stirn, hellen Augen, hellem Schnurrbart und einem wulstigen Schmiß, der sich vom linken Mundwinkel bis zum Backenknochen emporzog.

»Willkommen«, sagte der Euthanasie-Massenmörder Dr. Victor Delacorte.

»Krieg! Es ist Krieg!«

Mit diesem Ruf ist Wachtmeister Stalling vor fünf Minuten in meine Zelle gestürzt.

Das zweitemal schon heute, daß er mit Neuigkeiten kommt.

Vor dem Friseur waren es die Landtagswahlen in Niedersachsen.

Nach dem Friseur ist es nun der mit ungeheurer Wucht losgebrochene, lange vorbereitete und lange erwartete Krieg, den Ägypten gegen Israel angezettelt hat.

Wachtmeister Stalling war völlig außer Atem.

»Heute früh ist es losgegangen! Aber wie! Das arme Israel! An allen Fronten wird gekämpft! Und gegen wen die Juden alles kämpfen müssen! Die Ägypter! Die Jordanier! Gegen Syrien! Gegen – ich habe mir nicht alle merken können! Panzerschlachten in der Wüste und im Gaza-Streifen! Luftangriffe! Dieser verfluchte Nasser! Aufhängen müßte man den Kerl! Kriegsverbrecher der! Was haben die Juden da unten irgendwem getan? Fleißig und still haben sie ihr Land aufgebaut. Und jetzt, wo es ein Garten ist, ein blühender, jetzt möchte er es haben, der Saukerl! Diese ganzen Saukerle, das Gesocks da unten! Mistzeug! Ich sage Ihnen, Herr Mark, wenn sich da jetzt nicht wirklich die ganze freie Welt zusammentut und den Juden

hilft, dann kann Amerika aber einpacken, dann habe ich genug von dieser freien Welt! Jawohl! Und nicht nur ich! Alle, denen ich vom Krieg erzähle! Der Herr Jakowski hat gesagt, das, was da mit den Juden geschieht, ist das größte Verbrechen unserer Zeit! Er ist völlig außer sich vor Empörung, der Herr Jakowski! Kairo soll bombardiert worden sein! Das gönne ich ihnen, den Hunden. Knapp davor sollen sie noch auf den Straßen getanzt und gesungen haben vor lauter Begeisterung über den heiligen Scheißkrieg, den sie führen wollen! Der Herr Jakowski, ich, alle im Bau, wir haben nur einen Wunsch: daß die Juden sie zu Klump schlagen, daß sie Kleinholz aus ihnen machen, daß nichts übrigbleibt von dem Drecksgesindel, dem verfluchten!«
Damit ist Wachtmeister Stalling fortgestürzt, um die Nachricht weiter im Bau zu verbreiten.
Krieg im Nahen Osten.
Seit Tagen, seit Wochen hat man auf ihn gewartet. Nun ist er da. Was wird geschehen? Was immer geschehen wird, ich kann nichts daran ändern. Aber es ist doch ein unheimliches Gefühl, das mich beschleicht, wenn ich nun daran denke, daß ich in meinem Bericht eben wieder in Ägypten angelangt bin, wo nun Panzerschlachten toben, Granaten explodieren, Bomben fallen, Sirenen heulen, Menschen kämpfen und sterben; daß ich da unten gewesen bin, in Ägypten, in Kairo, das heute früh seinen ersten Luftangriff erlebt haben soll – daß ich da war, vor einem halben Jahr. Ja, fast auf den Tag genau vor einem halben Jahr saß ich dem Professor Delacorte gegenüber in dem kühlen Salon der eleganten Villa am Rande eines Palmenhains, irgendwo in der Nähe von Heliopolis . . .

Ein ägyptischer Boy in Weiß hatte eisgekühlten Tee serviert. Eine große Thermoskanne stand auf dem Marmortisch. Delacorte und ich saßen uns gegenüber – er gepflegt und sauber, ich verschwitzt und schmutzig. Nach der Hitze draußen war es wirklich sehr kühl hier im Salon, in dem der elektrische Kronleuchter brannte. Leise hörte ich das Wasser über die Hausmauer plätschern.
»Ich hoffe, Sie hatten einen angenehmen Flug«, sagte Delacorte, Tasse und Untertasse in den Händen, die kalte Flüssigkeit nippend. Auch ich trank durstig.
»Man wird Ihnen natürlich andere Kleidung besorgen müssen . . . Herr Peter Horneck.«
»Hören Sie damit auf«, sagte ich. »Sie heißen ja auch nicht mehr Delacorte. Sie heißen jetzt alle anders. Wie heißen *Sie* denn?«
»Das ist doch für Sie wirklich uninteressant.«
»Wo bin ich hier?«
»Das kann ich Ihnen leider nicht sagen.«
»Sie können nicht, oder Sie wollen nicht?«

»Ich kann nicht. Ich wurde, vom Flughafen fort, hierher gebracht wie Sie. Auch ich wurde erwartet.«

»Von zwei Herren mit Pistolen?«

»Das nicht. Etwas Gebäck? Nein? Sollten Sie versuchen.« Er knabberte an einem Keks. »Nein, nicht von Herren mit Pistolen.«

»Sondern?«

»Sondern von ... Freunden.« Er lächelte und verneigte sich leicht. »Sie vergessen, daß *ich* hier erwartet wurde ... als *Freund.*«

»Ich nicht.«

»Nein, Sie nicht. Noch Tee?«

»Bitte.«

Er füllte meine Tasse umständlich nach.

»Wo ist Frau Lombard? Wo ist mein Bruder?«

»Das weiß ich nicht. Ich weiß es wirklich nicht.« Er hob die ausdrucksvollen, schönen Hände. »Erregen Sie sich nicht. Sie geraten nur in Schweiß. Und es ist doch gänzlich sinnlos. Wann und wie Sie hier wieder fortkommen, das steht nicht bei Ihnen und nicht bei mir. Darüber entscheiden jetzt ...«

»Ihre Freunde.«

»Nun ja.« Er räusperte sich. »Sie müssen das verstehen. Es wäre doch zu gefährlich, Sie frei in der Gegend herumlaufen zu lassen ... wenigstens sofort, in der allerersten Zeit nach meiner Flucht. Wer weiß, was Sie in Ihrer begreiflichen Erregung anstellen würden? Das kann man nicht riskieren.«

»Wer ist man?«

»Wir alle«, sagte Delacorte. Ein feiner Geruch nach guten Eau de Toilette ging von ihm aus. Er strich sich über das schöne Haar.

»Dieses Haus gehört der ›Spinne‹, ja?«

»Wie bitte? Ich weiß nicht, wovon Sie reden.«

»Sie wissen sehr gut, wovon ... ach was! Und Sie? Ihnen ist es egal, wo sich Lillian aufhält?«

In seinem Gesicht zuckte es. Er biß sich auf die Lippe. Ich überlegte, ob er Theater spielte, aber ich hatte nicht den Eindruck.

»Ich habe Sie etwas gefragt!«

Er stand auf und ging zu einem der Fenster, die auch noch mit schweren Stores verhängt waren. Er wandte mir den Rücken. Die Finger seiner Hände flocht er ineinander, während er sprach.

»Es ist mir durchaus nicht egal. Lillian ... Lillian war der Preis für meine Freiheit.«

Ich stellte die Teetasse hin, weil meine Hand zu zittern begonnen hatte. Er drehte sich nicht um.

»Ich will es Ihnen erzählen. Von Anfang an. Zunächst einmal: So wurde ich befreit ...«

Er gab mir einen kurzen Bericht. Hier erfuhr ich alles über den Ausbruch aus dem Untersuchungsgefängnis. Delacorte sprach etwas angestrengt.

»Ich verrate auch kein Geheimnis, wenn ich Ihnen sage, daß wir alle, Lillian, Ihr Bruder, Geyer, Olsen und ich, zusammen von Bremen über Zürich hierher nach Kairo geflogen sind.«

»Nein, da verraten Sie kein Geheimnis.«

»Nun, unterwegs hatte ich genügend Zeit, mit Lillian und Ihrem Bruder Werner zu sprechen. Es ist ganz einfach. Lillian hat mich, seit sie mich kennt, mit Ihrem Bruder Werner betrogen. Ich habe so viele Männer verdächtigt, weil sie es so geschickt anfing, mich zu betrügen ... aber sie war eine treue Betrügerin, treu Ihrem Bruder. Nicht einmal mit Ihnen betrog sie mich. Und das will doch, nach allem, was ich von ihr weiß, etwas heißen.«

»Verstehe ich nicht.«

»Daß ich Ihnen damals im ›Kaiserhof‹, vor meiner Verhaftung, Lillian ans Herz legte und Sie bat, auf sie zu achten, das war doch ein zynischer Witz, nicht wahr? Ausgesprochen im Zug des Plans, Sie anzusehen und auf Ihre Eignung zu prüfen. Die Partitur der Neunten schenkte ich Ihnen auch nicht aus spontaner Sympathie, sondern weil sie das Kennzeichen dafür war, daß Sie mir geeignet erschienen.«

»Das weiß ich inzwischen.«

»Ich war davon überzeugt, daß Sie Lillian liebten. Genau wie ich davon überzeugt war, daß Lillian Sie nicht liebte. Sie waren nur noch eine sentimentale Erinnerung für sie, sonst nichts. Siehe das Medaillon mit den Telefonnummern. Siehe den Anruf bei Ihnen, als sie sich vergiftet hatte ...«

»Das spricht mir aber doch für etwas mehr als für Sentimentalität«, sagte ich erregt.

Er sah mich grübelnd an.

»Sie haben recht. Es war mehr ... Sie bedeuteten Lillian gewiß etwas ... Ich weiß nicht, was ... jedenfalls war ich nicht als *Mann* auf Sie eifersüchtig, verstehen Sie? Dazu sprach Lillian von Ihnen allzuoft wie von einem guten alten Bekannten, einem treuen Freund ... ja, wie von einem kleinen ergebenen Jungen, einem Hündchen, das einem nachläuft und mit dem man tun kann, was man will ... Nicht doch, bleiben Sie sitzen, ich meine es nicht verletzend ... Wir sind beide Betrogene, wenn Sie wollen. Lillian hat sich niemals von Ihrem Bruder Werner lösen können, und er sich niemals von ihr.«

»Das haben die beiden Ihnen gesagt?«

»Auf dem Flug, ja.« Delacortes Gesicht war jetzt weiß. Er litt, man konnte es sehen. »Sie verabscheut mich, sagte Lillian. Nun, da sie weiß, wer ich einmal war, verabscheut sie mich. Es graut ihr vor mir. Sie ekelt sich vor sich selbst, wenn sie daran denkt, einmal meine Geliebte gewesen zu sein.« Er fuhr mit einer Hand durch die Luft. »Alles Geschwätz und Hysterie natürlich. Sie kennen Lillian. Ich weiß, daß Sie sie lieben, wie ich sie liebe ... trotz allem.« Er hustete und drehte mir wieder den Rücken. »Trotz allem und immer weiter, ja«, sagte er. »Ich nehme an, Ihnen geht es genauso ... selbst nach dem, was ich Ihnen jetzt gesagt habe. Selbst nach dem, was Lillian Ihnen eben angetan hat. Man hört nicht auf, eine Frau zu lieben, bloß weil sie eine Hure ist, wie?«

Mir war schlecht.

Ich stützte den Kopf in die Hände.

Was für eine Lügnerin, was für eine Schauspielerin, was für eine wirkliche Hure war Lillian doch, wenn das stimmte, was Delacorte da sagte. Lillian ... vor zwei Tagen hatte sie noch mit mir im Bett gelegen, nackt, keuchend vor Lust. In Treuwall hatte sie mich und die Polizei beschworen, ihr meinen Bruder vom Leib zu halten.

»Ich will ihn nicht sehen! Ich kann seinen Anblick nicht ertragen! Nie wieder will ich ihn sehen!«

Eine gute Schauspielerin, das mußte man ihr lassen. Ich war auf das Theater hereingefallen. Die Polizei auch. Vermutlich selbst Paradin.

Wenn es die Wahrheit war, was Delacorte da erzählte ...

Wer sagte mir, daß es Wahrheit war?

Kein Mensch! Immer noch konnte ich mich nicht entschließen, zu glauben, daß Lillian mich verraten hatte.

»Wir müssen zusammenbleiben. Für immer. Nur wir beide. Ich liebe dich, Ritchie. Du weißt, ich habe immer nur dich geliebt ...«

Das hatte sie gesagt. Aus freien Stücken. Niemand hatte sie dazu gezwungen. Aber vielleicht zwang man sie *jetzt* zu vielen Dingen? Sie hatte es doch nicht notwendig gehabt, mich zu belügen, zu betrügen! Warum sollte sie es doch getan haben? Warum? Etwas steckte dahinter. Ich kannte immer noch nicht die Wahrheit, nein, *immer noch nicht*. Lillian war keine solche Lügnerin, keine solche Schauspielerin. Keine solche Hure, *nein!*

Ich fühlte leichte Benommenheit. Erst die Hitze, nun die Kühle, die Aufregung, der weite Flug, die Angst, die Hoffnung, die Ungewißheit, die Gefangenschaft – es war alles ein wenig viel auf einmal. Die Benommenheit wuchs. Ich kämpfte gegen sie an und trank meine Tasse wieder leer.

Delacorte goß Tee nach.

»Danke«, sagte ich.

»In der Maschine erfuhr ich also die Wahrheit. Und man stellte mich vor die Wahl.«

»Was für eine Wahl?«

Er hob die Schultern.

»Sehen Sie, mein Freund, ich soll hier die Leitung einer großen Nervenklinik in ... egal, wo ... übernehmen. Praktisch unbegrenzte Mittel. Jede Forschungsmöglichkeit. Sie brauchen Fachleute hier. Sie haben nicht genug.

Nun, diese Position steht mir zu. Ich kann sie haben, jederzeit. Wenn ich auf Lillian verzichte. Ein für allemal. Wenn ich sie nie wiedersehe. Das ist die Bedingung. Gehe ich darauf ein, ist es gut. Gehe ich nicht darauf ein . . .« Er brach ab.

»Was dann?«

Er sagte langsam: »Man hat mir im Flugzeug erklärt – *eindringlich* erklärt –, daß man mich wieder aus Ägypten fortbringen und den deutschen Behörden in die Hände spielen wird, wenn ich nicht einwillige.«

»Mein *Bruder* hat Ihnen das erklärt?«

»Ja. Er ist ein Mann, der sehr viel Macht haben muß. Sehr, sehr viel Macht.«

Er ist auch ein Mann, der hervorragend blufft, dachte ich. Der beste Poker-spieler weit und breit. Aber das weißt du nicht, du armer Idiot. Du bist ihm auf den Leim gegangen. Was hieß hier armen Idiot? Ich war Werner genauso auf den Leim gegangen. *Genauso!*

Delacorte sagte: »Ich habe Vergleichsmöglichkeiten – was die Tüchtigkeit und Entschlossenheit Ihres Bruders und seiner Freunde angeht. Immerhin wurde ich aus dem Gefängnis geholt. Immerhin bin ich jetzt hier, ein freier Mann mit einer glänzenden neuen Karriere vor mir. Immerhin . . .«

Mein Kopf begann zu schmerzen. Vor meinen Augen flimmerte es. Ich sah kleine goldene Pünktchen tanzen. Und meine Benommenheit stieg immer weiter.

»Schon gut«, sagte ich. »Sie haben Lillian also aufgegeben.«

»Ja«, sagte er. Ich hatte plötzlich das Gefühl, daß er immer größer und größer wurde. Der Raum hingegen schien enger und enger zu werden. Kreiste der Kronleuchter leise?

»Ist Ihnen nicht gut?«

»Nicht sehr . . .«

»Die Hitze. Trinken Sie noch etwas Tee.« Er hielt mir die Tasse hin. Ich trank gehorsam.

»Sie haben Lillian aufgegeben?« wiederholte ich und merkte, daß ich mit schwerer Zunge sprach. Auch meine Glieder fühlten sich plötzlich schwer wie Blei an. Ich machte einen Versuch, mich zu erheben. Der Versuch mißlang.

»Bleiben Sie sitzen«, sagte Delacorte. »Ja, ich habe Lillian aufgegeben. Es gibt Situationen, in denen einem keine andere Wahl bleibt.«

»Ich glaube Ihnen nicht«, sagte ich, und nun fiel es mir schon schwer, die Wörter deutlich auszusprechen.

»Das ist schade«, meinte Delacorte. »Dabei sage ich einmal die Wahrheit. Sie werden mir noch glauben. Sie werden noch Verständnis für mich haben, o ja, viel Verständnis werden Sie für mich haben . . .«

Mein Schädel begann zu dröhnen. Ich sank in meinem Stuhl zurück. Auf einmal war Delacortes Gesicht dicht vor mir. Alles andere sah ich nur noch verschwommen, in Schlieren und hinter Schlieren. Allein Delacortes Gesicht war da, klar und gewaltig. Sein Mund erschien mir, während er nun sprach, so groß wie sein ganzes Gesicht.

»Ich verabschiede mich jetzt von Ihnen, mein Lieber. Ich denke nicht, daß wir uns wiedersehen werden. Ich hoffe es jedenfalls nicht.«

»Was . . . heißt . . . verabschieden?«

»Sie waren sehr unaufmerksam. Ich kann es verstehen. Zu aufgeregt. Ich habe Ihnen mit jeder Tasse Tee eine kleine Pille gegeben. Ein sehr starkes Medikament. Sie werden nun lange schlafen, o ja, lange . . .«

»Ich . . .«

»Seien Sie ohne Sorge. *Schlafen* habe ich gesagt. Nicht sterben. Ganz gewiß nicht. Im Gegenteil. Man wird um Ihre Gesundheit besorgt sein. Es sind zwei ausgezeichnete Ärzte im Haus. Nein, nein, es geschieht Ihnen nichts Schlimmes. Das haben Sie übrigens unserer guten Lillian zu verdanken.«

»Lillian . . .«

»Sie *bestand* darauf. Ihr Bruder und die anderen Herrn hatten . . . hm . . . andere Pläne mit Ihnen. Aber Lillian machte ihnen eine furchtbare Szene . . . Ihr Bruder gab nach . . . Nur, daß Sie jetzt eine Weile aus dem Weg sein müssen, um keinen Unfug anzurichten, das sah Lillian ein . . . Es genügt, nicht wahr? Sie verdanken ihr das Leben. Ist das nichts? Was für eine seltsame Frau . . . Sie betrug sich wie eine Irre. Wahrscheinlich ist sie eine . . . Man hätte glauben können, Sie seien Ihr Geliebter. Nun ja . . .« Sein Gesicht war nun ein Gebirge, sein Mund eine Schlucht, die Zähne waren Felsen. Seine Worte klangen wie aus einem Meer von Watte. »Diese Kur ist sehr gesund . . . besonders für Menschen mit strapazierten Nerven . . . Noch einmal: Es wird Ihnen nichts geschehen . . . *hier.* Danach hängt alles von Ihnen ab. Man wird von Ihnen verlangen . . .«

Das Ende dieses Satzes hörte ich nicht mehr.

Hier endet meine Erinnerung.

Zum zweitenmal in vierundzwanzig Stunden verlor ich das Bewußtsein.

Über das, was danach geschah, meine Herren Richter, Herr Verteidiger, kann ich nur wenig berichten. Meine Erinnerung versagt hier noch immer. Vier oder fünf Tage sind fast ganz aus meinem Gedächtnis gelöscht. Sie müssen eine Art Schlafkur mit mir gemacht haben.

Ich weiß, daß ich in einem Bett lag, als ich wieder zu mir kam. Und es war Tag. Und graues Licht fiel durch ein vergittertes Fenster. Der Himmel war bedeckt, daran erinnere ich mich. In dem Zimmer stand nur das Bett, sonst nichts. Die Tür hatte keine Klinke. Ein Mann in einem weißen Ärztekittel saß an meinem Bettrand und beobachtete mich. Ein älterer Mann mit grauem Haar und einem kleinen Bart am Kinn.

»Na also«, sagte er, »da sind Sie ja. Wie geht es?«
Ich versuchte, mich zu bewegen, aber ich hatte nicht die Kraft dazu.
»Schwach«, sagte ich. »Durst.«
Er drückte auf eine Klingel.
Eine junge Frau in Weiß, mit einem Schwesternhäubchen, erschien.
»Er bekommt jetzt zu essen und viel Orangensaft«, sagte der Arzt. Ich
dachte, daß ich keinen Bissen hinunterbringen würde, doch als man mir
dann ein Tablett voll Essen und einen Krug mit frischem Orangensaft
brachte, trank und aß ich gierig. Die Schwester stützte mich dabei. Allein
hätte ich nicht im Bett sitzen können. Nach der Mahlzeit kam der Arzt
wieder, maß meinen Blutdruck, fühlte den Puls und ging. Die Schwester
erschien mit einem rosaroten Kunststoffschälchen. Darauf lagen drei kleine
kaffeebraune, bohnenförmige Pillen.
»Nein«, sagte ich.
»Dann muß ich den Doktor rufen, und Sie bekommen eine Injektion. Ist
Ihnen das lieber?« Sie war hübsch, und sie sprach fließend deutsch.
Ich schluckte die Pillen.
Zehn Minuten später schlief ich wieder, tief, traumlos, ohne etwas wahrzunehmen. Ich muß viele Stunden geschlafen haben. Als ich zu mir kam, saß
ein anderer Arzt, ein junger, an meinem Bett, und eine andere Schwester,
eine häßliche, brachte mir Essen und Fruchtsaft, und danach erhielt ich
wieder drei von den kaffeebraunen Pillen. Da war es Nacht, das elektrische
Licht brannte, die Läden vor dem vergitterten Fenster waren geschlossen.
Gleich nachdem ich das Medikament geschluckt hatte, versank ich wieder
in tiefen Schlaf.
Es war ein seltsamer Schlaf. Er entspannte vollkommen. Ich dachte an
überhaupt nichts, ich träumte nicht, ich hatte keine Sorgen, keine Ängste,
keine Beschwerden. In gewissen Abständen kam ich zu mir. Dann erhielt
ich Essen, Fruchtsaft und neue Pillen. Es waren auch hellblaue und gelbe
darunter und manchmal rote. Die Ärzte und die Schwestern wechselten, Tag
und Nacht wechselten.
»Was für ein Tag ist heute?« fragte ich einmal einen der Ärzte.
»Was spielt das für eine Rolle?« fragte er.
Er hatte recht. Was spielte es für eine Rolle? Ich wußte überhaupt nicht
mehr, wo ich mich befand und was geschehen war, mit Mühe entsann ich
mich noch, wie ich hieß und wer ich war. Aber es interessierte mich auch
nicht. Nach einiger Zeit nahm ich die verschiedenen Pillen schon gern, denn
der Schlaf tat so wohl. Auch die beiden Ärzte und die beiden Schwestern
hatte ich gern. Ich träumte noch immer nicht. Wenn der Tod ein so angenehmer Zustand ist, dann freue ich mich jetzt schon auf ihn.
Einmal erhielt ich weiße Pulver, und der junge Arzt sagte: »Nun müssen
wir aber auch einmal wieder aufwachen.«

»Was für ein Tag ist heute?« fragte ich wieder.

»Mittwoch«, sagte er.

»Mittwoch, der wievielte?«

»Der siebente Dezember.«

»Wann bin ich hier angekommen?«

»Am zweiten. Vorigen Freitag, Sie Siebenschläfer. Wir müssen Sie jetzt langsam wieder munter kriegen, langsam, nicht zu schnell. Und dann müssen wir sehen, daß Sie wieder laufen lernen.«

Sie gaben mir weniger Medikamente. Am achten Tag, abends, gaben sie mir kein Mittel mehr. In dieser Nacht schlief ich unruhig, zum erstenmal, und zum erstenmal kehrte die Erinnerung in dieser Nacht zurück, die Erinnerung an alles.

Am Morgen des neunten Tages ließen sie mich aufstehen, und der Arzt und eine Schwester führten mich eine Weile im Zimmer herum. Ich war sehr schwach, und meine Beine fühlten sich weich an, aber der Arzt sagte: »Robuste Natur. Ich habe es mir viel ärger vorgestellt. Morgen können Sie schon in den Garten. In drei Tagen haben wir Sie soweit.«

An diesem Tag wanderte ich noch stundenlang in dem vergitterten Zimmer herum, zuletzt allein, mit einem Stock. In dem Maß, in dem ich wieder klar wurde, kehrten auch meine Sorgen zurück. Angst und Hilflosigkeit waren groß, aber ich bemühte mich, nichts davon zu zeigen. Ich war schon wieder so weit, daß ich mir sagte: Hier hast du keine Hilfe zu erwarten.

Dann führten sie mich in den Garten, in dem es schöne Wege zwischen den Hibiskussträuchern mit dem satt blutenden Karmin der Kelche und den Palmen gab. Auf gepflegten Beeten wuchsen blühende Rosen, Weihnachtssterne, Nelken, Oleander, Christusdorn, und ich sah auch ein paar Granatapfel- und Zitronenbäume. Das Grundstück besaß sehr hohe und dichte Hecken, die es einschlossen.

Es gab da einen Mann im Overall, der alle möglichen Arbeiten verrichtete, und der führte mich spazieren. Zuerst mußte ich mich alle zehn Minuten auf eine der zahlreichen Bänke des Parks setzen; aber diese Schwäche ging schnell vorbei, ebenso der Rest meiner Benommenheit. Der Mann im Overall war ein Araber, der kein Wort verstand, das ich zu ihm sprach, oder der wenigstens so tat. Er lächelte stets, aber er sagte nie ein eigenes Wort.

Es war warm in diesen Tagen, doch nicht so heiß wie bei meiner Ankunft. Das Haus war größer, als ich gedacht hatte; nun sah ich es, und es lebten eine Menge Leute in ihm, Weiße und Farbige. Oft kamen Autos mit Besuchern. Ich bemerkte, daß auf dem Dach der Villa große Antennen angebracht waren.

Am zweiten Tag konnte ich schon allein im Garten umhergehen, und ich fühlte, wie meine Kräfte zurückkehrten. Am dritten Tag untersuchte mich der ältere Arzt gründlich, er machte sogar ein EGK in einem weißgestrichenen Raum, in dem viele Apparate herumstanden.

»Wieder in Ordnung von mir aus«, sagte er. »Gehen Sie jetzt auf Ihr Zimmer.« Inzwischen kannte ich mich ein wenig im Haus aus, jedenfalls in einem Flügel. Auf dem gleichen Stockwerk, auf dem der Untersuchungsraum lag, befanden sich mehrere Zimmer, die alle keine Klinken hatten, auch außen nicht. Die junge Schwester führte mich zu meinem Zimmer und ließ mich mit einem Steckschlüssel ein. Auf dem Fußboden lag mein Reisesack, auf dem Bett lag mein Kamelhaarmantel. Ich sah die Sachen flüchtig an. Es fehlte nichts. In den Taschen des Mantels fand ich meine Brieftasche, meine falschen Papiere, mein Geld und mein Flugticket.

Ich setzte mich auf das Bett und sah durch das vergitterte Fenster in den blühenden Garten hinaus und dachte nach. Nun schrieb man also den 11. Dezember. Das war ein Sonntag, der dritte Advent. Im Zimmer des Arztes hatte ich einen Kalender an der Wand gesehen. Man hatte mich seit dem 2. Dezember hier festgehalten. Um Zeit zu gewinnen. Damit ich keinen Unfug anrichten konnte, wie Delacorte gesagt hatte. Wo war der? Längst verschwunden, längst in seiner Klinik natürlich. Wo waren die anderen? Geyer? Olsen? Mein Bruder? Lillian? Alle verschwunden vermutlich, dachte ich. Das war also ihr großer Plan gewesen. Aber ich dachte falsch. Eine Stunde später wurde die Tür aufgeschlossen. Olsen, in einem Khakianzug, trat ein und lächelte.

»Freue mich, Sie wiederzusehen«, sagte er. »Packen Sie Ihre Sachen. Wir fahren.«

»Wohin?«

»Nach Kairo.«

»Wer sagt das?«

»Stellen Sie nicht so viele Fragen. Ich habe den Auftrag, Sie nach Kairo zu bringen. Also!«

Also packte ich meine Sachen. Das Haus war leer, als wir es verließen, jedenfalls wirkte es so. Ich sah keinen der Ärzte, keine Schwester, niemanden. Vor der Auffahrt parkte der gelbe Plymouth. Olsen, der meinen Reisesack getragen hatte, warf ihn in den Fond. Ich warf meinen schweren Mantel darauf. Es war ein trüber, schwüler Tag. Gegen Mittag fuhren wir über dieselbe Straße, die wir gekommen waren, entlang an den armseligen Feldern, auf denen zerlumpte Männer, Frauen und Kinder arbeiteten und Wasserbüffel, denen die Knochen unter der Haut hervorstachen, vorsintflutliche Pflüge zogen.

Wir fuhren bis fast an die Flughafengebäude von Heliopolis heran, dann bogen wir in eine breite Chaussee ein, die, Wegweisern zufolge, nach Kairo führte.

»Bringen Sie mich zu meinem Bruder?«

»Ich bringe Sie ins Hotel ›Imperial‹«, sagte Olsen. »Alles Weitere werden Sie dort erfahren. Ich verabschiede mich heute von Ihnen. Wir werden uns nicht mehr sehen. Sie waren kein unangenehmer Kunde, Mark.«

Auf dieser Straße herrschte viel Verkehr, es gab hier noch Felder, aber auch schon Fabriken und Vorstadtsiedlungen von großer Häßlichkeit. Zerlumpte Kinder spielten mit leeren Konservenbüchsen. Vor uns, im Dunst, lag Kairo, ich konnte die Türme einiger Moscheen erkennen.

»Sie bleiben hier?«

»Hier nicht«, sagte Olsen. »Im Lande wohl. Ich sollte schon seit einiger Zeit hierher überführt werden.«

»Von der ›Spinne‹?«

Er zuckte die Achseln.

»Und jetzt ergab sich eine gute Gelegenheit, ich verstehe«, sagte ich. »Auch für Geyer. Der mußte ja dringend aus Deutschland 'raus. Ist der schon weg?«

»Ja.«

»Auch eine besondere Mission, was? Hoffentlich bekommt er wieder mit der Ertüchtigung von Knaben zu tun, der alte Päderast.«

Olsen lachte gutmütig.

»Was ist seine Aufgabe?«

»Was wird sie schon sein? Die brauchen hier Spezialisten. Er und ich, wir können Französisch und Englisch. So verständigen wir uns. Arabisch müssen wir jetzt eben lernen. Gibt viel zu tun hier unten.«

»Das kann ich mir vorstellen«, sagte ich.

Wir erreichten die Außenbezirke von Kairo. Olsen fuhr sehr sicher. Er sagte: »Hören Sie, Mark, Sie sind mir sympathisch. Spielen Sie jetzt nicht den gottverfluchten Helden. Das bringt nichts ein. Nie. Und in Ihrer Lage schon gar nicht. Sie haben hier keine Chance. Tun Sie, was man von Ihnen verlangt.«

»Das kommt darauf an, was man verlangt.«

»Also doch der Held. Ich sage Ihnen, da fallen Sie nur auf die Nase. Sie werden an meine Worte denken.«

Nun waren wir im Zentrum, fuhren am Hauptbahnhof vorüber und erreichten den Midan el-Tahrir, den Befreiungsplatz, in den zehn Avenuen münden. In Riesenbeeten wachsen hier viele Blumen. Sykomoren, Tamarisken und Palmen stehen in Gruppen. Ihre Fächer und Wedel hingen reglos herab. Olsen steuerte den Wagen durch eine schmale Seitenstraße auf die Nile Corniche. Plötzlich sah ich den Fluß vor mir und die Semiramis-Brücke, die zu der Insel Gezireh hinüberführt. Olsen bog nach rechts ein und fuhr, an mehreren großen Hotels vorbei, die Prachtstraße von Kairo entlang, an deren Rändern viele Palmen, Jacarandas, Flamboyants, Johannisbrot-, Lebbach- und Lotosbäume wachsen. Wir glitten am ›Shepheard's‹ vorüber und an seiner Anlegestelle für die großen, glasgedeckten Ausflugsmotorboote. Dann hielt Olsen vor dem ›Imperial‹.

Es ist ein seltsames Gefühl, diese Worte zu schreiben und zu denken, daß sich zur gleichen Zeit im ›Imperial‹ und im ›Hilton‹ und in den anderen internationalen Hotels von Kairo verängstigte Ausländer drängen, die der Krieg überrascht hat und die das Land nicht mehr verlassen konnten. Düsenbomber der Israelis donnern über die menschenleeren Straßen von Kairo, während ich diese Worte schreibe, in Luftschutzkellern hocken die Menschen, und in der Wüste draußen tobt der Krieg, in dieser Minute, in diesen Sekunden. Seltsames Gefühl . . .

Ein Hoteldiener kam aus dem ›Imperial‹ und holte mein Gepäck.

Ich sagte: »Woanders gab es keine Zimmer, wie?«

»In den größten Hotels sind Sie am sichersten«, sagte Olsen. »Und Geld genug haben Sie ja bei sich.« Ich stieg aus. Olsen sagte: »Seien Sie klug, Mark.«

»Ja«, sagte ich.

»Nur so bleiben Sie am Leben«, sagte er, nickte mir zu und fuhr weiter. Ich ging in die Hotelhalle hinein. Es war eine sehr große und luxuriös eingerichtete Halle. Ich ging zur Reception.

»Guten Tag«, sagte ich energisch. »Mein Name ist Peter Horneck.«

»Ah, Herr Horneck«, sagte der Portier lächelnd und mit einer leichten Verbeugung. »Wir haben Sie schon erwartet.« Er sah kurz auf den Plan, der vor ihm lag. »Sie haben das Appartement 907. Page!« rief er. Ein uniformierter Araberjunge kam herbeigeeilt. »Bringe Herrn Horneck auf 907«, sagte der Portier in englischer Sprache.

»907, jawohl. Wollen Sie mir bitte folgen, Sir«, sagte der kleine Page.

Das Appartement 907 lag an der Vorderseite des ›Imperial‹. Es war groß und komfortabel eingerichtet und bestand aus Salon, Schlafzimmer, Badezimmer und einem kleinen Vorraum. Es hatte Doppeltüren, moderne Möbel und im Salon einen großen Deckenlüster. Ich sah aus dem Fenster des Salons und erblickte die Corniche, die Semiramis-Brücke und die Flußinsel Gezireh, die ich von meinen früheren Besuchen her kannte. Ich sah die Luxusvillen und Parks im Norden, den Gezireh-Sporting-Club mit seinem Schwimmbad, den Golf-, Tennis-, Polo-, Kricket- und Hockeyplätzen in der Mitte, und im Süden, etwa auf der Höhe des ›Imperial‹, den phantastischen Andalusischen Garten und das Amerikanische Hospital, und, an der Inselspitze, den schönen kleinen Palast, der einmal dem fetten König Faruk gehört hatte. Ich kannte das alles. Nur im ›Imperial‹ hatte ich noch nie gewohnt. Ich überlegte, dann kritzelte ich etwas auf einen Briefumschlag, ging zum Telefon und gab ein Telegramm auf. Es war an Boris Minski adressiert und hatte diesen Wortlaut: ›Gut gelandet stop herzliche Grüße Ritchie.‹

Das sollte genügen. Wir hatten vereinbart, daß ich ›Gruß Ritchie‹ telegrafieren würde, wenn es mir gut, und ›Herzliche Grüße‹, wenn es mir schlecht ging. Ich wußte nicht, was Minski tun konnte, um mir zu helfen. Ich hoffte zu Gott, daß ihm etwas einfiel. Natürlich stand er längst unter scharfer Bewachung, und das Telegramm würde natürlich auch in Paradins Hände geraten, der dann also wußte, daß ich in Kairo und das Telegramm im ›Imperial‹ aufgegeben worden war. Damit konnte Paradin nur sehr wenig anfangen. Die Bundesrepublik unterhält keine diplomatischen Beziehungen zu Ägypten, und selbst wenn sie es getan hätte: Menschen mit Delikten meiner Art liefert Ägypten nicht aus. Eine Interpol-Fahndung nach uns allen war gewiß längst angelaufen. Sie war nur in gewissen Ländern ganz sinnlos. Zum Beispiel in Ägypten.

Ich hatte kaum den Telefonhörer in die Gabel gelegt, da läutete der Apparat. Ich hob ab. »Da bist du ja endlich«, sagte die Stimme meines Bruders.

»Ja, da bin ich«, sagte ich. »Von wo sprichst du?«

»Aus dem Hotel. Ich wohne auch hier.«

»Und wo wohnt . . .«

»In einem anderen Hotel. Nicht am Telefon. Ich muß dich sprechen. Auch nicht unbedingt im Hotel.«

»Warum nicht?«

»Nicht gleich nach deiner Ankunft. Später können wir uns kennengelernt haben. Später . . .«

»Aber das ist doch . . .«

Er unterbrach mich kurz: »Kannst du in einer Viertelstunde im Ägyptischen Museum sein?«

»Ja.« Das Ägyptische Museum lag direkt hinter dem Hotel.

»Gut. Ich warte auf dich im Erdgeschoß. Saal 42.«

Das Erdgeschoß des Ägyptischen Museums enthält die größten Denkmäler vom Beginn der altägyptischen Geschichte bis in die römische Zeit. Man betritt zunächst eine Rotunde. Saal 42 ist der erste auf der Westseite hinter dieser Rotunde, er enthält Meisterwerke des Alten Reiches. Ich war schon einmal hier gewesen, vor Jahren, ich kannte mich ein wenig aus.

Mein Bruder wartete auf einer kleinen Bank vor der Dioritstatue des Königs Chêphren, die man aus dem Torbau seiner Pyramide hierhergebracht hat. Es ist ein gewaltiges Monument. Der König sitzt auf einem löwengestaltigen Thron, der die Bilder der Lilie und der Papyrusstaude trägt. Das waren die Wappenzeichen für Ober- und Unterägypten. An beiden Seiten des Throns findet sich darum auch eine Hieroglyphe, die für den Begriff ›vereinigt‹ steht – zum Zeichen, daß dieser König in beiden Hälften Ägyptens regiert hat. Im Nacken sitzt dem Herrscher ein Falke – das Bild der Gottähnlichkeit Pharaos.

Es waren nur wenige Menschen in dem großen Saal – ältere amerikanische Ehepaare, Engländer, eine deutsche Familie mit zwei Kindern. Ich setzte mich neben meinen Bruder, der einen silbergrauen Anzug aus leichtem Stoff trug und etwas angestrengt wirkte. Er sprach leise und eintönig, ohne Modulation: »Wir wollen nicht über das reden, was war. Nur über das, was ist und was sein muß.«

»Einverstanden«, sagte ich. König Chêphren sah hochmütig und gottähnlich über uns hinweg.

»Alles, was geschehen ist und was nun geschehen muß, hast du dir übrigens selber zuzuschreiben. Warum bist du uns nachgekommen?«

Ich antwortete nicht. Ich hatte mir eine gewisse Strategie für dieses Gespräch zurechtgelegt, keine große. Sie lief darauf hinaus, meinen Bruder, wenn möglich, so zu reizen, daß er die Fassung verlor und mehr sagte, als er wollte und verantworten konnte – und im übrigen Zeit zu gewinnen. Ich brauchte jetzt Zeit. Ich war eben erst in Aktion getreten. Ich fühlte mich wieder kräftig, aber ich durfte den Kopf noch nicht zu schnell bewegen, sonst wurde mir schwindlig, und ich konnte auch noch nicht zu lange stillstehen, ohne taumelig zu werden.

»Die Männer, für die ich arbeite, wollten dich sofort erledigen. Sofort nach der Ankunft hier. Lillian hat das verhindert. Sie hat sich große Verdienste erworben um unser aller Flucht . . . unter anderem verriet sie uns, daß du ein Flugzeug bereitgestellt hattest, und wir konnten es benützen. Und so wurde also beschlossen, dich nur so lange außer Gefecht zu setzen, bis sich die Verhältnisse konsolidiert hatten, und dir noch eine Chance zu geben.«

»Sehr freundlich«, sagte ich.

»Der Professor hat dir von Lillian erzählt? Von Lillian und mir?« Seine Stimme klang zum erstenmal etwas lebhafter.

»Ja«, sagte ich.

»Und?«

»Ich glaube es nicht.«

»Welchen Grund . . .?«

»Hundert Gründe.«

»Der Professor hat es geglaubt.«

»Ihr ließt ihm keine Wahl. Bei mir liegen die Dinge anders. Ich verlange Lillian zu sehen. Sie soll mir das alles selber noch einmal erzählen . . . unter vier Augen.«

»Das kommt nicht in Frage.«

Ich stand auf. Das gehörte zu meiner Strategie. Keine Angst zeigen. Ich hatte große Angst, natürlich.

»Was ist los?«

»Wenn es nicht in Frage kommt, daß ich Lillian sehe, ist dieses Gespräch sinnlos«, sagte ich.

»Was willst du dann tun?«

Ich hatte mir schon überlegt, was ich darauf antworten mußte: »Ich habe Freunde in Kairo.« Ich wünschte, ich hätte welche gehabt. »Sie haben gesehen, daß ich bei der Landung verschleppt wurde. Sie haben ein Gespräch zwischen Geyer und Olsen abgehört – verzeih, ich weiß, ihr habt jetzt alle andere Namen, aber ich kenne sie nicht –, und aus diesem Gespräch ging hervor, daß man mich für ein paar Tage auf Eis legen, aber mir nichts tun wollte. Nichts Ernsthaftes.« Ich beobachtete ihn scharf. Er glaubte mir nicht. Aber er zweifelte, ob es richtig war, mir nicht zu glauben. Es war immerhin möglich, was ich erzählte. »Daraufhin haben meine Freunde dem Anwalt ein Telegramm mit vorbesprochenem Inhalt geschickt. Daß er noch warten soll.«

»Was ist das für ein Anwalt? Ich heiße übrigens Steinberg. Thomas Steinberg.«

Ein älterer Herr mit einem dicken Museumskatalog setzte sich neben uns auf die Bank. Wir standen auf und wanderten durch den Saal zur Holzstatue eines wohlbeleibten hohen Beamten und Großgrundbesitzers aus der Fünften Dynastie. Sein Haar ist kurz geschoren, die Augen sind aus mattem und durchsichtigem Quarz zusammengesetzt und eingelegt, die Lidränder aus Bronze gefertigt. Er trägt einen langen Schurz mit Vorderfalten. Die Arme sind mit Stiften angesetzt.

»Das ist ein Anwalt in Frankfurt. Ich habe nicht nur für dich Tonbänder besprochen, sondern auch für ihn. Ich habe alles gesagt, was es zu sagen gab ... bis zum letzten Moment. Die Bänder habe ich ihm vor meinem Abflug nachts noch in die Wohnung gebracht. Es wurde verabredet, daß er, wenn er einmal länger als drei Tage von mir keine telegrafische Nachricht erhält – von mir oder meinen Freunden –, daß er die Bänder dann der Polizei übergibt.« Diese Lüge sollte verhindern, daß sie mich jetzt umbrachten. Lillians Einfluß hatte ohne Zweifel seine Grenzen.

»Das ist eine Lüge«, sagte mein Bruder.

Ich zuckte die Achseln.

»Aber gut, angenommen, es ist die Wahrheit ...«

»Es ist die Wahrheit.«

». . . was versprichst du dir davon?«

»Daß mir so nichts geschieht. Es wäre deinen Auftraggebern gewiß sehr unangenehm, wenn die Bänder bei der Polizei landen.« Ich war aufgeregt und noch nicht wieder ganz in Ordnung, deshalb beging ich nun einen Fehler: Ich sagte: »Zu deiner Beruhigung: Gleich als ich ins Hotel kam, habe ich dem Anwalt ein Telegramm geschickt. Er wartet also weiter. Das wäre dies. Und was hast du mir zu sagen?«

»Du mußt verschwinden. Du mußt weg hier.«

»Wohin?«

»Nach Argentinien. Da kann Paradin dich nicht belangen. Du wolltest doch nach Argentinien, wenn etwas schiefging. Nach Ägypten oder Argentinien. So jedenfalls hat Lillian es mir erzählt. In Ägypten kannst du nicht bleiben.«

»Nicht, daß ich besonders scharf darauf bin. Ich gehe auch nach Argentinien. Aber mit Lillian.«

»Aber sie geht nicht mit dir.«

»Das soll sie mir selber sagen.«

»Warum?«

»Weil ich dir nicht glaube.«

»Nach dem, was dir Delacorte erzählt hat? Nach dem, was Delacorte getan hat?«

»Was hat er getan?«

»Er hat Lillian geglaubt. Er hat aufgegeben.«

Ich sagte: »Es ist meine Überzeugung, daß du mit deiner Drohung, ihn sonst den deutschen Behörden in die Hände zu spielen, *geblufft* hast. Du hast damit deine Befugnisse überschritten. Gib es zu.«

Er grinste plötzlich.

»Aber es hat gewirkt«, sagte er.

»Nicht bei mir«, sagte ich. »Mit mir kannst du so etwas nicht machen. Du wirst es auch nicht noch einmal wagen, so etwas zu machen. Deine Auftraggeber würden gewiß recht böse werden, wenn du dir dauernd derartige Extratouren erlaubst.«

»Für meine Auftraggeber bin ich sehr wertvoll. Die verzeihen mir allerhand.«

»Unersetzlich bist du nicht. Niemand ist unersetzlich. Wenn du es zu weit treibst, wird man sich deiner annehmen«, sagte ich und bemerkte mit Freude, daß er zusammenzuckte. Er spielte Poker mit mir, davon war ich jetzt überzeugt, er versuchte sein Glück – skrupellos. Es war nicht wahr, was er von Lillian erzählte. Es konnte nicht wahr sein. Hätte sie sich sonst derart für mich eingesetzt?

Das deutsche Ehepaar und die beiden unruhigen, müden Kinder kamen heran. Wir gingen weiter zur Kalksteinstatue eines Schreibers mit untergeschlagenen Beinen, eingelegten Augen und schöner Bemalung, der ein Papyrusblatt beschreibt.

Ich sagte: »Ich verlange, daß Lillian mit mir spricht.«

»Sie geht nicht mit dir, niemals!«

»Sondern sie bleibt bei dir.«

»Ja«, sagte er, und sein Gesicht zuckte. Zum erstenmal, seit ich Werner kannte, tat er mir für einen Moment leid. Dieser Mann liebte Lillian, das erkannte ich plötzlich. Vielleicht liebte er sie mehr als ich. Oder anders.

»Und was machst du?« fragte ich.

»Ich habe viel zu tun.«

»Wo?«

»Überall hier.«

»Was?«

Er sagte: »Ich habe auch Tonbänder, mein Kleiner. *Deine*. In einem guten Versteck.«

»Warum Versteck?«

»Wer diese Bänder besitzt, hat Macht, viel Macht. Du hast die Namen all der Männer darauf genannt, die in diese Geschichte verwickelt sind ... in hohen und höchsten Posten. Paradin nannte dir die Namen. Er ermittelt gegen diese Männer. Aber er hat keine Beweise gegen sie, wird nie welche haben. Wir sammeln nun Beweise, verstehst du. Dann können wir alle diese Männer erpressen, dann haben wir sie alle in der Hand.«

»Erpressen – das ist euer Geschäft.«

»Das ist heute das Geschäft der ganzen Welt. Wer am besten erpreßt, hat die meiste Macht. Wir erpressen sehr gut – und sehr viel. Unsere Organisation wird immer mächtiger. Längst ist sie nicht mehr nur daran interessiert, Typen wie den Professor zu retten. Längst mischt sie in der großen Politik mit. Es ist ein erregendes Spiel. Siehst du, ich werde auch erpreßt – du weißt, womit. Nun soll ich das Belastungsmaterial gegen mich zurückerhalten. Damit ich es auch ganz sicher zurückerhalte, ließ ich dich die Bänder vollsprechen. Ich wußte, die Organisation würde sie unbedingt haben wollen. So ist es auch. Ich bekomme meine Anzeige von einst – das Protokoll – gegen die Bänder. Dann bin ich ein gleichberechtigter Partner, den man zu großen Aufgaben einsetzen wird, der freiwillig mitmacht, den man nicht mehr erpreßt und die schmutzige Arbeit tun läßt...« Er hatte sich in Erregung geredet. »Ich bleibe nur so lange hier, bis ich mit dir ins reine gekommen bin. Bis dein Fall erledigt ist. Dann mache ich eine kleine Reise. Man braucht mich schon dringend anderswo. Aber bevor ich Kairo verlasse, wird die alte Rechnung in Ordnung gebracht. Sie geben mir mein Protokoll zurück – ich gebe ihnen die Bänder. So machen wir das.« Werner war richtig atemlos geworden. Er wanderte aus dem Saal in eine riesige Galerie, welche die ganze Seitenwand des Museums entlangläuft, auf sechs große Holzpaneele zu. Sie stammen aus den Nischen eines Grabes in Sakkâra und zeigen den Grabherrn, fünfmal stehend, einmal sitzend, in verschiedener Kleidung, immer aber mit der Schreibpalette als dem Abzeichen seiner Beamtenwürde. Flach sind in Hieroglyphen Namen und Titel des Toten in Form von Bildern als Relief angebracht.

»Und was wird das für Arbeit sein?«

»Ich gehe in die Politik. Und zurück zu meinem alten Beruf. PK-Mann war ich. Propaganda, das ist es, was ich wieder machen werde. In größtem Stil! Mit allen finanziellen Mitteln!« Seine Stimme wurde wieder lebhafter. »Planen! Vorbereiten!«

»Was?«

»Es wird etwas vorbereitet, mein Kleiner, in der ganzen Welt, das weißt du, das wissen wir alle ... Aber diesmal mischen wir mit ... ich und meine Kameraden ...«

»Deine Kameraden, das sind auch Geyer und Olsen. Mörder und Verräter.«

»Man kann sich seine Kameraden nicht aussuchen, weißt du. Wichtig ist heute nur, ob einer nützlich ist, ob er brauchbar ist. Die beiden sind es ... auf ihren Gebieten. Ich bin es auf meinem. Ich werde viel zu tun haben hier. Ich war niemals ein besserer Schreiber als zur Zeit des Krieges. Romane kotzen mich an. Was sollen heute noch Romane? Wenn einer schreiben kann wie ich, dann muß er diese Fähigkeit *anders* nützen! Propaganda! Propaganda ist alles! Besonders hier unten ... zunächst einmal. Der ganze Mittlere Osten wird mein Arbeitsfeld sein ...«

Ich lese die letzten Zeilen noch einmal, und ich erinnere mich an die heutigen Zeitungsmeldungen, denen zufolge die Israelis in ihrem Kampf gegen die gesamte arabische Welt nach anfänglichen unglaublichen Siegen und einem Vormarsch von unvergleichlicher Schnelligkeit nunmehr in blutige Gefechte verwickelt sind und die Friedensbereitschaft Kairos geringer erscheint denn je zuvor.

Trotzdem wird Israel diesen Krieg gewinnen – in einfach phantastischer Weise, das steht schon jetzt fest. Die Araber haben sich wieder einmal verrechnet. Man kann die wirklichen Hintergründe und das, was noch kommt, nicht erkennen.

Ich denke an Geyer, ich denke an Olsen, ich denke daran, wie ihre Tätigkeit in diesem letzten halben Jahr wohl ausgesehen hat da unten. Und ich denke mit Schaudern an den Anteil, den mein Bruder gehabt hätte an der Aufwiegelung der Araber zu Haß, Haß, Haß gegen Israel, wenn ihm nicht die Kehle durchgeschnitten worden wäre – vier Tage nach unserem Gespräch im Ägyptischen Museum.

Es ist, als brauchte ich noch Dokumentationsmaterial zu meinem Bericht! Gestern gab, lese ich in der Zeitung, der berühmte Naziverbrecher-Jäger Simon Wiesenthal, der auch Adolf Eichmann fing, in Wien eine Pressekonferenz. Ich erwähne sie hier, weil sie direkt im Zusammenhang steht mit meinen Erlebnissen, in Zusammenhang mit Olsen, Geyer, Delacorte, meinem Bruder Werner.

An Hand einer Namensliste hat Wiesenthal in einer ursprünglich schon vor Ausbruch des Krieges in Nahost angesetzten Pressekonferenz nachgewiesen, daß arabische Länder sich im Kampf gegen Israel prominenter ehemaliger NS-Größen bedienen.

Nach Wiesenthals Darstellung stehen von den rund sechs- bis achttausend in den arabischen Staaten lebenden Deutschen mehrere hundert als Kriegsverbrecher auf Fahndungslisten. Er nannte Beispiele: Zwei Männer sind ehemalige engste Mitarbeiter Eichmanns.

Bevollmächtigte für Judenvernichtung in Griechenland und der Slowakei, ehemalige Abteilungsleiter des Reichspropagandaministeriums und ehemalige Gestapochefs sind in der Propagandaabteilung in Kairo beschäftigt, der sich mein Bruder als Starautor verschreiben wollte.

Männer, die einst höchste ss-Ränge bekleideten, üben militärische Ausbildungsfunktionen aus.

Gauleiter, ss-Standartenführer und Gestapo-Chefs beraten die ägyptische Staatspolizei.

»Die Welt ist in Bewegung«, sagte mein Bruder Werner, nervös die Handflächen aneinanderreibend. »Es wird nicht nur hier Krisen und Kriege geben. Die große Wende steht bevor, wirklich schon ganz nahe.«

»Was für eine Wende?«

Er lächelte und zuckte die Achseln, und mir fiel ein, was er einst geschrieben hatte, als schon alles verloren war: ›Der Sieg ist wirklich ganz nahe . . .‹

»Und was geschieht, wenn ich nicht ohne Lillian nach Argentinien gehe?« fragte ich. Wir standen nun vor dem großen Fragment des Reliefs aus dem Totentempel der Pyramide des Königs Sahuré, das die Darstellung eines königlichen Sieges abschließt: Über vier Reihen erbeuteter Tiere sieht man drei Reihen gefangener libyscher Heerführer, unter den Tieren einen vierten. Die Libyer sind erkenntlich an Kreuzband, Bart und Phallustasche. In der rechten oberen Ecke des Reliefs registriert die Göttin des Schreibens die Beute . . .

»Dann wird man dich töten«, sagte mein Bruder.

»Dann wird mein Anwalt die Tonbänder der Polizei übergeben.«

»Ich sage, ich glaube nicht, daß es diese Tonbänder gibt.«

»Laß es darauf ankommen!«

Ein amerikanisches Ehepaar ging vorbei.

Der Mann sagte: »Fed up. I'm telling you, I'm fed up with this goddamn stuff. I want to get out of here and have a bottle of beer . . . but quick!« Seine dicke Frau, bebrillt, mit Obsthut, trippelte ihm ärgerlich nach.

»Warum willst du mich unbedingt weghaben?«

Er fuhr herum. Jetzt war sein Gesicht haßverzerrt.

»Weil du immer und immer und immer zwischen mir und Lillian gestanden hast – darum!«

Plötzlich fühlte ich mein Herz heftig klopfen. So war das also. So . . .

»Du darfst nicht mehr dasein! Nicht mehr erreichbar für sie . . . unter keinen Umständen. Nie mehr. Ich will sie für mich allein haben!«

»Sei ein wenig leiser«, sagte ich. »Ich verlange mit Lillian zu reden.«

»Nie . . .«

»Du hast es gehört. Ich erwarte, daß du ihr das sagst und daß du mir dann sagst, wo ich sie treffen kann. Bilde dir nur nicht ein, daß du schon gewonnen hast. Wirst du Lillian also fragen?«

Er schwieg lange, dann sagte er stockend: »Ich habe jetzt wichtige Verabredungen. Ich werde Lillian nicht vor dem späten Nachmittag sehen.«

»Ich kann sie jederzeit treffen. Ich warte im Hotel. Du wohnst ja auch da. Also?«

Wieder schwieg er lange.

»Du hörst von mir«, sagte er endlich. Damit ließ er mich stehen und ging mit hallenden Schritten die Galerie hinunter, zu einem Seitenausgang in die Rotunde. Ich blickte ihm nach und hatte das Gefühl, einen ersten kleinen Sieg errungen zu haben. Ich betrachtete noch einmal die Darstellung des königlichen Sieges. Die gefangenen libyschen Heerführer hatten enorme Phallustaschen. Ich sah sie nun schon ein paarmal, aber es erstaunte mich immer wieder.

Hinter dem Andalusischen Garten liegt auf der Flußinsel Gezireh der sogenannte Turm von Kairo. Er ist einhundertachtzig Meter hoch, besitzt Spezialfahrstühle, an der Spitze ein großes drehbares Restaurant und, ein Stockwerk tiefer, eine Bar, die sich gleichfalls dreht – in dreißig Minuten einmal herum. Von da oben kann man über ganz Kairo blicken, seine Paläste und Moscheen, die Zitadelle, den Aquädukt und die Gräber der Kalifen, die City, den Strom, die Schiffe, die anderen Flußinseln, die Sphinx und die Pyramiden drüben in der Wüste. Ein großer Teil der Sehenswürdigkeiten Kairos ist nachts angestrahlt, die Stadt hell erleuchtet, und von der Höhe des Turms erblickt man die funkelnden Schlangen der Autoströme auf den großen Boulevards.

Lillian und ich saßen in einer Fensternische der Bar. Es war halb zehn Uhr abends an diesem Sonntag. Wir hatten zuvor im Restaurant oben gegessen und dabei nur über belanglose Dinge gesprochen. Lillian trug ein enges, gerafftes schwarzes Kleid, das die Schultern freiließ, das Haar hatte sie hochgesteckt, und sie war sehr geschminkt. Sie sah ermüdet aus, und das machte sie noch schöner. Sie trank Armagnac und Mokka, ich trank Whisky. Wenn man aus den großen Fenstern sah, erblickte man das Lichtermeer der Stadt, das sich ganz langsam vorbeidrehte. Mein Bruder hatte mich gegen sechs Uhr im Hotel angerufen und gesagt, daß ich Lillian um halb acht vor dem Turm erwarten solle. Er werde sie hinbringen. Er machte ein lächerliches Geheimnis daraus, wo sie wohnte. Nachdem er sie, in einem Taxi, angebracht und sich verabschiedet hatte, waren wir mit dem Expreßlift nach oben gefahren. Lillian trug Schmuck und ein Nerzjäckchen – sie hatte überlegt und echt weiblich in ihren Fluchtkoffern nur wertvollen Besitz mitgenommen.

»Wo wohnst du?« hatte ich sie, noch im Lift, gefragt.

»Bei den Pyramiden, im ›Mena House‹.«

Es überraschte mich, wie ruhig und gelassen wir beide waren. Wir aßen und ließen uns Zeit dazu, und wir brachten es tatsächlich fertig, nur über triviale Dinge zu sprechen. Nun, in der Bar, in der eine Fünf-Mann-Kapelle leise spielte, kam mir das Irrsinnige unserer Situation plötzlich zu Bewußtsein. Menschen waren ermordet worden, wir hatten einen Massenmörder befreit und ihm zur Flucht verholfen, wir waren selber auf der Flucht und nur im Augenblick davor sicher, zur Verantwortung gezogen zu werden, über uns wachte eine Geheimorganisation großen Ausmaßes, es ging um tödlich ernste Dinge, es ging um unsere Zukunft – und da saßen wir, feierlich gekleidet, in einer guten Bar und tranken und bewunderten den Rundblick auf Kairo am Abend . . .

Lillian war es, die zuerst sprach.

»Du weißt, wie es steht«, sagte sie. Ihre Stimme war flach und ausdruckslos, sie lächelte mechanisch, aber sie sah mich jetzt nur noch selten an, meistens sah sie aus dem Fenster, und dann erlosch das Lächeln. »Delacorte hat dir viel erzählt . . . und dein Bruder den Rest.«

»Ja«, sagte ich.

»Es tut mir leid, Ritchie.«

»Es braucht dir nicht leid zu tun«, sagte ich, und es war, als sprächen wir über das Schicksal von fremden Menschen, über Romanfiguren. »Diese Dinge passieren. Dir passieren sie dein Leben lang. Ich habe es viele Jahre hindurch mitansehen können.«

»Ich bin verflucht«, sagte Lillian.

»Sag das noch einmal«, sagte ich.

Sie sah mich an und lachte dann heiser.

»Ich glaube, ich möchte noch etwas trinken«, sagte sie.

Ich winkte einen Kellner herbei und sagte ihm, er solle noch einmal das gleiche bringen. Wir tranken doppelte Drinks.

»Kein Kinodialog«, sagte ich.

»Nein«, sagte Lillian. »Wir wollen ganz aufrichtig reden.«

»Bitte.«

»Aber beschwere dich nachher nicht. Sei nicht beleidigt. Du hast es verlangt.«

Der Kellner kam schnell mit den Drinks zurück. Wir tranken beide. Dann sagte Lillian, und ihre Stimme war rauh: »Es wäre jetzt leicht, melodramatisch zu werden, sentimental oder auch tragisch. Wir haben keine Zeit. Und ich habe auch keine Lust. Dazu bedeutest du mir zuviel. Verzeih also, wenn ich brutal rede. Ritchie, seit ich deinen Bruder kenne, seit ich das erstemal mit ihm im Bett war, komme ich nicht mehr los von ihm.«

Ich trank einen Schluck. Eben kam wieder der Strom mit seinen vielen erleuchteten Schiffen und den erleuchteten Avenuen an den Ufern vorbei-geglitten.

»Ich habe das noch mit keinem anderen Mann erlebt . . . Du hast gesagt, ich soll offen sprechen . . .«

»Natürlich.«

»Mit keinem anderen Mann. Es ist unbeschreiblich. Ich glaube jedesmal, daß ich dabei sterben werde. Hast du dir dieses Gespräch so vorgestellt?«

»So ähnlich, ja. Es war die nächstliegende Erklärung für alles.«

Lillian sagte: »Ich kann nichts dafür. Dieser Mann und ich . . . es kann keinen anderen Mann in der Welt geben, mit dem es so ähnlich, auch nur so ähnlich wäre . . .«

»Du hast ja genügend Vergleichsmöglichkeiten.«

»Gewiß. Und vor allem habe ich es immer wieder mit dir versucht. Immer wieder, wenn wir uns trafen.«

»Ich hatte nicht den Eindruck, daß es dir mißfiel.«

»Es war wunderbar, auch mit dir, Ritchie. Ich . . . ich habe immer gehofft, es würde einmal so wunderbar sein wie mit ihm.«

»Und das war es nie?«

»Nein.«

»Schade.«

»Du wolltest die Wahrheit hören . . .«

»Natürlich will ich sie hören. Und das . . . das ist also das Wichtigste im Leben einer Frau?«

»Ich weiß nicht, ob es das Wichtigste ist. Hoffentlich nicht. Aber mir raubt es den Verstand. Ich weiß nicht, was ich tue, wenn er in der Nähe ist . . . ich habe es nie gewußt. Ritchie, der Schweiß tritt mir auf die Handflächen, wenn ich nur seine Stimme am Telefon höre!«

»Kein angenehmer Zustand.«

»Ihm geht es genauso. Das ist noch meine Rettung.« Sie leerte ihr Glas. »Noch einmal dasselbe, bitte. Nüchtern kann ich darüber nicht reden.«

Ich gab dem Kellner ein Zeichen.

»Werner würde für mich jede Gemeinheit begehen, jedes Verbrechen, das weiß ich. Das hat er schon bewiesen. Er würde noch mehr und Schlimmeres tun.«

»Und du?«

Sie sah mich offen an.

»Ich fürchte, ich auch. Ich bin eine maßlose Enttäuschung für dich, nicht wahr?«

Der Kellner kam mit dem neuen Armagnac und dem neuen Whisky.

»Glaubst du, daß das jetzt ehrlich war?«

Ich schwieg.

»Wir wollten doch immer ehrlich zueinander sein.«

»Du bist es nicht ganz«, sagte ich.

Jetzt wanderten draußen langsam, majestätisch und von Scheinwerfern angestrahlt, die Pyramiden und die Sphinx von El Giza vorbei. Auch das erleuchtete ›Mena House‹ konnte man sehen.

»Was heißt nicht ganz?«

»Du hast nur vom Bett gesprochen. Nicht von dem, was es sonst noch gibt. Sonst gibt es noch meinen Bruder als Persönlichkeit, als Mann, als Menschen. Ist er da auch dein Idealbild?«

»Nein.«

»Siehst du.«

»Einmal, vor langer Zeit, nach dem Krieg, da warst du mein Idealbild, Ritchie . . . damals, als es ihn noch nicht gab . . .«

»Es muß etwas übriggeblieben sein aus dieser Zeit«, sagte ich vorsichtig, denn ich fühlte meine Chance, meine Chance, wenn ich nur vorsichtig war.

»Es muß noch immer etwas dasein von deinem alten Gefühl . . . eine Menge . . . Sonst würdest du nicht immer wieder zu mir zurückgekommen sein . . . Sonst hättest du nicht meine Telefonnummer wie eine letzte Rettung stets bei dir getragen. Sonst würdest du Werner und nicht mich gerufen haben, als du im Sterben lagst, da in Treuwall. Sonst hättest du dich nicht zu mir geflüchtet. Sonst hättest du zugelassen, daß sie mich umbringen. Sonst säßen wir nicht hier. Sonst . . .«

»Hör auf.«

»Es stimmt, nicht wahr?«

Sie sah mich an mit ihren riesenhaften dunklen Augen, und nichts in ihrem Gesicht bewegte sich.

»Es stimmt«, wiederholte ich.

Zustimmend schloß und öffnete sie die Lider. Ihre Hand zitterte, als sie das Glas wieder zum Mund führte.

»Wir sind nicht umsonst Brüder«, sagte ich. »Was dem einen fehlt, das hat der andere für dich. Im Grunde brauchst du uns beide. Wenn wir eins sein könnten, ein Mensch – das wäre die Lösung. Aber das geht leider nicht. Und so, wie es aussieht, ist das Bett doch nicht das Wichtigste, trotz allem, was du behauptest und angestellt hast. Nicht für immer. Nicht jederzeit. Nicht jetzt«, sagte ich leise und legte eine Hand auf ihre. »Nicht in dieser Minute. Oder doch?«

Sie sah mich an und schüttelte den Kopf, und ihre Augen wurden feucht.

»Ich bin verrückt«, sagte sie. »Du weißt es ja, verrückt. Geh weg, Ritchie. Geh weit weg von mir, so weit weg wie möglich. Ich bringe dir nur Unglück.«

»Ich werde nicht weggehen«, sagte ich. »Nicht ohne dich. Du wirst mit mir kommen . . .«

»Nein!«

». . . nach Argentinien.«

»Nein, Ritchie! Ich komme nicht mit. Bitte, hör auf damit! Es würde doch immer nur so weitergehen wie bisher . . .«

»Werner wäre nicht mehr da.«

»Dann würde ich dich wieder verlassen . . . und zu ihm gehen . . . Ich bin verflucht, wirklich . . . so kitschig das klingt . . . Finde ein anderes Wort dafür . . . du weißt, was ich meine . . . Ich kann nichts gegen mich selber tun . . .«

»Lillian«, sagte ich, »mein Bruder hat Verbrechen begangen. Er wird weiter Verbrechen begehen. Er ist ein schlechter Mensch.«

»Das weiß ich alles. Das hat er mir alles selbst erzählt. Mehr als dir vielleicht. Er ist meiner so sicher . . . es macht ihm Freude, mir das alles zu erzählen . . . und dann zu sehen, daß er mich nur anrühren muß, um mich zu besitzen, weil mir egal ist, was er tut und was er getan hat und was er noch tun wird und wie ich mit ihm leben werde und wo und unter welchen Gefahren . . . sobald er mich nur anrührt. Ein schönes, offenes Gespräch.«

»Schön nicht«, sagte ich, »aber offen, Gott sei Dank.«

Jetzt zogen die Luxushotels der Nile Corniche an dem Fenster vorbei. Ganz leise vibrierte der Boden der Bar. Die Kapelle spielte ›Strangers in the Night‹.

»Warum starrst du mich so an?« fragte ich Lillian.

»Weil du dir das alles anhörst und dich nicht aufregst und nicht tobst oder mich ohrfeigst.« Sie preßte beide Hände an die Schläfen. »Das ist unerträglich.«

»Gewiß ist es nicht einfach für dich«, sagte ich.

»Was ich getan habe in meinem Leben und vor allem in der letzten Zeit, das ist so gemein, daß jeder Mensch mich eigentlich nur noch anspucken kann.«

»Ich kann das nicht«, sagte ich. »Ich habe mir immer alles so oder so ähnlich vorgestellt.«

Das war die Wahrheit.

»Und mich trotzdem geliebt?«

»Ja«, sagte ich. »Trotzdem. Schau mal, noch bist du jung. Aber du wirst es nicht ewig bleiben. Ich werde auch immer älter. Und auch Werner. Es gibt Dinge, die vergehen im Leben, und Dinge, die bleiben. Ich weiß, was in deinem Leben vergehen wird, vergehen muß. Und was verbindet dich dann. noch mit Werner? Nichts. Dann werden da nur noch Haß und Ekel und Abscheu sein. Was dich mit mir verbindet, Lillian, verschwindet nicht mit dem Älterwerden. Nicht mehr, wenn es so lange gedauert hat. Es bleibt bestehen. Das ist meine Chance. Deshalb werde ich zuletzt doch stärker als Werner sein. Und deshalb wirst du, trotz allem, mit mir nach Argentinien fliegen.«

»Nie.«

»Ich will jetzt nicht weiterreden. Denk über das nach, was ich sagte. Ich habe nicht mehr viel Zeit, aber ein, zwei Tage habe ich noch. In diesen Tagen wirst du dich entscheiden . . . für mich.«

Sie flüsterte: »Wenn ich nur wüßte . . . wenn ich nur wüßte, ob ich es ohne ihn aushalten könnte . . . immer ohne ihn . . .«

»Du hast es ohne ihn ausgehalten, bevor er auftauchte.«

»Das ist kein Argument.«

»Richtig. Aber man kann Menschen auch wieder vergessen.«

»Kann man das, Ritchie?«

»Wenn einem geholfen wird dabei . . .«

»Ich bin jetzt betrunken«, sagte Lillian. »Ich kann jetzt nicht mehr denken. Laß mir wirklich noch Zeit, etwas Zeit.«

»Natürlich.«

»Und wenn ich mich doch für ihn entscheide . . . wirst du die Entscheidung akzeptieren?«

»Ja.«

»Und mich nicht mehr quälen, indem du mir zeigst, wie alles wirklich ist?«

»Quäle ich dich damit?«

»Sehr . . .«

»Wann höre ich von dir?«

»Das weiß ich noch nicht . . . ich weiß gar nichts mehr . . .«

»Wann höre ich von dir?« fragte ich noch einmal.

»Bald«, flüsterte sie, die Augen mit einer Hand bedeckend, »bald . . .«

»*Schluß jetzt!*« sagte Werners Stimme.

Ich sah auf, Lillian fuhr mit einem leisen Schrei hoch. Mein Bruder stand dicht vor uns. Seine Augen glühten.

»Was fällt dir ein . . .«, begann ich, aber er unterbrach mich: »Halt das Maul! Das hat lange genug gedauert. Ihr hattet Zeit, euch auszusprechen. Lillian kommt nun mit mir. Ich bringe sie heim.«

»*Ich* bringe sie heim!« sagte ich, mich erhebend. Mir war alles gleich in diesem Moment. Und wenn es jetzt eine Prügelei gab!

»Es hängt doch wohl von Lillian ab, von wem sie heimgebracht werden will«, sagte mein Bruder. Er nahm die Nerzjacke und legte sie um Lillians Schulter. Sie schauderte unter seiner Berührung zusammen. Nun hatte sie Tränen in den Augen. Sie erhob sich unsicher. Werner stützte sie.

»Gute Nacht, Ritchie«, flüsterte Lillian. Dann ging sie, am Arm meines Bruders, davon. Einmal sah sie sich noch um. Sie nickte, fast unmerklich, mit dem Kopf dabei. Ich rührte mich nicht.

Ich ging durch den nächtlichen Andalusischen Garten, der von vielen kleinen Scheinwerfern erleuchtet war. Blumen dufteten. Es war recht warm. Ein schwankender Mann, der vor sich hinbrabbelte, kam mir entgegen. Er schien mächtig betrunken zu sein. Die wenigen Menschen, die zu dieser Stunde hier noch spazierengingen, sahen sich nach ihm um. Ich versuchte, dem Mann auszuweichen, aber er stieß mit mir zusammen.

»Sorry, bud . . .« murmelte er.

Im nächsten Moment fühlte ich, daß er einen Zettel in meine rechte Hand schob. Er taumelte weiter. Ich ging, das Papier in der Hand, bis vor zur Semiramis-Brücke. Dort war ich allein. Im Licht eines Brückenkandelabers las ich, was auf dem Zettel stand: »Rufen Sie sofort ›American Press Service‹ an. Aber keinesfalls von Ihrem Hotel oder aus einem Restaurant. Benützen Sie nur öffentliche Telefonzellen. Nennen Sie Ihren richtigen Namen!« Darunter war noch die Nummer der Nachrichtenagentur angegeben.

Ich ging zuerst in mein Hotel und ließ mir ein Telefonbuch in englischer Sprache geben. Hier suchte ich die Nummer von APS. Sie stimmte mit der Nummer auf dem Zettel überein. Nun machte ich einen Spaziergang zum Hauptbahnhof. In der Halle gab es viele Zellen. Ich trat in eine und wählte die Nummer der Nachrichtenagentur. Sogleich meldete sich eine Frauenstimme: »American Press Service!«

»Richard Mark.«

»Wir haben schon auf Ihren Anruf gewartet. Sie können ruhig sprechen. Unsere Beziehungen zu den ägyptischen Behörden sind nicht die besten. Deshalb haben wir eine kleine Apparatur in unsere Telefonzentrale eingebaut. Sie verzerrt alle Gespräche, die wir führen, bis zur Unkenntlichkeit für jeden, der die Leitung anzapft. *Sie* dürfen aber stets nur von öffentlichen Zellen aus sprechen. Verstanden?«

»Verstanden!«

»Sie dürfen nie hierher in das Büro kommen. Es kann auch niemals jemand von uns direkt mit Ihnen in Verbindung treten.«

»Was ist eigentlich los?« fragte ich. »Was wollen Sie von mir?«

»Sie haben heute Ihrem Freund Boris Minski in Frankfurt ein Telegramm geschickt. Minski hat sofort Ihren Freund Homer Barlow in Berlin angerufen. Der telefonierte mit Clark Watts, unserem Mann in Bonn. Und Watts schickte uns einen Funkspruch. Wir sollen alles tun, was in unserer Macht steht, um Ihnen zu helfen. Er beschrieb Sie uns genau und sagte, daß Sie im ›Imperial‹ wohnen. So konnte einer unserer Leute Sie entdecken und verfolgen und Ihnen den Zettel zustecken . . .«

Boris Minski und Homer Barlow!

Mir wurde heiß vor Freude. Ich war nicht allein. Ich war nicht mehr allein. Meine alten guten Freunde Boris und Tiny . . .

»Wie können wir Ihnen helfen? Was ist los mit Ihnen?«

»Das ist eine längere Geschichte.«

»Erzählen Sie sie kurz und präzise«, sagte eine Männerstimme. Da hörte also noch ein Nachrichtenmensch zu.

Ich erzählte so präzise und kurz wie möglich. Es dauerte trotzdem eine Viertelstunde. Ich unterbrach das Gespräch ein paarmal und wechselte die Zellen. Ich erzählte den Leuten von APS wahrhaftig alles, auch was mir in Ägypten widerfahren war, daß Delacorte, Olsen, Geyer, mein Bruder und Lillian hier waren, und unter welchen Namen mein Bruder und Lillian hier waren und wo sie wohnten und wie sie aussahen. Es gab zuletzt nichts mehr, was ich noch hätte erzählen können.

Die Männerstimme sprach nun: »Verflucht gute Story. Verflucht heiße Story. Was wollen Sie damit machen?«

Da hatte ich die Idee.

»Wenn Sie mir helfen, schenke ich sie Ihnen.«

»Ihre Erzählung genügt nicht. Sie hilft. Aber was wir wirklich brauchen würden, das sind natürlich die Bänder, die Sie für Ihren Bruder besprochen haben.«

Na also. So hatte ich mir das vorgestellt. Selbstverständlich wollten sie die Bänder.

Skrupellos antwortete ich: »Die besorge ich Ihnen.«

»Wie?«

»Ich *besorge* sie Ihnen. Ich weiß schon wie. Es wird ein bißchen dauern, aber ich kriege sie.« Ich hatte keine Ahnung, wie ich an die Bänder herankommen konnte, aber es war mir klar, daß die Leute von APS so lange an mir Interesse haben würden, wie sie hoffen konnten, die Bänder und damit eine große Story zu erhalten. Ich hatte nun keinerlei Hemmungen mehr, zu lügen, zu schwindeln, hochzustapeln. Es ging um meine Zukunft. Mir war jetzt jedes Mittel recht.

»Sie kriegen dafür eine Bombengeschichte. Wenn Sie nicht wollen . . .«

»Wie?«

»Sie müssen auf mich achtgeben – ein wenig. Auf mich und auf meinen Bruder und auf Frau Lombard. Ich muß wissen, was die tun. Ich muß wissen, ob ich beschattet werde und von wem. Immerhin hat mir mein eigener Bruder mit dem Tod gedroht, wenn ich nicht tue, was er von mir verlangt.«

»Es wird nicht leicht sein, Ihre Wünsche zu erfüllen . . .«

»Sie kriegen dafür eine Bombengeschichte. Wenn Sie nicht wollen . . .«

»Langsam, langsam«, sagte der Mann. Na also. »Ein *wenig* können wir uns schon einschalten, klar. Allerdings müssen wir vorsichtig sein. Wir sind hier mehr oder weniger nur geduldet. Man ist nicht gut auf Amerikaner zu sprechen in letzter Zeit. Wir müssen uns vorsehen. Okay, wir übernehmen den Job unter der Voraussetzung, daß Sie die Bänder uns und sonst niemandem geben, wenn Sie sie haben. Das versprechen Sie?«

»Das verspreche ich.« Wie gesagt: Ich hatte zu diesem Zeitpunkt noch keine Ahnung, auf welche Weise ich an die Bänder je herankommen würde, aber zu diesem Zeitpunkt war mir so ziemlich alles egal.

»Wenn Sie uns reinlegen, liegen Sie selber sehr schnell drin, das glauben Sie mir doch hoffentlich?«

»Ich lege Sie nicht rein. Ich bin doch nicht verrückt! Sie sind die einzigen hier in Kairo, die . . .«

»Ja, schon gut. Rufen Sie von nun an mehrmals am Tag an. Eine Dame wird mit Ihnen sprechen. Die von vorhin. Sie wird immer über die neuesten Entwicklungen Bescheid wissen. Aber rufen Sie stets aus Automaten an. Und vergessen Sie die Bänder nicht. Die Bänder sind das Wichtigste für uns.«

»Das haben Sie mir oft genug erklärt«, sagte ich frech. Die hatten angebissen, das fühlte ich.

»Es ist das Entscheidende. Wenn wir die Bänder haben, und noch Fotos von Ihnen und Aussagen in Ihrer Handschrift und so weiter, und so weiter, dann können wir das Ding hochgehen lassen. Sie wollen doch nach Argentinien, wie?«

»Nicht allein.«

»Nein, mit der Dame natürlich. Aber Sie wollen da hin?«

»Ja.«

»Gut. Dann müssen Sie aber vorher hier die Bänder beschaffen. Alles andere können wir drüben erledigen. Unser Büro in Buenos Aires. Dann lassen wir die Bande platzen. Dann haben wir den Paukenschlag. Das ist doch in Ihrem Sinne, wie?«

»Vollkommen in meinem Sinne.«

»Okay. Wir geben uns Mühe. Sie geben sich auch Mühe, mit den Bändern.«

»Natürlich«, sagte ich. Im nächsten Moment hatte ich das ganz bestimmte Gefühl, daß ich die Bänder auch bekommen würde. Ich wußte nicht, wie. Ich hatte keine Ahnung. Aber das Gefühl war richtig. Ich bekam die Bänder wirklich – zuletzt.

Die Israelis sind bis zum Suezkanal gestürmt. Sie haben den Golf von Akaba freigekämpft, den Gazastreifen besetzt, Jerusalem genommen. Sie haben die jordanische Wehrmacht dermaßen zerschlagen, daß Jordanien einen Waffenstillstand wünscht. Im Weltsicherheitsrat sind sich die USA und die Sowjetunion einig. Sie erließen einen sofortigen Feuereinstellungsbefehl ohne Bedingungen für Israel. Das bedeutet: In zweiundsiebzig Stunden errang das winzige Land gegen eine ungeheure Übermacht von Feinden einen Sieg, wie er in der Geschichte der Welt nur ganz selten errungen wurde.

Wachtmeister Stalling hat das heute morgen auf seine Weise zum Ausdruck gebracht.

»Phantastisch, diese Juden, einfach phantastisch! Gestern abend habe ich es im Fernsehen gesehen! Das haben sie von unserem Rommel gelernt! Blitzkrieg, Blitzsieg! Die ganze Organisation – uns abgeschaut! Also, ich habe zu Muttchen gesagt, das war der größte Fehler vom Führer, daß er die Juden rausgejagt und umgebracht hat! Wer weiß, ob wir mit den sechs Millionen den Krieg nicht *gewonnen* hätten? Das jetzt, das hätte er noch erleben sollen, der Führer und alle die anderen – zur Lehre.«

Am Montagvormittag rief ich aus einer Telefonzelle wieder das Büro von APS an. Die Frauenstimme sagte: »Es ist nicht viel, was wir Ihnen zu bieten haben. Wenn Sie oder Ihr Bruder oder Frau Lombard beschattet werden, dann von erstklassigen Spezialisten. Unsere Leute konnten niemanden entdecken.«

»Vielleicht werden wir nicht beschattet.«

»Vielleicht nicht. Ihr Bruder verbrachte die letzte Nacht im ›Mena House‹.« Das tat weh. »Er verließ das Hotel erst gegen zehn Uhr vormittags. Er hat dauernd Besprechungen mit Geschäftsleuten und Beamten. Sie können sich gewiß denken, was das für Leute sind. Was haben Sie für Pläne?«

»Das kann ich Ihnen noch nicht sagen.«

»Was ist mit den Bändern?«

»Da müssen Sie mir noch Zeit lassen.«

»Rufen Sie wieder an.«

»Ja, natürlich.«

Am Nachmittag blieb ich im Hotel. Lillian rief gegen sieben Uhr abends an. Ihre Stimme klang heiser, sie war betrunken: »Ich kann nicht«, sagte sie. »Bitte, sieh es ein. Ich kann nicht mit dir gehen. Ich kann dich auch nicht mehr sehen. So etwas wie gestern abend ertrage ich nicht mehr. Verzeih mir. Bitte, verzeih mir. Ich bleibe bei Werner.«

»Ist er jetzt bei dir?«

»Nein.«

»Lüg nicht!«

»Ja, er ist hier . . .«

»Gib ihn mir.«

Meines Bruders Stimme meldete sich: »Du hast es jetzt also gehört. Hast du nun genug?«

»Nein.«

»Was heißt nein?«

»Komm auf den Turm, und ich werde es dir sagen.«

»Wann?«

»In einer halben Stunde bin ich in der Bar oben.«

Ich nahm ein Taxi nach Gezireh hinüber. Mein Bruder war pünktlich. Wir saßen in der Nische, in der ich am Abend zuvor mit Lillian gesessen hatte.

Mein Bruder sagte: »Bevor du anfängst – das mit den Bändern und deinem Anwalt war Bluff. Unsere Leute haben Freunde auch im Hotel. Die interessierten sich mal für die Telefonzentrale. Du hast Minski telegrafiert, nicht deinem Anwalt.«

»Minski soll immer den Anwalt verständigen«, log ich und verfluchte mich für meine Blödheit, jemals dieses Telegramm, das ich im Hotel aufgegeben hatte, erwähnt zu haben.

»Nicht sehr überzeugend.«

»Aber wahr.«

»Ich habe mit meinen Leuten gesprochen. Sie sind auch davon überzeugt, daß du lügst. Die kleine Ungewißheit nehmen sie in Kauf. Was hast du also noch zu sagen, bevor du nach Argentinien verschwindest?«

»Daß ich verschwinden werde . . . aber nicht nach Argentinien.«

»Sondern?«

»Sondern nach Deutschland.«

»Du gehst nach Deutschland zurück . . . freiwillig?«

»Ja«, sagte ich. »Ich gehe zurück und stelle mich Paradin und lasse mich einsperren . . . und packe aus.«

Er wurde blaß.

»Das würdest du nie tun! Du hast doch nicht den Verstand verloren! Du gehst doch nicht viele Jahre ins Zuchthaus!«

»Lillian bleibt bei dir. Mir ist jetzt alles egal. Nur dich, dich möchte ich gerne noch verrecken sehen.«

»Ein Wunsch, der auf Gegenseitigkeit beruht«, sagte Werner.

»Wenn ich rede, werden sie viele von euch kriegen, viele in Deutschland. Und auch euch hier. Man wird euch nicht ausliefern, gewiß – aber sie werden euch kriegen. Sie haben ihre Leute für so etwas, das weißt du so gut wie ich. Ihr habt auch eure Leute. Und es gibt nichts, was ein richtiger Agent nicht tut.« Damit stand ich auf und verließ ihn. Ich verbrachte eine sehr schlechte Nacht im Hotel, und ich hatte große Angst. Denn wenn sie mir die Geschichte mit dem Anwalt nicht glaubten, dann war ich jetzt an der Reihe.

Aus einer anderen Telefonzelle rief ich am Dienstagvormittag wieder das ›American Press Service‹ an.

»Ihr Bruder und die Dame planen etwas«, sagte die Frauenstimme.

»Was?«

»Die Dame hat einen Mercedes gemietet, Koffer, Kleider und Wäsche gekauft und bereitet sich für eine Reise vor. Unsere Leute beobachteten die Dame und Ihren Bruder, wie diese gestern nacht einen geeigneten Parkplatz für den Mercedes auf Gezireh suchten. Sie fanden ihn auch. In einem Seitenweg der Allee, die von der Brücke hinunter zu dem ehemaligen Schloß Faruks führt.« Die Frauenstimme beschrieb genau die Stelle. »Sie versuchten mehrere Schneisen und entschieden sich dann für diese. Die Dame lenkte den Wagen ein paarmal vor und zurück in den Seitenweg, bis sie es gut konnte. Einer unserer Leute hörte Ihren Bruder zu ihr sagen, daß sie unter allen Umständen hier auf ihn warten müsse, und wenn es noch so lange dauere. Es könne bei der Besprechung mit Ihnen alles mögliche dazwischenkommen . . .«

»Was reden Sie da? Was heißt Besprechung?« Das Wort klang schrecklich in meinen Ohren. Ich hatte Angst.

»Ich sage Ihnen nur, was wir herausbekamen. Wir können nichts tun, um Sie zu schützen. Sie können auch nicht zur Polizei gehen. Man würde sich ohne jeden richtigen Beweis für eine Bedrohung – und Sie haben keinen einzigen, Sie haben nur meinen Bericht, den Sie nicht zitieren dürfen –, man würde sich höchstens für Ihre Person und für Ihren Paß interessieren. Und dann, wie wir die Behörden hier kennen, genau jene Leute verständigen, mit denen Ihr Bruder arbeitet. Es tut mir leid, Sie sind weiterhin allein auf sich gestellt.«

»Ich habe begriffen. Bitte, sprechen Sie weiter.«

»Ihr Bruder war mit einem Inder zusammen. Einem Süchtigen. Ein Rauschgifthändler, der unseren Leuten bekannt ist, hat die beiden zusammengebracht. In einem Café in der Altstadt.«

»Und?«

»Wir haben nicht viel herausbekommen . . . nur, daß Ihr Bruder und dieser Inder sich grundsätzlich über irgend etwas einig geworden zu sein scheinen. Einer unserer Leute saß in der Nähe. Er konnte aufschnappen, daß die beiden sich noch einmal treffen wollen, um Einzelheiten zu besprechen.«

»Wann?« fragte ich. »Wo?«

»Morgen, Mittwoch, um dreiundzwanzig Uhr. Bei dem Nilometer an der Südspitze der Insel Roda. Kennen Sie den Ort?«

»Ja.«

»Wir können da nicht hin.«

»Das verstehe ich.«

»Seien Sie so vorsichtig wie möglich. Und sehen Sie zu, daß Sie endlich die Bänder bekommen. Wenn wir die Bänder haben, können wir Ihnen besser helfen – sobald Sie aus dem Land sind. Aber wir brauchen die Bänder, wir brauchen Beweise, wir brauchen Sie als Zeugen, in Argentinien.«

Ich sagte wieder, ich würde die Bänder beschaffen. Ich hatte immer noch keine Ahnung, wie ich das tun sollte; in meinem Kopf drehte sich alles. Die Frauenstimme sagte, daß die Leute von APS die Bänder, wenn ich sie hatte, erst außerhalb Ägyptens, in einem Flugzeug beispielsweise, entgegennehmen könnten. Alles andere sei zu riskant. Die Agentur dürfe nicht riskieren, verboten zu werden. Ich versprach, rechtzeitig die Maschine zu nennen, mit der ich fliegen würde. Ich hatte allerdings keine Ahnung, welche Maschine das sein sollte. Plötzlich gelang es mir, einen kalten, klaren Gedanken zu fassen: Ich mußte heute abend um dreiundzwanzig Uhr auch auf der Insel Roda, da bei dem alten Nilometer, sein und hören, was mein Bruder mit dem Inder besprach. Erst dann konnte ich weiterplanen.

»Unser Mann wird im Flugzeug als *sein* Erkennungszeichen Ihre Partitur der Neunten Symphonie von Beethoven bei sich tragen.«

»Meine Partitur?«

»Die Sie von so illustrer Seite zum Geschenk erhielten, ja.«

»Aber . . . aber wie kommen *Sie* zu der?« fragte ich verblüfft. »Ich habe sie doch . . .«

». . . bei Ihrem Freund Boris Minski in Frankfurt gelassen, ja.«

»Und?«

»Und Ihr Freund Minski gab sie Homer Barlow, als er erfuhr, in welcher Lage Sie sich befinden, und der schickte sie uns. Sie kennen Ihre Partitur doch gut. Barlow meinte, wenn unser Mann *sie* als Erkennungszeichen trägt, werden Sie ihm unbedingt vertrauen.«

Boris und Tiny . . .

Wieder Boris und Tiny!

Nach diesem Telefonat hatte ich beschlossen, zu kämpfen.

Nachts war ich dann auf der Flußinsel Roda. Ich stand in einer Nische der Kaimauer, fünf Meter unter dem alten Nilometer, vor dem sich mein Bruder und der betelkauende Inder trafen, und ich hörte meinen Bruder seinen Mörder gegen Bezahlung fragen, wie dieser den Mord zu begehen gedachte.

»Auf die ehrwürdige Weise«, antwortete der Inder. »Mit einem malaiischen Kris. Das ist am sichersten und geht am schnellsten. Ein einziger Schnitt genügt. Genügte noch jedesmal.«

»Gut«, sagte mein Bruder. Sie sprachen englisch miteinander.

»Ich hatte es natürlich stets mit Menschen zu tun, die im Bett lagen oder schliefen.«

»Natürlich«, sagte mein Bruder Werner.

»Das ist die Voraussetzung«, sagte der Mörder, den Werner sich genommen hatte. »Tiefer Schlaf. So tief wie möglich. Betrunkene machen es mir leicht. Sich auch.«

»Ich werde Whisky nehmen«, versprach mein Bruder.

Schwarzblau war der Himmel in dieser Nacht. Die Sterne leuchteten, als sei es noch August. Das Licht des Mondes war gespenstisch grün. Grün sah der Strom, grün sah ganz Kairo aus. Grün waren die hohen Segel der Falluka-Boote im Alten Hafen, links von der Inselspitze, grün die Sphinx und die Pyramiden von Giza zur Rechten, drüben in der Wüste, wo auch das ›Mena House‹ stand, wo Lillian wohnte . . .

Ich hörte das ganze Gespräch der beiden mit an. Danach wußte ich Bescheid. Der Inder sollte in der nächsten Nacht, um ein Uhr früh, in mein Appartement 907 im Hotel ›Imperial‹ kommen. Mein Bruder mußte dafür gesorgt haben, daß ich dann, betrunken und zusätzlich durch ein Schlafmittel betäubt, im Bett lag, damit der Inder mir leicht die Kehle durchschneiden konnte. Um das zu erreichen, sollte Werner zuerst mit mir zu Abend essen und dann auf meinem Zimmer mit mir trinken – und das Schlafpulver in den Whisky schütten. Dreitausend ägyptische Pfund im voraus mußte mein Bruder dem Inder bezahlen, denn diese Geschäfte beruhten, wie der Mörder sagte, auf Vertrauen.

Ich kam spät ins Hotel und wollte eben zu Bett gehen, als Lillian anrief. Ihre Stimme war ganz klar.

»Ritchie, ich bleibe bei dir.«

»Was?« Ich ließ mich auf das Bett fallen, neben dem das Telefon stand.

»Ich bleibe bei dir. Ich habe überlegt und überlegt und mich herumgequält, tagelang jetzt. Mein Entschluß steht fest. Ich kann nicht bei Werner bleiben . . . Ich . . . ich muß immer an das denken, was du mir auf dem Turm gesagt hast . . . über das Älterwerden . . . Ich kann nicht bei ihm bleiben . . . und ich will es nicht . . . Willst du mich noch, Ritchie?«

Langsam, sagte ich zu mir, ruhig, ganz ruhig. Sie lügt. Das ist eine Falle. Das ist die größte und gemeinste Lüge, die sie je ausgesprochen hat. Alles ist mit Werner verabredet. Sie wollen dich in Sicherheit wiegen. Vorsichtig jetzt. Vorsichtig.

»Ritchie!«

»Ja.«

»Warum sagst du nichts?«

»Ich . . . ich bin . . . ich bin vollkommen überwältigt. Nach dem, was war . . .«

»Vergiß es. Ich habe es mir überlegt. Zum letztenmal. Wir bleiben zusammen. Wir fliegen zusammen fort.«

»Wann?«

»Bald. Sehr bald. Ich muß nur noch mit Werner sprechen.«

»Er weiß es noch nicht?«

»Nein. Ich wollte es dir zuerst sagen. Ich . . . natürlich habe ich etwas Angst vor dieser Aussprache . . . Aber ich rede mit ihm . . . morgen schon, Ritchie . . .«

»Wann morgen?«

»Das weiß ich noch nicht. Ich komme mit dir. Ist das nicht das Wichtigste?«

»Ja, natürlich.«

»Ich rufe dich morgen wieder an. Wenn ich mit ihm gesprochen habe. Ich liebe dich, Ritchie. Mehr als ihn. Jetzt weiß ich es. Gute Nacht. Schlaf gut, Liebster.«

»Du auch, Liebste«, sagte ich und legte auf.

Ich schlief nicht eine Minute in dieser Nacht.

Am nächsten Vormittag war ich sehr beschäftigt. Bei einem Hehler in einer schmutzigen Gasse, nahe der Ibn Tlûn-Moschee, erwarb ich eine automatische 38er Police Special mit Schalldämpfer und dazu sechs Rahmen Munition. Im Lufthansa-Büro in der Rue Talaat Harb 9 buchte ich einen Platz in einer Boeing 720 B, die aus Tokio kam, um 3 Uhr 45 in Heliopolis landete und um 4 Uhr 40 nach Rom weiterflog. Ab Rom war ich mit einer anderen Lufthansa-Maschine zum Weiterflug nach Zürich vorgebucht, die um 6 Uhr 30 römischer Zeit startete. Ich mußte, bevor ich nach Argentinien flog, noch einmal nach Zürich, um mein Vermögen zu transferieren. Wenn ich die festangelegten 110-Beträge auch mitnehmen wollte, dann war es nötig, persönlich in der Bank zu erscheinen.

Ich rief wieder APS an, und nun bluffte ich bereits mächtig. Ich sagte, ich würde die Bänder abends haben. Ich war davon überzeugt, daß es mir gelingen werde, sie nun zu erhalten. Ich war in einen gefährlichen Zustand geraten, in dem ich mir fast alles zutraute. Mein Haß auf Werner, meine Verzweiflung über Lillians Verrat hatten jedes vernünftige Maß überschritten. Wenn die beiden heute nacht flüchten wollten – und das wollten sie nach den Vorbereitungen, die sie trafen –, dann mußte mein Bruder die Bänder zur Verfügung haben, um sie seinen Auftraggebern überreichen zu können, im Austausch gegen das belastende Protokoll, das er einst in Berlin angefertigt hatte. Und er hatte doch gesagt, er werde den Tausch vornehmen, sobald er mit mir ›ins reine‹ gekommen sei.

Selbst wenn er nun also Kairo verließ, ohne den Tausch *hier* zu vollziehen, mußte er die Bänder mitnehmen, überlegte ich. Man möge entschuldigen, wenn diese Gedankengänge nicht mehr ganz logisch waren – ich befand mich in hochgradiger Erregung.

Ich handelte unfair gegen APS, gewiß. Aber zuletzt, ich sagte es schon, trog mein Gefühl mich wirklich nicht, und ich kam in den Besitz der Bänder.

Endlich hatte ich alle Vorbereitungen getroffen.

Wenn ich wirklich so geschickt war, wie ich sein mußte, und wenn der Mörder wirklich pünktlich war und meinen Bruder bestens bediente, dann kam ich mit allem, was ich dann noch zu erledigen hatte, zeitlich sehr gut zurecht. Ging um ein Uhr am Freitagmorgen alles glatt, konnte ich um halb zwei bei Lillian sein, drüben auf Gezireh, neben Faruks Palast. *Sie* würde da sein, das war gewiß – nach den Experimenten, die sie und mein Bruder veranstaltet hatten. Wenn alles gut lief, dann reichte meine Zeit. Natürlich konnte es noch unendlich viele Komplikationen geben; aber an die wollte ich nicht denken. Mein Plan war festgelegt: der letzte, der mir noch verblieb.

»Ritchie?«

»Ja, Lillian?«

»Werner ist jetzt bei mir im Hotel. Ich habe es ihm gesagt«, erklang Lillians Stimme aus dem Telefonhörer. Da war es siebzehn Uhr am 15. Dezember 1966. Ich saß wieder auf meinem Bett und war nur noch neugierig auf die Formulierungen.

»Alles?«

»Ja.«

»Und?«

»Er . . . er hat sich großartig benommen.« Lillians Stimme klang erstickt. »Er hat nicht getobt, nicht geschrien. Er hat es ganz gefaßt aufgenommen. Völlig gefaßt. Aber ich, Ritchie, ich bin erledigt. Ich kann kaum noch reden. Ich . . . ich muß mich jetzt hinlegen und schlafen . . . Ich muß etwas nehmen . . . irgendein Mittel . . .« Vielleicht gibt Werner dir eines von den Pulvern des Inders, dachte ich.

»Schlafen . . . nur schlafen . . .«

»Wann kann ich dich sehen?«

»Morgen.«

»Aber ich möchte . . .«

»Morgen, Ritchie. Versteh doch, bitte. Ich brauche Ruhe, Frieden, ich . . . ich kann nicht mehr . . . ich bin am Ende . . .«

Die Stimme meines Bruders erklang, gefaßt und männlich: »Na ja, mein Kleiner, ich habe also mein Fett weg. Pech. Kann man nichts machen. Du gewinnst.«

»Es scheint so«, sagte ich.

»Lillian muß ins Bett. Sie kann kaum noch auf den Beinen stehen. Wenn du wüßtest, wie sie aussieht . . .« Nun mußte es doch bald kommen. »Ich kümmere mich schon um sie. Ab morgen kümmerst du dich. Ich verreise.«

»Du verreist?«

»Ich habe dir doch schon davon erzählt. Ich muß weg.«

»Wann?«

»Heute noch, spät nachts. Hör zu: Wir essen zusammen! Wer weiß, ob wir uns sonst noch einmal wiedersehen. Einverstanden?«

Na also, da war es! So hatten sie das geplant. Alles lief ab wie nach einem Uhrwerk.

»Einverstanden«, sagte ich. »Wann?«

»Vielleicht so gegen halb neun? Wir nehmen noch einen Aperitif, und dann essen wir. Ich habe bis Mitternacht Zeit, lange genug. Paßt dir das?«

»Das paßt mir sehr gut«, sagte ich. »Gib mir noch einmal Lillian.«

»Warum?«

»Ich will ihr noch etwas sagen.«

»Ja, Ritchie?« Jetzt flatterte ihre Stimme.

Ich sagte: »Danke, Lillian. Ich danke dir.«
Dann legte ich auf.

15. Dezember 1966, 23 Uhr 20.
Die schweren Leinenvorhänge im Salon und im Schlafzimmer meines
Appartements waren zugezogen. Alle Lichter brannten. Mit geöffneten
Hemdkrägen, die Krawatten herabgezogen, saßen mein Bruder und ich uns
im Salon an dem großen Tisch der modernen Garnitur in bequemen Lehnstühlen gegenüber, Whiskygläser in der Hand. Der Tisch war einer von
jener praktischen Sorte mit runder Platte, die sich drehen läßt. Aschenbecher
standen auf ihm, mehrere Whisky- und Sodawasserflaschen, und ein großer
silberner Thermosbehälter, der Eiswürfel enthielt. Zigarettenpackungen
lagen herum, Asche war verstreut, auf der Tischplatte bildeten die Gläser
feuchte Ringe. Es sah ein wenig wüst aus auf diesem Tisch.
»Ein Bruder«, sagte Werner mit schwerer Zunge, »ein Bruder bleibt eben
ein Bruder. Das erkenne ich jetzt. Ich kann dich nicht hassen, weil du mir
Lillian wegnimmst. Ich kann dir nicht einmal böse sein. Eben Fleisch von
meinem Fleisch, Blut von meinem Blut. Läßt sich nicht verleugnen. Brüder,
das sind wir. Seltsame Brüder. Aber Brüder. Auch die Frau, die wir beide
lieben, bringt uns nicht auseinander, wie?«
»Nicht einmal die Frau, die wir beide lieben.«
»Obwohl es mir verflucht nahegeht, das kannst du mir glauben.«
»Glaube ich dir.«
»Ich nehme mich sehr zusammen, mein Kleiner. Sehr. Keine Lillian mehr.
Kein Ritchie mehr. Deshalb habe ich wenigstens noch einmal ordentlich mit
dir feiern wollen . . .«
Er war vor dem Abendessen mit einem Korb in meinem Appartement
erschienen. Sechs Flaschen Whisky lagen darin. Ein Geschenk. Nach dem
Essen, sagte er, wollten wir einen Abschiedstrunk nehmen. Nun nahmen wir
ihn. Vier von den sechs Flaschen Whisky waren Johnnie Walker.
»Das können wir nicht alles aussaufen. Aber trinken müssen wir noch
zusammen. Unbedingt. Das bist du mir schuldig. Für meine phantastische
Haltung. Für meine Vernunft. Für meinen starken Charakter. Alles Lillians
Formulierungen, bitte!« Werner hatte schon beim Abendessen begonnen,
den Angetrunkenen zu spielen, und er spielte ihn jetzt weiter. Ich tat
dasselbe. Wir hatten zum Essen beide Wein genommen, aber wir vertrugen
eine Menge, wir waren noch fast völlig nüchtern.
Werner hatte alles aufs beste vorbereitet. Er führte glänzend Regie. Nach
dem Essen waren wir auf mein Appartement gegangen, und ich hatte Eis
und Sodawasser bestellt. Werner hielt sich genau an den Zeitplan, den der
Inder ihm gegeben hatte. Um zweiundzwanzig Uhr hatten wir zu essen
begonnen. Um dreiundzwanzig Uhr tranken wir dann bereits. Wir tranken

richtig und nicht zu knapp. Es brauchte eine sehr große Menge Whisky, um einen von uns beiden wirklich umzuwerfen.

»Wollen wir Lillian anrufen?« fragte ich.

»Was?«

»Lillian. Wollen wir sie nicht anrufen?«

»Die schläft doch.«

»Vielleicht nicht.«

»Nein, lassen wir sie in Ruhe.«

»Warum? Ich möchte ihr sagen, daß wir hier friedlich zusammensitzen und Abschied nehmen und trinken, und daß du uns vergeben hast.«

»Laß das sein. Sie schläft bestimmt. Wir dürfen sie nicht stören.«

Beim Kofferpacken, dachte ich. Nein, wir durften sie nicht stören. Die gute Lillian.

»Na schön«, sagte ich. »Trinken wir auf sie.« Und ich goß unsere Gläser wieder voll. Irgendwann mußte er ja nun das Schlafpulver in meinen Whisky schütten.

»Auf Lillian!«

»Auf Lillian«, sagte er.

»Wohin fährst du?« fragte ich.

»Nach Suez. Werde eine Weile dort bleiben. Dringende Arbeit.«

Also Suez, dachte ich. Ich glaube dir sogar, daß es Suez ist, du bist deiner so sicher, so verflucht sicher. Du hast vor, nach Suez zu fahren, sobald du hier alles erledigt und vorbereitet hast für deinen Mörder. Dann wirst du hinüber nach Gezireh eilen, wo Lillian auf dich wartet. Dazu hat sie also den Mercedes gemietet.

Nach Suez führt von Kairo aus über Heliopolis eine sehr gute Wüstenstraße, ich kannte sie, ich war sie auch schon einmal entlanggefahren, vor vielen Jahren. Die Entfernung beträgt etwa hundertvierzig Kilometer. Die Straße folgt teilweise einem alten Karawanenweg, der Ägypten mit Asien verbunden hatte und von Pilgern benützt worden war. Soweit ich mich erinnere, kam man auf etwa halbem Weg zur Linken an Hügeln vorüber, auf denen die Ruinen eines Schlosses standen.

Nach Suez also willst du, Brüderchen, dachte ich. Mit Gottes Hilfe wirst du niemals mehr dorthin kommen. Ich hatte mich bei den Portiers erkundigt. Werner hatte sein Zimmer bereits geräumt, das Gepäck war angeblich zum Bahnhof gebracht worden, zur Aufbewahrung. Damit erweckte er den Anschein, als wolle er einen Zug benützen. Vermutlich lag das Gepäck im Kofferraum des Mercedes. Er hatte seine Rechnung bezahlt. Wenn er mich hier für seinen Mörder präpariert hatte, würde er das ›Imperial‹ verlassen – lange bevor der Mörder kam.

Damit hatte er sein Alibi.

Ich war sicher, daß er dieses Alibi noch nach vielen anderen Seiten ausgebaut hatte. Sicherlich besaß er auch eine Fahrkarte nach Suez, im Reisebüro des Hotels gekauft. Er mußte nur noch zu Lillian. Dann konnten sie losfahren. Es war prachtvoll arrangiert. Mit Lillian konnte man wirklich alles tun, wenn sie einen liebte. Selbst einen Mord vorbereiten. Eine bewundernswerte Frau, dachte ich, und dann dachte ich schnell an etwas anderes, denn ich mußte meine Fassung bewahren. Ich spielte nun den schon stärker Betrunkenen.

»Und was ist mit deinem großen Schatz, den Bändern?« fragte ich. »Nimmst du die mit?«

»Mit? Ich bin doch nicht verrückt!«

Das war nun nicht eben die Antwort, die ich brauchte.

Ich bohrte weiter: »Na, aber dalassen kannst du sie doch auch nicht.«

»Warum nicht? Wenn sie in einem guten Versteck sind? Und sie sind in einem verflucht guten Versteck! Aber da bleiben sie nicht! Mein Kleiner, wir müssen noch ein Gläschen trinken . . . heute ist ein großer Tag . . . Ich gebe den Brüdern heute noch die Bänder, und sie geben mir heute noch mein Protokoll.«

»Hier in Kairo?«

»Hier in Kairo . . . wird alles vor meiner Abreise erledigt . . .« Er dachte wohl, daß er mir das ruhig erzählen konnte, weil ich vor seiner Abreise erledigt sein würde. »Schon alles vorbereitet . . . ich gehe methodisch vor, immer . . .«

Das stimmte. Wenn auch diesmal nicht methodisch genug.

Ich dachte, daß es falsch gewesen wäre, jetzt zu sehr auf diesen Bändern herumzureiten, und deshalb goß ich uns wieder die Gläser voll. Wir tranken Johnnie Walker. So wie wir Johnnie Walker getrunken hatten an jenem Gewitternachmittag, da Werner mir vorschlug, meine Romane zu schreiben, so wie in Treuwall, wo er mich mit den Manuskripten dieser Romane erpreßt hatte, so tranken wir auch Johnnie Walker zusammen in der Nacht, in der ich nach seinem Willen getötet werden sollte. Ich warf eine fast leere Flasche in einen Papierkorb und öffnete eine neue, und danach stand ich auf und ging ins Badezimmer. Ich ließ die Schlafzimmertür offen, machte im Badezimmer kein Licht und stellte mich schräg vor den Spiegel, während ich die Wasserspülung der Toilette zog. Blitzschnell griff mein Bruder in seine Jacke – ich sah es genau im Spiegel –, holte die Schachtel hervor, die der Inder ihm gegeben hatte, und riß nacheinander drei der kleinen Kuverts auf, die darin lagen. Glitzernd floß das Pulver aus den Kuverts in die Johnnie-Walker-Flasche, die ich gerade geöffnet hatte. Mein Bruder stellte sie auf den Tisch, lehnte sich zurück und nahm wieder sein Glas. Ich wusch mir die Hände, dann kam ich in den Salon. Ich trank mein Glas leer. Das meines Bruders war noch halb voll.

»Na?« fragte ich.

»Ich trinke das erst aus«, sagte er.

»Schön«, sagte ich und goß in mein Glas Whisky aus der Flasche, in welcher sich das Schlafpulver gelöst hatte. Werner beobachtete mich, während er eine Zigarette anzündete. Seine Hände waren ganz ruhig. Ein ruhiger Mörder, mein Bruder. Ich neigte mich vor, um die Whiskyflasche zurückzustellen. Dabei spielte ich den Angetrunkenen. Indem ich die Flasche niedersetzte, stieß ich mit ihr gegen einen vollen Aschenbecher, und der ganze Inhalt, Asche und Kippen, fiel meinem Bruder auf die Hose. Er fluchte. Ich sprang auf, entschuldigte mich, lief ins Badezimmer, holte ein Handtuch und kniete dann vor Werner nieder, der an seiner beschmutzten Hose herumklopfte.

»Warte«, sagte ich. »Kaltes Wasser bringt das weg wie nichts. Laß mich machen.« Er ließ mich machen. »Halt den Stoff gespannt«, sagte ich. Er neigte sich vor und spannte den Hosenstoff über einem Bein. Ich hielt das Handtuch in der rechten Hand und wischte nach Kräften. »Straffer«, sagte ich. Mein Bruder beugte sich tiefer und zog den Hosenstoff straffer.

Der Tisch, ich sagte es schon, war einer von jener modernen, praktischen Sorte, deren Platte sich drehen ließ. Sie besaß an ihrer Unterseite mehrere Griffe und eine Feder. Zog man einen der Griffe, dann schwang die Platte herum. Zog man lange genug, schwang sie halb herum.

Während ich mit der rechten Hand an meines Bruders Hose rieb und putzte, tastete ich mit der linken Hand hinter mir an der Unterseite des kreisrunden Tisches herum, dessen Platte ich vor den Augen meines Bruders verdeckte, suchte kurz und fand dann einen der Griffe. Ich zog lange. Mit leisem Surren drehte sich die Platte um hundertachtzig Grad. Damit Werner das Surren nicht höre, redete ich auf ihn ein, er solle nun das andere Hosenbein straff halten. Er tat es. Er merkte nicht das geringste. Es war alles ganz einfach, weil ich Linkshänder bin. Mit der linken Hand kann ich noch geschickter arbeiten als mit der rechten.

»So«, sagte ich, mich erhebend, »das wäre in Ordnung.« Ich warf das Handtuch in eine Zimmerecke und setzte mich wieder in meinen Sessel. Die vollgeräumte Tischplatte hatte sich also gedreht. Das Glas voll Whisky, in dem sich das Schlafmittel befand, stand nun direkt vor meinem Bruder. Sein Glas stand vor mir. Ich hatte dafür gesorgt, daß beide Gläser ungefähr gleich voll waren.

»Cheerio«, sagte ich und hob mein Glas.

Wir tranken beide. Das Pulver schien wirklich geschmack- und geruchlos zu sein, genau, wie der Inder gesagt hatte. Es gab mir ein Gefühl großer Befriedigung, meinen Bruder ahnungslos den Whisky mit dem Betäubungsmittel trinken zu sehen, denn ich mußte daran denken, wie ahnungslos ich den von Delacorte präparierten Tee getrunken hatte, in jenem Haus vor Heliopolis. Nun war mein Bruder an der Reihe. Die Szene mit dem

Aschenbecher hatte ich gut inszeniert. Es war aber auch ein großes Glück, daß die Natur mich einen Linkshänder hatte werden lassen.

Unheimlich war zu beobachten, wie schnell das Pulver wirkte. Schon nach wenigen Minuten begann mein Bruder lallend zu reden, und seine Augen fielen immer wieder zu. Ich dachte, daß die Zeit gekommen war, neuerlich von den Bändern anzufangen. Immerhin ging mein Flugzeug in wenigen Stunden, ich hatte einen Mann von APS an Bord bestellt und bis jetzt immer noch keine Ahnung. Ich hatte ein wildes Hazardspiel getrieben – mit meinem Leben und mit den Leuten von APS, denen das Material fest versprochen war, damit sie mir immer weiter halfen.

»Was ist nun mit den Bändern?« sagte ich also. »Werden deine Freunde sich alle vorspielen, ehe sie dir das Protokoll geben?«

»Natürlich ... sie ... sie müssen ja wissen, ob wirklich was drauf ist ... aber dann kriege ich das Protokoll sofort ... heute nacht ... Ich habe doch ... noch ein Rendezvous mit den Brüdern ... Glaube, ich soll nichts mehr trinken ...«

»Einen letzten Schluck«, sagte ich. Er mußte alles austrinken, damit er genug Schlafpulver abbekam. Ich hob mein Glas: »Prost, Werner!«

»Prost, mein ... Kleiner ...«

Bei Gott, er trank alles aus. Er hatte noch immer keinen Argwohn geschöpft. Er sah mich breit grinsend an, nachdem ich getrunken hatte. Nun war er am Ziel, dachte er.

»Und wenn sie dich reinlegen?« fragte ich. »Wenn sie dir dein Protokoll nicht geben?«

»Ah, sie geben es mir schon. Dazu bin ich ihnen viel zu wertvoll. Keine Bange ... heut nacht bekomme ich das Zeug ... und kann es verbrennen ... Noch bevor ich nach Suez fahre, bekomme ich es ... weißt du, wo?«

Ich schüttelte den Kopf.

Er war seiner unheimlich sicher. Das soll man nie sein, heute weiß ich es. Ich war meiner auch unheimlich sicher gewesen.

»Hast bestimmt schon alles mögliche unternommen, um herauszukriegen, wo die Tonbandtasche geblieben ist, was?« Werner feixte. Dann bewegte er sich schwerfällig und holte einen seltsam gezackten Schlüssel aus der Uhrentasche seiner Hose.

»Schau mal ...« Er konnte die Augen nur noch mit Mühe offenhalten. Dieses Schlafmittel mußte ganz besonderer Art sein. Werners Euphorie, seine Arglosigkeit hielten an. Er schien selbst überhaupt nicht zu merken, daß er knapp vor dem Einschlafen stand. »Was ... ist das wohl?«

»Keine Ahnung.«

»Schlüssel zu einem Kofferfach im Hauptbahnhof. Da staunst du! ... Da sind die Bänder drin ...«

Ich sah ihn bewundernd an.

»Konntest du nicht herausbringen, Brüderchen«, grölte Werner. »Unmöglich, ganz unmöglich! Ich bin nie wieder zum Bahnhof gegangen. Freunde ... hick ... Freunde von mir werfen immer neue Piasterstücke nach. Köpfchen muß man haben, weißt du. Na, mach dir nichts draus. Nicht jeder kann eben eines haben ...«

Ich dachte, daß in naher Zeit er keines mehr haben würde — oder nur noch eines, das ihm sehr lose auf dem Halse saß.

»Muß ich nun noch zum Bahnhof fahren und das Fach öffnen und ...«

Schlaf, der an Bewußtlosigkeit grenzte, traf ihn plötzlich, wie ein Blitz. Er sackte im Stuhl nach vorn. Der Schlüssel fiel ihm aus der Hand auf die Erde. Ich sprang auf. Als erstes nahm ich den Schlüssel und steckte ihn ein. Dann holte ich die Schachtel mit den restlichen Schlafpulvern aus Werners Jacke und steckte sie ebenfalls ein.

Ich zog meinen Bruder aus. Das war schwer, denn er war groß, und sein Körper entglitt mir immer wieder. Schließlich legte ich ihn auf den Teppich. Es war ein Stück Arbeit, bis er endlich nackt vor mir lag. Ich lief ins Schlafzimmer und holte meinen Pyjama, einen gelben. Den zog ich ihm an. Das war auch nicht einfach. Aber ich schaffte es. Ich packte ihn unter den Schultern und schleifte ihn durch den Salon ins Schlafzimmer und legte ihn in mein Bett und deckte ihn zu. Er lag auf dem Rücken, und ich sah ihn an und dachte mit einem Gefühl des Triumphes: *Einmal bin ich stärker als du, Bruder. Einmal werde ich Sieger sein. Ich, ich, ich!*

Dann eilte ich in den Salon zurück, sammelte alle seine Kleidungsstücke ein und brachte sie ins Schlafzimmer, wo ich den Anzug ordentlich aufhängte und die Wäsche über einen Sessel legte. Noch einmal ging ich in den Salon und sah mich genau um. Es schien alles in Ordnung zu sein.

Ich löschte die Lichter und ging ins Schlafzimmer, wo ich die automatische 38er Police Special aus meiner Brusttasche holte und auf ihren Lauf den Schalldämpfer schob, den ich in einer Jackentasche verwahrt hatte. Ich sah auf die Uhr. Es war 23 Uhr 55.

Ich löschte die Lichter im Schlafzimmer, ging ins Badezimmer und setzte mich hier auf den Wannenrand. Tief und gleichmäßig hörte ich meinen Bruder atmen. Nun mußte ich warten. Ich wartete geduldig, über eine Stunde lang.

Heute weiß ich, daß die Herren der ›Spinne‹, Werners Auftraggeber, ihm, wie wahrscheinlich allen Menschen und grundsätzlich mißtrauten. Sie hatten zweifellos nichts gegen seinen Plan, mich ermorden zu lassen. Aber ich glaube nicht, daß er ihnen und ihrem Druck je entkommen wäre, wenn er weitergelebt hätte. Ich glaube nicht, daß er in den Besitz seines Protokolls gekommen wäre, selbst nachdem er die Bänder übergeben hätte. Zuviel spricht dagegen. Sie bewachten uns beide. Sie taten das so gut, daß es den

APS-Leuten nicht aufgefallen war. Sie mußten damit rechnen, daß meine Ermordung aus irgendeinem Grund mißlang. Und sie mußten auch damit rechnen, daß sie ein Erfolg wurde. Trotzdem hatten sie für beide Fälle vorgesorgt. Sie veranstalteten, wie ich dann später feststellte, auf alle Fälle scheinbar eine Party auf meinem Stockwerk; sie ließen das scheinbar so exemplarisch betrunkene schöne Mädchen mit den violetten Augen auf den Gang taumeln, sobald ich meine Appartementtür geöffnet hatte. Sie waren auf jede Möglichkeit vorbereitet. Das schöne Mädchen sah natürlich sofort, daß etwas schiefgegangen war. Das schöne Mädchen zerriß meinen Mantelrevers und kennzeichnete mich so für jenen fröhlichen großen Amerikaner mit der Igelfrisur, der mir dann auf der Semiramis-Brücke begegnete und später, im Flugzeug, die Tasche mit den Tonbändern abnahm.

Wie William S. Carpenter, Chef des römischen Büros von APS, auf dem Leonardo-da-Vinci-Flughafen bitter zu mir sagte. »Perfekte Organisation. Kein Wort gegen die Brüder. Sind immer noch die besten . . .«

Eine Minute nach ein Uhr früh öffneten sich ganz langsam und fast geräuschlos die beiden Eingangstüren zum Appartement 907 im neunten Stock des Hotels ›Imperial‹, in dessen Schlafzimmer mein Bruder lag und in dessen Badezimmer, im toten Winkel der Tür, ich stand, die 38er in der linken Hand.

Ich blickte in den Spiegel. Noch war es finster draußen. Dann sah ich eine Taschenlampe aufblitzen und hörte ein hohes, glückseliges Kichern. Meines Bruders Mörder war gekommen.

Montag, 12. Juni 1967.

Heute durfte ich zum erstenmal Besuch empfangen. Der Herr Untersuchungsrichter und der Herr Oberstaatsanwalt Paradin hatten es erlaubt. Wachtmeister Stalling führte mich hinunter zu einem großen Raum, in dem ein sehr langer Tisch und ein paar Stühle stehen und in dem die Fenster dick vergittert sind. Stalling übergab mich einem Wachtmeister, den ich nicht kannte. Am anderen Ende des Raumes erblickte ich Boris Minski. Er sah aus, als wäre er in den letzten sechs Monaten um zwanzig Jahre gealtert. Gebückt stand er da, den Kopf gesenkt, das Gesicht war bleich und aufgeschwemmt, das wenige schwarze Haar wirkte ungepflegt, wie der ganze, stets so gepflegte Mann einen unordentlichen und vernachlässigten Eindruck machte. Er trug einen grauen Sommeranzug, dessen Hosen schlecht gebügelt waren, ein nicht ganz frisches Hemd, und die Tränensäcke unter seinen Augen waren riesengroß und dunkel.

Er hob den Kopf ein wenig schief zur Seite, sah mich an und lächelte mit dem Mund, nicht mit den Augen.

»Hallo, Ritchie!« sagte er.

»Boris!«

Ich machte zwei Schritte vorwärts.

Der fremde Wärter sagte, nicht unfreundlich: »Sie müssen sich bitte setzen, beide. Jeder auf den Stuhl vor sich. Die Hände müssen auf dem Tisch liegen. Und laut und deutlich sprechen.«

Also setzten wir uns, weit voneinander entfernt, an die Enden des langen Tisches und legten die Hände auf die Platte und sprachen laut und deutlich. Der Wachtmeister setzte sich an die Längsseite des Tisches, zwischen uns.

»Ich freu mich, daß ich endlich zu dir darf«, sagte Minski.

»Ich mich auch, Boris. Was hast du? Bist du krank?«

Er blickte mich lange an. Dann sagte er: »Ich wollte es dir gar nicht erzählen ... aber wenn man es mir so ansieht ... und wenn du gleich danach fragst ... Rachel ist tot.«

»Was?«

»Hinsetzen!« sagte der Wachtmeister. »Wirklich, Sie müssen tun, was ich sage, Herr Mark.«

Ich setzte mich wieder.

»Rachel ist tot?«

Minski nickte. Seine Wangen waren eingefallen, die riesenhafte Nase erschien dadurch noch größer.

»Aber wie konnte das geschehen? Wann ist es geschehen? Wann ist sie gestorben?«

»Am fünften Dezember«, sagte Minski.

Am 5. Dezember – da hatte ich nahe Heliopolis in einem fremden Haus in tiefstem Schlaf gelegen ...

»Woran?«

»Kannst du dich erinnern, wie sie überfallen worden ist, draußen im Garten von der Anstalt?«

»Ja ...«

Minski sagte: »Damals hat sie eine halbe Stunde auf dem eiskalten Boden gelegen. Die Kopfverletzung, die war nicht schlimm. Ist rasch geheilt. Aber dann hat Rachel einen Schnupfen gekriegt, und dann eine eitrige Angina. Sie haben es mir nicht gleich gesagt. Sie haben immer gedacht, sie kriegen es weg, mit Antibiotika und so ... aber es ist eine Lungenentzündung geworden. Am Tag nachdem du weg warst, bin ich hinaus nach Hornstein gezogen und draußen geblieben bis zum Ende. Das Geschäft hab ich geschlossen in der Zeit. Der Herr Professor und alle Ärzte und alle Schwestern haben sich solche Mühe gegeben. Umsonst. Am Montag, gegen sieben Uhr abends, ist sie gestorben. Sie war schon zwei Tage nicht mehr klar. Sie hat niemanden erkannt, nicht einmal mich. Aber ich war bei ihr bis zum Schluß ...«

Seine Stimme versinterte.

Ich schwieg.

Der Wachtmeister sah verlegen auf seine Hände.

Endlich sagte ich mühsam: »Boris ... du weißt, wie gern ich dich habe ... Es ist furchtbar ... es tut mir so leid ... ich ...«

»Du findest keine Worte, ich weiß. Ich find auch keine. Red nicht darüber. Man kann nichts tun. Am achten hab ich sie begraben.«

Ein Schmetterling, der im Raum herumgeflattert war, ließ sich vor Minski nieder. »Agrotis pronuba«, sagte der mechanisch, das kleine Wesen anstarrend. »Ein Hausmütterchen. Schon sehr müde.«

Der Schmetterling flog taumelnd wieder auf.

Ein langes Schweigen folgte.

»Was hast du gemacht in diesem halben Jahr?« fragte ich endlich, in einem verzweifelten Versuch, irgend etwas zu sagen, das nichts mit Rachel zu tun hatte.

»Das Geschäft weitergeführt. Die Arbeit lenkt mich ab. Ich hab auch was Neues für Vanessa gefunden ... in Hamburg. Prima Mädchen. Ist nicht schuld daran, daß der Umsatz trotzdem zurückgeht. Das macht die Krise.«

Immer weiterreden, dachte ich. Weg von Rachel reden. Plötzlich hatte ich meine eigene Misere vergessen, als ich Minski da hocken sah, zusammengebrochen, abwesend, nur noch ein Schatten, nur noch ein Gespenst seiner selbst.

»Was ist mit Vanessa?« fragte ich. »Was hörst du von ihr?«

»Schickt andauernd Briefe und Postkarten. Die ganz großen, bunten, weißt du. Von überall her. Aus der ganzen Welt. Immer an uns beide. Mit tausend Umarmungen und Küssen. Die ist selig, Ritchie, wirklich selig.«

Sonnenlicht flutete durch ein schwer vergittertes Fenster des Raums. Der kleine Schmetterling flog an das Glas, prallte dagegen, taumelte herab, stieg wieder empor und flog neuerlich gegen die Scheibe. Die Helligkeit zog ihn an. Er wollte hinaus.

»Selig«, sagte ich. »Unsinn. Selig mit der Schalke!«

»Wenn ich dir sag ... zum erstenmal selig in ihrem Leben ... und sie wird es bleiben ... Die braucht Männer nicht mehr. Was uns allen auch immer passiert ist ... Vanessa ist ein glücklicher Mensch geworden. Und wie geht es dir, mein Alter?«

»Ich kann nicht klagen«, antwortete ich. »Ich werde sehr gut behandelt. Lauter freundliche Menschen. Und das sage ich nicht, weil Sie da sitzen, Herr Wachtmeister, es ist wahr.«

»Aber wann kommt es endlich zu deinem Prozeß?«

»Tja, das steht noch nicht fest«, sagte ich. »Paradin rollt jetzt alle die Affären in Treuwall auf ... und nicht nur in Treuwall ... ich habe hier im Gefängnis aufgeschrieben, was ich alles erlebt habe und ...«

»Ich weiß. Er hat es mir erzählt.«

»Das ist ein Riesenfall geworden. Es kann noch Monate dauern, bis er mit

den Voruntersuchungen durch ist. Viele Monate. Und wenn dann mein
Prozeß kommt und ich verurteilt worden bin, dann wird man mich immer
wieder als Zeugen brauchen, bei den anderen Prozessen. Es ist noch gar nicht
abzusehen, was mit mir geschieht. Nicht einmal die Anklage steht fest . . .
in ihrem Umfang, meine ich.«
»Sie wird ganz schön hinhauen«, sagte Minski.
»Bestimmt«, sagte ich. »Nächste Woche soll ich einmal Lillian gegenübergestellt werden.«
»Hab ich vom Herrn Oberstaatsanwalt gehört«, sagte Minski.
Lillian ist in Frankfurt, auch in Untersuchungshaft, seit März. Im März
haben die ägyptischen Behörden dem Ersuchen der deutschen Behörden
stattgegeben und sie ausgeliefert. Es ist ihr, die ich in jener Nacht zum 16.
Dezember 1966 gefesselt in der Scheune am Rande der Rennbahn und bei
den Stallungen auf der Nil-Insel Gezireh zurückgelassen habe, nichts zugestoßen. Man hat ihr nichts getan, obwohl man mich in jener Nacht doch
verfolgte und also ganz bestimmt wußte, wo Lillian war. Man hat ihr
natürlich voll Überlegung nichts getan. Mein ermordeter Bruder genügte der
›Spinne‹, mehr konnte sie nicht brauchen. Die Sache sah so nach einem
Dreiecksdrama aus.
Ich ahne nicht, was Lillian inzwischen angegeben hat. Jedenfalls sollen wir
einander gegenübergestellt werden, in einigen Tagen. Seit ich das weiß,
schlafe ich schlecht, und immerzu muß ich an Lillian denken. Wie sie wohl
aussieht? Was sie wohl sagen, wie sie mich wohl anblicken wird? Vielleicht
habe ich ihr Unrecht getan. Vielleicht hat mein Bruder sie damals, in Kairo,
nicht *ganz* in seine Pläne eingeweiht. Vielleicht hat sie nicht gewußt, daß
Werner mich *ermorden* lassen wollte. Vielleicht – es gibt so viele Möglichkeiten, die Lillian immer noch entlasten. So viele Möglichkeiten, wenn
man an sie glauben will . . .
»Oj weh«, sagte Minski.
»Was ist?«
»Wie du ausschaust. Bloß weil du an Lillian denkst.«
Ich schwieg.
Er sagte: »Du weißt, daß du jeden Grund hast, aber auch *jeden*, diese Frau
über alles zu hassen.«
»Ja«, sagte ich. »Aber ich weiß auch, daß ich diese Frau immer lieben
werde. Immer weiter. Bis ich sterbe.«
Minski murmelte etwas. Er sah mich nicht an dabei.
»Und was für Pläne wir hatten«, sagte ich. »So gute Pläne, so schöne Pläne,
nicht?« Minski zuckte die Achseln. »Ja doch«, sagte ich. »Alles hattest du
vorbereitet für uns, alles hast du dir ausgerechnet.«
»Ausgerechnet«, wiederholte Minski, und sein Mund verzog sich zu einem
traurigen Lächeln. »Ausgerechnet. Großer Gott, hab ich mich verrechnet!«

Die Sonne schien in den Raum, und der kleine braune Falter flog weiter gegen das Glas des Fensters. Immer wieder fiel er herab. Immer wieder kam er in die Höhe. Und immer wieder stieß er von neuem an die Scheibe. Zuletzt, dachte ich, würde er wohl auf das Fensterbord fallen und dort sterben. Minski hatte gesagt, daß dieser Schmetterling schon sehr müde war.

Die großen Romane

Humor

Brix, Hans (Hrsg.):
Da lachen selbst die
Elefanten
112 S. Band 753

Cefischer:
Oskar,
der Familienvater
Die Schnurren des
lustigen Katers Oskar.
96 S. Band 2102

Cefischer:
Frech wie Oskar
Weitere Abenteuer
von Oskar, dem
Familienvater.
96 S. Band 2104

Bartosch, Günter:
Frau Wirtin liebt es
auch noch heut…
Neue Wirtinen-Verse
direkt aus dem Leben
gegriffen und von Fern-
sehzeichner Oskar
mit frechen Bildern
versehen.
96 S. mit 51 Zeich-
nungen. Band 2110

Dvorak, Felix:
Humor kennt keine
Grenzen
Felix Dvorak erzählt
Witze aus aller Welt.
144 S. Band 2113

Hürlimann, Ernst:
Ja, so san's oder
Ja, so sind sie
Aus dem Alltag eines
Millionendorfes.
128 S. mit 178 Abb.
Band 2103

Hechenberger, Freny:
Kennst du den?
Tausend Witze –
und wie man sie sich
merken kann.
208 S. Band 2107

…in diesem unserem
Lande
Deutschland nach
der Wende.
96 S. Band 2125

Jacobsson, Oscar:
Die besten Adamson-
Bildgeschichten
160 S. Band 2106

Kaiser, Ulrich:
Tausend miese
Tennis-Tricks
Oder: Intelligenz setzt
sich durch.
176 S. mit 20 Zeich-
nungen. Band 2111

Mit Zeichnungen von Klaus Sperber

Langer, Heinz:
Spitze Spritzen
Ärztecartoons.
128 S. mit 160 Cartoons.
Band 2109

Leukefeld, Peter/
Hanitzsch, Dieter:
Links verbrandt und
rechts verkohlt.
Politische Witze
und Cartoons.
96 S. Band 2114

Martin, Axel/
Liebermann, Erik:
Bürobic: Sie regt's an,
den Chef regt's auf
96 S. Band 2116

Schneyder Werner:
Gelächter
vor dem Aus
Die besten Aphorismen
und Epigramme.
256 S. Band 2108

Sunshine, Linda:
Schlapp mit Jane
oder wie ich es fertig-
brachte, ohne Aerobic
zu überleben.
96 S. Band 2126

Wittich, Boris:
Von Blaublütigen
und Andersgläubigen
Die schönsten Witze
über Adel, Juden, Geist-
lichkeit. 128 S.
Band 2101

Wittich, Boris:
Ärztewitze
Besser als jede Pille
128 S. mit 20 Abb.
Band 2105

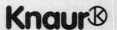

Romantic Thriller

Eden, Dorothy:
Antonias Geburtstag
158 S. Band 1011

Eden, Darothy:
Der düstere See
159 S. Band 818

Eden, Dorothy:
Die entführte Braut
160 S. Band 1004

Eden, Dorothy:
Nachmittag für
Eidechsen
160 S. Band 823

Holt, Victoria:
Der Schloßherr
192 S. Band 776

Holt, Victoria:
Der Teufel zu Pferde
320 S. Band 679

Markstein, George:
Das Gold des Lebens
252 S. Band 821

Randall, Rona:
Der Adler über
dem Tor
336 S. Band 797

Randall, Rona:
Die grüne Kutsche
144 S. Band 807

Randall, Rona:
Der Wächterstein
191 S. Band 782

Rock, Philip:
Sturmwind der Zeit
448 S. Band 822

Rogers, Rosemary:
Die Unbesiegbare
Ein Lied von Liebe.
576 S. Band 784

Rogers, Rosemary:
Die Wildnis der Liebe
Eine titanische
Familienfehde, Liebe,
Haß und Leiden-
schaften von nicht all-
täglichen Menschen.
377 S. Band 1008

O'Hara, John:
Elizabeth Appleton
280 S. Band 761

Simmons, Mary Kay:
Feuer im Blut
320 S. Band 759

Simmons, Mary Kay:
Im Taumel
des Glücks
382 S. Band 800

Sherwood, Valerie:
Glück ist wie Glas
378 S. Band 805

Stewart, Mary:
Die Geisterhunde
272 S. Band 633

Wolff, Victoria:
König im
Tal der Könige
224 S. Band 726

Wolff, Victoria:
Das weiße
Abendkleid
176 S. Band 798

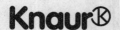

Knaur ®

Große Liebesromane

Gordon-Davis, John:
Die Beute
311 S. Band 826

Gordon-Davis, John:
Die Jäger
252 S. Band 808

DuMaurier, Daphne:
Rebecca
Eine geheimnisvolle
Frau, deren Schatten
einer großen Liebe zum
Verhängnis zu werden
droht.
397 S. Band 1006

Melville, Anne:
**Das Erbe
der Lorimers**
Die große Familiensaga.
332 S. Band 803

Melville, Anne:
Die Lorimers
Die Lorimers auf dem
Gipfel der Macht.
368 S. Band 686

Melville, Anne:
**Schicksalsjahre
der Lorimers**
320 S. Band 1025

Soldati, Mario:
**Die amerikanische
Braut**
Ein Mann und zwei
Frauen: die alte,
ewig neue Geschichte
von einem der größten
Autoren der zeitge-
nössischen italienischen
Literatur erzählt.
127 S. Band 763

Susann, Jacqueline:
Yargo
Eine Frau verliebt sich
in einen Mann, der nicht
weiß, was Liebe wirklich
ist.
224 S. Band 1015

Susann, Jacqueline:
Diese eine Liebe
Eine Frau, die alles hat,
was das Leben begehrt,
und die nichts davon
halten kann.
128 S. Band 575

Wolff, Victoria:
**König im
Tal der Könige**
Die Geschichte
einer Liebe zwischen
einer jungen Russin
und einem englischen
Archäologen.
224 S. Band 726

Wolff, Victoria:
**Das weiße
Abendkleid**
175 S. Band 798

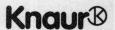

Große Unterhaltungsromane

Buck, Pearl S.:
Die Frauen des
Hauses K
128 S. Band 676

Buck, Pearl S.:
Fremd im
fernen Land
224 S. Band 1065

Buck, Pearl S.:
Geschöpfe Gottes
216 S. Band 1033

Buck, Pearl S.:
Das Mädchen von
Kwangtung
160 S. Band 812

Buck, Pearl S.:
Die verborgene
Blume
224 S. Band 1048

Michener, James A.:
Die Bucht
928 S. Band 1027

DuMaurier, Daphne:
Rebecca
397 S. Band 1006

DuMaurier, Daphne:
Die Parasiten
320 S. Band 1035

DuMaurier, Daphne:
Träum erst,
wenn es dunkel wird
144 S. Band 1070

Palmer, Lilli:
Umarmen hat
seine Zeit
304 S. Band 789

Paretti, Sandra:
Der Wunschbaum
288 S. Band 519

Paretti, Sandra:
Maria Canossa
256 S. Band 1047